Andreas Pott
Ethnizität und Raum im Aufstiegsprozeß

Herrn Havd,

mit großem Dank und besten Grüßen,

herzlich,

Ihr Andreas Pott

Andreas Pott

Ethnizität und Raum im Aufstiegsprozeß

Eine Untersuchung zum Bildungsaufstieg in der zweiten türkischen Migrantengeneration

Leske + Budrich, Opladen 2002

Gedruckt mit Unterstützung der Deutschen Forschungsgemeinschaft.

Zugl.: Osnabrück, Univ., **Fachbereich Kultur- und Geowissenschaften, Diss.**, 2001

Gedruckt auf säurefreiem und alterungsbeständigem Papier.

Die Deutsche Bibliothek – CIP-Einheitsaufnahme
Ein Titeldatensatz für diese Publikation ist bei
Der Deutschen Bibliothek erhältlich.

ISBN: 3-8100-3598-X

© 2002 Leske + Budrich, Opladen

Das Werk einschließlich aller seiner Teile ist urheberrechtlich geschützt. Jede Verwertung außerhalb der engen Grenzen des Urheberrechtsgesetzes ist ohne Zustimmung des Verlages unzulässig und strafbar. Das gilt insbesondere für Vervielfältigungen, Übersetzungen, Mikroverfilmungen und die Einspeicherung und Verarbeitung in elektronischen Systemen.

Satz: Verlag Leske + Budrich
Druck: Druck Partner Rübelmann, Hemsbach
Printed in Germany

Inhalt

Vorwort 9

A. Einleitung 11

B. Migration – Ethnizität – Raum:
Eine Kritik der theoretischen Angebote der
Migrationsforschung und ihrer Anwendungen 21

I. Zielsetzung und Kapitelaufbau 21
II. Migration und Ethnizität 22
1. *Ethnizität und Identität* 22
2. *Migration, Unterschichtung und Ethnizität* 27
3. *Ethnische Kolonie und Binnenintegration* 34
3.1 Das Modell 34
3.2 Kritische Diskussion 37
4. *Assimilation versus Segmentation* 43
4.1 Das Assimilationsmodell 44
4.2 Kritische Diskussion 48
4.2.1 Folgen der Gegenüberstellung von Assimilation und ethnischer
Segmentation 49
4.2.2 Ethnizität und die zweite Migrantengeneration 51
4.2.3 Methodologische und methodische Folgeprobleme 54
4.2.4 Segregationen und ethnische Kolonien 59
4.2.5 Zusammenfassung 63
5. *Zur Verwendung des Koloniebegriffs* 65

III. Migration und Raum 69
1. *Migration, räumliche Differenzierung und Raumkonzeptionen* ... 69
2. *Probleme raumbezogener Sozialforschung* 71
2.1 Historisch-theoretische Entwicklungslinien 72
2.1.1 Physikalisch-philosophische Raumkonzeptionen 73
2.1.2 Von den klassischen Raumkonzeptionen zur raumbezogenen
Sozialforschung 75

2.1.3	Zusammenfassung und Folgerungen	80
2.2	Zur Verräumlichungsproblematik	81
2.2.1	Die gängige Verknüpfung von Räumlich-Materiellem und Sozialem	82
2.2.2	Folgeprobleme	85
2.2.3	Zusammenfassung und Folgerungen	90
3.	*Raumbezug in der Migrationsforschung*	94
3.1	Behälter- und Relationalraum in der Migrationsforschung	95
3.1.1	Dominanz der Behälter- und Relationalraumkonzeptionen	95
3.1.2	Zusammenfassung	108
3.2	Raum und Identität	110
IV.	**Zusammenfassung und Folgerungen**	**115**

C. Bildungsaufstieg – Ethnizität – Raum: Konzeptualisierung der empirischen Untersuchung ... 121

I. Zielsetzung und Kapitelaufbau ... 121

II. Bildungsaufstieg von Migranten der zweiten Generation in der funktional differenzierten Gesellschaft ... 122

III. Ethnizität und Raum als Teilnehmer-Unterscheidungen ... 139

1. Ethnizität ... 139

2. Raum ... 142

IV. Präzisierung der Untersuchungsfragen ... 148

D. Fallanalysen ... 151

I. Methodisches Vorgehen ... 151

1. Rekonstruktion von Fallstrukturen ... 151

2. Feldforschung und allgemeine Feldforschungsergebnisse ... 152

3. Sequenzanalyse ... 172

II. Exemplarische Sequenzanalyse eines Gesprächsanfangs ... 179

1. Zur exemplarischen Analyse ... 179

2. Der Gesprächskontext ... 182

3. Analyse ... 185

3.1	Gesprächsanfang, Teil I	185
3.1.1	Transkript	185
3.1.2	Sequenzanalyse	186
3.1.3	Zwischenergebnis, Teil I	208
3.2	Gesprächsanfang, Teil II	210

3.2.1	Transkript	210
3.2.2	Sequenzanalyse	210
3.2.3	Zwischenergebnis, Teil II	225
3.3	Gesprächsanfang, Teil III	226
3.3.1	Transkript	226
3.3.2	Sequenzanalyse	227
3.3.3	Zwischenergebnis, Teil III	237
4.	*Zusammenfassung der Analyse des Gesprächsanfangs*	237
4.1	Strukturhypothese	237
4.2	Weitere Ergebnisse und Fragen für die Analyse des restlichen Gespräches	239
III.	**Zur vollständigen Fallanalyse und Falldarstellung**	241
IV.	**Das Spektrum der identifizierten Fallstrukturen**	245
1.	*Zur Auswahl der Fälle*	245
2.	*Der verletzte Aufsteiger*	247
2.1	Verletzungserfahrungen eines Bildungsaufsteigers	247
2.2	Diskriminierungssemantik	252
2.3	Rückzugshaltung eines verletzten Intellektuellen	257
2.3.1	Zurückweisung von Ungleichbehandlung, Stereotypen und Bevormundung	258
2.3.2	Sprecher der Ausländer und Diskriminierten	261
2.3.3	Nutzen der Reproduktion segregierter Räume	266
3.	*Der Kosmopolit*	270
3.1	Gesprächskontext	270
3.2	Selbstinszenierung als erfolgreicher Intellektueller und Kosmopolit	271
3.3	Der Kosmopolit als Gelegenheitsspezialist	285
3.4	Fazit	294
4.	*Die Multikulturalistin*	296
4.1	Gesprächsanbahnung und -rahmung	296
4.2	Selbstbeschreibung als türkische Multikulturalistin	298
4.3	Aufstieg als Modernisierung und Emanzipation	306
4.4	Sprache, Multikulturalismus und Emanzipation als Kompetenzen	311
4.5	Fazit	317
5.	*Die Rücksichtsvolle*	318
5.1	Gesprächskontext und Fallstruktur	318
5.2	Respekt, Rücksichtnahme, Familienkompromiß	320
5.3	Irrelevanz von Ethnizität	326
5.4	Rücksichtnahme als Aufstiegsressource	330
6.	*Der Milieutheoretiker*	334

7.	*Der Autoethnologe*	338
7.1	Alevismus und alevitische Kulturvereine in Deutschland	338
7.2	Der alevitische Kulturverein und die Jugendgruppe	342
7.3	Der Jugendgruppenleiter	345
7.3.1	Selbstinszenierung eines ethnischen Intellektuellen	345
7.3.2	Mobilisierung von Bildungsmotiven im Aufstiegskontext	353
7.3.3	Das Engagement des Autoethnologen im Kulturverein	358
8.	*Der Nonkonformist*	365
8.1	Der Nonkonformist, der alevitische Kulturverein und der Ethnizitätsforscher	365
8.2	Begründung der Interviewverweigerung	371
8.3	Selbstverwirklichung, Sinnsuche und praktizierte Individualität	376
9.	*Der lokale Identitätspolitiker*	380
9.1	Der Konflikt um den Gebetsruf	381
9.2	Der Moscheesprecher als lokaler Identitätspolitiker	385
9.3	Die Figur des lokalen Migrationsexperten als Aufstiegsmotivation	397
9.4	Fazit	402

E. Ethnizität und Raum als Ressourcen im Aufstiegsprozeß: Schlußbetrachtungen 405

I. Diskussion der Kontrastfälle 405

II. Der Bildungsaufstieg in der zweiten Migrantengeneration und die Formierung einer ethnischen Elite 421

Literaturverzeichnis 429

Transkriptionszeichen 447

Vorwort

Migrationsforschung gilt als ein prädestiniertes Feld interdisziplinären Forschens. Die vorliegende Arbeit entstand im Rahmen eines entsprechend angelegten Graduiertenkollegs und ist mit ihrer Verknüpfung von soziologischer und sozialgeographischer Perspektive disziplinär doppelt verortet.

Der Herstellungsprozeß dieser im Sommer 2000 an der Universität Osnabrück als Dissertation angenommenen und für die Veröffentlichung gekürzten und leicht überarbeiteten Untersuchung war lang. Er wurde von vielen Personen und Institutionen begleitet und gefördert.

Zuallererst möchte ich mich bei den Dortmunder Abiturient(inn)en und Student(inn)en bedanken, ohne deren Entgegenkommen, Hilfe und manchmal auch geduldiges Ertragen meine Feldforschung und mit ihr die ganze Arbeit nicht möglich gewesen wäre. Monika Teigel danke ich für das schöne Zimmer, das sie mir in ihrer Dortmunder Wohnung für die Zeit der Feldforschung überlassen hat. Unentbehrlich war auch die Unterstützung meines Forschungsinteresses durch verschiedene Lehrer und die in die Untersuchung einbezogenen Schulen und Vereine.

Ihre Interdisziplinarität und viele entscheidende Impulse verdankt diese Arbeit einer Konstellation, die im Wissenschaftsalltag nicht selbstverständlich ist. Für die Schaffung eines Umfeldes, das ich mit seiner Mischung aus intellektueller Offenheit, Herausforderung und Heiterkeit als äußerst motivierend empfunden habe, geht mein herzlicher Dank an das Osnabrücker Institut für Migrationsforschung und Interkulturelle Studien (IMIS), namentlich Prof. Dr. Klaus J. Bade, die Deutsche Forschungsgemeinschaft, das von ihr geförderte und am IMIS eingerichtete Graduiertenkolleg *Migration im modernen Europa* sowie die Lehrenden und Mit-Graduierten der Förderperiode 1995 bis 1998.

Ganz besonders habe ich meinen beiden Betreuern zu danken: Prof. Dr. Hans-Joachim Wenzel stand mir jederzeit als ebenso kritischer wie ermutigender Diskussionspartner zur Verfügung; und Prof. Dr. Michael Bommes hat mir mit seinem Scharfsinn und seiner wissenschaftlichen Begeisterung mehr beigebracht, als er ahnt. Zu der vielfältigen Unterstützung, die ich von beiden erfahren habe, zählen nicht zuletzt die Freiräume, die sie mir stets ließen. Vielen Dank für alles!

Viel gelernt habe ich auch von Prof. Dr. Gerhard Hard; für seine produktive Verwirrung zur richtigen Zeit und verschiedene nachhaltige Anregungen bin ich ebenfalls sehr dankbar.

Der DFG habe ich neben dem Promotionsstipendium auch für die großzügige Förderung dieser Publikation zu danken.

Von den Personen, die *immer* (auch auf den nicht ausgelassenen Durststrecken) hilfreiche Zuhörer und Gesprächspartner waren, möchte ich besonders Tobias Pitzer, Jochen Keller, Björn Richter, Lili Lepsius sowie meinen Brüdern Harald und Jörg-Uwe danken. Letztere haben sich außerdem durch ihr gründliches und gleichwohl zügiges Korrekturlesen sehr verdient gemacht.

Meine Frau Stamatia hat in den vergangenen Jahren das Kunststück fertig gebracht, mir nicht nur das Fliegen, sondern auch das Landen beizubringen. Was aus dieser Arbeit ohne ihr Vertrauen, aber auch ohne ihr liebevolles Drängen geworden wäre, weiß ich nicht.

Schließlich danke ich meinen Eltern Roswitha und Wolfgang. Wie schon mein Studium haben sie auch die Promotionszeit stets unterstützt und mit großem Interesse begleitet. Ihnen ist diese Arbeit gewidmet.

Frankfurt am Main, im Mai 2002　　　　　　　　　　　　*Andreas Pott*

A. Einleitung

Bis heute ist es für die sozialwissenschaftliche Migrationsforschung selbstverständlich, die Folgen von Einwanderungsprozessen vor allem als Integrations- und Ungleichheitsproblematik zu behandeln. Typischerweise wird nach den verschiedenen Benachteiligungen von Migranten und den Gründen für ihre Eingliederungsschwierigkeiten gefragt. Im Falle der „Gastarbeiter" und ihrer Kinder war ein derartiger Schwerpunkt lange Zeit naheliegend, da man sich fast sicher sein konnte, bei der Analyse ihrer gesellschaftlichen Situation auf unzweifelhafte Fälle von sozialer Ungleichheit, sozialstruktureller Unterschichtung, Diskriminierung oder Ausschluß zu stoßen.

Seit einiger Zeit lassen sich allerdings in der zweiten Arbeitsmigrantengeneration nicht nur Integrationsprobleme, soziale Ungleichheit und anhaltende Benachteiligungen, sondern auch Aufstiegsprozesse und erfolgreiche Karrieren beobachten. Seit Mitte der 1980er Jahre steigen die Anteile der Studenten und Akademiker aus der zweiten Generation ebenso wie die der erfolgreichen Selbständigen und Unternehmensgründer langsam, aber mehr oder weniger kontinuierlich an. Zwar bestehen weiterhin klare Unterschiede in der Bildungsbeteiligung zwischen den einzelnen Migrantengruppen und zwischen den Bundesländern; auch ist der Bildungserfolg der Kinder der Migranten nach wie vor weit geringer als der von Jugendlichen ohne Migrationshintergrund.[1] Doch die Aufstiegstendenzen – insbesondere im Bildungssystem – sind unübersehbar.[2] Besonders deutlich wird diese Entwicklung an dem wachsenden Anteil der Studierenden aus Migrantenfamilien, die ihre hö-

---

1   1998 erlangten 10% der aus den allgemeinbildenden Schulen in Deutschland entlassenen ausländischen Schülerinnen und Schüler das Abitur oder die Fachhochschulreife – im Vergleich zu 26% der deutschen (vgl. Bundesministerium 2000, 179).
2   Insgesamt haben sich seit den 1980er Jahren die Bildungsbeteiligung und das Ausbildungsniveau der Kinder der Arbeitsmigranten in Deutschland – bis zu einer Stagnation Mitte der 1990er Jahre – fast jährlich verbessert (vgl. Beauftragte 1997, 29ff., Seifert 1995 u. 1997). In Nordrhein-Westfalen, zum Beispiel, erreichte 1992 bereits mehr als die Hälfte der Migrantenkinder Abschlüsse, die den Übergang zur Fachoberschule oder zur gymnasialen Oberstufe bzw. in entsprechende qualifiziertere Berufe ermöglichen (vgl. Thränhardt/Dieregsweiler/Santel 1994, 176ff.); 1998 waren es schon fast 60% (vgl. Hunger/Thränhardt 2001, 59). Bundesweit verdoppelte sich der Anteil der ausländischen Abiturienten und Abiturientinnen an allen ausländischen Schulabsolventen im Zeitraum von 1985 bis 1995 nahezu – von 5,6% auf knapp unter 10% (vgl. Bundesministerium 2000, 178).

heren Schulabschlüsse in Deutschland erworben haben und aus „bildungsfernen" Schichten kommen. Orientiert man sich an der beruflichen Stellung des Vaters, so stammten im Wintersemester 1994/95 77% der sog. Bildungsinländer an deutschen Hochschulen aus Arbeiterfamilien und nur 7% aus Familien mit höherem sozialen Status (vgl. Bundesministerium 1996, 24).[3]

Während die Migrationsforschung die Lebensbedingungen und Handlungsorientierungen der weniger erfolgreichen Migranten der zweiten Generation stets sehr detailliert – mit statistischen Analysen, Befragungen, Feldforschungen, Einzelfallrekonstruktionen usw. – untersucht hat, ist über Form und Bedeutung des Aufstiegsprozesses und die Handlungsmuster der aufsteigenden Studenten noch nicht viel bekannt: Die studierenden Bildungsinländer aus Migrantenfamilien sind überwiegend in Deutschland geboren und in den Großstädten, die die Zielgebiete der Migration ihrer Eltern waren, aufgewachsen. Viele von ihnen vollziehen in Relation zu ihren Eltern, die als gering qualifizierte Arbeitskräfte nach Deutschland kamen, einen äußerst ausgeprägten Bildungsaufstieg. Mit dem Erreichen der Hochschulreife und dem Abschluß eines Hochschulstudiums haben die Bildungsaufsteiger wesentlich bessere zukünftige Berufs- und Erfolgschancen als die erste und die Mehrheit der zweiten Migrantengeneration. Im Vergleich zu den sehr beschränkten Zukunftsperspektiven derjenigen Jugendlichen, die wie ihre Eltern in die schrumpfenden industriellen, handwerklichen und gewerblichen Segmente der städtischen Arbeitsmärkte eingetreten sind, eröffnen ihnen ihre höheren Bildungsabschlüsse viel erfolgversprechendere Optionen.

Die Beobachtung von sozialer Mobilität in der zweiten Migrantengeneration wirft die Frage auf, wie den Bildungsaufsteigern der keineswegs selbstverständliche Aufstiegsprozeß überhaupt gelingt. Zwar weiß man, daß die betreffenden Migrantenjugendlichen oft sehr bildungsmotiviert sind und nicht selten von ihren Eltern in ihren Aufstiegsaspirationen unterstützt werden, da diese ihre eigenen – trotz Migration unerfüllten – Aufstiegswünsche nun auf die schulische und berufliche Laufbahn ihrer Kinder projizieren (vgl. z.B. Bundesministerium 2000, 169f., Riesner 1995, 41ff., Wilpert 1980). Doch auch wenn man den Aufstieg der Kinder der Arbeitsmigranten qua Bildung als das erfolgreiche Beerben des Mobilitätspotentials ihrer Eltern versteht und ihre hohe Motivation berücksichtigt, klärt dies noch nicht, welche Handlungsformen sie entwickelt haben, um die Anforderungen eines sozialen Aufstiegs erfolgreich zu bewerkstelligen.

---

3 Von den im Wintersemester 1994/95 an deutschen Hochschulen eingeschriebenen 141.460 ausländischen Studierenden (7% aller Studierenden) waren 48.851 (34,5%) Bildungsinländer, also Studierende mit einer an deutschen Schulen erlangten Hochschul- oder Fachhochschulreife (vgl. Beauftragte 1997, 39).

Interessiert man sich in diesem Sinne für die alltägliche Situation der Bildungsaufsteiger und ihren Aufstiegsprozeß, fallen zwei weitere eingefahrene Problemstellungen der bisherigen Migrationsforschung auf:

1) Im Zusammenhang mit der meist zentralen Frage nach der gesellschaftlichen Integration der Migranten und ihrer Familien galt ihren „Kulturen" und ihren vermeintlich kulturell beeinflußten Verhaltensweisen immer eine besondere Aufmerksamkeit. Nachdem die Migrationsforschung in den 1980er Jahren als Ausländerforschung in die Kritik geriet, gewannen im Anschluß an Diskussionen insbesondere im angelsächsischen Raum die als multi- und interkulturell deklarierten Perspektiven an Prominenz (vgl. Bommes 1996a, 205). Wesentlich für diese Entwicklung war die Wiederbelebung des schon von Weber gebrauchten Ethnizitätsbegriffs, der über die Anthropologie aus der anglo-amerikanischen Einwanderungsforschung in die europäischen Sozialwissenschaften (wieder-)eingeführt wurde (vgl. Heinz 1993, 149ff.). Mit der zunehmenden Verwendung des Ethnizitätsbegriffs, mit dem der für individuelles und kollektives Handeln bedeutsame Glaube an eine gemeinsame Abstammung, Tradition und Kultur wissenschaftlich beschrieben wird, rückten die „Kulturen", die „kulturell organisierten Wissensysteme" und „kulturellen Handlungspraxen" der Migranten bald als „ethnisch" verschiedene bzw. als die einer „ethnischen Minderheit" in den Blick.[4] Die soziologische Diskussion gegen Ende der 1980er Jahre über die Vernachlässigung von Ethnizität in der sozialwissenschaftlichen Theoriebildung trug maßgeblich zur Etablierung des Ethnizitätsbegriffs in der deutschsprachigen Migrationsforschung bei (vgl. Esser 1990c, Kreckel 1989, Nassehi 1990). Sie reagierte auf die wieder gewachsene Bedeutung ethnischer Identitäten infolge weltweiter Migrationsprozesse und des Erstarkens ethnisch markierter Konflikte und konstatierte die neue Brisanz von Ethnizität in der modernen Gesellschaft. Seitdem ist Ethnizität in den empirischen Untersuchungen über Migranten nicht nur ein wichtiger Untersuchungsaspekt, sondern in vielen Fällen auch ein integraler Erklärungsbestandteil. Mit ihrer dominierenden Ungleichheitsorientierung hat die Migrationsforschung auf diese Weise eine enge Verklammerung von Migration, Ethnizität und sozialen Problemen hervorgebracht. Die problemorientierte Untersuchung der Bedeutung ethnischer Unterscheidungen trifft in besonderem Maße auf Studien über Migrantenjugendliche zu: Ethnische Mobilisierungen, Handlungen und Identitäten werden entweder als *Ursachen* oder als Form der *Kompensation* von beobachtbaren Ungleichheiten und Integrationsschwierigkeiten gedeutet.

---

4   Zur Beteiligung der Migrationsforschung an der Ethnisierung sozialer Verhältnisse vgl. Bukow/Llaryora 1993 sowie Dittrich/Radtke 1990.

Zum Beispiel werden das Fortdauern des relativen schulischen Mißerfolges von Migrantenjugendlichen und ihre nach wie vor ungleiche Verteilung im Berufsspektrum u.a. mit „kulturellen Faktore(n)" oder dem „kulturelle(n) Klima" in Migrantenfamilien erklärt (vgl. z.B. Alba/Handl/Müller 1994, insb. 227ff.; Leenen et al. 1990). In vergleichbarer Form gelten ein hohes Maß innerethnischer Bindungen und Kontakte, die im Elternhaus gesprochene Sprache, die Rückkehrorientierung der Eltern, das familiäre Freizeit- und Rollenverhalten oder die angenommenen alltäglichen Kontrollen durch die eigene ethnische Gruppe als integrationsbehindernd im Hinblick auf die Ausbildung und die Plazierung auf dem Arbeitsmarkt (vgl. Boos-Nünning 1996, 74f. u. 86ff.). In dieser Weise wird das „,Versagen' von ,Ausländern', ihr Scheitern bei der Berufswahl oft auf die ,kulturelle Ausstattung' der Gruppe der Türken, Italiener, Marokkaner oder aktuell der Aussiedler, verrechnet" (Bommes 1996b, 43).

In umgekehrter und teilweise ergänzender Perspektive werden Ethnizität oder die Zuordnung zu einer ethnisch definierten Gemeinschaft auch als eine Form der Kompensation von sozialem Mißerfolg, ethnischer Diskriminierung und der Beschränkung von beruflichen Chancen gedeutet. Diese Perspektive findet dann z.B. in der Thematisierung von Rückzügen in die räumlich segregierten Migrantenguppen in den Städten (vgl. Heitmeyer/Müller/Schröder 1997, insb. 161ff.) oder in der Untersuchung von sich ethnisch definierenden Jugendcliquen, die in Form subkultureller Orientierungen oder delinquenten Verhaltens auf Exklusionserfahrungen reagierten, ihren Ausdruck (vgl. z.B. Bielefeld/Kreissl/Münster 1982, Nohl 1996, Tertilt 1996). Re-Ethnisierungstendenzen in der zweiten oder in nachfolgenden Migrantengenerationen werden ebenso wie ethnische Mobilisierungen und Konflikte vor allem als Antwort auf dauerhafte sozialstrukturelle Desintegrations- und Deprivationserfahrungen verstanden und rekonstruiert (vgl. Dangschat 1998, Heitmeyer 1998, Loch 1998).

Insgesamt fällt die ausgesprochene Einseitigkeit auf, mit der Migration und Ethnizität vorwiegend „als Problem- und Konfliktpotentiale verstanden und beschrieben werden" (Bade/Bommes 1996, 13): Wird der empirische Blick auf Ethnizität im Kontext von Migration gelenkt, dann wird Ethnizität dort vermutet und untersucht, wo die Situation der Migranten und ihrer Kinder durch soziale Immobilität und Ausschlußprozesse gekennzeichnet ist, wo Mißerfolg und Probleme zu erklären sind – und nicht dort, wo Aufwärtsmobilität und Eingliederungserfolge beobachtet werden.

Üblicherweise vernachlässigt die deutschsprachige Migrationsforschung somit die Frage, ob und inwiefern Ethnizität in der modernen Gesellschaft auch im Zusammenhang mit sozialer Mobilität und erfolgreicher Eingliederung von Bedeutung ist. Diese Blickverengung ist nicht nur auffällig, sondern angesichts der skizzierten Aufstiegsprozesse in der zweiten Migrantengeneration auch kaum plausibel. Denn was rechtfertigt die von der bisherigen Forschung nahegelegte Annahme, daß Ethnizität im Falle von sozialem Aufstieg und individuellem Erfolg irrelevant oder sogar hinderlich ist? Die Bildungsaufsteiger aus der zweiten Migrantengeneration wachsen in den gleichen sozialen und ökonomischen Verhältnissen auf wie die weniger erfolgreichen Jugendlichen. Sie kommen aus den gleichen Familien, dem gleichen Arbeitermilieu, und ihre Jugend verbringen sie in den gleichen städtischen Gegenden wie die Jugendlichen mit Nichtaufstiegskarrieren, für die die Migrationsforschung die Relevanz von ethnischen Orientierungen und Identitäten ausmacht. Außerdem werden auch die Bildungsaufsteiger in einer Gesellschaft groß, in der ethnische und nationale Unterscheidungen sowie die Rede von der „Kultur der Migranten" allgegenwärtig sind, und in der auch sie mit ethnischen Zuschreibungen konfrontiert werden (vgl. Räthzel 1997, 55ff.). Es stellt sich mithin die Frage, ob Ethnizität als Handlungsressource nicht auch im Aufstiegszusammenhang von Bedeutung ist.

2) Mit dem Hinweis auf die städtischen Gegenden, in denen auch die Bildungsaufsteiger aufwachsen, ist ein weiterer oft beachteter Aspekt der alltäglichen Lebensbedingungen von Migranten angesprochen. Da die überproportionale Konzentration der Wohnstandorte von Migranten in einigen Stadtgebieten ein häufig auftretendes Einwanderungsphänomen ist und da die sozialen Netzwerke, Vereine und Geschäfte von Migranten gerade dort beobachtet werden können, waren die lokalen Bedingungen der Lebenszusammenhänge von Migranten für die Migrationsforschung stets von besonderem Interesse. Wie bei der Untersuchung von Ethnizität wird auch die Analyse räumlicher Aspekte eng mit der vorherrschenden Ungleichheits- und Integrationsperspektive verknüpft. Urbane migrante Segregationen gelten als räumlicher Ausdruck von sozialer Ungleichheit. Unabhängig davon, ob es sich um Segregations-, Community- oder Stadtteilstudien, um explizit migrationssoziologische oder um sozialgeographische und stadtsoziologische Arbeiten handelt, interessiert man sich für die Bedeutung, die räumliche Segregationen und sog. ethnische Kolonien und Gemeinschaften für die gesellschaftliche Integration der Migranten haben. In vielen Städten konzentrieren sich die Arbeitsmigranten und ihre Familien in „strukturell benachteiligten" Stadtteilen, d.h. in Stadtteilen, in denen die Wohnqualität gering, die Infrastrukturausstattung vergleichsweise schlecht, die Armuts- und Arbeitslosigkeitsraten hoch sind usw. Von diesen segregierten Stadtteilen werden überwiegend negative Kontexteffekte erwartet – für Integration und Aufstieg der Migrantenpopulation im allgemeinen wie für Berufswahl und (Aus-)Bildung im besonderen: „Sozialisationsbedingungen in segregierten Stadtteilen niedriger Wohnquali-

tät sind mit geringen Bildungschancen verbunden" (Bundesministerium 2000, 171).

Während lange Zeit herausgestellt wurde, daß trotz signifikanter Segregationsniveaus in den europäischen Städten keine „Ghettoisierungsprozesse" wie in den USA zu beobachten seien, wird die Diskussion über Migration und Stadtentwicklung seit einigen Jahren deutlicher unter der problemorientierten Frage geführt, ob den Städten nun doch „amerikanische Verhältnisse" (Musterd/Ostendorf/Breebart 1997, 293) drohen.[5] Anlaß der Befürchtungen sind empirische Befunde, die seit den 1980er Jahren Tendenzen der räumlichen Verdichtung verschiedener sozialer Ausschlußprozesse nachweisen (vgl. Bremer 2000, 11ff.). Auch in Deutschland habe die postfordistische Umstrukturierung der Wirtschaft im Zeichen von Tertiärisierung, De-Industrialisierung und Globalisierung zu einer sozioökonomischen und räumlichen Polarisierung der städtischen Arbeitsmärkte geführt, von der die leichter diskriminierbaren Arbeitsmigranten besonders betroffen seien. Die sich gleichzeitig verschlechternde kommunal subventionierte Wohnungsversorgung und der zunehmende ausländische Bevölkerungsanteil in bestimmten Stadtgebieten wirkten problemverschärfend. Da die Migranten, wenn sie nicht ohnehin in den „Problemstadtteilen" lebten, ebenso wie andere einkommensschwache Gruppen dorthin verdrängt würden, bestehe die Gefahr der Entstehung einer „urban underclass" (vgl. Häußermann 1995 u. 1998). Diese marginalisierte Gruppe, die sich aus der zweiten und dritten Generation der Arbeitsmigranten, den heutigen Zuwanderern und den deutschen Langzeitarbeitslosen zusammensetze, werde zu einer „Unterschicht der an den Rand der Gesellschaft Gedrängten, der dauerhaft aus dem Arbeitsmarkt, dem Wohnungsmarkt und den politischen und sozialen Zusammenhängen der deutschen Gesellschaft Ausgegrenzten" (Siebel 1997, 38). Als mittelfristige Folgen anhaltender oder sich verschärfender städtischer Verdrängungs- und Segregationsprozesse werden in Anlehnung an Untersuchungen der französischen banlieu- und der US-amerikanischen Ghettoproblematik daher auch in Deutschland die Verfestigung von Schicht- und Klassenbildungsprozessen, dauerhafte Rückzüge der „desintegrierten" Migranten in die Binnenstruktur ethnischer Gemeinschaften sowie die Zunahme ethnischer Konflikte erwartet. Die segregierten Stadträume würden dabei zunehmend selbst zur „Determinante von gesellschaftlichen Formationen" (vgl. Häußermann 1998, 169), zur „Basis für eine weitergehende stadtgesellschaftliche Desintegration" (Dangschat 1998, 71). Sie erscheinen in dieser gerade in der Stadtsoziologie prominenten Perspektive vor allem als „benachteiligende Räume", in denen die Migranten zusam-

---

5   Vgl. exemplarisch für diese Entwicklung den von Heitmeyer et al. herausgegebenen Sammelband *Die Krise der Städte* (1998), hier insbesondere die Beiträge von Dangschat, Friedrichs, Häußermann, Heitmeyer, Loch und Marcuse.

men mit anderen „Verlierern" ökonomischer Umstrukturierungen leben (müssen) (vgl. Dangschat 1998, 71).

In dieser oder ähnlicher Weise kommt „Raum" in den sozialwissenschaftlichen Arbeiten, die die Situation der Migranten thematisieren, zumeist dann vor, wenn Integrationsprobleme, soziale Schließungsprozesse, Arbeitslosigkeit oder Immobilität identifiziert werden. Die üblichen Untersuchungen zum Zusammenhang von Migration und Stadt fallen jedoch zu generalisierend und homogenisierend aus. Sie übersehen, daß auch in den von Migration besonders betroffenen Städten und Stadtteilen sozialer Aufstieg möglich ist. Die große Mehrheit der Bildungsaufsteiger aus der zweiten Arbeitsmigrantengeneration wächst in genau den städtischen Gegenden auf, für die normalerweise behauptet wird, daß die Lokalität der alltäglichen Lebensbedingungen eine wesentliche Bedeutung für die Reproduktion von sozialen Exklusionen und Ungleichheiten habe. Im Hinblick auf die erfolgreichen Aufstiegsprozesse stellt sich daher die Frage, wie es den Bildungsaufsteigern unter lokalen Bedingungen, die von der Forschung nur als Problemkontexte untersucht werden, gelingt, „trotzdem" erfolgreich zu sein. Wie manifestieren sich Lokalität und die städtischen Lebenszusammenhänge in den Biographien der aufsteigenden Kinder der Migranten? Welche Potentiale bieten die lokalen Lebensbedingungen für ihren individuellen Aufstieg?

Vergegenwärtigt man sich die gängigen Debatten vor dem Hintergrund der beobachtbaren Aufstiegsprozesse, dann werden also verschiedene Engführungen der herkömmlichen Migrationsforschung sichtbar. Sie sind der Anlaß, in der vorliegenden Arbeit mit einer exemplarischen Untersuchung des aktuellen Bildungsaufstiegsprozesses in der zweiten Generation der Frage nach der Bedeutung von Ethnizität und Raum im Aufstiegskontext nachzugehen.

Für die exemplarische Untersuchung wurde die Gruppe der türkischen Bildungsaufsteigerinnen und -aufsteiger sowie die für den Bildungsaufstiegsprozeß wichtige Statuspassage Abitur/Hochschulbeginn ausgewählt. Die Wahl fiel auf die türkischen Bildungsaufsteiger, da sie die größte und zudem eine stark wachsende Gruppe von Studierenden aus Migrantenfamilien mit in Deutschland erworbenen Bildungsabschlüssen darstellen.[6] Aber auch die Tatsache, daß sich die problemorientierten Debatten – und zwar sowohl die ungleichheitsbezogenen im allgemeinen als auch die raum- und ethnizitätsbezo-

---

6 Von den im Wintersemester 1994/95 an deutschen Hochschulen eingeschriebenen 141.460 ausländischen Studierenden bildeten die türkischen Studierenden mit 19.317 die größte Gruppe. Im Vergleich zu 1975 (4.208) hatte sich die Zahl der türkischen Studierenden an deutschen Hochschulen 1994/95 bereits verfünffacht – mit weiter steigender Tendenz (vgl. Zentrum für Türkeistudien 1996, 31ff.). Der Anteil der Bildungsinländer unter den Studierenden mit türkischer Staatsangehörigkeit betrug im WS 1994/95 rund 64% (vgl. Beauftragte 1997, 40).

genen im besonderen – ausgesprochen häufig auf die türkischen Migranten, ihre Kinder und ihre nach wie vor vergleichsweise deutlichen Benachteiligungen im Bildungssystem, auf dem Ausbildungs- und dem Arbeitsmarkt beziehen, motiviert dazu, gerade die erfolgreichen türkischen Jugendlichen zu untersuchen.

In dieser Arbeit wird deshalb am Beispiel von Bildungsaufsteigerinnen und -aufsteigern aus der zweiten türkischen Migrantengeneration, die in einer für die meisten Kinder der Arbeitsmigranten typischen Lebenssituation – i.e. in einer westdeutschen Großstadt – aufwuchsen, nach den Handlungsmustern gefragt, mit denen man als einzelne(r) erfolgreich aufsteigen kann. Das forschungsleitende Interesse gilt dabei insbesondere der Frage, ob und in welcher Weise für diese Aufstiegsformen Ethnizität und Raum, ethnische Unterscheidungen, die Lokalität der städtischen Lebensbedingungen sowie lokale migrantenspezifische Vereine und Netzwerke eine Rolle spielen. Mit dieser Untersuchung soll ein Beitrag zur Erweiterung der bisher vorwiegend problemorientierten Migrationsforschung in Deutschland geleistet werden.

Für die Erhebung des relevanten Datenmaterials wurde eine einjährige ethnographische Feldforschung mit türkischen Abiturienten und Abiturientinnen in Dortmund durchgeführt, die während der Übergangsphase von der gymnasialen Oberstufe in die Universität in verschiedenen alltäglichen Zusammenhängen beobachtet und interviewt werden konnten. Ausgangspunkt der Beobachtungen waren ihre Schulen, eine Gesamtschule und ein Gymnasium. Beide liegen in der Dortmunder Nordstadt, einem Stadtteil, der in wissenschaftlichen, medialen und politischen Diskursen häufig als „Problemstadtteil" mit hoher Arbeitslosigkeit, hohem Ausländeranteil (ca. 40%) usw. angeführt wird. Bereits die ersten empirischen Annäherungen an das Forschungsfeld zeigen, daß, dem allgemeinen Trend entsprechend, auch auf diesen beiden Innenstadtschulen ein großer und wachsender Anteil von Migrantenjugendlichen (ca. 70% bzw. ca. 30%) jedes Jahr die allgemeine Hochschulreife erwirbt. Die meisten von ihnen sind tatsächlich in Deutschland aufgewachsene Bildungsaufsteiger. Ebenso ist schnell zu erkennen, daß einige dieser Jugendlichen in ihrer alltäglichen Handlungspraxis auch mit ethnischen Unterscheidungen operieren, ethnische Identitäten artikulieren oder ethnische Vereine besuchen.

Zur Entwicklung eines geeigneten Rahmens für die empirische Untersuchung der Relevanz von Ethnizität und Raum im Aufstiegszusammenhang beginnt diese Arbeit mit einer Kritik der theoretischen Angebote der Migrationsforschung und ihrer Anwendungen (Kapitel B). Zunächst wird dabei der Frage nachgegangen, ob die etablierten Modelle der Migrationsforschung die aufstiegsorientierte Untersuchung von Ethnizität überhaupt zulassen (Kapitel

B.II). Der zweite Teil dieses Kapitels behandelt die Art und Weise der Thematisierung räumlicher Untersuchungsaspekte in der Migrationsforschung (Kapitel B.III). Er reagiert damit auf eine weitere Limitation der bisherigen Migrationsforschung: Während die Untersuchungen zum Themenbereich Ethnizität durchaus an aktuelle Theoriedebatten rückgebunden werden und Ethnizität als soziale Identitätskategorie in den verschiedenen Eingliederungstheorien an zentraler Stelle berücksichtigt wird, finden theoretische Debatten über die angemessene Konzeptualisierung von Raum bislang keinen Eingang in die Arbeiten der Migrationsforschung. Wie gezeigt wird, hat dies nicht unerhebliche Konsequenzen – für die Migrationsforschung insgesamt wie für die Untersuchung des Zusammenhangs von Ethnizität, Raum und sozialem Aufstieg. Im Anschluß an diese Betrachtungen der ethnizitäts- und raumbezogenen Forschung kann für die empirische Untersuchung ein adäquater theoretischer Rahmen formuliert werden (Kapitel C). Danach folgt die Darstellung der empirischen Untersuchungsergebnisse, die mit der Vorstellung der Feldforschung und der Erläuterung der angewendeten qualitativ-rekonstruktiven Auswertungsmethode – einschließlich ihrer exemplarischen Demonstration – beginnt (Kapitel D.I bis D.III). Die Auswertung der in Dortmund gesammelten Beobachtungs- und Gesprächsdaten wird dann in Form von acht Einzelfallstudien präsentiert (Kapitel D.IV). Den Abschluß der Arbeit bildet die Diskussion der identifizierten Aufstiegsformen und der zentralen Untersuchungsergebnisse (Kapitel E).

B. Migration – Ethnizität – Raum:
Eine Kritik der theoretischen Angebote der Migrationsforschung und ihrer Anwendungen

I. Zielsetzung und Kapitelaufbau

Ethnizität und raumbezogene Aspekte gehören zu den zentralen Themen der empirischen Migrationsforschung. Begriffe wie Ethnizität, ethnische Identität oder ethnische Gruppe einerseits und räumliche Segregation, Kolonie- oder Ghettobildung andererseits rahmen und strukturieren verschiedenste Studien. Ebenso deutlich fällt auf, daß die langjährige Präferenz von Fragestellungen zur Problematik der Integration und Ungleichheit von Migranten die Arbeiten der Migrationsforschung auch im Falle von Ethnizität und Raum einseitig auf die Beschreibung und Analyse von sozialen Problemzusammenhängen festzulegen scheint.

Vor dem Hintergrund dieser Forschungsschwerpunkte und der gleichzeitigen Beobachtung von Mobilitätsprozessen in der zweiten Migrantengeneration wurde die Frage nach der Bedeutung von Ethnizität und Lokalität – bzw. allgemeiner: von Ethnizität und Raum – im Erfolgs- und sozialen Aufstiegszusammenhang formuliert, die exemplarisch am Beispiel von türkischen Bildungsaufsteigern untersucht werden soll. Vor der empirischen Untersuchung ist die genaue Klärung des Verhältnisses von leitender Fragestellung und bisheriger Forschung erforderlich. Das ist die Aufgabe dieses Kapitels. Primär werden dabei drei Ziele verfolgt.

Erstens soll systematisch gezeigt werden, *wie* Ethnizität und Raum (bzw. Lokalität) als Untersuchungskategorien in der Migrationsforschung konzipiert werden. Zweitens gilt es zu untersuchen, ob die dominierende thematische Verknüpfung von *Ethnizität* und *Raum* mit spezifischen *Problem*-Fragestellungen auch theoretisch begründet wird. Insofern soll, drittens, geklärt werden, ob die üblichen theoretischen Ansätze der Migrationsforschung für die Untersuchung des Zusammenhangs von Ethnizität, Raum und sozialen Aufstiegsprozessen in der zweiten Migrantengeneration geeignet sind.

Um die genannten Ansprüche umzusetzen, werden in diesem Kapitel die für die deutschsprachige Migrationsforschung in der Vergangenheit relevanten Theorieangebote, die Ethnizität und raumbezogene Aspekte behandeln, untersucht und exemplarisch anhand ausgewählter empirischer Anwendungen illustriert. Das dazu gewählte Vorgehen erfolgt in zwei Schritten. Zunächst steht die kategoriale Form der wissenschaftlichen Untersuchung von *Migration und Ethnizität* im Vordergrund, die am Beispiel der etablierten und in der empirischen Praxis gebräuchlichen Theoriemodelle von Hoffmann-Nowotny, Heckmann und Esser erörtert wird (Kapitel B.II). Als Vorbereitung des zweiten Untersuchungsschwerpunktes wird im ersten Schritt auch darauf eingegangen, inwiefern in diesen Modellen neben ethnischen Kategorien auch Raum und räumlich-lokale Lebensbedingungen thematisiert werden und welche Bedeutung dies für die Untersuchung von Ethnizität hat. Daran anschließend werden im Hinblick auf die in der theoretischen und empirischen Migrationsforschung unterlegten Raumkonzeptionen systematische Überlegungen zur Problematik der *Raum*-Kategorie angestellt (Kapitel B.III). Diese Reflexion der Raum-Kategorie ist Voraussetzung für die abschließende Kritik an dem herkömmlichen Raumbezug in der Migrationsforschung.

II. Migration und Ethnizität

1. Ethnizität und Identität

Ethnizität wird in den Sozialwissenschaften und der Migrationsforschung durchgängig als eine Identitätskategorie behandelt. Die Thematisierung von Ethnizität zielt daher auf die Beschreibung und Analyse sowohl von kollektiven Identitäten sozialer Gruppen als auch von identifikativen Zugehörigkeiten von Individuen zu diesen Gruppen. Ebenso selbstverständlich gilt Ethnizität in den Ansätzen, die sich in erster Linie für Identitäten oder Identitätsprobleme von Migranten interessieren, stets als ein wichtiger, wenn nicht sogar als der zentrale Identitätsaspekt. Häufig findet diese kategoriale Nähe von *Ethnizität* und *Identität* in der begrifflichen Verbindung *ethnische Identität* ihren konzeptionellen Niederschlag.[7]

Bereits Weber wies auf ein wesentliches Merkmal von Ethnizität als einer sozialen Identitätskategorie hin: Sogenannte „ethnische Gruppen" – und mit ihnen ethnische Identitäten – existieren nicht von sich aus, sondern sie entstehen durch bestimmte Zuschreibungs- und Definitionsprozesse, die die Gruppen und ihre Mitglieder selbst vornehmen. Erst der *Glaube* an eine gemeinsame Abstammung, Tradition und Kultur macht eine Gruppe zur „ethnischen"

---

7 Die Beobachtung, daß Ethnizität in der sozialwissenschaftlichen Praxis als wichtige Identitätskategorie behandelt wird, trifft unabhängig davon zu, ob die einzelnen Autoren eine primordial-essentialistische oder eine situational-formale Definition von Ethnizität befürworten. Die diesbezüglichen Debatten brauchen hier nicht erneut dargestellt zu werden; vgl. statt dessen zusammenfassend Heinz 1993. Wie die weitere Argumentation sofort verdeutlicht, folgt die vorliegende Arbeit einem formalen Ethnizitätsverständnis und damit letztendlich Max Weber.

Gruppe. Zur Definition der ethnischen Gruppe bzw. zur Beschreibung einer Gruppe und ihrer sozialen Praxis in „ethnischen" Kategorien „können prinzipiell beliebige äußere Merkmale als ‚definierendes' abgrenzendes Kriterium in Betracht kommen: Mode, Haartracht, auch Blutsverwandtschaft, Rasse und Hautfarbe, dann die Sprache, die Religion, ein gemeinsames Territorium in Vergangenheit und Gegenwart – beispielsweise" (Esser 1997, 877). Da die ethnische Gruppe auf einer „geglaubten Gemeinsamkeit" (Weber 1972, 237) basiert, ist es prinzipiell gleichgültig, ob die für die Ethnizität einer Gruppe relevanten Merkmale real existieren bzw. existiert haben oder fiktiv sind. Typischerweise geht der subjektiv geteilte Gemeinsamkeitsglauben mit der Heraushebung von Unterschieden zu anderen Gruppen und der Betonung der Einmaligkeit und Eigenwertigkeit der eigenen Gruppe einher (vgl. Barth 1969, 15ff.). Dadurch werden die die ethnische Gruppe von anderen differenzierenden Merkmale zu konstitutiven „Symbole(n) ethnischer Zugehörigkeit" (Weber 1972, 239).[8]

Außer durch den geteilten Gemeinsamkeitsglauben einer ethnischen Gruppe wird die ethnische Identifikation (bzw. Ethnizität) allerdings auch stark durch spezifische Zuschreibungen und Assoziationen, die andere vornehmen, beeinflußt. Bukow und Llaryora argumentieren in ihrem *Ethnisierungskonzept* am Beispiel der Lebenssituation von Arbeitsmigranten im Aufnahmeland sogar, daß es grundsätzlich irreführend sei, von kulturellen Unterschieden oder ethnischen Identitäten sozialer Gruppen zu sprechen oder Ethnizität (auch) als „Persönlichkeitsmerkmal" (Treibel 1999, 199) oder „Selbst-Bewußtsein" (Heckmann 1992, 37) von Migranten zu interpretieren (vgl. Bukow/Llaryora 1993). Denn die beobachtbare Form der ethnischen Selbstbeschreibung einer Migrantengruppe könne nur als Reaktion auf die Ethnisierung von sozialen Unterschieden durch die Aufnahmegesellschaft, also auf die Fremdzuschreibung von „ethnischen" Merkmalen, angemessen verstanden werden. Mit ihrem Plädoyer für eine Ethnizitätsforschung, die anstelle der Untersuchung von individuellen und kollektiven „ethnischen Identitäten" von Migranten die gesellschaftlichen Ethnisierungsprozesse und Bedingungen von Ethnizität fokussiert, betonen sie eindringlich die Bedeutung von Fremdzuschreibungen für die Form der Ethnizität einer Gruppe oder ihrer Mitglieder. Ohne dem Ethnisierungskonzept von Bukow und Llaryora und seinen Prämissen notwendigerweise im einzelnen zuzustimmen, wird in weiten Teilen der Migrationsforschung die Auffassung vertreten, daß die Form der Ethnizität einer Migrantengruppe bzw. „die Formen, in denen sich die kulturelle Praxis

---

8   Neben der Bezeichnung „ethnische Gruppe" werden für die durch ethnische Kategorisierungen hergestellten Gemeinschaften – je nach Zusammenhang – auch die Begriffe „ethnische Minderheit/Mehrheit", „Nation" oder „Volk" verwendet (vgl. Bommes 1998, 349; Heckmann 1992, 47ff.).

von Migranten organisiert, sowie diese Praxis selbst als Antworten auf Konstellationen hier (i.e. in der Aufnahmegesellschaft, A.P.) zu verstehen sind" und nicht als Niederschlag der „Kultur" der Migranten (Bommes 1993, 462).[9]

Festzuhalten bleibt folglich erstens, daß Ethnizität typischerweise ein *askriptives* Merkmal der Gruppendifferenzierung ist (vgl. Esser 1996, 65), sowie zweitens, daß bei der Analyse von Ethnizität zwischen *Fremd-* und *Selbstzuschreibungen* zu unterscheiden ist: „Ethnische Abgrenzung und somit auch Identität werden von Individuen und Gruppen sowie außenstehenden Personen und Organisationen konstruiert" (Nagel 1994, 154f.). Insgesamt ist der Askriptionscharakter von Ethnizität äußerst wirksam. Die ethnisch markierte Gruppenzugehörigkeit kann, selbst wenn der einzelne Träger dies wünscht, in der Regel nicht durch eine individuelle Anstrengung erworben oder einfach abgelegt werden. Als kollektives Identitätsmerkmal besteht Ethnizität daher „auch gegen alle individuellen ‚Ausnahmen' und Aus- oder Eintrittsbemühungen" (Esser 1997, 878). Darin ist Ethnizität mit anderen Merkmalen einer askriptiven Differenzierung wie Geschlecht, Religion, regionale Herkunft oder Nationalität vergleichbar. Deshalb konstatiert Esser, daß die Ethnizität einer Gruppe „eine der wichtigsten Grundlagen der kollektiven Grenzziehung zwischen Gruppen und der Erzeugung fest verankerter Zuschreibungen" sei (ebd.).

Folgt man im dargelegten Sinne einer formalen Interpretation von Ethnizität, dann ist bei der Untersuchung ihrer Bedeutung zu berücksichtigen, daß Ethnizität eine sozial konstruierte (aber nicht beliebige) Identitätskategorie ist, die in den verschiedenen sozialen Kontexten der modernen Gesellschaft „stets erst ins Spiel gebracht werden" muß (Bommes 1998, 349). Als soziale Identitätskategorie kann sie von Individuen, Gruppen oder Organisationen aus verschiedenen Gründen und für bestimmte Zwecke mobilisiert werden. Ihre Bedeutung ist kontext- und situationsabhängig und kann dementsprechend stark variieren. Aus dem Askriptionscharakter folgt aber auch, daß Ethnizität bzw. ethnische Identität nicht immer relevant sein muß. Zur Untersuchung

---

9   Trotz der theoretischen Einsicht in die Bedeutung von ethnisierenden Fremdzuschreibungen für die Form der Ethnizität einer Migrantengruppe wird diese Haltung in der empirischen Migrationsforschung häufig nicht angemessen umgesetzt. Insbesondere die Arbeiten der sog. qualitativen Sozialforschung verdeutlichen, daß ethnische Selbstbeschreibungen von Migranten nur selten konsequent vor dem Hintergrund der in der Aufnahmegesellschaft etablierten und valorisierten „ethnischen" Beschreibungsformen gedeutet werden, sondern zumeist im argumentativen Rückgriff auf angenommene „Kulturunterschiede" (vgl. Bommes 1996a). Schon im Falle der ersten Generation ist der Rekurs auf die Herkunftsgesellschaft zur Erklärung von Ethnizität problematisch, weil er die Bedeutung der Fremdzuschreibung in der Aufnahmegesellschaft eben unterschätzt; im Falle der Untersuchung nachfolgender, im Aufnahmeland geborener, Generationen ohne eigene Migrationserfahrung ist die methodologische Problematik von Interpretationen, die die gesellschaftlichen Fremdzuschreibungen nicht kontinuierlich reflektieren, offensichtlich.

ihrer Bedeutung ist also vor allem Wert auf die ethnisch markierte Grenz-*Ziehung* zu legen (vgl. Barth 1969, 15).[10]

Vergegenwärtigt man sich diese methodologischen Aspekte einer formalen Konzeptualisierung von Ethnizität, dann fällt bei den Untersuchungen zur Lebenssituation von Migranten auf, daß zumeist ganz selbstverständlich von der Relevanz von Ethnizität ausgegangen wird. Bereits a priori wird unterstellt, daß die „ethnische Idenität" generell ein wichtiger Bestandteil der Identitäten von Migranten sei.[11] Dies gilt insbesondere für die Beschäftigung mit Migrantenjugendlichen. Bei der Untersuchung dieser Gruppe fallen die Annahme einer grundsätzlichen Bedeutung von Ethnizität als Teil der Identität der Migranten, das Interesse der sozialwissenschaftlichen Jugendforschung an jugendlichen Identitäten und die allgemeine Problemorientierung der Migrationsforschung zusammen. Die verschiedenen Studien zu Jugend und Migration rufen daher wie von selbst die Identitäts- und mit ihr die Ethnizitätsthematik auf. Üblicherweise wird nach der „ethnischen Identität" der Migrantenjugendlichen als Indikator für den Stand ihrer Assimilation oder Integration, nach den identitätsstabilisierenden Funktionen von ethnischen Orientierungen, nach der Form ihrer „Kulturkonflikte" und „Identitätsprobleme", ihren „multikulturellen" Lebenssituationen und den ihnen angemessenen pädagogischen Bearbeitungsformen, „hybriden neuen Ethnizitäten", die Jugendliche in urbanen Lebenskontexten kreieren, usw. gefragt.[12]

Problematisch ist, daß diejenigen Ansätze, die a priori von einer Relevanz von Ethnizität für Identitäten von Migrantenjugendlichen ausgehen, oft übersehen, daß der Rückgriff auf Ethnizität nur eine *mögliche*, aber eben nicht zwingend notwendige, immer relevante Differenzierungsform bei der Identitätskonstruktion in der modernen Gesellschaft ist. Auch wird bei einer zu engen konzeptionellen Gleichsetzung von Ethnizität und Identität die Rekonstruktion der Möglichkeit ausgeschlossen, daß Migranten oder ihre Kinder

---

10 Die bis hier erfolgten Ausführungen zu Ethnizität und dem dieser Arbeit zugrundeliegenden formalen Verständnis von Ethnizität sind bewußt knapp und einführend gehalten. Sie dienen dazu, im Rahmen dieses Unterkapitels aufzuzeigen, daß und wie Ethnizität üblicherweise als spezifische Identitätskategorie untersucht wird. Außerdem bereiten sie die sich hieran anschließende Diskussion der theoretischen Angebote der Migrationsforschung vor. Sie stellen jedoch noch *nicht* die für die eigene empirische Untersuchung erforderliche Konzeptualisierung von Ethnizität dar, wenngleich sie sie vorbereiten. Die eigentliche theoretische Rahmung der empirischen Untersuchung und das in diesem Zusammenhang noch genauer zu bestimmende Verständnis von Ethnizität erfolgen erst weiter unten (s. Kap. C.III.1).

11 Vgl. Auernheimer 1995, 101ff.; Berger 1990; Esser/Friedrichs 1990b, 13ff.; Greverus 1981; Heitmeyer/Müller/Schröder 1997, 24ff.; Lenhardt 1990; Sachs 1993, 22; Schnell 1990, 44ff.; Schrader/Nikles/Griese 1976, 75ff.

12 Zur Untersuchung des Themenfeldes *Migration-Jugend-Ethnizität/Identität* vgl. exemplarisch: Amit-Talai/Wulff 1995, Auernheimer 1988, Auernheimer 1995, Back 1996, Hamburger 1990, Karakaşoğlu-Aydın 1997, Radtke 1991.

Ethnizität nicht vorrangig zur Identitätskonstruktion und -stabilisierung, sondern aus anderen Gründen und zu anderen Zwecken verwenden. Insbesondere sind jene Arbeiten, die die Bedeutung von Ethnizität durch Fragebogenerhebungen rekonstruieren wollen, mit denen die in Frage stehende soziale Kategorie durch Ankreuzen oder rubrizierendes Antworten von zur Wahl stehenden, vom Forscher vorgegebenen, „ethnischen Identitäten" oder verschiedenen „Dimensionen ethnischer Identität"[13] untersucht wird, kritisch zu beurteilen. Denn punktuelle Befragungen, die dem Askriptions- und Herstellungscharakter von Ethnizität methodologisch nicht gerecht werden können, ermöglichen es folglich auch nicht, den situativen und kontextbezogenen sozialen Gebrauchswert von Ethnizität angemessen zu rekonstruieren.

Mit diesem bis hier erarbeiteten Verständnis von Ethnizität als Identitätskategorie werden nun im Folgenden drei der bekannteren und umfangreicheren Theorieansätze der deutschsprachigen Migrationsforschung eingehender diskutiert.[14] Die von Hoffmann-Nowotny, Heckmann und Esser formulierten, sehr unterschiedlichen Vorschläge zur Konzipierung der Eingliederungssituation von Migranten behandeln Ethnizität ebenfalls als Identitätskategorie. Bei der Besprechung des *Unterschichtungsmodells* von Hoffmann-Nowotny (s. Kap. B.II.2), des Modells der *ethnischen Kolonie* von Heckmann (s. Kap. B.II.3) sowie der *Assimilationstheorie* von Esser (s. Kap. B.II.4) steht die Frage im Zentrum, mit welchen kategorialen Annahmen Ethnizität in der Perspektive dieser drei zentralen Theorieangebote nun genau zum Thema wird. Insbesondere soll erörtert werden, inwieweit die einzelnen Modelle die empirische Untersuchung von Ethnizität, die bis heute durch eine vorherrschende Ungleichheits- und Problemorientierung gekennzeichnet ist, präformieren.

Alle drei Ansätze behandeln ethnische Kolonien und räumliche Segregationen der Wohnstandorte von Migranten. Die Beschreibung und Erklärung der Entstehung ethnischer Kolonien sowie ihrer Folgen für die Lebenssituation von Migranten geschieht in den Arbeiten von Heckmann und Esser allerdings ungleich detaillierter und an konzeptionell wesentlich zentraleren Stellen als bei Hoffmann-Nowotny. Da mit ethnischen Kolonien Konstellationen thematisiert werden, deren Konzeptualisierung wesentlich auf den Kategorien Ethnizität und Raum basiert, wird dem Konzept der ethnischen Kolonie und seiner recht unterschiedlichen Bewertung in der nachfolgenden Untersuchung besondere Aufmerksamkeit geschenkt. Dieser Schwerpunkt erweist sich als

---

13 Z.B.: Sprachgebrauch; Religionszugehörigkeit; ethnische Freundschaftsstruktur; „Selbstidentifikation als Deutscher oder Ausländer" oder „subjektive ethnische Zugehörigkeit" (auf einer mehrstufigen Skala); Geschlechtsrollenorientierung; „Kulturelle Gewohnheiten" – Musik, Video, Zeitungen, Ernährung; usw. usf. (vgl. Esser 1990a, 77; Schnell 1990, 48).

14 Da die Migrationsforschung insgesamt durch einen eher „sparsamen Bezug zu Theorieoptionen" (Bommes 1999, 20) gekennzeichnet ist, fiel die Auswahl relevanter Ansätze nicht schwer.

hilfreich für die Einschätzung verschiedener jüngerer Arbeiten der deutschsprachigen Migrationsforschung. Denn wird im Anschluß an Heckmann oder Esser die Relevanz von Ethnizität für die Situation der Migranten in den Städten untersucht, dann wird diese Ethnizitätsdiskussion mit räumlichem Bezug zumeist auf die Frage der Bedeutung ethnischer Kolonien für die Migranten reduziert. Ein solcher Fokus wiederum hat nicht unwesentliche Folgen für die Art und Weise, wie der Zusammenhang von Migration, Ethnizität und Segregation in letzter Zeit zunehmend konzipiert wird (s. Kap. B.II.5).

2. Migration, Unterschichtung und Ethnizität

Die erste deutschsprachige theoretische Aufarbeitung der Folgen von Migrationen für die aufnehmende Gesellschaft, die autochtone Bevölkerungsmehrheit und die Minorität der Migranten wurde von Hoffmann-Nowotny vorgelegt. Schon 1970 setzte er sich systematisch mit den *strukturellen* Determinanten der Arbeitsmigration und der Eingliederung der Migranten in die Aufnahmegesellschaft auseinander (vgl. Hoffmann-Nowotny 1970). Sein strukturtheoretisches Erklärungsmodell kollektiver und individueller Verhaltensweisen von Migranten und Einheimischen wandte er dann in der 1973 erschienenen *Soziologie des Fremdarbeiterproblems* empirisch umfassend auf das Beispiel der Schweiz und der italienischen Immigration an. Dabei verifizierte er alle der wesentlichen Modellannahmen und leitete aus der allgemeinen Theorie empirisch geprüfte Gesetzmäßigkeiten ab (vgl. Hoffmann-Nowotny 1973, 330f.). Wie jüngere Publikationen zeigen, hat sich der Zuschnitt seiner Theorie seitdem kaum verändert (vgl. z.B. Hoffmann-Nowotny 1995 u. 1996). Einleitend ist noch darauf hinzuweisen, daß Hoffmann-Nowotny die Begriffe „Ethnizität" oder „ethnische Identität", die ihre Popularität in der deutschsprachigen Migrationsforschung erst in den 80er Jahren erlangten, in seinen Arbeiten insgesamt nur selten verwendet. Statt dessen spricht er von „ethnischer Zugehörigkeit" oder „ethnischem Status", von „kultureller Tradition", „kultureller Distanz" und „kultureller Identität" oder schlicht von der „Kultur" der Migranten. Um nun den konzeptionellen Stellenwert dieser Begriffe zu verdeutlichen, müssen die wesentlichen Merkmale des Gesamtmodells erläutert werden.

Hoffmann-Nowotny vertritt einen strukturfunktionalistischen Ansatz. Die fundamentale Strukturbedingung von sog. „sozietalen Systemen" (Weltgesellschaft, Nationen, Provinzen, Kantone) wird in der Beziehung zwischen den zentralen gesellschaftlichen Strukturdimensionen „Prestige" und „Macht" gesehen.[15] „Prestige" als die beanspruchte Teilhabe an materiellen (z.B. Ein-

---
15 Vgl. im Folgenden Hoffmann-Nowotny 1973, 4-36.

kommen) und immateriellen Gütern (z.B. Bildung) legitimiert „Macht", den tatsächlichen Durchsetzungsgrad dieses Anspruchs. Das Gleichgewicht bzw. Ungleichgewicht von „Prestige" und „Macht" wird durch die Position bestimmt, die Personen oder Gruppen auf verschiedenen Statuslinien einnehmen. Fallen diese beiden Dimensionen auseinander, so entstehen *strukturelle Spannungen* – auch zwischen nationalen Gesellschaften („Entwicklungsunterschiede"). Bei der Überschreitung einer bestimmten Grenze entstehen sog. *anomische Spannungen*, die wiederum mit Ohnmachtsgefühlen und Ratlosigkeit verbunden sind. Individuen und Gruppen, aber auch ganze Gesellschaften, tendieren zum Ausgleich der strukturellen und anomischen Spannungen. Mit dieser Grundkonzeption werden sowohl soziale Mobilitätsprozesse innerhalb einer Nationalgesellschaft als auch internationale Migrationen und die Form der Eingliederung der Migranten in die Aufnahmegesellschaft erklärt.

Im Falle der „Gast"- bzw. der „Fremdarbeiter" wanderten Personen mit unbefriedigten Aufstiegsaspirationen aus Gesellschaften mit höheren Spannungen in Gesellschaften mit niedrigeren Spannungen, also in „Richtung zunehmender Entwicklung", ab. Modelltheoretisch formuliert, bedeutet dies, daß die Arbeitsmigranten, indem sie die Gesellschaft verlassen, in der sie ihre Ansprüche auf sozialen Aufstieg und/oder mehr Einkommen nicht durchsetzen können, im Auswanderungsland Spannungen abbauen („Prestige-Export"; vgl. Hoffmann-Nowotny 1973, 20). Nach ihrer Migration treten sie dann – zunächst – zum überwiegenden Teil in die untersten Positionen des sozialen Schichtsystems ein und bilden damit „eine neue soziale Schicht unter der Schichtstruktur des Einwanderungskontextes (...). Unterschichtung impliziert also, daß in der Basis des Schichtsystems neue Positionen geschaffen werden und/oder bisher von Einheimischen eingenommene Positionen aufgegeben und durch Einwanderer besetzt werden" (ebd., 52). Dadurch werden Teilen der aufnehmenden Bevölkerung höhere Mobilitätschancen eröffnet und soziale Aufstiege ermöglicht.

Mit dieser am Beispiel der „Fremdarbeiter" in der Schweiz entwickelten und empirisch belegten These einer *Unterschichtung* der gesellschaftlichen Sozial- und Beschäftigungsstruktur durch Arbeitsmigration wird der Migrationsprozeß insgesamt als Spannungstransfer zwischen Gesellschaften konzipiert. Denn mit dem Spannungsabbau im Auswanderungskontext ist ein Spannungsaufbau in der Aufnahmegesellschaft verbunden: So können die Eingewanderten zwar durch die Migration ihre finanzielle Situation – in Relation zum Auswanderungsland – verbessern; relativ gesehen bleibt ihre gesellschaftliche Marginalität jedoch in vollem Umfang erhalten (ebd., 159). Deshalb bestehen für die Eingewanderten die strukturellen Voraussetzungen des Bestrebens nach sozialer Aufwärtsmobilität, d.h. einem Aufstieg in bezug auf ihr Bildungsniveau und ihre berufliche Stellung, weiterhin („Prestige-

Import"). Aber auch die Situation der Mitglieder der Aufnahmegesellschaft ist durch spezifische, durch die Unterschichtung bedingte Spannungsverhältnisse gekennzeichnet. Das gilt zum einen für diejenigen Gruppen, die die erhöhten sozialen Mobilitätschancen nicht nutzen konnten; die Mitglieder dieser Gruppen vergleichen sich nun mit den Immigranten und den durch die Unterschichtung sozial aufgestiegenen Einheimischen. Zum anderen treten anomische Spannungen auch in den Gruppen auf, die zwar die Mobilitätschancen nutzen konnten, deren „Mobilität aber durch das Zurückbleiben der legitimierenden Statuspositionen (Bildung, berufliche Qualifikation) hinter den machthaltigen beruflichen und finanziellen Status" zu Statusungleichgewichten zwischen den Statuslinien Qualifikationsgrad und Berufs- bzw. Einkommensposition geführt hat (ebd., 71). Vor dem Hintergrund dieser Konstellation struktureller Spannungen in der Migrationsgesellschaft, die sowohl die Einwanderer als auch die Einheimischen betrifft, konzipiert Hoffmann-Nowotny die weiteren gesellschaftlichen Folgen von Immigration, indem er zwischen den durch die Spannungsverhältnisse hervorgerufenen Reaktionen der autochtonen Majorität und denen der zugewanderten Minorität unterscheidet.

Auf seiten der Autochtonen sind es insbesondere die aufgestiegenen Personen, deren Einkommensstatus nicht ihrem Bildungs- und Qualifikationsprofil entspricht, die sich latent aber permanent vor dem drohenden Abstieg fürchten. Aus diesem anomischen Zustand resultiert das Bedürfnis, einerseits die Immigranten als „diskriminiertes Arbeitspotential im Land zu behalten" (ebd., 240), sich aber andererseits von ihnen, also „nach unten", abzugrenzen. Da die Autochtonen ihren Statuszuwachs der sozialstrukturellen Unterschichtung der Gesellschaft durch Arbeitsmigranten und nicht der Erfüllung meritokratischer Kriterien (Qualifikation, Leistung) verdanken, verwenden sie zur Abgrenzung von den Immigranten und zur Statussicherung vor allem zugeschriebene Kategorien. Durch die verstärkte Markierung ethnischer Zugehörigkeiten, also der Betonung des zugeschriebenen Status (Herkunft, „kulturelle" Eigenart, Nationalität) statt des erworbenen Status', gelingt es ihnen, die anomischen Spannungen zu reduzieren und derart die ethnische Schichtungsstruktur der Gesellschaft zu legitimieren. Hoffmann-Nowotny interpretiert diese Reaktion der autochtonen Bevölkerungsmehrheit auf die unterschichtende Einwanderung als „neofeudale Absetzung nach oben". Mit den ethnisierenden Fremdzuschreibungen bemühen sich die Autochtonen, die zentralen Statuslinien (berufliche Stellung, Einkommen, Bildung) für die Zugewanderten zu sperren bzw. ihren eigenen, durch die Unterschichtung erst ermöglichten, sozialen Aufstieg zu bewahren.

Lassen sich auf seiten der Einwanderer die Aspirationen eines Aufstiegs nicht realisieren, was insbesondere bei einer mehr oder weniger erfolgreichen Sperrung der Statuslinien eintritt, können die Einwanderer „längerfristig der

Anomie nur ausweichen, indem sie ihre Aufstiegswünsche aufgeben" (ebd., 267). Diese Option des Ausgleichs struktureller und anomischer Spannungen, welche die Lebenssituation im Immigrationskontext, i.e. die soziale und strukturelle Marginalität, bestimmen, gelingt den Einwanderern im wesentlichen durch die Anwendung einer oder mehrerer der folgenden Strategien. Entweder kommt es zur Remigration, was sich als relativ seltene Wahl erweist, oder der nicht erreichbare Statusrang wird durch einen höheren Konsum kompensiert, oder die Aufstiegswünsche werden auf die Kinder übertragen. Die wichtigste Strategie ist allerdings die Selbstethnisierung. Sie wird als Übernahme der ethnisierenden Perspektive interpretiert, mit der die autochtone Mehrheit die Schichtungsstruktur der Gesellschaft legitimiert (ebd., 240): Die Einwanderer „schreiben den Einheimischen auf verschiedenen Eigenschaftsdimensionen Überlegenheit im Vergleich zu sich selbst zu" (ebd., 267). Sie betonen ihre kulturelle „Eigenart" und die „Werte der kulturellen Traditionen" (ebd., 234ff.). Das selbstethnisierende Verhalten erlaubt es ihnen, „eine mit ethnischer Zuschreibung assoziierte Schichtung der Gesellschaft – Einwanderer unten, Einheimische oben – zu akzeptieren: Benachteiligung von Einwanderern und Bevorzugung von Einheimischen können als legitim angesehen werden" (ebd., 267). Auf diese Weise können die Einwanderer die Spannungen, Frustrationen und Unsicherheiten, denen sie durch ihre Migrationserfahrungen und Marginalität ihrer gesellschaftlichen Position ausgesetzt sind, reduzieren. Mittels der Verwendung von Ethnizität bearbeiten sie Gefühle der Statusunvollständigkeit sowie Marginalitäts- und Ausschlußerfahrungen. Das selbstethnisierende Verhalten der Einwandererminorität – Hoffmann-Nowotny spricht von einer „neofeudalen Absetzung nach unten" – schafft die Voraussetzungen für eine relativ dauerhafte, da spannungsarme, ethnische Schichtung der Gesellschaft, in der die Einwanderer die „unteren" Positionen einnehmen.

Offensichtlich wird Ethnizität in Hoffmann-Nowotnys Modell also in einem engen Zusammenhang mit der durch die Arbeitsmigration hervorgerufenen sozialstrukturellen Unterschichtung der Aufnahmegesellschaft konzipiert: Infolge struktureller und anomischer Spannungen grenzt sich die autochtone Mehrheit durch Fremdethnisierung „nach unten" von den Immigranten ab; diese wiederum reagieren mit Selbstethnisierung auf ihre sozialstrukturelle Marginalität und die Aufstiegsverweigerung durch die Aufnahmegesellschaft. Obwohl die soziale, d.h. vor allem die berufliche Aufwärtsmobilität der Migranten ein wichtiges Thema für Hoffmann-Nowotny ist, wird die Relevanz von Ethnizität nicht auch für den Aufstiegszusammenhang diskutiert. Es stellt sich daher die Frage, ob Ethnizität als relevante soziale Kategorie konzeptionell *nur* für den Ungleichheitskontext der Unterschichtung vorgesehen ist. Zur Beantwortung dieser Frage muß der theoretische Zusammenhang von

Ethnizität und sozialstruktureller Position der Migranten noch genauer beleuchtet werden.

Zur Beschreibung der Eingliederung der Migranten in die Aufnahmegesellschaft verwendet Hoffmann-Nowotny die Begriffe „Integration" und „Assimilation" (ebd., 171ff.). Seiner Begriffsverwendung liegt die in der Soziologie übliche Unterscheidung von zwei grundlegenden Dimensionen der sozialen Realität zugrunde, nämlich „Gesellschaft" auf der einen und „Kultur" auf der anderen Seite. Mit Gesellschaft wird die Positionsstruktur, mit Kultur die Symbolstruktur der sozialen Realität gefaßt. Integration bedeutet dann die Partizipation an Gesellschaft, d.h. die Einnahme von Positionen auf „zentralen Statuslinien". Diese Positionen und mit ihnen der Grad der Integration werden mit Hilfe einer „hoch/tief"-Klassifikation in bezug auf soziale und sozioökonomische Merkmale wie Beruf, Einkommen, Bildung, rechtliche Stellung, Wohnen usw. beschrieben. Die einzelnen Strukturvariablen stünden dabei in einem wechselseitigen Zusammenhang. Der Begriff Assimilation zielt dagegen auf die Partizipation an der Kultur eines sozietalen Systems. Darunter fallen neben Aspekten wie Sprache, sozialen Normen, Nutzung der Medien der Mehrheitsgesellschaft, Rückwanderungsabsicht usw. dann auch die „ethnische Zugehörigkeit". Insgesamt wird der Eingliederungsprozeß der Migranten (in der für weite Teile der Migrationsforschung typischen Weise) als Prozeß der *Angleichung* der Migranten an Gesellschaft und Kultur des Aufnahmelandes gefaßt.

Für die Beurteilung der Konzeptualisierung des Verhältnisses von Ethnizität und sozialstruktureller Position ist eine im Anschluß an Gordon (vgl. Gordon 1964, 67f.) und Heintz (vgl. z.B. Heintz 1972) unterlegte Prämisse bedeutsam. Es wird angenommen, daß das interdependente Verhältnis zwischen Gesellschaft und Kultur im Sinne einer größeren Bedeutung der sozialen Positionsstruktur *asymmetrisch* ist. Auf der Basis seiner theoretischen und empirischen Untersuchungen kommt Hoffmann-Nowotny zur Bestätigung dieser Annahme. Folglich formuliert er die „allgemeine Hypothese", daß die Integration der Migranten in der Aufnahmegesellschaft die Assimilation „stärker determiniert als umgekehrt. Mit anderen Worten, je größer die Chancen der Einwanderer bzw. ihrer Kinder sind, an den Werten der Gesellschaft zu partizipieren, desto größer ist die Wahrscheinlichkeit für eine Assimilation" (Hoffmann-Nowotny 1973, 173). Die Assimilation und mit ihr die Formen der ethnischen Selbstbeschreibungen seien „in erster Linie eine Funktion der Integration (...). Einwanderer, die nicht integriert sind, assimilieren sich auch nicht. Selbst bei längerer Aufenthaltsdauer nehmen Assimilation und Assimilationsbereitschaft nicht zu, wenn der Einwanderer strukturell marginal bleibt" (ebd., 266). Zwar beeinflußten sich Assimilation und Integration bzw. Kultur und Struktur durchaus wechselseitig, doch der Eingliederungsprozeß werde von der Integration in Gang gebracht. Daher sei für eine erfolgreiche Eingliederung der Arbeitsmigranten und ihrer Nachkommen auch nicht die Akzeptanz ihrer eventuell vorhandenen kulturellen Unterschiede, sondern die Frage entscheidend, ob ihnen die zentralen Statuslinien geöffnet und damit soziale Mobilitätsprozesse ermöglicht würden, oder ob ihnen der Aufstieg längerfristig verwehrt bliebe (ebd., 172).

Diese Konzeption des asymmetrischen Verhältnisses von Integration und Assimilation sowie die Fassung des Eingliederungsprozesses von Migranten als Prozeß der Angleichung an Gesellschaft und Kultur des Aufnahmelandes bestimmen die Form der Thematisierung von Ethnizität als einer Handlungskategorie der Migranten. Die Relevanz von Ethnizität ist im Modell daher im wesentlichen tatsächlich nur für den Fall der unvollständigen Integration, und zwar als Kompensation von Ausschluß-, Unterschichtungs- und Diskriminierungserfahrungen, vorgesehen. Die „allgemeine Hypothese", daß die Integration die Assimilation stärker determiniere als umgekehrt, meint mit der „umgekehrten" Konstellation wohlgemerkt die Situation, daß die Integration der Migranten als Folge einer vorausgegangenen Assimilation eintrete. Die Möglichkeit, daß ein sozialer Aufstieg, also die Integration, in engem Zusammenhang mit einer „unvollständigen Assimilation", also der Verwendung von Ethnizität, stehen kann, taucht in dem Modell überhaupt nicht auf. Im Gegenteil, die tendenziell strukturdeterministische Anlage der Theorie Hoffmann-Nowotnys impliziert die grundsätzliche Annahme, daß Ethnizität im Kontext sozialer Aufwärtsmobilität bzw. erfolgreicher Bildungsaufstiegskarrieren irrelevant wird.

Auf der angenommenen Asymmetrie von Struktur und Kultur aufbauend, wird Ethnizität schließlich sogar als Element eines sich selbst langfristig stabilisierenden *Verhinderungsmechanismus* konzipiert: „Mangelnde Integration hemmt nicht nur die Assimilation, sondern kann auch dazu führen, daß die Ursprungskultur für die Einwanderer an Bedeutung gewinnt und damit die objektive Fremdheit zunimmt, was wiederum subjektiv verstärkt wird und so schließlich einen circulus vitiosus in Gang setzt" (Hoffmann-Nowotny 1996, 114). Infolge der ethnisierenden Selbstpräsentationen nähmen also die „objektive Fremdheit" und damit die „kulturelle Distanz" (ebd., 112) zwischen Migranten und Einheimischen tendenziell noch zu. Deshalb böten die selbstethnisierenden Artikulations- und Handlungsformen der Migranten Anknüpfungspunkte für weitere diskriminierende Distanzierungen durch die autochtonen Mitglieder der Aufnahmegesellschaft und stellten insofern letztlich ein zusätzliches Hindernis, aus dem Ungleichheits- und Unterschichtungszusammenhang auszubrechen, dar.

An diesen Stellen seiner Arbeiten, an denen gerade die Ungleichheitszusammenhänge explizit betont werden, schreibt Hoffmann-Nowotny auch der

Kategorie Raum eine relativ große Bedeutung zu. Eine über die unmittelbare Einwanderungssituation hinaus andauernde strukturelle Benachteiligung liege nämlich insbesondere dann vor, wenn die Migranten mehrheitlich räumlich konzentriert in Stadtgebieten mit vernachlässigtem Baubestand und den für Einheimische unattraktiven Lagen und infrastrukturellen Versorgungsbedingungen leben müßten (vgl. Hoffmann-Nowotny 1995, 414; u. 1996, 121). Als Reaktion auf diese (und andere) dauerhafte strukturelle Diskriminierungen, ethnisierende Fremdzuschreibungen und „kulturelle Zurückweisungen" durch die Mehrheitsgesellschaft komme es bei den räumlich segregiert lebenden Migranten „oft zu einer ausdrücklichen Betonung oder Wiederbelebung ihrer kulturellen Identität", wie es am Beispiel der Re-Islamisierung von Nordafrikanern und Türken in den europäischen Städten zu beobachten sei (ebd., 112). Als Folge des sich selbsttragenden und wechselseitig verstärkenden Prozesses struktureller und kultureller Distanzierung entstünden in den „Problemzonen" der städtischen Ballungsgebiete die für „Ghettobildungen" typischen Erscheinungsformen „ethnischer Substrukturen im Bereich von Wirtschaft, Politik und Gemeinschaft" (ebd., 121). Derartige Segregationsfolgen wiederum riefen die „Bildung ethnischer Eliten, die ihrerseits ein Interesse an der Perpetuierung solcher Strukturen" hätten, hervor (ebd.). Auf die Herausbildung ethnischer Eliten, die sozusagen den Endpunkt der skizzierten Kausalkette im Falle anhaltender struktureller Ungleichheitsbedingungen für Migranten bildet, geht Hoffmann-Nowotny leider nicht weiter ein. In seinem Szenario bleibt also offen, ob die Mitglieder dieser Elite selbst von struktureller Desintegration betroffen sind, ob sie z.B. selbst ebenfalls damit scheiterten, erfolgreich im Statussystem der Mehrheitsgesellschaft aufzusteigen, oder nicht.

Zusammenfassend kann vermerkt werden, daß die auffällige Blickverengung der Arbeiten Hoffmann-Nowotnys in bezug auf Ethnizität eindeutig konzeptionell begründet ist. Aus seinem theoretischen Grundmodell struktureller und anomischer Spannungen, der angenommenen Asymmetrie des interdependenten Verhältnisses von Integration und Assimilation sowie der Konzeption der Eingliederung von Migranten als einem strukturellen und kulturellen Angleichungsprozeß resultiert, daß die Bedeutung von Ethnizität – wie auch von räumlichen Segregationen – nur für sozial marginalisierte Migranten erklärt werden kann.

Das Modell beinhaltet keine theoretische Erklärung eines u.U. bestehenden Zusammenhangs von Ethnizität, Raum und sozialem Aufstieg. Obwohl Hoffmann-Nowotny die soziale Aufwärtsmobilität der Migranten nach ihrer Ankunft im Aufnahmeland als zentrale Bedingung einer erfolgreichen Eingliederung konzipiert, wird der Zusammenhang von Aufstieg, Raum und

Ethnizität nur insoweit berücksichtigt, als im Falle von Aufstiegsprozessen einerseits eine räumliche Dispersion und andererseits eine kulturelle Assimilation bzw. die tendenzielle Irrelevanz von Ethnizität erwartet wird. Während der in Dortmund durchgeführten Feldforschung mit Kindern von Migranten, die erfolgreich höhere Bildungskarrieren durchlaufen und den Großteil ihres bisherigen Lebens in den von Hoffmann-Nowotny sogenanten „Problemzonen" der altindustrialisierten Ballungsgebiete gelebt haben, wurden allerdings vielfältige Handlungs- und Kommunikationsformen, die auf Ethnizität als Unterscheidungskategorie zurückgreifen, beobachtet. Sie könnten nach Hoffmann-Nowotnys Theorie bestenfalls als Ausdruck einer jugendlichen Subkultur interpretiert werden, für die jedoch aufgrund der angenommenen Asymmetrie von Struktur und Kultur theoriegeleitet zu behaupten wäre, daß sie für die Integration der Jugendlichen, sprich ihren Bildungsaufstiegsprozeß, belanglos ist. Für die Möglichkeit, daß Ethnizität und Raum *relevante* Kategorien im sozialen Aufstiegszusammenhang darstellen, läßt Hoffmann-Nowotnys Unterschichtungs-Modell keinen Platz.

3. *Ethnische Kolonie und Binnenintegration*

3.1 *Das Modell*

Die in der deutschsprachigen Migrationsforschung weit verbreitete Rede von ethnischen Kolonien ist eng mit den Arbeiten Heckmanns verbunden. Zur Analyse der sozialen Lage der „Gastarbeiterbevölkerung in der Bundesrepublik" formulierte Heckmann in seiner 1981 publizierten Arbeit *Die Bundesrepublik: Ein Einwanderungsland?* das Modell der „Einwandererkolonie". Anlaß waren die gesellschaftliche Stellung der Arbeitsmigranten als ungleich positionierte Minderheit in der Sozialstruktur sowie die Beobachtung, daß in den Gebieten der städtischen Ballungsräume mit vergleichsweise hohen Konzentrationen von Arbeitsmigranten spezifische soziale Netzwerke, verschiedene Formen der sozialen und ökonomischen Selbstorganisation wie Vereine, religiöse und kulturelle Treffpunkte, Geschäfte u.ä. entstanden. Aus der Einwanderungsgeschichte amerikanischer Großstädte (z.B. „Chinatown", „Little Italy", früher auch „Little Germany"), aber auch aus der Geschichte von Einwanderungsgruppen in Deutschland („Ruhrpolen") sind derartige Siedlungskolonien und ethnische Gemeinschaften („ethnic communities") bekannt. An diese Erfahrungen knüpfte Heckmann an, rekonstruierte die entsprechenden Erklärungsmodelle der Chicagoer Schule und übertrug sie auf den bundesdeutschen Kontext. Ohne das ursprüngliche Konzept der *Einwanderer*-Kolonie wesentlich zu verändern, spricht er in seinen jüngeren Arbeiten nun von *ethnischen Minderheiten*, denen *Ethnizität* als Mobilisierungsressource für (ethnische) Vergemeinschaftungsprozesse zur Verfügung stehe (vgl. Heckmann 1992, 38), und eben von *ethnischen Kolonien* (vgl. Heckmann 1992 u. 1998).[16]

Mit seiner Reformulierung des Koloniekonzeptes wendet Heckmann sich erklärtermaßen gegen die in der frühen „Gastarbeiter- und Ausländerforschung" verfolgten Defizitansätze. So wurden die räumlichen Segregationen von Arbeitsmigranten in den Städten zumeist als Beginn einer Ghettobildung interpretiert, der Folgewirkungen wie Kriminalität, Devianz, Verhinderung jeglicher gesellschaftlicher Integration usw. unterstellt wurden (vgl. Heckmann 1981, 133). Auch die außeruniversitäre Öffentlichkeit der Aufnahmegesellschaft tendiert dazu, räumliche Konzentrationen und migrantenspezifischen Kommunikationskreise als sich bewußt abkapselnde Fremdkörper zu beargwöhnen (vgl. Bade 1994, 45). Gegen derartige Deutungsmuster argumentiert Heckmann, daß die sozialen Eigenorganisationen und residentiellen Ballungen von Migranten in den Städten in der Regel vielmehr das Durchgangsstadium eines typischen, generationenübergreifenden Einwanderungs- und Eingliederungsprozesses darstellten. Als ethnische Kolonien grenzt er sie deutlich vom Ghetto ab. Im Gegensatz zum Ghetto, das die Folge einer Zwangssegregation darstelle, sei für die ethnische Kolonie die „*freiwillige* Aufnahme oder Weiterführung innerethnischer Beziehungen" und deshalb auch die „Kettenwanderung (...) (als) wichtiges Begründungsmoment" konstitutiv (vgl. Heckmann 1998, 31f.).

Die ethnische Kolonie sei „Prozeß und Leistung" der Migranten (Heckmann 1981, 216). Sie erfülle wichtige, stabilisierende Funktionen im Eingliederungsprozeß. Ihre eingliederungsfördernde Bedeutung gewinne sie vor dem Hintergrund vielfältiger Verunsicherungen und Benachteiligungen, die mit dem Migrationsprozeß verbunden seien. Neuankömmlingen biete die ethnische Kolonie als Selbsthilfegemeinschaft konkrete Orientierungs- und Vermittlungshilfen. Nach dem ersten Eintritt in den Berufs- und Wohnungsmarkt diene sie als Rückzugs- und Zufluchtsort in der durch „Kulturschock" und Assimilierungsdruck der Aufnahmegesellschaft verursachten Identitätskrise. Derart wirke die Kolonie identitäts- und loyalitätsstiftend. Außerdem könnten Migranten über Eigenorganisationen ihre Interessen auch in ungleichen Machtverhältnissen artikulieren. Vor allem aber ermögliche das Eingebundensein in das „eigenständige sozio-kulturelle System" (ebd., 132) einer ethnischen Kolonie die Verarbeitung von Diskriminierungs- und Marginalitätserfahrungen in einer für den Integrationsprozeß produktiven Weise (ebd., 258).

---

16 Dieser begriffliche Wandel dokumentiert exemplarisch die Etablierung von Ethnizität als gängige Beschreibungs- und Untersuchungskategorie in der deutschsprachigen Migrationsforschung.

Die ethnische Kolonie wird also im Modell als eine Reaktionsform auf die mit der Arbeitsmigration verbundenen Erfahrungen konzipiert, die den Migranten im Eingliederungsprozeß nützt. Die Kolonie sei eine „Zwischenwelt" zwischen Herkunfts- und Aufnahmegesellschaft, „ein Produkt von Versuchen der Migranten, mit der Einwanderung verbundene Probleme in der neuen Umgebung zu lösen" (vgl. Heckmann 1992, 115f.). In diesem Sinne folgert Heckmann aus den verschiedenen Funktionen einer ethnischen Kolonie die wesentliche Behauptung seines Entwurfes: Die Integration der Einwanderer in die *Einwanderungs*-Gesellschaft finde tatsächlich über die Integration in die eigenorganisatorischen Strukturen der *Einwanderer*-Gesellschaft, i.e. die ethnische Kolonie, statt (vgl. Heckmann 1981, 214ff.). In vergleichbarer Weise spricht auch Elwert von einer „Binnenintegration" der Migranten in die ethnische Kolonie (vgl. Elwert 1982).

Da die Konzepte der ethnischen Kolonie und der durch sie ermöglichten Binnenintegration in der Form, in der Heckmann und Elwert sie in die deutschsprachige Diskussion einführten, Modelle zur Beschreibung eines intergenerationellen Eingliederungsprozesses von Migranten in die Aufnahmegesellschaft sind, gelten die genannten Funktionen prinzipiell, wenngleich in veränderter und tendenziell abgeschwächter Form, auch für die zweite und dritte Generation. Heckmann selbst bezieht die ethnische Kolonie jedoch in expliziter Form überwiegend auf die Situation der ersten Generation. Im Hinblick auf die zweite Generation hebt er zum einen die für ihre Sozialisation notwendige Stabilisierungsfunktion der Kolonie, die eine „kulturspezifische Sozialisation" (vgl. Heckmann 1992, 113) ermögliche, hervor. So vermutet er, ausgehend von der These der in der Regel identitätsstabilisierenden Funktion ethnischer Kolonien, daß der „Kulturkonflikt", in den die zweite Migrantengeneration in der Aufnahmegesellschaft zwangsläufig gerate, gerade bei denjenigen Jugendlichen sehr ausgeprägt sei, die nicht in die Zusammenhänge einer Kolonie eingebunden seien (vgl. Heckmann 1981, 200ff.). Zum anderen weist Heckmann darauf hin, daß sich die Funktion ethnischer Gemeinschaften für nachfolgende Generationen insofern verändere, als die Bedeutung der Herkunftsgesellschaft, die für die erste Generation noch sehr groß war, geringer und die der Kolonie größer werde (ebd.). Aus den drei unmittelbaren Bezugspunkten – der Herkunfts-, der Einwanderer- und der Einwanderungsgesellschaft – werden zwei.

Ohne anhaltende Immigrationsbewegungen löse sich die ethnische Kolonie im intergenerationellen Eingliederungsprozeß allmählich auf, da die sozial in die Strukturen der Mehrheitsgesellschaft aufsteigenden Personen die Kolonie verließen (ebd., 218). Mit einer „dysfunktionalen", die Integration nicht fördernden Wirkung rechnen Heckmann und Elwert nur im Falle einer völligen Abkapselung vom umgebenden gesellschaftlichen System, was entweder bei „institutioneller Vollständigkeit" (Breton 1965), „nicht-lernfähigen" binnenethnischen Kommunikationssystemen (Elwert 1982, 726) oder bei anhaltender sozialstruktureller Geschlossenheit der Mehrheitsgesellschaft auch für nachfolgende Generationen eintrete (vgl. Heckmann 1992, 115).

3.2 Kritische Diskussion

Im Gegensatz zu Hoffmann-Nowotny stellt Heckmann gerade die integrationsfördernde Funktion ethnischer Kolonien heraus. Dennoch erscheint seine Kolonie-Konzeption im Hinblick auf die Untersuchung der Relevanz von Ethnizität und Raum im Bildungsaufstiegsprozeß der zweiten Migrantengeneration aus verschiedenen Gründen problematisch.

Zunächst soll darauf eingegangen werden, daß Heckmann das Phänomen ethnischer Gemeinschaften und Kolonien als „institutionelle Antwort" (ebd., 98) auf die Bedürfnisse in der durch Marginalität und Desorientierung gekennzeichneten Migrations- und Minderheitensituation konzipiert. Ziemlich pauschal wird damit bereits theoretisch entschieden, daß die ethnische Kolonie im Hinblick „auf eine Verbesserung der sozialstrukturellen Stellung der Arbeitsmigranten, die wir (...) als unterprivilegierte Schicht in der Arbeiterschaft mit bestimmten Merkmalen einer frühproletarischen Lage gekennzeichnet hatten", wirke (ebd., 115). Komplementär zu dieser Festlegung wird angenommen, daß die Kolonie für Migranten im Falle von Aufstiegsprozessen, erfolgreicher „sozialer Mobilität", „außerethnischen Kontakten" bzw. beim „Eintreten in den universalistischen Wettbewerb" (ebd.) tendenziell irrelevant werde: „Schwächen sich die Bedürfnislagen ab, auf welche die ethnischen Institutionen eine ‚funktionale Antwort' darstellen, verliert die ethnische Kolonie von der Seite ihrer konstituierenden Faktoren an Bedeutung, Binde- und Organisationskraft" (ebd., 116). Strenggenommen ist für die Anlage des Koloniemodells nach Heckmann also entweder die unmittelbare Migrationserfahrung der ersten Generation, die bei der im Einwanderungsland geborenen zweiten und dritten Generation gar nicht mehr vorliegt, oder zumindest eine destabilisierte soziale Lage der Migranten entscheidend. Entsprechend wird die sozialstrukturelle Unterschichtposition der Immigranten bei Heckmann zur notwendigen Voraussetzung ethnischer Koloniebildung. Klar kommt dies in seiner Definition „ethnischer Minderheiten", die seinem Modell zufolge in der Migrationssituation die ethnischen Kolonien ausbilden, zum Ausdruck: „Ethnische Minderheiten sind die innerhalb eines Systems ethnischer Schichtung benachteiligten, unterdrückten, diskriminierten und stigmatisierten ethnischen Gruppen" (ebd., 57). Der ausschließliche Rückgriff auf Merkmale wie Unterschichtung, Benachteiligung, Diskriminierung oder Desintegration erklärt, warum Heckmanns Aussagen zu Entstehung, Fortbestand und Bedeutung ethnischer Kolonien zwangsläufig einseitig sind. Aber gerade durch eine solche Anlage des Modells erscheint die zentrale These über die binnenintegrativen Funktionen ethnischer Kolonien natürlich äußerst plausibel: Um über das Übergangsstadium einer Teilnahme an den Handlungszusammenhängen einer ethnischen Kolonie gesamtgesellschaftlich integriert werden zu können, muß man zuvor desintegriert gewesen sein. Offensichtlich sieht also auch Heckmann in seinem Modell die Möglichkeit von sozialen Aufstiegen, die sich in enger Verbindung mit der Teilnahme an den Strukturen einer ethnischen Kolonie vollziehen, gar nicht vor.

Weitere Schwierigkeiten hängen mit der konzeptionellen Entscheidung, die Einwanderer und die von ihnen hervorgebrachten ethnischen Kolonien als *Einwanderergesellschaft* der sie umgebenden *Einwanderungs-* bzw. *Mehrheitsgesellschaft* gegenüberzustellen, zusammen (vgl. Heckmann 1981, 214ff.). Natürlich sieht auch Heckmann, daß die Migranten über ihre Inklusionen in die einzelnen gesellschaftlichen Funktionssysteme durchaus in vielfältiger Weise in die Strukturen der Aufnahmegesellschaft eingebunden sind. So konzediert er bei seinen Überlegungen hinsichtlich der Übertragbarkeit des Koloniekonzeptes auf die Einwanderungssituation in der Bundesrepublik sowohl, daß durch die Beteiligung der Migranten am System der sozialen Sicherung des bundesrepublikanischen Wohlfahrtsstaates ein „Hauptmotiv der Bildung von Selbsthilfeorganisationen, die einen organisatorischen Kern bei der Entwicklung der Einwandererkolonien (in den USA; A.P.) ausmachten", fortfalle (ebd., 217), als auch, daß es in Deutschland im Gegensatz zu den USA keine „(fast) vollständige ethnische (Dienstleistungs-) Ökonomie", sondern allenfalls eine „Ergänzungsökonomie" gebe (vgl. Heckmann 1992, 109). Auch räumt Heckmann ein, daß die der ethnischen Kolonie unterstellte Funktion einer „kulturspezifischen" Sozialisation nachfolgender Generationen „auch durch Determinanten beeinflußt (ist), die im Verhältnis von Minderheit und Mehrheit und der Minderheitenpolitik der Mehrheitsgesellschaft liegen" (ebd., 113). Dennoch bleiben derartige Feststellungen zur Existenz von „Beziehungen zur Mehrheitsgesellschaft" (ebd., 115) relativ folgenlos für die Reformulierung des amerikanischen Koloniemodells: Heckmann definiert ethnische Kolonien als mehr oder weniger klar von der Mehrheitsgesellschaft abgegrenzte „Sozialsysteme, in welchen die Gastarbeiterbevölkerung lebt" (vgl. Heckmann 1981, 217), bzw. als „Binnenstruktur ethnischer Minderheiten" (Heckmann 1992, 96ff.). Aus dieser Anlage des Koloniemodells, das die Vorstellung einer „separierten" Migranten-*Gesellschaft* nahelegt, resultieren im Hinblick auf die Untersuchung der Relevanz von Ethnizität spezifische Engführungen und Verallgemeinerungen, die im Folgenden aus verschiedenen Blickwinkeln benannt werden.

Mit der Rede von der „Binnenstruktur ethnischer Minderheiten" wird die angenommene integrationsfördernde Funktion ethnischer Kolonien verhältnismäßig pauschal der gesamten jeweils zu untersuchenden – noch nicht sozialstrukturell aufgestiegenen – Migrantengruppe unterstellt. Auch die recht allgemeinen Aussagen über „kulturspezifische" Handlungsformen, „Kulturkonflikte" etc., die für die Lebensverhältnisse in der „Zwischenwelt" des „sozialkulturellen Systems" der ethnischen Kolonie kennzeichnend seien, werden mehr oder weniger undifferenziert auf alle Arbeitsmigranten und ihre Kinder bezogen. Gerade durch die Gegenüberstellung von Mehrheits- und Einwanderergesellschaft entsteht also der Eindruck, als sei die ethnische Kolonie eine holistische Einheit, ein Sozialsystem sui generis mit einer spezifischen Kultur. An diesem homogenisierenden Effekt des Koloniebegriffs ändert auch Heckmanns Hinweis auf die selbstverständliche soziale Heterogenität einer größeren Migrantengruppe nichts: „Systematisch lassen sich vor allem folgende, die ethnische Kolonie differenzierende und z.T. konfliktär spaltende Faktoren nennen: sozialstrukturelle, regionale, ideologisch-politische, religiöse und kulturelle" (ebd., 110). Auch eine differenzierte ethnische Kolonie ist eine ethnische Kolonie; die kategoriale Gegenüberstellung Kolonie versus Mehrheitsgesellschaft wird so nicht aufgehoben.

Als Folge dieser polarisierenden Konstruktion werden die gesamtgesellschaftlichen Bezüge und Strukturbedingungen, in die auch die Lebenszusammenhänge von Migranten eingebettet sind, die also über die „Welt der Kolonie" hinausweisen (z.B. „interethnische" soziale Netze; Inklusionen in die gesellschaftlichen Funktionssysteme Bildung, Arbeit, Politik usw.), tendenziell mißachtet. Im besten Fall werden sie auf die grobe Annahme, daß die Erscheinungsformen der Kolonie eine Reaktion auf Unterschichtungs-, Diskriminierungs- und Migrationserfahrungen seien, reduziert. Wie Heckmann im Falle der sozialstrukturellen Ungleichheit – aber eben auch nur dann – selbst argumentiert, kann jedoch die Bedeutung der Teilnahme an eigenethnischen Organisationen und Netzwerken erst vor dem Hintergrund der gesamtgesellschaftlichen Bezüge der Migranten angemessen erfaßt werden. Die Handlungspraxen der Migranten sollten daher konsequent als Verarbeitungsformen ihrer Lebensbedingungen *in* der Gesamtgesellschaft interpretiert werden. Zu einer solchen Untersuchungsperspektive trägt aber eine Konzeption, die auf der Dichotomie Mehrheitsgesellschaft/Minderheitsgesellschaft aufbaut und deshalb die Lebensverhältnisse von Migranten nur mehr oder weniger homogenisierend fassen kann, nicht bei.

Als empirische Indizien für die Existenz einer ethnischen Kolonie werden gängigerweise religiöse Gemeinden von Migranten, ihre Moscheen, Vereine, Geschäfte, Restaurants, politische Organisationen usw. angeführt. Die Konzeption einer „Binnenstruktur ethnischer Minderheiten" präformiert dann die

Deutung dieser Phänomene als Niederschlag der in der Einwanderungssituation entstandenen „spezifischen Kultur der Migranten" (vgl. Treibel 1999, 192), als „kulturspezifische" Handlungsformen oder, ebenso undifferenziert, als Ausdruck der Bearbeitung von Ausschlußerfahrungen. Weder mit solchen Deutungen noch mit der Identifizierung einer Kolonie anhand verschiedener Gebäude, Organisationen oder Netzwerke ist allerdings etwas über die individuelle Bedeutung der Teilnahme an den entsprechenden ethnisch markierten, lokalen Handlungszusammenhängen ausgesagt. Um in diesem Sinne die Relevanz von Ethnizität zu untersuchen, müßten die sozialen Handlungspraxen der Migranten, die die Organisationsformen und Netzwerke einer ethnischen Kolonie in den Städten ja erst hervorbringen und mit spezifischen Bedeutungen versehen, im Analysevordergrund stehen.

Die theoretische Konstruktion der ethnischen Kolonie als Einwanderer-Gesellschaft führt noch zu anderen Blickverengungen. Verschiedene Schätzungen und Zählungen zu Vereinsmitgliedschaften belegen, daß die Mehrheit der Migranten in Deutschland *nicht* in den Vereinsstrukturen ihrer Herkunftsgruppen organisiert ist und daß selbstverständlich nicht alle Migranten nur in binnenethnische soziale Netzwerke eingebunden sind.[17] Nichtsdestotrotz können Ethnizität und „ethnische Kolonien" auch für die Migranten, die keine gravierenden Desintegrationserfahrungen besitzen oder die nicht, nur peripher oder nur kurzzeitig an den Handlungszusammenhängen einer „ethnischen Kolonie" teilnehmen, bedeutsam sein. Die Erfahrungen und die im Migrationskontext entwickelten Handlungsformen dieser Migranten vernachlässigt die Koloniekonzeption ebenfalls, da sie Migranten generell als Mitglieder einer ethnischen Minderheit vereinheitlicht.

Außerdem wird durch die Dichotomie Mehrheitsgesellschaft versus ethnische Kolonie bereits a priori festgelegt, daß Ethnizität ausschließlich im Relevanzbereich der ethnischen Kolonie, i.e. im „eigenständigen sozio-kulturellen System" der Migranten, und nicht etwa in der gymnasialen Oberstufe, in der Universität, im Berufs- oder im sozialen Aufstiegszusammenhang zu erwarten ist. Letztere Kontexte sind aber neben dem Handlungskontext einer ethnischen Kolonie für die Untersuchung der Relevanz von Ethnizität im Bildungsaufstiegsprozeß ebenfalls von Interesse. Auch deshalb ist das Koloniekonzept für meine Studie zu einseitig angelegt.

Bei der bisherigen Kritik an der Konstruktion einer *Einwanderer-Gesellschaft* wurde aus unterschiedlichen Blickwinkeln argumentiert, daß mit

---

17 Vgl. z.B. Bundesministerium 2000, 115f.; Ministerium 1995, 83-108. Einer nicht publizierten Studie des Justizministeriums NRW über die *Problemlagen des deutsch-türkischen Verhältnisses und der Beziehungen NRW-Türkei* von 1996 zufolge sind ca. 5 bis 10 Prozent der in Nordrhein-Westfalen lebenden Türken in die verschiedenen türkischen Vereine in NRW – religiöse, politische und kulturelle – eingebunden.

der Koloniekonzeption eine für die Interpretation der Relevanz von Ethnizität in der modernen Gesellschaft unzulässige Grenze zwischen der Aufnahmegesellschaft und der „Zwischenwelt" der Migranten gezogen wird. Im Hinblick auf die noch zu führende Diskussion über die Bedeutung der Raum-Kategorie soll nun abschließend darauf hingewiesen werden, daß die problematische Konstruktion einer Einwanderergesellschaft, gerade durch den Raumbezug des Koloniemodells entscheidend gefestigt wird. Bereits in dem historischen Koloniebegriff der US-amerikanischen Migrationsforschung verschmelzen die „ausgewanderte Menschengruppe, die auf zunächst fremdem ‚Territorium' ihre nationale Identität erhält, die Formen ihrer ökonomischen und sozialkulturellen Organisation sowie ein Gebiet, in dem ‚gesiedelt' wird" (Heckmann 1981, 216) zu einer *sozial-räumlichen* Einheit. Diese Hybridgestalt aus ethnischer Gemeinschaft und Territorium kennzeichnet auch die Verwendung des Koloniebegriffs bei Heckmann selbst. Freilich weist er darauf hin, daß die Entstehung und der Erhalt einer ethnischen Gemeinschaft nicht notwendig an segregierte Wohngebiete gebunden sei: „Koloniebildung ist die *freiwillige* Aufnahme oder Weiterführung interethnischer Beziehungen. Anders als beim Ghetto, in dem räumliche Integration und soziale Organisierung durch Zwang zusammenfallen, ist die Entwicklung eines sozial-kulturellen Eigensystems der Minderheit nicht notwendig mit der Existenz segregierter und/oder zusammenhängender Wohnbezirke verbunden, wenn auch diese der sozial-kulturellen Organisation der Minderheit vermutlich förderlich sind und empirisch häufig – wie beim Ghetto, doch aufgrund anderer Mechanismen – zusammentreffen" (Heckmann 1992, 98). Die Behauptung, daß die Konstellation, in der segregierte Wohngebiete von Migranten mit der ethnischen Gemeinschaft zusammenfallen, empirisch häufig auftritt, untermauert Heckmann dann in seinen Arbeiten mit allen von ihm angeführten Beispielen, nicht zuletzt auch mit seiner Untersuchung zur „Gastarbeiterbevölkerung der Bundesrepublik" (vgl. Heckmann 1981, 203ff.).

Trotz des expliziten Hinweises auf die nicht notwendige Kongruenz von ethnischer Gemeinschaft und erdräumlicher Konzentration der Migrantengruppe wird die ethnische Kolonie auch von anderen Autoren ganz selbstverständlich als eine „sozial-räumliche" Einheit behandelt. Sachs beispielsweise spricht mit Bezug auf die Arbeitsmigranten in den städtischen Ballungsgebieten von „mehr oder weniger dauerhaften sozialräumlichen Systemen" (vgl. Sachs 1993, 11). Treibel versteht unter der ethnischen Kolonie in Anlehnung an Heckmann „die von einer ethnischen Gruppe dominierten Wohnviertel" (Treibel 1999, 192). Die Beispiele ließen sich beliebig fortsetzen. In der Regel ist also mit der ethnischen Kolonie eine Mischform aus *Sozialem* und *Raum* gemeint. Wie die vorangehend besprochenen Schwierigkeiten zeigen, ist die auf diese Weise von Heckmann konstruierte *Gesellschaft* der Einwanderer jedoch nur auf den ersten Blick plausibel.

Aus einer Beobachtungsperspektive, die auf die Verwendung der Raum-Kategorie blickt, können die benannten Engführungen nun noch anders charakterisiert werden. Problematisch an der Koloniekonzeption ist nämlich auch, daß sie eine Deckungsgleichheit der Kategorien Raum (bzw. Lokalität) und Ethnizität suggeriert. Die nahegelegte Deckungsgleichheit von Raum und Ethnizität trägt zur Etablierung der üblichen, einseitigen Untersuchungsperspektive bei: In der Koloniekonzeption wird Ethnizität als relevante soziale Kategorie ausschließlich, und dort allerdings immer, in den Stadtvierteln mit relativ hohen residentiellen Segregationen von Migranten bzw. in den „eigenorganisatorischen Systemen" der ethnischen Kolonie, womit im wesentlichen Kulturvereine, Moscheen, migrantenexklusive Netzwerke etc. gemeint sind, *verortet*. Alle anderen möglichen Verwendungskontexte von Ethnizität, so auch der in der vorliegenden Arbeit interessierende soziale Aufstiegszusammenhang, werden auf diese Weise a apriori ausgeblendet. Aus der mit dem Koloniemodell suggerierten Deckungsgleichheit von Raum und Ethnizität resultiert folglich eine dreifache konzeptionelle Engführung: Erstens wird mit ihrer Hilfe eine für die empirische Untersuchung von Ethnizität irreführende Grenze – zwischen der Kolonie und der Aufnahmegesellschaft – konstruiert; zweitens wird die Relevanz von Ethnizität auf den Koloniebereich beschränkt; und drittens wird implizit unterstellt, daß für die Teilnahme an den Handlungszusammenhängen einer ethnischen Kolonie wie Vereinen, Moscheen usw., Ethnizität *immer* von Bedeutung ist. Wie die weitere Untersuchung zeigen wird, ist keine dieser durch das Koloniekonzept auferlegten Beschränkungen für die Untersuchung des Zusammenhangs von Ethnizität, Raum und Aufstieg akzeptabel.

Für die Zusammenfassung der Diskussion des Koloniekonzeptes bleibt an dieser Stelle folgendes festzuhalten. Das Koloniekonzept nach Heckmann ist einseitig auf die „Binnenstruktur" von Migrantengruppen fixiert; es vernachlässigt Verwendungskontexte von Ethnizität, die außerhalb der sozialen Eigenorganisationsformen und Netzwerke der Migranten liegen. Modelltheoretisch wird für die Situation der Migranten pauschal angenommen, daß sie sozial und sozialstrukturell im Verhältnis zur Gesamtgesellschaft in ungleichen oder benachteiligten Verhältnissen leben. Die soziale Relevanz der ethnischen Kolonie im Migrationskontext wird im wesentlichen auf die Stabilisierung der durch die gesellschaftlich marginale Position entstabilisierten Persönlichkeiten der Migranten reduziert. Insofern haben die betroffenen Migranten in dem Koloniemodell den sozialen Aufstieg aus der Unterschichtsposition im allgemeinen sowie den Bildungsaufstieg im speziellen notwendigerweise noch vor sich. Aus diesen Gründen muß auch das Koloniekonzept Heckmanns als ungeeignet für die theoretische Rahmung meiner Untersuchung angesehen werden.

4. Assimilation versus Segmentation

Zur Untersuchung der Eingliederung von Migranten in die Gesellschaft des Aufnahmelandes hat Esser 1980 mit den *Aspekten der Wanderungssoziologie* ein analytisch-erklärendes Modell der Assimilation von „Wanderern, ethnischen Gruppen und Minderheiten" entwickelt. Neben der soziologischen Wanderungstheorie von Hoffmann-Nowotny zählt Essers Eingliederungstheorie zweifellos zu den theoretisch und methodologisch elaboriertesten Theorievorschlägen der deutschsprachigen Migrationsforschung. Das Assimilationsmodell wurde in Auseinandersetzung mit verschiedenen Theoretikern der US-amerikanischen Migrationsforschung als ein generationenübergreifendes Prozeßmodell der Eingliederung entworfen. In diesem Sinne fand es in den 1980er und 90er Jahren bei Untersuchungen über den Stand der Eingliederung der zweiten im Vergleich zur ersten Generation der Arbeitsmigranten vielfache Verwendung. Die in dem Modell theoretisch begründeten Vorschläge einer Operationalisierung der Assimilation von Migranten tragen zur vergleichsweise häufigen empirischen Anwendung bei. Die von Esser vorgeschlagenen Variablen zur Beschreibung und Messung des Grades der Eingliederung in die Aufnahmegesellschaft sind zwar nicht unumstritten, dafür aber verhältnismäßig leicht zu erheben.

Für die vorliegende Studie ist eine Auseinandersetzung mit Essers Assimilationstheorie aber nicht nur wegen ihrer prominenten Stellung unter den Theorieangeboten der Migrationsforschung und ihrer Bedeutung für empirische Untersuchungen unerläßlich, sondern vor allem, weil sie explizit handlungs- bzw. individualtheoretisch konzipiert ist. Damit steht sie im theoretischen Gegensatz zu den Ansätzen von Hoffmann-Nowotny und Heckmann, die ja insbesondere wegen ihrer strukturtheoretisch begründeten Engführungen kritisiert wurden. Die handlungstheoretischen Grundlagen der Assimilationstheorie baute Esser in seinen jüngeren Publikationen konsequent zu einer soziologischen „Rational-Choice"-Theorie aus.[18] Unter der Annahme der „rationalen Handlungswahl" von Akteuren veröffentlichte er außerdem verschiedene Beiträge zur Bedeutung von Ethnizität und ethnischer Identität in der modernen Gesellschaft sowie zu Entstehung und Folgen ethnischer Schichtungen (1990c), Kolonien (1986) und Konflikte (1996 u. 1997), die die diesbezüglichen Aussagen seiner Assimilationstheorie noch präzisierten. In *Generation und Identität* wird der Gebrauchswert von Ethnizität und ethnischer Identität als einer spezifischen Handlungsselektion sogar explizit für Migrantenjugendliche thematisiert (vgl. Esser/Friedrichs 1990a). Aus diesen Gründen ist die Assimilationstheorie Essers, die gerade auf die Deutungen, Hand-

---

18 Vgl. z.B. Esser 1991, 1993 o. 1999/2000.

lungen und Herstellungsleistungen von Akteuren fokussiert, für eine Untersuchung zur Bedeutung von Ethnizität und Raum im Bildungsaufstiegsprozeß von Migranten der zweiten Generation von besonderem Interesse.

4.1 Das Assimilationsmodell

Bekanntermaßen unterscheidet Esser mit der *kognitiven*, der *strukturellen*, der *sozialen* und der *identifikativen* Assimilation vier Dimensionen der Eingliederung von Migranten, die er mit Hilfe spezifischer Variablen operationalisiert.[19] Unter *kognitiver Assimilation* wird der Erwerb von Fertigkeiten wie der Sprache der Mehrheitsgesellschaft, Normenkompetenz und Situationserkennung verstanden – zumeist operationalisiert durch die Variable „Sprachkenntnisse". Unter *struktureller Assimilation* werden sozialstrukturelle Angleichungsprozesse in puncto Ausbildung, Einkommen, Positionsbesetzung, De-Segregation der Wohnstandorte usw. gefaßt – operationalisiert durch die Variablen „berufliche Position", „Ausbildungsniveau" oder „Niveau der residentiellen Segregation". Mit *sozialer Assimilation* wird das Vorliegen formeller und informeller „interethnischer" Beziehungen beschrieben – operationalisiert durch ein entsprechendes Maß für Interaktionsbeziehungen, Freundschaften oder interethnische Heiraten. Und mit *identifikativer Assimilation* meint Esser die Identifikation mit der Aufnahmegesellschaft – operationalisiert durch die „subjektive Zugehörigkeit" oder identifikative Selbstbeschreibungen und durch die „Rückkehr-" oder „Einbürgerungsabsicht". Die „ethnische Identität", also das, was im Zusammenhang der vorliegenden Arbeit auch unter den Begriff der Ethnizität fällt, wird als Spezialfall der identifikativen Assimilation konzipiert (vgl. Esser 1990a, 77; Esser/Friedrichs 1990b, 17).

Hypothetisch nimmt Esser für den Assimilationsprozeß eine kausale Stufenstruktur an: „Die Verwirklichung einer Stufe der Assimilation ist die Voraussetzung zur Realisierung der nächsten Stufe" (vgl. Esser 1980, 229f.). Dabei beginnt der Assimilationsprozeß nach der Einwanderung mit der kognitiven Assimilation, auf die die strukturelle Assimilation folgt, die wiederum als Voraussetzung für die soziale Assimilation anzusehen ist (ebd., 221). In der identifikativen Assimilation des Migranten mit der Aufnahmegesellschaft sieht Esser schließlich die „Verankerung der (bisher erfolgten; A.P.) Eingliederung in der Persönlichkeit des Migranten (als letzte und intensivste Stufe der Assimilation)" (ebd., 180) und damit die Folge der kognitiven, strukturellen und sozialen Assimilation (ebd., 231). Der Fall einer „vollständigen" Assimilation von Migranten liegt also dann vor, wenn alle vier Assimilationsstu-

---

19 Vgl. im Folgenden: Esser 1980, 209-235; Esser 1990a; Esser/Friedrichs 1990b.

fen in ihrem Leben manifestiert sind; d.h., wenn die Sprache des Aufnahmelandes und seine sozialen Normen beherrscht werden, ein sozialer Aufstieg in das gesellschaftliche Statussystem vollzogen wurde, interethnische Kontakte und Freundschaften auch im privaten Bereich vorliegen und die Selbstidentifikation der Migranten der der nichtmigrierten Mitglieder der Aufnahmegesellschaft entspricht. Im Gegensatz zur Erwartung klassischer US-amerikanischer Migrationstheorien wird die erst im Generationenverlauf eintretende vollständige Assimilation nicht als unausweichlicher Prozeß konzipiert. Die Möglichkeit einer auch dauerhaft „unvollständigen" *partiellen Assimilation* ist bewußt vorgesehen.

Die theoretischen Annahmen, auf denen die stufenförmige Konzeption des Assimilationsprozesses beruht, stützen sich auf das Programm des „methodologischen Individualismus" und auf eine „kognitive Theorie des Lernens und Handelns von Personen" (ebd., 13f.). Die damit zugrunde gelegte Wert-Erwartungstheorie fokussiert auf das rationale, interesse- und regelgeleitete Handeln von lernenden Akteuren – und nicht auf „objektive" gesellschaftliche Strukturen. Hierin besteht der entscheidende konzeptionelle Unterschied zu den Theorien von Hoffmann-Nowotny und Heckmann, die den Schwerpunkt auf die von den handelnden Migranten unabhängigen strukturellen Voraussetzungen der gesellschaftlichen Eingliederung legen. Esser dagegen konzipiert die aus der Sicht der Akteure „externen" Strukturen als – zumeist ungeplante – kollektive Folge absichtsvollen Handelns einzelner Akteure.

Modelltheoretisch geschieht dies mit Hilfe von drei Erklärungsschritten. Im ersten Schritt wird die soziale Situation, in der jeder Akteur handeln muß, die *Umgebung*, modelliert. Die Handlungssituation ist immer durch drei Variablen gekennzeichnet: Der Akteur findet bestimmte objektive Bedingungen vor, die als *Restriktionen* oder *constraints* die beiden anderen, demgegenüber auf der Mikro-Ebene angesiedelten Variablen, nämlich seine Handlungs-*Möglichkeiten* und *-Alternativen*, auf einen bestimmten *feasible set* von in dieser konkreten Situation durchführbaren Handlungen eingrenzen. Es handelt sich bei den Restriktionen aber wohlgemerkt nur um Eingrenzungen der Handlungswahlmöglichkeiten und nicht um gesellschaftliche oder strukturelle Zwänge, die bestimmte Handlungen eindeutig determinieren. Die Vorstellungen, die ein Akteur über eine Situation hat, werden über *Brückenhypothesen* beschrieben, die sich darauf beziehen, wie ein Akteur eine Situation für sich wahrnimmt und definiert (vgl. Esser 1990e). Aus diesen für den ersten Erklärungsschritt modellierten Variablen folgen dann die Variablen für den zweiten Schritt: i.e. die *internen* Erwartungen und Bewertungen, die sich aus der *Definition der Situation* als *externes* Bedingungsgefüge ergeben. Diese wiederum stellen die Grundlage für die *Wahl* aus den verschiedenen Handlungsalternativen – *rational choice* – dar. Bei der Modellierung einer solchen *Lo-*

gik der Selektion einer bestimmten Handlungsalternative kommen die handlungstheoretischen Annahmen, die Esser seinem Modell als *Selektionsregeln* unterlegt, ins Spiel. Zusammenfassend dargestellt, geht Esser im wesentlichen von einem nutzenmaximierenden Akteur aus, der „in der Regel" zweckrational handelt. Um von der Mikro-Ebene der Akteure wieder auf die Makro-Ebene der Gesellschaft, die bisher in das Handlungsmodell nur im ersten Schritt im Sinne von Handlungsrestriktionen einging, zu kommen, wird im dritten Schritt das kollektive Explanandum als Folge der von den Akteuren selegierten Handlungsalternativen erklärt. Esser nennt diesen Schritt *Logik der Aggregation*, d.h. die individuellen Handlungen aggregieren sich – bestimmten, hier nicht weiter auszuführenden *Transformationsregeln* entsprechend – „wirkungsvoll" zu dem zu erklärenden kollektiven Phänomen.

Mit dieser allgemeinen rationalen Handlungstheorie erklärt Esser die Assimilation einer Migrantengruppe, aber auch die Entstehung residentieller Konzentrationen oder ethnischer Gemeinschaften als kollektive Folge der Handlungen einzelner Akteure. Unter der basalen Annahme, daß alles Handeln im Prinzip eine Wahl zwischen Alternativen darstellt, entscheiden sich die Migranten entweder für *assimilative* Handlungen, wie z.B. das Erlernen der Sprache des Aufnahmelandes, die Aufnahme interethnischer Kontakte oder die Wahl eines nicht-segregierten Wohnortes, oder dagegen. Die alternativen, *nicht-assimilativen* Handlungen, also z.B. die binnenethnische Freundschaftswahl, die Identifikation mit der Herkunftsgesellschaft oder die ethnische Selbstbeschreibung, werden auch *segmentative* Handlungen genannt. Wie für den allgemeinen Fall angenommen, gilt auch für Migranten die konzeptionelle Unterstellung, daß ihre jeweiligen Handlungsentscheidungen im Sinne einer Kosten-Nutzen-Entscheidung davon „gesteuert" werden, welche Alternative ihnen als die „günstigste" angesichts ihrer Interessen, der in der Handlungssituation gegebenen Möglichkeiten, Beschränkungen und erwartbaren Konsequenzen erscheint. Die spezifische handlungsrelevante Form, in der ein Migrant seine Umgebung interpretiert, wird dem Handlungsmodell zufolge von Handlungsparametern, den *Randbedingungen* des Handelns, beeinflußt. Diese Randbedingungen beziehen sich einerseits auf die *Person* und ihre persönlichen Handlungsdispositionen und andererseits auf ihre *Umgebung*, die Situationsbedingungen. Auf diese beiden Randbedingungen der Handlungsselektion soll noch etwas genauer eingegangen werden, weil sie für das Verständnis und die Beurteilung des Assimilationsmodells sehr wichtig sind.

Zu den *Personen-Variablen* zählt Esser den „Anreizwert (Motivation) einer assimilativen Handlung in bezug auf eine Zielsituation, die subjektiven Erwartungen (Kognition) über die Verbindung zwischen verschiedenen Situationen und Handlungen (einschließlich Fertigkeiten der Person) assimilativer Art", den Typ der Erfolgseinschätzung (Attribuierung) von assimilativen

Handlungen und die wahrgenommenen Kosten bei der Wahl assimilativer Handlungen (vgl. Esser 1980, 210). Da Esser seine Handlungstheorie als Lerntheorie konzipiert, nimmt er in Anlehnung an deren allgemeine Erkenntnisse an, daß sich Variablen, die das Lernen begünstigen, wie z.b. hohe kognitive Fähigkeiten, Abstraktionsvermögen, Leistungsmotivation und persönliches Anspruchsniveau (ebd., 86-90), auch positiv auf den Assimilationsprozeß auswirken. Daher wird erwartet, daß sich bei einer sozialen Aufstiegsorientierung und mit Zunahme des individuellen Bildungsgrades (als Indikator für hohe Lernfähigkeit) die Wahrscheinlichkeit einer „vollständigen", auch die identifikative Assimilation umfassenden Eingliederung erhöht.

Als *Umgebungs-Variablen* werden angenommen (ebd., 221): (1) „assimilative Opportunitäten", also Handlungsbedingungen, die die Assimilation begünstigen, wie z.B. die alltäglichen Kontaktmöglichkeiten mit Mitgliedern der Mehrheitsgesellschaft, eine formale Gleichberechtigung oder wahrnehmbare Chancen der Teilnahme an höheren Bildungsinstitutionen; (2) „Barrieren", i.e. restriktive Bedingungen, die der Assimilation entgegenstehen, wie z.B. rechtliche Beschränkungen, Vorurteile, soziale Distanzen, Askriptionen und Diskriminierungen; (3) „alternative Handlungsopportunitäten", also verfügbare Handlungsalternativen „nicht-assimilativer" Art. Esser geht davon aus, daß alternative, nicht-assimilative Handlungsopportunitäten insbesondere von einer hinreichend großen Migrantenpopulation der eigenen Herkunftsgruppe in der unmittelbaren Wohnumgebung, also bei „ethnischen Segregationen", bzw. bei der Herausbildung von ethnischen Kolonien mit ihren migrantenspezifischen Formen der Eigenorganisation bereitgestellt würden.

An den genannten Umgebungsvariablen wird noch einmal deutlich, daß im Assimilationsmodell, das aus handlungstheoretischen Gründen gerade die individuellen Handlungsentscheidungen als Analyseebene vor den gesellschaftlichen Strukturen präferiert, mit den Situationsbedingungen des Handelns dennoch auch strukturelle Handlungsrahmungen an zentraler Stelle berücksichtigt werden. Hier ist es insbesondere der lokale, von Esser (und anderen) sogenannte „sozialräumliche", Handlungskontext, der in den Blick der Theorie gerät – wohlgemerkt nur als Folge oder als eine die Handlungen sowohl einschränkende wie ermöglichende Handlungsrahmung und nicht als Determinante individueller Entscheidungen (vgl. Esser 1988). Wie noch zu zeigen sein wird, erweist sich die theoretische Annahme der handlungsrelevanten Bedeutung des lokalen Kontextes für die Thematisierung von individuellen Handlungsentscheidungen, Segregationen und ethnischen Gemeinschaften als folgenschwer (s. 4.2.3 u. 4.2.4).

Insgesamt führt die skizzierte Modellkonstruktion zur Hypothese, daß eine Assimilation von Migranten umso eher zu erwarten ist, je stärker auf der einen Seite die Motivation für assimilative Handlungen und je stärker auf der anderen Seite die Opportunitäten für assimilative Handlungen sind (vgl. Esser 1980, 211). Damit wird die vollständige Eingliederung von Migranten in das Aufnahmesystem als ein über Zwischenstadien erreichter Zustand beschreibbar, der dann eintritt, wenn der Migrant „schließlich assimilative Handlungen als subjektiv erfolgversprechender zur Erreichung hochbewerteter Ziele perzipiert, keine folgenschweren, negativ bewerteten Konsequenzen solcher Handlungen annimmt und bei entsprechender Handlungswahl das angestrebte Ziel *regelmäßig und dauerhaft* erreicht; d.h.: wenn er die Handlungswahl als belohnend erlebt und wenn die betreffende soziale Umwelt diese Handlungswahl nicht unterbindet" (ebd., 14; Hervorhebung: A.P.). Mit anderen Worten: „Der Kern der Überlegungen ist sehr einfach: Assimilation findet dann statt, wenn eine ‚Angleichung' im Interesse der Akteure und von den Opportunitäten und Restriktionen des Handelns her möglich ist. Andernfalls bleibt es – u.U. auch dauerhaft – bei ethnischer Segmentation bzw. es kommt zu ‚alternativen' Handlungen, zu denen u.U. auch eine Rückwanderung gehört" (Esser 1990d, 36).

4.2 Kritische Diskussion

Trotz seiner vielfachen empirischen Anwendung wurde am Assimilationsmodell stets auch Kritik geübt. Auf den von Esser erhobenen Anspruch der Allgemeingültigkeit des Modells und seiner Prämissen, auf das Problem einer angemessenen Operationalisierung des Eingliederungsprozesses und einer validen Indikatorwahl, auf die normative Prägung des Modells durch theoretische Festlegungen der „Normalität", an die sich die Migranten assimilieren bzw. nicht assimilieren, oder auf die tendenzielle Vernachlässigung struktureller Restriktionen und Diskriminierungen braucht hier aber nicht eingegangen zu werden. Zum einen wurden diese Punkte bereits verschiedentlich kritisiert.[20] Zum anderen berühren sie die Frage nach dem Verhältnis des Assimilationskonzeptes zur Untersuchung des Zusammenhangs von sozialem Aufstieg, Ethnizität und Raum nicht im engeren Sinne.

Bereits einleitend wurde die handlungstheoretische Grundlegung des Assimilationsmodells positiv hervorgehoben. In seinen Arbeiten untersucht Esser Ethnizität immer als Handlungskategorie, und zwar im Hinblick darauf, welchen Nutzen Akteure aus der Mobilisierung ethnischer Unterscheidungen ziehen können. Mit diesem Interesse an dem sozialen Gebrauchswert von Ethnizität bewegt er sich jenseits der gängigen Debatten, ob Ethnizität als soziale Identitätskategorie nun konstruiert oder primordial ist (vgl. z.B. Esser 1997, 890ff.), und thematisiert Ethnizität im Prinzip ganz in dem hier angestrebten

---

20 Vgl. z.B.: Bürkner 1987, 27ff.; Heckmann 1992, 193ff.; Nauck 1988, 197ff.; Seifert 1995, 71 u. 256.

Sinne. Durch die handlungstheoretische Grundlegung werden auch soziale Phänomene wie die erfolgreiche Partizipation am höheren Bildungssystem, lokale Lebensbedingungen, residentielle Segregationen von Migrantengruppen oder ethnische Kolonien und Netzwerke in den Städten – ebenso wie deren Bedeutungen – konsequent als Herstellungsleistungen von Akteuren konzipiert. Essers Arbeiten wecken daher die Hoffnung, mit dem Assimilationsmodell eine angemessene theoretische Rahmung für die Untersuchung der Relevanz von Ethnizität und Raum im Bildungsaufstiegsprozeß von Mitgliedern der zweiten Generation gefunden zu haben.

4.2.1 Folgen der Gegenüberstellung von Assimilation und ethnischer Segmentation

Zentral für das Assimilationsmodell sind die drei aus den Rational-Choice- und Lern-Theoremen hergeleiteten Kausalitätsannahmen: Erstens, daß die gesellschaftliche Eingliederung der Migranten in der benannten Form als stufenförmiger Prozeß verläuft, sowie, zweitens und drittens, daß die Handlungen bzw. die Handlungsentscheidungen der Migranten durch Randbedingungen gesteuert werden, nämlich einerseits durch ihre persönlichen Dispositionen und andererseits durch ihre soziale und räumliche Umwelt. Diese Grundprämissen des Assimilationsmodells begründen weitere kategoriale Setzungen, von denen eine besonders hervorzuheben ist.

Der im Modell am Ende des Eingliederungsprozesses stehenden vollständigen Assimilation wird die „Segmentation" als konzeptionelles Gegenteil diametral gegenübergestellt: „Assimilation und Segmentation können als Extremwerte *einer* kontinuierlich gedachten Variablen aufgefaßt werden: Angleichung an bestimmte Elemente der Aufnahmegesellschaft oder Verbleiben in der ethnischen (Sub-)Kultur" (Esser 1990a, 76). Entscheidend an dieser Differenzierung ist, daß die Handlungen, die unter den nicht-assimilativen, segmentativen Handlungen subsumiert werden, also etwa die Selektion und Durchführung einer ethnisch markierten Handlung, konzeptionell als Gegensatz zu den assimilativen, i.e. den integrierenden, Handlungen aufgefaßt werden. Wichtig ist in dem Zusammenhang ebenfalls, daß der Assimilation und der Segmentation zugrundeliegenden Handlungsmuster als „regelmäßige" Handlungen, die „dauerhaft" ihr angestrebtes Ziel erreichen, konzipiert werden.[21] *Handlungstheoretisch* werden dann, wie skizziert, aus den Handlungsselektionen auf der Mikro-Ebene aggregierte, auf der Makroebene beobachtbare Effekte abgeleitet. Eine Modellkonstruktion aber, die die Handlungen der Migranten auf eine unterstellte (regelmäßige) Wahl zwischen „Assimilati-

---

21 Vgl. dazu etwa: Esser 1980, 14; 1990c, 296ff.

on und Segmentation als Alternativen" (Esser 1990a, 79) reduziert, hat weitreichende Folgen für die Art und Weise der Thematisierung von Ethnizität und räumlichen Segregationen von Migranten. Das Assimilationsmodell unterstellt, daß mit der empirischen Messung der Ausprägung der entsprechend operationalisierten Assimilationsdimensionen ein Grad der Eingliederung der Migranten in die Aufnahmegesellschaft bestimmt werden kann. Problematisch daran ist insbesondere, daß nichtassimilative Handlungen aufgrund der Modellkonstruktion zwangsläufig als Handlungen gedeutet werden, die einen zukünftigen personengebundenen Lernprozeß, in dem integrationsfördernde Fähigkeiten ausgebildet und angeeignet werden, behindern. Langfristig könnten sie nur zu einer *partiellen* Assimilation führen. Auch trügen segmentative Handlungen zur Verstärkung externer Typisierungen und Distanzierungen bei, die dann wiederum als äußere Handlungsbarrieren negative Randbedingungen für eine erfolgreiche Eingliederung der Migranten darstellten. Können nicht-assimilative Handlungen der Migranten zudem als Reaktionen auf anhaltende Opportunitätsbeschränkungen durch die Aufnahmegesellschaft interpretiert werden, so wird ihnen schließlich eine die Ungleichheitsverhältnisse stabilisierende und deshalb langfristig auch konfliktgenerierende Wirkung zugeschrieben.[22]

In dieser Weise versteht Esser ethnische Selbstbeschreibungen, binnenethnische Freundschaftsnetzwerke, räumliche Konzentrationen von Migranten oder die Existenz von migranten Eigenorganisationen und Netzwerken in den Städten als Phänomene, die nur bei unvollständiger Eingliederung der Migranten von Bedeutung sind – und zwar mit einer die zukünftige gesamtgesellschaftliche Eingliederung behindernden Wirkung. Sowohl Ethnizität, als Spezialfall der Selbstidentifikation von Migranten, als auch räumliche Segregationsphänomene, als Spezialfall ihrer unvollständigen strukturellen Assimilation, werden daher als Indikatoren einer der Mehrheitsgesellschaft und der erfolgreichen Partizipation an ihr entgegenstehenden Segmentation behandelt. Können derartige nicht-assimilative Handlungen und Handlungsfolgen empirisch auch in der zweiten und dritten Migrantengeneration beobachtet werden, ist es naheliegend, sie – sozialen Anomiephänomenen vergleichbar – als Anzeichen einer dauerhaft mißlingenden Eingliederung zu deuten. Die Diskussion der Funktion von Ethnizität als einer Handlungsselektion von Migranten oder von ethnisch markierten Netzwerken und Handlungskontexten beschränkt sich daher auch in Essers Arbeiten auf Zusammenhänge, die durch soziale Probleme, Deprivationen und Exklusionen aus verschiedenen Bereichen der Gesellschaft gekennzeichnet sind.

Wie Essers Beitrag zur soziologischen Debatte über ethnische Differenzierungen in der modernen Gesellschaft demonstriert, resultiert diese einseiti-

---

22 Vgl. Esser 1980, 149ff. u. insb. 231; Esser 1990c; sowie Esser 1996, 68ff.

ge Deutung von Ethnizität, Segregationen usw. aus einer letztlich modernisierungstheoretischen Blickverengung (vgl. Esser 1990c). Bei einer vollständig durchgesetzten Modernisierung, d.h. bei Lebensverhältnissen, die durch die funktionale Differenzierung moderner Gesellschaften gekennzeichnet seien, entfalle die notwendige strukturelle Bedingung zur Mobilisierung von Ethnizität und zur ethnischen Selbstidentifikation. Die nötigen Voraussetzungen für die Attraktivität ethnischer Differenzierungen seien nur dann gegeben, wenn für eine Gruppe relativ dauerhafte soziale Ungleichheiten auf der Basis askriptiver Merkmale mit den damit einhergehenden relativen wie absoluten „Deprivationen" bestünden (ebd., 296ff.), wenn diese Gruppe also nur über segmentäre Chancenstrukturen im Vergleich zur Gesamtgesellschaft verfüge, die, modernisierungstheoretisch gesprochen, nicht ein Merkmal moderner, funktional differenzierter, sondern segmentär strukturierter Gesellschaften darstellten. Folgt man diesen modernisierungstheoretischen Modellprämissen, müssen ethnische Mobilisierungen in Migrationsgesellschaften als Ausdruck von „Modernisierungs-Lücken" (ebd., 301) und „ethnischen Schichtungen" (ebd., 291) gedeutet werden.

Die kategorial angelegten Engführungen des Assimilationsmodells sind bis hierhin in einer noch sehr allgemein gehaltenen Form angesprochen worden. Im Folgenden sollen sie im Hinblick auf ihre Folgen für die Untersuchung der Kinder von Migranten in Städten spezifiziert werden. Dazu wird zunächst die aus dem Assimilationsmodell abgeleitete Form der Thematisierung der zweiten Generation (4.2.2), im Anschluß daran, exemplarisch, ihre empirische Umsetzung (4.2.3) sowie abschließend die assimilationstheoretische Interpretation von räumlichen Segregationsphänomenen (4.2.4) diskutiert.

4.2.2 Ethnizität und die zweite Migrantengeneration

Für die zweite und für nachfolgende Migrantengenerationen nimmt das Assimilationsmodell generell an, daß die Wahrscheinlichkeit einer auch die Freundschaftsstruktur und die Selbstidentifikation umfassenden Assimilation deutlich zunimmt, da sie aufgrund einer einheitlicheren Sozialisation und einer im Aufnahmeland durchlaufenen Bildungskarriere im Gegensatz zur ersten Generation über „sehr starke Assimilationsvorteile", wie z.B. interethnisch bedeutsame Handlungskompetenzen, verfügen.[23] Ebenso wird unterstellt, daß Ethnizität als Handlungskategorie beim Vorliegen individueller Eingliederungs- und Aufstiegschancen tendenziell irrelevant wird.[24] Empirisch lassen sich in der zweiten

---

23 Vgl. Esser 1980, 42 u. 231; sowie Esser 1990a, 87.
24 Vgl. Esser 1990c, 302. Vgl. auch den Aufsatz: Esser 1990a, insb. 75f.: „Bei Vorliegen von Chancen auf individueller Ebene verlieren ethnische Differenzierungen immer mehr an Bedeutung." Oder: „Die Eingliederung von Arbeitsmigranten in der BRD ist vor allem eine

und dritten Migrantengeneration neben einer sprachlichen Assimilation und der allgemeinen Tendenz zur Abnahme sozialer Distanzen zwischen der Migrantenminderheit und der Bevölkerungsmehrheit aber häufig auch die Persistenz ethnischer Selbstbeschreibungen und Handlungsbezüge oder eine Wiederbelebung ethnischer Zugehörigkeiten (das sog. „ethnic revival") beobachten. Für diese Fälle einer *partiellen* Assimilation bietet die Assimilationstheorie dann im wesentlichen nur zwei – sehr ähnliche – Erklärungen an. Entweder werden anhaltende Opportunitätsbeschränkungen beim beruflichen Aufstieg bzw. entsprechende Erwartungen auf seiten der Migranten oder es werden fortbestehende soziale Barrieren zwischen den Migranten und den Mitgliedern der Mehrheitsgesellschaft, die sich dann auf die informellen Netzwerke und Freundschaftsstrukturen auswirken, angenommen. In beiden Fällen werden also bestehende *Barrieren* für eine erfolgreiche Eingliederung und damit systematisch und dauerhaft sozial deprivierte Lebensverhältnisse vermutet.

Bereits die Stufenstruktur des Assimilationsmodells legt bei Beobachtung ethnischer Selbstbeschreibungen und innerethnischer Freundschaftsnetzwerke in der zweiten Generation die Vermutung von vorliegenden Opportunitätsbeschränkungen nahe: Die Beschränkung der beruflichen Chancen wird nämlich als Barriere für die beiden folgenden Phasen, die soziale und die identifikative Assimilation, konzipiert, da unterstellt wird, daß bei einer geringen oder sich vermindernden Chancenstruktur die Kosten für assimilative Handlungen steigen, was – verstärkt durch die Existenz einer relativ großen Migrantengruppe – den Nutzen binnenethnischer Beziehungen erhöhe.[25] Läßt sich dann empirisch-quantitativ tatsächlich die Persistenz sozialstruktureller Ungleichheiten auch für die zweite und dritte Migrantengeneration nachweisen, werden meistens nur drei mögliche Entscheidungen erörtert: (1) die Rückwanderung, (2) die „ethnische Rückbesinnung" in Form von Rückzügen und Abschottungen mit der Folge einer weiter sinkenden Bereitschaft zu assimilativen Handlungen sowie (3) ethnische Mobilisierungen und Konflikte (vgl. Friedrichs 1998, 259f.). In dieser oder ähnlicher Form wird bei assimilationstheoretischen Argumentationen üblicherweise die Bedeutung von Ethnizität als einer Handlungskategorie von Migranten der zweiten Generation auf einen sehr engen Bereich beschränkt. In der Rede von einer „ethnischen Rückbesinnung" oder einem „ethnic revival" kommt die Blickrichtung des Assimilationsmodells zum Ausdruck: Ethnizität wird fast zwangsläufig mit Eingliederungsproblemen assoziiert. Die Möglichkeit, daß Ethnizität in der zweiten und dritten Migrantengeneration nicht nur als Kompensationsform für soziale

---

Frage der individuellen Opportunitäten, die die ausländischen Kinder und Jugendlichen vorfinden oder über die Familie mitbringen. Gibt es diese Opportunitäten, dann verschwinden die ‚sichtbaren' Differenzen zwischen den ‚Kulturen'" (Esser 1990d, 49).

25 Vgl. Esser 1980, 209ff.; oder Esser 1985, 445.

Exklusionen und Diskriminierungen, sondern auch als sinnvolle Handlungskategorie für ganz anders strukturierte soziale Zusammenhänge eingesetzt werden kann, ist in dem Modell gar nicht vorgesehen.

Die skizzierte Thematisierung des Zusammenhangs von Ethnizität und zweiter Migrantengeneration gilt auch für die sozial mobilen Personen. Die Bildungsaufsteiger der zweiten Generation, die nach dem Abschluß ihres Abiturs studieren, werden nach dem Assimilationsmodell aufgrund ihres erfolgreichen Abschlusses der in Deutschland höchstmöglichen Schullaufbahn als in hohem Maße kognitiv und strukturell assimiliert klassifiziert. Infolge ihres Besuches höherer Schulen, die den Assimilationstheoretikern als „Institutionen der Akkulturation" gelten (vgl. Heckmann 1992, 190), wird vermutet, daß für sie nicht nur vielversprechende individuelle Zukunftschancen, sondern auch die besten Voraussetzungen für eine soziale und identifikative Assimilation bestehen. Daher geraten die Abiturienten der zweiten Migrantengeneration bei der Thematisierung von Ethnizität normalerweise gar nicht erst in den Blick. Folgt man der Assimilationssemantik, dann sind die nach der Theorie eher unwahrscheinlichen Fälle, daß erfolgreiche Bildungsaufsteiger dennoch ethnische Kategorien zur Selbstbeschreibung und Alltagsgestaltung verwenden, im Sinne einer nur partiellen Assimilation bzw. einer unvollständigen Eingliederung zu deuten. Im Vergleich zu den Bildungsaufsteigern, die sich selbst nicht ethnisch identifizieren, müßten sie als weniger stark assimiliert beschrieben werden. Die Existenz derartiger Fälle wird nun ebenfalls mit Hilfe des Barrieren- und Deprivationsargumentes erklärt. Da die strukturelle Assimilation von Studentinnen oder Abiturienten sehr weit fortgeschrittenen ist, lägen, so die assimilationstheoretische Annahme, auch die mit den Qualifikationskosten subjektiv verbundenen Erwartungen auf angemessene „returns" (Nutzen) in Form von besserem Wohnraum, Berufen, Einkommen, Ansehen etc. höher als bei der ersten Migrantengeneration. Werden ihre Erwartungen jedoch enttäuscht, etwa infolge der faktischen Undurchlässigkeit eines nur formal offenen Statussystems oder bei anhaltender Diskriminierung und sozialer Distanzierung durch die Mehrheitsbevölkerung, so könne diese Enttäuschung mit Hilfe einer Selbstethnisierung bzw. einer „ethnischen Rückbesinnung" kompensiert werden.[26] In dieser Weise wird jedoch bereits theoretisch ausgeschlossen, daß die Verwendung von Ethnizität auch im Kontext einer erfolgreichen Eingliederung sinnvoll und nützlich sein kann. Ethnizität und sozialer Aufstieg sind voneinander entkoppelt.

Bei der gängigen Deutung des Gebrauchswertes von Ethnizität für die zweite Generation fällt neben der einseitigen Problemfixierung auf, daß im Assimilationsmodell den Barrieren als Umgebungs-Variablen bzw. Randbedingungen der Handlungen eine verhältnismäßig große Erklärungskraft zu-

---

26 Vgl. Esser 1980, 41f.; Friedrichs 1990, 320.

kommt. In Anbetracht der handlungstheoretischen Prämisse, daß die Akteure über die Definition ihrer jeweilgen sozialen Situation entscheiden, überrascht die durchgehende Betonung struktureller *constraints*. Wie das nachfolgende Kapitel an einem empirischen Anwendungsbeispiel demonstrieren wird, ist diese Problematik für Essers Modell jedoch charakteristisch: Infolge des gewählten analytisch-erklärenden Ansatzes werden Aussagen über die Bedeutung von Ethnizität trotz des handlungstheoretischen Fokus' nicht über eine Rekonstruktion der Situationsdefinitionen der Akteure, sondern mit Hilfe der beschriebenen starken Annahmen getroffen.

4.2.3 Methodologische und methodische Folgeprobleme

Die empirischen Anwendungen des Assimilationsmodells heben die einseitige Fixierung von Ethnizität auf soziale Problemzusammenhänge nicht auf. Das liegt zum einen natürlich daran, daß sich die empirische Untersuchung einzelner Assimilationsdimensionen konsequent an den Prämissen, Definitionen und Erklärungshypothesen des theoretischen Modells orientiert. Zum anderen erweist sich die von Esser (und anderen Anwendern des Assimilationsmodells) verwendete analytisch-quantitative Erhebungsmethode als problematisch. Am Beispiel einer Untersuchung im Rahmen eines Forschungsprojektes zur Eingliederung und Identität von Migranten im Generationenvergleich soll dies verdeutlicht werden (vgl. Esser 1990a u. 1990d, sowie Esser/Friedrichs 1990a).

Mit einer standardisierten Fragebogenerhebung wurden Aussagen von Jugendlichen der zweiten Migrantengeneration und von Mitgliedern der ersten Generation zu ihrer „subjektiven Einschätzung ihrer Deutschkenntnisse" (Variable der kognitiven Assimilation), zur „ethnischen Zusammensetzung ihres Freundschaftsnetzwerkes" (soziale Assimilation) und über ihre „subjektive ethnische Zugehörigkeit" (identifikative Assimilation) erfaßt (vgl. Esser 1990a, 77). Die erhobenen Datensätze zeigen, daß türkische Jugendliche einerseits stärker sozial und identifikativ assimiliert sind als ihre Eltern, sie aber andererseits in höherem Maße als jugoslawische Jugendliche innerethnische Freundschaften und eigenethnische Identifikationen angeben (ebd., 77ff.). Insgesamt ließe der Generationen- und Nationalitätenvergleich der Ausprägung dieser Variablen, so Esser, erkennen, daß die Tendenzen zur ethnischen Segmentation als Folge von Handlungen nicht-assimilativer Art bei den Türken unabhängig von der Generationenzugehörigkeit höher sind als bei den Jugoslawen. Diese Beobachtungen, die der in der frühen US-amerikanischen Migrationsforschung vertretenen Annahme eines zeitlich linearen Generationen-Zyklus' der Assimilation widersprechen, deuten – in der Sprache Essers Assimilationstheorie – darauf hin, daß die Türken in höherem Maße als die

Jugoslawen eine nur partielle Assimilation aufweisen. Esser spricht im Falle der Türken von einem „Verbleiben in der ethnischen Subkultur", was nach dem Assimilationsmodell als grundsätzlich problematisch für ihre erfolgreiche und vollständige Eingliederung in die Gesamtgesellschaft zu beurteilen ist. Zur Erklärung dieser empirisch beobachteten Unterschiede, präzisiert Esser die handlungstheoretische Basis des Grundmodells seiner Assimilationstheorie und formuliert auf der Prämissenbasis der Rational-Choice-Theorie ein Modell der individuellen Handlungswahl unter Ressourcenknappheit (ebd., 79ff.).

Das unterschiedliche Verhalten von Türken und Jugoslawen, insbesondere von türkischen und jugoslawischen Jugendlichen, könne handlungstheoretisch dadurch erklärt werden, daß für türkische Migranten ein höherer „Aufwand" für assimilative Handlungen – wie das Eingehen interethnischer Beziehungen und Freundschaften mit Deutschen oder explizit deutsche Selbstidentifikationen – bestehe als für jugoslawische. Dabei sei es für die Erklärung der Unterschiede unerheblich und empirisch auch nicht entscheidbar, ob die höheren „Aufwands-Kosten" für Türken gruppenextern, -intern oder durch eine größere Verfügbarkeit eigenethnischer Interaktionspartner aufgrund räumlicher Konzentrationen begründet sind (ebd., 88). Statt dessen wird ganz allgemein vermutet, daß die „Variablen, die die soziale und die emotionale Assimilation steuern (im wesentlichen der Bildungsgrad und die kognitive Assimilation), (...) ihre Wirkung nur in einer deutlich interethnisch zusammengesetzten Opportunitätsstruktur (wie sie z.B. bei einer ‚regulären' Schulkarriere in Schulklassen mit geringem Ausländeranteil gegeben ist)" entfalten. „Gibt es diese Opportunitätsstruktur nicht, dann sind z.B. Sprachkenntnisse bei türkischen und bei jugoslawischen Kindern gleichermaßen für die Entstehung interethnischer Freundschaften bedeutungslos. Gibt es diese Opportunitäten, dann findet man auch deutliche Generationseffekte bei den Türken. Da aber der Anteil der türkischen Kinder ohne solche Opportunitäten bedeutend höher ist als der der jugoslawischen Kinder, erklärt sich die Differenz der Differenzen in der Aggregation der Gruppen über diese Variablen" (Esser 1990d, 49). Auch sei die theoretisch hergeleitete Annahme, daß im Falle türkischer Migranten (bzw. Kinder von Migranten) situative Handlungsbedingungen vorliegen, die ihre Assimilation erschweren, deshalb plausibel, da man aufgrund von „Zeitungswissen" und verschiedenen Untersuchungen davon ausgehen könne, daß „Türken gegenüber deutlich höhere soziale Distanzen" und Diskriminierungen bestehen als gegenüber Jugoslawen und „daß auch die Wirksamkeit binnenethnischer Milieus" im Falle der Türken stärker ausgeprägt sei (vgl. Esser 1990a, 96).

Esser erklärt also die gemessenen Unterschiede in der Assimilation zwischen den Generationen und Gruppen im wesentlichen durch unterschiedliche

Chancenstrukturen, die je nach Gruppierung „entlang des Ausmaßes an binnenethnischen Bindungen bzw. sozialer Distanz" variierten (ebd., 78). Mit dieser allgemeinen Annahme von sozialen Barrieren sowie gruppeninternen und -externen Randbedingungen des Handelns (i.e.: ethnisches Milieu, hohe residentielle Segregation mit der Folge einer relativ großen binnenethnischen Kontaktwahrscheinlichkeit, Diskriminierung) können die empirischen Befunde in ihrer statistischen Ausprägung zwar widerspruchsfrei und schlüssig begründet werden. Dennoch wird an dem hier zusammengefaßten Anwendungsbeispiel ebenfalls sehr deutlich, warum das methodische Vorgehen eine empirische Irritation und Infragestellung der handlungs- und assimilationstheoretisch begründeten, primär problemorientierten Form der Thematisierung von Ethnizität kaum ermöglicht:

Obwohl für das rationale Handlungsmodell die Situation des Handelnden und seine Situationswahrnehmungen bzw. -definitionen theoretisch zentral sind, bleiben die Situationen, in denen die Migranten tatsächlich handeln, unberücksichtigt. Erst durch eine Analyse der für die einzelnen Migranten relevanten Lebens- und Handlungssituationen sowie der jeweiligen Situationswahrnehmungen und -interpretationen könnte jedoch der Einfluß der angenommenen Handlungsparameter überprüft werden. Auch könnte erst eine detaillierte Situationsanalyse darüber Gewißheit verschaffen, ob die jeweils relevanten Umgebungen nicht (auch) andere als die in dem Assimilationsmodell gewählten Parameter als entscheidende Randbedingungen der Handlungsselektion aufweisen. Ebenso problematisch ist, daß von den empirisch mit einer Fragebogenuntersuchung erhobenen Daten, die ja ohne eine weitere Berücksichtigung relevanter alltäglicher Handlungssituationen nur überaus punktuelle und artifizielle Handlungen abbilden, auf allgemeingültige Handlungsmuster geschlossen wird. Dieser Schluß wird implizit vollzogen, wenn einerseits die der Assimilation und der Segmentation unterlegten Handlungen theoretisch als „regelmäßige" Handlungsmuster konzipiert (vgl. Esser 1980, 14), andererseits jedoch nur einmalige Befragungen durchgeführt werden. Eine Argumentation, die ohne Beobachtung und Analyse der tatsächlichen Handlungssituationen aggregierte Befragungsdaten sowie die daraus berechneten Mittelwerte und Korrelationen erklärt, muß mit generalisierenden Annahmen auskommen und daher sehr spekulativ bleiben.

Wie Esser – allerdings nur *theoretisch* – selbst argumentiert, kann die Bedeutung von Handlungen strenggenommen nicht situationsabstrahierend erfaßt werden. So erlauben es die drei von den befragten Migranten erhobenen Datensätze über die „subjektive Einschätzung ihrer Deutschkenntnisse", über die „ethnische Zusammensetzung ihres Freundschaftsnetzwerkes" und über ihre „subjektive ethnische Zugehörigkeit" weder, nach ihrer Ausbildungsbiographie oder sonstigen biographischen Bedingungen, noch, nach der im Einzelfall möglicherweise sehr unterschiedlichen Bedeutung von ethnischen Identifikationen oder lokalen Lebensbedingungen und Situationen zu unterscheiden. Auch wird die Konstellation, daß Ethnizität *trotz* einer interethnischen Beziehungsstruktur eine handlungsrelevante Kategorie ist, schon durch die gewählte Operationalisierung ausgeschlossen. Statt dessen wird neben der generellen Unterstellung von gruppenexternen sozialen Distanzen und internen Milieubedingungen pauschal angenommen, daß eigenethnische Freundschaften in jedem Fall einen geringeren „Aufwand" als interethnische benötigen. Oder es wird implizit davon ausgegangen, daß erstens für alle Jugendlichen, die die gleiche der vorgegebenen „subjektiven ethnischen Zugehörigkeit" ankreuzen, diese Zugehörigkeitsaussage auch das gleiche bedeutet und daß zweitens diese Zugehörigkeitsaussage auch das gleiche wie für ihre Eltern bedeutet. Derartige Annahmen ignorieren aber nicht nur die soziale Heterogenität von Migrantengruppen, die sich nur unter Hinnahme starker Erkenntniseinschränkungen unter einem gemeinsamen ethnischen Label zusammenfassen lassen, sondern auch den kontinuierlichen Funktionswandel ethnischer Selbstbeschreibungen. Aber nicht nur die sich aus einem historischen, gruppenspezifischem Funktionswandel von Ethnizität ergebenden Bedeutungen, auch die vielfältigen situativ und biographisch spezifischen Bedeutungen ethnischer Unterscheidungsformen werden mit dem Assimilationsmodell schlicht zur ethnischen Segmentation gleichgeschaltet. Besonders deutlich wird dies daran, daß schon die Vorgaben des Assimilationsmodells bei der Interpretation empirischer Daten implizieren, daß eine Selbstbeschreibung als türkischer Jugendlicher nicht das ist, was in dem Assimilationsmodell hypothetisch als dauerhafte Identifikation mit der Aufnahmegesellschaft angenommen wird (vgl. Esser 1980, 180). Die konzeptionell angelegte Gegenüberstellung von Assimilation und ethnischer Segmentation läßt dies nicht zu. Dabei könnte in Anbetracht der allgegenwärtigen Thematisierung von Migration und der „Kultur der Migranten", die vor allem in den von den Kindern der Migranten durchlaufenen Organisationen des Bildungssystems betrieben wird, durchaus vermutet werden, daß die Identifikation mit der Aufnahmegesellschaft auch über die – eventuell nur situativ oder kontextspezifisch relevante – Verwendung ethnischer Selbstbeschreibungen artikuliert werden kann.

Ob allgemeine Annahmen über Kontextbedingungen und Bedeutungen von theoretischen Begriffen im Einzelfall relevant sind, ob Ethnizität oder innerethnische Freundschaften gerade und nur deshalb Bedeutung erhalten, weil soziale Barrieren, Exklusionen und Hürden bestehen, die eine interethnische Beziehung erschweren, und ob für die befragten Jugendlichen das Ausmaß der „ethnischen Markierung" ihrer Freundschaftsnetzwerke tatsächlich handlungsrelevant ist, all diese Fragen sind mit der skizzierten methodischen

Vorgehensweise empirisch nicht überprüfbar. Die soziale Bedeutung von Handlungen, auch von „assimilativen" oder „segmentativen", kann eben nicht situationsabstrahierend quantifiziert werden. Deshalb werden bei der Interpretation von quantitativen Datenkorrelationen, die von den konkreten Handlungssituationen abstrahieren, die theoretischen Setzungen und Bedeutungsannahmen der zentralen Kategorien des Assimilationsmodells unüberprüfbar reifiziert. Die handlungsleitende Definition der Situation, mit der die Handlungswahl theoretisch erklärt wird, leisten nicht, wie handlungstheoretisch gefordert, die Akteure selber, sondern die theoretisch unterstellten Randbedingungen des Handelns. Statt die handlungsrelevanten Kategorien und ihre sozialen Sinndimensionen aus der eigentlichen Handlungspraxis heraus zu rekonstruieren, werden vorgegebene Kategorien operationalisiert und ihr sozialer Sinn vom Interpreten unabhängig von der Verwendungspraxis definitorisch festgelegt.

Anders gesagt: Dem analytisch-erklärenden Assimilations- und Rational-Choice-Modell folgend, argumentiert Esser zwar individualistisch, handlungs- und situationstheoretisch. Doch die zur Untersuchung von Handlungsmustern abgefragten Begriffe und korrelierten Parameter werden von ihrem situativen Herstellungs- und Bedeutungskontext befreit, da die Aussagen über sie allgemeingültig und prognosefähig sein sollen. Damit geht aber auch die Möglichkeit verloren, über die detaillierte Analyse der von den Akteuren vorgenommenen Situationsdefinition die tatsächliche soziale Bedeutung der interessierenden Handlungen und Randbedingungen, von Ethnizität, Freundschaftsstrukturen oder lokalen räumlichen Konzentrationen von Migrantengruppen zu rekonstruieren. Was neben den statistischen Aussagen bleibt, sind die theoretischen Annahmen über Handlungsentscheidungen, die im Beispiel der diskutierten Untersuchung generell von „Barrieren" und „erhöhtem Aufwand" für interethnische Kontakte oder, bei Vorliegen innerethnischer Freundschaftsstrukturen, automatisch von sozialen Randbedingungen, die assimilationstheoretisch für eine erfolgreiche zukünftige Eingliederung hinderlich sind, ausgehen. Zwar kann mit dem Rückgriff auf diese nicht situationsimmanent begründeten, da allgemeingültigen, Annahmen von Randbedingungen des Handelns die Verwendung ethnischer Kategorien situations-*theoretisch* „auf eine recht einfache Weise" (Esser 1990a, 99) erklärt werden. Begnügt man sich jedoch nicht mit der einseitigen Interpretation von Ethnizität, die das Assimilationsmodell präformiert, dann muß die Situation der Handelnden auch methodisch ernst genommen werden.

4.2.4 Segregationen und ethnische Kolonien

Die handlungstheoretische Fundierung des Assimilationsmodells und seine starken Anleihen bei der frühen US-amerikanischen Migrationsforschung führen dazu, daß lokalen (räumlichen) Handlungskontexten besondere Beachtung geschenkt wird. Von zentralem Interesse sind hierbei Fragen der Entstehung und Bedeutung der residentiellen Segregationen von Migrantengruppen und ihrer ethnischen Kolonien.

Mit Hilfe des skizzierten handlungstheoretischen Modells kann die Entstehung und Stabilisierung „ethnischer Segregationen" und Kolonien als ungeplante Folge absichtsvollen Handelns einzelner Personen, d.h. als Folge von Migrationserfahrungen und individuellen, situationsorientierten „rationalen" Entscheidungen von Migranten und Mitgliedern der Aufnahmegesellschaft, erklärt werden (vgl. Esser 1985): Für einen Migranten kann es aus Gründen des persönlichen Gleichgewichts, der Diskriminierungsverarbeitung o.ä. möglicherweise sinnvoll sein, sich nur mit anderen Migranten oder mit Angehörigen der gleichen ethnischen Gruppe zu befreunden, in ein stark segregiertes Stadtviertel zu ziehen bzw. dort zu leben, ethnische Vereine zu besuchen etc. Nach der assimilationstheoretischen Erwartung liegen derartige Bedürfnisse und Handlungsmotivationen insbesondere bis zum Erreichen einer ersten Basisorientierung nach der Immigration vor. Sie halten allerdings, so die theoretische Vermutung, auch langfristiger an oder werden verstärkt, wenn strukturelle und soziale Eingliederungschancen von seiten der Aufnahmegesellschaft nicht dauerhaft eröffnet werden. Daher sei zu erwarten, daß dauerhafte externe Ausschlüsse von sozialstrukturell nur auf unterstem Niveau integrierten Migrantengruppen und Stereotypisierungen, die häufig auch als Reaktion auf erste erkennbare Segregationsphänomene entstehen, Segregationen stabilisieren. Vor dem Hintergrund dieser theoretischen Erklärung der Entstehung migranter Segregationen, Netzwerke und Organisationen, die als empirische Erscheinungen bei einer Vielzahl von Einwanderungsprozessen vorkommen, beurteilt Esser nun ihre Bedeutungen für die Eingliederung der Migranten, die in solchen Zusammenhängen agieren und aufwachsen.[27]

---

27 An verschiedenen Stellen weist auch Esser – ähnlich wie Heckmann – darauf hin, daß die Entstehung und Existenz ethnischer Gemeinschaften keineswegs mit der territorialen Segregation ihrer Mitglieder zusammenfallen muß (vgl. z.B. Esser 1986, 109f.). Daß die Koexistenz – theoretisch – nur ein Spezialfall ethnischer Koloniebildung ist, liegt angesichts der immer höheren Mobilitätsmöglichkeiten und moderneren Kommunikationstechnologien nahe. Da die territoriale Segregation aber die Entstehung und Stabilisierung ethnischer Gemeinschaften begünstigt und empirisch häufig mit letzteren zusammfällt, verwendet auch Esser die beiden Begriffe ethnische Gemeinschaft (oder Kolonie) und ethnische Segregation mehr oder weniger durchgehend synonym (vgl. z.B. Esser 1980, 149-181).

Im Gegensatz zu der von Heckmann und Elwert formulierten These der gesamtgesellschaftlich integrierenden Wirkungen (segregierter) ethnischer Gemeinschaften behauptet Esser, ethnische Kolonien böten den Migranten ausschließlich in der ersten Zeit unmittelbar nach der Migration Eingliederungs- bzw. Assimilationshilfen. In dieser Phase könnten ethnische Kolonien das Selbstbewußtsein und die subjektive Handlungskompetenz der durch die Migrationserfahrung desorientierten Persönlichkeiten stärken, was zur Ausbildung assimilativer Aspirationen u.U. auch nötig sei. Grundsätzlich jedoch, und insbesondere im Falle der zweiten Generation, geht Esser von einer „eingliederungshemmenden Wirkung" ethnischer Kolonien und räumlich segregierter ethnischer Gemeinschaften aus und beurteilt die Folgen ethnischer Koloniebildung entsprechend negativ. Seine diesbezügliche, recht schematische und apodiktische Argumentation leitet er konsistent aus den bekannten Definitionen und wenigen, dafür aber sehr starken Annahmen ab.

Der kategorialen Unterscheidung zwischen assimilativen und segmentativen Handlungen zufolge werden auch Handlungen wie die (freiwillige oder unfreiwillige) Wohnortwahl in einer Gegend mit hohem Migrantenanteil oder die Partizipation an migranten Netzwerken unter dem Label einer der erfolgreichen Eingliederung in die Gesamtgesellschaft entgegenstehenden „ethnischen Segmentation" subsumiert. Außerdem gilt in der Assimilationstheorie ähnlich wie in der Migrationsforschung im allgemeinen, daß das Maß der räumlichen Konzentration einer Migrantengruppe einen validen Indikator ihrer strukturellen und sozialen Assimilation darstellt (vgl. Esser 1980, 221). Da für Esser per definitionem zur vollständigen Eingliederung von Migranten das „Fehlen von systematischen Klumpungen von Ungleichheitsdimensionen" (Esser 1986, 106) gehört, werden statistisch beschreibbare räumliche Segregationsphänomene, die im Falle der Arbeitsmigranten häufig mit sozialstrukturellen Unterschichtungsindikatoren zusammenfallen, als Beleg einer unvollständigen bzw. einer nur partiellen Assimilation aufgefaßt (ebd., 112f.).

Entscheidender für die Untersuchung der sog. *Kontexteffekte* von Segregationen und ethnischen Gemeinden ist jedoch der Rückgriff auf das rationale Handlungsmodell, auf dem auch die Erklärung ihrer Genese beruht. So werden die als kollektive Folgen segmentativer Handlungen konzipierten lokalen Kontexte als Sozialräume aufgefaßt, die im Sinne von Randbedingungen nun ihrerseits individuelle Handlungen beeinflussen (vgl. z.B. Esser 1988). Es wird angenommen, daß residentielle Segregationen als Teil der Umgebungsbedingungen von Handlungsentscheidungen fungieren, daß Anreizwert, normative Ausrichtung und Sanktionierung von Handlungen mehr oder weniger stark auch von der räumlichen Umgebung der Handelnden, also durch Wohnumfeld, informelle Netzwerke und Infrastrukturausstattung, beeinflußt werden (vgl. Esser 1980, 154).

Als Umgebungsbedingungen der handelnden Migranten „wirk(t)en" sozialräumliche Segregationen und Kolonien „segmentierend". Denn statt Gelegenheiten zur Eingliederung in die Gesamtgesellschaft und zum assimilativen Lernen stellten sie den Migranten „alternative Handlungsopportunitäten" bereit (vgl. Esser 1980, 149ff.; 1986, 112ff.). Alternative Handlungsopportunitäten aber erhöhten die Wahrscheinlichkeit nicht-assimilativer Handlungen wie z.B. die Präferenz innerethnischer vor interethnischen Freundschaften, die Partizipation an den eigenorganisatorischen Strukturen der Migrantengruppe oder die alltägliche Verwendung der Sprache des Herkunftslandes. Dadurch wiederum verringere sich für den einzelnen Migranten die Notwendigkeit, diejenigen Ressourcen und Fähigkeiten zu erwerben, die für eine erfolgreiche soziale und strukturelle Eingliederung in die Aufnahmegesellschaft vonnöten seien. Die Kosten für assimilative Handlungen stiegen. Die soziale Einbindung der Migranten in die Handlungszusammenhänge von ethnischen Gemeinschaften, denen Esser a priori von der Mehrheitsgesellschaft abweichende und sehr wirksame „binnenethnische" Normen und Kontrollsysteme unterstellt, behindere daher die kognitive, sprachliche und soziale Assimilation. Hinzu käme, daß „ethnische Segregationen (...) in aller Regel mit Benachteiligungen (...) im Bereich der schulischen Situation" kovariierten (Esser 1986, 112). Dadurch würden die jeweiligen „subkulturellen" Wertemuster und Verhaltensweisen der Migrantenjugendlichen stabilisiert oder sogar noch verstärkt. Insofern werde gerade der für die zweite Generation wichtige Erwerb von interethnisch bedeutsamen Qualifikationen und Aspirationen durch die Plazierung in „benachteiligten" Schulen und Stadtteilen, in denen nur relativ geringe alltägliche Kontaktmöglichkeiten zu Mitgliedern der Mehrheitsgesellschaft bestehen, erheblich erschwert und verzögert.

Neben diesen assimilationsbehindernden „internen" Wirkungen von Segregationen und „binnenethnischen Milieus" (ebd.) kommt im Assimilationsmodell auch einer negativen „externen" Folge von Segregationen eine große Erklärungskraft zu: Gerade im Falle relativ ausgeprägter, d.h. „erhöht sichtbarer", Konzentrationen von Migranten in einzelnen Stadtteilen käme es von seiten der einheimischen Bevölkerung zu einer „Etikettierung" dieser Räume als Immigranten- oder Ausländer-Stadtteile. Mit dieser Stigmatisierung gingen immer auch externe Ausschlüsse und Distanzierungen einher. Insofern wirke die „Etikettierung" eines segregierten Stadtviertels als weitere „Barriere" für assimilative Handlungsentscheidungen der Migranten (ebd., 110).

Aus diesen Gründen glaubt Esser, daß generationenübergreifend bestehende ethnische Segregationen notwendig zur Reproduktion von Ungleichheiten führen. Die sich reproduzierenden „Statusdifferenzierungen wirken indirekt auch noch dann fort, wenn der ‚Anlaß' zur Ausbildung der Subkultur und zur Binnenintegration schon lange nicht mehr vorliegt: die psychische und soziale Desorganisation in der Folge der Wanderung in eine fremde Umgebung" (ebd., 115). Am Ende seiner Kausalkette stehen daher dauerhafte ethnische Schichtungen und dadurch hervorgerufene ethnische Konflikte.

Auf der Basis der stets unterlegten Gegenüberstellung von Assimilation und Segmentation interpretiert Esser räumliche Segregationen und ethnische Kolonien also als starke Behinderungen der strukturellen Integration und des sozialen Aufstiegs der Migranten. Deshalb sieht er in dem Verlassen segregierter und ethnisch markierter Handlungskontexte, in der „Entfremdung von der ethnischen Kolonie" und der Herkunftsgruppe (ebd., 116), die „notwendige Bedingung" für eine gelingende Eingliederung von Migranten und für ihren Aufstieg in das dominante Statussystem der Gesamtgesellschaft (vgl. Esser 1980, 81 u. 174). Erfolgreich sozialstrukturell aufsteigen könne nur der Migrant, der keine „intensive Bindung" an die „nicht-assimilative Bezugsumgebung" der ethnischen Kolonie habe bzw. der keine „nicht-assimilative(n) Handlungsalternativen (z.B. in institutionell ausgebauten und selbstgenügsamen ethnischen Kolonien)" vorfinde (ebd., 179). Durch „zu starke identifikative Bindungen (...) an die eigene Ethnie" (ebd., 168) oder durch die Partizipation an migrantenspezifischen Handlungszusammenhängen, die z.B. bei einem innerethnischen Freundschaftsnetzwerk oder einer Mitgliedschaft in einem ethnischen Verein vorläge, werde zwar „durchaus das Selbst gestärkt, dieses aber unter der Gefahr einer kulturellen und sozialen Abschottung (...) und der Ausgliederung aus den strukturellen Aufstiegsmöglichkeiten" (Esser 1986, 115).

Für die Frage nach dem Zusammenhang von Ethnizität, Raum und sozialem Aufstieg hat die einseitige assimilationstheoretische Konzeptualisierung von lokalen Handlungszusammenhängen und räumlichen Segregationen nicht unerhebliche Folgen: Ein gesellschaftlicher Eingliederungserfolg von Migranten auf den zentralen Statuslinien der Aufnahmegesellschaft und die gleichzeitige Teilnahme an ethnisch markierten lokalen Handlungskontexten geraten gar nicht in den Analyseblick des Assimilationsmodells. In den wenigen Ausnahmen, in denen die Aufstiegsthematik überhaupt im Zusammenhang mit Ethnizität und residentiellen Segregationen angesprochen wird, ist nur von der „Binnenstruktur" der ethnischen Kolonie die Rede. Diejenigen Fälle, in denen sozial aufgestiegene oder diesbezüglich ambitionierte Migranten oder ihre Kinder „nicht-assimilative" Handlungen in den Kontexten ethnischer Kolonien ausüben, werden dann als Beispiele einer *ethnischen Binnenkarriere* gedeutet (vgl. Esser 1980, 174; u. 1986, 113). Die ethnische Binnenkarriere steht allerdings konzeptionell in einem ähnlich diametralen Gegensatz zu einem sozialen Aufstieg auf den zentralen Statuslinien der Aufnahmegesellschaft wie dies oben für das Verhältnis von Assimilation und ethnischer Segmentation im allgemeinen illustriert wurde: Das Engagement von aufstiegsorientierten Migranten in den Kontexten einer ethnischen Kolonie (z.B. in der „ethnischen Nischenökonomie") deutet Esser pauschal als Entscheidung für eine – evtl. kurzfristig attraktiv und leichter erscheinende – Mobilität *innerhalb* der Strukturen einer „institutionell vollständigen" (Breton 1965) ethnischen Kolonie. Unter Bezug auf das Konzept der „ethnischen Mobilitätsfalle" von Wiley (1970) konstatiert er schlicht, daß die Reichweite innerethnischer Karrieren nur sehr beschränkt sei und daß eine Entscheidung für eine derartige Karriere die Aneignung der für einen gesamtgesellschaftlich erfolgreichen sozialstrukturellen Aufstieg nötigen Qualifikationen verhindere. Eine ethnische Binnenkarriere – i.e. die Kombination von Segregation, Ethnizität und Aufstieg – verringere die Chancen für einen „extraethnischen Aufstieg"; sie trage statt dessen zu einer internen Stabilisierung ethnischer Kolonien und Schichtungen und damit zur Entstehung von Parallelgesellschaften und ethnischen Konflikten bei.[28]

Wie unschwer ersichtlich, ist es erneut die polarisierende Anlage des Assimilationsmodells bzw. die Erörterung assimilativer oder nicht-assimilativer Handlungen, deren Handlungsziele „regelmäßig und dauerhaft" erreicht werden (vgl. Esser 1980, 14), die zu derartigen Schlußfolgerungen führen. Die definitorischen Setzungen und kategorialen Engführungen des Assimilationsmodells verleiten dazu, jedes Teilnehmen an ethnischen Handlungskontexten einer segregierten Migrantengruppe mit einer ausschließlichen und segmentativen Handlungsorientierung gleichzusetzen sowie jeden ethnischen Handlungskontext als Baustein einer institutionell vollständigen Kolonie zu betrachten. In einem derartigen Interpretationsrahmen ist dann auch die undifferenzierte Vermutung naheliegend, daß Migranten durch ihre Teilnahme an den eigenorganisatorischen Handlungszusammenhängen einer räumlich segregierten Migrantengruppe ihren gesamtgesellschaftlichen Aufstieg zwangsläufig behindern.

4.2.5 Zusammenfassung

Am Ende der Diskussion der Assimilationsmodells läßt sich die Frage, ob Essers Konzeption als sinnvoller Rahmen für die Untersuchung der Relevanz

---

28 Ethnische Kolonien bildeten insbesondere ab einer gewissen Größe und institutionellen Ausstattung Opportunitäten zu einer ethnischen Binnenkarriere für aufstiegsorientierte Migranten (vgl. Esser 1986, 113). Diese Voraussetzungen sind bei der türkischen Migrantengruppe in Deutschland aufgrund ihrer Größe möglich und in verschiedenen Städten gegeben. Im Falle dieser Gruppe erkennt Esser dann auch tatsächlich die Ausbildung einer „ethno-religiösen Subnation" (vgl. Esser 1998, zitiert nach Heitmeyer 1998, 451; sowie Esser 1999, 27). Daher deutet er die dadurch entstehenden Gelegenheiten für ethnische Binnenkarrieren als Voraussetzung der Entstehung einer zur Abschottung neigenden und damit die ethnische Differenzierung weiter stabilisierenden ethnischen Elite.

von Ethnizität und Raum im Kontext von Bildungsaufstiegsprozessen in der zweiten Migrantengeneration dient, verneinend beantworten. Insbesondere die kategorial angelegte, schematische Gegenüberstellung von Assimilation (bzw. vollständiger gesamtgesellschaftlicher Eingliederung) und ethnischer Segmentation (bzw. Ethnizität, Segregation oder ethnischer Kolonie) erweist sich bei genauerer Analyse als problematisch. Essers Stufenmodell der Eingliederung, das die Handlungen von Migranten auf die (regelmäßige) Wahl von assimilativen oder segmentativen Handlungen reduziert, erlaubt nur eine äußerst eingeschränkte Thematisierung der Relevanz von Ethnizität und Raum für die Lebenszusammenhänge von Migranten.

Bereits theoretisch und verallgemeinernd wird festgelegt, welche Bedeutung Ethnizität und Migrantensegregationen für die Lebensverhältnisse von Migranten haben: Während assimilative Handlungen die Eingliederung fördern, werden ethnisch markierte Handlungsformen in der zweiten Generation grundsätzlich als eingliederungsbehindernd interpretiert. Im Rahmen des Assimilationsmodells werden Ethnizität und räumliche Segregationen daher im wesentlichen nur im Kontext sozialer Deprivationen, Opportunitätsbeschränkungen oder ethnischer Konflikte diskutiert.

Diese kategoriale Engführung wird bei den empirischen Anwendungen des Assimilationsmodells zumeist noch dadurch verstärkt, daß der unterschiedliche Gebrauchswert, den Ethnizität als Handlungskategorie je nach relevantem Handlungskontext haben kann, nicht hinreichend beachtet wird. Denn entgegen dem akteurs- und handlungstheoretischen Anspruch Essers, wird die eigentliche Handlungsentscheidung bzw. die Interpretation der relevanten sozialen Situation durch die Akteure bei einem quantitativen Vorgehen methodisch nicht angemessen rekonstruiert. Obwohl Esser soziale Phänomene wie ethnische Gemeinschaften, residentielle Konzentrationen oder eben ethnisch markierte Handlungen viel konsequenter als Hoffmann-Nowotny und Heckmann als Herstellungsleistungen der Migranten konzipiert, werden empirisch nicht die entsprechenden Handlungsvollzüge untersucht. Vielmehr werden erhobene Fragebogenantworten durch Verweise auf die theoretisch angenommene Bedeutung ausgewählter Randbedingungen der Handlungsentscheidungen (hohe Segregationsraten, Diskriminierungen, ethnische Milieus usw.) erklärt. Aussagen, die mit der von Esser vorgeschlagenen Operationalisierung des Eingliederungsprozesses von Migranten assimilationstheoretisch aus statistischen Korrelationen abgeleitet werden, müssen aber zwangsläufig verallgemeinernd und homogenisierend ausfallen. Im besten Fall können derart Tendenzen für Zusammenhänge zwischen z.B. ethnischen Selbstbeschreibungen und Segregationen oder sozialstrukturellen Positionen aufgezeigt werden.

Insgesamt schließen die starken Annahmen des handlungstheoretischen Stufenmodells der Assimilation über die Motivierung und die Bedeutung von

„assimilativen" bzw. „nicht-assimilativen" Handlungen die Relevanz von Ethnizität, räumlichen Segregationserscheinungen und ethnischen Kolonien für den sozialen Aufstieg der Kinder von Migranten in der Aufnahmegesellschaft entweder a priori aus. Oder sie lenken die Untersuchung dieser sozialen Kategorien auf die Frage ihrer Bedeutung für eine Behinderung (*ethnische Mobilitätsfalle*) statt auf die Frage ihrer Bedeutung für eine Ermöglichung von sozialem Aufstieg. Assimilationstheoretisch argumentiert dürften die hier interessierenden sozialen Kategorien *Ethnizität* und *Raum* (bzw. *Lokalität*) für die Handlungsmuster der erfolgreichen Bildungsaufsteiger der zweiten Generation eigentlich keine Rolle spielen. Wären sie empirisch als Handlungskategorien dennoch beobachtbar, so kommen als mögliche Erklärungen dieser nur „partiellen Assimilation" im Prinzip nur eine „unvollständige" gesellschaftliche Eingliederung, „Modernisierungslücken", soziale Barrieren, Diskriminierungserfahrungen oder eine ethnische Binnenkarriere im „abgeschotteten Ghetto", die jedoch einen extraethnischen Aufstieg behindert, in Frage. Daß trotz interethnischer Freundschaftsstrukturen und erfolgreicher gesamtgesellschaftlicher Eingliederung Ethnizität oder ethnische Selbstbeschreibungen eine Rolle spielen, oder daß, umgekehrt, trotz einer rein innerethnischen Beziehungsstruktur und ethnischer Selbstbeschreibungen eine Identifikation mit der Aufnahmegesellschaft vorliegt, wird ebenso ausgeschlossen wie die Möglichkeit, daß in der modernen Migrationsgesellschaft die Verwendung von Ethnizität und der soziale Aufstiegsprozeß selbst in einem positiven Interdependenzverhältnis stehen können. Ein Ansatz, der die Untersuchung des Zusammenhangs von sozialem Aufstieg, Raum und Ethnizität bereits vorab derartig stark einschränkt, ist für diese Arbeit nicht geeignet.

5. Zur Verwendung des Koloniebegriffs

In empirischen Untersuchungen der Folgen von Immigration wird auf das Koloniekonzept insbesondere dann zurückgegriffen, wenn die Bedeutung von Netzwerken und Organisationen von Migranten vor dem Hintergrund relativ hoher räumlicher Migrantenkonzentrationen in den Städten thematisiert wird. Im wesentlichen schließen die entsprechenden Argumentationen an die – in der aufgezeigten Weise unterschiedlich begründeten – Positionen von Heckmann, Elwert und Esser an. D.h., die gängige Diskussion der Bedeutung ethnischer Gemeinschaften bewegt sich zwischen den Polen *Hilfe* oder *Hindernis* für eine erfolgreiche Eingliederung der Migranten. Einerseits werden ethnische Kolonien als integrationsfördernde, „notwendige Eingliederungshilfe(n) auf Zeit" und damit als „normaler Bestandteil von Einwanderungsprozessen" verstanden (vgl. Bade 1997, 34). Andererseits wird vor dem „häßliche(n) zweite(n) Gesicht" ethnischer Koloniebildung, der Entstehung von nichtintegrativen, ghettoähnlichen Strukturen mit geschlossenen, von der Mehrheitsgesellschaft abgekapselten Kommunikationskreisen, gewarnt (ebd., 35).[29]

Ebenso selbstverständlich wie in den diskutierten theoretischen Varianten der Koloniekonzeption geht man auch in der empirischen Forschung zumeist davon aus, daß die in den Zusammenhängen einer ethnischen Kolonie agierenden Migranten sozialstrukturell nur auf einem mehr oder weniger niedrigen Niveau in die Aufnahmegesellschaft integriert sind. Und obwohl bekannt ist, daß *ethnisch homogene* räumliche Konzentrationen von Immigranten in der Vergangenheit, wenn überhaupt, nur sehr selten existierten, obwohl sowohl Heckmann als auch Esser explizit darauf hinweisen, daß die Entstehung ethnischer Gemeinschaften und die Relevanz ethnischer Unterscheidungen nicht an territoriale Segregationen gebunden sind, unterliegt den meisten empirischen Arbeiten die implizite Annahme einer fraglosen Deckungsgleichheit von Ethnizität und Raum. Deshalb trägt die empirische Verwendung des Koloniebegriffs in starkem Maße zur Etablierung der üblichen, aber verkürzenden, homogenisierenden und vorrangig problemorientierten Verklammerung von Ethnizität und Raum bei. Diese spezifische Limitation der Migrationsforschung soll in diesem Kapitel exemplarisch an jüngeren empirischen Beispielen, die sich auf türkische Migrantenjugendliche beziehen, illustriert werden.

Auch bei den Untersuchungen zur sozialen Lage der zweiten und dritten türkischen Migrantengeneration wird das Koloniekonzept vorzugsweise dann verwendet, wenn es um die Erklärung von Mißerfolgs-, Problem- und Ungleichheitszusammenhängen im Zusammenhang mit residentiellen Konzentrationen türkischer Jugendlicher in den Städten geht. Wiederholt wurde in den letzten Jahren die zunehmende Attraktivität der mittlerweile sehr heterogenen türkischen Vereinslandschaft und Netzwerke sowie der Jugendbanden und -cliquen für türkische Migrantenjugendliche konstatiert. Diese Entwicklung wird im wesentlichen als Folge von anhaltenden, nun auch die zweite und dritte Generation betreffenden Aufstiegsverweigerungen, Ausschlußerfahrungen, Orientierungsschwierigkeiten und spezifischen, durch den Migrantenstatus bedingten, Identitätsproblemen begriffen.[30]

In den seltenen Fällen, in denen auch „aufstiegsorientierte" Jugendliche thematisiert werden, wird ihre Präsenz in den ethnischen Vereinen damit erklärt, daß ihnen dort die Wahrnehmung wichtiger Funktionen wie z.B. die Vorstands- und Führungspositionen und damit ein Prestigegewinn ermöglicht

---

29 Die Aktualität der Diskussion um die positiven oder negativen Wirkungen räumlicher Konzentrationen und sozialkultureller Eigenorganisationen von Migrantengruppen in den Städten dokumentiert der Konferenzband „*Ghettos oder ethnische Kolonien?*" des Forschungsinstituts der Friedrich-Ebert-Stiftung (1998).
30 Vgl. z.B.: Karakaşoğlu 1996; Klein/Kothy 1998; Nohl 1996; Sag 1996; Şen 1996; Tertilt 1996.

werde, die oder den ihnen „deutsche Institutionen" kaum böten (vgl. Karakaşoğlu 1996, 56f.; Şen 1996, 268f.). In dieser Argumentation bleibt der Mißerfolgs- und Aufstiegsverweigerungszusammenhang, der schon für die Koloniemodelle von Heckmann und Esser zentral war, als argumentative Voraussetzung der Erklärung der Attraktivität ethnischer Vereine bestehen: „Sollte jedoch die Mehrheitsgesellschaft das Versprechen einer verstärkten Integration der (...) (Bildungsaufsteiger; A.P.) nicht einlösen und auch diese offenkundig integrationsbestrebten Jugendlichen nicht gleichberechtigt behandeln, so ist zu befürchten, daß mit einer Enttäuschung über die Aufnahmegesellschaft ein Rückzug in die ethnische Kolonie einhergehen wird. (...) (Es) würden weitere gesellschaftliche Segregationsprozesse stattfinden" (Karakaşoğlu 1996, 60). Auch bei dieser Verwendung des Koloniebegriffs, die wenigstens auf die Tatsache hinweist, daß Bildungsaufsteiger durchaus ethnische Vereine besuchen, werden die angesprochenen Jugendlichen trotz ihrer höheren Bildungslaufbahn nicht als „integriert", sondern nur als „integrationsbestrebt" charakterisiert. Die problem- und desintegrationsorientierte Verwendungsweise des Koloniebegriffs wird also ebenso wie die kategoriale Verklammerung von Ethnizität und Raum im Prinzip beibehalten, statt – in umgekehrter Blickrichtung – explizit danach zu fragen, inwiefern die Verwendung von Ethnizität als Handlungskategorie, inwiefern die lokalen Lebensbedingungen und der Besuch ethnischer Vereine auch für eine erfolgreiche Bildungsaufstiegskarriere relevant und hilfreich sind.

Besonders plastisch zeigt sich die problemfokussierte Verschmelzung der Kategorien Raum (räumliche Segregation, Migrantenvereine) und Ethnizität (ethnische Selbstbeschreibungen, ethnisch markierte Freundschaftsnetzwerke und Handlungszusammenhänge) an jüngeren Arbeiten der Forschungsgruppe um Heitmeyer.[31] In ihrer Studie *Verlockender Fundamentalismus*[32] betonen die Autoren die „eindeutigen Zusammenhänge zwischen einer gesellschaftlichen Desintegration in Form von Ausgrenzung und Perspektiveneinschränkung aufgrund niedriger Bildungs- und zukünftiger Berufspositionierung einerseits und islamisch-fundamentalistischen Orientierungen andererseits" (Heitmeyer/Müller/Schröder 1997, 158ff.). Als Folge von Diskriminierungserfahrungen und Perspektivlosigkeit werden zunehmende „Rückzüge" der Jugendlichen in „eigenethnische Bereiche", i.e. „eigenethnische Sportvereine", Diskotheken, Teehäuser und Moscheen, behauptet (ebd., 161ff.). Derzeit sei zwar noch offen, schlußfolgern Heitmeyer et al., „welches ‚Klima' gegenüber der Mehrheitsgesellschaft sich insbesondere in segregierten (Stadt-)Gebieten

---

31 Vgl. Heitmeyer/Müller/Schröder 1997 u. Heitmeyer/Dollase/Backes 1998.
32 Zur methodischen, konzeptionellen und inhaltlichen Kritik an der in Öffentlichkeit und Wissenschaft vieldiskutierten Studie vgl. Bukow/Ottersbach 1999; Karakaşoğlu-Aydın 1998.

(...) durch einen instrumentalisierten Islam herausbildet" (ebd., 190). Doch das angebliche *Ghettoproblem* ist damit nichtsdestotrotz identifiziert. Mit Blick auf die relativ hohe Zahl von Migranten der zweiten Generation mit Integrationsschwierigkeiten auf dem Arbeitsmarkt werden die positiven Funktionen der von Heckmann und Elwert proklamierten Binnenintegration in Frage gestellt. Unter explizitem Bezug auf Essers Thesen werden die gesamtgesellschaftlich desintegrativen Folgen räumlich segregierter ethnischer Kolonien und die Gefahr einer „Parallelgesellschaft" in den „Problemzonen" der Städte beschworen (vgl. z.B. Heitmeyer 1998, 450ff.). Bei einer solchen Interpretation der sozialen Lage der Migrantenjugendlichen fallen die Bildungsaufsteiger natürlich entweder heraus oder sie werden (hypothetisch) auf „binnenorientierte" ethnische Eliten reduziert. Diese Eliten würden dann die (potentiellen) Konflikte in den von Segregation betroffenen Stadtgebieten im Interesse einer weiteren Separierung der „Parallelgesellschaft" „anheizen".[33] Das segregierte Stadtgebiet wird auf diese Weise als „ethnisch-sozialräumlicher Schraubstock" (Heitmeyer 1998, 454) und damit wie ein geodeterministischer Kontext interpretiert, in dem die (erfolglosen) Jugendlichen wie Gefangene der ethnischen Kolonie erscheinen.[34]

Derartige homogenisierende und problemorientierte Verknüpfungsformen von Ethnizität und Raum in der empirischen Forschung hängen auch mit der dem Koloniebegriff eigenen Raumvorstellung zusammen. Hierauf wird im Rahmen der nachfolgenden Überlegungen zur Raumkategorie in der Migrationsforschung genauer eingegangen.

---

33 Vgl. Heitmeyer/Müller/Schröder 1997, 192; u. Heitmeyer 1998, 448 und 455.
34 Man beachte die Analogie dieses Argumentes mit der – mittlerweile unpopulären – Auffassung der Migrationsforschung, die die Migranten bis in die 1980er Jahre hinein im Prinzip als Gefangene ihrer Kultur adressierte. War der Raum- und Kulturbezug des „Fremden" für die frühe Migrationsforschung durch das Herkunftsland gegeben, so bietet heute vor allem die Nichtintegrations- bzw. Problemvariante der ethnischen Kolonie, i.e. das Ghetto, die Möglichkeit, auch nachfolgende Migrantengenerationen mit ethnischen und räumlichen Zuschreibungen zu „verfremden". Ob eine derartige Thematisierung von Integrationsproblemen der Kinder der Migranten – neben ihrer pauschalisierenden und stigmatisierenden Wirkung – dazu beiträgt, Verarbeitungsformen der in der Migrationsgesellschaft gemachten Erfahrungen und damit die Migrationsgesellschaft selbst differenziert zu analysieren, darf bezweifelt werden.

III. Migration und Raum

1. Migration, räumliche Differenzierung und Raumkonzeptionen

Für die interdisziplinäre Migrationsforschung ist die Beschäftigung mit räumlichen Aspekten der zu untersuchenden Migrationsprozesse und Lebensbedingungen der Migranten stets selbstverständlich gewesen. Die sozialwissenschaftliche Thematisierung von Migration als einem „auf Dauer angelegte(n) bzw. dauerhaft werdende(n) Wechsel in eine andere Gesellschaft bzw. in eine andere Region von einzelnen oder mehreren Menschen" (Treibel 1999, 21) legt die Verwendung von Raum als einer analytischen Kategorie nahe. So kann in den Untersuchungen der individuellen und gesellschaftlichen Folgen von Migration im Aufnahmeland seit den stadtsoziologischen Arbeiten der Chicago School eine Forschungsperspektive ausgemacht werden, die den lokalen Handlungskontext der Migranten einschließt oder – im Rahmen von Stadtviertel- und Gemeindestudien – sogar ausdrücklich fokussiert. Regelmäßig kennzeichnen Begriffe und Beobachtungsgegenstände wie Raum, „Regionen", „räumliche Kontexte", „lokale Lebensbedingungen" oder „Lokalität" die empirischen Arbeiten. Ebenso dokumentiert die Vielzahl von ethnographischen Fallstudien das zumeist von der Generalfrage nach Art und Umfang der Integration der Migranten in die Aufnahmegesellschaft abgeleitete Interesse an der Bedeutung alltäglicher Lebensbedingungen in ihrer lokalen Besonderheit.[35] Wie die oben besprochenen Arbeiten von Hoffmann-Nowotny, Heckmann und Esser verdeutlichen, trifft das Merkmal der Untersuchung bzw. Mitbeachtung von räumlichen Aspekten auch auf die zentralen Theoriemodelle der deutschsprachigen soziologischen Migrationsforschung zu.[36]

In der bisherigen Argumentation wurde wiederholt herausgestellt, daß die Behandlung räumlicher Aspekte in der Migrationsforschung die beiden folgenden Besonderheiten aufweist: Zum einen wird die Thematisierung von Raum (bzw. Lokalität) stets eng an die Untersuchung von Ethnizität gebunden. Man könnte im Falle der Untersuchungskategorien Raum und Ethnizität von einer Kongruenz sprechen, die sich in der – zumeist unaus-

---

35 Vgl. stellvertretend: Bielefeld/Kreissl/Münster 1982; Bommes 1990; 6; Schiffauer 1991; Tertilt 1996.
36 Die Integration explizit raumbezogener Aspekte gilt innerhalb der interdisziplinären Migrationsforschung natürlich insbesondere für die sozialwissenschaftlichen Sub- und Spezialdisziplinen wie Stadtsoziologie, Stadtethnologie oder -geographie, Bevölkerungs- oder Sozialgeographie, aber beispielsweise auch für die Sozialpsychologie. Die vielfältige Thematisierung von Raum in der Migrationsforschung wird eindrucksvoll von der im Auftrag der Zeitschrift „Informationen zur Raumentwicklung" zusammengestellten umfangreichen „Auswahlbibliographie zum Thema *Räumliche Probleme der Ausländerintegration*" belegt: vgl. Bals 1991.

gesprochenen – Annahme äußert, daß Raum und Ethnizität für die Situation von Migranten in ähnlicher Weise relevant sind. Die kongruente Behandlung von Raum und Ethnizität kommt, wie gesehen, paradigmatisch im Koloniekonzept zum Ausdruck. Zum anderen ist bei der Verklammerung beider Kategorien eine deutliche und einseitige Problemorientierung, insbesondere bei Forschungsarbeiten über Jugendliche, zu erkennen. Die deckungsgleiche und problemorientierte Verbindung räumlicher und ethnischer Unterscheidungen wiederum wurde als Ausdruck der vorherrschenden Forschungsperspektive gedeutet, die die Untersuchung des Verhältnisses von sozialem Aufstieg, Raum und Ethnizität bisher gar nicht – oder nur mit unzulässigen Einschränkungen – zuließ. Trotz ihrer unterschiedlichen disziplinären Schwerpunkte weisen die Arbeiten der Migrationsforschung insgesamt noch eine weitere erstaunliche Gemeinsamkeit auf: Sie arbeiten fast durchgehend „mit einem mehr oder weniger elaborierten ‚Behälterraum'-Konzept" (Pries 1997, 29), ohne dieses Raumkonzept und seine Folgen jedoch systematisch zu reflektieren.

Die Migrationsforschung kann also dadurch beschrieben werden, daß Raum, erstens, als Untersuchungsaspekt häufig an entscheidenden Stellen vorkommt, daß die Raumthematisierung, zweitens, aus der Perspektive der in der vorliegenden Arbeit interessierenden Fragestellung auffällige und kritikwürdige Parallelen zur aufgezeigten Form der Untersuchung von Ethnizität aufweist, daß jedoch, drittens, über Raum als theoretische Konzeption kaum nachgedacht wird. Diese Situation war der Anlaß, in dem Kapitel über *Migration und Raum* eine eingehendere Reflexion der für die Migrationsforschung relevanten Raumkonzeption vorzunehmen.

Soll die Frage erörtert werden, welche spezifischen Merkmale und Folgen Forschungsansätze bergen, die sich im- oder explizit auf die Idee eines *Behälterraumes* stützen, ist es hilfreich, auf Debatten zurückzugreifen, die die angemessene Konzeptualisierung von Raum im sozialwissenschaftlichen Zusammenhang, die also das Verhältnis von Raum und Gesellschaft behandeln. Entsprechende Auseinandersetzungen über unterschiedliche Raumkonzeptionen samt ihrer korrelaten Forschungsprogramme gehören vor allem in der Anthropo- bzw. Sozialgeographie seit jeher zum fachkonstitutiven Diskurs. Nähert man sich diesen Debatten, dann fällt sofort zweierlei auf. Zum einen stellt der Behälterraum auch in der Geographie ein prominentes Raummodell dar. Zum anderen liegt aber vielen geographischen Arbeiten häufig auch ein anderes Modell zugrunde: der sogenannte „Distanzrelationsraum", „relationale Raum" oder „metrische Ordnungsraum". Dieses Modell vom „Raum als System von Lagerelationen zwischen den konkreten Dingen der physisch-materialen Welt" (Blotevogel 1995, 734) wird im weiteren, allgemeiner, *Relationalraum* genannt.

Wenn man den Blick nun wieder von den rein geographischen Arbeiten löst und ihn auf die *raumbezogene Sozialforschung*[37] im allgemeinen richtet, ist leicht ersichtlich, daß der Relationalraum ebenfalls nicht nur in der Geographie gebräuchlich ist. So unterliegt dieses Raummodell immer schon der für die Migrationsforschung zentralen Segregationsforschung. Seit einigen Jahren erfährt der Relationalraum auch in der Stadtsoziologie eine neue Popularität. Unter Begriffen wie „erweiterter relationaler Ordnungsraum", „Matrix-Raum", „gesellschaftlicher Raum" oder „relationale (An)Ordnung" wird er als ein für sozialwissenschaftliche Forschung geeignetes Raummodell propagiert.[38] Da die Relationalraumkonzeption in der Sozial- und Bevölkerungsgeographie ebenso wie in der Stadtsoziologie verwendet wird, findet sie auch Eingang in ihre jeweiligen migrations- und segregationsspezifischen Arbeiten. In der Anwendungspraxis kommt es jedoch häufig zu einer Vermischung mit der Behälterraumkonzeption, weil die Aussagen über Lage- und Ordnungsrelationen gängigerweise auf einen behälterähnlichen Ausschnitt der Erdoberfläche bezogen werden.

Da sowohl die Behälter- als auch die Relationalraumkonzeption für die angestrebte Untersuchung der Raum-Kategorie in der Migrationsforschung von großer Bedeutung sind, ist es lohnend, sich in einem ersten Schritt zunächst mit den grundsätzlichen Problemen auseinanderzusetzen, die aus der Verwendung dieser zwei Raumkonzeptionen in der raumbezogenen Sozialforschung folgen (s. Kap. B.III.2). Vor diesem Hintergrund kann dann in einem zweiten Schritt der Raumbezug in der Migrationsforschung angemessen untersucht werden (s. Kap. B.III.3).

2. *Probleme raumbezogener Sozialforschung*

Von der Soziologie und der Migrationsforschung nahezu unbeachtet, hat sich in der Geographie eine Diskussion über die für das Fach zentrale Kategorie *Raum* entwickelt.[39] Auf der Basis theoretischer Überlegungen gipfelt sie in der Forderung einer grundsätzlichen Neuorientiertung der Sozialgeographie.

---

37 Der Terminus „raumbezogene Sozialforschung" bzw. „raumbezogene Forschung" wurde als Oberbegriff für sozialwissenschaftliche Arbeiten und Ansätze gewählt, die einen expliziten Raumbezug aufweisen. Wie zu zeigen sein wird, teilen Arbeiten der „raumbezogenen Sozialforschung", gleichgültig, ob sie aus der Geographie, der Stadt- und Regionalsoziologie, der Stadtethnologie oder vergleichbaren Subdisziplinen stammen, wesentliche strukturelle Gemeinsamkeiten, die aus dem Rückgriff auf dieselben Raumkonzeptionen resultieren.
38 Vgl. Läpple 1991a u. 1991b, Löw 2001.
39 Vgl. Bartels 1974; Bartels/Hard 1975; Blotevogel 1995; Eisel 1980; Hard 1970 u. 1993; Klüter 1994; Pohl 1993a; Weichhart 1993; Werlen 1993; sowie die Beiträge in dem Sammelband von Meusburger 1999.

Ihre kritischen Protagonisten Hard[40], Klüter[41] und Werlen[42] lehnen insbesondere den einseitigen geographischen Raumzentrismus sowie die mit ihm zumeist verbundenen Modelle von Raum als gegenständlichem Behälter und/oder „als System von Lagerelationen materieller Objekte" an der Erdoberfläche (vgl. Blotevogel 1995, 734) ab. Damit richten sich ihre Argumentationen gegen nichts weniger als das ontologische Fundament der traditionellen und der seit den 1970er Jahren vorherrschenden „raumwissenschaftlichen" Sozial- und Wirtschaftsgeographie. Hard, Klüter und Werlen diskutieren den Forschungsgegenstand Raum bzw. unterschiedliche Raumbegriffe zwar vornehmlich vor dem dominanten Selbstverständnis der Sozialgeographie als einer „Raumwissenschaft", dessen Angemessenheit sie für die Sozialgeographie als einer Sozialwissenschaft in Frage stellen. Doch treffen die von ihnen angesprochenen kategorialen Probleme auch auf andere, nicht primär „raumzentrierte" Forschungsbereiche, wie eben die Migrationsforschung, zu. Wie zu zeigen sein wird, ist die Kritik solange gültig, wie sich die raumbezogene Sozialforschung in einer der klassischen Geographie vergleichbaren Form an den physikalisch-philosophischen Konzeptionen von Raum als Behälter oder als relationale Ordnungsstruktur der materiellen Objekte orientiert und dabei eine gängige, aber problematische Verknüpfung von Erdräumlich-Materiellem und Sozialem praktiziert. Zum besseren Verständnis der aufzuzeigenden Probleme wird zunächst auf die historisch-theoretischen Grundlagen und Entwicklungslinien einer raumbezogenen Sozialforschung, und hier insbesondere der „raumzentrierten" Sozialgeographie, eingegangen.

2.1 Historisch-theoretische Entwicklungslinien

Im Folgenden werden die in der raumbezogenen Sozialforschung kursierenden Raumvorstellungen aus einer historischen und systematischen Perspektive untersucht. Die den verschiedenen wissenschaftlichen Ansätzen üblicherweise zugrundeliegenden Raumvorstellungen werden zwar nur selten ausdrücklich expliziert, dennoch ließen sie sich in durchaus vielfältiger Weise differenzieren. Alleine in der geographischen Forschungspraxis könnte man mehr als ein Dutzend sehr verschiedener Raumbegriffe und -konzeptionen unterscheiden.[43] Die folgende Darstellung geht aber nicht auf die möglichen Abgrenzungskriterien der unterschiedlichen Begriffe ein, sondern stellt ganz im Gegenteil gemeinsame Merkmale dieses „Schwarm(s) von Homonymen" (Hard 1986,

---

40 Vgl. im Folgenden insbesondere: Hard 1986, 1987, 1993, 1996, 1998, 1999 u. 2000.
41 Vgl. im Folgenden insbesondere: Klüter 1986, 1994 u. 1999.
42 Vgl. im Folgenden insbesondere: Werlen 1987, 1993, 1995a, 1995b, 1997.
43 Vgl. dazu: Bartels/Hard 1975; Blotevogel 1995; Hard 1993, 70; Pohl 1993a, 259f.; Weichhart 1999.

82, Fn. 1) heraus. Denn was bei einer genaueren Betrachtung ebenfalls auffällt, ist, daß in allen Fällen mehr oder weniger starke Bezüge auf die klassischen physikalisch-philosophischen Raummodelle zu erkennen sind. Deshalb werden nun vorab diese historisch zentralen Raumkonzeptionen knapp zusammengefaßt.

2.1.1 Physikalisch-philosophische Raumkonzeptionen

Die in der Physik und der Philosophie lange Zeit dominierenden Raummodelle beruhten auf der Vorstellung eines absoluten und gleichförmigen Raumes. Diese Raumkonzeption wurde entscheidend von Aristoteles, Descartes und Newton geprägt. Die Form des physikalisch-philosophischen „absoluten Raumes ist die eines Behälters (Containers)" (Werlen 1995a, 153). Der *Behälterraum* stellt eine der Körperwelt gewissermaßen übergeordnete Realität, die jedoch empirisch existent ist, dar. Insbesondere Newton ging von der Existenz eines unendlichen, homogenen, und vom Vorhandensein der körperlichen Gegenstände unabhängigen Behälterraums aus. Dieser unabhängig von materiellen Körpern angenommene Behälterraum wird gleichwohl selbst als ein wirkliches, ausgedehntes „Ding an sich" (Läpple 1991a, 36), d.h. als ein „substantielles Ding neben den ausgedehnten materiellen Objekten" (Werlen 1995a, 205), gedacht oder sogar, wie Werlen mit Bezug auf Descartes' Argumentation zusammenfaßt, als eine „materielle Substanz" (Werlen 1993, 245f.).[44] Bei einer solchen Raumkonzeption gehen die „Eigenschaften des substantiellen Raumes" über das hinaus, was mit der Bezugnahme auf die Eigenschaften der einzelnen, in dem Behälter gelagerten Objekte erklärt werden kann. Genauer gesagt werden die Eigenschaften der in dem Behälterraum gelagerten körperlichen Elemente sogar als Eigenschaften des Ganzen, also des Raumes, interpretiert; dem Behälterraum wird dabei eine „kausale Wirksamkeit" auf seine physisch-materiellen „Inhalte" unterstellt. In dem Sinne werden die Eigenschaften und Anordnungen der physisch-materiellen Dinge von dem Behälterraum konstituiert, worin sich die Vorstellung eines räumlichen Determinismus ausdrückt. In Newtons Konzeption ist der absolute Raum sogar ein Attribut Gottes. Dann äußert sich in dem und durch den „substantialistischen", d.h. „beseelten" Raum die Gottbestimmtheit der Natur (vgl. Werlen 1995a, 167-178). – Für die Entwicklung von Newtons klassischer Mechanik war die Annahme der „kausalen Wirksamkeit von Raum" in bezug auf die in ihm gelagerten physisch-materiellen Gegebenheiten und ihre Anordnungen entscheidend.

---

44 Descartes und die Kartesianer sehen in der Ausdehnung die wesentliche Eigenschaft der Körper. Von der Ausdehnung der Körper wird dann auf die Körperlichkeit des Raumes geschlossen (vgl. auch Werlen 1995a, 182ff.).

Spätestens seit Einstein dominiert in der Physik jedoch die *relationale Raumkonzeption*. Einsteins Relativitätstheorie entzog dem Modell eines absoluten, gleichförmigen Behälters, mit dem sich Newton im 17./18. Jahrhundert noch gegen die „Relationisten" und ihre Vorstellung von einem relationalen Ordnungsraum durchsetzten konnte, das theoretische Fundament (vgl. Läpple 1991a, 39). In der relationalen Konzeption wird Raum als eine Ordnung koexistierender körperlicher Dinge gedacht, die abhängig ist von der Zeit und dem Bezugssystem des Beobachters, und neben der nicht zusätzlich ein substantieller (bzw. ein substantialistischer) Raum besteht. Ursprünglich waren es Huygens und vor allem Leibniz, die mit dieser Anschauung Newton und die Behauptung der Substantialisten, daß der Raum real-dinglich sei und unabhängig von physischen Objekten existieren könne, angriffen. Die Relationisten lehnen „jede Rede vom Raum an sich, das heißt als besondere(m) Gegenstand, räumlichen Wirkkräften oder räumlichen Eigenschaften" (Werlen 1995a, 179) und damit die Existenz eines den materiellen Objekten übergeordneten Raumes, der als Objekt selbst Forschungsgegenstand einer empirischen Wissenschaft sein kann, ab. Newtons substantialistische Raumkonzeption stellte für Leibniz daher eine durch nichts zu rechtfertigende Hypostasierung dar (ebd., 189). Statt dessen verstehen die Relationisten unter Raum nie mehr als eine Kurzformel für Lage und Beziehungen. Räumlichkeit bezieht sich dann ausschließlich auf die Beziehungen unter und zu materiellen Objekten, aber nicht auf die Beziehungen zwischen materiellen Objekten und einem absolut-substantialistischen Raum. In Abgrenzung von der angenommenen Wirkkraft des Raumes in der Behälterraumkonzeption faßt Werlen den relationalen Standpunkt wie folgt zusammen: „Die wahren Wirkkräfte sind Eigenschaften der Körper, aber nicht jene des (Behälter-) Raumes" (ebd., 190). Obwohl diese (Beziehungs-) Eigenschaften der Körper, also das, was unter Raum verstanden wird, selbst nicht körperlich, materiell oder ausgedehnt sind, kann Raum auch in der relationalen Konzeption nicht ohne Materie existent sein. Zwar hat Raum keinen Substanzcharakter wie in der Behälterkonzeption, aber als Ordnungsstruktur ist der relationale Raum letztendlich an körperliche Dinge gebunden. – Für die Physik bedeutete die relationale Raumkonzeption, daß ihr Ziel nicht mehr die Geometrisierung, d.h. die Bestimmung der Ausdehnung von Körpern und ihre Lokalisierung im ausgedehnten Behälterraum, sondern die Dynamisierung sein mußte. Als Ursache von Bewegungen galt nun nicht mehr der Behälterraum, sondern eine nichtmaterielle Gegebenheit, nämlich „die lebendige Kraft, die kinetische Energie" (ebd., 184).

Für die sich anschließende Diskussion des Einflusses der zwei traditionellen Raumkonzeptionen auf die raumbezogene Sozialforschung ist an dieser Stelle ein Punkt hervorzuheben, der aus der Sicht ihres Entstehungskontextes und vor allem ihrer großen naturwissenschaftlichen Relevanz selbstverständlich erscheint: Beide Raumkonzeptionen beziehen sich auf die physische Welt. Entweder wird Raum in der Behälterkonzeption unabhängig von körperlichen Objekten selbst als dingliche, teilweise sogar materielle Substanz vorgestellt; oder Raum wird als Ordnungsrelation von physisch-materiellen Objekten direkt auf Materie, als der sie gleichsam charakterisierende Ordnungsaspekt, bezogen. In diesem dinglichen, „substantiellen" Bezug unterscheiden sich die beiden für die Naturwissenschaften wichtigen Raummodelle deutlich von der erkenntnistheoretischen Raumkonzeption Kants. Für Kant ist Raum weder ein physisch-dinglicher „Gegenstand der Wahrnehmung, noch kann er als Relation koexistierender Gegebenheiten definiert werden (...) ‚Raum' ist nicht nur ohne Gegenstände vorstellbar, sondern sogar eine Voraussetzung der Gegenstandswahrnehmung" (Werlen 1993, 245). Vergleichbar der Zeit wird Raum von Kant als Apriori und Form der Gegenstandswahrnehmung, als „organisatorisches Regulativ der Wahrnehmung" konzipiert (ebd., 246).[45]

2.1.2 Von den klassischen Raumkonzeptionen zur raumbezogenen Sozialforschung

Stärker als in anderen Fächern steht der Raum und seine Erforschung in der Geographie im Zentrum der Disziplin. Die in diesem und den nächsten Kapiteln zu beschreibenden zentralen Prämissen und Probleme raumbezogener Sozialforschung, die sich u.a. auf die sozialwissenschaftliche Verwendung physikalisch-philosophischer Raummodelle zurückführen lassen, kann man daher am Beispiel der Sozialgeographie besonders anschaulich aufzeigen. Betrachtet man ihre Entwicklung, treten schnell einige historische Kontinuitäten hervor. Da diese prinzipiell, wenn auch häufig weniger ausgeprägt, ebenso auf andere raumbezogene Forschungen in den Sozialwissenschaften, die Raum in vergleichbarer Art als Behälter und/oder relationale Ordnungsstruktur konzipieren, zutreffen, orientiert sich die folgende Darstellung vor allem an sozialgeographischen Traditionen.

Seit ihrer Entstehungszeit im 18./19. Jahrhundert zeichnet sich die Sozialgeographie durch den primären Bezug auf räumliche Aspekte des Sozialen, auf (substantielle) Räume und räumliche Differenzen in der Gesellschaft aus.[46] Disziplinhistorisch und -politisch ist die kategoriale Orientierung der

---

45 Vgl. hierzu neben Werlen 1993, 244ff., auch Werlen 1995a, 206-229.
46 Mit Raum und räumlichen Aspekten sind hier und in der folgenden Beschreibung der bisherigen sozialgeographischen Forschung, ganz im alltagssprachlichen Sinne, Ausschnitte der physisch-materiellen Erdoberfläche und erdoberflächliche Bezüge materieller und sozialer Dinge gemeint. Insofern wird bewußt in Kauf genommen, daß die Rede vom Raum und

Geographie am Raum leicht nachvollziehbar. Einerseits galt es stets, die Abgrenzung zur Soziologie, deren fachkonstitutive Objekte statt zum Raum bzw. Materiellen eben zum Sozialen gehören, klar zu markieren und damit zu legitimieren.[47] Andererseits schien die Formulierung einer „Raumwissenschaft" von Anfang an überaus plausibel, war doch der gesellschaftliche Entstehungskontext der wissenschaftlichen Geographie sowohl durch den Industriekapitalismus mit seinen unübersehbaren, sich erdoberflächlich sehr ungleich artikulierenden Auswirkungen sozialer Differenzierung – etwa im Zuge der rasanten Verstädterung – als auch durch den territorial markierten Ausbau nationalstaatlicher Kontrolle geprägt. Bis heute wird raumbezogene Sozialforschung übrigens mit diesem Verweis auf die erdräumlich differenzierten sozialen und gesellschaftlichen Erscheinungen begründet.

Wendet man sich nun der Frage zu, inwieweit die Geographie, aber auch die Sozialwissenschaften im allgemeinen, auf die beiden skizzierten klassischen Raumkonzeptionen zurückgreifen, und inwieweit dies folgenreich ist, dann fällt aus formaler Perspektive zunächst folgendes auf.

Dem Behälterraum kommt insgesamt eine größere Bedeutung zu. So wird unter Raum normalerweise ein Behälter im Sinne eines Ausschnittes bzw. Ortes der physischen Erdoberfläche verstanden, „eine Art von mehr oder weniger prall gefülltem Container (...), der gleichermaßen Physisches, Psychisches und Soziales enthält" (Hard 1993, 53). Verglichen mit dem Einfluß, den die Behälterraumkonzeption als heuristisches und methodologisches Modell auf das Verständnis von Raum hat, tritt die historisch in der physikalisch-philosophischen Debatte stets mit dem Behälterraum konkurrierende Relationalraum-Konzeption in ihrer Bedeutung zurück (vgl. Werlen 1995a, 195-202, u. 1997).[48] Tatsächlich wird nämlich entweder auf die Vorstellung von Raum als einem Behälter rekurriert oder es kommt zu einer Mischform der beiden

---

von räumlichen Differenzen in der Gesellschaft aus soziologisch-systemtheoretischer Perspektive mißverständlich und sogar falsch erscheinen muß. Denn in der systemtheoretischen Fassung der Gesellschaft kann Raum, solange er in der Gesellschaft vorkommt, nur Kommunikation bzw. kommunikativ erzeugt und nicht etwas Physisch-Materielles sein; in letzterem Fall würde Raum zur Umwelt der Gesellschaft gerechnet werden (vgl. Stichweh 1998, 347f.). Nichtsdestotrotz soll für die Darstellung der alltagssprachlichen und immerhin in weiten Teilen der Wissenschaft vorherrschenden Rede vom Raum zunächst an dem „gängigen" Verständnis festgehalten werden. Auf die aus soziologischer Perspektive beachtlichen Schwierigkeiten und Unschärfen, die sich aus der etablierten Thematisierungsform von Raum ergeben, wird im Anschluß an die hier aufzuzeigenden historischen Hintergründe näher eingegangen.

47 Das gleiche Legitimationsargument trifft natürlich auch auf die verschiedenen, explizit raumbezogenen sozialwissenschaftlichen *Sub*-Disziplinen wie Stadtethnologie, Stadt- oder Regionalsoziologie zu.

48 Das gilt erst recht für Kants erkenntnistheoretische Radikalisierung der relativistischen Position, daß Raum kein physisch-materieller Gegenstand, sondern nur Voraussetzung und Form der Gegenstandswahrnehmung sein könne.

Konzeptionen, bei der aber letztlich immer die Behälterraumvorstellung dominiert. Denn auch in den Fällen, in denen kausale „Raumgesetze" (z.B. Bartels 1970) und „Distanzrelationsgefüge", der „ordo coexistendi" verschiedener Objekte, die „Verteilungs-, Verknüpfungs- und Verbreitungsmuster (in der) physisch-materiellen Welt" (Hard 1993, 68ff.) oder „gesellschaftliche Räume" auf der Grundlage eines „erweiterten relationalen Ordnungsraumes" (vgl. Dangschat 1994a, 348ff.; Läpple 1991a, 42) untersucht werden, beziehen sich die Untersuchungen üblicherweise auf bestimmte Ausschnitte der Erdoberfläche – z.B. Stadtviertel, Regionen oder Länder. In diesen Behältern ähnelnden Räumen sind die interessierenden relationalen Ordnungsstrukturen, „Merkmalsausprägungen und Anteilswerte gelagert" (Dangschat 1998, 26); die sozialen Ereignisse finden *in* den entsprechenden Raumbehältern statt (vgl. Werlen 1997, 207).

Vor dem Hintergrund der Geschichte der Geographie läßt sich nun argumentieren, daß die kategoriale Fixierung auf Raum, zumal unter Anwendung naturwissenschaftlicher Raumkonzeptionen, aus verschiedenen Gründen problematisch ist.

Bereits die übliche und zumeist stillschweigende Annahme, daß Raum und Raumstrukturen als empirisch zu erforschende Gegenstände existieren, ist, ontologisch gesehen, kritisch. Führt man sich die oben grob zusammengefaßten epistemologischen und theoretischen Debatten in der Physik und der Philosophie vor Augen, dann wird deutlich, daß es „den Raum" per se nicht gibt, sondern nur verschiedene, miteinander konkurrierende Modelle über Raum. Die raumbezogene Sozialforschung, die Raum wie ein mathematisch-physisches Apriori theoretisiert (vgl. Klüter 1986, 167), tut aber gemeinhin genau so, als gäbe es den Raum (die Region etc.) als eine unbestrittene, objektive, empirisch eindeutig erfaßbare Realität, eben als dinglichen Behälter mit gewissen „Eigenschaften" (Werlen 1993, 253) oder als Ordnungsstruktur der Dinge.

Auch setzt eine wissenschaftliche Darstellung und Erforschung der Gesellschaft, die sich auf erdoberflächliche Territorien und die erdräumliche Differenzierung gesellschaftlicher Phänomene bezieht, eine „Ontologie gesellschaftlicher Tatsachen" voraus, die zunehmend fragwürdig wird. Dies hat insbesondere Werlen eindringlich gezeigt.[49] Der Versuch, sozial-kulturelle Verhältnisse in (erd-)räumlichen Kategorien zu typisieren, war, wenn überhaupt, nur in segmentär strukturierten Gesellschaften sinnvoll. „Waren (...) traditionelle Lebensformen in räumlichen Kategorien annäherungsweise darstellbar, sind es spät-moderne Lebensformen nicht" (Werlen 1997, 60). Die pauschale Annahme der Bedeutsamkeit räumlich-lokaler Bedingungen für Sozialität ist heute nicht mehr fraglos plausibel. So sind z.B. die in letzter Zeit

---

49 Vgl. Werlen 1993, 242-244; 1995a u. 1997.

ausgiebig diskutierten vielfältigen Lebensstile nicht „regional gekammert" (ebd., 61). In der gegenwärtigen Gesellschaft, die systemtheoretisch auch als funktional differenzierte von vergangenen, überwiegend segmentär und stratifikatorisch organisierten Gesellschaftsformen unterschieden werden kann, hat sich die stabile räumliche Verankerung von Gruppenmilieus und die „räumliche Kammerung des Gesellschaftlichen" (ebd.) längst aufgelöst. Unter den Bedingungen von (Post-)Industrialisierung, Globalisierung und funktionaler Differenzierung oder, wie Werlen im Anschluß an Giddens sagen würde, „spät-modernen" Gesellschaften läßt sich Soziales daher nicht mehr angemessen in räumlichen Kategorien beschreiben und analysieren.

Mit der Orientierung an den beiden klassischen Raummodellen, deren Erklärungs- und Anwendungsanspruch sich ausschließlich auf den physisch-materiellen Bereich der Welt beschränkt, hängen außerdem viele der der Geographie und anderen raumbezogenen Sozialwissenschaften zuweilen vorgeworfenen Reduktionismen zusammen. Wird die physikalische Behälterraumkonzeption auch in den Sozialwissenschaften zur Erforschung der sozialen Welt zugrunde gelegt, dann verleitet die Prämisse der kausalen Wirkkraft eines substantialistischen, gegenständlichen Behälterraumes dazu, Raum auch eine erklärende Kraft für Gesellschaftliches zuzuschreiben. Auch aus der Übertragung der Relationalraumkonzeption auf sozialwissenschaftliche Fragestellungen folgen deterministische Argumentationsfiguren. Zwar unterstellt die relationale Raumkonzeption der Physik nicht mehr einem ausgedehnten Behälterraum kausale, auf die Körper wirkende Kräfte. Doch genaugenommen unterliegen auch hier die Körper (also auch die Menschen) Wirkkräften, die nun eben von den den Körpern zugeschriebenen Eigenschaften (kinetische Energie, Anziehungskraft, Lage- und Beziehungsrelation o.ä.) ausgehen. Deshalb ist es nicht überraschend, daß sich in der raumbezogenen Gesellschaftsforschung insgesamt, dabei insbesondere in den Studien, die primär mit einer Behälterraum-Konzeption arbeiten, eine lange geodeterministische Traditionslinie verfolgen läßt, die durch die Annahme einer Wirk- bzw. einer soziokulturellen Prägekraft des Raumes, der Region, des lokalen Kontextes o.ä. auf Menschen und Gruppen gekennzeichnet ist.[50]

---

50 Die geodeterministische Traditionslinie spannt einen historischen Bogen von Hegels Annahme eines „Naturzusammenhang(s) des Volksgeistes" (Hegel 1961, 137.; zitiert nach Werlen 1995a, 199), „gemäß der die erdräumlich unterschiedlich ausgeprägten Naturbedingungen als Bedingungsfaktor für die ,Volkskultur' gesehen wird" (ebd.), über die „Völkerindividuen" Herders, der in den materiellen Grundlagen, u.a. dem Boden, die primäre „Prägungsinstanz" der „Seele des Volkes" erkennt (vgl. Werlen 1995a, 200), über das „völkische Denken" und die Logik der „Blut-und-Boden-Ideologien" im Nationalsozialismus bis hin zur Vorstellung eines räumlich begrenzten Regionalbewußtseins bei dem „hermeneutischen Geographen" Pohl (1986 u. 1993b).

Die geodeterministische Tradition der raumbezogen argumentierenden Wissenschaften könnte man als die räumliche Variante eines Naturdeterminismus bzw. eines Vulgärmaterialismus interpertieren.[51] Sie hat nicht nur die klassische Geographie,[52] sondern auch noch die jüngeren „raumwissenschaftlichen" Arbeiten der Geographie beeinflußt.[53] Wirth beispielsweise sieht in den „reale(n) Raumsituationen" entscheidende „Determinanten raumwirksamer Entscheidungen" (Wirth 1979, 119). Bartels fordert gar, die Geographie als kausalgesetzliche Raumwissenschaft zu betreiben, d.h. *Raumanalysen* gesellschaftlicher Prozesse unter besonderer Beachtung „distanzbezogene(r) Determinationsmomente" (Bartels 1968, 318) durchzuführen und nach *Raumgesetzen* „im Bereich menschlicher Handlungen" (Bartels 1970, 33) zu suchen. Im Vergleich zur klassischen Geographie werden die angenommenen Einflüsse räumlich-materieller Kontexte auf Handlungen und Soziales zwar mittlerweile weniger deutlich deterministisch fomuliert. Nichtsdestotrotz wird „räumlichen Strukturen" häufig nach wie vor eine „Auslöserfunktion" (Meusburger 1998, 185) für Handlungen unterstellt. Aber auch in der Soziologie, und hier insbesondere in der Sozialökologie, der „sozialökologischen Sozialisationsforschung" oder der „Sozialraumanalyse" (vgl. Vaskovics 1982), und, wie noch zu besprechen sein wird, in den stadt- und migrationssoziologischen Untersuchungen, tauchen seit den frühen Arbeiten der Chicagoer Schule immer wieder geodeterministische und materialistische Argumentationsmuster auf.

Betrachtet man die raumbezogene Sozialforschung in der Gesamtschau, fällt noch eine weitere Gemeinsamkeit auf. Fast durchgängig handelt es sich bei Raum um einen Forschungsgegenstand, der, sozialwissenschaftlich gesprochen, auf der Ebene von „Strukturen" und nicht etwa von Handlungen, Kommunikationen oder Beobachtungen angesiedelt wird (vgl. exemplarisch Pohl 1993a). Die gängigen Raumkonzeptionen verstehen unter Raum etwas „Urstrukturalistisches" (Klüter 1986, 51); Raum wird als die das Handeln strukturierende Rahmenbedingung aufgefaßt (vgl. Löw 1997, 451). Entweder sind es Lagerelationen bzw. relationale Ordnungs-*Strukturen* oder behälterähnliche Ausschnitte der Erdoberfläche, die die zu erforschenden Dinge als Elemente von Raum strukturieren.

Aus der forschungslogischen Praxis, Raum mit Struktur gleichzusetzen, ergeben sich aber problematische Konsequenzen. Die aus den sozialwissen-

---

51 Vgl. Schultz 1998; Werlen 1993, 244; Werlen 1995a, 199.
52 Vgl. für die klassische Geographie exemplarisch Hettners Definition der „Geographie als chorologische(r) Wissenschaft von der Erdoberfläche", mit der er die Geographie als nomothetische Wissenschaft an der Universität zu etablieren versuchte (vgl. Hettner 1927, 121; zitiert nach Werlen 1993, 246). Hettner stilisierte dabei den (Natur)-Raum zum Kausalfaktor der „verschiedenen Erscheinungen" an der Erdoberfläche.
53 Vgl. hierzu: Werlen 1995a, 196 u. 224ff.; 1997, 50ff. und 72ff.

schaftlichen Strukturanalysen allgemein bekannte Haltung, Aspekte der Herstellung von gesellschaftlichen Strukturen und der individuellen oder gruppenspezifischen Reaktion auf gegebene Strukturbedingungen analytisch eher zu vernachlässigen, ist auch bei Ansätzen zu beobachten, die Raum nur im Sinne von Struktur untersuchen. Deshalb fordern verschiedene Autoren und Autorinnen, die sozialwissenschaftliche Raumkonzeption zu „dynamisieren". Im wesentlichen ähneln sich die an das strukturationstheoretische Modell von Giddens (1988) anschließenden Vorschläge von Löw und Werlen sowie Essers Entwurf, nach dem Räume bzw. „sozialräumliche Strukturen" oder „Kontexte" sowohl als strukturelle Handlungs*bedingungen* als auch als Handlungs*folgen* konzipiert werden, sehr.[54] Aus der Übertragung des dualistischen Modells der Einheit von Handlung und Struktur auf die Konzeption von Raum folgern explizit insbesondere Löw und Werlen, auch Handlung und Raum methodologisch als zwei Dimensionen des gleichen Sachverhalts zu betrachten. Erst dann bestehe die Möglichkeit, die gesellschaftliche Herstellung von Räumen adäquat thematisieren zu können. Außerdem lasse sich auch die Bedeutung von spezifischen Strukturen oder räumlichen Kontexten erst über die Analyse von Handlungen rekonstruieren: So wichtig die strukturellen bzw. „räumlichen Bedingungen für das gesellschaftliche Leben sind, sie werden erst über Handlungen bedeutsam" (Werlen 1993, 247).

2.1.3 Zusammenfassung und Folgerungen

Die bis hier skizzierten Kennzeichen und Probleme einer raumbezogenen Sozialforschung, die ihre Raumkonzeptionen aus den physikalisch-philosophischen Modellen ableitet bzw. „physisch-erdräumlich (...) fundierte Raumbegriffe in soziale Fragestellungen (...) verlängert" (Klüter 1986, 167), lassen sich kritisch folgendermaßen zusammenfassen. Sowohl die primäre „Raumzentrierung" der Geographie als auch die Orientierung sonstiger raumbezogener sozialwissenschaftlicher Ansätze an der Konzeption des Behälterraums oder an räumlichen Strukturen und Relationen (in Behälterräumen) rücken soziale Handlungen, Kommunikationen und soziale Systeme in den analytischen Hintergrund. Anstatt die gesellschaftliche Herstellung von Raum, Lokalität und der Bedeutung von Räumlichem direkt in den Blick zu nehmen, rekonstruiert die raumbezogene Sozialforschung soziale Zusammenhänge üblicherweise mittels der Analyse der Lage und Beziehungen von materiellen (körperlichen) „Inhalten von Behälterräumen". Dieses Vorgehen birgt jedoch die Gefahr starker Verkürzungen. Vor allem mit der traditionsreichen Annahme von der Existenz einer determinierenden Wirksamkeit von Raum wer-

---

54 Vgl. Esser 1988; Löw 1997 u. 2001; Werlen 1997, 181-193 u. 206-213.

den Entscheidungsfähigkeit, Handlungen und Sinngebungen der handelnden Subjekte, Gruppen oder Organisationen regelmäßig unterschlagen. Eine auf die Erdoberfläche bezogene Argumentation, die Raum im Sinne von Struktur thematisiert, kann soziale Handlungen und Gesellschaft nicht angemessen *erklären* und *verstehen*. Sozialwissenschaftliche Ansätze, die mit den naturwissenschaftlichen Behälter- und/oder Relationalraumkonzeptionen arbeiten, können nicht, oder nur unter Zuhilfenahme nicht überprüfbarer und sehr pauschaler Annahmen, wie z.B. der Annahme von der kausalen Wirksamkeit spezifischer lokaler Lebensbedingungen, rekonstruieren, *warum* eine Handlung gewählt wird. Ebensowenig können sie zeigen, warum Menschen, die zwar zu Analysezwecken anhand ihres Wohnortes oder vergleichbarer Indikatoren durchaus in behälterähnlichen Erdraumausschnitten verortet werden können, trotz der vermuteten Wirksamkeit des lokalen Kontextes ganz unterschiedlich handeln.

Um Handlungen und Handlungsmuster hinreichend erklären und verstehen zu können, müßten die sozialen und nicht die (erd-)räumlichen Handlungsbedingungen im Analysezentrum stehen. Erst dann, also erst, wenn eine Perspektive, die soziale Anschlüsse und Bedingungen für Handlungen fokussiert, eingenommen wird, kann auch die Thematisierung von Räumlich-Materiellem für eine sozialwissenschaftliche Analyse aufschlußreich sein. Der lokale Kontext, die „Strukturen" der Behälterräume, die Anordnung materieller Körper o.ä. wären dann jedoch nicht als Ausdruck von Raum oder als materielle Eigenschaft des Sozialen, sondern konsequenterweise ausschließlich als Bestandteil gesellschaftlicher Prozesse, sozialer Handlungen, Kommunikationen und Beobachtungen zu interpretieren. Ein Ansatz, der Räume und Lokalität als Herstellungsleistungen, Beobachtungsformen oder als Formen der Kommunikation thematisieren würde, wäre methodisch direkter, d.h. weniger spekulativ, in der Lage, die jeweilige soziale Relevanz von Raum und Lokalität zu thematisieren.

2.2 Zur Verräumlichungsproblematik

Die beschriebenen Prämissen und Merkmale der raumbezogenen Sozialforschung lassen eine Kontinuität erkennen, die historisch von den klassischen Raumkonzeptionen der Physik und der Philosophie über die verschiedenen Entwicklungsstadien der wissenschaftlichen Geographie bis in die jüngeren kausalgesetzlich-raumwissenschaftlichen und stadtsoziologischen Arbeiten hinein reicht. Das grundsätzliche Problem aller raumbezogenen Sozialforschung, das letztendlich mit dem „ontologischen Aggregatzustand" (Hard 1999, 134) ihres Forschungsgegenstandes zusammenhängt, wurde bisher nur implizit angesprochen. Deshalb werden die konzeptionelle Verknüpfung von

Räumlich-Materiellem und Sozialem sowie die daraus resultierende *Verräumlichungsproblematik* nun genauer beleuchtet.

Zur Erinnerung: Die gesamten Ausführungen über die generellen Probleme raumbezogener Sozialforschung dienen dazu, anschließend die bisherige Form des Raumbezugs in der aktuellen interdisziplinären Migrationsforschung angemessen herausarbeiten und kritisieren zu können.

2.2.1 Die gängige Verknüpfung von Räumlich-Materiellem und Sozialem

Auf die Beschäftigung mit Raum *und* Sozialem trifft man vor allem in denjenigen Fachrichtungen, die den räumlichen Bezug ihrer wissenschaftlichen Bemühungen bereits im disziplinären Namen führen. Dazu zählen also die Stadtethnologie, die Stadt- und Regionalsoziologie sowie die Sozial- bzw. Humangeographie. Wie die Geschichte der Geographie zeigt, läßt sich mit dieser Thematik nicht nur eine sozialwissenschaftliche „Bindestrich-Disziplin", sondern sogar ein selbstständiges universitäres Fach begründen. Die zentrale und fachkonstitutive Aufgabe der Sozialgeographie liegt gemäß ihrer Selbstbeschreibungen darin, „das Verhältnis von Gesellschaft und Erdraum zu untersuchen, die geographischen Aspekte sozialer Prozesse und Gegebenheiten zu erforschen" (Werlen 1995b, 513). Vergleichbares gilt auch für die genannten Nachbardisziplinen. Bereits die Rede von einem „Verhältnis" zwischen (Erd-)Raum (als etwas Physisch-Materiellem) und Gesellschaft (als etwas Sozialem) deutet an, daß in der etablierten sozialwissenschaftlichen Perspektive auf den Raum sehr unterschiedliche Seinsbereiche analytisch zusammengeführt werden. Die ontologische Differenz von Materiellem und Sozialem, die sich wissenschaftshistorisch als Trennung der Natur- von den Gesellschafts- und Geisteswissenschaften niedergeschlagen hat, wird in der gängigen „raumbezogenen" Forschung durch die Annahme einer Dualität des Raum-Gesellschafts-Verhältnisses aufgehoben. Das bedeutet, daß die aus dem alltäglichen Handeln bekannte und daher scheinbar auch für die Wissenschaft naheliegende Vorstellung einer Dualität von Gesellschaft und Raum mit unterschiedlichen Schwerpunkten genauer untersucht wird. So gilt das Interesse sowohl der gesellschaftlichen „Aneignung" (d.h. der Formung, symbolischen Aufladung, Verwendung etc. sowie im weitesten Sinne auch Herstellung) von Räumlich-Materiellem als auch der Einschränkung und Ermöglichung von Gesellschaft durch Räumliches. Mit dieser Beschreibung ist allerdings nicht nur die inhaltliche Gemeinsamkeit „raumbezogener" Forschungsrichtungen, sondern insbesondere ein gemeinsamer Problembereich benannt. Vor seiner eingehenderen Charakterisierung sei dieser noch etwas umfänglicher markiert, wobei erneut mit der Geographie begonnen wird.

Traditionellerweise faßt die Geographie, wie gesehen, Räume nicht als soziale Handlungs- und Kommunikationskategorien, sondern als primär physisch-materielle Phänomene auf, d.h. als mit physisch-materiellen Gegenständen gefüllte Ausschnitte der Erdoberfläche (Behälterraum) oder als Lagestrukturen physisch-materieller, erdoberflächlich lokalisierbarer Objekte (Relationalraum). Diese dinglichen oder zumindest in der Forschungspraxis substantiell interpretierten Räume werden mit Blick auf die vorgeblich in ihnen und durch sie „verräumlichte" Gesellschaft studiert. Geographische Perspektiven verstehen unter „realen" Räumen (Pohl 1993a, 260), unter Raumstrukturen oder Lagerelationen materieller Objekte im Prinzip physisch-materielle Manifestationen und Konkretisierungen der sozialen Welt auf der Erdoberfläche. Räume, Regionen oder Länder stellen in diesem Sinne als „Kulturlandschaften" gegenständliche „Registrierplatten" (Hartke) sozialer Handlungen und gesellschaftlicher Kommunikationen dar. „Die Spuren in der Kulturlandschaft" werden „als Anzeiger, als Indikatoren sozialer Prozesse" interpretiert und rekonstruiert (vgl. Werlen 1997, 25).

Diesem Raumverständnis entsprechend sind in der alten Landschaftsgeographie wie in der neueren raumwissenschaftlichen Sozialgeographie (aber auch in den aktuellen konzeptionellen Wiederbelebungsversuchen der tradierten geographischen Raumkonzeption, etwa bei Weichhart 1993 oder Pohl 1993a) „das Räumliche" und „das Soziale" stets im Sinne der alltagskosmologischen „Prämisse vom Geist in der Materie" (Hard 1999, 136) verbunden und zu einer „Leib-Seele-Einheit" verschmolzen.[55] Das, was auch alltagsontologisch und -sprachlich in vielen Begriffen wie z.B. dem der Stadt oder der Region als Gesellschaft und Raum semantisch „miteinander verklebt" (Hard 1999, 147) wird, studiert und sucht die Sozialgeographie als (Kultur-) „Landschaften", „Länder", „Regionen", „räumliche Struktur des Sozialen" oder „Regionalbewußtsein" in einem dinglichen, „wirklichen" oder zumindest dem „dinglich erfüllten Raum". Die gängige Rede von „sozialräumlichen Strukturen" oder gar von „Sozialräumen" bringt die gewohnte Verknüpfung von Raum und Sozialem besonders deutlich zum Ausdruck. Im Gegensatz zu den meisten anderen sozialwissenschaftlichen Forschungsobjekten wird der Raum üblicherweise, und zunächst vielleicht auch naheliegenderweise, eben nicht ausschließlich im Bereich sozialer Handlungen und Kommunikationen lokalisiert (und untersucht).

---

55 Eisel beschreibt die durchgängige Verbindung von Raum und Sozialem in der Geschichte der Geographie als „die anachronistische Verlängerung eines organizistischen Weltbildes". In der Geschichte und „Philosophie" der Geographie tauche die Leib- oder Körper-Metapher immer wieder auf; die „Erde" erscheine in der Form „eines ‚Leibes', in dem Kultur, Geschichte oder Gesellschaft ‚wohnen' wie der ‚Geist' im ‚Körper'" (vgl. Eisel 1980, 547f.).

In der skizzierten Form der Verschmelzung von räumlich-materiellen und sozialen Seinsbereichen ähneln sich die Sozialgeographie und die moderne Stadtsoziologie verblüffend stark. Diese Strukturähnlichkeit wird bei der Definition ihrer fachspezifischen Objekte interessanterweise von den jeweiligen Disziplinen selbst entweder ignoriert oder begrüßt, aber nicht der hier präsentierten Argumentation entsprechend problematisiert. Die soziologische Perspektive übersieht gemeinhin, bewußt oder unbewußt, die angesprochene geographische Tradition, indem sie bei ihren subdisziplinären Selbstabgrenzungen von den Nachbarfächern die traditionelle Geographie auf eine Raumwissenschaft reduziert, die sich lediglich mit erdräumlichen Verteilungen und Lageverhältnissen von im Prinzip materiellen Phänomenen im zweidimensionalen, metrischen Ordnungsraum beschäftige (z.b. räumliche Mobilität von Personen, Bevölkerungsstruktur in Städten usw.), ohne jedoch gesellschaftliche Bedingungen bzw. soziale Handlungen als Generator ebendieser Raumstrukturen hinreichend zu berücksichtigen.[56] Geographische Autoren hingegen verweisen bei ihren notorischen fachlegitimierenden Bemühungen des Nachweises der sozialwissenschaftlichen Relevanz von Raum seit einigen Jahren auf eine zunehmende und im Wortsinne wesensverwandte Beschäftigung von Soziologen mit dem Raum.[57] Beide Gruppen, die Sozialgeographen und die „neuen Räumler unter den Sozialwissenschaftlern" (Hard 1999, 140), bedienen sich aber einer soziologisch problematischen Konzeption von Raum, bei der der Raum sowohl physisch-materiell wie sozial ist, bei der also „irgendwie verschmilzt, was sonst mindestens zweierlei ist" (ebd.).

Die Verknüpfung von Räumlich-Materiellem und Sozialem kennzeichnet die unterschiedlichen Ansätze unabhängig davon, ob nun im einzelnen der Behälterraum und/oder der Relationalraum als die jeweils maßgebliche Konzeption von Raum unterlegt wird. Wird der Untersuchungsgegenstand Raum in der Sozialgeographie oder anderswo in dem geschilderten Sinne stets auch als physisch-materiell und nicht ausschließlich und konsequent als Bestandteil

---

56 Vgl. in diesem Sinne z.B.: Dangschat 1994a, 337f.; Läpple 1991b, 167ff.; Löw 2001, 133f.; oder Treibel 1990, 17. Dangschat z.b. skizziert in angeblicher Abgrenzung zur Geographie in Anlehnung an Läpples Vorschlag eines Konzeptes „gesellschaftlicher Räume" (Läpple 1991a u. 1991b) eine als neu apostrophierte Perspektive, die die Geographie tatsächlich bereits seit ihrem universitären Bestehen vertritt und die daher ein wortwörtliches Zitat geographischer Selbstbeschreibungen darstellen könnte: Zu erforschen seien „gesellschaftliche Räume", unter denen „der räumliche Ausdruck sozialer Beziehungen (Interaktionen) zwischen sozialen Einheiten und Dingen, mithin die räumliche Manifestation sozialer Verhältnisse" zu verstehen seien. Die „materielle Struktur des Raumes" sei „als materielles Substrat ökonomisch-sozialer Funktionszusammenhänge und somit als materielle Komponente eines gesellschaftlichen Verhältnisses, das sich als ‚Mensch-Ding-Verhältnis' artikuliert", zu interpretieren (vgl. Dangschat 1994a, 338f. und 348ff., sowie Dangschat 1994b).
57 Vgl. z.B.: Heinritz/Helbrecht 1998; Pohl 1993a, 261; Scholz 1998; Weichhart 1990 u. 1993.

der sozialen Welt konzipiert, dann sind spezifische Folgeprobleme, die sich aus dem Ignorieren der epistemologischen „Kluft zwischen sozialer und materieller Welt" (ebd., 139) ergeben, unausweichlich. Im Folgenden werden die für die weitere Argumentation entscheidenden Aspekte dieser Probleme zusammengefaßt.

2.2.2 Folgeprobleme

Das zentrale Problem bei der gängigen Verknüpfung von Räumlich-Materiellem und Sozialem liegt in der im Forschungsprozeß vorgenommenen *Verräumlichung* von sozialen und mentalen, also immateriellen, Gegebenheiten. Wie selbstverständlich gehen Vertreter der raumbezogenen Sozialforschung davon aus, daß soziale Phänomene nicht „im luftleeren Raum schweben" (Meusburger 1998, 188) könnten, sondern an physisch-materielle und erdoberflächlich lokalisierbare Träger gebunden seien. Deshalb ist auch in der Forschungstätigkeit eine Handlungsform zu beobachten, die bereits aus dem nichtwissenschaftlichen Alltag vertraut ist: die *Identifizierung von Materie mit sozialer Bedeutung*. Wie nun zu zeigen ist, kommt diese Tätigkeit aber einer unhaltbaren Reduktion von sozialen Phänomenen auf räumliche, d.h. physisch-materielle, Dinge gleich. Ebenso reduktionistisch sind die der raumbezogenen Sozialforschung eigenen Aussagen, die „von lokalisierbaren materiellen Gegebenheiten auf nicht lokalisierbare subjektive und sozial-kulturelle Komponenten des Handelns" (Werlen 1993, 248) oder auf Handlungs-, Verhaltens- und Kommunikationsmuster von sozialen Gruppen schließen. Forschungsmethodologisch betrachtet ist auch dieser Schluß eine fast notwendige Folge der *Verräumlichungsoperation*. Für die Diskussion ihrer problematischen Folgen werden zunächst die „Technik" und dann die Prämissen der Verräumlichung von Sozialem beschrieben.

Da nur materielle Dinge direkt erdoberflächlich lokalisierbar sind, müssen soziale, ökonomische und andere immaterielle Untersuchungsgegenstände mit physisch-materiellen Objekten verbunden werden, wenn auch sie erdräumlich lokalisiert werden sollen. Die beobachtbare Vorgehensweise bei der gängigen Verbindung von Sozialem und Räumlich-Materiellem läßt sich erneut in Abhängigkeit von der jeweils vorherrschenden Orientierung an zumindest einer der beiden naturwissenschaftlichen Raumkonzeptionen beschreiben. Im Falle der Behälterraumvorstellung wird Soziales einerseits auf physisch-materielle Objekte, die *in* einem Territorium lokalisiert werden können, projiziert.[58] Andererseits wird dem Behälter selbst bzw. dem jeweils be-

---

58 Z.B. wird das soziale Phänomen des Pendelns üblicherweise auf die pendelnden Personen projiziert; Bildungsinstitutionen werden anhand von Schulen, Universitäten etc. lokalisiert; oder es wird eine „Kartierung" von Gewalt über den Ort des Verbrechens durchgeführt.

trachteten Ausschnitt der Erdoberfläche eine soziale Bedeutung zugeschrieben: Der Behälter wird mit bestimmten sozialen Labels oder „Eigenschaften" versehen,[59] und ihm werden handlungsgenerierende Wirkungen unterstellt.[60] In den Fällen, in denen die Relationalraumkonzeption dominiert, stehen die Beziehungen zwischen lokalisierbaren Objekten im Untersuchungsfokus; so z.B. bei der Untersuchung von Dissimilaritäts- und Segregationsindizes oder Kontaktwahrscheinlichkeiten zwischen verschiedenen Bevölkerungsgruppen oder bei der Analyse von Migrationen mit Hilfe (physikalischer) „Gravitationsmodelle".[61]

Die in der raumbezogenen Sozialforschung betriebene Rekonstruktion sozialer Phänomene, wie z.b. Entscheidungen oder Verhaltensformen, anhand der erdoberflächlichen Lokalisierung körperlicher Objekte und/oder der statistisch-quantitativen Analyse ihrer räumlichen Verteilungsmuster und Ordnungsrelationen *muß* Soziales also auf Materielles abbilden. Gerade in der Geographie mit ihrer Fixierung auf kartierbare Gegebenheiten als Ausgangs- und Endpunkt ihrer raumbezogenen Forschung ist deshalb eine deutliche materielle Orientierung und teilweise sogar eine materialistische Tendenz unübersehbar. Dadurch, daß die zu untersuchenden Räume mit ihren unterschiedlichen Merkmalen gewissermaßen als verdinglichte soziale Phänomene aufgefaßt werden, wird insbesondere die kausal-, regional- und wirtschaftswissenschaftliche Geographie leicht zu einer primär *gegenständlichen* Raumwissenschaft, die Handlungen und Gesellschaft fast ausschließlich in ihren „raumbezogenen" und „raumwirksamen" Aspekten untersucht (vgl. Werlen 1993, 246ff.). Die weit verbreitete geographische Vorgehensweise und disziplinäre Aufforderung, „Räumliches, räumliche Systeme (usw.) in der Wirklichkeit zu suchen, lenkt den Blick (...) nolens volens auf die *physische* Welt, und selbst wenn es sich um materielle Artefakte der ‚Kulturlandschaft' handelt, wird man so nur auf deren *Materie*, nicht auf deren (individuellen, sozialen oder kulturellen) *Sinn* verwiesen. Das scheint zumindest für einen Sozialgeographen keine sehr sinnvolle Perspektive zu sein" (Hard 1987, 27). Um herauszuarbeiten, warum die übliche Verräumlichungsoperation sowohl eine

---

59 Z.B.: „Innerstädtisches soziales Problemviertel", „sozialer Brennpunkt" oder „Regionen mit Wissensvorsprung" (Meusburger 1998, 189), „kreative Milieus", „lernende Regionen" usw.

60 So z.B. bei den einleitend skizzierten gängigen Erwartungen der Migrationsforschung, daß das Aufwachsen der Kinder der Arbeitsmigranten in den segregierten, innerstädtischen „Problemvierteln" ihre Integrations- und Bildungsaufstiegswahrscheinlichkeit verringert (vgl. Bundesministerium 2000, 171).

61 Vgl. zu den (deterministischen) Gravitationsmodellen: Kuls 1993, 171ff., u. Schweitzer/Müller 1979; zur sozialwissenschaftlichen Anwendung und Berechnung von Segregationsindizes: Duncan/Duncan 1975a u. 1975b; zur „Kontakthypothese" der Sozialökologie: Alpheis 1990; vgl. zur Thematik „Sozialphysik" aber auch Piepers Untersuchung zur *Mechanik der Solidarität* (Pieper 1989).

unzulässige Reduktion der sozialen auf die räumlich-materielle Welt darstellt als auch die Gefahr eines für eine Sozialwissenschaft unhaltbaren Materialismus birgt, wird der Blick nun auf die zugrundeliegenden Annahmen gelenkt. Der Anspruch, durch die Verbindung von sozialen mit räumlich-materiellen Gegebenheiten Raumanalysen gesellschaftlicher Prozesse oder Analysen gesellschaftlicher Räume durchzuführen, setzt strenggenommen „die (Erd-)Räumlichkeit sozialer und ökonomischer Gegebenheiten wie soziale Normen, kulturelle Werte, Produktepreise usw. voraus" (Werlen 1993, 247). Unterlegt wird dementsprechend auch regelmäßig die starke und keineswegs selbstverständliche Annahme, daß Raum, Raumstrukturen, Lagerelationen oder Räumlichkeit (als der erdoberflächliche Bezug) ein „Konstituens unserer Existenz" (Pohl 1993a, 260) und damit grundsätzlich „inhärente Aspekte sozialer Phänomene" (Weichhart 1993, 235) seien: „Soziales äußert sich als Raumstruktur, räumliche Gegebenheiten haben soziale Bedeutungen, verweisen auf Soziales und sind gleichermaßen unabdingbare Bestandteile (...) sozialer Phänomene und Prozesse" (ebd.). Die „Räumlichkeit sozialer und kultureller Phänomene" (ebd) wird bemerkenswerterweise nicht nur in der Sozialgeographie vorausgesetzt, in deren internem Diskurs noch nicht einmal die Rede von der „Räumlichkeit als Strukturprinzip des Sozialen" (vgl. Meusburger 1998, 180ff.) größere skeptische Reaktionen hervorruft – von wenigen Ausnahmen abgesehen. Auch in der nichtgeographischen raumbezogenen Sozialforschung wird der physisch-materielle Raum immer wieder als „fundamentale Kategorie des Sozialen und der Kultur" (Weichhart 1993, 226) konzipiert, insbesondere bei der Thematisierung von sozialen Problemen und Ungleichheiten[62] oder Identitätsfragen[63]. In der raumbezogenen Sozialforschung findet man also nicht nur die konstitutive Prämisse, daß alles Soziale auch räumlich-materielle Aspekte besitzt, sondern ebenso die Überzeugung, daß Räumlich-Materiellem grundsätzlich eine gewisse Relevanz für die Form und Struktur von Sozialität zukommt. Diese Annahmen sind aber höchst problematisch, und das nicht nur aus systemtheoretischer Perspektive.[64]

Das Wesentliche der verschiedenen Formen von Sozialität, also z.B. von sozialen Systemen, Kommunikationen oder Handlungen, ist unräumlich und nicht an Räumlich-Materielles und Lokalität, schon gar nicht an behälter-

---

62 Vgl. z.B.: Vaskovics 1982; oder: zum Felde/Alisch 1992; siehe aber auch Kapitel B.III.3.1.
63 Vgl. z.B.: Greverus 1972 u. 1987; oder: Pieper 1987; siehe aber auch Kapitel B.III.3.2.
64 Bekanntlich konzipiert die soziologische Systemtheorie in der Fassung, die Luhmann ihr gab, die sozialen Systeme in der modernen, funktional differenzierten Gesellschaft als aus nichts anderem als Kommunikationen bestehend (vgl. Luhmann 1997). Daraus folgt, daß alle räumlich-materiellen Phänomene grundsätzlich zur Umwelt aller sozialen Systeme und damit auch nicht zur Gesellschaft gehören. Nur in der Form der kommunikativen Thematisierung kann Räumlich-Materielles relevant werden. Dann ist es allerdings, „ontologisch" gesehen, ebenfalls nichts anderes als ein Element von Kommunikation.

formähnliche Ausschnitte der Erdoberfläche, gebunden. Zwar könnte man etwa die Personen, die ein Gespräch miteinander führen, anhand ihrer Lage auf der Erdoberfläche, ihrer Anfahrtswege etc. kartieren, doch das sozial Relevante der Kommunikation, i.e. die Einheit der Differenz von Information, Mitteilung und Verstehen sowie die Übermittlung und gemeinsame Aktualisierung von Sinn (Luhmann 1985, 203f.), kann so nicht erfaßt werden.[65] Ebenso ist es ein recht aussichtsloses Unterfangen, zu versuchen, soziale und symbolische Bedeutungen erdoberflächlich zu lokalisieren, wie es in der raumbezogenen Sozialforschung durchweg geschieht. Denn im Unterschied zur sozialen Welt sind physisch-materielle Gegebenheiten dadurch gekennzeichnet, „daß ihnen (soziale) Bedeutungen nicht inhärent, sondern auferlegt sind. (...) Materialisierte Handlungsfolgen können soziale Verhältnisse zwar (symbolisch) ausdrücken" (Werlen 1993, 427), sie sind aber nicht das Soziale an sich. Ein Bestandteil von Sozialität sind physisch-materielle Gegenstände nicht in ihrer materiellen Eigenschaft, sondern nur als „Signifikanten (d.h. Bedeutungsträger, ‚Symbole' etc.)" (vgl. Hard 1993, 69). Daraus folgt aber, daß die soziale Bedeutung von Räumlich-Materiellem keineswegs eindeutig, sondern im Gegenteil prinzipiell mehrdeutig und kontingent ist. Symbolische Bedeutungen sind nicht untrennbar mit materiellen Gegebenheiten verbunden und bestehen auch nicht immer, sondern eben nur dann, wenn sie sozial konstruiert und reproduziert werden.

Das heißt erstens, daß die Untersuchung von „Relationen" zwischen Personen oder Gruppen und Dingen gerade dann problematisch wird, wenn sie das Verhältnis wie eine beidseitige Beziehung behandelt. Einerseits wird in dem Fall nämlich auch die physische Welt so betrachtet, als sei sie Teil der sozialen Welt, was materialistische Schlußfolgerungen nahelegt. Andererseits wird derart Sozialität an physisch-räumliche Dinge gebunden. Zweitens bedeutet die prinzipielle Verschiedenheit von Sozialem und Räumlich-Materiellem, daß z.B. ein Gebäude oder ein Territorium abhängig von der eingenommenen Beobachtungsperspektive, und damit abhängig von den Personen oder den sozialen Systemen, die beobachten und über das Gebäude oder über den erdoberflächlichen Ausschnitt als „Region" kommunizieren, ganz verschiedene, u.U. auch gleichzeitig bestehende Bedeutungen haben kann.[66] Aus der

---

65 „Ein soziales System z.B. als ein Areal oder als ein Distanzrelationsgefüge (also geometrisch) zu kodieren, anders gesagt, im chorischen Raum zu lokalisieren, ist im Prinzip nicht sinnvoller als ein Versuch, ein soziales System mittels Gewichten, Kalorien oder Temperaturen zu beschreiben" (Hard 1987, 27).

66 Natürlich ist die Betonung der Möglichkeit, verschiedenste Bedeutungen auf Räumlich-Materielles projizieren, also gewissermaßen beliebig viele Bedeutungsschichten auf einem gegenständlichen Ding „aufstapeln" zu können, für Soziolog(inn)en nichts Neues. Gleichwohl ist die Selbstverständlichkeit, mit der in der raumbezogenen Sozialforschung suggeriert wird, man könnte *die* Bedeutung des Räumlichen analysieren, immer wieder verblüf-

Tatsache, daß die soziale Bedeutung von Raum und Lokalität immer erst sozial hergestellt werden muß, folgt drittens aber auch, daß Räumlich-Materielles für Soziales nicht immer relevant sein muß. Manchmal indizieren erdoberflächliche Gebiete oder „'räumliche Strukturen', z.B. metrische Distanzen, etwas Soziales, z.B. (Transport)Kosten, (...) Partizipationschancen oder Marginalisierung, (...) usw. usf. – aber sie indizieren auf sehr vieldeutige, kontextrelevante Weise, und oft indizieren sie auch gar nichts Soziales" (Hard 1993, 67). Wenn nun jedoch weder Räumlich-Materielles oder erdräumliche Verteilungen von Gegenständen eine soziale Bedeutung per se noch soziale Phänomene räumlich-physische Eigenschaften oder Existenzen haben, dann führt die Suche nach dem Sozialen in einem substantialistisch konzipierten und/oder einem dinglich gefüllten Raum zwangsläufig zu einer unangemessenen Reduktion von Sozialem auf Materielles. Die Projektion von Sozialem auf räumlich-materielle Gegenstände ist daher ebenso unhaltbar wie ihr Umkehrschluß: „Räumliche Erklärungen sozialer Prozesse kommen letztlich materialistischen Erklärungen gleich" (Werlen 1993, 248).

Die nicht hinreichend begründbaren Annahmen über die Kopplung von sozialer und räumlich-materieller Welt sowie die darauf fußende Verräumlichung immaterieller, sozialer Gegebenheiten führt in Arbeiten, die eine Behälterraumkonzeption zugrunde legen, zu weiteren problematischen Konsequenzen. Die Abbildung von Sozialem auf einen substantiellen und materiell gefüllten Raum bringt eine unangemessene Homogenisierung sowie eine holistische Konzeption der sozialen Welt innerhalb eines bestimmten territorialen Ausschnitts hervor (vgl. Werlen 1993, 248). Besonders offensichtlich finden diese Folgen in der Vorstellung von regionalen Entitäten oder in regionalistischen Redeweisen vom „Verhalten der Rheinländer" oder dem „Regionalbewußtsein der Emsländer" o.ä. ihren Ausdruck. Zur scheinbaren Homogenität der sozialen Welt und zur holistischen Gesellschafts- oder Gruppenkonzeption in den Arbeiten der raumbezogenen Sozialforschung tragen neben der Verräumlichungsoperation und der Annahme eines für alles Soziale immer gleichermaßen vorhandenen und relevanten Raumes auch eine statistisch-quantitative Vorgehensweise und die primäre Untersuchung des Verhaltens von Gruppen („im Raum") bei. Beides ist meistens der Fall, will man doch gängigerweise das Verhalten der Berufspendler in einer Region, die kollektive regionale Identität einer in einer Region lebenden Bevölkerungsgruppe, die Situation der Migranten im Stadtteil oder die sozialräumliche Differenzie-

---

fend. Vgl. dazu exemplarisch erneut: die „Regionen und Städte mit Wissensvorsprung" bei Meusburger (1998, 189); die „Orte, die Gültigkeitsbereiche von Normen definieren" oder „Gemeinschaftsbindung" und „personale und soziale Identitäten" konstituieren, bei Weichhart (1993, 229 u. 231f.); die „Orte der Fremdheit" und „Räume der Benachteiligung und Marginalisierung" bei Häußermann (1998, 149f. u. 169); sowie die gesellschaftlichen „Funktionsräume" bei Läpple (1991a, 44f.) und Freund (1998).

rung von Städten hinsichtlich sozialstruktureller Kriterien o.ä. untersuchen. Zum einen werden dann durch die Verräumlichungsoperation soziale oder sozialstrukturelle Eigenschaften von Gruppen mit Territorien verknüpft; zum anderen treten individuelle Handlungsformen infolge der dominanten Gruppenorientierung in den Hintergrund. Je nach der vorgenommenen Korrelation verschiedener Datensätze kommt man derart zu Aussagen über so etwas wie „sozial-kulturelle Strukturmuster einer Region" oder eines Stadtviertels oder über „lokal oder regional definierbare Milieus und die räumlich abgrenzbaren Geltungsbereiche bestimmter Regeln, die (...) konstitutiv für menschliches Handeln sind" (Meusburger 1998, 186).

Mit einem solchen wissenschaftlichen Zugriff auf Realität kann aber das im einzelnen möglicherweise sehr unterschiedliche und durch unterschiedliche soziale, aber eben nicht erdoberflächlich gebundene Kontexte vorstrukturierte und motivierte Handeln verschiedener Personen nicht als sozial spezifische Form der Nutzbarmachung von Raum und Lokalität verstanden werden. Akteure handeln zwar unter bestimmten lokalen Lebensbedingungen. Dennoch ist der direkte Schluß von „räumlichen" Kontexten auf Handlungen oder die pauschale Annahme stets wirkender „sozialräumlicher Kontexteffekte" unzulässig (vgl. Esser 1988, 45). Sind mit räumlich-lokalen Kontexten rein physisch-materielle Umgebungen der Akteure gemeint, ist es nicht die Materie, die Handlungen strukturiert, sondern, wenn überhaupt, die Wahrnehmung, die Interpretation der Materie durch die Handelnden.[67] Meistens sind jedoch mit räumlich-lokalen Kontexten, „Sozialräumen" oder „sozialräumlichen Umgebungen" Verräumlichungen von Sozialem im Sinne der beschriebenen ontologischen Mischformen gemeint. Sie sind aus den genannten Gründen abzulehnen. Da nicht „sozialräumliche" „Regionen" oder „Stadtteile", sondern die einzelnen Akteure handeln, kann erst eine analytische Fokussierung der Handlungs- und Kommunikationsformen zeigen, welche „Regionen", „Stadtteile" oder sonstigen Verräumlichungen im Handlungsvollzug hergestellt bzw. reproduziert werden und damit sozial relevant sind.

2.2.3 Zusammenfassung und Folgerungen

Aus der dargelegten Kritik an der gängigen Verknüpfung von Raum und Sozialem kann an dieser Stelle ein Resümee gezogen werden. Es ähnelt den oben formulierten Folgerungen, die sich aus der Beschreibung der historisch-theoretischen Kontinuitäten einer raumbezogenen Sozialforschung, die ihre Raummodelle vor allem aus den klassischen physikalischen Konzeptionen ableitet, ergaben.

---

67 Genau diese Überlegung liegt dem Ansatz der Wahrnehmungsgeographie zugrunde. Sie verstrickt sich allerdings in andere methodologische Probleme. Siehe dazu Kap. B.III.3.2.

Die Untersuchung der *Verräumlichungsproblematik* zeigt, daß die raumbezogene Sozialforschung Räume nicht als physisch-soziale Mischformen, sondern ausschließlich als soziale Handlungs- und Kommunikationskategorien verstehen sollte. Die übliche Verschmelzung von Sozialem und Räumlich-Körperlichem durch die Bindung von sozialer Bedeutung an Materie ist eine spezifische Handlungs- und Kommunikationsform, deren Praxis eigentlich gerade zu erforschen wäre, statt sie im Forschungsprozeß unreflektiert zu wiederholen und sie dadurch zu ontologisieren. Natürlich können territoriale Ausschnitte der Erdoberfläche, bestimmte Orte oder die spezifische Lage eines Gebäudes eine besondere gesellschaftliche Relevanz haben; doch Räumliches ist nie unmittelbar sinnkonstitutiv, sondern nur in bezug auf bestimmte Handlungen, Beobachtungen oder spezifisch interpretierte (soziale) Bedeutungszusammenhänge. Die Herstellung, Aneignung und Sinngebung von Räumen und Orten, die als soziale Handlungen und Kommunikationen je nach Akteur, Gruppe oder System sehr unterschiedlich ausfallen können, wird aber in den raumbezogenen Arbeiten der Sozialforschung durch die forschungstechnische Projektion von Sozialem auf Ausschnitte der Erdoberfläche, bzw. auf physisch-materielle Objekte, zumeist systematisch ausgeklammert. Deshalb ist eine Raumanalyse sozialer Fragestellungen, die soziale Phänomene im wesentlichen durch ein Verfahren der Kartierung auf lokalisierbare materielle Gegenstände fixiert, wenig sinnvoll.

Ausgangspunkt für die Untersuchung der vorherrschenden Raumkonzeptionen und Verfahrensweisen in der raumbezogenen Sozialforschung waren diesbezügliche Debatten in der Sozialgeographie. Die hier entwickelte Argumentation entspricht im wesentlichen den Positionen von Hard, Klüter und Werlen. Ungeachtet ihrer durchaus unterschiedlich begründeten theoretischen Vorschläge ließe sich als ihr gemeinsamer Nenner formulieren, daß Raum und Lokalität in einem sozialwissenschaftlichen Forschungsansatz durchgängig und ausschließlich als soziale Herstellungsleistung zu rekonstruieren ist. Systemtheoretisch motiviert, spricht Klüter von einer notwendigen Umkehr der gängigen Perspektive. Sozialwissenschaftlich relevante Sachverhalte und Probleme seien nicht als „Elemente von Raum" zu thematisieren, sondern Raum sei vielmehr als „Element von etwas anderem", i.e. als Bestandteil der Kommunikation sozialer Systeme, zu konzeptualisieren (vgl. Klüter 1986, 1). Vergleichbar und z.T. in direktem Anschluß an Klüter fordert Hard, die Terminologie der „3-Welten-Theorie" Poppers aufgreifend, die sozialwissenschaftlich relevanten Räume weder als Bestandteil der physisch-materiellen noch der psychisch-mentalen Welt,[68] und ebensowenig als ontologische Vermischung von sozialer und materieller Welt, sondern nur innerhalb der „drit-

---

68 Als Bestandteil der psychisch-mentalen Welt wird Raum in der Perzeptionsgeographie und der „raumbezogenen Identitätsforschung" konzipiert. Siehe dazu Kap. B.III.3.2.

ten Welt", der sozialen, zu verorten und zu studieren (vgl. Hard 1987). Werlen schließlich argumentiert ebenfalls „sozialontologisch", statt system- aber handlungstheoretisch (vgl. 1987, 1995a u. 1997). Er fordert, die „Raumontologie" der raumbezogenen Sozialforschung auf die „Ontologie spät-moderner Gesellschaften" abzustimmen, als deren Kennzeichen er im Anschluß an Giddens die räumliche und zeitliche „Ent-Traditionalisierung" bzw. „Entankerung" aller Handlungen ausmacht. Statt Raum seien vielmehr die Handlungen von Subjekten ins Analysezentrum zu rücken, deren „Weltbezüge" mit räumlichen Kategorien Werlen „alltägliche Regionalisierung" nennt: „Da Soziales keine unmittelbare räumliche Existenz aufweist und ‚Raum' wie ‚Region' keine Gegebenheiten per se sind, kann (...) eigentlich erst die soziale Bedeutung der alltäglichen Regionalisierungen ein wissenschaftlich interessantes Thema sein" (Werlen 1997, 62).

Wie zu Beginn des Kapitels *Migration und Raum* angedeutet, übt auch Pries in seiner Diskussion der bisher verwendeten Raumkonzeptionen in der sozialwissenschaftlichen Migrationsforschung Kritik an der gängigen Verräumlichung von Sozialem.[69] Er führt die „Verschachtelung von geographischem (d.h. erdoberflächlich-materiellem; A.P.) und sozialem Raum" (Pries 1997, 17) auf die seiner Meinung nach in der Migrationsforschung im besonderen wie in den Sozialwissenschaften im allgemeinen dominierende Behälterraum-Verwendung zurück. Diese sei in den „letzten zwei- bis dreihundert Jahren in Europa" naheliegend gewesen, da das Zusammenleben, der „soziale Raum der alltäglichen Lebenspraxis" und die Vergesellschaftung der Menschen „in zunehmendem Maße in wechselseitiger Ausschließlichkeit an mehr oder weniger klar angebbare und bekannte geographische Räumlichkeiten gebunden" waren (ebd.). Im Gegensatz zu Werlen erkennt Pries einen „qualitativen Umbruchprozeß" in diesem Verhältnis also nicht bereits für den Übergang von „traditionellen" zu regional „entankerten modernen" Gesellschaftsformen, der sich seit dem Beginn der Moderne infolge der Aufklärung, der Rationalisierung, Industrialisierung und Nationalstaatenbildung vollzieht und sich bis in die „spät-modernen" Gesellschaften kontinuierlich und beschleunigend fortsetzt (vgl. Werlen 1995a, 105ff.), sondern erst für die jüngste Vergangenheit: „Seit dem Entstehen der modernen industriell-kapitalistischen ‚Nationalgesellschaften' war der flächenextensionale geographische Raum (das ‚Territorium') aufs Engste mit den relevanten sozialen Räumen (vor allem der ‚Nationalgesellschaften') verschachtelt. Diese Kongruenz von Flächen- und Sozialraum scheint sich nun gegenwärtig erheblich zu lockern" (Pries 1997, 35). Pries' Diagnose eines „Entkopplungsprozesses von geographischem und sozialem Raum" (ebd., 18) wird vor dem Hintergrund seiner spezifischen Suche nach einer sinnvollen theoretischen Konzeption für die

---

69 Vgl. neben Pries 1997 auch Pries 1998 u. 1999.

Untersuchung neuer Formen internationaler Wanderungsprozesse verständlich. Die von ihm im Anschluß an die jüngere internationale und vor allem US-amerikanische Migrationsforschung thematisierten „transnationalen Wanderungen" seien nicht durch einen einmaligen, unidirektionalen Ortswechsel mit den bekannten Folgen gekennzeichnet. Vielmehr handle es sich um mehrfache, mehrdirektionale Wanderungen, infolge derer sich „neue soziale Lebenswirklichkeiten für eine wachsende Anzahl von Menschen" entwickelten, deren Lebenspraxen, Interaktionszusammenhänge und soziale Netzwerke sich nun „zwischen verschiedenen Wohnorten aufspannen" (ebd., 16 u. 32). Der in diesem Zusammenhang beobachtete „Entkopplungsprozeß" führe zur „Emergenz von transnationalen sozialen Räumen" (ebd., 35). Da die neuen „transnationalen Räume" „pluri-lokal" seien und sich „über mehrere Flächenräume" ausdehnten, plädiert Pries dafür, die Behälterraumorientierung der bisherigen Migrationsforschung aufzugeben.

Aus den oben dargelegten Gründen ist der Schlußfolgerung einer anzustrebenden Überwindung der spezifischen Limitationen der Behälterraumkonzeption zwar zuzustimmen. Doch zu der von Pries für die Migrationsforschung geforderten „Entkopplung von Flächenraum und sozialem Raum" ist neben der Kritik an seiner entwicklungsgeschichtlichen Begründung anzumerken, daß sein Vorschlag einer Konzeption (transnationaler) sozialer Räume nicht den Konsequenzen, die oben aus den Problemen vergangener raumbezogener Sozialforschung gezogen wurden, entspricht. Was die Konzeption von Raum angeht, bleibt die Rede von „transnationalen Räumen" äußerst diffus; aus der Idee „transnationaler Räume" läßt sich keine sozialwissenschaftlich fruchtbare, allgemein gültige Raumkonzeption ableiten. Denn entweder müßte aus ihr folgen, daß sich die neuen „sozialen Räume" sowie die Identitäten der transnationalen Migranten, und übrigens auch nur diese, nun aus mehreren Lokalitätsbezügen „speisen" (vgl. Pries 1998). Ein solches Raumverständnis würde jedoch die diskutierte Verräumlichungsproblematik nicht überwinden, sondern nur in anderer, jetzt multiplizierter Form wiederholen. Oder – und das scheint Pries zu favorisieren, da er wiederholt darauf hinweist, daß die „neuen sozialen Felder" der „Transmigranten" auf mehr als der „Addition" verschiedener erdoberflächlicher Ausschnitte aufbauten und eher als „de-territorialisierte soziale Räume" zu verstehen seien (vgl. z.B. Pries 1997, 34) – es wird lediglich die Auffassung vertreten, sich endlich von der Vorstellung territorial fundierter sozialer Identitäten zu lösen und statt dessen anzuerkennen, daß Sozialität nicht an Materie im Sinne eines unilokalen Ausschnittes der Erdoberfläche gebunden ist. Das aber wäre nichts Neues. Insgesamt gibt Pries' Ansatz keine Auskunft darüber, wie Raum denn, wenn nicht als Behälter oder als physischer „Flächenraum", sozialwissenschaftlich gleichwohl sinnvoll konzipiert werden könnte. Es ist wenig erfolgversprechend, sich unter „multi-lokalen Transnationale(n) Soziale(n) Räume(n)" (ebd., 35) nach wie vor eine (nun eben vielfache) Verbindung von Räumlich-Materiellem und Sozialem vorzustellen. Aber auch eine nur metaphorische Rede von „transnationalen Räumen" wäre nicht hilfreich. Sie „entkoppelte" zwar die physisch-räumliche Welt, zu der Pries' „geographische Flächenräume" zählen, erfolgreich von der sozialen. Doch sieht sie offensichtlich nicht vor, Raum und Lokalität in einem *anderen* „ontologischen Aggregatzustand" zu thematisieren: als soziale Herstellungsleistung von Akteuren oder sozialen Systemen, d.h. als spezifische Kommunikations- und Handlungsform.

3. Raumbezug in der Migrationsforschung

Die grundsätzlichen Prämissen, Kennzeichen und Probleme raumbezogener Sozialforschung wurden deshalb so detailliert behandelt, da sie für die nun erfolgende Beurteilung des gängigen Raumbezugs in der Migrationsforschung, der eben vor allem durch die beschriebenen Raumkonzeptionen und die Verräumlichungsproblematik gekennzeichnet ist, unentbehrlich sind. Darüber hinaus schärfen sie den Blick für die unterschiedlichen Versuche einer sozialwissenschaftlich adäquaten „Lösung" der Raumproblematik. Denn selbstverständlich besteht der empirische Teil der raumbezogenen Sozialforschung nicht nur aus Arbeiten, die sich eindeutig der oben kritisierten Art der Verwendungsweise von Behälter- und Relationalraumkonzeptionen und der dabei hergestellten Verräumlichung von Sozialem zuordnen lassen. So sind in den empirischen Untersuchungen im Prinzip drei verschiedene Haltungen erkennbar, die als Reaktionsformen auf die vorgeführte Kritik an den bisher dominanten Ansätzen raumbezogener Sozialforschung erörtert werden könnten. Für alle drei finden sich in den Studien der Migrationsforschung Beispiele, die in diesem Kapitel neben der allgemeinen Charakterisierung des Raumbezugs ebenfalls behandelt werden.

Entweder wird auf der Basis empirischer Beispiele argumentiert, wie letztendlich von Pries, daß Raum oder Lokalität für die jeweils zu analysierenden sozialen Zusammenhänge und Handlungsmuster irrelevant sind. Allerdings beziehen sich solche Argumente, die vor allem aus den Anwendungen des Assimilationsmodells abgeleitet werden, zumeist nur auf die klassischen Behälter- und Relationalraumkonzeptionen. Diese werden aber in der vorliegenden Arbeit ohnehin als problematisch erachtet.

Oder der Anspruch, Raum und seine soziale Bedeutung als gesellschaftliches Konstrukt zu konzipieren, wird derart umgesetzt, daß soziale Aneignungs- und Symbolisierungsprozesse von Raum betrachtet werden. Üblicherweise ist dieser Ansatz jedoch nicht so konzipiert, daß Raum methodisch und methodologisch ganz konsequent *nur* als Bestandteil sozialer Handlungen und

Kommunikationen thematisiert wird. Statt dessen sind mit Raum nach wie vor bestimmte, gegebene Ausschnitte der Erdoberfläche oder erdoberflächlich lokalisierte Verteilungen und Strukturen von materiellen Objekten gemeint, deren soziale Bedeutung a priori angenommen und – wenn überhaupt – nun in ihrer konkreten Ausprägung untersucht wird. Das führt aber dazu, daß es in der Forschungspraxis nicht gelingt, die methodologischen Reduktionismen, die oben als Geodeterminismus und als Verräumlichungsproblematik beschrieben wurden, zu vermeiden.

Im Unterkapitel *Dominanz der Behälter- und Relationalraumkonzeptionen* (s. B.III.3.1.1) wird exemplarisch gezeigt, daß diese beiden Haltungen – angebliche Irrelevanz von Raum sowie Aneignungsprozesse von Räumlich-Materiellem – weder konsequent durchgehalten werden, noch daß sie für die vorliegende Arbeit als „Lösungsansätze" zur Überwindung der Probleme der raumbezogenen Sozialforschung ratsam erscheinen.

Schließlich wird, drittens, in manchen Arbeiten auch eine bisher noch nicht besprochene ontologische Ebene bemüht, auf der Räumliches verortet wird: die psychisch-emotionale Welt. Daß eine solche Raumkonzeption für die hier verfolgte Fragestellung jedoch ebensowenig in Frage kommt, wird abschließend unter *Raum und Identität* (s. B.III.3.2) ausgeführt.

3.1 Behälter- und Relationalraum in der Migrationsforschung

3.1.1 Dominanz der Behälter- und Relationalraumkonzeptionen

Auch in der Migrationsforschung läßt sich die in der raumbezogenen Sozialforschung im allgemeinen vorliegende Mischung der beiden klassischen Raumkonzeptionen beobachten. Die von Pries formulierte „Hypothese (...), daß die soziologische Migrationsforschung in der Regel mit einem mehr oder weniger elaborierten ‚Behälterraum'-Konzept" arbeite (Pries 1997, 29), ist daher zu modifizieren: Neben der Behälterraumverwendung ist gerade die relationale Raumkonzeption sehr prominent. Das gilt vor allem für den umfangreichen Zweig der räumlichen Segregationsforschung, der primär an dem Modell von Raum als Distanz- oder Verteilungsrelation orientiert ist. Aber auch Arbeiten, deren Interesse in der sozialen Aneignung bestimmter Orte oder im Verhältnis zwischen materiellen, symbolischen und sozialstrukturellen Aspekten von gesellschaftlichen Gruppen besteht, greifen letztlich auf relationale Raumvorstellungen zurück (vgl. z.B. Dangschat 1998). Was gleichwohl ebenfalls zutrifft, und deshalb wird von einer Mischung beider Konzeptionen gesprochen, ist die Tatsache, daß als Bezugseinheit und Datengrundlage für die jeweiligen Untersuchungen zumeist administrativ markierte Erdraumausschnitte gewählt werden. So handelt es sich z.B. bei Studien über räumliche Konzentrationen von Migrantengruppen und ihre Folgen in der Regel um Stadtviertel, Städte oder ähnliche administrative Gebiete und damit um Behälterräume, die die vorgegebene Maßstabsebene für Segregationsanalysen bilden.

Die Folge davon, daß auch die Migrationsforschung Raum im wesentlichen als Behälter oder relationale Ordnungsstruktur und nicht als soziale Handlungs- und Kommunikationskategorie konzipiert, ist nun, daß natürlich auch die beschriebenen Eigenschaften und Probleme, die aus der im Forschungsprozeß vorgenommenen Verräumlichung von Sozialem folgen, auftreten. Dies soll nun an verschiedenen Beispielen gezeigt werden.

Die problematische Projektion von Sozialem (Beziehungen, Kommunikation, Symbolik, „Kultur" etc.) auf körperliche Träger (Personen, Migranten, Gebäude etc.), die selbst wiederum als Objekte in einem bestimmten Territorium (bzw. Behälterraum) „lokalisiert" werden, erklärt die auffällige Deckungsgleichheit in der Behandlung von Raum (Lokalität, abgrenzbares Stadtviertel etc.) und Ethnizität (ethnische Gemeinschaft, soziale Identität etc.). Die *Verräumlichungsproblematik* mit ihren „sozial homogenisierenden Konsequenzen" (Werlen 1997a, 60) trifft in der Migrationsforschung insbesondere auf die Anwendungen des ethnischen Koloniekonzepts zu. Seit den Arbeiten der Chicagoer Schule ist deshalb bei der Untersuchung ethnischer Kolonien eine Engführung von Stadtviertel (Wohnraum, Vereinsgebäuden etc.) und ethnischer Gemeinschaft („Kultur" der Migranten, Ethnizität etc.) auszumachen. Das, was im Begriff der ethnischen Kolonie aus *dem* behälterförmigen Stadtteil und *der* ethnischen Gemeinschaft zu einer „sozialräumlichen" bzw. „kulturräumlichen" Einheit verschmilzt, läßt schon aus konzeptionellen Gründen wenig Spielraum für eine differenzierte Analyse. Solange die Verbindung von räumlich-materiellen Objekten mit sozialer Bedeutung schon zur Forschungsanlage gehört, und solange nicht statt dessen die entsprechenden Verknüpfungshandlungen (der untersuchten Personen oder der untersuchenden Forscher) selbst in das Analysezentrum gerückt werden, können nur mehr oder weniger homogenisierende Aussagen über „*die* Gruppe", „*die* kollektive Quartiersidentität", „*den* Stadtteil", „*die* ethnische Kolonie" etc. getroffen werden (s. Kap. B.II.3).

Prinzipiell liegt übrigens die gleiche Problematik vor, wenn die Raumkategorie auf einen kleineren Erdraumausschnitt bezogen wird. So unterstellt die sozialwissenschaftliche Thematisierung des Komplexes „Migranten und Stadt" gemeinhin einen spezifischen Zusammenhang von einzelnen Orten und Ethnizität. Ausgewählte Orte wie eine Moschee oder ein Vereinshaus werden derart im Sinne von *Mini-Behältern* als „ethnozentrierte Orte" behandelt.[70]

---

70 Vgl. z.B.: Heitmeyer/Müller/Schröder 1997, 81ff. u. 161ff.; Krummacher/Waltz 1996, 227ff.

Wird dabei jedoch nicht in (ethnographischen o.ä.) Einzelfalluntersuchungen untersucht, als was und wie möglicherweise unterschiedlich sich die Besucher solcher Orte die jeweiligen Handlungszusammenhänge bzw. Orte aneignen, stellt dieses Vorgehen zwar eine übliche, aber eben problematische, da holistische und homogenisierende, Verkürzung des Zusammenhangs von Migration, Ethnizität und Raum dar.

Ein weiteres charakteristisches Merkmal der raumbezogenen Sozialforschung, welches darin gesehen wurde, daß die sozialwissenschaftliche Verwendung von Behälter- und/oder Relationalraumkonzeptionen eine Zuordnung von Raum zum Objektbereich gesellschaftlicher Strukturen (und nicht Handlungen, Wahrnehmungen o.ä.) nahelegt, kommt besonders deutlich im Unterschichtungsmodell Hoffmann-Nowotnys zum Ausdruck. Wie oben beschrieben, siedelt Hoffmann-Nowotny räumliche Aspekte selbstverständlich und ausschließlich auf der Strukturebene an (s. Kap. B.II.2). Die territoriale Verteilung der Wohnstandorte von Migranten gilt dann als Indikator für ihre sozial-*strukturelle* Position in der Gesellschaft und damit als Maß für ihre Integration, Gleichheit oder Ungleichheit im Verhältnis zur autochtonen Bevölkerung. In vergleichbarer Weise behandelt auch die interdisziplinäre Segregationsforschung lokale Kontexte bzw. erdräumliche Verteilungen prinzipiell „strukturorientiert". Im allgemeinen stützen sich segregationsspezifische Aussagen, auch die von Hoffmann-Nowotny, auf die Annahme, daß die beobachtbaren räumlichen Ordnungsstrukturen von Wohnstandorten angemessen als Ausdruck und Ursache sozialer Ungleichheitsprozesse und -verhältnisse interpretiert werden können. Diese forschungsleitende Prämisse ist aus verschiedenen Gründen, die im weiteren Verlauf des Kapitels sowie exemplarisch an den stadtsoziologischen Arbeiten Dangschats aufgezeigt werden, kritisch zu beurteilen. Zuvor wird jedoch auf einige generelle Merkmale der Segregationsforschung eingegangen.

Am intensivsten wird der migrationsspezifische Zusammenhang von *Segregation* und sozialer Ungleichheit oder Unterschichtung von der Stadtsoziologie und der Sozialgeographie thematisiert.[71] In Anwendung von Assimilations-, Integrations- oder Unterschichtungstheorien (oder allgemeiner: Ungleichheitstheorien) werden mit Hilfe überwiegend quantifizierender Verfahren die Marginalisierung von Migranten auf dem Wohnungsmarkt, die räumlichen Ungleichverteilungen von soziostrukturellen Merkmalen wie Einkommen, Berufen, Arbeitslosigkeit, Armut, Diskriminierung usw. untersucht. Das Kerninteresse besteht in der Beschreibung und Erklärung vorfindbarer „Raum-

---

71 Vgl. etwa die sozial- und bevölkerungsgeographischen sowie die stadtsoziologischen Beiträge in den Sammelbänden von: Friedrichs 1988; Glebe/O'Loughlin 1987; Heitmeyer/Dollase/Backes 1998; Jackson/Smith 1981; Kemper/Gans 1998; O'Loughlin/Friedrichs 1996; Peach/Robinson 1981; Roseman/Laux/Thieme 1996.

muster" der Wohnstandorte von Migranten mit bestimmten, sozialwissenschaftlich für relevant gehaltenen Merkmalen. Diese Forschungsperspektive hat eine lange Tradition.

Gerade wegen ihrer quantitativen und an den Behälter- und Relationalraum-Konzeptionen orientierten Vorgehensweise kann die migrationsspezifische Segregationsforschung auf *Tendenzen* der Verteilung und Entwicklung sozialer Ungleichheiten hinweisen. Auf der Ebene von Stadtteilen o.ä. bestehen im Durchschnitt erhebliche soziale Unterschiede. Nachweislich kommt es in den von Migration und Deindustrialisierung besonders betroffenen Stadtteilen seit einigen Jahren zu zunehmenden sozialen Entmischungen.[72] Im Hinblick auf die sozialstrukturelle Positionierung in der Gesellschaft ist es offensichtlich nicht gleichgültig, *wo* man wohnt bzw. aufwächst. Aufgrund dieser „quantifizierbaren" Relevanz lokaler Lebensbedingungen ist es naheliegend, daß auch im Hinblick auf die Formung von Biographien, Identitäten und Handlungsmustern „Kontexteffekte" der jeweiligen Umwelt erwartet werden (vgl. exemplarisch: Bertram 1991). *Wie* aber Lokalität, die lokale Situierung der Lebensverhältnisse oder, ganz allgemein, Raum als Handlungs- und Kommunikationskategorie, in die Lebenspraxis von Personen hineinreicht und diese strukturiert, kann eine Analyse von Verteilungsstrukturen bevölkerungsspezifischer, sozialer oder ökonomischer Merkmale in verschiedenen Erdraumausschnitten aus methodologischen Gründen nicht zeigen.

Bei der üblichen Erforschung des Zusammenhangs von Segregation und sozialer Ungleichheit tauchen noch andere Schwierigkeiten auf. So hat die Segregationsforschung das grundsätzliche Selektionsproblem, das bei einer behälterraumfundierten Sozialforschung stets auftritt,[73] schon immer dadurch „gelöst", daß sie sich vor allem auf Wohnstandorte kaprizierte. Der spezifische Reduktionismus dieser Vorgehensweise zeigt sich nicht nur an der analytischen Bevorzugung des Wohnstandortes gegenüber den Schul-, Arbeits-, Einkaufs-, Urlaubs- oder sonstigen Orten, an denen sich die untersuchten Personen aufhalten. Auch die Prozesse und Bedingungen der Wahl von Wohnstandorten, auch Umzüge oder Mehrfachwohnsitze werden ausgeblendet. Vor allem wird aber unterschlagen, daß sich die Formierung sozialer Identitäten und Positionen in der modernen Gesellschaft primär über die Teilnahme an verschiedenartigen sozialen Kontexten und Funktionssystemen vollzieht. In Beruf und Freizeit sind Personen Teilnehmer an sozialen Funktionssystemen

---

72 Vgl. zu jüngeren Tendenzen der sozialen und räumlichen Polarisierungen der Städte, von der insbesondere Migranten betroffen sind und die als Verfestigung von Schichtbildungsprozessen interpretiert werden: Bremer 2000; Dangschat 1996a; Häußermann 1998; Musterd/Ostendorf/Breebart 1997; Odermatt 1999. Zur „ethnischen" Strukturierung der städtischen Arbeitsmärkte vgl.: Fassmann 1997; Hillmann 1997; Rudolph/Hillmann 1997.

73 *Welche, wie* zu operationalisierenden „Merkmale" eines Behälterraums (Territoriums, Stadtviertels etc.) werden für die jeweilige Untersuchung ausgewählt?

(Recht, Bildung, Politik, Gesundheit usw.), deren zentrale Teilnahmebedingungen in der Regel nicht räumlich definiert sind. Ebenso prinzipiell unabhängig vom Raum wird telefoniert, korrespondiert oder am Medienkonsum partizipiert. Freilich ließe sich auch ein Großteil dieser Teilnahmeformen durch grobe Projektionen auf der Erdoberfläche verorten. Dann jedoch würde offensichtlich, daß fast alle Menschen zu verschiedenen Zeiten an verschiedenen Orten präsent sind, ganz zu schweigen von biographisch bedingten räumlichen Mobilitäten.

Der forschungspraktischen Fokussierung von Wohnstandorten wohnt also ein sehr statisches Element inne. Diese Operationalisierung des Raumbezugs *fixiert* die Akteure und mit ihnen auch sozialstrukturelle Merkmale und soziale Bedingungszusammenhänge in unzulässig einseitiger Weise auf eine erdoberflächlich markierbare Stelle im Raumbehälter. Das grundsätzliche Problem der Segregationsforschung liegt deshalb darin, daß auch sie die für die raumbezogene Sozialforschung im allgemeinen typische Verknüpfung von räumlich-materiellen und sozialen Seinsbereichen vornimmt. Bei einer derartigen Herangehensweise an die Thematik Raum und Gesellschaft stehen letztendlich der „lokale Kontext" und erdoberflächliche Verteilungsmuster oder Indexwerte, aber nicht Personen und Organisationen oder soziale Handlungen und Kommunikationen im Untersuchungszentrum. Daher muß die Segrationsforschung mit starken, kaum überprüfbaren Annahmen und argumentativen Reduktionen operieren. Auch sie kann nur zu mehr oder weniger homogenisierenden Aussagen über ausgesuchte „Merkmale sozialräumlicher Kontexte" kommen.

Aufgrund ihrer üblichen behälter- und relationalraumfundierten Anlage läuft sie nicht zuletzt Gefahr, auch in die aus der traditionellen Geographie bekannten geodeterministischen Argumentationsmuster zu verfallen.[74] Denn werden quantitativ beobachtbare sozialstrukturelle Ungleichheiten zwischen Migranten und anderen Bevölkerungsgruppen sowie Daten über Wohnraumausstattung, Bildungs- und Gesundheitseinrichtungen auf administrative, behälterähnliche Stadtteile bezogen, liegt es oft nahe, von „benachteiligenden Räumen" zu sprechen. Pauschal wird dann angenommen, daß die „strukturell schwachen Stadtteile", die „Problemviertel" der Städte, zur „Basis für eine weitergehende stadtgesellschaftliche Desintegration" der Migranten werden (Dangschat 1998, 71).

Im Folgenden werden mit Dangschat und Esser zwei Autoren noch einmal explizit angesprochen, von deren migrationsbezogenen Arbeiten – aus unterschiedlichen Gründen – eigentlich eine differenziertere Behandlung der Raum-Problematik zu erwarten ist.

---

74 Siehe dazu die entsprechenden Beispiele in der *Einleitung* und in Kap. B.II.5.

Dangschat kritisiert die bisherige Segregations- und stadtsoziologische Forschung für ihren fehlenden Theoriebezug.[75] Statt Raum als sozial produzierten Gegenstand zu konzipieren, verwende sie die klassische Behälterraum-Konzeption. Daher setze sie Raum mit „dem empirischen ‚Ort' gleich (...); die Raumkategorie wird damit auf einen ‚Container' reduziert, in dem bestimmte Merkmalsausprägungen und Anteilswerte gelagert sind" (Dangschat 1998, 26). Mit der soziologisch unreflektierten Anwendung eines naturwissenschaftlichen Raumverständnisses hänge die Tatsache zusammen, daß ihre raumbezogenen Analysen nicht wirklich über die Beschreibung von räumlichen und sozialen Ungleichheiten hinausgingen (vgl. z.B. Dangschat 1994b, 440ff.). Es fehle eine theoretische Folie, um die beobachteten sozialräumlichen Disparitäten und ihre Veränderungen angemessen zu erklären. Die zu erklärenden räumlichen Ungleichheiten vor Augen, ist es wenig überraschend, daß Dangschat erwartet, gerade soziologische Ungleichheitstheorien könnten eine solche erforderliche Rahmung bieten. Diese wiederum seien jedoch zum Großteil „unräumlich" konstruiert (vgl. z.B. Dangschat 1994a, 342ff.). Das gleiche gelte für die Erforschung von Lebensstilen, in denen neue „Praktiken der Distinktion" unter individualisierten Lebensbedingungen erkannt werden (vgl. Blasius/Dangschat 1994 u. Hitzler 1994). Beide, die Ungleichheits- und die Lebensstilforschung, wiesen nur einen „banalen" (Dangschat 1994a, 342) impliziten Raumbezug auf, der überdies ebenfalls auf der soziologisch ineffektiven Behälterraumkonzeption basiere.

Vor diesem Kritikhintergrund ist es Dangschats erklärtes Ziel, sowohl das Defizit der „Raumblindheit" der Soziologie als auch den räumlichen Determinismus und die Behälterraumvorstellung, zu denen Geographie und Stadtsoziologie neigten, zu überwinden (ebd., 341). Angestrebt wird die Integration von Raum und „sozial-räumlichen Unterschieden" in ein Sozialstrukturmodell, welches für die Stadtsoziologie fruchtbar ist. Das raumbezogene Ungleichheitsmodell, das Dangschat dazu entwirft, ist eine Mischung aus dem „Struktur-Habitus-Praxis"-Modell Bourdieus, verschiedenen Lebensstilkonzepten, der relationalen Konzeption des „gesellschaftlichen Raums" (vor allem nach Läpple 1991a und 1991b) und diversen Vorschlägen, Raum mindestens auf drei Maßstabsebenen zu untersuchen.[76]

Trotz oder gerade wegen des explizit formulierten Anspruchs, durch die Theoretisierung von Raum als einer sozialen Herstellungsleistung die Limitationen der Segregations- und stadtsoziologischen Forschung zu überwinden,

---

75 Vgl. im Folgenden: Dangschat 1994a, 1994b, 1995, 1996b, 1997 und 1998.
76 Auf der *Mikroebene* werden individuelle Verhaltensweisen, Bedingungen und Interaktionen der Akteure relevant; das „Wohnquartier" oder den „städtischen Raum" stellen die *Mesoebene*, auf der dann z.B. Segregationen beobachtet werden, dar; mit der *Makroebene* sind „globale, nationale und regionale" Bezüge gemeint (vgl. z.B. Dangschat 1998, 27ff.).

ist das Ergebnis von Dangschats Bemühungen recht enttäuschend. Die für die herkömmliche raumbezogene Sozialforschung charakteristische Verräumlichungsproblematik ignoriert Dangschat vollkommen. Obwohl er seinen Ansatz als „neuen" Zugang zur Raum-Gesellschafts-Thematik ausgibt, verknüpft auch Dangschat soziale und räumlich-materielle Seinsbereiche bereits theoretisch. Daher weisen aber auch seine Arbeiten die oben beschriebenen Folgeprobleme auf. Zur Erklärung dieses „Rückfalls" könnten verschiedene Merkmale seiner Arbeiten als Ursachen angeführt werden: so etwa das durch den Bezug auf Läpples „gesellschaftliche Räume" unterlegte Relationalraummodell;[77] der extensive Anschluß an Bourdieus – mit Bezug auf Leipniz formulierte – Bemerkungen zur Verbindung von „sozialem Raum" und „physischem Raum" (vgl. Bourdieu 1991); der Versuch, die Modelle von Läpple und Bourdieu zu verbinden; oder die Tatsache, daß bereits der Blick durch die theoretische Brille eines Ungleichheitsmodells die Interpretation von räumlichen Ungleichheiten als Ausdruck sozialer Ungleichheiten nahelegt (was kein Beleg für die Angemessenheit der Deutung ist). Da Dangschats argumentative Bezüge aber äußerst vielfältig sind und sich nicht eindeutig einer einzelnen theoretischen Position zuordnen lassen (s. als eindrucksvolles Beispiel: Dangschat 1998), sei im Folgenden vielmehr exemplarisch anhand einiger zentraler Prämissen seines Modells und daraus abgeleiteter Folgerungen belegt, daß auch sein Vorschlag sich weniger als Theorieangebot als für die Formulierung von verabsolutierenden Setzungen und homogenisierenden Aussagen eignet.

Die konzeptionelle Zusammenführung von Läpples Entwurf „gesellschaftlicher Räume" und der soziologischen Struktur-Habitus-Theorie Bourdieus veranlaßt Dangschat zu der Annahme, daß die Gesellschaft (auch) über

---

77 Der „Matrix-Raum" bzw. der „gesellschaftliche Raum", den Läpple als sozialwissenschaftlich angemessene Konzeptualisierung des Raum-Gesellschafts-Verhältnisses vorschlägt, unterscheidet sich nicht von den Eigenschaften der oben im allgemeinen diskutierten Relationalraummodelle (vgl. Läpple 1991a u. 1991b): In der Form der „materiell-physischen Raumstruktur, die sich darstellen läßt durch das erdräumliche Beziehungsgefüge der Lagen und Standorte" (Läpple 1991a, 41) der körperlichen Objekte manifestierten sich die gesellschaftlichen „Kräfte", „Bedingungszusammenhänge" und „Symbolsysteme". Sie „formen" und „gestalten" das materiell-physische Substrat der Welt und damit auch die räumlichen Ordnungsstrukturen (ebd., 41f.). Die ontologische Verschmelzung von Räumlich-Materiellem und Sozialem – Läpple würde es als das „Resultat der (...) Aneignung der Natur" bezeichnen (ebd., 43) – wird dann „gesellschaftlicher Raum" genannt.
Auch mit dieser Raum-Konzeption handelt man sich alle Probleme der *Verräumlichung von Sozialem* ein: angefangen von der hypostasierenden Annahme, soziale Phänomene (und zwar alle) hätten räumlich-materielle Eigenschaften mit der bekannten Folge einer forschungspraktischen Fixierung auf diejenigen materiellen Träger, auf die Sozialität projiziert wird, über das Selektionsproblem und die Tendenz einer „Struktur-Präferierung" bis hin zu homogenisierenden und deterministischen Aussagen hinsichtlich der sozialen Bedeutung von Räumen (s. Kap. B.III.2.2).

die materielle und symbolische *Aneignung* des physischen Raums strukturiert wird. Sie findet sich in Formulierungen wie: „Die Aneignung von Raum ist Folge von Macht und *eine* Dimension der Hierarchisierung einer Gesellschaft" (Dangschat 1998, 34); „Das ‚materiell-physische Substrat' ist die ‚Struktur'. Sie ist das Resultat der Auseinandersetzung mit der Natur und schafft einen räumlichen Hintergrund, d.h. es ist die Makro-Ebene für die individuelle Struktur (i.e.: das Verhalten der Akteure; A.P.)" (Dangschat 1993, 801); oder: „Das physische Substrat und dessen Funktionalität und Symbolik bestimmen die *gesellschaftliche Praxis* an diesem Ort" (Dangschat 1994b, 443). Dangschats Konzeption der gesellschaftlichen Aneignung der räumlich-materiellen Welt ist – ähnlich wie das für die raumbezogene Sozialforschung im allgemeinen beschrieben wurde – von zwei grundlegenden Postulaten abhängig. Erstens bestehen für ihn soziale Phänomene auch aus räumlich-materiellen Aspekten; sie würden sogar u.a. von ihnen konstituiert: „Zur Bestimmung von (...) sozialer Ungleichheit und Lebensstilen (ist der) Raumbezug notwendig, weil konstitutiv" (ebd., 440f.). Zweitens wird angenommen, daß die soziale oder symbolische Bedeutung der räumlich-materiellen Welt bzw. ihrer Aneignung mehr oder weniger eindeutig festgelegt sei (bei Dangschats Arbeiten vor allem durch die soziale Position der aneignenden Akteure). Die Kombination dieser beiden Annahmen führt zu der bekannten Vorstellung objektiv bestimmbarer „Sozial-Räume". Diese hybriden Erscheinungen umfassen dann räumlich-materielle Objekte (ihre Lagerelationen etc.), denen spezifische soziale Sinngehalte gewissermaßen innewohnen, sowie gesellschaftliche Handlungsformen, die als räumlich-materiell strukturiert und oftmals determiniert aufgefaßt werden (ebd., 443f.).

Daß die problematischen Konsequenzen der „Verräumlichungsoperation" (s. Kap. B.III.2.2.2) in Dangschats Entwurf besonders klar zutage treten, liegt nicht zuletzt an der Bedeutung, die er verallgemeinernd den Wohnstandorten von Personen zuschreibt. Denn im wesentlichen werden die interessierenden Raum-Aneignungsprozesse auf die Frage des Wohnortes reduziert. Zwischen sozialen Gruppen wird grundsätzlich ein Wettbewerb um soziale Positionen angenommen, der (auch) mittels privilegierter Wohnstandorte bzw. räumlicher Segregationen ausgetragen werde. Deshalb wird der Wohnstandort dann als Ausdruck eines Raum-Aneignungsprozesses interpretiert, dem eine zentrale, die Reproduktion sozialer Ungleichheiten begleitende Distinktionsfunktion zukommt: „Sag' mir, wo Du wohnst, und ich sag' Dir, wer Du bist" (Dangschat 1997). Infolgedessen gilt die räumliche Segregation als „ein entscheidender Motor für die Reproduktion sozialer Ungleichheit" (ebd., 643). Ähnlich grob wird im Falle von Migranten argumentiert: „In der Segregation zwischen Ethnien (...) (schlagen sich) nicht nur der Geschmack und die Präferenzen nieder, sondern es wiederholen und verstärken sich Hierarchien, Macht und Diskriminierungen" (Dangschat 1998, 35). Bei derartigen Gleichsetzungen von räumlichen mit sozialen Ungleichheiten handelt es sich allerdings in erster Linie um eine theoretische Argumentation. Das explizite Bestreben, räumliche Ungleichheiten zu *erklären*, wird durch die Wahl starker theoretischer Prämissen, die empirisch nur schwach gestützt werden, umgesetzt. Denn um die Plausibilität seiner theoretischen Annahmen zu belegen, werden methodisch nicht etwa die eigentlichen Wohnortzuweisungs-, Aneignungs- und Semantisierungsmechanismen rekonstruiert, sondern es wird, wenn überhaupt, auf die statistischen Verteilungsmuster von Personen mit bestimmten sozialstrukturellen Merkmalen in der Stadt verwiesen. Insofern reifiziert Dangschat lediglich die theoretische Setzung durch entsprechende, bekannte Erdraumprojektionen, statt die behauptete Ungleichheitsdimension des Aneignungsprozesses durch die Analyse eben dieser *Handlungsform* zu analysieren. Aus diesem Grund bleiben seine segregationsbezogenen Aussagen mehr oder weniger abstrakte, empirisch nur unzureichend verifizierte Behauptungen.

Abgesehen von dieser Problematik und von der generellen Fragwürdigkeit des Stellenwerts, den Dangschat dem Wohnstandort beimißt, fällt weiterhin auf, daß der von ihm selbst kritisierte Behälterraum aufgrund der beschriebenen Vorgehensweise nun doch Verwendung findet. Eine Vorgehensweise, die Verteilungen in der gängigen, d.h. erdoberflächlich lokalisierenden, Form zum Thema macht, greift auf Daten zurück, deren Erhebung administrativ markierte Behälterräume zugrunde liegen. Wenig überraschend ist daher die immer auch deterministische Rede von „ökonomischen/kulturellen Werten von Quartieren", von „benachteiligenden Räumen" oder ähnlichen Behälterraum-Eigenschaften.

Die Übertragung der vor allem aus seinen Untersuchungen zu innerstädtischen Gentrifizierungsprozessen gewonnenen Einsicht, daß Stadtviertel auch soziale Distinktionsfunktionen haben und infolgedessen für soziale Schließungsprozesse instrumentalisiert werden können,[78] auf die Problematik von Migration und Stadt erweist sich insgesamt als folgenschwer. Ohne nach sozialem Status, ökonomischem Kapital, Bildungsstand, nationaler Zugehörigkeit, Migrationsgeschichte oder Wohndauer usw. zu differenzieren, wird die soziale Dichotomie „Deutsche versus Migranten" auf das Phänomen der residentiellen Segregation der entsprechenden „Träger" und damit auf Erdraumausschnitte projiziert. Auf diese Weise müssen die Migranten en bloc als „Verlierer" der ökonomischen Umstrukturierung in den Städten erscheinen (vgl. Dangschat 1998, 70f.). Ebenso pauschal werden in den Stadtvierteln, in denen Migranten relativ konzentriert leben, „traditionelle Rückzugsgebiete der Migranten" entdeckt, die sich gegenwärtig aufgrund makroökonomischer

---

[78] Vgl. z.B. Dangschat 1994a, 347; 1994b, 447f.

Umstrukturierungsprozesse in „Gefahr einer ökonomischen Auf- und kulturellen Umbewertung" befänden (ebd.). Auch ethnische Konflikte werden mit dem Modell, das in der Aneignung des physischen Raums ein wesentliches Strukturmerkmal von Gesellschaft annimmt, erklärt: „Ethnisch-kulturelle und rassistische Konflikte entstehen in der Regel dann, wenn (...) Territorien unterschiedlicher Ethnien aneinanderstoßen respektive wenn Grenzen von Territorien mißachtet werden" (ebd., 21f.). Die derartigen Aussagen zugrundeliegende Identifizierung von Räumen mit bestimmten sozialen Gruppen unterscheidet sich nun allerdings in nichts mehr von der oben skizzierten traditionellen, problematischen Engführung von Behälterräumen (bzw. Territorien) und Ethnizität (bzw. ethnischen Gemeinschaften), die für einen großen Teil der Migrationsforschung kennzeichnend ist.

Damit kann für die Arbeiten Dangschats im hier interessierenden Zusammenhang festgehalten werden, daß die konzeptionelle Verschmelzung von Raum mit Symbolik und die Integration erdoberflächlicher Verteilungsstrukturen von Wohnstandorten in ein soziologisches Ungleichheitsmodell ihn zu raumbezogenen Aussagen über Ungleichheitsverhältnisse verleiten, die wenig hilfreich sind. Sie fallen *deskriptiv* weniger differenziert als die Ergebnisse der Segregationsforschung aus; sie lösen die *kategorial* eingeforderte Thematisierung von Raum als sozialem Konstrukt methodologisch nicht ein, da sie die Herstellung von Raum und seiner Bedeutung an der sozialen Position bzw. der ethnischen Zugehörigkeit und nicht an den Handlungsmustern der Akteure festmachen; sie kommen *interpretativ* nur homogenisierenden Grobaussagen gleich, die sich zudem auf die von Dangschat selbst kritisierte Vorstellung von Behälterräumen stützen. Auch zur Klärung der in Frage stehenden Relevanz von Raum im Kontext sozialer Aufstiegsprozesse in der zweiten Migrantengeneration kann ein Modell, das Raumaneignung nur über den Wohnstandort operationalisiert, damit andere Handlungs- oder gar Kommunikationsformen unterschlägt und außerdem residentielle Segregation a priori als Ausdruck bzw. Ursache sozialer Ungleichheiten, Benachteiligungen und Konflikte interpretieren muß, nicht beitragen. Wenn der Wohnstandort, der in den meisten Fällen ja nicht von den Kindern der Migranten, sondern ihren Eltern gewählt bzw. ihnen zugewiesen wurde, eine derartige Bedeutung hätte, müßten die Bildungsaufstiegsprozesse grundsätzlich mit Auszügen aus den betreffenden Stadtvierteln einhergehen oder sogar letztere voraussetzen. Offensichtlich ist diese Annahme, die aus der klassischen Migrationsforschung bestens bekannt ist, heute in ihrer Allgemeinheit ebensowenig haltbar wie die grundsätzlichen Überlegungen zur Bedeutung sozialer Etikettierungen von Stadtvierteln oder zur Konfliktlatenz von räumlichen Segregationen.

Wie bei der Diskussion des handlungstheoretischen Assimilationsmodells herausgestellt, taucht die Raum-Kategorie auch in *Essers* Theorie an zentralen Stellen auf. Dabei ist ebenfalls eine Mischung aus Behälter- und Relationalraumkonzeptionen zu beobachten: Im Hinblick auf den zu modellierenden Assimilationsprozeß werden vor allem Ausmaß, Entstehung und Wirkung residentieller Segregationsverhältnisse zwischen Migranten und Einheimischen thematisiert, die durchweg über die Wohnstandorte auf Stadtteilebene operationalisiert werden.

Die Ausführungen zur assimilationstheoretischen Bedeutung von *Segregationen und ethnischen Kolonien* (s. Kap. B.II.4.2.4) verdeutlichen, daß Essers raumbezogene Argumentationen ebenso homogenisierend und pauschalisierend ausfallen wie die anderer Arbeiten, die sich auf die Behälterraumkonzeption stützen. In diesem Zusammenhang fällt eine besondere Gemeinsamkeit der Theoriekonstruktion und des verwendeten Raummodells auf. Die zentrale Dichotomie, mit der Esser arbeitet, besteht in der Gegenüberstellung von Assimilation und Segmentation. Die theoretische Annahme einer „ethnischen Segmentation" als „Extremwert einer kontinuierlich gedachten Variablen" (Esser 1990a, 76) begründet, wie gesehen, sowohl die grundsätzliche Problemunterstellung im Falle von „nicht-assimilativen" Handlungen als auch die Rede von „Parallelgesellschaften", „Mobilitätsfallen" o.ä., wenn ethnische Kolonien thematisiert werden. Beide Konsequenzen wurden als theoretisch und methodologisch problematisch eingeschätzt. Deutlich wird nun, daß sich die Behälterraumkonzeption und die theoretische Vorstellung einer Segmentation bzw. segmentärer Lebensbeziehungen oder Handlungsformen, die Esser als nicht-moderne gesellschaftliche Erscheinungen, als Ausdruck von „Modernisierungslücken" auffaßt (vgl. Esser 1990c), auf theoretischer Ebene hervorragend ergänzen. Derart argumentieren indirekt auch Hard (z.B. 1994), Klüter (z.B. 1986) oder Werlen (z.B. 1995a), die darauf hinweisen, daß der Vorstellung eines Behälterraumes, ontologisch gesprochen, eine segmentäre Gesellschaftsform entsprechen müßte. Deshalb, folgern sie, sei die Beschreibung und Erklärung von Gesellschaft mit Hilfe segmentärer Raumkonzeptionen heute weniger angemessen denn je. Die „moderne" Gesellschaft ist nicht mehr segmentär gegliedert, sondern nach sozialen Funktionssystemen differenziert. Diese grundsätzlichen Bedingungen gelten aber natürlich auch für die Untersuchung von Migranten und Migrationsfolgen. Daher kann für das Assimilationsmodell zusammengefaßt werden, daß sich die Gegenüberstellung „Assimilation versus Segmentation", die dabei unterlegte Behälterraumkonzeption, die auffallenden „Homogenitätsaussagen" bezüglich der Effekte ethnischer Kolonien sowie die beobachtete „Problem- und Defizitorientierung" bei der Thematisierung von Ethnizität und Segregationen wechselseitig abstützen. Das wiederum erklärt einerseits, warum Essers theoretisch motivierte Aussagen über ethnische Kolonien und ihre negativen Folgewirkungen auf den ersten Blick so plausibel wirken, und andererseits, warum das Assimilationsmodell die hier interessierende Fragestellung, ob und in welcher Weise Ethnizität und Raum (bzw. Lokalität) auch im Kontext von sozialem Aufstieg relevant sein können, nicht angemessen oder nur mit äußerst starken Einschränkungen behandeln kann.

Im Vergleich zu anderen Arbeiten der Migrationsforschung bietet Essers Modell dennoch einen entscheidenden Vorteil. Da das Assimilationsmodell konsequent handlungstheoretisch begründet wird, läßt sich die Frage nach der sozialen Bedeutung von Raum methodologisch ungleich differenzierter stellen. Auch Segregationen werden – als spezifische „sozialräumliche Strukturen" – wie alle anderen gesellschaftlichen Strukturen als Handlungsfolgen konzipiert, und zwar als ungeplante Folgen von nicht-assimilativen (gleichwohl rationalen) Einzelhandlungen der Migranten, die *nur* Randbedingungen von individuellen Handlungen darstellten. Über die Relevanz und spezifische Bedeutungsgebung einzelner „Behälterräume", Umgebungen oder Segregationsverhältnisse entscheiden die handelnden Akteure. In Essers Modell sind (zumindest konzeptionell) soziale Bedeutung und Symbolik der räumlich-materiellen Welt nicht inhärent; sie entstehen erst in der Umgebungsdeutung und Situationsdefinition der Handelnden.

Tatsächlich kommen deshalb die empirischen Anwendungen des Esserschen Modells zu interessanten, den ursprünglichen Modellannahmen über die Bedeutung „sozialräumlicher Kontexte" im Assimilationsprozeß teilweise widersprechenden Ergebnissen. So können die durchgeführten Korrelationen von verschiedenen Assimilationsdimensionen mit Daten zur ethnischen Konzentration im Wohnumfeld durchweg *keine* signifikanten Kontexteinflüsse auf das Assimilationsverhalten von Migranten nachweisen. Die sozialökologische Annahme, nach der das Verhalten der Migranten vom „sozialräumlichen Kontext" des Stadtviertels abhängt, ist nicht haltbar. Zum Beispiel zeigt sich bei der Untersuchung lokaler Bedingungen der sprachlichen Assimilation, „daß die individuellen Faktoren (Schulbildung im Herkunftsland, Aufenthaltsdauer, Einreiseland) bei weitem wichtiger sind als die kontextuellen Faktoren. Insbesondere erweisen sich die ethnische Konzentration der Wohnumgebung und die Qualität des Wohnumfeldes als nahezu bedeutungslos" (Esser 1982, 279).[79] Auch wird gezeigt, daß die „ethnische Konzentration" im Wohnumfeld (Block, Stadtteil, Bezirk, Stadt) weder auf die „Schulkarriere ausländischer Jugendlicher" (vgl. Esser 1990b) noch auf interethnische Kontakte bzw. die soziale Assimilation (vgl. Alpheis 1990) einen nennenswerten Einfluß hat. Das inter- und intraethnische Kontaktverhalten von Migranten werde hauptsächlich von individuellen Bedingungen beeinflußt. Insgesamt

---

[79] Vgl. auch Esser 1990d, 42ff.

seien Daten über individuelle Eigenschaften (wie z.b. persönliche Netzwerke, Bildungsgrad, Sprachkenntnisse, sozialstrukturelle Positionierung, familienspezifische Verhältnisse o.ä.) wesentlich aussagekräftiger im Hinblick auf das zu erklärende Verhalten als die zumeist nur sehr geringen Kontexteffekte (vgl. Friedrichs 1990, 312f.). Wenn überhaupt von „Kontextwirkungen" gesprochen werden könnte, ließen sich diese eher mit subjektiven Wahrnehmungen und Identifikationen mit der lokalen Umgebung als über „objektive" ethnische Konzentrationen erklären (vgl. Esser 1982).

Die Schlußfolgerungen, die aus derartigen empirischen Überprüfungen des Assimilationsmodells gezogen werden, sind jedoch nicht sehr konsequent. Bereits 1982 wurde aufgrund der Ergebnisse zur sprachlichen Assimilation indirekt eingestanden, daß die Operationalisierung von Raum durch die Auswahl administrativer Stadtbezirke und dazugehöriger Bevölkerungsdaten für die Analyse handlungsspezifischer Themen (z.B. „Assimilation") fragwürdig ist: Es sei „sehr unsicher, ob mit der v.a. nach Kriterien der räumlichen Nähe vorgenommenen Untergliederung auch ‚relevante' sozialräumliche Einheiten abgegrenzt" werden können (ebd., 300). Ebenso sollte die Erkenntnis, daß nicht die „objektive" Segregation, sondern die soziale Identifikation mit einer räumlich-lokalen Umgebung eine nachweisbare Form einer „Kontextwirkung" darstellt, strenggenommen dazu führen, Raum nicht mehr als sozialräumlichen Kontext, als Behälter oder als relationale Ordnungsstruktur zu konzipieren. Doch obwohl seine empirischen Untersuchungen wiederholt belegen, daß die herkömmlichen Raummodelle für die Erklärung von Verhaltensformen sehr unergiebig sind (s. auch Esser/Friedrichs 1990a), zieht Esser keine Konsequenzen für die Forschungspraxis. Besonders deutlich demonstrieren das seine Arbeiten zur Relevanz ethnischer Kolonien (vgl. Esser 1986, 1998, 1999). Trotz der beobachteten Irrelevanz des sozialräumlichen Kontextes für die untersuchten Assimilationsdimensionen wird der zukünftigen empirischen Forschung nicht nahegelegt, auf die bisherige Form der Raum-Thematisierung zu verzichten. Im Gegenteil wird gefordert, durch noch genauere Korrelationen und noch feinere, kleinräumigere Untergliederungen der Raumeinheiten „künftig viel sorgfältiger zu untersuchen (...), welche Verhaltensmuster und welche Dimensionen der Assimilation (...) tatsächlich von (lokalen; A.P.) Kontexten" (Friedrichs 1990, 313; vgl. auch Esser 1982, 300) und der „ethnischen Struktur des Wohngebietes" (Alpheis 1990, 183) beeinflußt werden. Der Schritt, kategorial ganz auf Behälter- und Relationalraumkonzeptionen zu verzichten und Raum (bzw. Lokalität) statt dessen ausschließlich aus sozialkonstruktivistischer Perspektive zu untersuchen, scheint erstaunlich schwer zu sein.

Essers Reaktion auf die Unbrauchbarkeit von Behälter- und Relationalraumkonzeptionen zur Untersuchung von Raum als einer sozialen Herstellungsleistung, die seine eigenen Studien eindrucksvoll belegen, ist daher ambivalent. Einerseits wird mit theoretischen und empirischen Argumenten darauf hingewiesen, daß „sozialräumliche Kontexte" nicht als Milieus, die in Behälterräumen verankert sind, oder als soziale Bedeutungen, die an erdoberflächliche Verteilungsstrukturen gebunden sind, aufzufassen seien, sondern ausschließlich als Elemente von Handlungen und als durch Handlungen konstituierte Phänomene. Andererseits wird *forschungspraktisch* weiterhin die problematische Behälterraumkonzeption bemüht.

3.1.2 Zusammenfassung

Abschließend sollen die vorangegangenen Betrachtungen zu Behälter- und Relationalraum als forschungsleitenden Raumkonzeptionen in der Migrationsforschung im Hinblick auf die Fragestellung der vorliegenden Arbeit zusammengefaßt werden.

Die raumbezogene Migrationsforschung kann zwar über die Beschreibung von Verteilungen auf der Erdoberfläche und von Tendenzen der Verteilung zeigen, daß die Räumlichkeit der Lebensverhältnisse nicht irrelevant ist. Denn zumindest im statistischen Mittel ist es nicht gleichgültig, wo man als Kind von Migranten aufwächst. Doch sie kann aus methodologischen Gründen nicht untersuchen, wie Raum und Lokalität die sozialen Praxiszusammenhänge der Akteure strukturieren.

Insgesamt sind die Limitationen der raumbezogenen Migrationsforschung daher unübersehbar. Der im Rahmen quantifizierender Behälter- und Relationalraumanalysen notwendige Schluß von beobachtbaren erdoberflächlichen Verteilungsmustern auf die ihnen zugrundeliegenden Entscheidungen oder Handlungen ist ebenso problematisch wie der Versuch, durch Verknüpfung von räumlichen Verteilungsdaten mit diversen sozialstrukturellen, biographiespezifischen oder sonstigen, sozialwissenschaftlich als relevant angenommen, Kriterien zu Aussagen über die soziale Bedeutung konkreter Lokalitäten zu kommen. Durch die Form der in statistischen Untersuchungen erforderlichen Operationalisierung und Korrelation von Datensätzen können weder die Gründe der Wohnstandortwahl von Migranten noch die je nach Person, Gruppe oder sozialem Zusammenhang variierenden Bedeutungen residentieller Konzentrationen für die Handlungsformen und Lebenszusammenhänge der Betroffenen ermittelt werden. Genauso wenig lassen sich in Untersuchungen, die den „räumlichen" Untersuchungsrahmen durch die Verwendung administrativ markierter Ausschnitte der Erdoberfläche methodologisch doppeln, die im Einzelfall tatsächlich relevanten Raumbezüge oder Aneignungs- und Herstellungsprozesse von Raum, die wahrscheinlich wenig Gemeinsamkeiten mit organisatorischen Raumkategorien haben, rekonstruieren. Das aber wird mit der vorliegenden Arbeit angestrebt.

Zudem übersehen die tendenziell homogenisierenden Aussagen einer migrationsspezifischen Segregations- und Stadtteilforschung die hier interessierenden sozialen Aufstiege und individuellen Erfolge regelmäßig. Die Frage nach dem Verhältnis von Bildungsaufstieg, Ethnizität und Raum stellt sich in Studien, die mit den Behälter- und Relationalraum-Modellen arbeiten und Migrationsfolgen in den Städten untersuchen, normalerweise erst gar nicht. Oder es wird, wie in Essers Arbeiten zur „sprachlichen Assimilation" oder zur „Schulkarriere", allgemeingültig die soziale Irrelevanz von Raum betont. Wie gesehen, bezieht sich die von Esser behauptete Irrelevanz von Raum jedoch ebenfalls nur auf eine behälter- oder relationalraumfundierte Raumkonzeption. Im Sinne einer sozialen Herstellungsleistung, die dann etwa auch im Bildungsaufstiegskontext (wie in anderen Kontexten) bedeutsam sein könnte, wird Raum nur theoretisch, nicht aber forschungspraktisch behandelt.

Gewöhnlich verdeckt die vorrangig „strukturorientierte" Thematisierung von Raum die verfolgte Fragestellung deshalb, weil sie davon ausgeht, daß Wohnstandorte von Migranten in Gegenden mit einem hohen Bevölkerungsanteil von gering qualifizierten Personen (von Migranten *und* Autochtonen) unabhängig von den einzelnen Biographien, Lebenssituationen oder Handlungsmustern pauschal auf die Existenz sozialer Ungleichheitsverhältnisse und Diskriminierungen hindeuten. Diese zumeist nur implizite Unterstellung eines Großteils der Segregationsforschung erhebt insbesondere Dangschat explizit zur zentralen forschungsleitenden Annahme: Räumliche Ungleichheiten seien per se als Ausdruck und Ursache sozialer Ungleichheiten zu deuten. Das ist jedoch im Hinblick auf die ebenfalls in den entsprechenden Gegenden lebenden Bildungsaufsteiger aus der zweiten Migrantengeneration und ihre Aufstiegsbiographien eine kaum plausible und von vornherein sehr verzerrende Interpretation ihrer sozialen Situation.

Daher läßt sich resümieren, daß die segregations- und quartiersanalytisch orientierte Migrationsforschung häufig am dominanten und einseitig problemorientierten Diskurs über Stadt und Migration, der die „Erfolgsgeschichten der Migrationsgewinner" ausblendet, partizipiert. In der Einleitung wurde dieser einseitige Problemfokus der Migrationsforschung beschrieben. Die angestellten kategorialen Reflexionen veranschaulichen nun, daß dieses allgemeine Merkmal vieler Untersuchungen zu Migrationsfolgen auch mit den unterlegten Raummodellen zusammenhängt. Ungleichheits- und Segregationsforschung, Behälter- und Relationalraumkonzeptionen sowie die einseitige Verbindung von Raum (lokalen Lebensbedingungen etc.) mit Fragestellungen zu sozialen Problemzusammenhängen stützen sich wechselseitig. Auch der bis zu diesem Punkt erfolgte Durchgang durch die empirischen Migrationsstudien bestätigt damit die bisherige Argumentationslinie und ihre zentrale Schlußfolgerung, daß Behälter- und Relationalraumkonzeptionen für die Untersuchung der interessierenden Fragestellung abzulehnen sind.

3.2 Raum und Identität

Ein bislang noch nicht weiter diskutierter Teil der raumbezogenen Sozialforschung widmet sich explizit dem Zusammenhang von Raum und Identität. Auch das trifft auf die Migrationsforschung im besonderen zu. Da sich der inhaltliche und konzeptionelle Schwerpunkt dieser Arbeiten maßgeblich von der oben beschriebenen Art und Weise der Untersuchung von Raum unterscheidet, wird die Thematik Raum und Identität gesondert besprochen.

Der Forschungsbereich zu Raum und Identität beginnt konzeptionell nicht mit der Annahme, daß Gesellschaftliches in Form von mehr oder weniger eindeutigen Spuren, die der räumlich-materiellen Welt eingeschrieben bzw. auf der Erdoberfläche in Form von Verteilungen zu beobachten sind, rekonstruierbar ist. Vielmehr gilt das zentrale Interesse der Identität von Personen und Gruppen. Aus dieser Perspektive werden dann der Raumbezug und die Identifikation von Personen (oder Gruppen) mit bestimmten erdräumlichen „Regionen" unter Rubriken wie „räumliche Identität", „raumbezogene Identität", „territoriale Bindungen", „emotionale Ortsbezogenheit", „Regionalbewußtsein", „Heimatgefühl" usw. thematisiert.[80] Indem derartige Identitätsformen als das Ergebnis sozialer Aneignungs- und Symbolisierungsprozesse von physischen Territorien und ihren Bestandteilen aufgefaßt werden, kommt Raum zwar auch in diesem Ansatz zunächst als konkreter physisch-materieller Ausschnitt der Erdoberfläche vor. Insofern basiert dieses Raumverständnis ebenfalls auf der Konzeption eines Behälters, der mit – für das jeweilige Territorium spezifischen – Objekten gefüllt und verschiedenen Merkmalen versehen ist. Doch der eigentliche Schwerpunkt der raumbezogenen Identitätsforschung liegt eben auf den sozialen und personalen Identitäten. In dem Sinne wird Raum konzeptionell nicht nur als Territorium, Umwelt usw., sondern ebenso als ein sinnhaftes Konstrukt behandelt.

Wie die unterschiedlichen Studien zur Thematik Raum und Identität indirekt zeigen, eignet sich die Konzeption eines Behälterraums hervorragend zur Markierung von sozialen Grenzen und Abgrenzungen: Gebäude, Stadtteile und Länder haben immer auch territoriale Grenzen, an die kommunikative und symbolische Raumbezüge leicht anschließen können. Zum Beispiel stellt die „Inbesitznahme eines Territorium" (Greverus 1972, 23) eine ausdrucks-

---

80 Vgl. exemplarisch: Blotevogel/Heinritz/Popp 1987, Greverus 1987, Huber 1999, Pohl 1993b, Proshansky/Fabian/Kaminoff 1983, Sachs 1993, Weichhart 1990.

starke Form der sozialen Grenzziehung dar. Verständlicherweise ist die Raumkategorie gerade wegen dieser „Grenzeigenschaft" für die Untersuchung von sozialen Differenzierungsformen wie Identitäten besonders attraktiv.[81] Das gilt insbesondere für die Analyse von Gruppenidentitäten: „Raumbezogene Identität" verweist auf die „Zugehörigkeit" zu einem bestimmten Raum, „auf die Identität einer Gruppe, die einen bestimmten Raumausschnitt als Teilelement der ideologischen Repräsentation des ‚Wir-Konzepts' oder aber als Definitionskriterium für die Bestimmung von Fremdgruppen-Identitäten (‚Sie-Konzept') heranzieht" (Weichhart 1990, 94). An dieser Stelle wird noch deutlicher, warum Ethnizität und (Behälter-)Raum in der Migrationsforschung so häufig als deckungsgleiche Kategorien betrachtet werden. Wie Raum ist auch Ethnizität eine soziale Kategorie, die sowohl in der außeruniversitären gesellschaftlichen Praxis zur Identitätsmarkierung als auch in der Wissenschaft bei der Analyse (kollektiver) sozialer Identitäten verwendet wird. Gerade die Thematisierung von Identitätsfragen legt daher eine kongruente Behandlung von Raum und Ethnizität nahe. Allgemein gilt der Raumbezug als konstitutives Element in der Entwicklung, dem Erhalt und der Alltagspraxis einer „ethnischen Gruppe".[82]

Die wesentlichen Probleme, die aus Sicht der verfolgten Fragestellung die Untersuchungen zum Zusammenhang von Raum und Identität kennzeichnen, sind schnell benannt. Üblicherweise basieren die entsprechenden Arbeiten auf zu starken kategorialen Setzungen. Sie behaupten schlicht die grundsätzliche und allgemeingültige Relevanz von Raum für Identität, statt den Rückgriff auf Raum als eine *mögliche*, aber eben nicht zwingend notwendige, Differenzierungsform bei der Identitätskonstruktion in der modernen Gesellschaft zu konzeptualisieren. Darüber hinaus werden die Annahmen methodologisch und methodisch zumeist in einer vergleichbar problematischen Weise untermauert, wie dies oben im Falle von Ethnizität und Identität dargestellt wurde: Obwohl mit der Thematisierung von Identität ein soziales Konstrukt fokussiert wird, stehen nicht situations- und kontextspezifische Analysen und Rekonstruktionen von sozialen Handlungs- und Kommunikationsmustern im Vordergrund, sondern punktuelle Befragungen, auf deren Basis auf psy-

---

81 Für Migrantenjugendliche ist wiederholt beschrieben worden, daß die mit unterschiedlichen Raumaneignungen und „Inbesitznahmen von Territorien" verbundenen alltäglichen Handlungsmuster wichtige Bestandteile einer jugendkulturellen Identitätsbildung im Migrationskontext darstellen. Vgl.: Back 1996; Bielefeld/Kreissl/Münster 1982; Bommes 1993, 56ff.; Nohl 1996, 152ff.; Tertilt 1996; Whyte 1996 (1943).

82 Deutlich kommt die Relevanz von Raum für die Konstitution einer ethnischen Gruppe im Modell der „ethnischen Kolonie" zum Ausdruck. Aber auch die wissenschaftliche Untersuchung ethnischer Bewegungen und Konflikte zeigt, daß durch Ansprüche auf bestimmte „eigene" Territorien Raum häufig zu einer der umkämpftesten Ressourcen wird (vgl. Rothschild 1981, Waldmann 1989).

chisch-emotionale Befindlichkeiten geschlossen wird. Diese beiden Problembereiche – *Prämissen* und *Forschungspraxis* – seien abschließend exemplarisch illustriert.

Die Kulturanthropologin Greverus, auf die sich viele Autoren berufen, vertritt die These des „territorialen Imperativs", i.e. einer „für den Menschen als biologische Art unabdingbar raumabhängigen Verhaltensforderung" (Greverus 1972, 24). Auf ethologischen Argumenten aufbauend, geht sie davon aus, daß Menschen – den Tieren vergleichbar – „notwendig" einen Raum benötigen, in dem Bedürfnisse nach Identität, Sicherheit, Aktivität und Stimulation erfüllt werden können (ebd., 23ff.). Aus der gattungsbedingten Fähigkeit und Notwendigkeit zur „Territorialität", d.h. zu einem Verhalten in und gegenüber einem Raum, das durch kreative und produktive Umweltaneignung charakterisiert ist, leitet sie ab, daß zur Identität des Menschen gehöre, „daß er sich aktiv einen Raum aneignet, ihn gestaltet und sich in ihm ‚einrichtet' – das heißt zur Heimat macht" (ebd., 28ff.). Dem gestalteten Raum wird eine starke assoziative Kraft zugesprochen, da er objektivierter und relativ beständiger Ausdruck der Lebenswelt einer Gruppe sei (vgl. Greverus 1987, 273). Durch ihn würden „kollektive Erinnerungen" (Halbwachs 1967) ermöglicht und insofern auch zukünftige Handlungen geprägt: „Der gestaltete Raum als geprägter und prägender gehört zu den Identitätsfaktoren, in denen sich eine Gruppe erkennt und erkannt wird und sich gegen andere Gruppen abgrenzt" (Greverus 1987, 274). In vergleichbarer Weise wird auch von anderen Autoren behauptet, daß Raum und die auf einem Territorium lokalisierbaren Artefakte zu den definitiven und für die Persönlichkeitsentwicklung notwendigen Bestandteilen menschlicher Identität gehörten. Weichhart z.B. vermutet mit Bezug auf Greverus und auf persönlichkeitspsychologische Erkenntnisse, daß territoriale Bezüge „als Grundprinzip der kognitiven und personalen Struktur des Menschen, also quasi als ‚anthropologische Konstante', angesehen werden können" (Weichhart 1990, 45). Der physische Raum sei eine symbolische Repräsentation sozialer Interaktionen und stelle eine territoriale Projektionsfläche für soziale Werte und das „personale Ich" dar (ebd., 39ff.). Weichhart spricht dann auch von der Existenz einer emotional-kognitiven „raumbezogenen Identität" oder eines „Raumbewußtseins": Im Sinne von „Raumabstraktionen" gebe es auf der Ebene des individuellen Bewußtseins „mentale Strukturen", die mit der alltäglichen Raum-Zeit-Situierung von Handlungen korrespondierten (vgl. Weichhart 1990, 32 u. 47).

Problematisch an derartigen Annahmen über den Zusammenhang von Raum und Identität ist zunächst, daß es aus einer strikt sozialwissenschaftlichen Perspektive wenig sinnvoll erscheint, menschliche Identitäten in der modernen Gesellschaft über den Wohnort bzw. mit Bezug auf erdräumliche Territorien zu konzeptualisieren. Wie oben wiederholt für die Frage der allgemeinen Relevanz von Raum für Gesellschaftliches argumentiert wurde, gilt auch im Falle von Identitäten, daß die Menschen in der modernen, funktional differenzierten Gesellschaft in mehr oder weniger komplexe gesellschaftliche Bezüge eingebunden sind, die sich nicht (oder nur sehr reduktionistisch) auf einen Ausschnitt der Erdoberfläche beziehen lassen. Konzeptionell wird „raumbezogene" kollektive oder individuelle Identität zwar zumeist als Ergebnis von Raum-*Aneignung*, also einer Handlungsform, gedacht. Damit wird die soziale Funktion und Bedeutung von Raum zunächst durchaus im Sinne der hier entwickelten Argumentation angesprochen. Doch die Annahme, daß Raum in der beschriebenen Form *grundsätzlich* ein relevantes Element menschlicher Identität, sogar eine „anthropologische Konstante", darstellt, verdeckt den eigentlichen Herstellungs- und Symbolisierungscharakter der „räumlichen Identität". Auch wird dadurch die Möglichkeit, daß Raum für Identität irrelevant ist, übersehen. Die theoretische Setzung suggeriert im Gegenteil, daß das Territorium über die quasi notwendige Identifikation mit ihm zum determinierenden Faktor menschlicher Handlungen und Identitäten wird. Deshalb werden in den empirischen Überprüfungen zumeist konkrete territoriale Ausschnitte (wie z.B. Stadtteile), Gebäude oder ausgewählte regionale Identitätsdiskurse vorgegeben und die diesbezüglichen Einstellungen, Präsenzen, Teilnahmen an dort stattfindenden Interaktionen, „mental maps" usw. abgefragt,[83] statt umgekehrt von den Handlungen der Akteure auszugehen und zu rekonstruieren, wie und ob überhaupt Raum als Identitätskategorie relevant gemacht wird.

Ein weiterer methodologischer und methodischer Problembereich resultiert daraus, daß die raumbezogene Identitätsforschung – wie mit den obigen Prämissen von Greverus und Weichhart angedeutet – ihren Forschungsgegenstand (i.e.: die „raumbezogene Identität", die „Territorialität" als Verhaltensform usw.) im wesentlichen auf der psychisch-emotionalen Ebene des Bewußtseins von Individuen verortet. Dies ist angesichts der Möglichkeiten sozialwissenschaftlicher Untersuchungen äußerst kritisch zu beurteilen. Die entsprechenden Probleme des sozialwissenschaftlichen Rekurses auf psychische Tatsachen und Bedingungen werden anschaulich von der innergeographischen Kritik an der jüngeren sog. „Regionalbewußtseinsforschung" verdeutlicht.[84] Dieser Forschungszweig, der historisch, methodologisch und methodisch an die Wahrnehmungs- bzw. Perzeptionsgeographie anschließt,[85] transformiert den traditionellen Gegenstand der Geographie, die „Kulturland-

---

83 Vgl. als empirische Beispiele: Pohl 1993b; Sachs 1993.
84 Zur geographischen „Regionalismus"-Debatte bzw. zur „Regionalbewußtseinsforschung" vgl.: Blotevogel/Heinritz/Popp 1986, 1987 u. 1989; Pohl 1993b; Weichhart 1990. Zu ihrer Kritik vgl.: Hard 1987 u. 1996; Klüter 1994; Werlen 1995a, 202, u. 1997, 74-76.
85 Vgl. Wenzel 1982.

schaft", auf die Ebene des Bewußtseins bzw. der vorgeblich handlungsgenerierenden Wahrnehmung der lokalen Umwelt. Was damit avisiert wurde, „waren mentale Phänomene, keine sozialen Phänomene" (Hard 1987, 34). Daran ist erstens die gängige „Kombination von Bewußtsein und gegenständlichem Raum" (Werlen 1995a, 202) zu beanstanden. Sie läßt nämlich „die Vorstellung eines räumlich begrenzten Regionalbewußtseins (...), ja sogar ‚Maßstabsprobleme des Regionalbewußtseins'" plausibel erscheinen (ebd.). Dementsprechend wird u.a. das Ziel formuliert, „Räume gleichen Regionalbewußtseins" aufzudecken (vgl. Blotevogel/Heinritz/Popp 1987, 410). (System-) Theoretisch ist die Konzeption von „Bewußtseinsräumen" (Klüter 1994, 148) aber höchst problematisch. Da das Bewußtsein als psychisches System von sozialen Systemen und ihren Kommunikationen und erst recht von der materiell-räumlichen Umwelt zu unterscheiden ist, können Bewußtseinsinhalte zwar von sozialen Kommunikationen in der Form „struktureller Kopplungen" oder sog. „Interpenetrationen" beeinflußt werden, jedoch operational nur an bewußtseinsinterne Vorgaben anschließen und sich selbstverständlich erst recht nicht in die räumlich-materielle Welt hinein erstrecken.[86]

Allgemeiner ist, zweitens, auf die Unmöglichkeit, die avisierten (von der räumlich-materiellen in die psychisch-emotionale Welt transformierten) Forschungsgegenstände methodisch angemessen analysieren zu können, hinzuweisen. Die „mental maps", die ein häufig verwendetes methodologisches Konstrukt darstellen, werden zwar als gesellschaftlich vermittelte, „aber doch in den Individuen lebende und bei den Individuen zu erhebende Raumabstraktionen" (Hard 1987, 33) konzipiert. Methodisch beschränkt sich die Untersuchung der „räumlichen Identität" dann auf artifizielle Erhebungssituationen individueller Einstellungen und Wahrnehmungen. Insofern wird das, was als mentale Korrelation räumlicher Strukturen erfaßt werden soll, weitgehend von den alltäglichen Verhaltensformen und Handlungsmustern der befragten Akteure abgekoppelt. Der Grund für dieses problematische Vorgehen liegt schon in der Konzeption der „mental maps" der Regionalbewußtseinsforschung und der Wahrnehmungsgeographie, die eben „eher als Bewußtseinsbestandteile, kaum als Bestandteile sozialer Kommunikation gedacht (waren). Deshalb waren sie (jedoch) schon von ihrer Konzeptualisierung her auf sozialwissenschaftliche Irrelevanz hin angelegt und, wie die Forschung zeigte, keine nennenswerten Ingredienzien der sozialen Handlungswelt. Diese Perzeptionsgeographie konnte theoretisch und praktisch nur zu einer *Psychogeographie* führen, aber nicht zu einer Sozialgeographie, die diesen Namen verdient hätte" (ebd., 34; Hervorhebung und Einschübe: A.P.).

Der „psychologisierende Ansatz" (Klüter 1994, 154) der „regionalen Identitätsforschung" übersieht regelmäßig, daß die Erhebungen von „mental maps"

---

86 Vgl. Baraldi/Corsi/Esposito 1997, 85ff. u. 186ff., sowie Luhmann 1985, 16 u. 286ff.

und andere perzeptionsgeographische Methoden strenggenommen nur das untersuchen können, was in der sozialen Situation des Interviews kommuniziert und interaktiv generiert wird. Sozialwissenschaftlich beobachtbar sind nur soziale Kommunikationen und Handlungen und nicht Bewußtseinselemente. Daher muß auch völlig unbekannt bleiben, ob mentale Landkarten, territoriale Identitätsbindungen etc. überhaupt außerhalb der in der Befragungssituation beobachteten Kommunikation existieren, geschweige denn, ob sie handlungs- und identitätsgenerierend sind. Bei der zwangsläufig relativ erfolglosen Analyse von Identitäten als psychischen Zuständen sowie bei der in der beschriebenen Form betriebenen Verbindung von Bewußtsein und Territorium gerät die Frage nach der Bedeutung von Raum für *soziale* Identitäten letztendlich vollständig aus dem Blick.[87]

Insgesamt fällt also auch für den Themenbereich Raum und Identität auf, daß die übliche Analyse von raumbezogenen Identitätsformen nicht konsequent auf die Handlungen selbst, d.h. die Identitäts*konstruktionen*, sowie ihre sozialen (und funktionssystemischen) Bezüge ausgerichtet ist. Hingegen wird kategorisch behauptet, daß die Aneignung von Raum durch Symbolisierung immer stattfindet bzw. für (soziale) Identitäten per se von Bedeutung ist. Methodologisch vielversprechender scheint es daher auch hier, die Verwendung und Nutzbarmachung der Raum-Kategorie eher als eine *Möglichkeit* der Identitätsartikulation zu konzipieren, die dann in ihrer spezifischen Bedeutung als Handlungsform im Hinblick auf die jeweils relevanten sozialen Kontexte zu rekonstruieren wäre.

IV. Zusammenfassung und Folgerungen

Auf der Suche nach einer angemessenen Konzeptualisierung der empirischen Untersuchung über die Bedeutung von Ethnizität und Raum im Kontext von Bildungsaufstiegsprozessen in der zweiten Migrantengeneration wurde die deutschsprachige Migrationsforschung einer eingehenden Kritik unterzogen. Die Schwerpunkte der Diskussion bildeten die Fragen, wie Ethnizität und Raum üblicherweise konzipiert werden, ob die üblichen Konzeptionen für die verfolgte Fragestellung sinnvoll sind und ob sich die drei zentralen Theorieangebote – Unterschichtungsmodell, Koloniemodell, Assimilationsmodell – als theoretische Rahmung meiner Arbeit eignen. Abschließend sollen nun die wesentlichen Ergebnisse der vorangehenden Kapitel und allgemeine Merk-

---

87 Vgl. als empirisches Beispiel für die genannten Problembereiche die Untersuchung der „Ortsbindung von Ausländern" in Köln von Sachs (1993).

male, die die Besprechung von Theorie und Praxis der Migrationsforschung aufzeigen konnte, zusammengefaßt sowie die sich daraus ergebenden Folgerungen benannt werden.

Die drei ausführlicher besprochenen Modelle von Hoffmann-Nowotny, Heckmann und Esser basieren alle auf zu starken Annahmen über die Bedeutung und den Gebrauchswert von Ethnizität. Infolge ihrer ungleichheits- und modernisierungstheoretischen Blickverengungen fokussieren sie vor allem auf die Frage der Integration (oder Assimilation) von Migranten in die Aufnahmegesellschaft. Fragestellungen wie die nach der Relevanz von Ethnizität und Raum im Falle einer „erfolgreichen" sozialstrukturellen Integration bzw. im sozialen Aufstiegszusammenhang von Mitgliedern der zweiten Migrantengeneration können sie aus kategorialen Gründen nicht oder nur unbefriedigend thematisieren. Für die interessierenden Bildungsaufsteiger aus urbanen Räumen mit hohen Migrantenkonzentrationen wird implizit angenommen, daß Ethnizität und die lokalen Handlungszusammenhänge ethnischer Kolonien tendenziell irrelevant sind. Aus theoretischen (im einzelnen hier nicht zu wiederholenden) Entscheidungen wird bereits a priori abgeleitet, daß ethnisch markierte Handlungen und Handlungsmuster nur bei ungleicher sozialstruktureller Position der Migranten, bei (noch) bestehenden sozialen Barrieren, Diskriminierungen oder „Modernisierungslücken" (Esser) vorkommen, oder daß sie, in umgekehrter Blickrichtung, im Hinblick auf eine erfolgreiche Aufstiegskarriere in der Migrationsgesellschaft hinderlich sind. Als Ort der Praktizierung von Ethnizität kommen typischerweise nur segregierte Stadtteile oder Handlungszusammenhänge einer Migrantenkolonie in Betracht. Konzeptionell gar nicht vorgesehen sind Verwendungskontexte von Ethnizität, die „außerhalb" bzw. „quer" zu den sozialen Eigenorganisationsformen und Netzwerken der Migranten in segregierten Stadtteilen liegen – wie z.B. die sozialen Kontexte von Bildungsaufstiegsprozessen oder Bildungssystemen, an denen die untersuchten Aufsteiger aus der zweiten Generation erfolgreich teilnehmen. Die Untersuchung räumlicher Unterscheidungen wird auf die Frage der Bedeutung residentieller Konzentrationen im Eingliederungsprozeß beschränkt. Noch einseitiger als Ethnizität taucht Raum in den diskutierten Modellen fast nur bei der Thematisierung von sozialer Ungleichheit, Desintegration bzw. „unvollständiger Eingliederung", Deprivation oder Identitätsproblemen auf. Das Zusammenfallen von Aufstiegsorientierung, räumlicher Segregation und Ethnizität wird konzeptionell nur am Rande berücksichtigt und – den unterlegten Dichotomien Integration versus Desintegration oder Minderheits- versus Mehrheitskultur (oder sogar -gesellschaft) folgend – auf eine sich abschottende und selbstghettoisierende ethnische Elite reduziert. Insgesamt lassen die etablierten theoretischen Angebote der Migrationsforschung also keinen angemessenen Platz für die Konzeptualisierung der Bedeutung von Ethnizität und Raum im Kontext von sozialem Aufstieg. Will man die Relevanz von Ethnizität, lokalen Lebensbedingungen, residentiellen Segregationen oder räumlich markierten Handlungen im Zusammenhang von Bildungsaufstiegsprozessen nicht von vornherein ausschließen oder im Falle ihrer Beobachtbarkeit nicht grundsätzlich die bekannten Problemkonstellationen unterstellen, bleibt daher festzuhalten, daß die Integrations- und Assimilationsmodelle Hoffmann-Nowotnys, Heckmanns und Essers für die vorliegende Untersuchung unbrauchbar sind.

Gängigerweise behandelt die Migrationsforschung die Kategorien Ethnizität und Raum in einer mehr oder weniger deckungsgleichen Form. Der vorherrschenden Problem- und Ungleichheitsorientierung entsprechend wird dann auch diese Verklammerung von Ethnizität und Raum überwiegend problem- und ungleichheitsorientiert betrieben. Die Etablierung einer Kongruenz von Ethnizität und Raum kommt paradigmatisch im Modell der ethnischen Kolonie und seinen Anwendungen zum Ausdruck. Wie die Betrachtungen der Raumkategorie ergaben, hängt die forschungspraktische Verkopplung von ethnischen und räumlichen Unterscheidungen ganz wesentlich mit der Verwendung eines Raumbegriffs zusammen, der substantialistisch-gegenständlich geprägt ist oder zumindest in der Forschungspraxis derart interpretiert wird. Ähnlich wie in der raumbezogenen Sozialforschung im allgemeinen dominiert nämlich auch in der Migrationsforschung eine Mischung von Behälter- und Relationalraumkonzeptionen. Diese Raummodelle sind jedoch sehr kritisch zu beurteilen. Sie zielen auf erdräumlich-materielle Gegebenheiten und konzipieren Raum nicht, oder nicht konsequent genug, als soziale Kategorie. Daher sind mit der Verwendung von Behälter- und Relationalraummodellen spezifische Probleme, die als *Verräumlichungsproblematik* bezeichnet wurden, verbunden: Sozialität wird entweder mit Bezug auf territoriale Ausschnitte auf der Erdoberfläche oder lokalisierbare Artefakte (z.B. Stadtteile, Vereinsgebäude) und durch die erdräumliche Fixierung von Personen auf ihre Wohnstandorte reduktionistisch reifiziert oder umgekehrt, ebenso reduktionistisch, aus erdräumlichen Verteilungsmustern materieller Objekte rekonstruiert. Auch erschwert die bereits in der Forschungskonzeption vorgenommene Verschmelzung von Raum und Sozialem die Analyse der alltäglichen Verräumlichungen von sozialen Phänomenen und der Identifikationen von Materie mit sozialer Bedeutung, die die zu untersuchenden Akteure (oder sozialen Systeme) herstellen – mit anderen Worten: Es wird nicht hinreichend zwischen Alltagssprache oder alltagspraktischen Handlungsformen und wissenschaftlichen Konzepten oder Deutungen unterschieden.

Ferner können die raumbezogenen Arbeiten der Migrationsforschung, die sich auf Behälter- und Relationalraummodelle stützen – wie die Arbeiten der Segregations- und Stadtteilforschung exemplarisch dokumentieren – zwar allgemeine, quantitativ gültige Verteilungen, Ungleichheitsverhältnisse und Tendenzen aufzeigen. Sie betonen aber wie alle Ansätze, die eher raum- oder struktur- statt handlungs- und kommunikationsorientiert angelegt sind, erdräumlich-materielle und strukturelle Phänomene prinzipiell zu stark, bis hin zu deterministischen Erklärungen (Stichwort: ökologisch-räumlicher Fehlschluß). Außerdem verdeutlicht die regelmäßige Ausblendung der Bildungsaufsteiger, daß die Aussagen der behälter- und relationalraumfundierten Arbeiten zur Situation von Migranten in segregierten Stadtteilen unzulässig homogenisierend ausfallen. Gleiches illustrieren die wenig differenzierten Aussagen zur Funktion ethnisch markierter Vereine, Organisationen oder Netzwerke. Insofern werden der gängige Problemfokus der Migrationsforschung und die beobachtbare konzeptionelle Beschränkung der Bedeutung von Ethnizität auf die „Binnenstruktur" von Migrantengruppen häufig durch die Verwendung der das Soziale tendenziell homogenisierenden Behälterraumkonzeption gefestigt.

Daneben verdeutlichen die angestellten Überlegungen zu Raum und Migration, daß aus der Falsifizierung der Annahmen über die soziale Bedeutung von lokalen Lebensbedingungen (z.b. durch Esser) nicht geschlossen werden sollte, auf Raum als Untersuchungskategorie generell zu verzichten. Für die Untersuchung der sozialen Bedeutung von Raum für die Bildungsaufsteiger der zweiten Migrantengeneration sollte Raum allerdings als eine Handlungs- und Kommunikationskategorie gefaßt werden. Wird dies auch methodologisch angemessen umgesetzt, lassen sich die psychologisierenden Setzungen und problematischen Prämissen, die für die Arbeiten zum Themenbereich Raum und Identität aufgezeigt wurden, ebenfalls verhindern. Insgesamt folgt damit aus den Reflexionen zur Konzeptualisierung von Raum, erstens, daß Raum – ebenso wie Ethnizität – konsequent als soziale Handlungs- und Kommunikationskategorie definiert und folglich nur als Herstellungsleistung von Akteuren, Gruppen, Organisationen oder sozialen Systemen analysiert werden sollte. Zweitens sind die sozialen Untersuchungskategorien Ethnizität und Raum konzeptionell zu „entkoppeln".

Die Untersuchung der Bildungsaufsteiger aus der zweiten Generation sollte also zum einen ohne die kritisierten theoretischen Prämissen und kategorialen Engführungen der bisherigen Migrationsforschung in bezug auf Ethnizität auskommen und zum anderen die gerade formulierten Folgerungen in bezug auf die Raumkategorie berücksichtigen. Da die interessierenden sozialen Aufsteiger von der gängigen sozialwissenschaftlichen Thematisierung von Migration, Ethnizität und Raum nicht – oder nur sehr einseitig – erfaßt werden, sollte der konzeptionelle Rahmen außerdem so *offen* angelegt sein, daß er eine möglichst *explorative* Erforschung der Relevanz von Ethnizität und Raum im Bildungsaufstiegskontext erlaubt.

In dem Zusammenhang ist ein weiteres Ergebnis von Bedeutung. Sowohl die drei diskutierten theoretischen Ansätze als auch die verschiedenen empirischen Arbeiten der Migrationsforschung verdeutlichen, daß die vorherrschende, überwiegend problemorientierte Untersuchung von Ethnizität und Raum eng mit der ausgesprochenen Präferenz von Ungleichheitstheorien und -fragen in der Migrationsforschung zusammenhängt (vgl. hierzu auch Bommes 1999). Richtet man den Blick wie in dieser Arbeit hingegen auf die individuelle Aufstiegsleistung und damit auf die Überwindung von sozialstrukturellen Ungleichheitspositionen durch Aufstiegsprozesse, so haben Gegenüberstellungen wie Integration-Desintegration, Gleichheit-Ungleichheit oder Mehrheits- und Migrantenkultur nur eine geringe Erklärungskraft. Eher sollte deshalb ein konzeptioneller Rahmen gewählt werden, der es erlaubt, die Verhaltensweisen der Kinder der Migranten im Hinblick darauf zu interpretieren, *wie*, d.h. mit welchen im bisherigen Aufstiegsprozeß in der Migrationsgesellschaft entwickelten Handlungsformen, ihnen das vergleichsweise erfolgreiche Durchlaufen verschiedener Organisationen des Bildungssystems gelingt.

C. Bildungsaufstieg – Ethnizität – Raum: Konzeptualisierung der empirischen Untersuchung

I. Zielsetzung und Kapitelaufbau

Die Aufgabe dieses Kapitels besteht in der Formulierung eines geeigneten Rahmens für die empirische Untersuchung, die am Beispiel von Studenten und Studentinnen aus der zweiten türkischen Migrantengeneration nach der Bedeutung von Ethnizität und Raum im Bildungsaufstiegsprozeß fragt. Auf die gängigen theoretischen Angebote der Migrationsforschung kann dabei nicht zurückgegriffen werden, da sie die verfolgte Fragestellung nicht oder nur unter problematischen Annahmen und in einer unangemessen einschränkenden Weise zu behandeln erlauben. Auch die vorliegenden empirischen Arbeiten helfen wenig, da mit der aufstiegsorientierten Untersuchung von Ethnizität und Raum, deren Thematisierung bisher fast ausschließlich problemorientierten Fragestellungen vorbehalten schien, zugleich inhaltliches Neuland betreten wird.

Der konzeptionelle Rahmen soll klären, was in dieser Arbeit unter Bildungsaufstieg, Ethnizität und Raum verstanden wird und unter welchen Annahmen die empirischen Daten zu interpretieren sind. Dabei soll die wiederholt aus der Kritik abgeleitete Folgerung, Ethnizität und Raum (bzw. Lokalität) als theoretisch voneinander entkoppelte Handlungs- und Kommunikationskategorien zu konzipieren, umgesetzt werden. Gleichzeitig sollen kategoriale Engführungen und zu voraussetzungsvolle Annahmen, wie sie an der bisherigen Migrationsforschung kritisiert wurden, vermieden werden, um mit der empirischen Untersuchung das Verhältnis von Bildungsaufstieg, Ethnizität und Raum möglichst offen und explorativ erschließen zu können.

Diesen Zielvorgaben versucht die folgende Konzeptualisierung der empirischen Untersuchung mit einem Ansatz gerecht zu werden, der systemtheoretisch abgeleitet ist. Zunächst wird der theoretische Rahmen für die Untersuchung des Bildungsaufstiegs der Kinder von Migranten in der modernen, funktional differenzierten Gesellschaft abgesteckt (Kapitel C.II). Da in dem vorliegenden Text bisher weder auf die strukturellen Merkmale, Bedingungen und Folgen von individuellen sozialen Aufstiegsprozessen im allgemeinen noch auf die Merkmale der Bildungsaufstiegsprozesse der Kinder von Migranten oder auf die Statuspassage Abitur/Hochschuleintritt im besonderen eingegangen wurde, diese Thematik aber für die am Beispiel türkischer Abiturienten und Studenten durchzuführende Untersuchung von zentraler Bedeutung ist, fällt dieser Teil verhältnismäßig ausführlich aus. Das dabei verfolgte wesentliche Ziel ist, die empirisch zu untersuchenden Handlungsmuster und Selbstbeschreibungsformen der Kinder der Migranten vor dem Hintergrund der von ihnen verfolgten sozialen Aufstiegskarrieren zu konzipieren. Daran anschließend werden Ethnizität und Raum als Handlungs- und Kommunikationskategorien definiert (Kapitel C.III). Sie werden theoretisch unabhängig voneinander als soziale Unterscheidungen konzipiert, die von den untersuchten Teilnehmern des höheren Bildungssystems in Deutschland – den qua Bildung sozial aufsteigenden Migranten aus der zweiten Generation – als Elemente ihrer Handlungs- und Kommunikationspraxis mobilisiert werden können.

Im Hinblick auf die Erhebung und die Auswertung der empirischen Daten werden im Verlaufe dieses Kapitels auch die wesentlichen methodologischen Konsequenzen der systemtheoretisch motivierten Konzeptualisierung von Ethnizität, Raum und dem Bildungsaufstieg der Migranten aus der zweiten Generation benannt. Abschließend werden – als Übergang zur empirischen Untersuchung – die relevanten Untersuchungsfragen noch einmal wiederholt und im dargestellten Forschungsrahmen präzisiert (Kapitel C.IV).

II. Bildungsaufstieg von Migranten der zweiten Generation in der funktional differenzierten Gesellschaft

Dem individuellen sozialen Aufstieg kommt in der modernen Gesellschaft eine große Bedeutung zu. In vergangenen, vorrangig segmentär oder stratifikatorisch gegliederten Gesellschaftsformen war die soziale Position einer Person im wesentlichen durch die Geburt in eine bestimmte gesellschaftliche Gruppe und die mit ihr verbundenen sozialen Zuschreibungen festgelegt: Statuspositionen wurden vererbt. Die zentrale Differenzierungsform in der modernen Gesellschaft folgt jedoch weder Stämmen, Clans, Dörfern oder anderen relativ festen Gruppen noch der „Zugehörigkeit zu einer Kaste, zu einem Stand, einer bestimmten Schicht" (Luhmann 1994, 21f.), also einer „Leitdifferenz *oben/unten*" (Nassehi 1997, 116), sondern der Differenzierung in funktionale Teilsysteme (Politik, Recht, Wirtschaft, Erziehung, Wissenschaft usw.). Prinzipiell ist die gesellschaftliche Stellung eines Individuums deshalb nicht mehr an Abstammung, Lokalität, Zugehörigkeit zu einer Klasse oder ähnliche askriptive Merkmale sozialer Herkunft gebunden. Vielmehr hängt sie von der Art der Teilnahme an den einzelnen gesellschaftlichen Funktionssystemen und damit von der Erfüllung der systemspezifischen Inklusionsbedingungen und der institutionalisierten Biographieanforderungen ab:[88] Statuspositionen und die daran geknüpften Lebenschancen (Einkommen, Prestige, Einfluß) müssen erworben werden. Die tendenzielle Abnahme der Bedeutung sozialer Herkunft, die moderne Form individualisierter Lebenslagen, die größere Zukunftsoffenheit von Lebensläufen sowie die prinzipiell individuelle Zurechnung von berufsqualifizierenden Merkmalen anhand von Bildungszertifikaten und Lebensläufen ermöglichen generell in weit höherem Maße soziale Mobilität als in vergangenen Gesellschaftsformen. Historisch gesehen nehmen die Chancen des individuellen vertikalen Aufstiegs zu. Den strukturellen Hintergrund der historisch wachsenden Bedeutung sozialer Mobilität bildet die fortschreitende Durchsetzung der modernen, funktional differenzierten und am Leistungs- statt am Abstammungsprinzip orientierten Gesellschaftsform im Verbund mit den steigenden Anforderungen des globalisierten Wirtschaftssystems. Luckmann/Berger sprechen sogar von dem „quasi-religiösen Charakter des Mobilitätsethos" in der modernen, meritokratischen Gesellschaft (vgl. Luckmann/Berger 1980, 153).

Da sich vormalig stabile Soziallagen in der modernen Gesellschaft zunehmend verflüssigen und destabilisieren, werden neben sozialen Aufstiegen allerdings auch Abstiegsprozesse leichter möglich. Individuelle Karrieren werden, sozusagen als Kehrseite wachsender Enttraditionalisierung, Handlungsoptionen, Aufstiegschancen und biographischer Gestaltungsmöglichkeiten, auch gleichzeitig offener, unsicherer und riskanter. So sind mit vertikaler sozialer Mobilität soziale Milieuveränderungen, Statusinkonsistenzen und Zukunftsunsicherheiten verbunden, die ebenfalls individuell bewältigt werden müssen; der soziale Aufstiegsprozeß beinhaltet die permanente Möglichkeit, persönlich zu scheitern. Die *ambivalenten Konsequenzen sozialer Mobilität* – die verbesserten, zukunftsträchtigeren Chancen einerseits sowie die entstehenden Kosten und Risiken andererseits – werden gemeinhin als Folgen der „Individualisierung von persönlichen Lebenslagen" in der modernen Gesellschaft diskutiert (vgl. Beck 1986, Berger 1996 u. 1998). Bevor hierauf näher eingegangen wird, soll die Aufwärtsmobilität im Hinblick auf meine Fragestellung, d.h. auf den *Aufstieg durch Bildung* und seine Bedeutung für die *Kinder der Arbeitsmigranten in Deutschland*, genauer spezifiziert werden.

Bildungsmobilität als eine besondere Form individueller vertikaler Mobilität wird ebenfalls zunehmend wichtiger. Auch in der Bundesrepublik Deutschland wird die qualifizierte Bildung und Ausbildung stärker als je zuvor nachgefragt. Die von der sozialliberalen Regierungskoalition in der Wende zu den 1970er Jahren eingeleitete „Bildungsreform" reagierte auf den angesichts einer zunehmenden internationalen Konkurrenz wachsenden Bedarf an gut ausgebildeten Fachkräften. Auch den Kindern aus Arbeiterfamilien

---

88   Vgl. Beck 1986; Halfmann 1996, 59ff.; Kohli 1985.

sollte es erleichtert werden, über den Besuch weiterführender Schulen ein hochwertiges und weiterführendes Abschlußzertifikat zu erwerben und in attraktive berufliche Positionen aufzusteigen. Tatsächlich führte die Öffnung des höheren Bildungssystems zu einer deutlichen „Bildungsexpansion" und einer Zunahme der Aufstiegsmobilität, an der auch Arbeiterkinder, und vor allem Töchter aus Arbeiterfamilien, partizipiert haben (vgl. Birsl/Schey 1997, 3ff.). Da die Angestellten- und Beamtenkinder jedoch überdurchschnittlich von den erweiterten Bildungsmöglichkeiten profitiert haben, sind die Chancen einer höheren Bildungskarriere und die damit verbundenen Berufsperspektiven nach wie vor ungleich verteilt (vgl. Mansel/Palentien 1998). Dies gilt erst recht für Migrantenjugendliche, die aus Arbeiterfamilien kommen. Zwar profitiert auch ein Teil der Kinder der Migranten von den durch die Öffnung der gymnasialen Oberstufe und den Ausbau der Hochschulen vermehrten sozialen Aufstiegsmöglichkeiten. Doch neben dem nach wie vor nur langsam zunehmenden und deutlich kleineren Anteil der Kinder von Arbeitsmigranten, die qualifizierte und weiterführende Schulabschlüsse erreichen, steht nach wie vor der größere Teil derer, die die Schulen mit geringerwertigen oder ohne Schulabschlüsse verlassen. Die anhaltende Reproduktion einer ausgeprägten „ethnischen Ungleichheit im deutschen Bildungssystem" (Alba/Handl/Müller 1994) ist unübersehbar. Verschiedene Untersuchungen weisen nach, daß „einige der größten Ausländergruppen in der Bundesrepublik – Italiener, Türken, Jugoslawen – „im Schulsystem benachteiligt sind" (ebd., 234) und „systematisch geringere Chancen haben, in vorteilhafte Bildungsgänge zu gelangen" (ebd., 211).[89] Ein großer Teil der Mobilitäts- und Bildungsforschung thematisiert genau dieses Fortbestehen ungleicher Aufstiegschancen, teilweise mit explizitem Bezug auf Migranten und ihre Kinder, und stellt die angebliche „Offenheit" der modernen, demokratischen Gesellschaft in Frage.[90] Da es in der vorliegenden Arbeit aber um die Bedingungen und Formen *erfolgreicher Bildungsmobilität* geht, wird hier auf die Darstellung der entsprechenden Debatten verzichtet.

Neben der Bedeutung von Bildung und Bildungsmobilität hat sich seit den 1970er Jahren auch der Wert von Bildungszertifikaten gewandelt. Ein Abitur oder ein Hochschulabschluß garantieren heute keine ausbildungsadäquate Berufstätigkeit mehr. „Der Übergang vom Bildungs- in das Beschäftigungsverhältnis" ist „unsicher und labil" geworden und nicht mehr selbstverständlich (vgl. Beck 1986, 242). Höhere Abschlüsse sind oftmals nur noch die formale Voraussetzung für verhältnismäßig attraktive, aussichtsreiche

---

89 Vgl. auch: Berger 1998, 578; Bommes 1997, 281ff.; Boos-Nünning 1994; Seifert 1995, 142ff.; Thränhardt/Dieregsweiler/Santel 1994, 170ff.
90 Vgl. z.B. die Beiträge in dem Sammelband „Alte Ungleichheiten – Neue Spaltungen" von Berger/Vester 1998.

Anschlußkarrieren. Denn häufig können die Arbeitgeber aus einem Überangebot qualifizierter Akademiker auswählen. Insbesondere bei angespannter Arbeitsmarktlage sind die Zertifikate, die im höheren „Bildungssystem vergeben werden, (...) keine Schlüssel mehr zum Beschäftigungssystem, sondern nur noch Schlüssel zu den *Vorzimmern*, in denen die Schlüssel zu den Türen des Beschäftigungssystems verteilt werden" (ebd., 245). Grundsätzlich ist die Verteilung von sozialem Status in der modernen Gesellschaft natürlich keineswegs zwingend an eine erfolgreiche höhere Qualifikationskarriere gebunden. Das Mehr an sozialen Aufstiegsmöglichkeiten eröffnet die prinzipielle Möglichkeit, auch ohne höhere Bildungszertifikate soziales Ansehen, materiellen Wohlstand und attraktive gesellschaftliche Positionen zu erlangen – z.B. als Selbständiger, Unternehmer oder Künstler. So gibt es im Falle der wachsenden Gruppe erfolgreicher Unternehmer aus der zweiten türkischen Generation verschiedene Beispiele für soziale Aufstiege *ohne* höhere Bildungskarrieren (vgl. Şen/Goldberg 1996, ZEIT-Punkte 1999). Ob *alle* der heutigen Studierenden in Deutschland, die Bildungsaufsteiger aus der zweiten türkischen Migrantengeneration sind, in Zukunft vergleichbare Einkommensmöglichkeiten, Reputationen und Berufsperspektiven wie diese erfolgreichen Unternehmer haben werden, ist mehr als fraglich. Dennoch steigen mit der gelungenen Teilnahme am höheren Bildungssystem die *Chancen* einer erfolgreichen beruflichen Laufbahn ganz erheblich. Auch wenn Abitur und Hochschulstudium sich nicht immer und zunehmend schwerer verwerten lassen, gilt heute mehr denn je, daß die berufliche Zukunft ohne qualifizierenden Abschluß wesentlich schwieriger wird als mit.

Im Hinblick auf die von mir untersuchten Kinder der Arbeitsmigranten ist zunächst zu bemerken, daß ihre bisherigen Aufstiegsleistungen beachtlich sind. Ihre Eltern hatten in der Türkei nicht nur nicht studiert, sondern häufig nur die türkische Grundschule absolviert. Als zumeist nur sehr gering qualifizierte „Gastarbeiter", die Bauern, angelernte Arbeiter und teilweise sogar Analphabeten waren (und sind), hatten ihre Eltern die Sozialstruktur der Bundesrepublik Deutschland „unterschichtet" (Hoffmann-Nowotny). Bedenkt man diese Herkunft aus einer sehr bildungsfernen Bevölkerungsschicht, der das höhere Bildungssystem fremd und wenig vertraut ist, läßt sich die Bildungskarriere der türkischen Abiturientinnen und Abiturienten als ein außerordentlich steiler Aufstieg (aus der Unterschicht) charakterisieren. Mit dem Abitur erreichen sie den in Deutschland höchstmöglichen Schulabschluß – wie stark das Abitur auch immer an Aussagekraft und Bedeutung verloren haben mag. Und nach dem Eintritt in das Universitätssystem verfolgen sie als Studentinnen und Studenten auch weiterhin die formal höchstmögliche Bildungskarriere. Auch in Relation zu der Mehrheit der türkischen Jugendlichen in Deutschland – mit oder ohne Haupt- und Realschulabschluß und Ausbildung – ist ihre

Aufwärtsmobilität sehr ausgeprägt. Diese Charakterisierung gilt ganz unabhängig davon, ob ihnen ihre erworbenen Bildungszertifikate in der Zukunft tatsächlich einen adäquaten beruflichen Statusgewinn ermöglichen; ihre Chancen verbessern sich allemal. In genau diesem Sinne werden die Bildungsaufsteiger aus der zweiten Migrantengeneration in der vorliegenden Arbeit auch als *erfolgreiche* Kinder der Migranten oder *Migrationsgewinner* und der Bildungsaufstieg als *Erfolg* bezeichnet.

Vor dem Hintergrund der sich in den 1990er Jahren erneut verschlechternden Chancen für türkische Jugendliche auf dem Ausbildungsstellenmarkt,[91] der schlechten Zukunftsaussichten in der industriellen Produktion oder dem Handwerk – also in Beschäftigungsfeldern, in die hinein sie ihre Eltern aufgrund ihrer eigenen, dort etablierten Mitgliedschaften verhältnismäßig erfolgreich vermitteln könnten (vgl. Bommes 1999, 209ff.) – und der hohen Jugend- und Ausländerarbeitslosigkeit in den Großstädten bietet der Bildungsaufstieg über Abitur und Studium einen vergleichsweise zukunftsträchtigen und erfolgversprechenden Ausweg. Durch den Eintritt in die gymnasiale Oberstufe, der in seiner erfolgreichen Fortsetzung zu Abitur und Hochschulstudium führt, läßt sich der „Gang durch die Hauptschule", die, gerade für die Kinder der Arbeitsmigranten, zunehmend „zur Einbahnstraße in die berufliche Chancenlosigkeit" und damit zu einem „Bildungsgetto beruflicher Zukunftslosigkeit" wird (Beck 1986, 245f.), vermeiden. Daher könnte man den Bildungsaufstieg von türkischer Migranten der zweiten Generation in den Großstädten mit hoher Jugend- und Ausländerarbeitslosigkeit auch als strukturell „erzwungene" Mobilität bezeichnen (vgl. Berger 1998, 576).

Um den Bildungsaufstieg der Kinder türkischer Migranten in Deutschland, die Phase des Abiturs und des Studiums sowie die im Kontext sozialer Aufwärtsmobilität typischerweise entstehenden Problemkonstellationen[92] näher bestimmen zu können, wird der Blick zunächst erneut auf die Verfaßtheit der modernen Gesellschaft gerichtet.

---

91 Nachdem der Anteil der Migrantenjugendlichen, die sich in Ausbildungsverhältnissen befinden, seit Mitte der 1980er Jahre bis Anfang der 1990er Jahre angestiegen war (vgl. Boos-Nünning 1996, Thränhardt 1998), sind seitdem im Zusammenhang mit der gestiegenen Arbeitslosigkeit und hohen aktuellen Zuwanderungszahlen die Chancen der Kinder der Arbeitsmigranten auf dem Ausbildungsstellenmarkt, insbesondere der Türken, wieder gesunken (vgl. Bommes 1999, 211).

92 Daß die interessierenden Bildungsaufstiegskarrieren in Abgrenzung von der Mehrheit der Kinder der Migranten und ihrer Eltern als *Erfolg* und die das höhere Bildungssystem erfolgreich durchlaufenden Migranten der zweiten Generation als *Migrationsgewinner* bezeichnet wurden, bedeutet natürlich nicht, daß die sozialen Aufsteiger keine Probleme haben. Um die Problemkonstellationen, mit denen sie (möglicherweise) konfrontiert sind, adäquat charakterisieren zu können, müssen ihre Lebensverhältnisse allerdings vor dem Hintergrund der Strukturbedingungen eines Bildungsaufstiegs und einer höheren Bildungskarriere in der modernen Gesellschaft betrachtet werden.

Die mit dem Übergang zur modernen Gesellschaftsform einhergegangene Durchsetzung der funktionalen Differenzierung als gesellschaftlicher Leitdifferenz und die zunehmende Ausdifferenzierung und operationale Autonomisierung der einzelnen Funktionssysteme führten dazu, daß sich heute auch das Verhältnis von Individuum und gesellschaftlicher Differenzierung anders gestaltet als in segmentären oder geschichteten Gesellschaften. Die funktionale Differenzierung der Gesellschaft hat zur Folge, „daß gesellschaftliche Struktur und Individualität *quer* zueinander stehen" (Nassehi 1997, 123); es besteht eine grundsätzliche Distanz zwischen Individuen und sozialen Systemen. Mit der Auflösung von sozialen Kontexten, an die die *ganze* Person qua Position gebunden war, nehmen „die Individuen der modernen Gesellschaft im Laufe ihres Lebens, aber auch zu verschiedenen Tageszeiten oder manchmal sogar zum gleichen Zeitpunkt an verschiedenen Kontexten teil (...), ohne ihnen je ganz anzugehören" (Halfmann 1996, 59f.). Individuen werden zu *Teilnehmern* an verschiedenen sozialen Systemen.

Aus der Perspektive der Funktionssysteme wird die Distanz zwischen Individuen und sozialen Systemen also durch *Inklusion* überbrückt. Die gesellschaftlichen Teilsysteme inkludieren allerdings nicht Individuen, sondern lediglich rollen- bzw. inklusionsspezifische Teilaspekte der Person (vgl. Nassehi 1997, 125). Weil die moderne Gesellschaft Personen nicht mehr nur einem gesellschaftlichen Teilsystem zuordnen kann, bringt sie eine *selektive Multiinklusion* hervor: „Waren vormoderne Grenzziehungen zwischen Teilsystemen *auch* Grenzen zwischen ganzen Personen, zwischen typisierten Individuallagen, zwischen mehr oder weniger festgelegten Lebensformen, gehen die Teilsystemgrenzen in der funktional differenzierten Gesellschaft durch Individuen hindurch" (ebd.; vgl. auch Beck 1986, 218).

Für die Individuen folgt damit aus der funktionsspezifischen Teilnahme an den verschiedenen Systemen der Gesellschaft, daß sie – systemtheoretisch formuliert – als ganze nur im Exklusionsbereich der Gesellschaft bzw. ihrer sozialen Systeme vorkommen. Die Individuen bearbeiten ihre mehrfache, aber nur funktionsspezifische Teilnahme an den zentralen gesellschaftlichen Systemen, indem sie diese multiplen Bezüge als ein Problem der *Identität* reflektieren (vgl. Halfmann 1996, 60) und durch eine entsprechende Identitätskonstruktion eine „subjektiv-sinnhafte Integration verschiedener Lebensbereiche" hervorbringen (vgl. Scherr 1995, 36). Als Folge der Umstellung auf eine gesellschaftliche Differenzierungsform, die sich von individuellen Lebenslagen weitgehend abgekoppelt hat, die mit dem „Prinzip der Inklusion" jene Solidarität ersetzt, „die darauf beruhte, daß man einer und nur einer Gruppe angehörte" (Luhmann 1980, 31) und deshalb auf die Menschen eben nur selektiv und partiell zugreift, spielen „*Selbstbeobachtung* und *Selbstbeschreibung* von Individuen eine (...) zunehmend wichtige Rolle" (Nassehi 1997,

123). Da es viele Fremderwartungen gibt, die in den Rollen eingeschrieben sind, die man im Laufe seines Lebens einzunehmen hat, aber keine, die nur auf eine einzelne Person zugeschnitten sind, und da die Fremderwartungen sich stets nur auf inklusionsspezifische Teilaspekte der Person beziehen, wird für die einzelne Person die Herstellung, Reproduktion und Stabilisierung einer Identität zum zentralen Folgeproblem der funktionalen Ausdifferenzierung der modernen Gesellschaft (vgl. Halfmann 1996, 63).

Es ist zu beachten, daß sich die funktionsspezifischen Inklusionen, d.h. die Formen, wie Funktionssysteme und ihre Organisationen Personen thematisieren, in Anspruch nehmen und partiell in funktionsspezifische Kommunikations- und Handlungskontexte einbinden (vgl. Luhmann 1994, 20), und die von den Individuen gefundenen Formen, mit denen sie sich als ganze individuelle Person mit spezifischer Biographie (und nicht nur als Rollenträger) selbst thematisieren, also ihre Identität im Selbstbezug konstruieren, wechselseitig bedingen. Nassehi spricht von der Reziprozität des Inklusions- und des Exklusionsbereichs der Gesellschaft (vgl. Nassehi 1997, 129).

Auf der einen Seite bringt erst der selektive Zugriff der Gesellschaft auf den Menschen die Art und Weise der modernen Individualität hervor. Obwohl die Individualität von Individuen keineswegs einseitig durch die gesellschaftliche Struktur bestimmt wird, sind die individualisierenden Formen der Selbstbeobachtung und Selbstbeschreibung im gesellschaftlichen Exklusionsbereich doch organisations- und funktionssystemabhängig. *Die Form der Selbstadressierung von Individuen in der modernen Gesellschaft, also auch von Bildungsaufsteigern, steht in engem Zusammenhang mit ihren Inklusionserfahrungen und -bedingungen, ohne jedoch von ihnen determiniert zu sein.* Erst die systemspezifischen Kommunikationen stellen die Formen, mit anderen Worten: das „Rohmaterial", für Identitätsbildungen bereit: Die Identitätskonstruktion der Individuen gelingt nur durch aktive „Abarbeitung an den Inklusionsfiltern sozialer Systeme" (vgl. hier und im Folgenden: Halfmann 1996, 63f.). Durch die Inklusionsprozesse in die verschiedenen sozialen Systeme und Organisationen sowie durch die sie begleitenden Deutungen und sozialen Strukturerwartungen wird ein „Identitätsrahmen" gesetzt. Das Leben eines Individuums ließe sich aus der externen Beobachterperspektive als Karriere von (gelungenen oder mißlungenen) Inklusionen in spezifische Funktionssysteme beschreiben. Dieser Rahmen wird dann durch Eigenkonstruktionen (das Erleben und Interpretieren der Inklusionskarriere) so gefüllt, daß Individuen von einer eigenen Biographie sprechen können.

Bei der individuellen, inklusionsabhängigen Identitätskonstruktion sind neben den rollenspezifischen Adressierungen und Erwartungen der gesellschaftlichen Funktionssysteme und ihrer Organisationen auch unterschiedliche Angebote aus der Selbstbeschreibung von Kollektiven (z.B. Familie, soziale Bewegung, Religion, Nationalismus, Subkultur) von Bedeutung. Will man das sozial präformierte „Gesamtangebot" an Bausteinen für die Formung von Identitäten thematisieren, bietet es sich an, der Terminologie Goffmans folgend (vgl. Goffman 1975), von der *individuellen Aneignung sozialer Identitäten* zu sprechen. *Soziale Identitäten* sind nach Goffman „sozial standardisierte Antizipationen" von Eigenschaften, Verhaltensweisen, Fähigkeiten, Interessen usw., die für sozial definierte Personengruppen als typisch und normal gelten und aufgrund derer diese von anderen Personengruppen unterschieden werden (vgl. auch Scherr 1995, 29ff.). Soziale Identitäten sind keine Typisierungen beliebig konstruierbarer Personengruppen, sondern an sozial institutionalisierte Personengruppen geknüpft. Beispiele für soziale Identitäten wären: Berufsgruppe, Yuppie, Studentin, Auszubildender, aber auch Ausländer oder jugendkulturelle Identitäten wie Punker o.ä. Derartige sozial institutionalisierte Personenkategorien können – müssen aber nicht – als Modelle *persönlicher Identität* fungieren, durch deren Übernahme, Variation und Umwandlung *individuelle Identitäten* entstehen. Die Aneignung einer sozialen Identität, z.B. Student, ist als aktive und sozial nicht determinierte Leistung von Individuen zu verstehen, die eine Verbindung von objektiven sozialen Merkmalen und subjektiven Verhaltenserwartungen herstellen. Obwohl die Aneignung und der Wechsel einer oder mehrerer sozialer Identitäten deshalb sehr unterschiedlich sein können, sind sie dennoch nicht beliebig. Beispielsweise sind mit der Mitgliedschaft in der Organisation Universität spezifische Bedingungen für die Aneignung der Identitätskategorie Student gesetzt. Soziale Identitäten sind mithin keine frei verfügbaren Angebote von Fremd- und Selbsttypisierungen. Ihre Aneignung und ihr Wechsel unterliegen jeweils spezifischen sozialen, zeitlichen, ökonomischen und anderen, zum Beispiel organisationsspezifischen, Bedingungen: Ein Yuppie muß über ausreichende materielle Ressourcen verfügen, um Yuppie zu sein (ebd., 36); für die soziale Identität Migrant benötigt man eine oder mehrere der Ressourcen Sprache, Namen, ausländische Nationalität, Aussehen, Migrationsgeschichte.

Auf der anderen Seite zeigt sich die wechselseitige Bedingung des Inklusions- und des Exklusionsbereichs der Gesellschaft darin, daß die „gesamte Sozialordnung der Moderne darauf angewiesen (ist), daß sich Persönlichkeitsstrukturen entwickeln, die eine partielle, nämlich funktional differenzierte Inklusion des Individuums ermöglichen" (Nassehi 1997, 133). Der Bestand sozialer Systeme ist ebenso ungesichert, wie die moderne Gesellschaft riskant für Individuen ist. Er hängt letztlich davon ab, „ob und wie Individuen erfolgreich Anschluß an die systemspezifischen (Kommunikations-)Anforderungen gewinnen" (Halfmann 1996, 63). Und dieser selektive Anschluß gelingt den Individuen eben dadurch, daß sie *außerhalb* bzw. *neben* dem Inklusionsbereich der funktionalen Teilsysteme eine individuelle Identität mit multiplen Bezügen zu den gesellschaftlichen Funktionssystemen ausbilden. Die moderne Gesellschaft kann sich erst dadurch an „Funktionsgrenzen differenzieren und somit die hohe Komplexität und Pluralität der Moderne bewältigen, daß Personen selektiv, d.h. funktionsspezifisch auf ihre zentralen Instanzen zugreifen" und auf eine „vollständige", die ganze Persönlichkeit umfassende Zugehörigkeit nicht mehr angewiesen sind (vgl. Nassehi 1997, 125f.).

An diesem letzten Punkt wird ein erheblicher Vorteil der konzeptionellen Entscheidung für einen differenzierungstheoretischen Rahmen deutlich, der, wie ersichtlich, der soziologischen Systemtheorie Luhmanns folgt. Die ausgeführte Konzipierung des Verhältnisses von Individuum und sozialer Differenzierung in der modernen Gesellschaft mit Hilfe des theoretischen Begriffspaars Inklusion/Exklusion (vgl. Luhmann 1994) erlaubt es, auf die in der Migrations- und der sozialen Ungleichheitsforschung beliebte, aber sehr unscharfe Rede von der gesellschaftlichen Integration bzw. Desintegration von Individuen zu verzichten. Der Begriff der Integration steht für die „vollständige" gesellschaftliche Eingliederung, Partizipation oder ähnliche Konzeptionen über die gesellschaftliche Teilhabe von Individuen, die alle stets einen gesellschaftlichen Zugriff auf das ganze Individuum unterstellen. Wie angedeutet, muß ein auf derartigen Annahmen aufbauendes Modell weit hinter das Erklärungspotential eines Ansatzes zurückfallen, der von der funktionalen Differenzierung als der primären Differenzierungsform der modernen Gesellschaft ausgeht. Denn wenn sich die soziale Positionierung einer Person nicht mehr – wie in segmentären oder stratifikatorischen Gesellschaften – über die Zugehörigkeit zu stabilen sozialen Aggregaten bestimmen läßt, deren Grenzen das Prinzip gesellschaftlicher Differenzierung widerspiegeln, ist damit strenggenommen eine „Gesamtintegration" der Person in die Gesellschaft ausgeschlossen (vgl. Nassehi 1997, 127). Aus differenzierungstheoretischer Sicht müssen die Phänomene, die (nicht nur in der Migrationsforschung) mit dem Begriff der Desintegration belegt werden, daher als Normalfall moderner Vergesellschaftung gedeutet werden – als Folge von Inklusionsverhältnissen, die ihrerseits als Reaktion auf die historische Umstellung der primären gesellschaftlichen Differenzierungsform anzusehen sind.[93] Statt Mitglieder moderner Gesellschaften nach dem Schema integriert/desintegriert zu beschreiben, statt die Analyse der Lebenssituation der untersuchten Bildungsaufsteiger aus der zweiten Migrantengeneration bereits aus konzeptionellen Gründen darauf

---

93 Nassehi zeigt am Beispiel der Arbeiten von Heitmeyer, der das sog. *Desintegrations-Theorem* vertritt (vgl. z.B. Heitmeyer 1994), daß von Desintegration zumeist im Kontext von Verlusten und generellen Auflösungsprozessen gesprochen wird, die aber eben typisch für die moderne Gesellschaft und die sich mit der Moderne entwickelnde Freisetzung aus stabilen familialen, milieugestützten, politischen und kulturellen Zusammenhängen sind (vgl. Nassehi 1997).

zu beschränken, ihre bisher erfolgreiche Teilnahme am höheren Bildungssystem in der gängigen Weise lediglich als Indiz für ihre (systemtheoretisch gar nicht mögliche) „Integration" zu deuten, fokussiert der vorgestellte konzeptionelle Rahmen auf etwas anderes. Er rückt die Frage nach der *Art und Weise der Inklusion von Personen in die Funktionssysteme der modernen Gesellschaft und ihre Organisationen* ins Blickfeld. Die Form der Inklusion von Personen interessiert dann in zweierlei Hinsicht: Zum einen im Hinblick auf Problemlagen im Zusammenhang mit den gesellschaftlichen Funktionssystemen, an denen die Individuen teilnehmen oder nicht teilnehmen, und zum anderen im Hinblick auf die Selbstthematisierungstechniken, die die Personen (im Exklusionsbereich der Gesellschaft) entwickelt haben, um die Erfahrungen im Inklusionsbereich der Gesellschaft zu bearbeiten und die dort formulierten Ansprüche zu erfüllen.

In diesem theoretischen Rahmen, der das von einer strukturellen Distanz bestimmte Verhältnis zwischen Individuen und sozialen Systemen in der modernen Gesellschaft mit Hilfe der sich wechselseitig bedingenden Inklusion und Identitätskonstruktion von Individuen faßt, können nun auch der Bildungsaufstiegsprozeß der Kinder der Migranten und die Phase des Übergangs von der Schule in die Universität genauer gekennzeichnet werden.

Wie andere, sozial nicht aufsteigende Abiturienten und Studentinnen haben auch die untersuchten Bildungsaufsteiger die verschiedenen Etappen einer *höheren Bildungskarriere* erfolgreich absolviert. Aus formaler Perspektive kann man ihren bisherigen Bildungsaufstieg daher zunächst schlicht als eine Aneinanderreihung von gelungenen Inklusionen in die einzelnen, für eine höhere Bildungslaufbahn relevanten, Organisationen des Bildungssystems charakterisieren. Als Teilnehmer der Grundschule, teilweise Haupt- oder Realschule, dann aber in allen Fällen Gymnasium oder Gesamtschule haben die Jugendlichen sich stets erfolgreich in die relevanten Organisationen eingeschleust und die für eine Fortsetzung ihrer Bildungsaufstiegskarriere erforderlichen Bildungszertifikate oder sonstigen Voraussetzungen erworben. Mit dem Erreichen des Abiturs und dem Eintritt in die Universität durchlaufen sie nun eine weitere, für die höhere Bildungskarriere entscheidende *Statuspassage*.

Dieses sehr formale Verständnis einer höheren Bildungskarriere reicht für die vorliegende Arbeit aus. Es wird also nicht nach weiteren Kriterien differenziert, z.B. nach Leistung, Noten, Schwerpunkt- oder Studienfächern, aber auch nicht nach Kenntnissen der deutschen Sprache, Freundschaftsnetzwerken oder anderen, vor allem in der Assimilationsforschung gängigen, Kriterien. Abgesehen von der selbstverständlichen Berücksichtigung der Tatsache, daß es sich um einen Bildungs-*Aufstieg* handelt, genügt es, die in Deutschland aufgewachsenen türkischen Studentinnen und Studenten als erfolgreiche Teilnehmer am höheren Bildungssystem zu verstehen. Sie sind insofern erfolgreich, als sie im Gegensatz zu anderen Jugendlichen oder ihren Eltern bisher die formalen Mitgliedschaftsbedingungen höherer Bildungsorganisationen stets erfüllten und ihnen die entsprechenden Organisationsinklusionen in einer Form dauerhaft gelangen, daß die jeweiligen Abschlüsse und die damit verbundenen Anschlußoptionen möglich waren.

Aus offensichtlichen Gründen ist das *Bildungssystem* das für den Bildungsaufstieg und die Lebenszusammenhänge der untersuchten Personen zentrale gesellschaftliche Funktionssystem. Ihre bisherige soziale Mobilität wurde vor allem über die Organisationen des Bildungssystems, i.e. Schulen und Universität, vermittelt. Die Gestalt und die Anschlußpotentiale ihrer bisherigen Aufstiegskarriere sind mithin zu einem wesentlichen Teil durch Erziehung und Ausbildung entstanden. Damit werden aber auch die Bearbeitung ihrer bisherigen (Aufstiegs-)Erfahrungen und die Formen ihrer Selbstthematisierung dadurch gerahmt, daß die interessierenden Aufsteiger aus der zweiten Migrantengeneration mehr oder weniger kontinuierliche Teilnehmer des höheren Bildungssystems in Deutschland sind. Diese Zusammenhänge sollen nun am Beispiel der für die Jugendlichen zum Zeitpunkt der empirischen Untersuchung relevanten Statuspassage Abitur/Universitätseintritt spezifiziert werden. Dabei sind insbesondere diejenigen allgemeinen Merkmale und Problemkonstellationen von höheren Bildungskarrieren und Bildungsaufstiegen herauszuarbeiten, die für eine angemessene Interpretation der erhobenen Feldforschungsdaten benötigt werden.

Mit dem Eintritt in die Universität sind für einen Abiturienten oder eine Abiturientin, unabhängig davon, ob sie soziale Aufsteiger und/oder Kinder von Migranten sind oder nicht, bestimmte Zumutungen verbunden. Obwohl es sich bei dem Beginn eines Studiums um die Fortsetzung einer Bildungs- und Lernkarriere handelt, insofern also eine gewisse Kontinuität gewahrt wird, bringt diese Statuspassage verschiedene Veränderungen der Lebensverhältnisse mit sich. Für den Studienanfänger besteht die zentrale Herausforderung darin, unter den neuen kontextspezifischen Bedingungen *Anschluß zu finden*.

Der formale Wechsel von der Position des Schülers in der Schule zu der eines *Studenten in der Universität* ist ein Schritt in einen Ausbildungszusammenhang, in dem mehr noch als auf der Schule die individuelle Anstrengung zählt. Ähnlich wie auf der Schule wird die Teilnahme an den zentralen Veranstaltungen eines Studiums (Seminare, Hausarbeiten, Prüfungen) als individuelle Leistung verrechnet. Im Gegensatz zur Schule oder etwa zu einer Lehre sind aber auch die Ausgestaltung eines Studiums (Studienfachwahl, Stundenplan, Studiendauer, inhaltliche Schwerpunktsetzung, Lerngruppen) und die damit zusammenhängende Erarbeitung zukünftiger Anschlußchancen unmittelbar von den Entscheidungen und Leistungen der einzelnen Studenten abhängig. Auch in der modernen Massenuniversität ist das Studieren eine hochgradig individuelle Angelegenheit. Nicht nur Studienanfänger empfinden die ausschließlich bei ihnen liegende Verantwortlichkeit für die Durchführung des Studiums und daher auch für die eigene (Berufs-)Biographie als Belastung. Viele Studenten sind verunsichert und haben Orientierungsprobleme. Dazu kommt, daß sich mit dem Absolvieren eines Hochschulstudiums zwar die individuell erworbenen Qualifikationen und damit in dem oben ausgeführten Sinne die zukünftigen beruflichen Anschlußchancen grundsätzlich verbessern; doch auf der anderen Seite besteht neben der permanenten Möglichkeit des Scheiterns während des Studiums auch das Risiko, daß die zukünftige Berufssuche trotz eines erfolgreichen Studienabschlusses mißlingen kann. Aus verschiedenen arbeitsmarkt- und studienorganisatorischen Gründen sind Studenten heute weniger denn je in der Lage, langfristige und sichere Karriereplanungen zu betreiben. Ob die Wahl des Studienfaches zu einem Zeitpunkt, in dem prinzipiell noch alle beruflichen Optionen offen sind, sich auch in der Zukunft als sinnvolle Wahl erweisen wird, ist zu Anfang des Studiums ebenso unentscheidbar wie die Frage, ob die im Verlauf und vor allem am Ende des Studiums bevorstehenden Prüfungen gelingen und sich die diesbezüglichen Anstrengungen auszahlen werden. Mit dem Studium beginnt folglich eine zwar vielversprechende, aber eben auch sehr unsichere Zukunft, in der über die soziale Position des einzelnen noch nicht entschieden ist.

Mit dem Studienbeginn stellt sich auch die Frage der sozialen Zugehörigkeit und der Identität neu. Im Hinblick auf die Abarbeitung der bisherigen Inklusionserfahrungen und die Aneignung der *sozialen Identität Student(in)* sind neben den bereits genannten spezifischen Bedingungen, die mit der Mitgliedschaft in der Organisation Universität gesetzt sind, noch weitere zu nennen. Beispielsweise sind Studenten institutionell nicht in einer der Schule oder der Lehre vergleichbaren Weise relativ dauerhaft in festen Lerngruppen zusammengefaßt, in denen das Studium gemeinsam erlebt und bewältigt wird. Sie sind darauf verwiesen, ihre sozialen Zusammenhänge – innerhalb oder außerhalb der Universität – selbst herzustellen. Das selbständige Organisieren von sozialen Bezugsgruppen und das individuelle Studieren gehören ebenso zu den sozial typischen Erwartungen an Studenten wie die Verantwortlichkeit für die eigene Biographie, politisches Interesse, das Formulieren einer eigenen Meinung und ähnliche subjektive Kompetenzen. Im Vergleich zu Auszubildenden ist es sozial charakteristisch, daß den Studenten ein individueller Umgang mit heterogenen Optionen möglich ist und zugemutet wird (vgl. Scherr 1995, 161). Vor dem Hintergrund der skizzierten Bedingungen und Erwartungen, die die Erfahrungen fast aller Studierenden strukturieren, sind dann im einzelnen vielfältige Identitätskonstruktionen und Gestaltungen der sozialen Zugehörigkeit möglich. Die formale Mitgliedschaft in der Universität impliziert nicht, daß die Studenten ihre soziale Zugehörigkeit und Identität direkt über diese soziale Position definieren oder im Milieu der Universität zentrieren. Die Zugehörigkeit zur Universität kann, muß aber nicht als identitätsstiftendes Element beansprucht werden. Man kann studieren, ohne weitergehende soziale Beziehungen mit anderen Studenten einzugehen. „Biographisch vorgängige soziale Bezüge können weiterverfolgt oder liegengelassen werden; der soziale Ort Universität ermöglicht es zugleich, neue soziale Zusammenhänge herzustellen oder hierauf zu verzichten" (ebd., 160). Genau genommen geht mit dem Eintritt in die Universität also eine „Öffnung des Möglichkeitsraumes sozialer Zuordnungen" einher (ebd.). Scherr stellt aufgrund seiner Untersuchung über *soziale Identitäten Jugendlicher* sogar fest, daß die Mitgliedschaft in der Universität den Studenten im Unterschied zu Jugendlichen, die nach der Schule eine Ausbildung beginnen und deren Lebensentwürfe bereits ziemlich weitreichend gerahmt sind, ermöglicht, verschiedene Optionen der eigenen Lebensgestaltung zu erproben. Die Studenten befänden sich in einem Moratorium, in dem sie ihre „Identität in Auseinandersetzung mit relativ vielfältigen Optionen (...) bestimmen, die sie im Rahmen eines postadoleszenten Experimentierfeldes ergreifen können" (ebd.).

Gelten die genannten Zumutungen, Herausforderungen und Bedingungen, die mit dem Eintritt in die Universität verbunden sind, für alle Studierenden, so ist die Situation von Bildungsaufsteigern noch durch zusätzliche Merkmale und Problemkonstellationen, die spezifisch für ihren *sozialen Aufstieg durch Bildung* sind, gekennzeichnet. Wie bei den individuellen Chancen, die ein Bildungsaufstieg eröffnet, gilt auch bei den Risiken und möglichen Schwierigkeiten eines Bildungsaufstiegs, daß sie auf die Kinder der Arbeitsmigranten in besonderem Maße zutreffen.

Sozial typisch für Bildungsaufsteiger ist, daß das Erreichen eines höheren Bildungsabschlusses (Abitur) und die Fortsetzung der höheren Bildungslaufbahn auch nach Abschluß der Schule (Studium) keine Selbstverständlichkeit darstellen. Hierin unterscheiden sich die Karrieren bildungsaufsteigender Kinder deutlich von Jugendlichen aus „Bildungshaushalten", deren Eltern also selbst eine höhere Bildungsqualifikation aufweisen oder studiert haben. Letztere können das Wissen um die Kompetenz, die Anforderungen einer höheren Schullaufbahn und eines Studiums zu bewältigen, vor dem Hintergrund des Bildungsniveaus und der Berufsposition ihrer Eltern relativ selbstverständlich – sozusagen als familial tradierte Gewißheit – in Anspruch nehmen (vgl. Scherr 1995, 144). Neben der durch die Eltern vermittelten Selbstverständlichkeit, Stationen wie Abitur und Studium in den Lebensentwurf einzuplanen, profitieren sie oft von deren fachlichen Hilfestellungen bei Hausaufgaben oder ähnlichen Schulanforderungen, von ihren Karriereberatungen und ihrem materiellen Wohlstand (z.B. eigenes Zimmer zum ungestörten Arbeiten, Möglichkeiten der Nachhilfe oder ähnliche finanzielle Unterstützung). Demgegenüber müssen die durch Bildung sozial aufsteigenden Arbeiterkinder außer der vollkommen eigenständigen Erarbeitung der einzelnen Bildungsabschlüsse unter materiell vielfach wesentlich angespannteren Verhältnissen auch das Wissen um die eigenen Fähigkeiten zur Bewältigung der Anforderungen einer höheren Bildungskarriere erst selbst schrittweise erwerben. Die Zweifel, ob die eigenen Kompetenzen stets ausreichen oder der für das erfolgreiche Durchlaufen der Universität nötige Erwerb von kontextspezifischem Wissen immer gelingen werden, treten zu der allgemeinen studentischen Ungewißheit darüber, ob die Zukunft überhaupt einen Beruf bereithalten und ob sich die Bildungsinvestition biographisch auszahlen wird, noch hinzu. In vielen Fällen verläuft die Bildungskarriere der Aufsteiger im Vergleich zu Mittelschichts- und Oberschichtskindern weniger geradlinig und kontinuierlich. Nicht selten führt der Weg zum Abitur für Aufsteiger nicht direkt über das Gymnasium oder die Gesamtschule, sondern über den Umweg von Haupt- oder Realschule, Klassenwiederholungen oder eine Lehre. Insgesamt müssen sich die Aufsteiger folglich im Vergleich zu Kindern aus Bildungshaushalten höhere Bildungsabschlüsse häufig erheblich mühsamer erarbeiten, teilweise sogar gegen verschiedene Widerstände erst erkämpfen.

Die meisten Probleme, mit denen Bildungsaufsteiger konfrontiert sind, hängen damit zusammen, daß sie sich mit der fortschreitenden Dauer ihres Aufstiegs zunehmend von ihrem sozialen Herkunftsmilieu entfernen.[94] Die sozialen Positionen, die Aufsteiger infolge ihrer Leistungen einnehmen (Schüler in der gymnasialen Oberstufe, Abiturient, Student, Akademiker), differieren deutlich von dem sozialen Status, dem Ausbildungsniveau oder der beruflichen Tätigkeit der Eltern, der Mehrheit der Jugendlichen aus dem Arbeitermilieu und oft auch der Verwandtschaft und der Geschwister. Nicht selten sind Bildungsaufsteiger die einzigen Personen aus der Familie oder sogar der ganzen Verwandtschaft, denen ein sozialer Aufstieg durch Bildung gelingt. Die *Statusinkonsistenzen*, die Bildungsaufsteiger als Teilnehmer an den Organisationen des höheren Bildungssystems einerseits und an den Verkehrskreisen der Herkunftsgruppe (zumindest der Familie) andererseits erfahren, können zu Statusunsicherheiten und verschiedenartigen Spannungen führen. Die Vereinbarkeit und die identitätsgenerierende Integration der Anforderungen der unterschiedlichen gesellschaftlichen Bezugssysteme gestaltet sich für Aufsteiger daher häufig schwieriger als für Nichtaufsteiger mit einer vergleichbaren formalen Bildungskarriere. Bildungsaufsteiger sind infolgedessen spezifischen psychosozialen Belastungen ausgesetzt, die sie aushalten und

---

94 Vgl. neben den genannten Titeln von Berger 1998, Luckmann/Berger 1980 u. Scherr 1995 auch: Bourdieu 1989, Hoggart 1971, Sennett/Copp 1972 u. Williams 1985.

bewältigen müssen, um ihre Bildungskarriere erfolgreich weiterverfolgen zu können. Die Mobilitätsforschung thematisiert diese persönlichen Konsequenzen vertikaler Mobilität als individuelle *Kosten* des Aufstiegs.[95]

In vielen Fällen führt der Bildungsaufstieg in ein Spannungsfeld gegensätzlicher Erwartungen und Zuschreibungen, die „Doppelorientierungen" hervorbringen (Scherr 1995, 143) und Generationenprobleme verschärfen (vgl. Luckmann/Berger 1980, 151). Beispielsweise können die Verwandtschaft, die gleichaltrigen, nicht aufsteigenden Jugendlichen und große Teile des Herkunftsmilieus den Aufsteigern skeptisch, neidisch, ablehnend, also distanziert gegenüber stehen und wenig Verständnis für das Verhalten der Aufsteiger, etwa die Notwendigkeit von längerer Schreibtischarbeit und Lernen, aufbringen.[96] Auch kann die Bildungskarriere unter dem permanenten Vorbehalt und Einspruch der Eltern stehen, deren Erwartungen (z.B. frühere Berufseinmündung, Heirat) mit den Erwartungen konfligieren, die im Bildungsbereich an die Aufsteiger gerichtet sind. Im Extremfall muß die Entscheidung für das Abitur oder ein Studium dann in distanzgenerierender Weise gegen die Erwartungen und den Willen der Eltern durchgesetzt werden. Infolgedessen kann es sogar zu einem Bruch mit der Familie kommen. Aber auch wenn die Fortsetzung der Qualifikationskarriere nicht gegen den Willen der Eltern durchgesetzt werden muß, verlieren Abitur und Studium nicht ihren Ausnahmecharakter. Mit dem bisherigen Erfolg steigen nicht selten auch die Erwartungen aus der Herkunftsgruppe; der Erfolgsdruck, unter dem die Aufsteiger stehen, wächst. Dies kann vor allem dann beobachtet werden, wenn ein Aufsteiger oder eine Aufsteigerin von der ganzen Familie in dem Aufstiegsziel gefördert und unterstützt wird, weil der Aufstieg als Zugewinn an sozialem Prestige für die gesamte Familie wahrgenommen wird.

Die Erfahrung von Statusinkonsistenzen und das mit dem Aufstiegsprozeß verbundene sukzessive Herauslösen aus dem sozialen Herkunftskontext werfen im Aufstiegsprozeß wiederholt die *Frage der sozialen Zugehörigkeit* auf. Für diejenigen, die sich durch Bildung aus einem Arbeitermilieu herausbewegen, ist die Identitätskonstruktion im Gegensatz zu denen, die dort verbleiben, offener und widersprüchlicher. Der Bildungsaufstiegsprozeß macht Identitätsarbeit in besonderem Maße erforderlich. Bildungsaufsteiger müssen

---

95 Luckmann und Berger gehen bei ihrer Untersuchung sozialer Mobilität auch speziell auf die potentiellen psychischen Kosten und die daraus resultierenden Identitätsprobleme von Aufsteigern ein. Sie zitieren in dem Zusammenhang Studien, die die kausalen Beziehungen zwischen sozialer Mobilität, Statusinkonsistenz, Statusunsicherheit und Psychopathie, psycho-physischen Streßfaktoren, Selbstmord etc. nachweisen (vgl. Luckmann/Berger 1980, 148).

96 Wenn der Schriftsteller Zaimoglu wenig erfolgreiche türkische Jugendliche vom „Rande der Gesellschaft" sprechen läßt, lautet der gängige neidvolle und distanzierende Vorwurf an die Adresse der erfolgreichen Bildungsaufsteiger: „Strebertürken" (vgl. Zaimoglu 1995).

mit der permanenten Ambivalenz der sozialen Zuordnung zwischen Arbeitermilieu, Familie und höherem Bildungssystem umgehen. Besonders deutlich wird dies bei der Überschreitung von Statusgrenzen. Der Abschluß des Abiturs und der darauf folgende Eintritt in die Universität bilden eine solche Statusgrenze, die im Bildungsaufstiegsprozeß passiert wird und die Neudefinition der Identität provoziert. Dies trifft insbesondere dann zu, wenn der Beginn eines Studiums einen Umzug in eine andere Stadt erfordert. Die durch die verschiedenen Statuspassagen im Bildungsaufstieg (z.b. Übergang Schule/Universität oder Universität/Berufsleben oder Berufswechsel) markierten Umkontextuierungen der individuellen Lebensverhältnisse bringen häufig auch eine räumliche Entfernung von den nicht aufsteigenden Mitgliedern der Herkunftsgruppe mit sich. Oftmals impliziert soziale auch räumliche Mobilität. Dadurch wiederum werden Brüche mit der sozialen Herkunft noch wahrscheinlicher.

Allerdings hat sich die Situation seit dem Ausbau des Bildungssystems in den 1970er Jahren gegenüber den Zeiten, in denen ein Umzug teilweise schon für den Besuch einer weiterführenden Schule, spätestens jedoch mit dem Universitätsbeginn notwendig wurde, geändert. Wenn man heute zum Beispiel in Dortmund aufwächst, auf einer der vielen Gesamtschulen oder Gymnasien das Abitur ablegt und dann studieren möchte, können die neuen Ruhrgebietsuniversitäten, aber etwa auch die Universität Münster, problemlos mit öffentlichen Verkehrsmitteln vom Wohnsitz der Eltern aus erreicht werden.[97] Nichtsdestotrotz müssen sich bildungsaufsteigende Abiturienten mit der Fortsetzung ihrer Bildungskarriere im Vergleich zu Nicht-Aufsteigern innerlich darauf einstellen, in der Zukunft auch räumlich mobil zu sein. Trotz der großstädtischen Umgebung der Ruhrgebiets-Studenten ist die Notwendigkeit eines zukünftigen Umzuges in eine andere Stadt ungleich wahrscheinlicher als für gleichaltrige Lehrlinge.

Was auf jeden Fall schon mit Studienbeginn eintritt, ist eine nach außen noch deutlichere soziale Entfernung vom Herkunftsmilieu, als sie schon der Besuch der gymnasialen Oberstufe ausdrückte. Im Gegensatz zu Jugendlichen aus dem gleichen Herkunftsmilieu, die nach einem niedrigeren Schulabschluß (oder ganz ohne) eine Lehre oder direkt zu arbeiten beginnen und die zumeist weitgehend ungebrochen in vorgängige familiale und lokale Lebenszusammenhänge eingebunden bleiben, müssen sich die sozial aufsteigenden Studierenden mithin entscheiden, wie sie ihre zunehmende soziale Entfernung vom Herkunftsmilieu bearbeiten. Ob sie dabei ihre bisherige Bildungskarriere über-

---

97 Tatsächlich sind die wenigsten der von mir untersuchten türkischen Bildungsaufsteiger (direkt) nach Abschluß der Schule von ihren Eltern weggezogen, um in einer anderen Stadt zu studieren. Die Mehrheit nahm ein Studium an einer der Universitäten Dortmund, Essen, Duisburg oder Münster auf.

haupt selbst als einen sozialen Aufstieg konzipieren oder nicht, muß theoretisch offen bleiben.

Bezieht man die oben ausgeführten Merkmale und Bedingungen der Aneignung und Ausgestaltung einer studentischen Identität auf die Situation von Bildungsaufsteigern, so erlaubt die Öffnung des Möglichkeitsraumes sozialer Zuordnungen auch den Bildungsaufsteigern eine Bandbreite von (zwar nicht determinierten, aber auch nicht beliebigen) Identitätskonstruktionen. Die Möglichkeiten reichen von dem Versuch, den Übergang in die Universität als biographische Kontinuität zu organisieren und dem Herkunftsmilieu auch lebensweltlich noch verbunden zu bleiben, über die Inanspruchnahme studententypischer identitätsstiftender Elemente (z.B. Interesse an Politik, Mitarbeit in der Fachschaft oder im ASTA) bei gleichzeitiger Loyalität zur Herkunftsgruppe bis zu einer ausschließlichen Zuordnung zur Universität, die etwa darin ihren Ausdruck finden kann, daß man nur mit anderen Studenten befreundet ist, in ein Studentenwohnheim zieht, den Kontakt zur Familie reduziert und sich bemüht, seine Identität neu zu definieren und dabei seine Vergangenheit demonstrativ hinter sich zu lassen. Welche Optionen innerhalb des skizzierten Möglichkeitsraumes individuell ergriffen werden, ist abhängig von den bisherigen Aufstiegserfahrungen und den individuell gefundenen Formen der Bearbeitung der eigenen Lebensgeschichte.

Im Zusammenhang mit der Frage der sozialen Zugehörigkeit von Bildungsaufsteigern und der Problematik von Statusinkonsistenzen im Aufstiegsprozeß ist eine Bedingung der Identitätskonstruktion von besonderer Bedeutung. Neben den skizzierten möglichen Spannungen, die aus dem Verhältnis zur Herkunftsgruppe resultieren, können die Bildungsaufsteiger nämlich in den Kontexten, an denen sie infolge ihres Aufstiegs teilnehmen, auch die Erfahrung spezifischer Fremdzuschreibungen machen. Keineswegs selbstverständlich müssen sie von Angehörigen der Mittel- oder Oberschicht, von Schülern, Lehrern, Studenten oder Professoren als ihresgleichen akzeptiert werden. Keineswegs garantiert ist die soziale Anerkennung ihrer persönlichen (Aufstiegs-) Leistungen. Vielmehr begegnen den Bildungsaufsteigern andere Schüler, Studenten, aber auch Lehrer usw. oft mit diversen Vorurteilen und Unterstellungen, die sich auf ihre Herkunft – aus einer Arbeiterfamilie, aus einem unattraktiven und armen Stadtteil usw. – beziehen.[98]

Im Falle der türkischen Bildungsaufsteiger vermischt sich die Zuschreibung einer Arbeitertradition mit ethnischen Diskriminierungen („Ausländer", „Migrant", „Türke", „Muslim"). Nach wie vor wird die soziale Identität *Türke*

---

98 Sennett und Copp (1972) haben gezeigt, daß die Aufstiegserfahrung der Unausweichlichkeit diskriminierender und kollektivierender Zuschreibungen sowie die damit verbundenen Gefühle des Ausschlusses, der Kränkung oder der Unterlegenheit der Herkunftsgruppe tief sitzende Verletzungen verursachen können.

im öffentlichen Diskurs in Deutschland überwiegend mit „Gastarbeitern", der Industriearbeiter-Unterschicht, der Herkunft aus der Türkei, türkischer Kultur und Tradition, sozialen Problemen usw. – nicht aber mit Erfolg oder Studenten – assoziiert. Die kollektive, oft ethnisierende Zuschreibung, mit der die erfolgreichen Kinder der Arbeitsmigranten auch als Studenten an ihre Herkunft erinnert werden, steht im krassen Gegensatz zu der individualisierenden Zurechnung von Leistung durch die Bildungsorganisationen Schule und Universität und zu ihrer Erfahrung, aufgrund ihrer individuellen Leistung kompetente Bildungssystemteilnehmer zu sein. Gleichwohl können die aufsteigertypischen Erfahrungen einer spezifischen Traditionsunterstellung (Arbeiterkultur, türkische Arbeiterkinder) als Konsequenz ihrer individuellen Aufstiegsleistung gedeutet werden. Wie die anderen genannten Folgen und Kosten eines Bildungsaufstiegs müssen die türkischen Bildungsaufsteiger aus der zweiten Migrantengeneration auch diese Spannung zwischen individueller Leistung und kollektiver Zuschreibung *selbst* verantworten und bearbeiten. Im Laufe ihrer Aufstiegskarriere müssen sie zwangsläufig lernen, mit den Widersprüchen zwischen ihrer individuellen Aufstiegsleistung einerseits und der Unausweichlichkeit kollektiver Zuschreibungen andererseits umzugehen. Auch dies gehört zu den individualisierenden Zumutungen der modernen, funktional differenzierten Gesellschaft.

III. Ethnizität und Raum als Teilnehmer-Unterscheidungen

1. *Ethnizität*

Einem formalen Ethnizitätsverständnis folgend ist Ethnizität eine spezifische Form, in der kommunikativ auf Gemeinschaft referiert wird.[99] Diese Form zeichnet sich dadurch aus, daß ein „Volk", eine „Ethnie", die Referenz für die Kommunikation von Übereinstimmung und Kollektivität als Gemeinschaft bildet und daß zur Markierung dieser Referenz (bzw. zur Abgrenzung der jeweils kommunizierten Gemeinschaft oder Ethnie) Unterscheidungsmerkmale wie gemeinsame Abstammung, Tradition, Kultur und Brauchtum, gemeinsames Territorium und Schicksal in Vergangenheit und/oder Gegenwart, Blutsverwandtschaft, Hautfarbe, Sprache, Religion, Mode usw. verwendet werden. Der hiermit vertretene Ethnizitätsbegriff zielt also gerade *nicht* – wie z.B. der Herdersche Kulturbegriff – auf die wie ein „raumzeitlich fixierbares Gebilde"

---

99 Für weitere Erläuterungen zu diesem formalen Ethnizitätsverständnisses und weitere, hier nicht noch einmal zu wiederholende, Literaturverweise siehe Kap. B.II.1.

(Matthes 1992) aufgefaßte Kultur einer Gruppe (bzw. auf „kulturell organisierte Wissenssysteme", „kulturelle Deutungsmuster" oder „Lebenswelten").[100] Vielmehr ist mit Ethnizität eine Beobachtungs- und Beschreibungsweise gemeint, in der eine soziale Praxis (oder mehrere) und bestimmte Gruppen im Vergleich zu anderen zu verschiedenen Anlässen als in ausgewählten Merkmalen übereinstimmende beschrieben bzw. ethnisch markiert werden (vgl. Bommes 1994, 365f.). Derart wird „kulturelle Übereinstimmung" oder die Gemeinschaftlichkeit eines Volkes formuliert, begründet oder postuliert; Ethnizität ist nicht die „kulturelle Übereinstimmung" selbst (vgl. Bommes 1999, 111).

Ethnische Gemeinschaften, Identitäten und Grenzen sind folglich keine „natürlichen" Phänomene, sondern soziale Konstruktionen, die von Akteuren unter bestimmten historischen Vorgaben und aktuellen gesellschaftlichen Bedingungen hergestellt und reproduziert werden. Unter Ethnisierung, genauer: unter Fremd- oder Selbstethnisierung, ist entsprechend die ethnisch markierte Grenzziehung, d.h. die Zuweisung zu einer bzw. die Selbstidentifikation mit einer über geteilte Merkmale (Abstammung, Tradition usw., s.o.) definierten Gemeinschaft und die darüber hergestellte Abgrenzung von anderen, als ethnisch verschieden gekennzeichneten Gruppen, zu verstehen.

Als eine besondere Beschreibungsform ist Ethnizität mit der modernen, funktional differenzierten Gesellschaft entstanden oder sogar erst notwendig geworden (vgl. dazu Nassehi 1990). Im Vergleich zu der gesamtgesellschaftlich zentralen Differenzierung in funktionale Teilsysteme handelt es sich bei Ethnizität um eine *sekundäre Differenzierungsform* von „geringerer gesellschaftlicher Reichweite" (ebd., 263). Als sekundäre Differenzierungsform ist Ethnizität eine flexible Unterscheidung, die Akteure unter den Bedingungen der gesellschaftlichen Differenzierung in funktionale Teilsysteme und ihrer multiplen, aber nur partiellen – d.h. systemspezifischen – Teilnahme an den verschiedenen Funktionssystemen und ihren Organisationen in die soziale Kommunikation einführen, gültig machen und im Handeln verwenden können, aber nicht müssen. Mit anderen Worten: Ethnische Differenz ist in der modernen Gesellschaft zu einer mobilisierbaren *sozialen Ressource* geworden. In den modernen Nationalstaaten stellen sozialstrukturelle Gegebenheiten und Organisationsprobleme in Politik, Ökonomie, Recht, Erziehung usw. die Zusammenhänge dar, in denen auf Ethnisierung zurückgegriffen oder davon abgesehen wird (vgl. Bommes 1994, 365). Zum Beispiel kann Ethnizität in Organisationen, etwa in Schulen oder Kommunalverwaltungen, eine regelmäßige und etablierte Handlungsoption sein, die zur Bewältigung organisationsspezifischer, alltäglicher Problemlagen genutzt wird (vgl. Bommes 1998 u. Bommes/Radtke 1993). In politischen Auseinandersetzungen oder bei

---

100 Vgl. Bommes 1996a u. Schiffauer 1999.

Konflikten zwischen Gruppen kann Ethnizität von sich ethnisch definierenden Eliten als programmatische, strategische Ressource zur Mobilisierung verwendet werden (vgl. Dittrich/Radtke 1990, 26). Oder Ethnizität kann im Sinne einer sozialen Identität einen Baustein für die Formung individueller Identität liefern, die in der modernen Gesellschaft als Selbstbeschreibung aus der Reflexion der Inklusionen in soziale Systeme und ihre Organisationen gewonnen wird. Wie im Falle der anderen genannten Beispiele stellt Ethnizität aber auch für die Identitätskonstruktion von Individuen keine zwingend notwendige, immer relevante, sondern eben nur eine mögliche Beschreibungsform dar.

Ethnische Unterscheidungen können also in den verschiedenen sozialen Kontexten der Gesellschaft aus unterschiedlichen Gründen in individuell verschiedener, aber nicht beliebiger, da kontext- und erfahrungsabhängiger, Weise verwendet werden. Deshalb muß bei der empirischen Untersuchung der Relevanz von Ethnizität stets danach gefragt werden, was mit der ethnischen Beschreibungsform, die in der Kommunikation und der alltäglichen Praxis von Akteuren beobachtbar ist, jeweils ermöglicht wird. Der Gebrauchswert von Ethnizität für soziale Akteure kann erst in bezug auf deren gesellschaftlich situierte Problem- und Interessenlage konkret bestimmt werden. Um die Funktion ethnischer Selbst- oder Fremdbeschreibungen zu erfassen, ist daher der Sinn, den Individuen mittels Ethnisierung realisieren, als Teil einer Handlungs- und Kommunikationspraxis zu analysieren, in der sie ihre jeweiligen Lebensbedingungen bewältigen (vgl. Bommes/Scherr 1991, 302f.).

Auf dieser konzeptionellen Grundlage soll die Relevanz von Ethnizität im Bildungsaufstiegszusammenhang untersucht werden. Ethnizität ist dazu analytisch als eine Handlungs- und Kommunikationskategorie, die die Kinder der Arbeitsmigranten als Teilnehmer des Bildungssystems mobilisieren können, also als eine *Teilnehmer-Unterscheidung*, zu behandeln. Da die interessierenden Aufsteiger zum überwiegenden Teil in Deutschland geboren und aufgewachsen sind und daher auch ihre bisherige Bildungsaufstiegskarriere im deutschen Bildungssystem durchliefen, sind die von ihnen gebrauchten ethnischen Unterscheidungen – ebenso wie ihre nicht ethnisch markierten „Jugendkulturen" – grundsätzlich als Bearbeitungsformen der Lebens- und Aufstiegsbedingungen in Deutschland zu interpretieren.

Wie andere soziale Handlungsformen werden auch die Formen der Verwendung von Ethnizität, die Verwendungsmöglichkeiten und das Wissen um den Gebrauchswert ethnischer Unterscheidungen biographisch erlernt. Deshalb ist es für die Untersuchung von Bildungsaufsteigern von besonderem Interesse, daß die langjährige Beschreibung der Lebensverhältnisse von Migrantenjugendlichen mit Hilfe kultureller bzw. ethnischer Semantiken nicht nur in Schulbüchern weitverbreitet (vgl. Höhne/Kunz/Radtke 2000), sogar mittlerweile sogar offiziell durch Schulcurricula institutionalisiert ist.[101] Die expliziten Versuche, die Lebenssituation von Migrantenkindern als Bestandteil „multikultureller" oder „interkultureller" Erziehung zum Unterrichtsgegenstand zu machen, zählen heute ebenso zu den Kontextbedingungen einer Bildungskarriere in Deutschland wie die inzwischen selbstverständliche Ethnisierung der sozialen Verhältnisse im allgemeinen oder die im Alltag der (Innenstadt-) Schulen mit einem hohen Migrantenanteil auch von Schülern häufig praktizierte Rede von kulturellen Problemen, ethnischen Identitäten und ethnisch begründeten Konflikten.

Die besonderen Merkmale und möglichen Problemlagen, die den Bildungsaufstieg der Kinder der Arbeitsmigranten in der modernen, funktional differenzierten Gesellschaft charakterisieren, wurden im vorangehenden Kapitel beschrieben. Allgemeingültig konnte jedoch aus der bisherigen Inklusionskarriere der Bildungsaufsteiger nur abgeleitet werden, daß ihnen die erfolgreiche Teilnahme an den Organisationen des höheren Bildungssystems gelingt und daß durch diese Teilnahme spezifische Bedingungen für die Formen ihrer Identitätskonstruktion gesetzt sind. Welche der aufstiegstypischen Konstellationen und Probleme in der alltäglichen Lebenspraxis tatsächlich relevant sind, kann nicht theoretisch entschieden werden. Daher reicht es auch nicht aus, die eventuell beobachtbare Verwendung von Ethnizität pauschal auf die Lebensbedingungen im sozialen Aufstiegskontext zurückzuführen. Die Analyse der in der Kommunikation und der Handlungspraxis beobachtbaren Verwendungsformen ethnischer Unterscheidungen hat vielmehr die in dem jeweiligen Verwendungszusammenhang artikulierten individuellen Erfahrungen der Verwendungsmöglichkeit von Ethnizität und die für die konkrete Lebens- und Handlungssituation relevanten gesellschaftlichen Bedingungen zu rekonstruieren. Erst diese situationssensitive und akteursorientierte Aufschlüsselung der individuellen Mobilisierung ethnischer Unterscheidungen erlaubt es, wohlbegründete Aussagen zum sozialen Gebrauchswert von Ethnizität im Bildungsaufstiegszusammenhang zu treffen.

2. Raum

Den oben formulierten Folgerungen aus der Kritik der bisherigen Verwendung der Raumkategorie in der Migrationsforschung folgend, soll unter Raum in dieser Untersuchung eine spezifische soziale Handlungs- und Kommunikationskategorie verstanden werden. Raum ist mithin keine „sozial-räumliche" Hybridgestalt, in der erdoberflächlich-physische und soziale Phänomene ver-

---

101 Vgl. exemplarisch: Ministerium für Schule und Weiterbildung, Wissenschaft und Forschung des Landes Nordrhein-Westfalen 1998, 10f.

schmelzen, und erst recht kein physisch-materieller Gegenstand. Vielmehr soll Raum ausschließlich als soziale Herstellungsleistung aufgefaßt werden. Individuelle Akteure, Gruppen oder soziale Systeme können dann räumliche Unterscheidungen wie nah/fern oder erdoberflächliche Bezüge in unterschiedlicher Weise aus unterschiedlichen Gründen verwenden bzw. (re)produzieren und damit verschiedenartige Räume konstituieren. Auch Raum bezeichnet folglich – wie Ethnizität – eine Unterscheidungskategorie, die im Handeln immer erst zur Geltung gebracht und im alltäglichen wie im sozialwissenschaftlichen Beobachten stets als spezifische Beobachtungsform eingeführt werden muß. Folgt man dieser Raumkonzeption, sind Lokalität und lokale Kontexte besondere Formen von Raumkonstitutionen, die auf die lokalen, also nahen Umgebungen von Personen referieren.

Für die Untersuchung der Relevanz von Raum (bzw. Lokalität) im Bildungsaufstiegskontext der zweiten Migrantengeneration bedeutet dies, daß Raum ebenfalls als *Teilnehmer-Unterscheidung*, die die untersuchten Teilnehmer des höheren Bildungssystems mobilisieren können, zu begreifen ist. Da auch die Bedeutung der Teilnehmerunterscheidung Raum in der modernen, primär funktional differenzierten Gesellschaft je nach Verwendungszusammenhang variiert, gilt das, was über die kontext- und situationsspezifische Bedeutung von Ethnizität ausgeführt wurde, ganz analog für Raum: Die durch den sozialen Aufstiegsprozeß gekennzeichneten Lebensbedingungen der Kinder der Arbeitsmigranten bilden den entscheidenden gesellschaftlichen Hintergrund, vor dem die Art und Weise, wie räumliche Unterscheidungen und Raumkonstitutionen – und mithin auch Lokalität – in den Handlungsmustern und Kommunikationsformen der Bildungsaufsteiger vorkommen und relevant gemacht werden, in ihrer jeweiligen Bedeutung aufzuschlüsseln ist.

Die hier vertretene Konzeption von Raum stellt eine Synthese des kommunikationstheoretischen Raummodells von Klüter (1986, 1994 u. 1999) und des handlungstheoretischen Raummodells von Werlen (1987, 1995a u. 1997) dar. Nach geringfügigen Modifikationen lassen sich beide Modelle für den konzeptionellen Rahmen meiner empirischen Untersuchung fruchtbar machen: Klüters Modell ist zu erweitern, Werlens zu präzisieren.

Klüter konzipiert Raum in Anlehnung an die Luhmann'sche Systemtheorie als Element der sozialen Kommunikation, die in der Form der vier sozialen Systemtypen Interaktion, Organisation, Funktionssystem und Gesellschaft beobachtet werden kann. Im Zentrum seines Modells stehen die von ihm sogenannten Raumabstraktionen, unter denen er die in der Kommunikation erzeugten „gezielte(n) Projektion(en) sozialer Systeme oder Systemelemente auf physische Umwelt" versteht (Klüter 1999, 193). Diese physikalisierten sozialen Konstrukte hätten Komplexitätsreduktions- und Orientierungsfunktionen; sie seien handlungssteuernd. Theoretisch-deduktiv formuliert Klüter relevante Raumabstraktionen für die einzelnen Systemtypen („Kulissen" für Interaktionen, „Programmräume" für Organisationen, „Sprachraum" für Gesellschaft). Da sich Raumabstraktionen insbesondere als Steuerungsinstrument für Organisationen, die auf standardisierte, leicht kommunizierbare Raumsemantiken angewiesen seien, eigneten, und da er Organisationen als die in der modernen Gesellschaft mächtigsten Produktionsstätten von sozial normierten und relativ dauerhaften Raumabstraktionen identifiziert, beschränkt Klüter seine Arbeiten dann im wesentlichen auf die Analyse der Funktion von verschiedenen internen Programmräumen von Organisationen (z.B. Grundstück, Adressenraum, Ergänzungsraum). Auf die mögliche Herstellung und Verwendung von Raum durch Einzelpersonen geht er mit dem Hinweis, daß Handlungs- und Interaktionssysteme im Gegensatz zu Organisationen nur recht unscharfe und wenig dauerhafte Anforderungen an räumliche Abstraktionen entwickelten (vgl. z.B. Klüter 1999, 209), nicht weiter ein. Im Gegenteil, Einzelpersonen tauchen nur als Adressaten der Organisationen auf, die in ihren Handlungen von den sozial normierten Raumkonstrukten beeinflußt, ja gesteuert würden (vgl. Klüter 1987, zitiert nach: Hard 1999, 155f.).

Aufgrund dieser Merkmale soll Klüters Konzeption von Raum als Kommunikationselement für die Frage nach der Relevanz von Raum im Aufstiegskontext in bezug auf einzelne Akteure erweitert werden: Als Elemente der Kommunikation können Personen räumliche Differenzierungen, erdräumliche Bezüge, Raumsemantiken, Raumabstraktionen usw. in den verschiedensten Formen herstellen und verwenden. Beispielsweise könnte ein bestimmter, regelmäßig reproduzierter räumlicher Bezug ein wesentlicher Bestandteil einer habitualisierten Handlungsform (etwa der individuellen Identitätskonstruktion) sein, mit der spezifische Anforderungen und Probleme im Aufstiegsprozeß erfolgreich bewältigt werden. Natürlich können Einzelpersonen von den von Großorganisationen produzierten Raumabstraktionen in deren Sinne beeinflußt werden, doch sie können mit der Verwendung standardisierter Raumabstraktionen (z.B. Stadtteilimage, Heimat- oder Stadtteildiskurs) etablierte Bedeutungen und Funktionen eben auch umdeuten und für ganz andere soziale Zusammenhänge als die durch die Großorganisationen definierten verwenden. Außerdem können Akteure durch ihre Handlungen auch „neue" Räume, Raumabstraktionen und Raumsymboliken herstellen. All diese denkbaren Formen der Teilnehmerkategorie Raum sind dann in der Analyse nicht daraufhin zu untersuchen, wie sich die Adressaten von Organisationen ihnen und den von ihnen produzierten Raumabstraktionen gegenüber verhalten, sondern, wie gesagt, inwiefern Raum ein Bestandteil eines im Aufstiegsprozeß relevanten Handlungsmusters ist.

Werlen konzipiert Raum ebenfalls explizit als ein soziales Konstrukt, das erst im Handlungsvollzug der sinnkonstituierenden Subjekte entsteht und das er theoretisch strikt von dem „altgeographischen" erdräumlich-materiellen Raummodell unterscheidet. Auch die Subjektzentrierung seines Entwurfes einer „Sozialgeographie alltäglicher Regionalisierungen" eignet sich für die verfolgte Fragestellung. Problematisch dagegen ist, daß Werlen in seinen Formulierungen, wenn er von Raum oder Regionalisierung spricht, gelegentlich in genau die ontologischen Mischformen zurückfällt, die er eigentlich überwinden wollte. So ist Raum sowohl der von den handelnden Subjekten sinnhaft konstituierte Raum als auch der physisch-materielle Raum der Erdoberfläche mit seinen erdoberflächlich lokalisierbaren materiellen Objekten, den Werlen als Inbegriff der „physisch-materiellen Handlungsbedingungen" auffaßt.[102] Zwar ist Werlens Sozialgeographie alltäglicher Regionalisierungen insgesamt derart gebaut, daß „diese ‚physisch-materiellen Bedingungen in ihrer Räumlichkeit' nur dann zum Handlungskontext gerechnet werden können, wenn und insofern sie Teil der Situationsdeutung handelnder Subjekte sind und insofern es sich um handlungsbedeutsam semantisierten, um gedeuteten, sozial bedeutungsvollen, ‚konstituierten Raum' handelt" (vgl. Hard 1998, 253). Doch, wie Hard verdeutlicht, sollte auch die Vorstellung, daß erdräumlich-materielle Phänomene von den Handelnden semantisiert werden, wegen naheliegender Mißverständnisse möglichst vermieden werden. Denn schon Werlen selbst neigt dazu, die „immateriellen" Regionalisierungen seiner sinnkonstituierenden Subjekte als Sinnkonstitutionen im „realen Raum" und mit Bezug auf den „realen Raum" zu betrachten: „Die alltäglichen Regionalisierungen regionalisieren *etwas*, und dieses Etwas ist die Erdoberfläche" (Hard 2000, 79). Auf diese Weise verschmelzen aber die vom Subjekt konstituierten Bedeutungen leicht wieder mit ihren Referenten zu den oben umfänglich kritisierten „altgeographischen Räumen", d.h. zu Räumen, die schon als physisch-materielle Phänomene sozial bedeutungsvoll sind.

Hard schlägt deshalb im auch hier verfolgten Sinne eine systemtheoretische Zuspitzung von Werlens Entwurf vor, nach der die Einheiten und Strukturen in der „Raum-Kommunikation", einschließlich Werlens „alltäglichen Regionalisierungen", nicht als Korrelate, Repräsentanzen, Abbildungen oder gar Widerspiegelungen von „realen Räumen" oder von physisch-materiellen „Raumverhältnissen" an der Erdoberfläche, also in der „Umwelt der Gesellschaft", betrachtet werden sollten, sondern als ein Ergebnis von Unterscheidungen, denen außerhalb des sozialen Systems nichts zu entsprechen braucht (ebd., 81). Als Bestandteil von Handlungen und Kommunikationen hat die Beobachtungsform Raum zwar einen physisch-materiellen, erdoberflächlich lokalisierbaren Referenten, etwa das Territorium eines Stadtviertels, wenn

---

102 Vgl. zum Beispiel Werlen 1993, 241 u. 251f.; 1997, 59 u. 62.

von dem Stadtviertel die Rede ist. So ist aus der Position eines Beobachters zweiter Ordnung beobachtbar, daß und wie die Akteure in ihren Handlungen bzw. in der sozialen Kommunikation Soziales auf Räumlich-Materielles projizieren. Doch es darf nicht übersehen werden, daß diese „Projektionsarbeit", d.h. die kommunikative Verbindung von Sozialem und Raum, nach wie vor nichts anderes als ein Bestandteil der sozialen Kommunikation ist. Eine solche Präzisierung der Werlen'schen Konzeption von Raum ist im Grunde genommen lediglich die konsequente Anwendung und Fortführung seines eigenen theoretischen Anspruches, nämlich Raum nicht mehr als vermeintlich objektiven Bestandteil der materiell-dinglichen oder einer sozial-räumlichen Mischwelt, sondern einzig als soziales Konstrukt, Sinnphänomen oder dergleichen zu untersuchen.

Geht man davon aus, daß Raum als eine soziale Herstellungsleistung erst und allein im Handlungs- und Kommunikationsvollzug entsteht und soziale Bedeutung erhält, muß die Analyse an den Handlungsmustern, den Kommunikationsformen und Alltagspraxen der sozial aufsteigenden Kinder der Migranten ansetzen. Räumliche Unterscheidungen, erdoberflächliche Bezüge oder Raumkonstitutionen können dann als Elemente ihrer Selbstbeschreibungen und Handlungsmuster im Hinblick darauf, welchen Gebrauchswert sie im Aufstiegszusammenhang besitzen, untersucht werden. Mit der Konzeption von Raum als einer sozialen Handlungs- und Kommunikationskategorie wird folglich die analytische Blickrichtung von der in der raumbezogenen Migrationsforschung im allgemeinen üblichen Fragestellung nach der Bedeutung eines Stadtviertels (oder vergleichbarer administrativ oder politisch markierter Ausschnitte der Erdoberfläche) mit seinen (vom Forscher ausgewählten) Bestandteilen (z.B. bestimmten Gebäuden, Plätzen, Infrastrukturen, Bevölkerungsgruppen) auf die handlungs- und kommunikationsorientierte Frage, welche Räume die Jugendlichen in ihrer Handlungspraxis konstituieren und welche Bedeutung das für ihren sozialen Aufstieg hat, verschoben. Zur Beantwortung dieser Frage ist es methodisch unnötig und nur verzerrend, die soziale Relevanz ausgewählter Raumkonstitutionen (z.B. von Stadtteilen) bereits vor der empirischen Untersuchung anzunehmen und (z.B. mittels der Erhebung entsprechender Einstellungen oder Teilnahmehäufigkeiten an bestimmten Interaktionen) „abzufragen".

Soll die Handlungspraxis der Bildungsaufsteiger den eigentlichen Ausgangspunkt der Beobachtung bilden, muß auch die eingangs formulierte Frage nach der Bedeutung der lokalen Lebensbedingungen im Bildungsaufstiegsprozeß präzisiert werden. Da unter Lokalität oder einem lokalen Kontext nun eine besondere Raumkonstitution verstanden wird, kann ein „Stadtteil" o.ä. nur als kommunikative Herstellungsleistung untersucht werden. Es ist also zu analysieren, wie und wozu die Bildungsaufsteiger (gängige) lokale Raumabstraktionen wie „Stadtteil" oder „Stadt Dortmund" (re)produzieren und verwenden. Systematisch ist diese Frage unter der allgemeineren Fragestellung nach dem Gebrauch und der Bedeutung räumlicher Bezüge zu subsumieren.

Die ursprüngliche Frage nach der Bedeutung der lokalen Lebensbedingungen zielte aber auch darauf, zu untersuchen, welche der „lokalen" Kontexte für die alltägliche Handlungspraxis der Bildungsaufsteiger und ihre Aufstiegsformen bedeutsam sind, wie die sozial aufsteigenden Kinder der Migranten in die für sie vorgängigen „lokalen" Kommunikationszusammenhänge und Handlungsbedingungen hineinwachsen und sie sich aneignen, sowie, welche Relevanz „lokale", ethnisch markierte Praxiskontexte einer sog. ethnischen Kolonie im Aufstiegsprozeß haben. Hierbei ist nun zu beachten, daß derartige soziale Kontexte zwar vom Forscher – etwa zur Orientierung bei der empirischen Arbeit – oder von anderen Personen in einer Stadt oder einem Stadtteil *lokalisiert* und auf diese Weise zum Inhalt der Frage nach den lokalen Lebensbedingungen gemacht werden können. Sie werden jedoch (höchstwahrscheinlich) von den an ihnen partizipierenden oder sie beobachtenden Personen nicht immer räumlich indiziert. Strenggenommen wird also mit diesen Untersuchungsaspekten nicht nach der Bedeutung von *Raum* oder *Lokalität* gefragt, sondern zunächst nur nach der Aneignung und der Relevanz unterschiedlicher Praxiskontexte. Für die empirische Untersuchung der Relevanz ethnisch markierter Eigenorganisationsformen einer Migrantengruppe, zum Beispiel, kann sich die Feldforschung entweder an den alltäglichen Handlungspraxen der Abiturienten orientieren und beobachten, ob und wie die „lokalen" Kontexte einer ethnischen Kolonie in ihnen auftauchen.[103] Oder man beobachtet Kontexte wie einen ethnischen Verein direkt und untersucht, falls die interessierenden Bildungsaufsteiger überhaupt an dem ausgewählten Handlungszusammenhang teilnehmen, wie, warum und als was sie sich diesen Kontext aneignen und wie sie ihn dadurch ko-produzieren. Bei beiden – sich nach Möglichkeit ergänzenden – Vorgehensweisen ist es aber zunächst nur der Forscher, der die Handlungszusammenhänge im „Behälterraum" Stadt oder Stadtteil *lokalisiert* bzw. sie als *lokale* Lebensbedingungen interpretiert. Die Relevanz von Raum als einer Handlungs- und Kommunikationskategorie wird auf diese Weise erst analysierbar, wenn die Jugendlichen die interessierenden Handlungszusammenhänge und ihre Teilnahme oder Nicht-Teilnahme auch räumlich markieren oder zumindest im Rahmen der Aneignung dieser

---

103 Aus dieser Perspektive läßt sich dann etwa untersuchen, ob und wie die untersuchten sozialen Aufsteiger an den entsprechenden Handlungszusammenhängen in der Stadt teilnehmen oder sie wahrnehmen, ob sie sie ebenfalls – so wie viele der öffentlichen und wissenschaftlichen Diskurse – ethnisch *und* räumlich markieren und was ihnen diese Handlungsform nützt, usw.

Kontexte – gewissermaßen als Merkmal der Aneignung selbst – räumliche Unterscheidungen verwenden, die sich auf andere Orte beziehen. Tun sie dies nicht, dann handelt es sich schlicht um die (nicht weniger interessante) Untersuchung der Aneignung eines kommunikativen Zusammenhangs.

Der Kritik an der gängigen Migrationsforschung entsprechend sind nun sowohl Ethnizität als auch Raum konsequent als soziale Konstrukte konzipiert worden. Da aus theoretischen Gründen nichts dafür spricht, daß es sich bei Ethnizität und Raum um deckungsgleiche Handlungs- und Kommunikationskategorien handelt, wurden sie als Teilnehmerunterscheidungen prinzipiell voneinander unabhängig, d.h. konzeptionell entkoppelt, entworfen. Raum (bzw. Lokalität) und Ethnizität sind somit als soziale Unterscheidungsformen zu begreifen, die sich zwar in ihrer Verwendungsweise wechselseitig stützen können, aber nicht müssen. Für Ethnizität als eine Identitätskategorie etwa können Raum und räumliche Unterscheidungen eine wesentliche Rolle spielen: Häufig wird Ethnizität – ebenso wie Nationalität – mit Hilfe eines symbolischen Raumbezugs, also durch eine Raumabstraktion hergestellt.[104] Ebenso sind lokale (oder regionale) Identitäten, also räumlich markierte soziale Identitäten, oft ethnisch eingefärbt. Diese Verbindung von ethnischen und räumlichen Unterscheidungen besteht aber nicht notwendigerweise, auch sie ist eine spezifische Beobachtungsform handelnder Akteure. Im Falle der Bildungsaufsteiger aus der zweiten Migrantengeneration ist es also theoretisch durchaus denkbar, daß für ein Aufstiegsmuster Ethnizität eine bedeutende Rolle spielt, während räumliche Unterscheidungen, Lokalität oder sonstige Raumkonstitutionen vergleichsweise irrelevant sind. Genauso ist umgekehrt denkbar, daß Raum eine relevante Aufstiegsressource ist, während ethnische Unterscheidungen für das gleiche Handlungsmuster keine wesentliche Bedeutung haben.

IV. Präzisierung der Untersuchungsfragen

Die Leitfrage der gesamten Studie lautet: Welche Relevanz haben Ethnizität und Raum im Kontext von Bildungsaufstiegsprozessen? Diese Fragestellung soll am Beispiel türkischer Abiturient(inn)en und Student(inn)en in Dortmund untersucht werden. Für die empirische Untersuchung wurden aus der Leitfra-

---

104 Zum Beispiel kann die – nationalstaatlich vermittelte – Raumabstraktion *Türkei*, aber auch das Territorium des Stadtviertels oder der Ort eines Vereins, als (kommunikativer) Bezugspunkt für die Konstruktion einer ethnisch markierten kollektiven Identität bzw. eines Volkes dienen.

ge verschiedene Untersuchungsfragen entwickelt, die sich nun nach der dargelegten Konzeptualisierung von Ethnizität, Raum und Bildungsaufstieg folgendermaßen reformulieren und präzisieren lassen.

Fragenkomplex „Aufstiegs- und Selbstbeschreibungsformen der Bildungsaufsteiger"

- Mit welchen Handlungsmustern und Selbstbeschreibungsformen kann man als einzelne(r) erfolgreich sein bzw. erfolgreich den Bildungsaufstieg bewerkstelligen?

Welche sozialen Kompetenzen haben die Kinder der Arbeitsmigranten entwickelt, um sich erfolgreich in die Organisationen des höheren Bildungssystems einzuschleusen?

Wie gelingen ihnen der Kontextwechsel in der Statuspassage Abitur/Hochschuleintritt und die mit ihm verbundene Anschlußsuche?

- Welche der allgemein skizzierten Handlungsbedingungen und Problemkonstellationen im Bildungsaufstiegsprozeß reichen wie in ihre Lebenspraxis hinein?

Wie bewältigen die Abiturient(inn)en und Student(inn)en die aufstiegsspezifischen Unsicherheiten und Orientierungsschwierigkeiten?

Wie gehen sie mit Diskontinuitäten und Milieuveränderungen um, die sich aus ihrem Aufstiegsprozeß ergeben?

Wie regeln sie vor dem Hintergrund ihrer Bildungskarriere das Verhältnis zu ihrer sozialen Herkunftsgruppe (Familie, türkische Migrantencommunity)?

- Wie gehen sie mit der Erfahrung der Unausweichlichkeit von kollektiven Zuschreibungen um?

Wie haben sie gelernt, ihre widersprüchlichen Erfahrungen, zwar individuell erfolgreich zu sein, nichtsdestotrotz aber kollektiven, oft negativ konnotierten Zuschreibungen (Türke, Muslim, Migrant, Ausländer, Arbeiter, Dortmunder Nordstadtjugendlicher) ausgesetzt zu sein, auszubalancieren?

- Wie adressieren sich die Bildungsaufsteiger selbst; welche Biographie konstruieren und präsentieren sie?

Wie kommt darin ihre Mobilitätserfahrung zum Ausdruck; nehmen sie ihre Bildungskarriere selbst als sozialen Aufstieg wahr?

Fragenkomplex „Relevanz von Ethnizität, Raum, Lokalität und lokalen Handlungskontexten"

- Wie finden ethnische und räumliche Unterscheidungsformen Verwendung in der sozialen Praxis von Bildungsaufsteigern, und welche Möglichkeiten eröffnet ihre Nutzung?
- Welche Potentiale bieten die Selbst- und Fremdethnisierung für den Umgang mit aufstiegsspezifischen Problemen?

- Wie kommen Raum und Lokalität in den Handlungsmustern der Bildungsaufsteiger vor, und welche Bedeutung hat das im Hinblick auf ihre Aufstiegskarrieren?

Welche Räume konstituieren und welche Raumabstraktionen reproduzieren die erfolgreichen Migranten der zweiten Generation mit ihren Handlungen?

Wie manifestiert sich die Lokalität der städtischen Lebensbedingungen in den Biographien, Handlungsmustern und Selbstbeschreibungsformen der Aufsteiger?

- Welches sind die für die Bildungsaufsteiger relevanten lokalen Praxiszusammenhänge und Lebensbedingungen, und wie eignen sie sich diese an?

In welcher Weise werden lokale ethnische Netzwerke und Vereine als Organisations- und Vermittlungsfeld von Identität genutzt?

Wie lassen sich die Bildungsaufsteiger von den Handlungszusammenhängen einer ethnischen Kolonie und ihren Gelegenheitsstrukturen ansprechen und einbinden?

D. Fallanalysen

I. Methodisches Vorgehen

1. Rekonstruktion von Fallstrukturen

Als explorative Studie verfolgt die empirische Untersuchung das Ziel, mögliche Muster des Zusammenhangs von Bildungsaufstiegskarrieren und der Verwendung von Ethnizität und/oder Raum als Elementen der Handlungs- und Kommunikationspraxis von Bildungsaufsteigern zu identifizieren. Um die Untersuchungsfragen in einer überschaubaren und befriedigenden Form beantworten zu können, wurde die naheliegende und pragmatische Entscheidung getroffen, die Handlungsmuster *einzelner* Aufsteiger und Aufsteigerinnen zu analysieren. Die Untersuchungsfragen sollen daher in Einzelfallstudien mit Hilfe exemplarischer Rekonstruktionen der Handlungsmuster und Kommunikationsformen türkischer Bildungsaufsteiger(innen) behandelt werden. Da angenommen wird, daß die sozialstrukturelle Position der Bildungsaufsteiger, also die Position Abiturient oder Student, nicht ihre Handlungen determiniert, sondern nur einen Handlungsspielraum präformiert, soll die empirische Untersuchung außerdem so angelegt sein, daß dieser Handlungsspielraum ausgelotet werden kann: Es ist ein möglichst breit gefächertes Spektrum von Aufstiegsformen zu rekonstruieren.

Diese Überlegungen zur Anlage der empirischen Untersuchung, das oben explizierte Verständnis von Ethnizität und Raum sowie die im Anschluß daran formulierten Forschungsfragen verdeutlichen, daß die empirische Untersuchung sinnvoll nur mit einer *qualitativen*, genauer: mit einer *qualitativ-rekonstruktiven*, Methodik arbeiten konnte. Um den sozialen Gebrauchswert der Verwendung ethnischer und räumlicher Unterscheidungen aus dem situativen (Interaktion) und kontextuellen (Bildungsaufstieg) Zusammenhang ihrer Verwendung heraus analysieren zu können, wurden als empirische Basis vor allem Daten über die alltägliche und kommunikative Praxis der Bildungsaufsteiger benötigt. Im Rahmen einer ethnographischen Feldforschung waren deshalb vorrangig teilnehmende Beobachtungen der alltäglichen Handlungspraxen der Bildungsaufsteiger durchzuführen und Interviews mit ihnen aufzunehmen. Für die Analyse der interessierenden Handlungsroutinen und Selbstbeschreibungsformen waren die in der Feldforschung erhobenen Beobachtungsdaten und Erzähltexte dann hermeneutisch-rekonstruktiv auszuwerten.

Wie nun die empirische Erhebung und die Auswertung der erhobenen Daten im einzelnen erfolgte, wird im Laufe des *Fallanalysen*-Kapitels vor der eigentlichen Ergebnisdarstellung der rekonstruierten acht Fallstrukturen in vier Schritten begründet und erläutert: (1) Zuerst wird die durchgeführte *Feldforschung* skizziert (Kapitel D.I.2). Dabei werden sowohl die verschiedenen Erhebungstätigkeiten beschrieben als auch – auf der Basis der während der Feldforschung gesammelten Daten – allgemeine, für alle der durchgeführten Fallanalysen als Hintergrundverständnis relevante Aspekte der lokalen Lebensbedingungen und der Lebenszusammenhänge türkischer Abiturienten in Dortmund zusammengefaßt. (2) Daran anschließend wird das zentrale Auswertungsverfahren, das für die Analyse der erhobenen und transkribierten Forschungsgespräche gewählt wurde, die *Sequenzanalyse*, erklärt (Kapitel D.I.3). Da dies nur recht abstrakt geschehen kann, bedarf es einer exemplarischen Demonstration, wie das Verfahren der Sequenzanalyse forschungspraktisch in dieser Arbeit angewendet wurde und wie man von der detaillierten hermeneutisch-interpretativen Rekonstruktion einer Gesprächsinteraktion zwischen Forscher und Bildungsaufsteiger(in) zu Hypothesen über die Fallstruktur und die diesbezügliche Relevanz von Ethnizität und Raum gelangt. (3) Deshalb wird die Sequenzanalyse in einem dritten Schritt ein Mal ausführlich in der Form, wie sie bei den einzelnen Fallanalysen durchgeführt wurde, anhand der Rekonstruktion einer längeren Gesprächspassage vorgeführt (Kapitel D.II). Für diese *exemplarische Sequenzanalyse eines Gesprächsanfangs* wurde ein Forschungsgespräch ausgewählt, das zugleich Grundlage einer der im Ergebnisteil präsentierten Fallstrukturen (s. Kap. D.IV.2) war. (4) Schließlich wird in einem vierten Erklärungsschritt dargelegt, wie der Analysegang von der Sequenzanalyse einzelner Gesprächspassagen zu einer *vollständigen Fallanalyse* verlief und welche Schwierigkeiten bei der *Darstellung* der rekonstruierten Fallstrukturen zu bewältigen waren (Kapitel D.III).

2. *Feldforschung und allgemeine Feldforschungsergebnisse*

Für die Datenerhebung der empirischen Untersuchung wurde in Dortmund eine längere ethnographische Feldforschung durchgeführt. Von Frühjahr 1996 bis Sommer 1997 mietete ich in der Dortmunder Nordstadt, dem lokalen Schwerpunkt der Untersuchung, ein Zimmer, das mir die alltägliche Teilnahme an verschiedenen Handlungszusammenhängen, deren Beobachtung, das Sammeln von für die Untersuchungsfragen relevanten Daten sowie die Durchführung und Aufnahme von verschiedenen Forschungsgesprächen ermöglichte. In dem über einjährigen Zeitraum erfolgte die eigentliche Feldforschung in sechs längeren, mehrwöchigen Blöcken (zwei Wochen bis drei Monate).

Wären für die empirische Analyse nur Forschungsgespräche mit türkischen Abiturienten und Abiturientinnen zu erheben gewesen, hätte dies auch mit einem weit geringeren zeitlichen Aufwand bewerkstelligt werden können, indem auf den ausgewählten Schulen entsprechende Interviews aufgenommen worden wären. Doch die Aufgabe der Feldforschung war viel weiter gefaßt. Neben Forschungsgesprächen mit Bildungsaufsteigern, die während der gesamten Feldforschungszeit durchgeführt wurden, galt es, vielfältige Beobachtungen derjenigen Handlungszusammenhänge, an denen die interessierenden Migranten der zweiten Generation teilnehmen, anzustellen, auf diesen Beobachtungen basierende Protokolle zu erstellen, Gespräche mit anderen Jugendlichen, Familienmitgliedern und Expertengespräche mit Lehrern usw. zu führen sowie Daten über die lokalen Lebensbedingungen der Jugendlichen zu sammeln. Auf diese Weise wurden auch Handlungszusammenhänge erforschbar und damit Fälle „entdeckt", die eine reine Interviewstudie gar nicht hätte erfassen können. Insgesamt war das durch die Feldforschung angeeignete Wissen über die Lebenszusammenhänge der untersuchten Bildungsaufsteiger unabdingbar, um im Rahmen der Sequenzanalyse angemessene Lesarten des erhobenen Erzählmaterials entwickeln zu können. In dem späteren Analysezusammenhang waren die Erfahrungen, die bei der teilnehmenden Beobachtung der verschiedenen alltäglichen, für die Jugendlichen relevanten Handlungskontexte gesammelt wurden, von großer Bedeutung. Sie lieferten wichtige Informationen über die Struktur einzelner Handlungskontexte und damit einen hilfreichen und notwendigen Interpretationshintergrund für die Rekonstruktion der Fallstrukturen. Das Feldforschungsmaterial wurde außerdem zur Ergänzung, Auffüllung und Kontrastierung der rekonstruierten Fallstrukturen benötigt (s. Kap. D.III). Schließlich war es erst durch die umfangreiche Feldforschung möglich, das Ziel der empirischen Untersuchung – die Exploration der Variationsbreite der Relevanz von Ethnizität und Raum im Bildungsaufstiegskontext – angemessen zu verfolgen. Denn vor dem Hintergrund des Bestrebens, ein möglichst breites Spektrum von Strukturmustern zu rekonstruieren, diente die durchgeführte Feldforschung auch dazu, eine sinnvolle und begründete Auswahl der zu analysierenden Fälle zu treffen.[105]

Das *Feld* der Feldforschung wurde durch die drei für die Fragestellung relevanten Kategorien Bildungsaufstieg, Ethnizität und Raum konstituiert. Gemäß der forschungsmethodischen Entscheidung, die Leitfrage exemplarisch am Beispiel türkischer Bildungsaufsteiger(innen) zu untersuchen, galt die zentrale Aufmerksamkeit stets ihren Handlungspraxen und Lebenszusammenhängen. Ethnische Unterscheidungen und Beschreibungsformen sowie lokale Lebensbedingungen, Handlungsfelder und räumliche Unterschei-

---

105 All dies sind sehr allgemeine Erläuterungen zu den Zielen und Aufgaben der Feldforschung. Inwiefern die Feldforschungserfahrungen und die gesammelten Daten, Materialien und Beobachtungen konkret in die Fallanalysen eingingen und die Auswahl der Fälle strukturierten, wird im einzelnen bei der Darstellung der analysierten Fälle verdeutlicht.

dungen wurden folglich während der Feldforschung nicht pauschal beobachtet und erforscht, sondern dann, wenn sie über den Fokus „Bildungsaufsteiger" in den Blick gerieten. Praktisch vorgegangen bin ich folgendermaßen: Der erste Feldzugang erfolgte über die zwei für die Untersuchung wichtigen Schulen in der Dortmunder Nordstadt, das Gymnasium und die Gesamtschule. Kurz vor dem Abitur, im Februar und März 1996, begann ich an beiden Schulen, Kontakt zu türkischen Schülern und Schülerinnen der Jahrgangsstufe 13 aufzunehmen. In einzelnen Freistunden wurden mit über 40 zukünftigen Abiturienten und Abiturientinnen erste Gruppengespräche durchgeführt, in denen ich mein Anliegen erläuterte, meine zukünftige Präsenz in verschiedenen Handlungszusammenhängen ankündigte, um Mitarbeit und -hilfe bei meinem Forschungsprojekt warb, und in denen wir über das bevorstehende Abitur und ihre Zukunftspläne sprachen. Dabei stellte sich heraus, daß die überwiegende Mehrheit der türkischen Abiturienten und Abiturientinnen an beiden Schulen tatsächlich Bildungsaufsteiger, deren Eltern als „Gastarbeiter" nach Deutschland (bzw. Dortmund) migrierten, waren und damit für meine Untersuchung in Frage kamen. In der Folge begleitete ich zunächst die Abiturphase an beiden Schulen, indem ich Beobachtungen an den Schulen (im Unterricht verschiedener Kurse, in den Aufenthaltsräumen, Fluren und Cafeterien, auf dem Schulhof) und in ihrem unmittelbaren Umfeld durchführte und an Aktivitäten rund um das Abitur teilnahm (Lerntreffen, Abitur-, Berufs- und Studien-Beratungsgespräche, Vorbereitung und Durchführung des „letzten Schultags", der Abiturzeitung, verschiedener Parties und der Abiturfeier). Gleichzeitig führte ich erste Einzelgespräche mit Abiturienten. Auch wurden Gespräche mit Lehrern und mit Sozialarbeitern der lokalen RAA, der Regionalen Arbeitsstelle zur Förderung von Kindern und Jugendlichen, geführt.[106] Die Dortmunder RAA ist in dem Gebäude der Gesamtschule untergebracht und kooperiert mit ihren Integrationshilfen, Sprachkursen, Lehrerfortbildungen und Lehrstellenvermittlungsinitiativen eng mit den Schulen in der Dortmunder Nordstadt.

Zu einigen der türkischen Abiturienten und Abiturientinnen konnte ich infolge regelmäßiger Treffen bald engere Kontakte knüpfen, andere sah ich fast nie. Einige zeigten offensichtliches Interesse an den von mir angekündigten Beobachtungen ihrer Alltagspraxen und den permanent durchgeführten Forschungsgesprächen. Sie waren im Laufe der Feldforschung sogar wiederholt zur Aufnahme von Gesprächen bereit. Andere mußten zu weiteren Treffen

---

106 Die RAAs wurden in den 1980er Jahren zunächst als städtische Modellprojekte zur Behebung der verschiedenen Integrationsprobleme von *ausländischen* Kindern und Jugendlichen eingerichtet. Als kommunale, von den Bundesländern unterstützte Regel- und Kooperationseinrichtungen zwischen Schule, Berufsausbildung und Arbeitsmarkt zielen sie seit Mitte der 1990er Jahre mit ihren mittlerweile interkulturell ausgerichteten Ansätzen auf *alle* Schüler und Jugendlichen (vgl. Tölle 1995).

überredet werden. Wieder andere waren durch meine Feldforschungsbemühungen scheinbar gar nicht erreichbar. Das Feld begann sich also langsam zu sortieren.

Die Hauptphase der Feldforschung (Sommer 1996 bis Sommer 1997) umfaßte das Jahr, in dem die türkischen Abiturienten des Abiturjahrgangs 1996 das Abitur ablegten, die meisten von ihnen anschließend ein Studium und nur vergleichsweise wenige eine Lehre begannen. Zwar lag der Schwerpunkt der Feldforschungsarbeit auf der Beobachtung der Studienanfänger und der Durchführung von Forschungsgesprächen mit ihnen, doch wurden in diesem Jahr parallel auch Kontakte zu den Abiturienten und Abiturientinnen des folgenden Abiturjahrgangs, also den Schülern und Schülerinnen der Jahrgangsstufe 13 der beiden Schulen, geknüpft. Neben der Begleitung der Studienanfänger stellten also auch die Schulen und ihr Umfeld, türkische Bildungsaufsteiger vor dem Abitur und der bevorstehende Schulabschluß durchgängige Beobachtungsinhalte der Feldforschung dar. Auf diese Weise konnte während der ganzen Feldforschungszeit die Übergangsphase von der Schule in die Universität beobachtet werden.

Allmählich und mit zunehmender Dauer der Feldforschung erhielt ich in ganz unterschiedlicher Form Zugang zu einzelnen Bildungsaufsteigern und Freundschaftscliquen (die natürlich nicht immer nur aus türkischen Abiturienten bestanden), über die ich wiederum verschiedene Handlungsfelder (Vereine, Cafés usw.) kennenlernte. Sukzessive wurden derart verschiedene Gruppen, lokale Handlungszusammenhänge und Organisationen zum Gegenstand der Beobachtungen. Darüber hinaus konnte ich die Entwicklung einer über einjährigen Auseinandersetzung um den lautsprecherverstärkten Gebetsruf eines Moscheevereins in Dortmund-Eving beobachten. Dieser ethnisch markierte Konflikt, der lokalpolitisch von großer Bedeutung war, erwies sich ebenfalls als relevanter und interessanter Untersuchungsgegenstand, da einer der Protagonisten, der Sprecher des türkischen Moscheevereins, ein türkischer Student und Bildungsaufsteiger der zweiten Generation war.

Insgesamt wurden während der Feldforschung etwa 30 türkische Bildungsaufsteiger (Abiturient(inn)en und Student(inn)en) – davon ca. 20 aus dem Abiturjahrgang 1996 – sowie verschiedene Handlungsfelder, die für ihre Alltagspraxis von Bedeutung waren, über einen längeren Zeitraum beobachtet. Zu den regelmäßig beobachteten und protokollierten Handlungskontexten zählten: die beiden Schulen; die RAA und ihre Veranstaltungen; die Dortmunder Universität, auf der die Mehrheit der Abiturienten und Abiturientinnen ihr Studium begann; verschiedene Freundschaftsgruppen; eine Arbeitsgemeinschaft auf der Gesamtschule zur Erstellung einer zweisprachigen deutsch-türkischen Schülerzeitung; verschiedene Parties; die Cafeteria des der Gesamtschule angegliederten Jugendzentrums; ein überwiegend von türkischen Studenten besuchtes Café; eine Gruppe von drei bis sechs türkischen Abiturienten, mit denen ich in einem Jugendheim zur Abiturvorbereitung eine mehrmonatige, regelmäßige Mathematik-Nachhilfe-Runde veranstaltete; ein alevitischer Kulturverein und seine Jugendgruppe; der lokale Gebetsrufkonflikt und der darin involvierte Moscheeverein.

Neben den Feldforschungsprotokollen wurden verschiedene Interviews mit Lehrern, RAA-Mitarbeitern, Vereinsmitgliedern und Akteuren im lokalen Gebetsrufkonflikt sowie eine Vielzahl von, teilweise auf Tonband aufgenommenen, Gruppen- und Einzelinterviews mit türkischen Bildungsaufsteigern geführt. An dieser Stelle sei kurz auf die *Form der Interviews* mit den Bildungsaufsteigern eingegangen. Vor dem Hintergrund der obigen Konzeptualisierung von Bildungsaufstieg, Ethnizität und Raum erschien es wenig hilfreich, die Handlungsmuster der Aufsteiger und ihren Gebrauch der sozialen Kategorien Raum und Ethnizität mit Leitfrageninterviews oder vergleichbaren methodischen Techniken zu erheben. Denn weder die interessierenden Verwendungsweisen von ethnischen und räumlichen Unterscheidungen in den Handlungsformen der Aufsteiger noch die sozialen Strukturvoraussetzungen für das, was gesagt wird, sind durch Abfragen ermittelbar. Sie lassen sich erst durch hermeneutische Analysen der Handlungspraxis rekonstruieren. Die Konsequenz für die Datenerhebung lautete daher, wie die ganze Feldforschung auch die aufzunehmenden Forschungsgespräche inhaltlich und in ihrem Ablauf möglichst offen der Handlungspraxis der Aufsteiger und Aufsteigerinnen anzupassen. Statt der Durchführung von thematisch vorab gegliederten Interviews, die einem Leitfaden folgen, wurden deshalb thematisch offene Gespräche geführt. Zwar formulierte ich meine Fragen immer auch mit Blick auf die oben präzisierten Untersuchungsfragen. Doch die vergleichsweise wenig festgelegte und individuell sehr unterschiedliche Form der Gesprächsführung sollte es den untersuchten Bildungsaufsteigern in jedem Fall ermöglichen, ein sie nur wenig einengendes Gesprächsverhalten zu praktizieren und inhaltlich eigene Relevanzen zu setzen. Mit fortschreitender Dauer der Feldforschung ergaben sich die Gesprächsinhalte und meine Fragen zunehmend aus dem bereits erworbenen Wissen über die einzelnen Gesprächspartner, ihre Alltagswelt und die für sie bedeutsamen lokalen Handlungszusammenhänge. Da die während der Feldforschung aufgenommenen Gespräche zwischen den Bildungsaufsteigern und mir also eher den Charakter von Unterhaltungen als von „Interviews" haben, wird im weiteren Verlauf der Arbeit bewußt von *(Forschungs-)Gesprächen* gesprochen. Insgesamt wurden über 40 ein- bis zweistündige Einzelgespräche aufgenommen, von denen wiederum 16 verschriftet und davon schließlich *acht* den Sequenzanalysen im Rahmen der Fallrekonstruktionen zugrunde gelegt wurden.

Auf der Basis des in der Feldforschung erhobenen Datenmaterials (Protokolle, Gesprächsaufnahmen, gesammelte Schriftstücke, Statistiken) werden im Folgenden ausgewählte Merkmale der Lebensbedingungen und der Lebenszusammenhänge türkischer Bildungsaufsteiger in Dortmund vorgestellt.

Die mit der empirischen Untersuchung in den Blick genommenen Abiturient(inn)en und Student(inn)en sind Bildungsaufsteiger aus einem Arbeitermilieu. Verschiedene Beobachtungen bestätigen, daß es angemessen ist, ihre Lebensverhältnisse, Verhaltensweisen und alltäglichen Handlungsbedingungen als aufstiegstypische zu deuten.

Die bisherige Bildungskarriere von vielen der untersuchten Jugendlichen war weder geradlinig noch problemlos. Viele haben einen oder mehrere Wechsel der Schulform hinter sich. Oft führte erst der überdurchschnittliche Erfolg in Haupt- oder Realschule zu einem Übergang in das Gymnasium oder die Gesamtschule in der Dortmunder Nordstadt. Dort wiederum waren Klassenwiederholungen keine Seltenheit. Insbesondere die Fremdsprachen und der Eintritt in die gymnasiale Oberstufe (11. oder 12. Jahrgangsstufe) erwiesen sich als Hürden. Entsprechend stellte sich für einige wiederholt die Frage, ob sie den Anforderungen des Abiturs oder eines Studiums überhaupt genügen würden. Bei diesen Fragen, Problemfeldern und teilweise verunsichernden Erfahrungen (Schulwechsel und Klassenwiederholung; Fremdsprachen und Leistungskursarbeiten; Fach- und Studienwahl usw.) konnten ihnen ihre Eltern nicht direkt, zumindest nicht aus ihrer eigenen Erfahrung helfen. Zwar schienen fast alle Eltern der untersuchten Bildungsaufsteiger ihre höheren Bildungskarrieren zu befürworten, durch Zuspruch zu fördern und zu versuchen, auf ihre Lernbedürfnisse und Arbeitsrhythmen Rücksicht zu nehmen – häufig übertrugen sie offensichtlich ihre eigenen, die Migration nach Deutschland motivierenden Aufstiegsaspirationen auf ihre Kinder („der F. soll studieren, damit er es einmal (noch) besser hat als wir").[107] Nichtsdestotrotz mußten sich ihre Kinder jeden Schritt ihrer höheren Bildungskarriere selbständig und oft mit mehr Anstrengung als Kinder aus Bildungshaushalten erarbeiten. Ihre familiale Pioniertätigkeit, als erstes oder höchstens als ein einem älteren Geschwisterteil folgendes Familienmitglied das Abitur abzulegen und zu studieren, wurde insbesondere an der vor dem Abitur nur sehr geringen Informiertheit über die akademische Welt, das Studium, seine Gestaltung und die akademischen Berufsmöglichkeiten, deutlich. Da ihre Eltern und ihre Verwand-

---

107 Nicht selten sind die Abiturient(inn)en und Student(inn)en die große Ausnahme in ihrer (Arbeiter-)Familie. Der allgemein beobachteten familialen Unterstützung ihres Aufstiegs- bzw. Studienwunsches entsprechend stellten die Eltern und die Geschwister, die keine höhere Bildungskarriere verfolgen, mir gegenüber den bisherigen Schulerfolg der Bildungsaufsteiger teilweise stolz als „Familienerfolg" heraus.

ten, und häufig auch die Bekannten und Nachbarn der Familie, einer Bevölkerungsschicht, die von der deutschen Universitäts- und Akademikerwelt sehr weit entfernt ist, entstammen, zeigten sich alle Jugendlichen stets sehr an Informationsangeboten – sei es durch Beratungsgespräche auf der Schule, durch das Arbeitsamt, die Studienberatung an der Universität oder durch mich, einem im Vergleich zu ihnen schon erfahreneren Universitätsmitglied – interessiert. Mein plötzliches Auftauchen vor ihrem Abitur und mein forschungsbedingtes Interesse an der Phase ihres Studienbeginns, meine Bereitschaft, sie bei Erkundungsgängen in die Universität beratend zu begleiten, und das Angebot, bei technischen Fragen zur Studiengestaltung (Planung, Literaturrecherche und Hausarbeitserstellung) zu assistieren, wurde von fast allen mit Interesse genutzt. Auch ohne explizites Angebot wurde meine diesbezügliche Kompetenz mehr oder weniger häufig und deutlich nachgefragt und in Anspruch genommen. Spiegelbildlich ließ dann ihr Interesse an mir und an den regelmäßigen Treffen mit mir nach den ersten Wochen des Studiums – als sie erkannt hatten, wie „der Laden läuft", und erste Kontakte zu älteren Semestern geknüpft hatten – deutlich nach.

Ebenfalls aufsteigertypisch sind die materiellen Rahmenbedingungen ihrer Lebensverhältnisse: Fast alle der angetroffenen Bildungsaufsteiger lebten mit ihrer Familie relativ beengt in vergleichsweise alten und kleinen Mietwohnungen und mußten sich bis zu ihrem Abitur, und oft auch noch nach Studienbeginn, ein Zimmer mit mindestens einem Geschwisterteil teilen. Fast alle mußten in ihrer Freizeit mindestens seit dem 16. Lebensjahr bzw. dem Eintritt in die Oberstufe jobben, um sich „Taschengeld" für ihre Freizeit zu verdienen. Manche berichteten sogar, daß sie ihren Eltern gelegentlich – insbesondere wenn diese finanzielle Engpässe hätten, z.B. infolge des Abbezahlens eines neuen Autos – von ihrem in der Freizeit verdienten Geld einen Teil abgäben, daß sie also durch ihre neben der Schule oder Universität ausgeübten Aushilfsjobs bei der Post, der Bahn, einer Brauerei, bei Mövenpick usw. zu dem gemeinsamen Familieneinkommen beitragen würden.

Darüber hinaus fiel auf, daß nicht alle, aber die meisten der Bildungsaufsteiger recht bescheiden über ihre bisherigen Schulerfolge sprachen. Außerdem verhielten sich alle ihren Familien, weniger erfolgreichen Freunden, Geschwistern und Bekannten sehr loyal gegenüber. Auch die sehr sensible und rücksichtsvolle Art und Weise, wie die untersuchten Jugendlichen ihre Erfahrungen des bisher mehr oder weniger erfolgreichen Durchlaufens einer höheren Bildungskarriere mit der Lebenswelt von Geschwistern, Nachbarn, weniger erfolgreichen Migranten oder Migrantenjugendlichen mit „Problemkarrieren" ausbalancierten, und wie sie darauf verzichteten, vor diesen Personen mit ihrem Bildungserfolg und den während ihrer bisherigen Schulkarriere angeeigneten Kompetenzen anzugeben, kann man als charakteristisches Aufsteigerverhalten interpretieren: Der biographische und soziale Abstand zwischen den ca. 20jährigen türkischen Studenten und Studentinnen sowie der Mehrheit der türkischen Bevölkerung in Dortmund und dem Arbeitermilieu war eben noch ziemlich gering. Die untersuchten Studienanfänger, die größtenteils in Dortmund oder zumindest einer benachbarten Ruhrgebietsstadt ein Studium begannen und – zunächst – überwiegend bei ihren Eltern wohnen blieben, waren lebensgeschichtlich noch weitgehend ungebrochen in familiale und lokale Lebenszusammenhänge eingebunden.

Die deutliche Aufstiegsmotivation der beobachteten Jugendlichen und ihre Bereitschaft, den nicht immer leichten Weg durch die höheren Bildungsorganisationen mit allen damit verbundenen Spannungen, Verunsicherungen und Anstrengungen zu verfolgen,[108] ist auch vor dem Hintergrund ihrer alltäglichen Nähe und ihrer Vertrautheit mit dem (Industrie-) Arbeitermilieu sowie der lokal sehr spürbaren Arbeitslosigkeit und Armut zu sehen. Angesichts der körperlich harten und nicht selten dauerhafte gesundheitliche Schäden verursachenden (Schicht-) Arbeit ihrer Väter und Brüder als Industriearbeiter schien manchen der Bildungsaufsteiger gerade die primär geistige Anstrengung, die eine Bildungskarriere und ein akademischer Beruf mit sich bringen, erstrebenswert.[109] Wiederholt wurde die Auffassung, daß „Lernen immer noch besser als Arbeiten" sei, geäußert. Noch deutlicher wird der soziale Aufstieg qua Bildung durch die Zugangsschwierigkeiten zum Arbeitsmarkt über ein Ausbildungsverhältnis und die generell angespannte, sich verschlechternde Lage auf dem lokalen, insbesondere dem industriell-gewerblichen, Arbeitsmarkt motiviert. Arbeitsmarktökonomisch interpretiert, erscheint der Bildungsaufstieg geradezu als vielversprechende Möglichkeit, dem die türkischen Jugendlichen immer noch und seit Beginn der 1990er Jahre wieder stärker benachteiligenden Ausbildungsstellenmarkt, dem lokal schrumpfenden industriell-gewerblichen Arbeitsmarkt und damit einer drohenden zukünftigen Arbeitslosigkeit auszuweichen.[110] Die allgemeine Arbeitslosenquote wie auch

---

108 Die Lehrer an beiden Schulen berichteten wiederholt von einer bei vielen Jugendlichen der zweiten türkischen Migrantengeneration ausgesprochen ausgeprägten Lern- und Aufstiegsmotivation. Insbesondere die türkischen Mädchen seien im Vergleich zu ihren deutschen Mitschülerinnen auffallend strebsam und wesentlich bildungsmotivierter.
109 Viele der Väter der während der Feldforschung begleiteten Jugendlichen hatten sich durch ihre langjährige Tätigkeit im Bergbau oder der Schwerindustrie bleibende körperliche Schäden zugezogen: z.B. die eingeschränkte Funktionstüchtigkeit von Gliedmaßen wegen chronischer Gelenkentzündungen und/oder Arbeitsunfällen (bis hin zu unfallsbedingten Amputationen); chronische Rücken- und Bandscheibenprobleme; Lungenkrankheiten usw.
110 Die Schwierigkeiten, (als Kind türkischer Migranten) eine Ausbildungsstelle in dem gewünschten Berufsfeld zu finden, hatten einige der Bildungsaufsteiger bereits persönlich erfahren. Denn nicht alle hatten schon gegen Ende der Mittelstufe (10. Klasse, Mittlere Reife) vor, weiter die Schule zu besuchen und nach dem Durchlaufen der Oberstufe das Abitur zu erreichen und zu studieren. Vielmehr wollten einige der befragten Jugendlichen ur-

die der Ausländer und der ausländischen Jugendlichen liegt in Dortmund deutlich über dem Bundesdurchschnitt. Während der Feldforschung betrug die Arbeitslosenquote in Dortmund ca. 17 %; die Arbeitslosenquote der deutschen Erwerbstätigen lag bei 12%, der ausländischen bei 26% und die der türkischen Erwerbstätigen sogar bei 30%; etwa 20% der Arbeitslosen in den Jahren 1996/1997 waren Ausländer, bei den bis 30jährigen über 25% – Tendenz steigend.[111] In den nördlichen und innerstädtischen Bezirken – insbesondere Innenstadt-Nord, Eving und Scharnhorst – verdichten sich diese Probleme; einem Bericht der Stadt Dortmund von 1990 zufolge lebten alleine in der Dortmunder Nordstadt – dem Stadtteil mit dem höchsten Ausländeranteil (40% im Jahre 1996) und den beiden für die Untersuchung ausgewählten Schulen – 30% der Sozialhilfeempfänger in Dortmund, 20% aller Arbeitslosen und 50% aller Langzeitarbeitslosen (vgl. Stadt Dortmund 1990).

Hinter diesen Zahlen steht der ökonomische Strukturwandel der altindustrialisierten Ruhrgebietsregion mit dem unaufhaltsamen Arbeitsplatzabbau im industriell-gewerblichen Sektor. Zum Aufwachsen als Jugendlicher in Dortmund in den 1980er und 1990er Jahren gehörten die Folgen der De-Industrialisierung (Zechenschließungen, Rationalisierungsprozesse in der Stahlindustrie usw.) genauso wie der Konzertbesuch in der Westfalenhalle oder die Borussia. Praktisch alle Jugendliche, mit denen ich zu tun hatte, hatten gleichaltrige Freunde, Brüder, Väter oder zumindest Bekannte, die vom Auslaufen des Bergbaus oder dem Schließen bzw. dem Schrumpfungsprozeß der lokalen Stahl- und Industriewerke betroffen waren. So wurden viele der Väter mit einer Abfindung über Sozialpläne bereits mit Anfang/Mitte 50 in Rente geschickt oder mußten nach 30 Jahren Berufstätigkeit plötzlich gezwungenermaßen umschulen; gleichaltrige Freunde, die mit 16 Jahren eine Lehrstelle im industriell-gewerblichen Sektor begonnen hatten, mußten schon in ihrer Ausbildung lernen, daß für sie in ihrem Berufsfeld kaum Zukunftsaussichten existierten; bereits ausgebildete Freunde oder ältere Brüder waren seit Monaten arbeitslos, weil ihnen wegen „schlechter Arbeitslage" kurzfristig gekündigt worden war. Auch von der Fusion des Dortmunder Hösch-Konzerns, einem der großen lokalen Arbeitgeber, mit dem Essener Unternehmen Krupp (bzw. mit dem heutigen Thyssen-Krupp-Konzern), die während meiner Feldforschung angekündigt wurde, längere Zeit große Aufregung verursachte und große Demonstrationen der von dem Verlust von mehreren tausend Ar-

---

sprünglich mit 16 Jahren eine Lehre beginnen. Nachdem diese Jugendlichen sich aber auf entsprechende Ausbildungsplätze beworben und lediglich Absagen erhalten hatten, entschieden sie sich zu einem weiteren Verbleib auf der Schule. Ihren Erzählungen zufolge wuchs dann allmählich der Wunsch zu studieren und auch ihr Zutrauen, die weiteren Schritte der höheren Bildungskarriere erfolgreich absolvieren zu können.

111 Vgl. Arbeitsamt Dortmund 1996; Stadt Dortmund 1995, 8; Stadt Dortmund, Statistik und Wahlen 1998, 13.

beitsplätzen bedrohten Industriearbeiter im Dortmunder Norden, am Borsigplatz und vor den Höschwerken, hervorrief, waren mehrere Familien der untersuchten türkischen Bildungsaufsteiger betroffen. Wenig überraschend, begegnete ich also bei der Feldarbeit mit den türkischen Abiturienten und Studentinnen immer wieder dem Thema der Arbeitslosigkeit: IG Metall-Plakate gegen den Stellenabbau; Unterschriftenaktionen im alevitischen Kulturverein gegen die Fusion von Hösch und Krupp; die von der RAA vor dem Hintergrund der sich verschärfenden Situation auf dem Ausbildungsstellen- und Arbeitsmarkt konzipierten „Berufsorientierungshilfen für ausländische Jugendliche"; die Einschätzung der Bildungsaufsteiger, daß zwar auch ein Studium keine sicheren Aussichten garantiere, aber im Vergleich zu einer Lehre, die häufig in die Arbeitslosigkeit führe, weit vielversprechender und verwertbarer sei („da hat man wenigstens was in der Hand", „eine Ausbildung bietet heute ja wohl gar keine Sicherheit mehr"); der weit verbreitete Wunsch, sich mit Hilfe der erworbenen und noch weiter zu erwerbenden Bildungsqualifikationen „selbständig" zu machen, um nicht wie ihre Eltern für andere arbeiten und von anderen abhängig sein zu müssen. Und schließlich wurde in allen vier Abiturreden, die in den Jahren 1996 und 1997 an den beiden Schulen (teilweise auch von den untersuchten Abiturienten) gehalten wurden, wie auch in den jeweiligen Abiturzeitungen die lokal folgenreiche Arbeitslosigkeit und die Angst vor der eigenen zukünftigen Arbeitslosigkeit mehr oder weniger intensiv thematisiert.

Insgesamt speist sich die Aufstiegsmotivation der türkischen Abiturienten und Abiturientinnen – d.h. ihr Bestreben, mittels der Fortsetzung einer höheren Bildungskarriere sozial aufzusteigen, ihr dazu benötigter Durchhaltewille, ihre Ausdauer und ihr Arbeitseinsatz – somit aus der Motivierung und Unterstützung durch ihre Familien, aus ihren bisherigen Schulerfolgen, aus den familiären Erfahrungen mit dem Arbeitermilieu (hohe individuelle zeitliche und körperlich-gesundheitliche Kosten bei vergleichsweise schwachen materiellen und finanziellen Ressourcen), aus persönlich erfahrenen oder erwarteten Zugangsschwierigkeiten auf dem Ausbildungsstellenmarkt sowie aus dem Wunsch, den von hoher Arbeitslosigkeit und schlechten Zukunftsaussichten betroffenen industriell-gewerblichen oder handwerklichen Arbeitsmarktbereich, in dem ihre Eltern, Geschwister und Bekannte arbeiten, möglichst zu meiden.

Ganz wesentlich für die Lebensbedingungen der untersuchten türkischen Jugendlichen in Dortmund sind natürlich auch die sozialen Kontexte der besuchten Schulen. Da die große Mehrheit der Schüler auf beiden Schulen in relativer Nähe, oft sogar in Fußnähe, wohnt, gelten das Gymnasium und die Gesamtschule in der Charakterisierung ihrer Lehrer überwiegend als „typische Stadtteilschulen". Infolge ihrer Lage in der Dortmunder Nordstadt ist es wenig überraschend, daß beide Schulkontexte deutlich von Migration und Migrantenjugendlichen gekennzeichnet sind.[112] Sowohl das Gymnasium als auch die davon nur einen Kilometer entfernte Gesamtschule weisen einen für Gymnasien und Gesamtschulen in Dortmund überdurchschnittlichen Anteil ausländischer Schüler (mit etwa 15 verschiedenen Nationalitäten) auf. Ein Drittel der über 1000 Schüler des Gymnasiums hat einen ausländischen Paß; dabei sind die türkischen Schüler und Schülerinnen mit ca. 15% der Gesamtschülerzahl die größte ausländische Schülergruppe (gefolgt von ca. 5% „jugoslawischer" Schüler).[113] Von den über 1200 Schülern der Gesamtschule sind die ausländischen Schüler mit ca. 55% sogar in der Mehrheit. Auch hier stellen türkische Schüler und Schülerinnen die bei weitem größte ausländische Gruppe dar: Die 439 türkischen Schüler entsprechen 65% aller ausländischen Schüler bzw. 36,5% der gesamten Schülerschaft. An beiden Schulen ist der absolute und relative Anteil von ausländischen und türkischen Schülern seit den 80er Jahren langsam, aber stetig gestiegen. Die vergleichsweise noch höheren Anteile ausländischer wie türkischer Schüler und Schülerinnen in den Unterstufenklassen wie in den lokalen Grundschulen des Stadtbezirkes Innenstadt-Nord lassen erwarten, daß der Anteil ausländischer und türkischer Schüler in der Oberstufe des Gymnasiums und der Gesamtschule auch in den nächsten Jahren weiter steigen wird. In den für die untersuchten Abiturienten

---

112 Bei einem in den 1990er Jahren leicht steigenden ausländischen Bevölkerungsanteil von etwa 11 bis 13% der Dortmunder Gesamtbevölkerung (bei ca. 600.000 Einwohnern in den 1990ern mit einer seit 1991 fallenden Tendenz: 1991: 611.000, 1995: 602.00, 1998: 593.000) konzentriert sich die ausländische Bevölkerung mit mehr als 50% in den Innenstadtbezirken (vgl. die entsprechenden, jährlichen Publikationen des Amtes für Statistik und Wahlen der Stadt Dortmund). Fast ein Drittel aller Dortmunder Einwohner mit ausländischem Paß lebt in der Nordstadt (administrativ-korrekt: „Stadtbezirk Innenstadt-Nord"), die mit 40% den mit Abstand höchsten Ausländeranteil aufweist (gefolgt von 16% in der Innenstadt-West und 15% in Dortmund-Eving). Aufgrund der vergleichsweise jungen Altersstruktur der ausländischen Bevölkerung liegt der Anteil ausländischer Schüler an Dortmunder Schulen mit ca. 17% (1995) deutlich über dem durchschnittlichen Ausländeranteil. Bezieht man auch die Aussiedlerkinder (mit deutschem Paß) mit ein, gibt es keinen Dortmunder Stadtbezirk, in dem der Anteil der Jugendlichen mit Migrationshintergrund an der lokalen Schülerschaft unter 10% liegt. In der Nordstadt liegt der Anteil ausländischer Schüler (an allen Schulformen) mit mehr als 50% weit über dem Durchschnitt (vgl. Stadt Dortmund 1997 u. Tölle 1995).
113 Diese und auch die folgenden Zahlen stützen sich (1) auf eigene Erhebungen der Zusammensetzung der Schülerschaft des Gymnasiums und der Gesamtschule in den einzelnen Jahrgangsstufen, (2) auf eine auf meine Anfrage von der RAA auf der Basis von Daten des Dortmunder Schulverwaltungsamtes freundlicherweise erstellte statistische Übersicht über die Verteilung von Schülern und Schülerinnen an den einzelnen Dortmunder Schulen (Bezug: Schuljahre 1987/88, 1996/97 und 1997/98) sowie (3) auf eine RAA-Publikation zur schulischen Situation von Migrantenjugendlichen im Schuljahr 1996/97 (vgl. Stadt Dortmund 1997).

und Abiturientinnen relevanten Jahrgangsstufen 1995/96 bzw. 1996/97 setzte sich die Schülerschaft folgendermaßen zusammen: Im Abiturjahrgang des Gymnasiums von 1996 (1997) waren 23% (37%) der Schüler und Schülerinnen ausländischer und 10% (22%) aller Schüler türkischer Nationalität (bei 78 bzw. 109 Abiturienten). Auf der Gesamtschule lagen die Anteile noch deutlich höher: im Abiturjahrgang von 1996 (1997) waren sogar 80% (67%) der Schüler ausländischer und 58% (44%) aller Schüler türkischer Nationalität (bei 48 bzw. 54 Abiturienten und Abiturientinnen).

Die meisten der türkischen Schüler und Schülerinnen auf beiden Schulen sind in Dortmund oder der Nähe geboren. Vergleicht man die beiden Schulen, fällt neben dem größeren Anteil der türkischen Schüler auf der Gesamtschule auch der größere – wenn auch insgesamt vergleichsweise kleine – Anteil derjenigen Schüler auf, die selbst Migranten sind, die also in der Türkei geboren sind und nach ihrer Migration als „Seiteneinsteiger" in die Gesamtschule oder eine deutsche Grundschule eingeschult wurden.

Auch andere Unterschiede sind offensichtlich. Während die türkischen Abiturienten auf dem Gymnasium – nach den Aussagen der interviewten Lehrer und meinen eigenen Beobachtungen – im allgemeinen keine bemerkbaren Schwierigkeiten mit dem Deutschen haben, sondern, wenn überhaupt, nur in wenigen Einzelfällen, stellt sich die Situation auf der Gesamtschule ganz anders dar. Hier fallen sofort Sprachschwierigkeiten und die teilweise mangelhaften Deutschkenntnisse vieler türkischer (aber auch anderer ausländischer *und* deutscher) Schüler auf. Ebenfalls ist beobachtbar, daß auf der Gesamtschule im Gegensatz zum Gymnasium verhältnismäßig viele türkische Jugendliche untereinander häufig auf türkisch und nicht auf deutsch sprechen. In der Einschätzung der Leitung der Gesamtschule und ihrer Lehrer wird die Ursache der Probleme türkischer (ausländischer) Schüler mit dem Deutschen, die auch mehr oder weniger stark das Leistungsniveau in den einzelnen Kursen und die Klausurleistungen der Jugendlichen beeinträchtigten, darin gesehen, daß ein Teil der Schüler in der Türkei (im Ausland) geboren sei und keinen deutschen Kindergarten besucht habe. Außerdem sei der Anteil türkischer (ausländischer) Schüler so groß, daß türkische bzw. ausländische Schüler in vielen Kursen oder Klassen in der Mehrheit und nur in rein türkischen Freundschaftcliquen eingebunden seien. Darüber hinaus kämen viele Schüler bereits von Grundschulen, auf denen der Anteil türkischer und ausländischer Schüler so groß gewesen sei, daß sie, obwohl in Deutschland geboren, nie perfekt Deutsch gelernt hätten.

In vergleichbarer Form sind auch verschiedene andere Merkmale, die im Zusammenhang mit dem Migrantenstatus eines großen Teils ihrer Schülerschaft zu sehen und zum Teil als Reaktion der Schule auf diese Tatsache zu deuten sind, im Kontext der Gesamtschule stärker ausgeprägt als auf dem

Gymnasium. So wird die Schülerschaft auf beiden Schulen bei der statistischen Erfassung formal nach ethnisch-religiösen Kriterien (römisch-katholisch, orthodox, evangelisch, islamisch, konfessionslos) und nach der Nationalität differenziert. Diese organisatorische Verwendung ethnisch-nationaler Unterscheidungskriterien dient nicht nur rein schulstatistischen Zwecken. Sie dient vor allem der Entscheidung über die temporäre Separierung der Schüler zur Teilnahme am „christlichen" Religions- oder am Ethikunterricht (für die nicht-christlichen bzw. konfessionslosen Schüler), der auf Antrag erfolgten Freistellung von muslimischen Kinder an bestimmten islamischen Feiertagen, der Entscheidung über die Einrichtung von Klassen zum muttersprachlichen („Ergänzungs"-) Unterricht, der Begründung der Anforderung der für diesen muttersprachlichen Unterricht geeigneten Lehrer sowie der Durchführung von Lehrer-Fortbildungsmaßnahmen zur „Interkulturellen Pädagogik". Neben den muttersprachlichen Klassen für türkische Schüler in der Sekundarstufe I, die es sowohl auf dem Gymnasium wie auch auf der Gesamtschule gibt, wird auf der Gesamtschule seit wenigen Jahren zudem die durch ein entsprechendes Curriculum vom Kultusministerium NRW geschaffene Möglichkeit genutzt, bei bestehender Nachfrage Türkisch auch in der Sekundarstufe II anzubieten – in der Form eines Grundkurses „Türkisch als Fremdsprache". Nach durchgängigem und erfolgreichem Absolvieren des Türkisch-Grundkurses kann Türkisch dann auch als eines der vier in NRW obligatorischen Abiturprüfungsfächer gewählt werden.[114] Die Möglichkeit, Türkisch als Grundkurs zu wählen, wurde zur Zeit der Feldforschung in jedem Oberstufenjahrgang von 10-15 türkischen Schülern und Schülerinnen wahrgenommen, von denen allerdings nicht alle auch in Türkisch eine Abiturprüfung ablegten. Da der einzige für den Oberstufenkurs Türkisch qualifizierte Türkischlehrer seit der Einrichtung dieses Kurses nun aus Zeitgründen weniger muttersprachlichen Unterricht in der Sekundarstufe I erteilen kann, die Zahlen der neueingeschulten türkischen Schüler in der 5. Jahrgangsstufe aber zugleich seit Jahren konstant bis wachsend sind, sind die insgesamt drei für den muttersprachlichen Unterricht qualifizierten und zur Verfügung stehenden Lehrer auf der Gesamtschule, die teilweise auch noch an anderen Schulen unterrichten, voll ausgelastet. Folglich sieht die Schulleitung der Gesamtschule einen zukünftigen Bedarf für weitere Türkischlehrer.[115]

Die mittlerweile wohletablierte organisatorische Erfassung und Differenzierung der Schülerschaft mit Hilfe ethnisch-nationaler Beschreibungskatego-

---

114 Vgl. Kultusministerium des Landes Nordrhein-Westfalen 1994.
115 In Erwartung der zukünftigen Einführung der islamischen Religionslehre als regulärem Unterrichtsfach werden vor allem Lehrer gesucht, die infolge entsprechender Hochschulqualifikationen berechtigt sind, sowohl Türkisch als auch islamische Religionslehre zu unterrichten.

rien geht darüber hinaus ebenfalls in die vom Kultusministerium in jüngster Zeit geforderte Entwicklung von Schulprofilen und in die damit verbundenen offiziellen Selbstdarstellungen der Schulen ein. Auch die interviewten Lehrer greifen bei ihren Beschreibungen und Deutungen diverser schulspezifischer Konstellationen (z.B.: Lernvoraussetzungen und Sprachschwierigkeiten der Schüler, Konflikte zwischen Schülern, Lehrer-Schüler- oder Lehrer-Eltern-Beziehungen) – wenn auch nicht durchgehend und ausschließlich – auf die gängigen ethnisch-nationalen Unterscheidungskategorien zurück. Sowohl auf dem Gymnasium als auch auf der Gesamtschule wurden der Migrationshintergrund der Schüler und „multikulturelle" Themen in verschiedenen Fächern zum Unterrichtsgegenstand gemacht, so zum Beispiel in Geschichte, Sozialwissenschaften, Erdkunde, Kunst, aber auch in Deutsch (z.B. beim Vergleich türkischer und deutscher Lyrik). Besonders deutlich und umfangreich war dies in den Pädagogikkursen der Gesamtschule der Fall. Dabei unterscheiden die Lehrer nicht nur türkische und deutsche (oder italienische, marokkanische usw.) Schüler, sondern übernehmen teilweise auch detailliertere ethnisch-nationale Beschreibungsformen. Derartige Subdifferenzierungen beobachten sie einerseits bei den Selbstbeschreibungen ihrer Schüler, in Schülerdiskussionen oder bei den auf der Schule stattfindenden Auseinandersetzungen zwischen Schülern. Andererseits finden sie auch in verschiedenen öffentlichen Diskursen oder in Lehrer-Fortbildungsmaßnahmen, z.B. in den von der lokalen RAA angebotenen, Verwendung. Die Lehrer beziehen sich dann wie einige ihrer Schüler nicht pauschal auf (zum Beispiel) türkische Kinder und Jugendliche, sondern unterscheiden – und zwar je nach persönlicher Unterrichtserfahrung unterschiedlich differenziert – türkische und kurdische, sunnitische und alevitische, oder islamische, unpolitische und nationalistisch eingestellte Jugendliche, Elternhäuser und Kultur- oder Handlungshintergründe. Auch diese ethnischen Subdifferenzierungen in schulischen Kommunikations- und Handlungsformen wurden an beiden Schulen beobachtet, insgesamt jedoch erneut viel häufiger und ausgeprägter an der Gesamtschule.

An dieser Stelle seien einige Bemerkungen zu der mit der Erhebung der Feldforschungsdaten verbundenen Ethnisierung der interessierenden Kinder der Arbeitsmigranten und ihrer Lebensverhältnisse eingeflochten. Da sich die verfolgte Forschungsfrage gerade für die Bedeutung der Verwendung ethnischer Unterscheidungen durch die Bildungsaufsteiger interessiert, da also gerade die von ihnen gewählten Handlungsformen und Relevanzen im Vordergrund stehen, bemühte ich mich zu Beginn der Feldforschung darum, das zu Beobachtende möglichst wenig zu verzerren. Zwar war mir bewußt, daß ich durch mein Erscheinen das Forschungsfeld ohnehin beeinflussen würde und daß schon meine Auswahl „türkischer" (und nicht deutscher, polnischer ...) Jugendlicher nur durch die Verwendung ethnisch-nationaler Unterscheidungskategorien möglich war. Doch ich versuchte, wenigstens ethnische Unterscheidungen nicht schon durch meine Äußerungen in die zu beobachtenden Kommunikationen und Handlungsformen einzuführen. Explizit ethnische und kulturalistische Thematisierungsweisen sollten vermieden werden. Bei den ersten Begegnungen und Vorstellungsgesprächen wählte ich daher sehr vorsichtige und eher wissenschaftlich-distanzierte Adressierungsformen: Recht umständlich sprach ich von „Migrantenjugendlichen" oder von „Jugendlichen der zweiten Einwanderergeneration". Statt von „Türken", „türkischen Jugendlichen", „Kurden", „Sunniten" usw. zu sprechen, redete ich von „Jugendlichen, deren Eltern (im Rahmen der Gastarbeiteranwerbung) aus der Türkei nach Deutschland migrierten" und von „Jugendlichen, die sich selber (bzw. deren Eltern sich) als Kurden, Sunniten ... bezeichnen".

Sehr schnell war jedoch zu erkennen, daß derartige „korrekte" Adressierungen in dem untersuchten Feld vollkommen unüblich waren. Statt dessen gehörten die verschiedenen ethnisch-nationalen Beschreibungsformen zur alltäglichen Realität der untersuchten Jugendlichen. Überall und von allen Seiten wurde ethnisiert und mit nationalen Unterscheidungen operiert. Ob ich nun versuchte, derartige Unterscheidungen explizit zu vermeiden, oder nicht, die Ausdrücke „Ausländer", „Türke" oder „Deutscher", bzw. „ausländischer", „türkischer" oder „deutscher Jugendlicher", oder „Kurde", „Moslem", „Sunnit", „Alevit", „Atheist" usw. wurden von den meisten – gänzlich unabhängig davon, ob sie in der Türkei oder in Deutschland geboren waren – stets ganz selbstverständlich verwendet. Nicht nur wurde ich selbst von den untersuchten Jugendlichen fast immer und absolut zweifelsfrei als „Deutscher" adressiert. Auch meine zurückhaltende oder gar nicht erfolgte Verwendung ethnisch-nationaler Kategorien bei der Adressierung der Jugendlichen wurde von ihnen wie eine explizite behandelt. Ein Beispiel von vielen: Auf meine an zwei Jugendliche von dem Gymnasium nach unserem ersten Gespräch während einer Freistunde gerichtete Bitte, ob sie mir wohl noch andere Jugendliche, deren Eltern ebenfalls Migranten aus der Türkei seien, nennen könnten, die ich für meine Untersuchung kennenlernen könnte, riefen sie weitere uns auf dem Schulflur passierende potentielle Kandidaten mit den Worten herbei: „Kommt mal her, der hier will mit Ausländern sprechen".

Da auf diese oder ähnliche Weise schnell klar wurde, daß die zu untersuchenden Akteure an ethnisierende Fremdzuschreibungen gewöhnt waren und sie von einem Forscher, der sich für die Situation von Jugendlichen interessiert, deren Eltern als Arbeitsmigranten aus der Türkei nach Deutschland kamen, schon aufgrund seines Forschungsinteresses erwarteten, paßte ich mich schon bald nach Beginn der Feldforschung den gängigen Beschreibungskategorien an. In genau dem Sinne ist auch die in dieser Arbeit verwendete Rede von „türkischen" (Migranten-) Jugendlichen oder Bildungsaufsteigern zu verstehen, nämlich als eine den Selbstbeschreibungen der Jugendlichen angepaßte Kurzform von wissenschaftlich differenzierteren Formulierungen wie „deutsch-türkische Jugendliche", „Bildungsaufsteiger türkischer Herkunft" oder „in Deutschland (geborene und/oder) aufgewachsene Kinder der Arbeitsmigranten aus der Türkei".

Die anfängliche Zurückhaltung bei der Verwendung der im Feld zwar üblichen, aber für den Kontext der Untersuchung eben nicht bedeutungslosen, da im- oder explizit ethnisierenden, Beschreibungsformen wurde schließlich auch aus einem anderen Grund bald aufgegeben. Während der Entstehung der Arbeit, insbesondere zu Beginn der schon während der Feldforschung begonnenen ersten Auswertungsversuche von aufgenommenen Forschungsgesprächen, gelangte ich zunehmend zu der Einsicht, daß jegliche Versuche einer von körperlich anwesenden Forschern durchgeführten qualitativen Untersuchung, möglichst „natürliche" Daten (Keppler 1995, 35) zu erheben und den Herstellungscharakter ihrer empirischen Daten auszublenden, zum Scheitern verurteilt sind. Die Anwesenheit des Sozialforschers und die durch seine Präsenz direkt oder indirekt etablierte Beobachtungsform – hier: das Interesse an *türkischen Migranten* der zweiten Generation – kann man nachträglich nicht aus den erhobenen Daten herausinterpretieren, wie viele Anwender qualitativer Erhebungs- und Auswertungsmethoden dies auch immer versuchen mögen. Vielmehr sollte bei der Auswertung genau umgekehrt verfahren werden: Die bei der Datenauswertung eingenommene Position eines Beobachters zweiter Ordnung, der die während einer Feldforschung aufgezeichneten Gespräche zwischen zwei sich gegenseitig beobachtenden Beobachtern erster Ordnung, dem Interviewer und dem Interviewten, interpretiert, ist bei der Auswertung genau in dem Sinne fruchtbar zu machen, daß die empirischen Erzeugungsbedingungen der Gesprächsdaten der interviewten Person konsequent in die Analyse miteinbezogen werden. Wählt man dieser Überlegung folgend auch eine Auswertungsmethode wie die Sequenzanalyse (s. Kap. D.I.3), die sich streng an der Rekonstruktion der Interaktion und damit an den gewählten Handlungsformen der sich aufeinander beziehenden Akteure orientiert, dann gibt es keine „falsche", „richtige" oder „verzerrende" Erhebung, sondern schlicht eine von Akteuren hervorgebrachte empirische *Erhebungssituation*. Welche der in diese Situation eingehenden gesellschaftlichen Bedingungen und welche der sich in dieser Situation reproduzierenden Erfahrungen und Erwartungen der handelnden Personen für die interessierenden Handlungsmuster von Bedeutung sind, ist dann ebenso wie die diesbezügliche Relevanz von Fremd- und Selbstethnisierungen durch die genaue Analyse der gemeinsamen Hervorbringung der Erhebungssituation zu rekonstruieren.

Nun zurück zur Beschreibung der Lebenszusammenhänge der untersuchten Jugendlichen, genauer: zur alltäglichen Präsenz von Ethnizität auf der Gesamtschule. Im Gegensatz zum Gymnasium waren auf der Gesamtschule verschiedene Themen rund um den migrationsinduzierten Komplex Integration, Migrationsfolgen und Multikultur nahezu tagtäglich in unterschiedlicher Gestalt präsent. Neben den bisher genannten Beispielen ist noch die in Zusammenarbeit mit der RAA entstandene zweisprachige türkisch-deutsche Schülerzeitung zu nennen. Sie wird von einer einmal wöchentlich tagenden Arbeitsgemeinschaft, die von einem türkischen Lehrer geleitet wird und an der ca. 10 mehrheitlich türkische Schüler und Schülerinnen aus verschiedenen Jahrgangsstufen teilnehmen, hergestellt. Die Zeitung behandelt vorwiegend aktuelle schülerbezogene Themen und Probleme aus dem Bereich Migration, türkisch-deutsche Identität und Kultur. Die Ausgaben dieser Schülerzeitung zirkulieren nicht nur unter den Schülern auf der Gesamtschule; sie finden auch überregionale Beachtung, so etwa bei der von der RAA vermittelten Teilnahme auf der 5. Ost-West-Jugendkonferenz im Oktober 1996 in Berlin.

Ebenso zum Alltag auf der Gesamtschule gehörten ethnische Beschreibungsformen auf Plakaten, Flugblättern und den Graffitis an den Schulwänden. Während Plakate und Flugblätter über den Auftritt einer anatolischen Folkloregruppe im städtischen Kulturzentrum, die regelmäßigen Parties und Neueröffnungen türkischer Diskos, islamische Feiertage oder über die „interkulturellen" Aktivitäten, Workshops und Schulungen der RAA informierten, thematisierte ein Teil der vielfältigen Graffitis an den Flur- und Klassenwänden ethnische Unterscheidungen in wesentlich politisierterer Form: Rechte, linke, religiöse sowie politisch-klassenkämpferische Meinungen und Parolen kamen hier, häufig in türkischer Sprache, zum Ausdruck. Auch verschiedene andere ethnische Binnendifferenzierungen wie die zwischen alevitischen und sunnitischen Türken oder zwischen Türken und Kurden wurden derart symbolisiert – was wiederum in der deutsch-türkischen Schülerzeitung kritisch reflektiert wurde. Überhaupt fiel die relative Popularität türkisch-ethnischer Symbole und Abzeichen auf, die einige Jugendliche trugen. Zur angemessenen Dechiffrierung der ethnischen Symbole, die türkische Jugendliche verwendeten, bot die RAA eine entsprechende Schulung für die Lehrer und Lehrerinnen der Gesamtschule an. Ähnlich engagierte sich die Schulleitung, die mit der Verteilung eines Verzeichnisses türkisch-ethnischer Symbole an die unterrichtenden Lehrer auf eine treffsicherere Identifizierung etwaiger nationalistischer oder volksverhetzender Symbole und damit letztlich auf die Verbesserung der Möglichkeit, ihren Gebrauch durch einzelne türkische Schüler sanktionieren zu können, zielte.[116] Schließlich war auch die aktuelle türkische

---

116 Ein Effekt der Schulung und der mit der Zeit angeeigneten Kenntnisse der Lehrer war das erfolgreiche Wiedererkennen der Symbole der (nationalistischen) „Grauen Wölfe". Natür-

oder türkisch-deutsche Rock- und Hiphop-Musik bei vielen (nicht nur türkischen) Jugendlichen sehr populär. Ob in der Schulcafeteria, auf privaten Parties oder auf den schon bei den Abiturienten beliebten Uniparties der nahegelegenen Dortmunder Universität, immer wurden auch die neuesten Hits aus der türkisch-deutschen Musikszene gespielt und gewünscht.

Interessanterweise geriet nicht nur ich bei der Suche nach Innenstadtschulen in Ruhrgebiets-Stadtvierteln mit hohem Migrantenanteil an die Gesamtschule. Auch andere von außen kommende Beobachter stießen wie selbstverständlich auf diese Schule: Alleine während der Feldforschungszeit entstand auf der Gesamtschule ein Teil einer NDR-Fernsehreportage über türkische Jugendliche in Deutschland und bemühten sich Reporter vom WDR um türkische Jugendliche dieser Schule, die sich für eine Sendung über Religion, Fundamentalismus und Identität von Migrantenjugendlichen interviewen ließen. Höhepunkt des Schuljahres war jedoch zweifelsohne der mehrstündige Besuch von Bundespräsident Herzog, der sich, von Lokalreportern und einem Fernsehteam begleitet, persönlich über den Stand der Integration von ausländischen Jugendlichen erkundigen wollte. Sehr zur Freude von Lehrern und Schülern zeigte er sich überaus interessiert an ihren alltäglichen Problemen und äußerte sich nach mehreren Gruppengesprächen sehr lobend über die gemeinsame, vorbildhafte Arbeit der Lehrer und Schüler auf dieser Schule. Auch diese Ereignisse können als – wahrscheinlich unterschiedlich wirksamer – Beitrag zur Ethnisierung der sozialen Verhältnisse auf der Gesamtschule verstanden werden.

Offensichtlich scheinen also die vergleichsweise hohe Segregation von Ausländern in der Dortmunder Nordstadt, der sehr hohe Ausländeranteil an der Gesamtschule sowie die damit fast automatisch verbundenen Beobachterannahmen bezüglich der Relevanz von ethnischen Differenzierungen die Auswahl der Gesamtschule für Interviews, Reportagen o.ä. regelmäßig zu begünstigen. Das deutliche öffentliche Interesse an der Gesamtschule mag auch damit zusammenhängen, daß die Gesamtschule neben ihrem hohen Ausländeranteil noch ein weiteres Merkmal aufweist, das sie für die Wahrnehmung durch Medien, Politik, Wissenschaft oder Organisationen der Sozialen Arbeit wie die RAA prädestiniert: Die vieldiskutierte Gewalt- und Drogenproblematik war in den 1990er Jahren auch auf der Gesamtschule und in ihrem Umfeld

---

lich hat dies in keinster Weise zum Verschwinden der Zurschaustellung der entsprechenden Symbole durch einige Schüler geführt – im Gegenteil, es schien, daß gerade weil nationalistische Ausdrucksformen auf einer Schule, deren Lehrer sich ausdrücklich um Toleranz und Multikultur bemühten, absolut tabu waren, sie umso attraktiver wurden. Sprüche über ein großtürkisches Reich, demonstratives Tragen eines Kettchens mit einem heulenden Wolf oder gar die Imitation eines Wolfsrufes auf den hallenden Korridoren der Schule waren und blieben beliebte Provokationen.

wiederholt und in verschiedenartiger Form (Polizeistreifen und -kontrollen, Schulverweise, Ermordung einer Schülerin, präventive und intervenierende Sozialarbeit, Lehrerfortbildung) relevant. Die Lehrer haben deshalb Anweisung von der Schulleitung, Beobachtungen im Zusammenhang mit Gewalt (aber auch mit Fremdenfeindlichkeit, Nationalismus und entsprechenden Beleidigungen, Diskriminierungen usw.) und mit Drogen (neben dem Konsum insbesondere auch den – in der Vergangenheit wiederholt am Rand des Schulgeländes aufgetretenen – Verkauf von Drogen) zu melden und gegebenenfalls zu intervenieren. Es liegt somit geradezu nahe, daß die Mischung aus Innenstadtlage, mehrheitlich ausländischer Schülerschaft, Kriminalitäts- und Gewalt- sowie alltäglicher Ethnizitätsthematik die Reputation der Gesamtschule, so etwas wie eine „Ghettoschule" zu sein, befördert. Und tatsächlich wird die Gesamtschule in der Außenwahrnehmung (weniger in der Wahrnehmung ihrer Lehrer und Schüler), z.B. von den Sozialarbeitern der RAA oder den Medien, immer auch als Schule in einer „innerstädtischen Problemzone" oder sogar als „Problemschule" beschrieben. Ein solches Image wiederum kanalisiert die weitere öffentliche Aufmerksamkeit und zieht Medien, Politiker und Forscher gleichermaßen an. Die aus ihrer alltäglichen Arbeit gewonnenen Einschätzungen der Sozialarbeiter der in dem Gebäude der Gesamtschule untergebrachten RAA, daß sich seit Anfang der 1990er Jahre Teile der türkischen Jugendlichen verstärkt zurückzögen, abschotteten, bewußt islamische Ehepartner aus der Türkei heirateten, daß die Moscheen in der Nordstadt erheblich an Zulauf gewonnen hätten, türkische Mädchen verstärkt Kopftücher trügen, oder die Bereitschaft einiger türkischen Jugendlichen, Deutsch zu lernen, abnähme, wirken in dem Zusammenhang geradezu als Wegbereiter für die Festschreibung einer einseitig problemorientierten Außenwahrnehmung. Die Weiterreichung und gegenseitige Vergewisserung eines äußerst anschlußfähigen, da skandalisierenden „Ghettoblicks" auf die Dortmunder Nordstadt und die Gesamtschule ließe sich anhand entsprechender Texte und Zitate aus den verschiedenen Kontexten der Sozialen Arbeit, der Lokal- und Bundespolitik, der Medien und der Wissenschaft problemlos nachverfolgen.

Abschließend noch ein Wort über allgemeinere Beobachtungen zur alltäglichen Gegenwart ethnischer Unterscheidungen in den Medien und den öffentlichen Diskussionen zur Zeit der Feldforschung. Wie schon seit Jahren spielten Migranten und Migrationsthemen auch in den Jahren 1995 bis 1997 eine große Rolle in der Öffentlichkeit. So fielen beispielsweise die von der regierenden CDU vorgeschlagene Einführung einer zeitlich bis zum Erwachsenenalter limitierten Doppelstaatsangehörigkeit für die Kinder der Migranten und die mit diesem Vorschlag einhergehenden politischen Diskussion und Gegenreaktionen genau in die Feldforschung in den Jahren

1996 und 1997. Gleiches gilt für die Änderung des Aufenthaltsrechts von lange in Deutschland lebenden Ausländern. Lokalpolitisch war, wie erwähnt, der Streit um den lautsprecherverstärkten islamischen Gebetsruf eines türkischen Moscheevereins in Dortmund Eving von Relevanz. Auch die Errichtung einer neuen, großen Moschee in der Dortmunder Nordstadt wurde öffentlich diskutiert.

In der populären Kulturszene setzte spätestens Mitte der 1990er Jahre ein deutlicher Trend zur Popularisierung und Kommerzialisierung ethnischer Unterscheidungen ein – türkische Kultur oder, genauer, türkisch-kulturelle Einsprengsel und Unterscheidungen in der Jugend- und Popkultur waren plötzlich „hip". Überall tauchten deutsch-türkische Künstler, Musiker, Produzenten, Regisseure und Schauspieler aus der zweiten Migrantengeneration auf, deren Popularität eng mit der Verwendung ethnischer Unterscheidungen verknüpft war. Auf die Popularität der Rock-, Rap- und Hip-Hop-Musik mit türkischen Elementen bei einem Teil der untersuchten Bildungsaufsteiger und auf das beobachtete Tragen von Abzeichen und Symbolen ethnischer oder ethnisch-politischer Zugehörigkeit wurde bereits hingewiesen (vgl. dazu auch allgemeiner: Karakaşoğlu-Aydın 1997). Den Zeitgeist traf offensichtlich auch der Schriftsteller Feridun Zaimoglu. Auch wenn Zaimoglu – übrigens ebenfalls ein Aufsteiger aus der zweiten türkischen Migrantengeneration – von den 1996/97 untersuchten Schülern und Studenten bis auf wenige Ausnahmen noch nicht wahrgenommen wurde, sei er hier als Beispiel für die zunehmende Popularisierung ethnischer Beschreibungsformen in ebendieser Zeit erwähnt. In den Jahren 1995/96 begannen nämlich auch seine bis heute andauernden erfolgreichen Auftritte in den Kulturprogrammen der deutschen Medienlandschaft. Sein 1995 veröffentlichtes Buch „Kanak Sprak – 24 Mißtöne vom Rande der Gesellschaft", seine darauf folgenden öffentlichen Lesungen und weiteren Werke „Abschaum" und „Koppstoff" sorgten in den Feuilletons und auf den diversen Veranstaltungen der populären Kulturszene für großes Aufsehen. Insbesondere die von ihm gegründete (und erfolgreich vermarktete) „Bewegung Kanak Attak" und die von ihm kreierte (und bei seinen Auftritten überzeugend inszenierte) Figur des rebellischen, selbstbewußten Jugendlichen, der die wohletablierte Identitäts-, Kultur-, Problem- oder auch Betroffenheitsrhetorik, mit der die deutsche Gesellschaft auf die Gastarbeitermigration und die Kinder der Migranten bisher reagierte, wortgewaltig in aggressivem Ghetto-Ton zurückweist und statt dessen einer modernen, kulturell hybriden und selbstbestimmten Ausdrucksform das Wort redet, erwecken die öffentliche Aufmerksamkeit und bedienen eine offenkundige Nachfrage.[117]

---

117 Auf die für Zaimoglus Erfolg sehr bedeutsame Verwendung und Vermischung von Ethnizitäts- *und* Raumkategorien wird hier nicht weiter eingegangen. Auch der erfolgreiche Aufsteiger Zaimoglu böte sich aber für eine eingehende Fallanalyse der Relevanz von Ethnizi-

3. Sequenzanalyse

Erklärtes Ziel der empirischen Untersuchung ist die exemplarische Rekonstruktion eines möglichst breit gefächerten Spektrums von Strukturmustern des Zusammenhangs von Bildungsaufstieg, Ethnizität und Raum. Dies soll auf der Basis der in der Feldforschung erhobenen Protokolle der alltäglichen Handlungs- und Kommunikationspraxis von türkischen Bildungsaufsteigern geschehen. Von den verschiedenen Methoden der qualitativ-rekonstruktiven Sozialforschung[118] bietet sich zur Rekonstruktion relevanter Strukturen der Alltagspraxis von Individuen die von Oevermann entwickelte *objektive Hermeneutik* an. Wie nachfolgend dargestellt werden soll, eignet sich für meine verhältnismäßig offene Fragestellung, die bewußt ohne starke Vorannahmen formuliert wurde, und die mit ihr angestrebte Analyse des sozialen Sinns von spezifischen Handlungspraxen insbesondere die *Sequenzanalyse*, die methodische Kernoperation der objektiven Hermeneutik. Sie wurde daher als zentrale Auswertungsmethode der aufgenommenen Forschungsgespräche mit den Bildungsaufsteigern in einer an Oevermanns Konzeption zwar angelehnten, ihr aber nicht in allen Punkten streng folgenden Form verwendet. Da es für das Verständnis der erfolgten Anwendung der Sequenzanalyse als einem methodischen Verfahren zur Rekonstruktion von Fallstrukturen nicht nötig ist, sich eingehend mit den umfassenden (und nicht unstrittigen) theoretischen Ansprüchen der objektiven Hermeneutik zu beschäftigen,[119] können sich die folgenden Ausführungen darauf beschränken, diejenigen Aspekte der objektiven Hermeneutik und der Sequenzanalyse zu erläutern, die für die durchgeführten Fallanalysen bedeutsam waren.

Die objektive – oder auch: strukturale – Hermeneutik interessiert sich für die „objektiven" Struktureigenschaften von Handlungspraxen, die sog. „latenten Sinnstrukturen" und „objektiven Bedeutungen". Die angenommenen objektiven sozialen Handlungsstrukturen werden deshalb „objektiv" genannt, weil sie sich unabhängig von den subjektiven Intentionen, Wahrnehmungen, Wissenssystemen oder Alltagstheorien der Akteure in den Handlungszusammenhängen, an denen sie teilnehmen, z.B. den Interaktionen, konstituieren und reproduzieren. Diese eigenständige, immer bestehende Realitätsebene der Sinnstrukturen wird von den Subjekten selbst weder sinnlich wahrgenommen, noch ist sie ihnen in ihrem praktischen Handeln bewußt. Aus der zentralen

---

tät und Raum im Aufstiegskontext an. Mit seinen 32 Jahren (1996) fiel er jedoch wie andere aus der Kulturszene bekannte „Stars" aus der Gruppe der ca. 20jährigen Abiturienten und Abiturientinnen, die alle noch in der Frühphase ihres Studiums oder sogar noch kurz vor ihrem Abitur waren, deutlich heraus.

118 Vgl. Bohnsack 1993, Flick 1995, Keppler 1995, Oevermann et al. 1979.
119 Vgl. dazu aber: Bude 1994, Reichertz 1986, Reichertz 1994 u. Sutter 1994.

Annahme regelgeleiteten Handelns folgt, daß gleichwohl alle sozialen Äußerungsformen immer sinnlogisch durch handlungsgenerierende Strukturen motiviert sind. Da die objektiven Sinnstrukturen folglich auch die Bedingungen für Subjektivität darstellten, könne auch Subjektivität nur über die Analyse dieser Sinnstrukturen erfaßt werden (vgl. Leber/Oevermann 1994, 385f.). Mit der Erforschung der objektiven Sinnstrukturen von Sozialität grenzt sich die strukturale Hermeneutik deutlich von anderen qualitativ-hermeneutischen Verfahren (z.B. der Tiefenhermeneutik; vgl. Lorenzer 1986) ab, deren Ziel der verstehende Nachvollzug subjektiver innerpsychischer Vorgänge, die Rekonstruktion des subjektiven Sinns, ist.

Methodisch greifbar ist die objektive Sinnstruktur eines Handlungsmusters (oder anderer Formen von Sozialität) nur in der Form von Protokollen von sinnstrukturierten Ereignissen, also beispielsweise in der Form von Handlungsprotokollen oder aufgenommenen und verschrifteten Äußerungen (aber auch in der Form von Filmen, Bildern oder anderen Gebilden mit symbolischer Bedeutung). Außerhalb von Protokollen gibt es für den objektiven Hermeneuten methodologisch keine Zugriffsmöglichkeit auf die interessierenden Strukturen. In Protokollen (bzw. in Texten) drücken sich immer die Strukturen konkreter, meist mehrerer Fälle aus. Ein Gesprächsprotokoll zum Beispiel protokolliert sowohl die Struktur der Interaktion als auch die einzelnen Handlungsstrukturen der beteiligten Gesprächspartner oder die Strukturen der sozialen Gruppen, denen sie angehören. Dies hat für die Forschungspraxis zur Folge, daß zuerst immer festgelegt werden muß, welche der in einem Protokoll sich ausdrückenden Fallstrukturen den Gegenstand der Analyse bilden.

Das Ziel der objektiven Hermeneutik ist es nun, aus einem Protokoll (bzw. Text) die Struktur eines Falles (z.B. einer Interaktion, einer Lebenspraxis einer Person oder einer Gruppe usw.) methodisch kontrolliert zu rekonstruieren. Die *Fallstruktur* ist dabei nicht als etwas Statisches, sondern immer als Prozeßstruktur zu denken. Von der Struktur eines Falles kann man im Sinne der objektiven Hermeneutik erst sprechen, wenn man ihren Prozeß der Reproduktion kennt (vgl. Oevermann et al. 1979, 423). Daß Struktur und Prozeß faktisch zusammenfallen, wird mit der „tatsächliche(n) sequentielle(n) Strukturiertheit aller sozialen (...) Phänomene, Gegenstände und Ereignisse" begründet (Leber/Oevermann 1994, 386). Um die Fallstruktur zu analysieren, muß man folglich rekonstruieren, wie sich in einem Protokoll die Struktur eines Falles konstituiert und reproduziert. Und genau darauf zielt das methodische Verfahren der objektiven Hermeneutik: *die Sequenzanalyse*.

Die sequenzanalytische Rekonstruktion von Fallstrukturen verfährt im Prinzip in zwei Schritten. *Im ersten Schritt* wird unter bewußter Ausblendung der konkreten Kontextbedingungen gefragt, was eine einzelne Sequenz (im

Falle eines Interviews: eine Äußerung) bei gedankenexperimenteller Anlegung möglicher sinnerfüllender „äußerer Kontexte" alles bedeuten könnte und welche Konsequenzen dies hätte. Der objektive Hermeneut, der von dem Handlungsdruck der Akteure in der zu interpretierenden Situation entlastet ist, entwickelt also in aller Ruhe verschiedene „Lesarten" einer Sequenz und fragt, welche sinnlogischen Möglichkeiten des Anschlusses sich daraus ergeben. Diese gedankenexperimentelle Kontext- und Anschlußvariation wird dann *im zweiten Schritt* mit dem tatsächlich gewählten Anschluß, z.B. dem zu beobachtenden Redebeitrag, kontrastiert. Auf diese Weise kann man sukzessive die Sinnstruktur des interessierenden Falles erschließen. Wenn man dieses Verfahren nämlich Sequenz für Sequenz wiederholt und damit minutiös der Sequentialität des Protokolls folgt, läßt sich die den „inneren Kontext" des Protokolles konstituierende Selektivität der Fallstruktur herausarbeiten. Nach einer hinreichend langen Sequenz von fallspezifischen Äußerungen (bzw. Handlungen) läßt sich bestimmen, nach welcher Logik die Anschlußselektivität zwischen den einzelnen Elementen der Sequenz hergestellt wird: „Die fallspezifische Strukturierungsgesetzlichkeit zeigt sich in dem Maße, in dem wiederkehrend dieselben Möglichkeiten systematisch ausgeschlossen werden, die nach allgemein geltenden Regeln sinnlogisch ebenso richtig gewesen wären wie die tatsächlich selegierten" (Oevermann 1983, 274). Sobald die fallspezifische Strukturierungsgesetzlichkeit deutlich wird, kann eine *Fallstrukturhypothese* formuliert werden. Diese wird dann an anderen Protokollausschnitten überprüft, d.h. auf ihre Güte hin getestet, modifiziert oder falsifiziert, um schließlich zu einer durch dieses Falsifikationsverfahren gesicherten Aussage über die Struktur eines Falles zu gelangen.[120] Sequenzanalyse bedeutet also, daß im Sinne der Dialektik von Allgemeinem und Besonderem der Weg der systematischen Selektion der faktischen Anschlüsse aus den möglichen Anschlüssen in der Folge der einzelnen Sequenzen nachgezeichnet wird – mit dem Ziel, die Struktur des sozialen Handlungsmusters, das in der fallspezifischen Selektivität von Sequenzfolgen zum Ausdruck kommt, zu rekonstruieren.

Was folgt aus diesen allgemeinen Merkmalen der objektiven Hermeneutik und der Sequenzanalyse für den hier relevanten Anwendungsbereich – die Einzelfallanalysen der Struktur von Handlungsmustern von Bildungsaufsteigern?

Die interessierenden Aspekte der Handlungspraxis der türkischen Abiturient(inn)en und Student(inn)en sind ihre Verwendungsweisen von Ethnizität

---

[120] Auf die genaue methodische Vorgehensweise bei einer vollständigen Fallanalyse, für die die sequenzanalytische Entwicklung der Fallstrukturhypothese nur der erste, wenngleich der zentrale und umfangreichste Schritt ist, wird weiter unten eingegangen: s. Kap. D.III.

und Raum im Hinblick auf die Bedeutung für ihre Aufstiegsprozesse und die damit zusammenhängenden Selbstbeschreibungsformen. Die in der Feldforschung beobachteten Gespräche und Interaktionen, an denen die Bildungsaufsteiger teilnahmen, stellen Ausschnitte aus ihrer Handlungspraxis dar. Nimmt man nun objektive Strukturen an, die die interessierenden Aspekte ihrer Handlungen strukturieren, so reproduzieren sich die Fallstrukturen auch in den beobachteten Ausschnitten ihrer Handlungspraxis. Das für eine Sequenzanalyse beste, da genaueste, Protokoll einer Handlungspraxis, aus dem die jeweilige Fallstruktur rekonstruiert werden kann, ist die aufgezeichnete und transkribierte alltagssprachliche Kommunikation bzw. Interaktion. Die während der Feldforschung geführten Forschungsgespräche mit Aufsteigern und Aufsteigerinnen stellen daher die geeignete Grundlage für die sequenzanalytische Rekonstruktion der Fallstrukturen dar. Zu der offenen Form der erhobenen Gesprächsdaten „paßt" die Methode der objektiv hermeneutischen Sequenzanalyse sogar ausgesprochen gut. Zwar protokolliert die Tonbandaufnahme von Gesprächen unabhängig von der Form der Gespräche stets einen Ausschnitt der Handlungspraxis der teilnehmenden Personen. Mit der objektiven Hermeneutik könnten daher auch thematisch gegliederte Leitfadeninterviews mit Bildungsaufsteigern daraufhin untersucht werden, wie sich in ihren Reaktionen auf die gestellten Fragen die Fallstruktur ihrer Handlungspraxis reproduziert. Auch in dem Verhalten von Personen in Leitfadeninterviews – in der Form und den Inhalten ihrer Antworten – reproduzieren sich Aspekte ihrer Handlungsstruktur. Dennoch protokollieren vergleichsweise wenig vorstrukturierte Forschungsgespräche die eingespielten Handlungs- und Kommunikationsroutinen der Bildungsaufsteiger ungleich detaillierter und umfassender als thematisch eng gegliederte Interviews.

Ein wichtiges Kennzeichen der Sequenzanalyse von aufgenommenen und transkribierten Forschungsgesprächen ist, daß die Gesprächsdaten stets als *Interaktionsprotokolle* interpretiert werden. Das Forschungsgespräch wird als eine soziale Situation verstanden, die die Beteiligten von Beginn an und in ihrem Verlauf herstellen und verändern. Mit der sequentiellen Analyse der Gesprächsinteraktion wird dann rekonstruiert, wie die Interagierenden das Gespräch in seinem Ablauf gestalten, wie sie aufeinander reagieren und sich die Gesprächssituation aneignen. Da der Verlauf der Kommunikation eines Gespräches Auskunft über die gegenseitigen, sich reproduzierenden Erwartungsstrukturen der Gesprächsteilnehmer gibt, bietet sich mit der Sequenzanalyse eines Gesprächsprotokolles auch die Möglichkeit, ein Problem vieler qualitativer Studien zu vermeiden: Die Herstellung des empirischen Materials wird nicht übersprungen, sondern im Gegenteil systematisch in die Analyse miteinbezogen. Das ist deshalb wichtig, da einer isolierten Äußerungsform in einem Interview ihre Bedeutung nicht geradlinig abgelesen werden kann. Der

Sinn einer einzelnen Äußerung erschließt sich erst aus dem Verständnis der Interaktion heraus. Insbesondere kann mit der Analyse der Interaktion anhand der einzelnen Reaktionen gezeigt werden, inwiefern die Selbstpräsentationsmodi der Befragten Bearbeitungsformen der Fremdbeobachtungserwartungen sind, die durch das Forschungsgespräch und den Forscher ausgelöst werden. Gerade für die Untersuchungen der Migrationsforschung, die mit qualitativen Methoden arbeiten, ist es nicht untypisch, daß erst der Sozialforscher mit seinen Prämissen hinsichtlich der „Kultur" der Migranten eine ethnische Beobachtungsweise etabliert, daß er die interviewten Migranten oder ihre sozialen Verhältnisse „ethnisiert" (vgl. Bommes 1996a). Die Sequenzanalyse der Gesprächsinteraktion rekonstruiert nun auch, ob und wann er dies tut, und vor allem, wie die Gesprächspartner darauf reagieren.

Die für die sequenzanalytische Interpretation eines Gespräches typische Entwicklung von Lesarten für die einzelnen Gesprächssequenzen geht von der manifesten einzelnen Äußerung aus. Neben der Beachtung des sequentiellen Vorgehens (und damit auch der angesprochenen Interaktionsstruktur des Protokolls) und der Annahme, daß jede Äußerung, ja sogar jedes Sequenzelement, sinnlogisch motiviert ist, muß der objektive Hermeneut nach Oevermann für die Interpretation einer Äußerung lediglich seine alltägliche Fähigkeit des Verstehens von Texten extensiv in Anspruch nehmen. Einzige konkrete Voraussetzung ist, daß er mit der Lebenswelt, aus der der jeweilige Text stammt, ausreichend vertraut ist. Mein Verständnishintergrund der Lebenswelt der Bildungsaufsteiger aus der zweiten Migrantengeneration, vor dem die Lesweisen der interpretierten Sequenzen der Gesprächsprotokolle, die unten in den einzelnen Fallanalysen präsentiert werden, entwickelt wurden, speist sich im wesentlichen aus vier Quellen. Einen wichtigen Teil bilden natürlich (1) die während der Feldforschung mit diesen Jugendlichen in Dortmund angestellten Beobachtungen und gesammelten Erfahrungen. Doch ebenso gehen (2) die Beschäftigung mit wissenschaftlichen Texten über die Lebenszusammenhänge von (türkischen) Migranten der zweiten Generation, (3) alltägliche Beobachtungen von Migranten und Bildungsaufsteigern (auf der Universität, in den Medien, in der Freizeit) sowie (4) meine eigenen Erfahrungen als Teilnehmer des höheren Bildungssystems in Deutschland in mein spezifisches Verständnis der Lebenswelt der untersuchten Bildungsaufsteiger und damit in die Interpretationen der Forschungsgespräche ein.

Wie in den Einzelfallanalysen noch im einzelnen darzustellen sein wird, liefern die in der Feldforschung durchgeführten ethnographischen Beobachtungen wichtige Informationen für die angemessene Interpretation der Interviewtexte. Dies ist auch, aber eben nicht nur der Fall, wenn es bei der sequenzanalytischen Interpretation des Gesagten nicht direkt gelingt, den spezifischen Sinn einer Äußerung zu erschließen. Denn bei identifizierbaren Brüchen in den Äußerungen, für die zunächst kein Sinn hergestellt werden kann, gilt es, die (Kontext-) Bedingungen aufzufüllen, die eine Äußerung zu einer sinnvollen machen. Für diesen Versuch der Sinnherstellung kann das in der Feldforschung gesammelte Material von Bedeutung sein, weil die Aufschlüsselung des Bedeutungszusammenhangs, in dem eine Äußerung steht, einen Bruch auf der manifesten Ebene des Gesagten zu „heilen" vermag (vgl. Bommes 1993, 101). Von der Generierung von Lesarten durch die Zuhilfenahme der Feldforschungsbeobachtungen bleibt allerdings das forschungspraktische Grundprinzip der Sequenzanalyse unberührt: Der spezifische Sinn einer zu interpretierenden Äußerung ist stets an der Form der einzelnen Äußerungen und der Interaktion aufzuzeigen und nachzuweisen. Auf diesen methodischen Aspekt der Sequenzanalyse wird im Rahmen der exemplarischen Fallanalyse noch weiter eingegangen.

Mit der obigen Bemerkung, daß die Interaktionen zwischen mir und den untersuchten Bildungsaufsteigern im Rahmen der geführten Forschungsgespräche Ausschnitte aus ihrer Handlungspraxis darstellen, wurde die in dieser Arbeit vertretene Ansicht angedeutet, daß es die sequenzanalytische Rekonstruktion von Handlungsstrukturen auch rechtfertigt, Aussagen über die Gesprächssituationen hinaus zu treffen. Da mit der Sequenzanalyse jedoch strenggenommen nur diejenige Handlungsstruktur rekonstruiert wird, die sich während des Gespräches reproduziert, ist dieser Gültigkeitsanspruch nicht unmittelbar einsichtig und bedarf einer Erläuterung.

Es ist wenig plausibel anzunehmen, daß die Jugendlichen die Handlungsmuster und Reaktionsformen, mit denen sie die Gesprächsinteraktion mit mir herstellen und handhaben, ad hoc neu erfinden. Da die untersuchten Bildungsaufsteiger an meiner Feldforschung nicht als „unbeschriebene Blätter" teilnehmen, sondern mit ihren individuellen Erfahrungen, ist die Annahme, daß sie auch in der Gesprächsinteraktion auf gelernte Kommunikationsmuster und bewährte Verhaltensweisen zurückgreifen, wesentlich naheliegender. In der Sozialisationsforschung wurde gezeigt, daß sprachliche und andere sinnstrukturierte Formen ein Potential von Möglichkeiten zur Erfahrbarkeit und Realisation von Subjektivem im Handeln darstellen. Die kommunikativen Handlungsformen der Jugendlichen sind in dem Sinne als spezifische Nutzung und Transformation gesellschaftlich gegebener Möglichkeiten zu verstehen (vgl. Bommes 1993, 54). Ihre Rede verweist aber natürlich nicht von sich aus auf ihre Erfahrungen mit dem Gebrauchswert der angeeigneten sprachlichen Formen. Die Bedeutung einer isolierten Äußerungsform ist ihr, wie gesagt, nicht direkt abzulesen. Doch durch die Analyse der Art und Weise, wie die Aufsteiger sich mit Hilfe der verwendeten sprachlichen Formen die Interaktion mit mir aneignen, kann man die in ihrer Rede gebundenen Erfahrungen mit diesen Formen bestimmen. Der Gebrauchswert, den die beobachtbaren Redeformen für die Jugendlichen haben, läßt sich insofern über den Sinn, den sie für die Bearbeitung der Gesprächssituation haben, rekonstruieren. Die Rede der untersuchten Personen sollte somit als gelernte soziale Form der Herstellung und Handhabung von Situationen untersucht werden (ebd., 27). Indem in der Sequenzanalyse der Forschungsgespräche gezeigt wird, als was die Bildungsaufsteiger sich das Gespräch in Auseinandersetzung mit mir aneignen, d.h. als was für eine Situation sie es bestimmen, kann dann auch gezeigt werden, inwiefern in ihrer Rede ihre bereits gemachten Erfahrungen mit ähnlichen Situationen gebunden sind und welchen Gebrauchswert einzelne sprachliche Formen für die Bearbeitung ebensolcher Situationen haben.

Die vorangehenden Ausführungen zur objektiven Hermeneutik und zur Sequenzanalyse dienten der Beschreibung des methodologischen Hintergrundes, vor dem die sequenzanalytischen Rekonstruktionen von Fallstrukturen aus den Protokollen der in der Feldforschung erhobenen Forschungsgespräche durchgeführt wurden. Auf forschungspraktische Aspekte der Sequenzanalyse als hermeneutisch-rekonstruktiver Auswertungsmethode von Gesprächsdaten wurde bisher noch kaum eingegangen. Es wurde lediglich erläutert, daß die Sequenzanalyse ein streng sequentielles Vorgehen erfordert, bei dem, ausgehend von den manifesten Äußerungen, verschiedene Lesarten für jede Sequenz entwickelt und mit den tatsächlich gewählten Anschlüssen kontrastiert werden, und bei dem, der Annahme folgend, daß jede Äußerung einen Sinn hat, kein Element des zu analysierenden Textes vernachlässigt werden darf. Bereits diese wenigen und noch recht abstrakten Angaben lassen allerdings erahnen, daß es sich bei der Sequenzanalyse zwar um ein für explorative Fragestellungen sehr geeignetes, aber auch sehr aufwendiges Auswertungsverfahren handelt. Zum vergleichsweise hohen Auswertungsaufwand hinzu kommt das Problem, den Gang der Interpretation – insbesondere die Vielzahl der sequentiell entwickelten Lesarten und der sich sukzessive fortentwickelnden Fallstrukturhypothesen – übersichtlich und verständlich darzustellen. Oevermann selbst hat verschiedene, durchaus unterschiedliche Vorschläge zur konkreten Vorgehensweise bei der sequenzanalytischen Interpretation von Forschungsgesprächstexten entwickelt.[121] Auch von anderen Anwendern, die die Sequenzanalyse im Sinne der objektiven Hermeneutik verwenden, liegen verschiedenartige Vorschläge zur Verfahrensweise vor.[122] Auf die Diskussion der unterschiedlichen Möglichkeiten der Anwendung und der bis heute ungelösten Darstellbarkeitsproblematik kann hier jedoch verzichtet werden (vgl. aber Reichertz 1991). Wichtiger ist die Darlegung derjenigen

---

121 Vgl. z.B.: Oevermann et al. 1979, 390ff.; Oevermann 1988, insb. Fn. 2; u. Oevermann 1993, insb. Fn.1.
122 Vgl. z.B.: Bahrs/Frede/Litzba 1994, Rosenthal 1995 u. Schneider 1988.

forschungspraktischen Aspekte und forschungspragmatischen Entscheidungen, die für meine Analysen bindend waren. Wie in dieser Arbeit konkret bei der sequenzanalytischen Auswertung der einzelnen Forschungsgespräche verfahren wurde und welche Schwierigkeiten bei der Handhabung des Materials, der Darstellung der Interpretationen und der Entwicklung von Strukturhypothesen zu meistern waren, läßt sich aber besser exemplarisch vorführen als theoretisch behandeln. Deshalb wird im nun folgenden Kapitel anhand einer *exemplarischen Analyse eines Gesprächsanfangs* demonstriert, wie die Sequenzanalyse in dieser Arbeit als Auswertungsmethode der Forschungsgespräche mit Bildungsaufsteigern praktisch angewendet wurde.

II. Exemplarische Sequenzanalyse eines Gesprächsanfangs

1. Zur exemplarischen Analyse

Bei dem Versuch, den sequentiellen Interpretationsdurchgang durch die vorliegenden Gesprächsprotokolle auszuformulieren, stößt man schnell an Kapazitätsgrenzen hinsichtlich des Umfangs des in der Analyse produzierten Textes und der Darstellbarkeit der eigentlichen Analyseschritte. Insbesondere die Explizierung alternativer Lesarten einer Sequenz läßt sich ertragreicher „gedankenexperimentell" oder mit Stichworten als durch geschlossene Interpretationstexte durchführen. Dennoch sollte das Auswertungsverfahren der Sequenzanalyse wenigstens einmal relativ ausführlich vorgeführt werden. Nach der Demonstration der Verfahrensweise kann sich die weitere Darstellung der Analyseergebnisse dann stärker auf Aussagen *über* die jeweiligen Fälle konzentrieren und darauf verzichten, auch die Rekonstruktionen der anderen identifizierten Fallstrukturen alle im Detail nachzuzeichnen.

Durch die sequenzanalytische Rekonstruktion einer ausreichend langen Sequenz von fallspezifischen Äußerungen oder Handlungen kann die Struktur eines Falles zumeist schon so deutlich bestimmt werden, daß gute Fallstrukturhypothesen formuliert werden können. Da sich die Struktur eines Handlungsmusters nach den Prämissen der objektiven Hermeneutik in allen fallspezifischen Äußerungsformen ausdrückt, ist es prinzipiell gleichgültig, welche (längere) Passage eines Gesprächsprotokolls man zur Generierung einer reichhaltigen Hypothese über den Fall zuerst analysiert (vgl. Leber/Oevermann 1994, 387). Die Anfangssequenzen der Protokolle sind jedoch besonders geeignet. Wenn es sich um reale Anfänge handelt, ist darin die folgenreiche Strukturierungsfunktion von Praxiseröffnungen enthalten. Aber auch wenn es sich in der Realität nicht um die ersten Sequenzen einer gemeinsamen Praxis der Gesprächspartner handelt, sollte der Beginn eines Gespräches immer besonders extensiv ausgelegt werden, „damit man möglichst schnell zu reichhaltigen, falliblen, das heißt auch: spekulativen Strukturhypothesen, gelangt" (ebd., 388f.). Wie meine eigenen Interpretationen zeigten, eignet sich allerdings nicht jeder Gesprächsanfang zur Formulierung einer gehaltvollen Hypothese, da sich nicht immer die relevanten Aspekte der Fallstruktur schon im Gesprächsanfang reproduzieren. Auch sollte bei der Auswahl der zu interpretierenden Passage darauf geachtet werden, ob die forschungsleitenden Fragen hinreichend berücksichtigt werden können. Ausgehend von diesen Überlegungen wurde für die exemplarische Sequenzanalyse der Anfang eines Forschungsgespräches ausgewählt, dessen detaillierte Rekonstruktion es erlaubt, sowohl eine bereits sehr kompakte Hypothese über die vorliegende Fallstruktur zu entwickeln als auch auf die interessierenden zentralen Forschungsfragen nach dem Verhältnis von Bildungsaufstieg, Ethnizität und Raum einzugehen.

Vor der konkreten Durchführung einer Analyse drängt sich die Frage auf, wie denn praktisch bei der Rekonstruktion der „fallspezifischen Strukturierungsgesetzlichkeit" zu verfahren ist. Oevermanns Verständnis der objektiven Hermeneutik als „forschungspraktische Kunstlehre" ist hier wenig hilfreich – und deshalb auch oft kritisiert worden. Freilich ist seine Charakterisierung des Interpretationsverfahrens insofern nachvollziehbar, als damit gemeint ist, daß der Interpret seine alltägliche Fähigkeit des Verstehens von Texten zu einer „Kunst" auszubilden hat, die bestimmten Regeln wie dem sequentiellen Vorgehen oder der Annahme der sinnlogischen Motivation aller Äußerungen folgt (vgl. Bommes 1993, 55). Und tatsächlich bestätigen meine eigenen Erfahrungen mit der sequenzanalytischen Interpretation der Gesprächsprotokolle, daß die Entwicklung von Lesarten für Protokolle mit dem Ziel, den Sinn eines Textes zu rekonstruieren, im wesentlichen nur über die Ausübung zu erlernen ist. Typische Fragen – etwa: Wie lang soll die zu interpretierende Sequenz sein? Wie viel Kontextwissen darf in die Analyse einfließen? Wie viele Kontextalterationen sind nötig, um die Strukturierungsgesetzlichkeit eines Falles zu erkennen? – lassen sich kaum allgemein, sondern nur innerhalb einer und immer nur für eine Einzelfallanalyse befriedigend beantworten. Doch gibt Oevermann selbst kaum Hinweise darauf, *wie* die zu analysierenden Eigenschaften der Fallstruktur, die sich als wiederkehrend bedeutsam erweisen, zu entdecken wären. Für diese forschungstechnische Problemstellung erwies es sich bei den durchgeführten Analysen als sehr hilfreich, den Hinweis von Bommes aufzunehmen: Im Anschluß an die Prämissen und Methoden der sprachwissenschaftlichen Konversationsanalyse fordert er, bei der Durchführung einer Sequenzanalyse die jeweiligen Lesweisen strikter an den *formalen* Strukturen der Rede zu explizieren, als das die objektive Hermeneutik vorsieht (ebd.). Der konversationsanalytische Ansatz, daß die Form einer Äußerung Ausgangspunkt der Analyse zu sein hat, ist auch für die objektiv-hermeneutische Textanalyse fruchtbar zu machen: Jede Lesweise ist stets an den Formen der Äußerungen der am Gespräch Beteiligten zu kontrollieren und in der Darstellung auszuweisen. Die unten vorzuführende Sequenzanalyse soll in dem Sinne exemplarisch transparent machen, über welche Schritte ich, ausgehend von den Formen der Äußerungen, zu meiner Interpretation des Falles gekommen bin.

Der Gültigkeitsanspruch der Analyse ist dabei nicht in dem Sinne mißzuverstehen, daß behauptet wird, meine Interpretationen schlössen andere oder weitergehende Lesweisen aus und jeder Interpret gelange zwangsläufig zu dem gleichen Ergebnis. Kriterium der Gültigkeit war vielmehr, daß die sequenzanalytisch entwickelten Deutungen bei Unverträglichkeit mit anderen Deutungen haltbar sein müssen. Andernfalls gelten sie als widerlegt.

Um einem weiteren Mißverständnis vorzubeugen, erscheint es auch wichtig, noch einmal explizit darauf hinzuweisen, daß es bei der sequenzanalytischen Gesprächsinterpretation nicht um die Rekonstruktion der psychologischen Fallstrukturen von Individuen o.ä. geht. Es wird nicht nach psychoemotionalen Bewußtseinszuständen, mentalen Wahrnehmungen, Interpretationen oder Wissensbeständen gefragt, sondern einzig nach der Struktur der sozialen Praxis. Da die Analyse auf den sozialen Sinn der Interaktion und des jeweiligen Handlungsmusters der Bildungsaufsteiger zielt und nicht auf Intentionen oder andere sozialwissenschaftlich nicht beobachtbare Phänomene, ist der Sinn dessen zu rekonstruieren, was die Akteure machen, nicht was sie wollen oder fühlen.

Zuletzt noch eine Bemerkung zur Präsentation der durchgeführten Analyse. Das dokumentierte Vorgehen wirkt zwar ziemlich ausführlich und der dabei produzierte Analysetext entsprechend umfangreich. Nichtsdestotrotz mußte die zugrunde gelegte Analyse für ihre Darstellung gekürzt werden. So konnten weder die Entwicklung alternativer Lesarten (also „Schritt 1" der sequenzanalytischen Rekonstruktion von Fallstrukturen) noch die mehrfachen Überarbeitungen der Analyse zufriedenstellend schriftlich dargestellt werden. Der Schwerpunkt der Darstellung mußte auf den Nachvollzug der fallspezifischen Anschlußselektivität und damit auf eine Skizze der zentralen Interpretationsschritte beschränkt werden. Typisch für die Sequenzanalyse ist, daß das Vorgehen anfangs besonders detailliert erfolgt. Am Anfang des zu interpretierenden Protokolls, d.h. zu Beginn des protokollierten Rekonstruktionsprozesses der Fallstruktur, sind – theoretisch – noch viele Reproduktionsformen und Entwicklungen möglich. Deshalb sollten die ersten Sequenzen sehr gründlich ausgelegt werden. Je umfassender dies geschieht, desto deutlicher und schneller sieht man im Folgenden, welche Anschlußselektionen gewählt werden, und mithin, wie die interessierende Fallstruktur gelagert ist.

Bei dem sequentiellen Durchgang durch das Gesprächsprotokoll werden vorhergehende Deutungen prinzipiell immer solange mitgedacht, bis sie bestätigt, falsifiziert oder modifiziert werden können. Daraus ergibt sich, daß wiederholt kleinere Zwischenergebnisse der bisherigen Analyse genannt werden müssen. Darüber hinaus erfordert die Sequenzanalyse regelmäßige Zusammenfassungen der Zwischenergebnisse, um den Überblick zu bewahren und die relevanten Suchkategorien zu präzisieren. Der analysierte Gesprächsanfang wurde insgesamt in drei aufeinander folgende Ausschnitte unterteilt, die jeweils mit einem dieser größeren Zwischenergebnisse enden. Nach der sequentiellen Interpretation aller drei Teile des Gesprächsanfangs werden schließlich die Fallstrukturhypothese und eine Gesamtzusammenfassung formuliert.

2. *Der Gesprächskontext*

Die Sequenzanalyse ist ein streng textimmanentes Verfahren. Die einzelnen interpretativen Schritte und die Gültigkeit der behaupteten Form, in der sich die interessierende Fallstruktur herstellt und reproduziert, müssen durchgehend am Gesprächstext selbst belegt werden. Da es bei der Sequenzanalyse darum geht, zu rekonstruieren, wie sich ein Handlungsmuster oder eine Fallstruktur in der Interaktion herstellt, darf allerdings bei der Analyse einer Sequenz der Sequenz selbst nicht vorgegriffen werden. D.h., Informationen aus dem Gespräch, die sich erst aus Textstellen nach der jeweils zu interpretierenden Sequenz ergeben und die dem Interpreten eben nur deshalb vorliegen, weil er das gesamte Gespräch kennt, dürfen nicht zum Beleg der Interpretation einer Sequenz verwendet werden. Sie dürfen höchstens, obwohl auch das strenggenommen den methodischen Prinzipien widerspricht, zur Formulierung einer Hypothese benutzt werden. Die Plausibilität einer einzelnen Deutung oder einer Strukturhypothese muß aber stets an der Sequenz selbst bzw. im sequentiellen Durchgang belegt werden können.

Ähnliches gilt für das *äußere Kontextwissen*, d.h. für die Daten über den zu analysierenden Fall, die nicht dem aufgenommenen Gespräch zu entnehmen sind, bei der Interpretation aber dennoch vorliegen – z.B. biographische Daten oder gesprächsunabhängige, vor oder nach dem Gespräch durchgeführte, ethnographische Beobachtungen. Auch äußere Kontextdaten dürfen bei der Analyse nicht zum direkten Beleg oder zum Ausschluß von Lesarten genutzt werden, sondern nur, um Lesarten zu generieren oder Hypothesen aufzustellen. Die jeweilige Gültigkeit der gefundenen Lesarten oder formulierten Hypothesen muß dann aber ebenfalls textimmanent, also im sequentiellen Interpretationsgang durch den Text, nachgewiesen werden können. Bei der Durchführung der einzelnen Fallinterpretationen wurde die Erfahrung gemacht, daß sich die Fallstruktur umso leichter und genauer rekonstruieren läßt, je „dümmer" man sich methodisch in bezug auf äußeres Kontextwissen stellt. Daher wird auch bei der exemplarischen Analyse der äußere Gesprächskontext – zunächst – außen vor gelassen. Die jetzt folgende, die Entwicklung einer Fallstrukturhypothese einleitende, nur sehr knappe Skizze des Gesprächskontextes dient insofern hauptsächlich der Orientierung der Leser. Wann immer bei der exemplarisch zu demonstrierenden Rekonstruktion der Fallstruktur auf äußeres Kontextwissen zurückgegriffen wird – und zwar nur in der gerade skizzierten Weise – wird dies extra kenntlich gemacht.

Bei dem im Folgenden zu analysierenden Text handelt es sich um den Anfang des Transkripts eines knapp zweistündigen Gespräches mit dem 21jährigen Studenten *Mesut*.[123] Das Gespräch wurde kurz nach Ende seines ersten Studiensemesters (Bauingenieurwesen, Universität Dortmund) geführt. Ungefähr ein Jahr zuvor, also kurz vor Mesuts Abiturprüfungen auf dem Gymnasium in der Dortmunder Nordstadt, waren wir schon einmal zu einem Forschungsgespräch verabredet gewesen. Dieses kam jedoch nicht zustande. Ich hatte damals im Rahmen meiner Feldforschung auf dem Gymnasium mit einer größeren Gruppe von türkischen Abiturienten gesprochen und mit ihnen Treffpunkte und Zeiten für Gruppeninterviews verabredet. Die Dreiergruppe, zu der Mesut gehörte, erschien aber nicht zu dem vereinbarten Treffpunkt – eine durchaus nicht ungewöhnliche Feldforschungserfahrung. Da das Schulhalbjahr für die Abiturienten bereits geendet hatte, konnte ich die Jugendlichen, die zu dieser Zeit mit dem Lernen für ihre Prüfungen beschäftigt waren, nur telefonisch zu Hause erreichen, um mich nach dem Grund ihres Nichterscheinens zu erkundigen. Nachdem ich mit den beiden anderen Jugendlichen aus Mesuts Gruppe gesprochen hatte, die wegen Krankheit bzw. Vorstellungsgespräch nicht hätten kommen können und die mir beide versicherten, daß sie nun bis nach dem Abitur sowieso keine Zeit für ein Treffen mit mir hätten,

---

123 Die Namen meiner Gesprächspartner und -partnerinnen sind in allen Fällen ebenso wie alle anderen in den Gesprächen auftauchenden Eigennamen durch Namensänderung anonymisiert.
Mesuts Eltern kamen Anfang der 1970er Jahre aus der Türkei nach Deutschland. Seine Mutter ist seitdem Hausfrau, sein Vater ungelernter Industriearbeiter bei Hösch. Mesuts vier Jahre jüngerer Bruder (Mittlere Reife) arbeitet ebenfalls als ungelernter Arbeiter bei Hösch; seine zwei Jahre ältere Schwester (Mittlere Reife) ist verheiratet und Hausfrau; sein fünf Jahre älterer Bruder studiert auch. Für mehr Informationen über die Schulbildung und Lebenssituation von Mesuts Eltern und seinen Geschwistern sowie zu biographischen Daten über Mesut selbst: s. Kap. D.IV.2.

verschob ich weitere Versuche der Gesprächsanbahnung auf später – Mesut hatte ich gar nicht mehr angerufen. Während dieser frühen Phase der Feldforschung war ich ohnehin mehr oder weniger parallel mit sehr viel verschiedenen Jugendlichen beschäftigt. Je mehr Gespräche ich dann mit der Zeit geführt hatte und je mehr Kontakte etabliert waren, desto geringer schien die Notwendigkeit, noch einmal bei Mesut und den beiden anderen Jugendlichen nachzuhaken. Ich verlor sie also zunächst aus den Augen.

Etwa ein halbes Jahr nach dem gescheiterten ersten Gesprächsversuch lernte ich Mesuts fünf Jahre älteren Bruder in einem Dortmunder Café kennen. Es war ein überwiegend von türkischen Jugendlichen besuchtes, studententypisches Café, das ich häufiger besuchte, da ich mittlerweile einige der dort verkehrenden Studenten gut kannte. Es stellte sich heraus, daß Mesut und dieser Bruder, der in Bochum Jura studierte, sich seit einigen Monaten eine Wohnung teilten. Nachdem ich den Bruder wiederholt in dem Café getroffen hatte, erkundigte ich mich noch einmal nach Mesut und fragte nach seinem Studium, und warum er denn nie mitkäme. Interessanterweise erzählte mir der Bruder, daß sie zwar zusammenlebten, aber sehr verschieden seien und nicht viel miteinander zu tun hätten. Sein Bruder Mesut hätte keine Lust, in dieses Café zu kommen; Mesut wäre politisch nicht so eingestellt wie er, der eher mit linken politischen Gruppen in der Türkei sympathisiere und der, wie viele andere in dem Café, sehr an Literatur, Marxismus usw. interessiert war. Sein Bruder ginge eher mit seinen griechischen Freunden aus, häufig besuchten sie zum Beispiel eines der griechischen Caféhäuser oder einen griechischen Verein. Über diesen Bruder erhielt ich irgendwann Mesuts neue Telefonnummer, die der gemeinsamen Wohnung, und rief ihn schließlich gegen Ende des Wintersemesters an.

Zuerst versuchte Mesut, mich am Telefon abzuwimmeln: Eigentlich habe er keine Lust, auch müsse er sich um einen Ferienjob kümmern und sich von dem Semester erholen. Nach einigen Überredungsversuchen gelang es schließlich, für den nächsten Tag eine Verabredung in der mit dem älteren Bruder geteilten Wohnung zu arrangieren. Dieses Gespräch fand dann auch tatsächlich statt. Es war also der zweite, diesmal erfolgreiche Anlauf.

Die skizzierten Feldforschungsbeobachtungen verdeutlichen, daß Mesut sich, erstens, unserer ersten Verabredung entzog und daß er, zweitens, nie in den lokalen Handlungszusammenhängen, die ich während der Feldforschung kennenlernte und beobachtete, vorkam. Wie die Fallanalyse zeigen wird, sind beide Beobachtungen vor dem Hintergrund des im Falle Mesuts vorliegenden Handlungsmusters nicht weiter überraschend.

Die konkrete Gesprächssituation sah folgendermaßen aus: Nachdem ich die Wohnung in einem älteren Mietshaus in der Dortmunder Nordstadt betreten hatte, zeigte Mesut mir zunächst kurz die zwei Zimmer und die Küche der Wohnung. Sein Bruder war nicht da. Als ich den Balkon kommentierte und sagte, daß das ja – im Vergleich zu meinem ersten Studentenzimmer – eine prima Wohnung sei, winkte Mesut ab und erwiderte, daß die Wohnung alt sei und der Balkon nur klein und dreckig. Während er fortfuhr und mir erzählte, daß er bald umziehen wolle und mit seinem Bruder eine andere Wohnung suche, gingen wir in Mesuts Zimmer, um unser Forschungsgespräch zu beginnen. In dem Zimmer lief ein Fernseher. Noch während wir uns hinsetzten und über seine Umzugspläne sprachen, packte ich das Aufnahmegerät aus, legte es auf den Tisch zwischen uns und drückte den Startknopf. Die Aufnahme begann also nur wenige Minuten, nachdem ich die Wohnung zum ersten Mal betreten hatte, und fiel in unser laufendes Gespräch.

3. Analyse

3.1 Gesprächsanfang, Teil I

3.1.1 Transkript[124]

Andreas: Ja
Mesut: Dann wäre die Warmmiete, also ich kenn sogar n Neubau mit mit so Sozialwohnungen sind das [ja] wäre das für uns beide also für meinen Bruder und mich so höchstens 600 Mark. [ja] (1) Das ist ja so'n erster Förderungsweg und zweiter und so.
A: Sucht ihr denn auch zusammen dann wieder was?
M: Ja ja (.) ich hab schon hier so Formulare ausgefüllt, wir müssen nur noch hier diese (.) Einkommens äh bescheinigung da oder wie nennt man diese Teile [ja] wo mein Bruder überall gearbeitet hat, dann muß ich das den Leuten abgeben und die müssen das ausfüllen und das dauert so lange. (1) [ja] Ja und wenn ich das hab, dann zieh ich ein. Das ist ein/
A: ~ wo ist das? Ist das [ja] auch so ne Wohnungsbaugesellschaft oder?
M: Ja ja (.) und das Haus ist noch gar nicht fertig.
A: Können wir das n bißchen leiser machen?
M: Das Haus ist noch gar nicht gebaut (.) (M betätigt die Fernbedienung neben Mikro) oder ist noch nicht fertig
A: Ach n ganz neues ja
M: ~ Ja (.) wo meine Eltern wohnen ist das, das ist weiter unten weiter Richtung Hösch [ja] aber das ist ne saubere Gegend und das ist auch so leise. (1) Ah ich glaub nicht, daß wir mal irgendwo einziehen wo nur Deutsche wohnen. (A lacht kurz) Aber ich glaub du bist der erste Deutsche, der die Treppen hier hochgekommen ist.
A: Das glaub ich nicht. [doch doch] Im Ernst?

---

124 Das den Transkriptionen in dieser Arbeit zugrunde gelegte Transkriptionssystem wird im Anhang erläutert. Maßgabe war eine möglichst sparsame Transkriptionsschreibweise.

M: Ja, hier wohnt kein Deutscher und ich hab noch nie einen Deutschen gesehen und [ja] so war das immer, so war das auch wo ich mit meinen Eltern gewohnt hab. (1) Hab ich da mal n Deutschen gesehen? Ja doch vielleicht von den einen da (.) aber die konnte man gar nicht als Deutsche bezeichnen. (1)
A: Wie kommt das? (1)

3.1.2 Sequenzanalyse

Der Anfang dieser Aufnahme ist durch eine hohe Gesprächsdynamik gekennzeichnet. Wenn man bedenkt, daß der Interviewer erst wenige Minuten vorher die Wohnung betreten hatte und die beiden Gesprächspartner bis zu diesem Zeitpunkt kaum miteinander geredet hatten, fällt nicht nur auf, daß Mesut sofort in das Gespräch voll einstieg, sondern ebenso, wie er sehr schnell und offen einen ethnischen Bezug bzw. den Aspekt der Nationalität in das Gespräch einführte sowie weitreichende Aussagen über seine Vergangenheit und Zukunft machte.[125] Doch nun, nach dieser nur sehr groben Skizze der anfänglichen Gesprächsinteraktion, zu ihrer detaillierten sequentiellen Rekonstruktion:

A: Ja

Das aufgenommene Gespräch zwischen A und M beginnt mit einem „ja" von A. Der Bezugshorizont der Äußerung ist unklar. Sie kann sich auf etwas vor Aufnahmebeginn Gesagtes oder – etwa als Kommentar zu dem jetzt laufenden Band – auf den Interviewbeginn beziehen.

M: Dann wäre die Warmmiete,

M beginnt seine erste aufgenommene Äußerung im Konjunktiv, der Möglichkeitsform. Auch „dann"[126] verweist auf eine hypothetische Situation oder einen zukünftigen Zeitpunkt. M spricht also über eine Vorstellung, zu deren Skizzierung für A ihm der Verweis „dann wäre" ausreicht. Aus diesem Grund und weil M ohne erkennbaren narrativen Stimulus von A zu reden beginnt, ist

---

[125] Bei der Interpretation der Gesprächsinteraktionen erwies es sich als sehr hilfreich, beide Interaktionspartner und ihre Äußerungen methodisch in gleicher Weise zu distanzieren. Daher ist bei den sequenzanalytischen Durchgängen durch die Gesprächspassagen von „Andreas" bzw. dem „Interviewer" und nicht von „mir" die Rede. „Andreas" wird bei der Transkription wie bei der Interpretation mit „A", der Genitiv mit „A's" abgekürzt, „Mesut" bzw. die (anonymisierten) Namen der anderen GesprächspartnerInnen weiter unten mit „M" bzw. den jeweiligen Initialen, die Genitivformen entsprechend mit „(...)'s". Diese künstliche Verfremdung hat mir die Konzentration auf den faktischen Ablauf der Interaktion und damit die methodisch kontrollierte Interpretation der vorliegenden Daten erleichtert.

[126] Im Folgenden, d.h. bei der exemplarischen Sequenzanalyse, werden wörtliche Zitate aus dem Transkript mit „(...)" markiert, sinngemäße bzw. nicht-wörtliche Zitate oder sonstige Betonungen durch den Interpreten dagegen mit ‚(...)'.

anzunehmen, daß der Beginn der Aufnahme in einen Gesprächsfluß fällt, daß M also an etwas anknüpft, über das die beiden Gesprächpartner kurz vor Aufnahmebeginn sprachen.[127] Es fällt auf, daß hier (noch) keine ‚typische' Intervieweröffnung vorliegt, in der etwa A nach Drücken des Aufnahmeknopfes den Grund des Gespräches und seinen angestrebten Verlauf erläutert, oder, falls dies schon geschehen ist, eine erste Frage oder eine Erzählaufforderung stellt.[128] Unabhängig davon, ob M hier einen Gedanken fortführt, ihn für die Aufnahme wiederholt oder beides tut, ist festzuhalten, daß auch er sich hier (noch) nicht explizit zu dem Beginn der Tonbandaufnahme äußert.[129]

---

[127] Der einleitend beschriebene äußere Kontext bestätigt natürlich diese Vermutung; der Aufnahmebeginn fällt tatsächlich in eine laufende Unterhaltung über eine mögliche zukünftige Wohnung. Für die streng sequentielle Analyse wird jedoch auf dieses wie auch auf das meiste weitere Kontextwissen nur zur Generierung von Lesarten oder mit dem Ziel eines weiteren Belegs einer Interpretation, die schon textimmanent belegt werden konnte, zurückgegriffen (s. Kap. D.II.2). Dadurch soll verhindert werden, methodisch nicht überprüfbares Vorwissen als Ergebnis der Analyse auszugeben. Die weitere Analyse wird nun zeigen müssen, ob und ggf. wie die Tatsache, daß der Aufnahmebeginn in ein laufendes Gespräch fällt, von den Gesprächspartnern thematisiert wird.
Als weiteres für die Sequenzanalyse verwendbares Vorwissen soll zunächst lediglich der soziale Status der Gesprächspartner und folgende Gesprächscharakterisierung gelten: A ist Doktorand, der aus einem Forschungsinteresse heraus mit dem Studenten M ein Gespräch führt. Der Beginn der Aufnahme erfolgte für beide sichtbar durch das Drücken des Aufnahmeknopfes durch A. Mit diesem Vorwissen über M, A und die Gesprächssituation ist jedoch noch nichts darüber ausgesagt, als was und wie sich die Interaktionspartner das Gespräch tatsächlich aneignen bzw. welche Relevanz dem sozialen Status der Gesprächspartner in der Interaktion zukommt. Das wiederum kann erst die Analyse zeigen.

[128] Ein wichtiger Aspekt der Methodik der Sequenzanalyse ist es, mögliche Alternativen zur jeweiligen Sequenz gedankenexperimentell zu entwerfen. So kann man erkennen, welche Anschlüsse aus dem Horizont der sinnlogisch möglichen Anschlüsse von den Sprechern tatsächlich gewählt wurden. Um die Selektionsleistung der Handelnden und darüber die Reproduktion der Fallstruktur exemplarisch sichtbar zu machen, werden die von den Gesprächspartnern nicht gewählten alternativen Äußerungen – wie die hier von mir imaginierten – gelegentlich erwähnt. Da dieses Vorgehen aus Platzgründen und wegen der Unmöglichkeit einer vollständigen Aufzählung natürlich nicht annähernd systematisch erfolgen kann, wird dies nur vergleichsweise selten in ausgewählten, für den Gang der Interpretation aufschlußreichen Sequenzstellen durchgeführt.
An dieser Stelle wurde die Alternativäußerung einer ‚typischen' Intervieweröffnung erwähnt, da in vielen anderen Fällen die Gespräche genau so – oder zumindest mit einer entsprechenden Reaktion der Jugendlichen – begannen. Dies ist also ein, zugegebenermaßen recht triviales, Beispiel für die Entwicklung einer Lesart mithilfe von äußerem Kontextwissen, die aber textimmanent als gültige nachgewiesen wird.

[129] Die im Verlauf der Sequenzanalyse erfolgten Beschreibungen und Deutungen gelten zunächst strenggenommen immer nur bis zu der erreichten Gesprächssequenz. Sie werden bewußt sehr früh und ‚umfassend' betrieben. Wie im weiteren Verlauf schnell zu sehen sein wird, erscheinen sie tendenziell ‚überinterpretativ'. Auf diese Art kann aber die Sequenzanalyse beim Durchgang durch den Text schon sehr bald zeigen, ob sich die Beschreibungen und Deutungen im Hinblick auf die Rekonstruktion der vorliegenden Fallstruktur als richtig oder falsch bzw. relevant oder vernachlässigbar erweisen.

Das Thema der Äußerung bzw. des Gespräches ist neben der angesprochenen hypothetischen Situation die Warmmiete einer Wohnung, also der finanzielle oder materielle Aspekt von Lebensbedingungen, Lebenshaltungskosten o.ä.

also ich kenn sogar n Neubau mit mit so Sozialwohnungen sind das [ja]

Der zuvor begonnene Satz wird nicht beendet. M unterbricht sich selbst und erwähnt einen „Neubau". Das bestätigt die Vermutung, daß M hier über das unmittelbar vor Aufnahmebeginn angesprochene Thema eines möglichen Umzugs spricht. Er sagt, daß er einen Neubau mit Sozialwohnungen kennt. Das Begriffspaar „Neubau" und „Sozialwohnungen" ist sehr interessant. Seine spezifische – und für die weitere Interpretation wichtige – Bedeutung erhält es durch die präsentierte Form, d.h. die Reihenfolge der Substantive und die bei der Äußerung verwendeten Partikel sowie ihre Stellung.

M erwähnt zuerst den Neubau. Mit dem Wort „Neubau" wird gesagt, daß es nicht irgendein Haus ist, das er kennt, sondern ein spezielles, ein neues, wahrscheinlich modernes Gebäude. Durch das Wort „sogar" und seine Stellung zwischen „ich kenn" und „n Neubau" (und nicht etwa vor „Sozialwohnungen") wird das „Kennen" dieses besonderen Gebäudes extra hervorgehoben. Man kann daher annehmen, daß das hier gebrauchte Wort „Neubau" im Vergleich zu Begriffen wie „Altbau" bzw. „einem alten Gebäude" positiv konnotiert ist.[130]

Die „Sozialwohnungen" dagegen werden erst nach dem „Neubau", wie für eine genauere Erklärung für A („sind das"), erwähnt. M sagt also nicht etwa ‚also ich kenn Sozialwohnungen in einem Neubau', wodurch die „Sozialwohnungen" tendenziell stärker herausgestellt würden, sondern er liefert die Erläuterung „Sozialwohnungen" im Gegenteil erst nach der Betonung des „Neubaus", sozusagen als nachgeschobenes Anhängsel. Die dabei verwendete Wortfolge „mit mit so", die etwa als ‚mit so was wie' (o.ä.) gelesen werden könnte, unterstützt die ungleichgewichtige Betonung der beiden Substantive. Während also der „Neubau" als erste Eigenschaft der in Rede stehenden Wohnung (bzw. des Hauses) bestimmt und positiv hervorgehoben wird, wird eine weitere Eigenschaft – „Sozialwohnung" – eher impräzisiert. Diese Form

---

130 Es wird bei der Interpretation bis zum Beweis des Gegenteils davon ausgegangen, daß M das Wort „Neubau" nicht als Fachbegriff für die in der Nachkriegszeit bzw. ab den 1970er Jahren entstandenen Häuser, also nicht im Sinne einer präzisen städtebaulichen Abgrenzung von Altbau verwendet. In einem Gespräch zwischen Studenten könnte nämlich auch ein (renovierter) „Altbau" eine positive Konnotation haben.
Vielmehr wird unterstellt, daß er mit „Neubau" ein in jüngster Zeit entstandenes bzw. ein gerade im Bau befindliches Haus, eben ein „neues", meint. In diesem Sinne wäre „neu" eine positive Abgrenzung zu der jetzigen Wohnung, die er unmittelbar vor Aufnahmebeginn als „alt" und „dreckig" bezeichnet hatte.

der Rede deutet darauf hin, daß M das Begriffspaar „Neubau" – „Sozialwohnung" hier als ein Gegensatzpaar präsentiert, oder daß es für ihn zumindest eine gewisse Spannung enthält.

Diese Spannung könnte folgendermaßen begründet sein. Sozialwohnungen, also kommunal subventionierte Wohnungen, sind für eine finanziell schwache Bevölkerung (Studenten, Sozialhilfeempfänger etc.) gedacht. Sozialwohnungen verweisen sogesehen auf relative Armut; sie indizieren einen sozialen Herkunfts- und Zugehörigkeitskontext, für den „Neubauten" nicht selbstverständlich sind. Versteht man „Sozialwohnungen" in diesem Sinne, so droht ihre Erwähnung die zunächst angesprochene positive Eigenschaft des Hauses bzw. der Wohnung („Neubau') abzuschwächen. Mit der Impräzisierung „mit mit so" wird dann explizit darauf hingewiesen, daß das Wesentliche an der Wohnung nicht die Eigenschaft, Sozialwohnung zu sein, sondern eben die Tatsache, daß es sich um einen Neubau handelt, ist.

Durch die gewählte Präsentationsform betont M also einerseits den „Neubau" und präsentiert das „Kennen" des Neubaus als eine persönliche Leistung; andererseits distanziert er sich zugleich tendenziell von möglichen, den positiven Konnotationen des „Neubaus" entgegenstehenden Bedeutungen, die mit dem Hinweis „Sozialwohnung" verknüpft sein könnten. Insofern kann aus der Sequenz auch gelesen werden, daß die Form, in der M den „Neubau" mit den „Sozialwohnungen" anspricht, gerade die Leistung, einen „Neubau" zu kennen, d.h. etwas zu kennen, was nicht direkt mit dem sozialen Kontext, zu dem „Sozialwohnungen" gehören, assoziiert wird, unterstreicht.

Mit „ja" signalisiert A Verstehen.

wäre das für uns beide also für meinen Bruder und mich so höchstens 600 Mark.
[ja] (1)

M setzt nun den oben begonnenen Satz „dann wäre die Warmmiete" fort. Dadurch erhält die vorhergehende Sequenz die Funktion eines Einschubs, was ihren gerade angesprochenen Charakter einer Betonung der persönlichen Leistung, einen „Neubau" zu kennen, nachträglich weiter verstärkt.

Nun ist auch allein aufgrund der transkribierten Sequenzen klar, daß die Rede von der Warmmiete sich auf einen denkbaren oder zukünftigen Umzug von M und seinem Bruder bezieht, der schon vor Beginn der Aufnahme Gesprächsthema war. M sagt, daß er und sein Bruder (auch) in der Zukunft nicht bei ihren Eltern wohnen. Die Präzisierung von „uns beide", das als erweitertes Personalpronomen zur Beschreibung offensichtlich nicht ausreicht, weist darauf hin, daß M nicht erwartet, daß A davon ausgeht, er und sein Bruder seien selbstverständlich mit „uns beide" gemeint.[131]

---

131 Dieses ist eine Stelle (eine von vielen), an der sich durch die sequentielle Interpretation gezielte Fragen an den Fall ergeben bzw. geschärfte Suchstrategien für die weitere Analyse

Die Warmmiete betrüge „so höchstens 600 Mark". Der genaue Preis wird nicht genannt. Die Formulierung „so 600 Mark" würde eine mögliche Abweichung der Miete nach oben oder unten implizieren. Durch „höchstens" wird jedoch gesagt, daß die maximal mögliche Miete bekannt ist. Und die können sie sich leisten („wäre das für uns beide ... so höchstens 600 Mark"), wahrscheinlich wird es sogar noch billiger. Wäre der obige Sequenz-Einschub nicht erfolgt, so würde hier lediglich gesagt, wie billig die Wohnung wäre. Schon eine billige Wohnung zu finden, ist eine Leistung. Der Sinn der letzten Sequenz wird nun noch deutlicher. In dem bisherigen Gespräch wird offensichtlich über Wohnbedingungen und Lebenshaltungskosten, also finanzielle Aspekte von Lebensbedingungen (s. auch „Warmmiete"), geredet. In diesem Themenbereich ist die Erwähnung von Sozialwohnungen ein Hinweis auf beschränkte materielle Ressourcen. Die „Sozialwohnungen" verweisen auf Lebensbedingungen, die den Sprecher zu einem spezifischen Kontext gehören lassen. In diesen Kontext fallen z.B. Studenten oder Jugendliche aus nichtwohlhabenden Familien. Folglich sagt M in diesen Sequenzen, daß er es schafft, mit den finanziellen Mitteln, die ihm und seinem Bruder zur Verfügung stehen – evtl. sind sie auf „Sozialwohnungen" angewiesen –, auf dem lokalen Wohnungsmarkt nicht nur einfach eine günstige, aber eventuell schlechte Sozialwohnung, sondern eine besondere Wohnung („Neubau") zu finden. Insgesamt ist die mit „dann wäre" eingeleitete Erwähnung einer besonderen und günstigen Wohnung im Rahmen eines Gespräches über seinen zukünftigen Umzug daher eine Beschreibung einer Möglichkeit bzw. einer Zukunft, die M als eine Verbesserung präsentiert.

Unterstellt man bei der Interpretation an dieser Stelle, daß M in einem sozialen und materiellen Zusammenhang aufwuchs, für den Sozialwohnungen typisch sind, oder daß er davon ausgeht, er könnte einem solchen Kontext (z.B. vom Interviewer) zugerechnet werden, dann drückt er hier durch seine Rede aus, daß er diesem Herkunftskontext tatsächlich nur noch partiell angehört: Er wohnt schon nicht mehr bei seinen Eltern und er wird in der Zukunft (zunächst) zwar noch in einer Sozialwohnung leben, die aber eben in einem höherwertigen Neubau liegt. Die Betonung von „Neubau" und die damit ein-

---

formuliert werden können. So könnte hier im Hinblick auf die weitere Interpretation und etwaiges Vorwissen gefragt werden, welche anderen Personen für eine gemeinsame Wohnung in Frage kämen, oder wie sich das Verhältnis zwischen M und seinem Bruder, von dem M weiß, daß er und A sich im Rahmen von A's Feldforschungsaufenthalt in Dortmund kennengelernt haben, gestaltet. – Um die Interpretation nicht zu unübersichtlich werden zu lassen, müssen jedoch ständig Prioritäten gesetzt werden: Beide der angesprochenen, an dieser Stelle möglichen Fragen werden zunächst nicht weiter berücksichtigt, da sie sich als nicht sehr relevant für die Fallrekonstruktion erwiesen haben. Die Frage nach dem Verhältnis zwischen M und seinem Bruder wird jedoch bei der Interpretation an einer späteren Stelle, wo M explizit darüber spricht, aufgenommen.

hergehende Herausstellung seiner Leistung, eine solche Wohnung zu kennen, kann also wie eine indizierte und angestrebte Fortbewegung von einem sozioökonomischen Kontext, zu dem Sozialwohnungen gehören, gelesen werden, als Artikulation eines symbolischen und materiellen Aufstiegs.[132]

A signalisiert erneut Verstehen, unterbricht aber sonst nicht weiter. Es folgt eine kurze Pause.

> Das ist ja so'n erster Förderungsweg und zweiter und so.

M fährt ohne weitere Aufforderung fort, allerdings in einer unpräziseren Form als zuvor („so'n", „und zweiter und so"). Lapidar werden Förderungswege (evtl. im Zusammenhang mit einem sog. Wohnberechtigungsschein) und Implikationen („und so") angedeutet. Ob die vage Formulierung aus Unwissenheit oder (evtl. vorzugebender) Souveränität gewählt wird, bleibt verborgen. Beobachtbar ist jedoch, daß das Kennen dieser Förderungsmöglichkeiten als selbstverständliche Kompetenz („das ist ja so'n") ausgedrückt wird.

Betrachtet man die bis hierhin interpretierten Sequenzen insgesamt, dann wiederholt sich die anfängliche Beobachtung, daß bis jetzt weder A noch M explizit den Beginn der Tonbandaufnahme, die in ein laufendes Gespräch fällt, thematisieren.

> A: Sucht ihr denn auch zusammen dann wieder was?

Die Frage von A interessiert sich für etwas, was M eigentlich gerade schon erwähnt hat, ob er nämlich mit seinem Bruder zusammen eine Wohnung suchen würde. Auch paßt das Verb „suchen" nicht zu dem, was M zuvor sagte. Er sprach von einer Wohnung, die ihm schon bekannt ist, der mithin eine eventuelle Suche schon vorausging. Das „denn" verweist mit „auch zusammen" auf Bedingungen, von denen A annimmt, daß sie nicht mehr gültig sind. Daß A annimmt, daß sie es einmal waren, drückt „wieder" aus. Mit diesem Wort wird ein Bezug zu etwas Gegenwärtigem (sie wohnen zusammen) oder Vergangenem (sie suchten zusammen) hergestellt. Insofern artikuliert die Frage Erstaunen und drückt Zweifel aus. Es ist eine Verständnis-Rückversicherung, mit der das Gespräch, in das der Aufnahmebeginn fiel, fortgesetzt wird.

---

132 Zugegeben, das ist eine gewagte Interpretation. Doch, wie ausgeführt, gehören solche Interpretationen zum bewußten methodischen Vorgehen. Ist diese Interpretation nämlich falsch, so wird das die weitere Analyse schnell zeigen. Voraussetzung dafür ist jedoch, daß alle Interpretationen beim analytischen Fortgang durch den Text immer gedanklich ‚mitgeschleppt' werden. Und zwar so lange, bis sie durch ihre wiederholte Bestätigung immer plausibler werden, bis sie durch andere Interpretationen modifiziert und präzisiert werden, oder bis sie sich als nicht haltbar erweisen. Auf diese Weise kommt man schon mit „geringen Datenmengen zu riskanten, falliblen und reichhaltigen" Interpretationen und Hypothesen über die vorliegende Fallstruktur (vgl. Leber/Oevermann 1994, 390).

A spricht M in der zweiten Person an. Im Folgenden ist darauf zu achten, wie M auf diese Anrede reagiert und wie er umgekehrt A anspricht.[133]

> *M:* Ja ja (.) ich hab schon hier so Formulare ausgefüllt, wir müssen nur noch hier diese (.) Einkommens äh bescheinigung da oder wie nennt man diese Teile [ja] wo mein Bruder überall gearbeitet hat, dann muß ich das den Leuten abgeben und die müssen das ausfüllen und das dauert so lange. (1) [ja] Ja und wenn ich das hab, dann zieh ich ein. Das ist ein/

M beginnt die Antwort mit „ja ja" statt mit einem einfachen „ja". Das „ja ja" kann sowohl als betonende Bejahung, also als eine Versicherung des zweifelnden Fragers, als auch als ein Herunterspielen des angesprochenen Inhalts, also als abwiegelnde Reaktion, die den mit der Frage benannten Inhalt schnell abschließt, gelesen werden.

Mit „schon" reagiert M deutlich auf A's Nachfrage und das mit ihr möglicherweise artikulierte Erstaunen. Seine Antwort läßt die Frage nach der gemeinsamen Suche aus zwei Gründen unangemessen erscheinen. Erstens stellt er in der Antwort im Gegensatz zur Frage von A überwiegend sich selbst als den Handelnden dar. Nur M bekommt etwas („und wenn ich das hab") und auch nur er zieht dann ein: er, der als Handelnder zunächst die Formulare ausfüllte und sich dann nur zwangsläufig („wir müssen") mit dem Bruder gemeinsam um die Einkommensbescheinigung kümmert.[134]

Zweitens ist M bereits in ein bürokratisches Verfahren (wahrscheinlich eine Bewerbung um eine Sozialwohnung) eingetreten, um die angesprochene Wohnung zu erhalten, hat also die Phase einer möglichen Suche (wie er auch schon zuvor erwähnte) hinter sich gelassen.[135] Das angesprochene Verfahren wird mit der Aufzählung der notwendigen Schritte, die er und sein Bruder vollziehen müssen, skizziert. Das Auffallende an dieser Sequenz ist die Art, wie das Verfahren beschrieben wird. Mit ihr demonstriert M (wie schon in seiner vorangehenden Äußerung), daß er eine ausgeprägte Alltagskompetenz im Umgang mit Bürokratie besitzt. Er beherrscht die geforderten bürokrati-

---

133 Es wurde schon erwähnt, welche sozialen Positionen die Gesprächspartner verkörpern. Das Duzen ist in einem Gespräch unter Studenten durchaus zu erwarten. Da aber nicht alle Jugendlichen mich selbstverständlich geduzt haben, hat sich dieser Aspekt bei den Interpretationen teilweise auch als sehr aufschlußreich erwiesen.

134 Hier könnten sich folgende Fragen an die weitere Gesprächsinterpretation anschließen, die aber zunächst ebenfalls nicht weiter verfolgt werden sollen: Ist das Zusammenwohnen/-ziehen mit dem Bruder lediglich Ausdruck einer Zweckgemeinschaft, die z.B. ökonomische Gründe haben kann? Wann und warum ist er bzw. sind sie aus der Wohnung der Eltern ausgezogen?

135 An dieser wie an vielen anderen Stellen wird aus Gründen der Lesbarkeit auf eine genauere, aber umständlichere Formulierung wie z.B. ‚Er sagt, daß er bereits in ein Verfahren eingetreten sei ...' verzichtet. Grundsätzlich gilt: Alles in der Sequenzanalyse Formulierte ist entweder meine Paraphrasierung oder Interpretation des Gesagten bzw. Transkribierten.

schen Verhaltensweisen. Würde er die ‚Verfahrens-Kleinigkeiten' sehr präzise beschreiben, so wäre der Effekt gegenteilig: er erschiene dann als jemand, für den der Umgang mit Bürokratie etwas Unalltägliches wäre, etwas, das genau zu beschreiben sich lohnt. Aber gerade dadurch, daß er vieles nicht detailliert und präzise, sondern geradezu mit Desinteresse am Detail darstellt („so Formulare", „nur noch hier diese (.) Einkommens äh bescheinigung da oder wie nennt man diese Teile", „den Leuten"), redet er besonders alltagskompetent. Eben so, wie es üblich ist, unter Jugendlichen („diese Teile") über Bürokratie zu reden. Auch die Formulierung „und das dauert so lange. (1)" ist eine Beschreibung des Verfahrens, die als Alltagsbewertung von bürokratischen Verfahren verstanden werden kann. Dabei ist es ganz egal, ob M die Details des Verfahrens tatsächlich kennt oder nicht, oder ob er, um vor A Eindruck zu schinden, blufft usw. All das ist bei der Interpretation nicht klärbar. Dennoch können hier schon anhand der Form seiner Rede wichtige Aussagen abgeleitet werden.

Nach „und das dauert so lange" folgt eine Pause, die die mögliche Funktion dieses Sequenzteils als Bewertung unterstreicht. Daraufhin lizenziert A wie zuvor mit „ja", was hier Verständnis sowohl hinsichtlich der erfolgten Ausführungen zum Verfahren als auch hinsichtlich der letzten Bewertung ausdrücken kann. A stellt keine weitere Frage.

M fährt mit „Ja und" fort, was eine Zäsur markiert. Ein unmittelbar vorhergehender Gedanke oder eine Formulierung wird abgeschlossen, und es wird eine weiter zurückliegende Äußerung fortgeführt oder etwas Neues begonnen. Mit „Ja und wenn ich das hab, dann zieh ich ein" wird deutlich formuliert, daß nach Beseitigung der bürokratischen Hindernisse (z.B.: ‚wenn er die Zusage oder den Wohnberechtigungsschein hat') das eigentliche persönliche Ziel jenseits des Verfahrens, nämlich in den Neubau einzuziehen, erreicht wird. M hat also mit der Darstellung gerade seiner Aktivitäten hinsichtlich einer zukünftigen Wohnung („ich hab schon ...", „dann muß ich das ...") demonstriert, daß er sich um seine Zukunft kümmert. Und was bei diesen Anstrengungen herauskommt, ist eine Veränderung der gegenwärtigen Wohnverhältnisse, die er als positiv bzw. als Verbesserung beschreibt (s. Interpretation zu „Neubau").

Ohne Pause wird nun ein neuer Aspekt angeführt („Das ist ein"), der den durch „Ja und" eingeleiteten Ebenenwechsel weiter ausfüllen kann. Unwahrscheinlich ist eine weitere Bewertung des Verfahrens (wie z.B. ‚Das ist ein blödes Verfahren'), da das seine schon zuvor erfolgte Alltagsbewertung nur wiederholen und damit die Bewertung als eine persönliche Leistung aufwerten würde, wo bisher genau das Entgegengesetzte, nämlich ein alltagskompetenter Umgang mit Bürokratie präsentiert wurde. Plausibler scheint hier also die Erwartung, daß M ansetzt, etwas weiteres über seine

Zukunft zu formulieren (,das ist ein tolles Haus, wo ich wohnen werde'
o.ä.).

A: ~ wo ist das? Ist das [ja] auch so ne Wohnungsbaugesellschaft oder?

Die Doppelfrage von A deutet darauf hin, daß A's Aufmerksamkeit zu Beginn des Gesprächs noch nicht sehr hoch ist. Erstens unterbricht er M, und zweitens sind die beiden Fragen, versteht man sie wörtlich, qualitativ verschieden. Mit der Frage nach dem Ort der zukünftigen Wohnung führt er zunächst eine räumliche Perspektive ein. Während die erste Frage damit noch einen relativ direkten Anschluß entweder an den Einzug oder den angesprochenen Neubau, in beiden Fällen also an M's Rede über seine Zukunft, darstellt und unmittelbar mit einem Verstehens- bzw. Antwortbereitschaftssignal von M („ja") kommentiert wird, passiert mit der zweiten Frage etwas anderes.

Mit „auch" stellt A einen gesprächs- bzw. aufnahmeexternen Bezug her. Der Bezug ist allerdings nicht eindeutig; er kann sich auf die jetzige Wohnung von M oder auf die Wohnungsbaugesellschaften, die in M's aktueller Wohngegend Wohnungen vermieten,[136] auf Sozialwohnungen allgemein oder auf Wohnungen, die Wohnungsbaugesellschaften für ihre Arbeiter und Angestellten bauen, o.ä. richten. In allen Fällen fokussiert A damit eine von M oben mit dem Wort „Sozialwohnungen" eingeführte Perspektive: M wird hier von A demonstrativ auf einen für ihn vermeintlich typischen Kontext („auch") – nämlich den der Sozialwohnungen und Wohnungsbaugesellschaften – hin befragt.

Die Frageabschluß-Partikel bzw. -konjunktion „oder" kann verschiedene Bedeutungen haben. Entweder sie ist eine Impräzisierung, die die Frage abschließt im Sinne von ,oder so etwas ähnliches'. Oder A deutet mit ihr an, daß er sich auch eine andere Möglichkeit, die ihm jedoch unwahrscheinlicher erscheint, vorstellen kann im Sinne von: ,Ist das auch so ne Wohnungsbaugesellschaft oder nicht' bzw. ,oder ist das (etwa) was anderes?'. Beide Bedeutungen ändern aber nichts an der Tatsache, daß A mit seiner Frage M hier mit dem Kontext der Sozialwohnungen oder Wohnungsbaugesellschaften in Ver-

---

[136] Tatsächlich hatte ich beim Eintreten in das Haus eine neben der Haustür angebrachte Plakette gesehen, die das Haus, in dem sich die Wohnung von M und seinem Bruder befindet, als Eigentum einer lokalen Wohnungsbaugesellschaft ausweist. Dieses äußere Kontextwissen ist jedoch für die Interpretation unerheblich. Denn es geht nicht darum, herauszufinden, warum A gesagt hat, was er gesagt hat (das wissen wir auch nicht, wenn wir wissen, daß A beim Betreten des Hauses ein Hinweisschild wahrgenommen hat). Es geht vielmehr um die Analyse dessen, was seine Äußerungen bewirken bzw. wie sich durch die Äußerungen beider Gesprächspartner die Interaktion gestaltet. M weiß auch nicht, warum A etwas sagt, er kann nur Vermutungen anstellen, Erwartungen haben oder beobachten, was A sagt, und darauf reagieren. Und nur diese Reaktion kann methodisch genau rekonstruiert werden.

bindung bringt bzw. ihm diesen Kontext zuschreibt und nicht auf den „Neubau" eingeht.

Während also in M's obiger Äußerung das Begriffspaar „Neubau" und „Sozialwohnungen" in einer Form präsentiert wurde, mit der gerade der „Neubau" im Sinne einer Verbesserung betont wurde, passiert hier genau das Umgekehrte. Die zweite Frage kann so gelesen werden, daß A mit ihr M in die *Tradition* derjenigen stellt, die in Wohnungen von Wohnungsbaugesellschaften bzw. in Sozialwohnungen wohnen.[137] Es ist eine Frage nach M's *Zugehörigkeit*, die Zugehörigkeit an einem sozioökonomischen Kriterium festmacht. Sogesehen fragt A dann im Grunde genommen: ‚Ziehst du da hin, wo du herkommst? Bleibt alles wie bisher? Gehörst du auch nach dem Umzug zu diesem Kontext „oder" nicht?'

Das Thema der Zugehörigkeit ist implizit bereits in der Frage nach dem Ort der zukünftigen Wohnung enthalten. Umgekehrt enthält auch die zweite Frage einen räumlichen Bezug, eben dann, wenn das „auch" in dem Sinne von ‚auch so ne Wohnungsbaugesellschaft, wie sie hier in der Gegend vorkommen' gelesen wird. In diesem Sinne könnten beide Fragen von A auch auf den gleichen Inhalt, nämlich einen ‚sozial-räumlichen' Zugehörigkeits- bzw. Herkunftskontext zielen. Vor allem ihre Kombination in der Form einer Doppelfrage kann so verstanden werden. Gefragt würde dann implizit auch, ob M in der Zukunft nach wie vor in der Umgebung der gegenwärtigen Wohnung, in der die Wohnungen eben (zumindest teilweise) Wohnungsbaugesellschaften gehören, oder in einer vergleichbaren Gegend wohnen werde. Diese mögliche inhaltliche Verbindung beider Fragen stellt A aber nicht explizit her.

Trifft die Interpretation bis hierhin zu, dann sagt A mit seiner Doppelfrage, daß er M – egal wie sehr sich dieser anstrengt –[138] nach wie vor in einer spezifischen Tradition sieht, nämlich in dem sozioökonomischen und eventuell (je nach Lesart des „auch") auch räumlich markierten Herkunftskontext derjenigen, die in Wohnungen von Wohnungsbaugesellschaften leben. Ob M aber A's Äußerung so versteht, wie sie hier interpretiert wurde, bleibt abzuwarten. Es ist im Folgenden besonders darauf zu achten, ob und wie M auf A's Zuschreibungen – auf die relativ deutliche Zuschreibung einer Tradition, zu der Wohnungsbaugesellschaften zählen, und auf die eher implizite Zuschreibung der Wohngegend – reagiert.

M: Ja ja (.) und das Haus ist noch gar nicht fertig.

---

137 Die von A auf diese Weise fokussierte Traditionsperspektive verwendet in ihrer sehr vagen Fassung wohlgemerkt keine ethnische Kategorisierung.

138 Beispiele dafür waren bisher: (1) M's Rede vom zukünftigen Umzug in eine neue und günstige Wohnung; d.h. eine positiv beschriebene Veränderung der gegenwärtigen Wohnverhältnisse; (2) M bewohnt bereits als Erstsemester eine Mietswohnung, die voll eingerichtet ist, und nicht etwa nur ein kleines Studentenzimmer.

Wieder beginnt M seine Antwort mit einem „ja ja". Es bleibt für den weiteren Interviewdurchgang abzuwarten, ob dies eine spezielle, für M's Rede typische und habitualisierte Kommunikationsform ist. Waren oben noch beide möglichen Bedeutungen – die einer Versicherung des Fragenden und die eines Hinweises auf nicht geteilte Relevanzen – zutreffend, so trifft hier eher die zweite zu; etwa immer Sinne von: ‚Ja ja, das ist zwar eine Wohnungsbaugesellschaft, aber das ist hier nicht so wichtig'.

Das „und" leitet nun nicht etwa zur Beantwortung der ersten Frage über, sondern hebt das Folgende im Sinne von ‚und was ich aber noch(mal) sagen will' hervor. M präzisiert den baulichen Zustand des Hauses, auf das er seine bisherige Rede bezog.[139] Wollte M einem möglichen Mißverständnis hinsichtlich des baulichen Zustandes vorbeugen, dann wäre ‚aber' statt „und" passender. Indem er aber sagt „und das Haus ist noch gar nicht fertig", wird wie oben gerade eine Eigenschaft des Hauses betont: daß es ein „Neubau" ist. Stellte A ihn also zuvor auf die Seite der Sozialwohnungen, so nimmt M hier mit seiner Präzisierung so etwas wie eine Wiederholung für A und eine Fokussierung von A's Aufmerksamkeit vor. Dabei ist es egal und auch unentscheidbar, in welchem baulichen Zustand das Haus sich tatsächlich befindet und ob hinsichtlich dieses Zustandes bei A ein Mißverständnis vorliegt. Was geschieht, ist, daß auf die Frage nach der Wohnungsbaugesellschaft so gut wie gar nicht, d.h. mit „ja ja" nur so knapp wie möglich, eingegangen wird, und statt dessen die Loslösung bzw. die Entfernung von diesem sozioökonomischen (Herkunfts-) Kontext durch den Hinweis auf das Entstehungsdatum des Hauses abermals erwähnt wird. Indem M hier das präzisiert, was er in den letzten Sequenzen wiederholt demonstriert hat, daß er nämlich den Kontext älterer (Sozial-) Wohnungen verlassen kann, daß er also weiß, wie er seine Lebensverhältnisse verbessern oder sich aus vergangenen herausarbeiten kann, stellt er sich – zumindest auf Wohnungen bezogen bzw. materiell – nicht in die Tradition, die A's Doppelfrage impliziert.

A: Können wir das n bißchen leiser machen?

A reagiert nicht auf M's letzte Äußerung sondern formuliert die Bitte, die Fernsehgeräusche zu verringern. Dies ist neben dem Drücken des Aufnahmeknopfes der zweite Hinweis von A auf das das Gespräch aufzeichnende Tonband. Die Aufnahmequalität leidet unter Nebengeräuschen, wie sie ein im gleichen Raum laufender Fernseher produziert. Die Bitte A's gilt also der Herstellung verbesserter äußerer Interviewbedingungen. Insofern ist A's

---

139 Diese Sequenz bestätigt übrigens die obige Interpretation, daß M mit „Neubau" tatsächlich ein neues Gebäude meint und nicht eine Abgrenzung von vor dem Krieg errichteten sog. Altbauten.

Hinweis auf die Aufnahme auch ein Hinweis auf den Sinn der Aufnahme, i.e. ein Forschungsinterview durchzuführen.

A's Frage ist ein Ausdruck seiner geteilten Aufmerksamkeit. Darauf deutete schon seine vorherige Doppelfrage hin. Hier macht A die Randbedingungen des Interviews explizit zum Thema, kann aber deshalb nicht gleichzeitig auf M's letzte Äußerung reagieren. A führt also bisher einerseits ein Gespräch mit M, scheint aber andererseits noch stark damit beschäftigt zu sein, die Tonbandaufnahme zu justieren bzw. den Beginn der Aufnahme zu beobachten.

> *M:* Das Haus ist noch gar nicht gebaut (.) (M betätigt die Fernbedienung neben dem Mikro und macht den Fernseher leiser) oder ist noch nicht fertig

M reagiert nicht explizit auf die formulierte Bitte. Vielmehr wiederholt er noch zweimal die zuletzt vorgebrachte Klarstellung, während er nebenher der Bitte nachkommt. Damit reagiert er überdeutlich auf die offensichtliche Unaufmerksamkeit von A bzw. auf etwaige Mißverständnisse auf A's Seite. Noch zweimal wird erwähnt, daß es sich um ein nagelneues, noch nicht einmal fertiges Haus handelt, was implizit den symbolischen und materiellen Wert der angesprochenen Wohnung im Gegensatz zu älteren Sozialwohnungen und damit noch einmal M's Leistung, diese Wohnung ausfindig gemacht zu haben, hervorhebt.

> *A:* Ach n ganz neues ja

Erst jetzt reagiert A auf M's wiederholten Hinweis. Die Äußerung setzt mit einem „ach" ein, das sowohl Erstaunen markieren als auch im Sinne von ‚ach ja', ‚ach klar, das meintest du' verstanden werden kann. „n ganz neues" korrespondiert mit „Neubau", einem der ersten aufgenommenen Worte M's. Insofern signalisiert das „ja" ein Erinnern oder Verstehen: ‚ja klar, das sagtest du schon'.

> *M:* ~ ja (.) wo meine Eltern wohnen ist das,

M übernimmt in direktem Anschluß an A's „ja" ebenfalls mit einem „ja". Die folgende Minipause verstärkt die kommentierende Funktion des „ja" im Sinne von ‚gut, dieser Punkt ist also geklärt'.

Es folgt die Antwort auf A's Frage nach dem Ort der Wohnung. Die Frage nach der Wohnungsbaugesellschaft wird hier nicht wieder aufgegriffen. Geschieht dies auch im weiteren Verlauf nicht, erhärtet das die obige Deutung der Funktion des „ja ja" als einer Kurzantwort, die demonstriert, daß der nachgefragte Inhalt (i.e.: Wohnungsbaugesellschaft bzw. sozioökonomischer Kontext) von M als nicht relevant markiert wird oder daß auf ihn nicht weiter eingegangen werden soll.

Ist mit M's Äußerung die Frage nach dem Ort des Neubaus beantwortet? Nur, wenn A den Wohnort der Eltern kennt. Im anderen Fall nützt ihm diese Erklärung wenig außer dem Hinweis, daß der Neubau und damit die mögliche neue Wohnung von M in der Wohngegend seiner Eltern liegt. M hätte A auch einfach den Stadtteil nennen können. Statt dessen deutet er in dieser Sequenz darauf hin, daß er trotz persönlicher Verbesserung der Wohnungssituation, über die er bisher sprach, also trotz eines gewissen Aufstiegs, in der Nähe des Lebenskontextes seiner Eltern, bei denen er und sein Bruder schon jetzt nicht mehr wohnen, bleibt bzw. in der Zukunft wieder sein wird.

Auf die Frage nach dem zukünftigen Ort des Wohnens werden (zunächst) die Eltern als soziale Bezugsgruppe angeführt. Konnte man A's Doppelfrage, insbesondere seine zweite Frage nach der Wohnungsbaugesellschaft, als Einführung einer Sozialkontext- oder evtl. auch einer Traditionsperspektive lesen, so kann man hier vermerken, daß M mit dieser Sequenz das Thema des sozialen Bezuges, der Tradition oder der Zugehörigkeit andeutungsweise aufnimmt. Allerdings formuliert er es nicht mit einem sozioökonomischen Bezug, sondern mit familiärem Bezug. Die räumliche Perspektive, die A mit seiner Frage nach dem Ort der Wohnung einführte, wird also von M bei der Beantwortung der Frage sehr deutlich mit einer sozialen bzw. einer Herkunfts-Perspektive verknüpft. Während die beiden Perspektiven in A's Fragen nacheinander erwähnt wurden und nicht zwangsläufig als miteinander kombiniert verstanden werden mußten, verbindet M sie in seiner Antwort in einer sehr engen Form. Räumliche und soziale Aspekte seiner Lebensbedingungen verschmelzen. Dies deutet darauf hin, daß für M Lokalität und Zugehörigkeit (Tradition, soziale Identität) eng zusammengehören.

Falls die Eltern immer schon in dieser Gegend wohnten und M, bevor er in die jetzige Wohnung zog, auch, dann zieht er in der Zukunft wieder in die Richtung, aus der er herkommt. Aber auch anderenfalls ist der Verweis auf die Nähe des Neubaus zum Wohnort der Eltern als Loyalitätsbekundung lesbar. Das Begriffspaar „Neubau" und „Sozialwohnungen" war in der Interpretation oben als ein spannungsreiches charakterisiert worden. Über die Form, mit der M es einführte, konnte interpretiert werden, daß er oben über die Rede vom „Neubau" seine individuelle Leistung und Verbesserungen seiner Lebensverhältnisse in der Zukunft demonstriert hat. Wenn man das als Demonstration seines sozialen Aufstiegsprozesses versteht, dann deutet die aktuelle Sequenz darauf hin, daß er seine (Aufstiegs-) Handlungen (Aus- bzw. Umzug) nicht als Loslösung aus seinem familiären Kontext faßt. Er drückt seine Zukunft hier als eingebunden in seine räumliche und soziale Herkunft aus.

    das ist weiter unten weiter Richtung Hösch [ja]

Die Beantwortung der Frage nach dem Ort des Neubaus wird zunächst durch eine vage Richtungsangabe („das ist weiter unten" im Sinne von ‚weiter da hinten') fortgesetzt. Das Relativpronomen „das" kann sich hierbei sowohl auf den Neubau als auch auf die Wohngegend der Eltern beziehen. Letzterer Bezug ist jedoch aufgrund der unmittelbar vorhergehenden Sequenz plausibler. Der Ausdruck „weiter unten" wird im unmittelbaren Anschluß inhaltlich präzisiert. Da M zur Präzisierung des Ortes die Richtungsangabe „weiter Richtung Hösch" wählt und nicht etwa eine Viertels- oder Stadtteilbezeichnung, äußert sich hierin seine Erwartung, daß auch A die Industrieanlage „Hösch" bekannt sein und damit der Verweis auf sie als ortsübliche Richtungsangabe genügen müßte.[140] Diese Erwartung findet durch A's genau hier vorgebrachtes „ja" unmittelbare Bestätigung.

Mit dem Namen Hösch wird häufig ein bestimmter sozioökonomischer Zusammenhang verbunden. Es ist der einer Industriearbeiterkultur bzw. der eines Arbeiterviertels mit den entsprechenden räumlichen Erscheinungen wie Arbeitersiedlungen, Industrieanlagen etc. In diesem Umfeld sind auch „Wohnungsbaugesellschaften" und „Sozialwohnungen" zu finden; man kann sie sogar gerade dort erwarten. Insofern spricht M hier, indem er die Richtung, in der seine zukünftige Wohnung liegt, benennt, indirekt auch von dem sozioökonomischen Kontext, auf den schon A's Frage nach dem Träger der zukünftigen Wohnung verwies. Da die Aussage dieser Sequenz aber eher die Form einer Richtungsangabe hat, stellt M diesen Kontextbezug hier nicht explizit her.

aber das ist ne saubere Gegend und das ist auch so leise. (1)

Mit dieser Äußerung liefert M unaufgefordert eine Beschreibung der angesprochenen Gegend. Die Adjektive „sauber" und „leise" entkräften dabei ihre möglichen Gegenbegriffe „dreckig" und „laut". Sie jedoch tauchten bisher nicht auf, so daß anzunehmen ist, daß M in dem bisher Gesagten diese Bedeutung oder die Möglichkeit dieser Bedeutung sieht. Der wahrscheinlichste Kandidat dafür ist die Industrieanlage „Hösch". Mit ihrer Erwähnung sind häufig die Stereotypen von industrienahen Arbeiterstadtvierteln wie Lärm, Dreck, unzureichende Qualität der Wohnungen, schlechte Bausubstanz usw., aber auch Stereotypen wie eine ökonomisch schwache und häufig ausländische Wohnbevölkerung verbunden. Eingeleitet durch die einen Gegensatz aufbauende adversative Konjunktion „aber" entwirft M nun mit den Adjektiven „so leise" und „sauber" ein Gegenbild zu solchen Vorurteilen. Dies ist ein

---

140 Mit „Hösch" ist die über die Stadt hinaus bekannte große Industrieanlage gemeint. Dortmunder Einwohnern sowie anderen Ortskundigen ist mit der Erwähnung von „Hösch" als Richtungsangabe klar, daß die Wohngegend in einem Teil der Dortmunder Nordstadt liegen muß.

Hinweis darauf, daß M auch seinem Gesprächspartner A die stereotype Sichtweise unterstellt. Die Kontrastierung der Images eines Stadtviertels mit einer pointierten Beschreibung, wie es dort wirklich aussieht, ist nämlich nur dann nötig, wenn A, unabhängig davon, ob er ebenfalls in dieser Gegend wohnt oder nicht, nur die stereotype Wahrnehmung der Gegend oder der Art, wie Menschen wie M leben, hat. A wird also eine andere Deutung der Wohnqualität in der betreffenden Gegend unterstellt als die, die M hier ausdrückt. Mit dieser, seinen zukünftigen Umzug rechtfertigenden Äußerung geht M also auf Distanz zu möglichen Annahmen über sein (zukünftiges) Wohnumfeld oder seinen Lebenskontext und damit tendenziell auch zu A.

Wenn es nur das Stereotyp ‚dreckig und laut' ist, das es zu kontrastieren gilt, wäre auch eine negative Formulierung wie ‚obwohl nahe der Industrieanlage, ist es nicht dreckig da' oder ‚jetzt, da ein Teil des Betriebs stillgelegt ist, ist es nicht mehr dreckig (laut) da' denkbar. Durch die tatsächlich gewählte Formulierung betont M nun die Wohnqualität der Gegend besonders („und (!) das ist auch so (!) leise"). Das wird durch die kurze Pause noch unterstrichen. In ihrem Sinngehalt ist diese Sequenz daher hochgradig konsistent mit der anfänglichen Äußerung, die mit der Betonung von „Neubau" ebenfalls ein dichotomes Gegensatzpaar (neu-alt) aufrief und dadurch die eigene Leistung unterstrich. M führt also die Beantwortung von A's Frage nach dem Ort der zukünftigen Wohnung in einer Weise fort, die seine persönliche Leistung erneut hervorhebt und dabei die Zuschreibung eines Kontextes, die durch A's Frage nach der Wohnungsbaugesellschaft implizit vorgenommen wurde, zurückweist.

Ah ich glaub nicht, daß wir mal irgendwo einziehen wo nur Deutsche wohnen.
(A lacht kurz)

Nach der kurzen Pause und der Zögerungspartikel „Ah" folgt eine weitere, diesmal aber eine viel weitreichendere und grundsätzlichere Äußerung über M's Zukunft. Er verbindet das Thema des Umzugs bzw. der Lage seiner zukünftigen Wohnung mit einer expliziten Beschreibung der Wohnbevölkerung in anderen Gegenden, wobei er die angesprochene Wohnbevölkerung mit Hilfe nationaler bzw. ethnischer Kategorien charakterisiert. Implizit deutet die Art der Verwendung des Wortes „Deutsche" allerdings auch darauf hin, daß in der Gegend, in die M (wieder) ziehen wird, viele Ausländer wohnen, bzw. er sie als eine solche wahrnimmt. Insofern spricht M mit dieser Zukunftsformulierung spezifische Erfahrungen im Zusammenhang mit seinen bisherigen Wohngegenden an, für die die enge Verbindung von räumlichen und sozialen Aspekten entscheidend zu sein scheint. Es bestätigt sich damit die Vermutung, daß für M Lokalität und soziale Zugehörigkeit offensichtlich eng zusammengehören.

Der Ausdruck „nur Deutsche" ist mit den bisherigen, Polarisierungen andeutenden Formulierungen wie „Neubau", „sauber", „so leise" vergleichbar. Mit dieser plakativen Formulierung („nur" und „mal irgendwo" im Sinne von ‚jemals irgendwo') steigert M den bisherigen dichotomen Charakter seiner Rede noch. Eine Gegend,[141] „wo nur Deutsche wohnen", ist eine extreme und drastische Formulierung.

Sie kann als eine Form der Beschreibung der Wohngegenden der wohlhabenden Mittel- und Oberschichten gelesen werden; Gegenden mit Eigenheimen usw., deren Bewohner in der sozialen Hierarchie ‚oben' stehen und zur etablierten Sozialschicht gehören. In diesen Gegenden gibt es in der Regel keine oder nur wenige Sozialwohnungen oder Wohnungen von Wohnungsbaugesellschaften. In diesem Sinne ist die gewählte Formulierung gleichzeitig ein Gegenentwurf zu der Beschreibung einer Gegend als Gegend, ‚in der nur Ausländer wohnen', bzw. als Gegend, deren Bewohner in der sozialen Hierarchie ‚unten' stehen, und damit ein Gegenentwurf zur weit verbreiteten öffentlichen Rede von „Problem"- und „Ausländervierteln" oder „innerstädtischen Ghettos". Anders formuliert: Die von A eingeführte räumliche Perspektive wird hier von M mit einer ethnisch-national markierten Tradition konnotiert. Es deutet sich an, daß M in seiner Rede den räumlich-regionalistischen Stadtteildiskurs mit einem besonderem kollektiven Identitätsdiskurs, dem ethnisch-nationalen Diskurs, zusammenführt.

Auffallend ist, daß M von „wir" spricht, während er in seinen vorangehenden Äußerungen über seine zukünftige Wohnung vorwiegend von sich selbst sprach („ich kenn sogar Neubau", „und wenn ich das hab, dann zieh ich ein"). Mit „wir" können er und sein Bruder, seine Familie, Türken im allgemeinen, Ausländer im allgemeinen oder – was hier eher unwahrscheinlich ist – eine andere Gruppe wie z.B. Großstädter gemeint sein. Während er zuvor seine besondere individuelle Leistung, eine gute Wohnung gefunden zu haben, herausstrich und mit „Neubau", „sauber" und „leise" eher positive Attribute verwendete, wird hier die Unwahrscheinlichkeit ausgedrückt, Teil einer Gruppe zu werden, die in einer Gegend wohnt, die so etwas wie Erfolg symbolisiert. In dem Sinne sagt M, daß er trotz seiner individuellen Leistung nicht bei denen, die als Gruppe ‚oben' stehen, wohnen wird. Allerdings äußert er mit der Formulierung „ich glaub nicht daß wir (...) einziehen", daß die Möglichkeit, in eine solche Gegend, „wo nur Deutsche wohnen", zu ziehen, grundsätzlich besteht. M bzw. er und die anderen können wählen, sie ent-

---

141 Die Formulierung „irgendwo einziehen ... wo" kann sich zwar sowohl auf ein Haus als auch eine Gegend (in diesem Fall wäre „hinziehen" passender) beziehen. Doch ist im Zusammenhang einer grundsätzlichen Zukunftsformulierung und im Anschluß an die letzten Sequenzen, in denen über eine Gegend gesprochen wurde, der Bezug auf eine Gegend plausibler.

scheiden sich aber dagegen. Obwohl M es sich als Akademiker – sofern er einen Beruf findet – wahrscheinlich in der Zukunft finanziell leisten können wird, wird er auch später dort nicht wohnen.

Statt etwa zu sagen ‚irgendwo einziehen wo wenig Ausländer wohnen', wählt er die Formulierung „wo nur Deutsche wohnen". Dadurch drückt er aus, daß er ein derartiges Wohnumfeld für sich als höchst unwahrscheinlich ansieht. Den Grund für seine Einschätzung nennt er nicht. Insgesamt gesehen spricht aus seiner Äußerung eine gewisse Hoffnungslosigkeit. „Ich glaub nicht, daß wir mal irgendwo einziehen" kann als ‚ich glaub nicht, daß wir *jemals* ...' gelesen werden. Wenn man annimmt, daß M hier sagt, daß ein eigentlich lange gehegter und eventuell immer noch bestehender Wunsch nicht realisierbar erscheint, dann ist sein hier präsentierter Zukunftsentwurf tendenziell resignativ.

Seine Äußerung „wo meine Eltern wohnen ist das" konnte man so interpretieren, daß er damit seine Zukunft als eingebunden in seine soziale und räumliche Herkunft ausdrückt. Dies wird mit der Zukunftsformulierung hier noch weitergeführt. M formuliert eine Haltung, die sich als *Nischenhaltung* charakterisieren läßt. Es ist plausibel anzunehmen, daß dieser Haltung eine spezifische Erfahrung zugrunde liegt. An dieser Stelle bleibt aber unentscheidbar, ob die geäußerte Überzeugung eine bewußte Vermeidungsstrategie präsentiert (etwa als Reaktion auf bestimmte, negative Erfahrungen) oder eine langjährige Gewohnheit ausdrückt (z.B. Großwerden in einer Gegend, in der wenig Deutsche leben), infolge derer M keinen Anlaß hat, von einer Änderung auszugehen. Die offene, ungefragte Präsentation einer eher resignativen Haltung und die bisherige Betonung von Zukunft und Veränderung lassen ersteres vermuten.

Die Tatsache, daß M hier schon ganz zu Beginn des Gespräches sehr offen über Persönliches zu A, den er bisher nur flüchtig kennt, spricht, ist überraschend. Auch dies ist für die weitere Interpretation festzuhalten.

A kommentiert M's Äußerung mit einem kurzen Lachen, eine in diesem Gespräch qualitativ ‚neue' Form der Reaktion. Da kein Witz vorgetragen wurde, auf den das Lachen reagieren könnte, kann es sich entweder auf die von A empfundene Abwegigkeit oder Übertreibung der formulierten Einschätzung, auf den abrupten Wechsel von Beschreibungs- zu Einschätzungsmodus in M's letzten Äußerungen oder auf die unmißverständliche Form, mit der die Kategorie Nationalität und damit eine Grenzziehung zwischen M und A eingeführt wurde, beziehen. Das Gemeinsame aller Deutungsmöglichkeiten ist die mit dem Lachen ausgedrückte Überraschung oder Verwirrung, die von Ungläubigkeit bis Peinlichkeit reichen kann.

Aber ich glaub du bist der erste Deutsche, der die Treppen hier hochgekommen ist.

Mit dieser Äußerung markiert M die Exklusivität der aktuellen Situation und deutet damit gleichzeitig eine Alltagserfahrung an. M sagt nicht ‚der erste Deutsche, der mich besucht'. Statt dessen stellt er seine Erfahrung ähnlich wie seine vorhergehende Einschätzung zu zukünftigen Wohngegenden als eine dar, die nicht nur für ihn Gültigkeit besitzt. Sie wird nämlich als eine für die Ausländer in diesem Haus typische und normale dargestellt.[142] Implizit sagt M mit dieser Äußerung auch, daß er sich selbst als Ausländer bzw. nicht als Deutschen beschreibt. Anderenfalls wäre eine Formulierung wie ‚... du bist der erste Deutsche, der außer mir die Treppen hier ...' zu erwarten. M deutet hier also die Erfahrung einer räumlichen und sozialen Grenze an, die er zwischen Deutschen und Nicht-Deutschen sieht. Er sagt, daß die Überschreitung dieser Grenze durch Deutsche für ihn eine absolute Seltenheit bedeutet. Im Zusammenhang mit der Rede über die Lage seiner Wohnung beschreibt er insofern eine für ihn wichtige Erfahrung.

Diese Sequenz steht in einem interessanten Kontrast zur vorherigen. Die Konjunktion „aber" deutet ebenso wie die Formulierung „der erste Deutsche", die wie die vorangehende Formulierung „nur Deutsche" extrem und dramatisierend ist, darauf hin, daß M hier eine Gegenüberstellung aufbaut. Mit dieser Gegenüberstellung können zwei Dinge ausgedrückt sein. Erstens: M konstruiert mit dieser Äußerung einen Kontrast zu der Gegend, in der „nur Deutsche wohnen". Dadurch verweist er darauf, daß nicht nur in dem Haus, sondern auch in der Gegend, in der er jetzt wohnt, keine oder wenig Deutsche wohnen. Damit könnte die Erfahrung angesprochen sein, die dem zuvor geäußerten Zukunftsentwurf zugrunde liegt.

Zweitens: Zuvor sagte M, daß er und die anderen die (residentielle) Grenze zu den Deutschen in der Zukunft, auch wenn sie es könnten, nicht überschreiten würden. Hier sagt er nun, daß auch die Deutschen diese Grenze nicht überschreiten würden. Liest man „der die Treppen hier hochgekommen ist" als Metapher, dann besagt sie, daß sich noch kein Deutscher bemüht hat, ein privates Zusammentreffen mit M oder einem der in diesem Haus lebenden Menschen zustande zu bringen. Wenn die letzte Sequenz tatsächlich eine Resignation und eine Nischenhaltung ausdrückt, wird hier eine Begründung für diese Haltung nachgeliefert: ‚Da die Deutschen normalerweise nicht auf mich (uns) zugehen, machen wir das auch umgekehrt nicht'.

Daß M als ehemaliger Schüler einer deutschen Schule (Gymnasium) und jetziger Student privat noch keinen Besuch von einem Deutschen empfangen hat, ist eine bemerkenswerte Behauptung. Wenn damit die Erfahrung formuliert wäre, daß kein Deutscher ihn bisher privat besuchen wollte, kann daraus eine Kritik an dem Verhalten von Deutschen ihm gegenüber gelesen werden.

---

142 Die anderen Bewohner in diesem Haus müssen logischerweise Ausländer sein, bzw. M beschreibt sie mit dieser Äußerung als solche.

Doch auch die Tatsache, daß M noch keinen Deutschen eingeladen hat, könnte diese Aussage motiviert haben. In jedem Fall ist es auffällig, daß M diese Erfahrung hier am Anfang des Interviews zum Thema macht, ohne explizit danach gefragt worden zu sein.

A wird in dieser Sequenz zweifelsfrei als Deutscher identifiziert und von M geduzt, wie zuvor umgekehrt. Genauso selbstverständlich wie M darin den Umgang mit einem Mitglied der gleichen Bildungsinstitution (Student–Student) demonstriert, wird die Gesprächssituation schon ziemlich zu Beginn des Gespräches als eine außergewöhnliche markiert. Eventuell hängen die Offenheit und die relative Dramatik, mit der M hier spricht, mit einer in den letzten beiden Sequenzen implizit angedeuteten Erfahrung, die sich in der als außergewöhnlich beschriebenen aktuellen Interaktionssituation reproduziert, zusammen. Nach den bisherigen Interpretationen hat er A's Frage nach seinem zukünftigen Wohnort und seiner Zugehörigkeit zu einem sozioökonomischen Kontext als Frage nach seinem Herkunftskontext aufgefaßt. Daraufhin spricht er nun über eine Gegend, mit der er bestimmte Erfahrungen verbindet. Sowohl der räumliche Kontext als auch die Erfahrungen werden mit den Unterscheidungen deutsch-ausländisch beschrieben. Wenn sich also in diesen Sequenzen tatsächlich eine seiner Erfahrungen reproduziert, dann bleibt festzuhalten, daß für diese Erfahrung die Nationalitäts- und die Raumkategorie eine wichtige Rolle spielen, bzw. daß es sich um eine Erfahrung handelt, die er als Bewohner der Nordstadt mit Deutschen gemacht hat.

Wie aufgezeigt ist A durch das Vorbringen seiner Frage, die M's Rede über eine Zukunft unterbrach und die jener als Frage nach seinem Herkunftskontext auffaßte, wesentlich an der Gestaltung des Interaktionsverlaufes beteiligt. Inwiefern trägt A darüber hinaus noch dazu bei, die Verwendung der Nationalitätskategorie durch M zusätzlich zu motivieren? In dieser Sequenz sagt M, daß A, ein Deutscher – als den er ihn zuvor markierte –, zu ihm, einem Ausländer – als den er sich indirekt beschreibt –, nach Hause kommt. Der hier nicht explizit genannte Grund für A's Besuch ist das Forschungsgespräch, um das A ihn gebeten hat. Die Tatsache, daß M in der letzten Sequenz erstmalig in dem Gespräch die Nationalitätskategorie verwendet und in dieser Sequenz A als Deutschen anspricht, obwohl A bisher in dem Gespräch diese Kategorie nicht verwendet hatte, deutet darauf hin, daß M sich in diesem Gespräch von A primär als Ausländer angesprochen sieht.[143]

Die letzten Sequenzen zeigen auch, daß M seinem Gesprächspartner A eine ganze Reihe stereotyper Einschätzungen unterstellt, worin sich wiederum Erfahrungen mit anderen Deutschen ausdrücken könnten. Derartige Erwar-

---

143 Was ja auch sehr naheliegend ist, da A ihm vor dem Gespräch – ein Jahr zuvor sowie am Vortag – erklärt hatte, warum er mit ihm sprechen will; da er nämlich Gespräche mit türkischen Abiturienten für eine Forschungsarbeit führen will.

tungen auf deutscher Seite wären z.B., daß die Gegend um Hösch keine gute Wohngegend ist, daß M als Abiturient bald in anderen Gegenden mit mehrheitlich deutscher Bevölkerung leben wird, daß M als Abiturient alltäglichen, auch privaten Kontakt zu Deutschen hat. Alle diese Stereotypen werden durch M's Rede zurückgewiesen. M vermittelt hier A, dem er unterstellt, nicht viel über sein Leben zu wissen, einen Einblick in eine andere Welt.

A: Das glaub ich nicht. [doch doch] Im Ernst?

A's Reaktion drückt erneut und diesmal unmißverständlicher als sein Lachen Überraschung und Erstaunen aus. Auf M's Äußerung reagiert A mit einer ungläubigen Nachfrage, die zu einer weiteren Explikation auffordert. M bestätigt mit „doch doch" sofort und vehement, daß er die letzten Äußerungen genau so meinte, daß sie also keineswegs nur eine Übertreibung gewesen sind.

A führt mit seiner Frage keine neuen Themen in das Gespräch ein, er überläßt M die weitere Strukturierung. Auch nimmt er M trotz der hier angedeuteten Infragestellung auffallend ernst. Wollte er lediglich seine Ungläubigkeit oder die Tatsache, daß er etwas anderes wissen will, dokumentieren, dann hätte A – ähnlich wie M zuvor – etwa antworten können: ‚Ja ja, was ich dich (eigentlich) fragen wollte, ist ...'.

M: Ja, hier wohnt kein Deutscher und ich hab noch nie einen Deutschen gesehen und [ja]

M reagiert auf A's Erstaunen. Er bestätigt das zuvor Behauptete, indem er Fakten über das Haus, in dem er wohnt, bzw. die Umgebung („hier wohnt kein Deutscher") und persönliche Erfahrungen („ich hab noch nie ... gesehen") erwähnt. Die Alltagserfahrung, die in den letzten Äußerungen als eine mit anderen Ausländern geteilte Erfahrung mitgeteilt wurde („... daß wir mal irgendwo einziehen ...", „... der erste Deutsche, der die Treppen hier hochgekommen ist"), tritt nun also noch expliziter als eine *persönliche* Erfahrung in den Vordergrund. M beschreibt seine Wohnerfahrung als eine *gelebte Distanz* zu Deutschen. Damit präsentiert er sich erneut als jemand, der eindeutig auf der ausländischen Seite der hier bemühten Differenzierungsform deutsch/ausländisch steht.

Die Formulierungen „kein Deutscher" und „noch nie einen Deutschen gesehen" folgen auf die bisherigen Absolutheitsformulierungen („nur Deutsche", „erste Deutsche"). Sie treten in den letzten Sequenzen auffallend häufig auf, und setzen damit M's Rede, in der er schon zuvor polarisierende und wenig differenzierende Begriffe („sauber" und „leise") verwendete, fort. Darüber hinaus wird in dieser Sequenz die Ortspartikel „hier" ausgelassen („und ich hab noch nie einen Deutschen gesehen"). All dies deutet auf eine sich steigernde Aufgeregtheit seiner Rede hin. Dies ist ein deutlicher Hinweis darauf, daß er hier mit seiner Beschreibung von spezifischen Erfahrungen mit

Deutschen über ein Thema spricht, welches eine große Bedeutung für ihn hat. Für diese Leseweise spricht auch, daß er seine Erfahrungen überhaupt von sich aus anspricht.

Es folgt ein Verstehenssignal von A. Da A sonst nicht weiter unterbricht, akzeptiert er damit auch die Form von M's Darstellung. A hätte nämlich auch – trotzdem er die Auslassung einer Ortspartikel sinnverstehend unterstellt – reagieren können mit: ‚Das ist doch wohl Quatsch' oder ‚Du meinst wohl hier im Haus oder wie?' o.ä. Durch die Akzeptanz der Form der Darstellung wird auch der vermittelte Inhalt nicht weiter in Frage gestellt. Es wird nicht mehr angezweifelt, daß kein Deutscher im Haus wohnt oder daß M (hier) noch nie einen Deutschen gesehen hat. Damit wird zudem die von M hier nun schon zum vierten Mal in kurzer Folge behauptete Möglichkeit der zweifelsfreien Identifikation von Deutschen anerkannt. An dieser Stelle oder auch zuvor hätte sie durch eine Nachfrage wie ‚Woran erkennst du denn einen Deutschen?' oder ‚Wie kannst du dir da so sicher sein?' in Frage gestellt und problematisiert werden können.

so war das immer, so war das auch wo ich mit meinen Eltern gewohnt hab. (1)

M formuliert die Erfahrung, im Wohnalltag und in der Freizeit nur von Nicht-Deutschen umgeben zu sein. Für M ist die Situation in dem jetzigen Haus und die damit verbundene Tatsache, daß er bis auf die Interviewausnahme sonst keinen deutschen Besuch empfängt, Normalität, wenn er seine gesamte („immer") Biographie betrachtet. Er sagt also, daß er in einer Gegend großgeworden ist, in der viele Ausländer wohnen. Ob dies tatsächlich so war bzw. wieviel Deutsche in der Gegend lebten, in der er aufwuchs, ist unerheblich. Für die Interpretation ist entscheidend, wie er hier eine Jugenderfahrung als eine alltäglich gelebte Differenz beschreibt: M sagt, daß er die Grenze, die er in den letzten Sequenzen wiederholt mit Hilfe einer Kombination von nationalen und räumlichen Unterscheidungen markiert hat (Deutsche und Ausländer als Bewohner von Stadtteilen oder Wohnungen; deutsche Gegend/ausländische Gegend), als eine für ihn immer gültige Grenze erfahren hat.

Grammatisch korrekt wäre statt „wo" auch die temporale Konjunktion „als" gewesen. „Wo" korrespondiert mit der bisherigen Rede über Orte und Gegenden. Sogesehen wird der biographische Rückblick auch sprachlich mit einer räumlichen Verortung verbunden.

Auffällig ist, daß M, obwohl er über die Kindheit redet, die Formulierung „mit meinen Eltern" benutzt. Im Gegensatz zu den auch möglichen Formulierungen „bei meinen Eltern" oder „zu Hause" beschreibt die Partikel „mit" das Zusammenleben als eines von gleichberechtigten Partnern. Da dies gerade auf die Kindheit nicht zutrifft, zeigt sich hier, wie deutlich sich M als autonom handelndes Subjekt präsentiert. Dies war schon zu Beginn der Aufnahme zu erkennen, wo M beschrieb, wie er sich um seine Zukunft (neue Wohnung) kümmert. Es ist ein weiterer Hinweis darauf, daß die geäußerte Überzeugung, auch in Zukunft nicht in eine Gegend zu ziehen, „wo nur Deutsche wohnen", eine bewußte Vermeidungsstrategie (infolge bestimmter Erfahrungen) ist.

Auch seine Eltern hätten also – evtl. seitdem sie in Deutschland sind – die beschriebene Erfahrung gemacht. Hier zeigt sich deutlicher als oben, welchen Hinweis bei der anfänglichen Beschreibung des Ortes des Neubaus die Erwähnung des Wohnorts der Eltern birgt: M und sein Bruder bleiben – trotz des angestrebten Umzugs – auch in Zukunft in der Gegend wohnen, die für ihn dadurch gekennzeichnet ist, daß die Distanz zu Deutschen ein Merkmal des alltäglichen Lebens ist.

> Hab ich da mal n Deutschen gesehen? Ja doch vielleicht von den einen da (.) aber die konnte man gar nicht als Deutsche bezeichnen. (1)

Nach einer kurzen Pause stellt sich M selbst eine Frage, die er differenzierend beantwortet. Er monologisiert mit dem Effekt der Bestärkung des zuvor Gesagten, daß es nämlich früher, als er bei seinen Eltern wohnte, für ihn alltägliche Normalität war, so gut wie gar keinen Deutschen zu sehen. Die erwähnte Ausnahme ist singulär und eigentlich noch nicht mal eine Ausnahme, da auf die einzigen Deutschen, die er sah, die Bezeichnung „Deutsche" ‚eigentlich' nicht zutraf. Durch diese rhetorische Tilgung der erwähnten Ausnahme bleibt die Absolutheit, mit der er die Differenz deutsch-ausländisch präsentiert, erhalten. Die angesprochene Grenze ist klar und eindeutig.

Abgesehen davon, daß M erneut sagt, daß Deutsche an ihrem Äußeren als Deutsche erkennbar sind und er sie erkennen kann, demonstriert M hier, daß er zwischen ‚typischen' und ‚untypischen Deutschen' unterscheidet. Es schließt sich hier für die weitere Interpretation die Frage an, was für ihn einen ‚typischen Deutschen' ausmacht, bzw. welche Bedeutung die Deutschen für seine hier artikulierte Erfahrung haben.

> *A:* Wie kommt das? (1)

Nach einer kurzen Pause folgt eine Frage von A, die sich nur ganz kurz in M's Ausführungen und Themengestaltung einmischt und sie insofern unterstützt, als sie ganz offen und unbestimmt nachfragt. Ähnlich wie mit seiner obigen Äußerung („Das glaub ich nicht. Im Ernst?") drückt A hier eine Überraschung bzw. ein Interesse an dem Gesagten aus. Seine Frage ist eine Explikations- und Erzählaufforderung, eine Aufforderung, einen Hergang oder Hintergründe zu erklären. A unterstellt mit dieser Frage dem zu Erklärenden eine Entwicklung, die zum jetzigen Zustand geführt hat.

Die Frage ist sehr kurz, so kurz, daß sie sich selbst gar nicht eindeutig erklärt: ‚Wie kommt *was*?'. Der Bezug des „das" ist nicht klar: Es kann das Phänomen gemeint sein, daß „hier kein Deutscher wohnt", daß A der erste

Deutsche ist, der die Treppen hochkam, daß die Situation in der Gegend der Eltern genauso war, oder daß man bestimmte Deutsche nicht als Deutsche bezeichnen kann. Schließlich kann sich das „das" auch auf die von M präsentierte Haltung, für die die Unterscheidung Deutsche/Nichtdeutsche offensichtlich eine große Rolle spielt, beziehen. Es ist also im weiteren darauf zu achten, was M aus dem „das" macht.

3.1.3 Zwischenergebnis, Teil I

Die Zwischenergebnisse, die hier und nach den Analysen der beiden anderen noch folgenden Teile des Gesprächsanfangs präsentiert werden, können nicht die im sequentiellen Durchgang vorgeführte Entstehung der einzelnen Interpretationen zusammenfassen. Wie über die Form und Entwicklung der Gesprächsinteraktion Aussagen über die Struktur der Interaktion und damit des Falles herausgearbeitet werden, kann nur die Darstellung der detaillierten Sequenzanalyse selbst zeigen. Insofern greifen die Zwischenergebnisse lediglich einige relevante Aspekte der bisherigen Interpretation zum Zwecke der Orientierung heraus.

Der Beginn der Tonbandaufnahme fällt in ein schon laufendes Gespräch zwischen M und A. M läßt sich trotz A's Hinweisen auf die Aufnahme äußerlich nicht vom Aufnahmebeginn beeindrucken. M spricht von Anfang an sehr dynamisch. Thema des Gespräches sind zunächst M's Pläne, in eine andere Wohnung zu ziehen. Somit beginnt das Gespräch als ein Gespräch über einen Aspekt seiner Zukunft. Während er über die zukünftige Wohnung und die Wohnungssuche spricht, betont M seine Kompetenz, eine besondere Wohnung finden zu können. Am Beispiel der Wohnung demonstriert er, daß er sich erfolgreich um seine Zukunft kümmert. Seine Rede über die zukünftige Wohnung konnte als Präsentation einer individuellen materiellen Verbesserung seiner Wohnbedingungen und damit als partielles Verlassen seiner bisherigen Lebenszusammenhänge gelesen werden.

Sehr schnell entwickelt sich das Gespräch dann zu einer Thematisierung von M's Vergangenheit (und damit auch seiner Aufstiegserfahrungen). M spricht direkt sehr persönliche Erfahrungen an; er nimmt das Gespräch auffallend ernst. Seine Äußerungen hinsichtlich zukünftiger Wohnorte wurden als die Einnahme einer Nischenhaltung interpretiert, die zeigt, daß M seine Zukunft tendenziell resignativ und eingebettet in einen sozialen und lokalen Herkunftskontext entwirft. Als Begründung für diese Haltung werden Erfahrungen in vergangenen Wohngegenden angedeutet. M markiert dabei eine ethnische/nationale *und* räumliche Grenze, die als eine bisher immer gültige erfahren wurde. Seine Äußerungen verweisen daher auf eine Distanzerfahrung von besonderer biographischer Relevanz.

An dieser Entwicklung des Gespräches, in dem M über seine Erfahrungen, in der Vergangenheit nur in einer Innenstadtgegend mit hohem Ausländeranteil gelebt zu haben, spricht, ist A nicht unwesentlich beteiligt. Während A sich zu Beginn des aufgenommenen Gesprächs noch um die Herstellung guter Aufnahmebedingungen bemüht, stellt er nebenher nichtsdestotrotz Fragen. Seine Doppelfrage nach dem Ort der Wohnung und nach der Wohnungsbaugesellschaft unterbricht M's Ausführungen über seine Zukunft und seine diesbezüglichen Anstrengungen. Sie konnte als eine Frage verstanden werden, mit der A eine Traditionsperspektive in das Gespräch einführt und M auf einen für ihn vermeintlich typischen Kontext hin befragt. In seiner Antwort insistiert M u.a. darauf, daß mögliche Merkmale, die A seinem bisherigen und zukünftigen Wohnzusammenhang unterstellt oder unterstellen könnte, für ihn persönlich nicht relevant bzw. unangemessen sind. Dadurch, daß M die skizzierten Erfahrungen mit Hilfe der für ihn biographisch wichtigen Unterscheidung deutsch/ausländisch beschreibt, markiert er gleichzeitig die aktuelle Gesprächsinteraktion mit A als eine exklusive.

Infolge der relativ häufigen Verwendung von polarisierenden Gegensatzpaaren erscheint M's Rede bisher auffallend undifferenziert. Diese formale Beobachtung und die Tatsache, daß M seine Erwartungen und Erfahrungen gleich zu Beginn des Gespräches sehr offen thematisiert, weisen darauf hin, daß er aufgeregt ist und dem Gesagten und/oder der Gesprächssituation eine große Bedeutung beimißt. Insofern läßt sich in seiner Rede der Aufbau einer Spannung zwischen der Betonung seiner individuellen Leistung, einer von ihm erwarteten oder so verstandenen Zuschreibung einer spezifischen Tradition oder Identität durch A und der Artikulierung der Erfahrung, als ausländischer Jugendlicher anders zu sein, beobachten. Dies wurde als Hinweis darauf gedeutet, daß sich während des Gesprächs über seine zukünftige Wohnung ein wesentlicher Aspekt der von ihm angesprochenen (Aufstiegs-)Erfahrung reproduziert. Dies könnte etwa die Erfahrung sein, trotz seiner persönlichen Leistung immer – hier durch A – als Ausländer bzw. auf seine räumliche und soziale (bzw. sozio-ökonomische) Herkunft angesprochen zu werden. In dem Sinne wäre in dem Gesprächsanfang neben der von M explizit angesprochenen Erfahrung einer lebenslangen räumlichen und sozialen Differenz auch die Erfahrung einer nicht entrinnbaren Traditions- und Identitätszuschreibung angedeutet.

Die durchgeführten Interpretationen sind bewußt reichhaltig und teilweise riskant durchgeführt worden. Alle Interpretationen sind noch als vorläufig zu betrachten. Die weitere Sequenzanalyse wird jedoch schnell zeigen, ob sie sich als haltbar erweisen. Die bisherigen Deutungen reichen noch nicht aus, eine sinnvolle Hypothese über die vorliegende Fallstruktur zu bilden. Dazu ist es noch zu früh. Neben der Suche nach Bestätigungen für die bisherigen Ergebnisse sind bei der Analyse von Teil II des Gesprächsanfangs folgende Fragen weiter von besonderem Interesse: Was sind für M „typische" bzw. „untypische Deutsche"? Warum präsentiert er so früh im Gespräch eine Nischenhaltung? Warum faßt er A's Frage nach dem Ort der Wohnung und der Wohnungsbaugesellschaft offensichtlich als Frage nach seiner Zugehörigkeit auf? Warum markiert er die durch seine Wohngegend symbolisierte Grenze in der Form eines *Ghettodiskurses* als eine für ihn immer gültige soziale und räumliche Grenze?

3.2 Gesprächsanfang, Teil II

3.2.1 Transkript

M: Ja das ist einfach so/ ja das war auch so weißt du (1) wo mir das/ jetzt fällt mir das grad ein, wo du auf der Schule warst bei uns jetzt wo du uns gefragt hast ob wir [ja] äh das mitmachen können (.) da hab ich zu meinen Kollegen gesagt später (.) so (.) was macht ihr da eigentlich? Ihr wißt doch ganz genau daß ihr am Ende nicht kommen werdet und so. Warum sagt ihr ihm das nicht offen daß ihr nicht kommt? (.) So weil ich kenne die Leute.
A: Als wir uns verabredet hatten?
M: ~ ja ja (.) Ich hab ja auch zu denen gesagt so, was macht ihr da? Ihr werdet doch sowieso nicht kommen und wir sind glaub ich an dem Tag äh Billard spielen gegangen oder [hm] in die Stadt oder ich weiß es nicht. [hm] Da hab ich zu denen gesagt ihr seid echt blöd eh. Warum macht ihr das denn? [hm] Wir haben auch noch Telefonnummern gegeben ich hab schon von Anfang an gesagt so nee (.) laß mal lieber. [hm] Ja und (.) ja das ist aber auch so, weil (.) als du uns/ also das ist auch nicht so richtig deren Schuld weil (.) äh als du uns da gefragt hast, wir waren ja mehr so (1) ja wie soll ich sagen? Keiner von uns hatte deutsche Freunde auf der Schule oder so also wir kannten die alle, weil wir in einer Klasse waren aber (.) Freunde hatten wir nicht und [ja] keiner von denen hat doch daran gedacht irgendwie irgendeinem Deutschen zu helfen weil der Examen macht oder so. [ja] Verstehst du?

3.2.2 Sequenzanalyse

M: Ja das ist einfach so/

Die vorhergehende unpräzise Frage von A transportiert für M kein Eindeutigkeitsproblem; M stellt keine Nachfrage, sondern beginnt mit einer Antwort. Er sagt nicht ‚ja das kommt einfach so', er beschreibt keinen Hergang des Phänomens; mit „ist" deutet er vielmehr einen Dauerzustand an. Wörtlich genommen, wiederholt M mit dieser Äußerung, daß die von ihm zuvor angedeutete Erfahrung einer Distanz zu Deutschen für ihn Normalität und Gewohnheit bedeutet.[144]

Zugleich ist diese Aussage auffallend nichtssagend, sie geht nicht auf den in der Frage angesprochenen Hergang ein. Auf die sehr offene Frage von A stellt diese Reaktion daher so etwas wie Zeitgewinn her. M beginnt eine Antwort, ohne direkt zu antworten.

> ja das war auch so weißt du (1)

Im direkten Anschluß folgt eine sehr ähnliche Äußerung, allerdings mit Tempuswechsel. M kündigt eine bestimmte Situation, ein Beispiel aus der Vergangenheit, an, das die allgemeine und eher unbestimmte Aussage „ja das ist einfach so" illustrieren oder begründen kann. M beginnt also eine Erklärung, die zeigen wird, wie er das „das" aus A's Frage auffassen und nutzen wird. Die Ankündigung schließt er mit dem Vertrautheitssignal „weißt du" und der darauf folgenden Pause ab. Er hält also kurz inne, bevor er mit dem angekündigten Thema beginnt. Das deutet darauf hin, daß er antworten will, aber noch nach dem geeigneten Anfang sucht.

> wo mir das/ jetzt fällt mir das grad ein, wo du auf der Schule warst bei uns

M erwähnt eine Zeit in der Vergangenheit, die auch A bekannt sein müßte, da er damals bei M auf der Schule war. Unklar ist, wer mit „uns" gemeint ist; entweder die Schüler auf der Schule oder die von A angesprochenen, überwiegend türkischen Schüler. Auf jeden Fall spricht M sich hier selbst als Teil einer Gruppe an.

Der zweite Sequenzteil dieser Äußerung („wo du auf der Schule warst bei uns") schließt sowohl formal als auch inhaltlich glatt an die vorhergehende Sequenz „ja das war auch so weißt du" an. Insofern unterbricht sich M zuvor mit der mit einer Selbstkorrektur versehenen Formulierung „wo mir das/ jetzt fällt mir das grad ein" erneut selbst. Welche Funktion hat dieser Einschub?

Mit dem Einschub markiert M eine plötzliche Erinnerung („jetzt", „grad") an etwas für das Gespräch Neues. Wenn es tatsächlich eine plötzliche Erinnerung wäre, die sich durch Assoziation oder aus sonstigen Gründen einstellt, wäre es allerdings naheliegender, daß „das" wegzulassen („jetzt/an dieser Stelle/da fällt mir ein ..."), bzw. das, was erinnert wird, im direkten Anschluß an die Markierung der plötzlichen Erinnerung auszuführen. Dagegen bezieht sich das „das" in dieser Sequenz, zumindest das zweite „das", offensichtlich auf das noch Auszuführende. Die mit dem „das" vorgenommene Indizierung eines Themas, über das gesprochen werden soll, und die wiederholte Bemühung um Zeitgewinn sprechen daher dafür, daß es sich hier nicht

---

[144] Für diese Interpretation war das Anhören des Tonbandes entscheidend. In dieser Äußerung betont M nämlich „ist" und nicht „so", was vielmehr eine Erklärung angekündigt hätte.

um eine Kette von spontanen, neuen Gedanken oder Assoziationen, sondern tatsächlich um die Suche nach einem geeigneten Beginn handelt.

Der abgebrochene Satz „wo mir das" hätte mit ‚grad einfällt' fortgesetzt werden können. Demgegenüber erscheint die gewählte Formulierung „wo mir das / jetzt fällt mir das grad ein" als eine strategische Steigerung der Glaubwürdigkeit der Präsentation eines plötzlichen Einfalls. Und warum sollte eine noch folgende Äußerung als ein plötzlicher Einfall präsentiert werden? Die hier zu beobachtende Suche nach einem geeigneten Beginn wäre z.b. verständlich, wenn es für M unangenehm wäre, über etwas zu sprechen. Dann jedoch wäre es leichter, zu schweigen oder über etwas anderes zu reden. Unterlegt man diese mögliche Deutung,[145] wird mit der Formulierung „jetzt fällt mir das grad ein" eine Absicht offenbart im Sinne von ‚das wollt ich dir ja noch sagen'. M sagt dann hier etwas, worüber er sich ganz im Gegensatz zu dem, was die explizite Rahmung seiner Rede als Erinnerung nahelegt, schon zuvor Gedanken gemacht hatte. Wenn das der Fall wäre, hätte M auch ‚was ich dir schon immer (längst) sagen wollte' o.ä. formulieren können, womit dem Folgenden ein großes Gewicht beigemessen worden wäre. Demgegenüber markiert die gewählte Figur „jetzt fällt mir das grad ein" durch ihren Charakter einer plötzlichen Erinnerung den zu erwähnenden Inhalt als eine Kleinigkeit. In dem Sinne kann die gesamte Sequenz auch als eine Bagatellisierung von etwas, über das gesprochen wird, gelesen werden.

 jetzt wo du uns gefragt hast ob wir [ja] äh das mitmachen können (.)

Die angesprochene vergangene Situation wird nun genauer spezifiziert. Sie ist dadurch gekennzeichnet, daß auch A in sie involviert war. Durch die Verwendung von „du" und „wir" wird sie deutlich in zwei Handlungspositionen aufgeteilt. Durch „ob" und „mitmachen" wird klar, daß die erbetene Mitarbeit der Gruppe keineswegs garantiert ist und sie vielmehr in ihrer Entscheidungsmacht liegt. Möglich wäre auch eine Formulierung wie ‚ob wir Zeit (Lust) hätten' gewesen. Dagegen betont das gewählte „mitmachen" die Entscheidung der Gruppe als Erfüllung eines Gefallens oder als Unterstützung.

An dieser Sequenz fällt auf, daß A – ähnlich wie oben („du bist der erste Deutsche, der ...") – von M erneut als jemand (ein Deutscher) beschrieben wird, der auf ihn zukommt. In beiden Situationen geht es um die Bitte um ein Forschungsgespräch. In der Situation auf der Schule sprach A ausländische Schüler, darunter hauptsächlich türkische Schüler einschließlich M, an. In der

---

[145] Aus Gründen der Darstellbarkeit wird, wie schon gesagt, auf die Ausformulierung von Deutungen, die sich für den weiteren Analyseverlauf als unergiebig erwiesen haben, in den meisten Fällen verzichtet. Man könnte nämlich an dieser Stelle aus M's zögerndem Antwortbeginn auch lesen, daß er ernst genommen werden will, sich interessant machen will, das Rederecht beibehalten will, obwohl er noch nicht genau weiß, über was er sprechen soll, usw.

hier zu interpretierenden Gesprächsinteraktion wird M, der sich selbst als Ausländer beschreibt, alleine von A angesprochen. Diese Ähnlichkeit der beiden in dem Gespräch explizit genannten Situationen stützt die weiter oben formulierte Vermutung, daß ein für M in beiden Situationen entscheidener Aspekt darin liegt, daß A ihn als Türken oder Ausländer anspricht bzw. ihm diese Eigenschaft durch sein Gesprächsanliegen mehr oder weniger direkt zuschreibt.

A's parallel gesprochenes „ja" kann als Signal für das Wiedererkennen der erwähnten Situation oder als allgemeine Anerkennung von M's Rede verstanden werden. In beiden Fällen wird die Weiterrede motiviert. M's „äh" kann entweder als kurzes Zögern im Redefluß infolge der Unterbrechung durch A oder als weiterer Ausdruck seiner Suche nach der richtigen Formulierung interpretiert werden.

> da hab ich zu meinen Kollegen gesagt später (.) so (.) was macht ihr da eigentlich? Ihr wißt doch ganz genau daß ihr am Ende nicht kommen werdet und so. Warum sagt ihr ihm das nicht offen daß ihr nicht kommt?

In einer teilweise in wörtlicher Rede gehaltenen Reinszenierung seines Verhaltens demonstriert M, wie er die anderen Mitglieder der von A mit der Bitte um Mitarbeit angesprochenen Gruppe im Anschluß an die damalige Interaktion mit A kritisiert hat. Er hält ihnen retrospektiv fast ermahnend („was macht ihr da eigentlich") ihr Verhalten („ihr wißt doch ganz genau ...") A gegenüber vor. Neben der derart betonten Differenzierung zwischen ihm und den anderen Jugendlichen zieht er aber auch eine deutliche Grenze zwischen der Gruppe und A. M bleibt – trotz der sprachlichen („ich-sie' bzw. ‚ich-ihr') und inhaltlichen Grenzziehung zu den anderen Jugendlichen – ein Mitglied der Gruppe (übrigens auch in den vorherigen Sequenzen, s.o.: „uns", „wir"). Es sind „meine Kollegen" (ugs. für Freunde), die er rückblickend anspricht, nicht etwa ‚meine damaligen Kollegen' oder ‚die anderen'.

Die Impräzisierungsfigur „und so" verstärkt auch formal den Eindruck, daß es sich bei dieser Reinszenierung seiner vergangenen Äußerungen um eine exemplarische Demonstration für A handelt (‚und so weiter, solche Kritikpunkte hatte ich', ‚und so in der Art hab ich mit denen geredet'). Inhaltlich demonstriert M, daß er Offenheit im Umgang mit A fordert. Da es in der angesprochenen Situation darum ging, sich als einzelner und als Gruppe A und seiner (Interview-) Bitte gegenüber zu verhalten, fordert M eine Offenheit, die Mut benötigt. Es hätte A nämlich offen gesagt werden sollen, daß die Gruppenmitglieder seine Bitte um Mitarbeit nicht erfüllen würden, daß sie nicht mit A kooperieren würden. Wichtig ist, daß M die anderen Gruppenmitglieder nicht etwa für ein Fehlverhalten in dem Sinne kritisiert, daß er ihnen vorwirft, nicht mit A kooperiert zu haben,[146] sondern eben für ihre fehlende Offenheit. Indem M in seiner Reinszenierung seines Vorwurfs den anderen Jugendlichen ein bestimmtes grundsätzliches Verhalten unterstellt („ihr wißt doch ... daß ihr ... nicht kommen werdet"), präsentiert er hier A gegenüber die Haltung der Jugendlichen, in dieser (und ähnlichen) Situationen nicht mit A zu kooperieren, im Sinne eines in der Gruppe allgemein geteilten Alltagswissens.

Insgesamt praktiziert M in der aktuellen Sequenz gerade die von ihm auch von den anderen Jugendlichen geforderten Verhaltensweisen: Offenheit und Mut. Denn nun, da die damalige Verabredung angesprochen ist, könnte A das Nicht-Erscheinen zur Verabredung als Thema aufgreifen und letztlich M sein damaliges Nicht-Erscheinen zum Vorwurf machen. Diese mögliche Reaktion A's scheut M nicht. Ganz im Gegenteil, er selbst führt die damalige Verabredung als Gesprächsthema ein. Sie stellt für ihn einen Anlaß dar, vor A über etwas ganz anderes, nämlich das Alltagswissen und -verhalten in der Gruppe der türkischen Jugendlichen, zu sprechen. Er sagt allerdings bis hierhin noch nichts darüber, warum es denn so klar sei, daß die Jugendlichen grundsätzlich nicht zu solchen Verabredungen erscheinen. (Haben sie keine Lust zu so etwas Langweiligem? Helfen sie nie einem Deutschen? usw.)

(.) So weil ich kenne die Leute.

Nach einer kleinen Pause unterstreicht M die Gültigkeit des gelieferten Einblicks in das Verhalten der betreffenden Gruppe in einer solchen Situation. Die anderen Jugendlichen werden nun nicht mehr als „Kollegen" oder z.B. ‚Freunde', sondern als „die Leute" bezeichnet, was ein wesentlich allgemeinerer und distanzierterer Begriff ist. Dies ist ein Hinweis darauf, daß er die Gültigkeit seiner vorherigen Aussage durch den Bezug auf eine Gruppe, die auch viel allgemeiner als die konkrete gefaßt werden kann, demonstriert. M begründet die Gültigkeit, indem er mit dem „Kennen" auf eine biographische Erfahrung verweist: Er „kennt" ‚diese (solche) Leute', da er viel Zeit mit ihnen verbracht hat oder sie und ihr Verhalten zumindest lange Zeit, evtl. von klein auf, beobachtet hat. Er ist kompetent, ein Bild über das Verhalten dieser Personen abzugeben. Unabhängig davon, ob es hier noch um die Mitglieder der konkreten Gruppe oder um eine allgemeinere geht – z.B. türkische Jugendliche –, wird hier eine Erfahrungsauthentizität eingeführt, die A aus M's Sicht nicht besitzt. Ginge M nämlich davon aus, daß auch A sich mit einem solchen Verhalten dieser „Leute" auskennt, wäre die Formulierung ‚du weißt doch, wie die sind' oder ‚wir kennen die Leute doch' treffender. M unterstellt also den anderen Jugendlichen, wie schon in der letzten Sequenz gesehen, ein

---

146 Alle drei Jugendlichen, also auch M, erschienen damals nicht zu dem gemeinsam vereinbarten Treffen zur Interviewdurchführung.

bestimmtes Verhalten. Er inszeniert sich damit als jemand, der die Lebenswelt und die Beweggründe der anderen türkischen Jugendlichen kennt.

A: Als wir uns verabredet hatten?

Offensichtlich hinkt A inhaltlich hinterher und reagiert nicht auf den impliziten biographischen Hinweis in der letzten Sequenz. Mit seiner rückversichernden Frage fordert er eine nochmalige Klarstellung, auf welches vergangene Verhalten sich M's Äußerungen genau beziehen – als gäbe es mehrere Möglichkeiten. Insofern signalisiert A hier, daß auch er nun der von M angeführten vergangenen Situation erhöhte Aufmerksamkeit schenkt, daß er sich auf dieses Thema einläßt.

Statt „Mitmachen" und „Kommen" reformuliert A zusammenfassend „Verabredung". Auch übernimmt A nicht die von M zuvor benutzte Interaktionspartner-Einteilung „ich" und „ihr" (bzw. „wir") sondern benutzt als Subjekt „wir". Die Verantwortlichkeit für die angesprochene Verabredungssituation wird damit allen in gleicher Weise zugeschrieben. In diesem Sinne bietet A mit seiner Frage eine neue, alle Teilnehmer umfassende soziale Grenze an. Er greift dabei weder die von M verwendete Unterscheidung Gruppe/Student (Forscher) noch die weiter oben wiederholt angedeutete Unterscheidung Deutsche(r)/Türke(n) (Ausländer) auf.

M: ~ ja ja (.) Ich hab ja auch zu denen gesagt so, was macht ihr da? Ihr werdet doch sowieso nicht kommen

An dieser Sequenz zeigt sich erneut, daß M sich nicht etwa für ein vergangenes Verhalten entschuldigt. Das wäre an dieser Stelle in Reaktion auf A's Begriff der „Verabredung" leicht möglich gewesen. Vielmehr führt M wie bisher eine Erklärung für sein Verhalten vor.

M reagiert auf A's Frage, indem er seine Antwort erneut mit der schon bekannten Antwortfigur „ja ja" beginnt. Hier sind wieder beide obigen Deutungen passend. Zum einen wird A versichert, daß der angesprochene Frageinhalt zwar zutrifft. Gleichzeitig dient „ja ja" jedoch der Einleitung einer inhaltlichen Zurechtrückung bzw. Fokussierung. Mit diesem Antwortverhalten wird – analog zu den obigen „ja ja"-Antworten – eingestanden, daß es, wie es A formulierte, zwar eine Verabredung war, M sich also aus A's Sicht ebenso wie die anderen durch seine Zusage und sein Nicht-Erscheinen kritisierbar gemacht hat. Zugleich wird in der das schon Gesagte zusammenfassenden Reformulierung aber deutlich, daß M hier etwas anderes demonstriert.

Die Formulierung „ja auch" drückt nämlich noch klarer als zuvor aus, daß M die anderen Jugendlichen nicht dafür kritisiert, nicht zu der Verabredung gegangen, sondern vielmehr, sie A gegenüber überhaupt eingegangen zu sein. M verdeutlicht hier, daß nicht etwa das Nicht-Erscheinen das Relevante an dieser Situation war, sondern die Gewißheit, daß sie eh nicht erscheinen würden („sowieso nicht"). Den Grund dafür nennt er immer noch nicht. Falls er ihn auch im Folgenden nicht erwähnen wird, ist zu erwarten, daß A nachfragt.

> und wir sind glaub ich an dem Tag äh Billard spielen gegangen oder [hm] in die Stadt oder ich weiß es nicht. [hm]

Nach der erfolgten Reaktion auf A's Zwischenfrage führt M seine Erklärungen zu der angesprochenen Situation fort. Das Subjekt „wir" wird nicht im Sinne von A's Frage, sondern erneut als Träger der Gruppenhandlung, die durch A's Auftreten bzw. seine Bitte relevant wird, verwendet. Damit bleibt M konsequent und führt seine schon zuvor verwendete Unterscheidungsform Gruppe/Forscher bzw. Ausländer/Deutsche(r) fort. Die Gruppe ist nicht zur Verabredung gekommen. M sagt, daß die von A angesprochenen Schüler sich statt dessen entschieden haben, als Gruppe etwas anderes zu machen.

Die zunächst vorsichtige und noch zögernde Formulierungsweise mit Hilfe von „glaub ich" und „äh" verfestigt sich zu einem ostentativen und gleichgültigen „ich weiß es nicht". M, der sich hier erinnert und die Erinnerung überhaupt selbst zum Thema machte, kann sich nun doch nicht genau erinnern. Es geht offensichtlich nicht um die genaue Erinnerung, sondern um die Demonstration, daß diese Details unerheblich sind. Die Gruppe, zu der auch M gehört, hat nicht nur etwas anderes gemacht, weil sie vielleicht etwas anderes machen wollte, was ihr interessanter als das Interview erschien. Vielmehr wird implizit gesagt, daß alles gleich gut war, solange es als gemeinsame Gruppenhandlung das Interview verweigerte. Die hier vorgeführte Beliebigkeit dessen, was die Gruppe gemacht hat, statt zur Interviewverabredung zu erscheinen, kann von A leicht als Provokation verstanden werden. Damit steigt die Wahrscheinlichkeit, daß A nachfragt und sich nach den Gründen für das Verhalten der Gruppe erkundigt. Der tatsächliche Grund für das Nicht-Erscheinen wurde bisher noch nicht erwähnt.

Die in dieser Sequenz demonstrierte Offenheit A gegenüber entspricht dem bisherigen Gesprächsverhalten M's: In seiner Mitteilungs- und Explikationsbereitschaft verhält er sich A gegenüber so offen und erzählbereit, daß A sich zumeist auf kurze Kommentare und offene Nachfragen beschränken kann; die unerwarteten Präsentationen einer resignativen Nischenhaltung und der Erfahrung einer gelebten Distanz zu Deutschen führten zu spontanen Nachfragen durch A. Diese Mischung aus Offenheit und Überraschungseffekt infolge impliziter Provokation ist auch in der vorliegenden Sequenz zu finden, in der M erneut Einblicke in eine Erfahrungswelt vermittelt, von der er ausgeht, daß sie A unbekannt ist. Da M nur wenige Äußerungen zuvor demonstriert hatte, wie er von den anderen Jugendlichen in der Gruppe eine konfrontative Offenheit A gegenüber forderte, kann man sagen, daß Inhalt und Form seiner Rede sehr konsistent sind.

A reagiert in dieser Sequenz zweimal, allerdings nicht mit mehr als „hm". Auf die Provokation geht er also nicht ein. Als Verstehenssignale fordern die „hm"s lediglich auf, weiter zu reden.

> Da hab ich zu denen gesagt ihr seid echt blöd eh. Warum macht ihr das denn? [hm] Wir haben auch noch Telefonnummern gegeben ich hab schon von Anfang an gesagt so nee (.) laß mal lieber. [hm]

Durch die hier erfolgte Darstellung der Gruppenkommunikation im Modus der wörtlichen Rede bleiben manche Teilsequenzen in ihrem Bezug zweideutig: So kann z.B. „ich hab schon von Anfang an gesagt so ..." sowohl Teil der wörtlichen Rede als auch direkte Ansprache von A sein. Auch die deiktischen Bezüge des „da" und des „das" sind nicht eindeutig. Das „da" kann sich erneut auf die Situation kurz nach dem Verabreden und damit auf das Verabredungs-Verhalten beziehen. Im Anschluß an die Schilderung des Nicht-Erscheinens und im Zusammenhang mit der rückblickenden Formulierung „von Anfang an" ist jedoch der Bezug auf das spätere Verhalten, zusammen etwas anderes zu machen und nicht zur Verabredung zu gehen, wahrscheinlicher.

In diesem dramaturgischen Rahmen erfährt die bisher an den anderen geübte Kritik, A ein Forschungsgespräch zuzusagen, an dem man sowieso nicht teilnehmen will bzw. würde, noch eine Steigerung. Denn mit dem Austausch von Telefonnummern erhält die Verabredung mit A einen Verpflichtungscharakter, auf den A bei Nichteinhaltung telefonisch insistieren kann. Der Austausch der Telefonnummern dramatisiert das durch eine nicht einzuhaltende Verabredung entstandene Dilemma noch („auch noch"). Jetzt ist es erst recht unangenehm, nicht zur Verabredung zu erscheinen. Daß sie auf keinen Fall zur Verabredung gekommen wären, steht außer Frage.

Wie schon zuvor beschreibt M sich selbst erneut als den einzigen, der die damals entstandene Situation ärgerlich und unangenehm („Warum macht ihr das denn?") fand. M's Sonderposition und die gewisse Distanz zu den anderen wird auch durch den kontinuierlichen markanten Wechsel von „ich" zu „ihr" hervorgerufen. Trotz aller Kritik am Verhalten der anderen ist M in seiner Rede jedoch stets auf der Seite der Gruppe, was sich sprachlich im Anschluß an die jeweils vorgeführte Kritik in dem Wechsel zu „wir" ausdrückt. Obwohl er ihnen also vorwirft, nicht konsequent genug zu sein, verhält er sich ihnen gegenüber sehr loyal.

Die letzten Sequenzen zeigen, daß M hier am Beispiel des Gruppenverhaltens und seiner Kritik an der Gruppe über *seine* Erfahrungen im Zusammenhang mit der Verabredung spricht. Um Situationen wie die Verabredung mit ihren potentiell unangenehmen Folgen infolge einer voraussehbaren Nicht-Einhaltung zu vermeiden, sagt M hier wortwörtlich – wenn auch im

Rahmen der Erklärung eines Gruppenverhaltens –, daß *er* solche Verpflichtungen A gegenüber lieber nicht eingeht. Den Grund dafür nennt er nicht.

    Ja und (.) ja das ist aber auch so, weil (.)

M kündigt etwas Neues an, findet aber nicht direkt den geeigneten Beginn. Er wartet also keine Nachfrage von A, die er zunehmend provoziert, ab, sondern redet weiter. Man könnte sagen, daß er sich in Rage redet. Das, was angekündigt wird, scheint eine Erklärung für etwas zu sein, was schon zuvor beschrieben wurde. Die Formulierung „aber auch" deutet auf einen neuen, das Phänomen erweiternden Aspekt im Sinne einer Richtigstellung wie ‚das muß man aber auch so sehen'. Es wird also etwas erweitert bzw. revidiert, was bisher nicht deutlich gesagt wurde. Das Folgende kann sich somit entweder auf die Relevanz des Beispiels als Ganzes, auf die Gründe für das Verhalten der Gruppe oder auf M's eigenes Verhalten (oder auf alles zusammen) beziehen.

    als du uns/ also das ist auch nicht so richtig deren Schuld weil (.) äh als du uns da gefragt hast,

Der etwas stockende Beginn in der letzten Sequenz setzt sich hier fort. Der Satzanfang wird abgebrochen und es erfolgt zunächst ein inhaltlich bedeutsamer Einschub, ähnlich wie zu Beginn der Aufnahme („also ich kenn sogar Neubau mit ..."), bevor der Satz etwas zögerlich („(.) äh") fortgeführt wird. Diese Merkmale seiner Rede deuten auf M's Aufgeregtheit hin. Sie könnte darin begründet sein, daß M über ein wichtiges Thema spricht. Die hier angekündigten Gründe dafür, warum sich die angesprochene Gruppe wie beschrieben verhalten hat, scheinen eine besondere Relevanz für M zu haben.

Wie gesagt, könnte A tatsächlich auch M als Teil der Gruppe („„uns") für die Nichteinhaltung der Verabredung kritisieren, auch ihn träfe eine Schuld. Die gewählte Formulierung des Einschubs jedoch, wo die Schuld thematisiert wird, umfaßt ihn selbst nicht. Damit sagt M indirekt, daß der Vorwurf, der aus seiner Sicht schon auf die anderen nicht zutrifft, auf ihn selber erst recht nicht zutrifft.

Zwar wird hier erstmals explizit gesagt, daß das Verhalten der anderen als illegitimes Verhalten oder als Fehlverhalten A gegenüber verstanden und ihnen – und damit eigentlich auch M – dementsprechend eine gewisse Schuld für ihr Verhalten zugewiesen werden könnte („deren Schuld"). Die Formulierung „auch nicht so richtig" entgegnet jedoch zugleich einer zu erwartenden und eventuell A unterstellten Interpretation der vergangenen Situation, die die anderen Gruppenmitglieder als Handelnde (Handlung heißt hier: das Nicht-Einhalten der Verabredung) schuldig spricht. M behauptet, daß andere Personen oder Umstände das fragliche Verhalten verschuldet haben.

wir waren ja mehr so (1) ja wie soll ich sagen? Keiner von uns hatte deutsche Freunde auf der Schule oder so

Weiterhin ist M's Formulierung auffallend zögernd. Der Anfang „wir waren ja mehr so" wird durch eine Pause abgebrochen. Durch das anschließende „ja wie soll ich sagen" wird explizit auf die Schwierigkeit, etwas zu formulieren, hingewiesen. Daran schließt sich ein Neubeginn an.

Da M zuvor sagte, daß die Jugendlichen in der Gruppe nur eine Teilschuld für das angesprochene Verhalten haben, deutet sich hier eine Schuldzuweisung in Richtung der Deutschen, die ihnen keine Freundschaft anboten, an. Offensichtlich beschreibt M die Mitglieder der Gruppe alle als Ausländer und verwendet insofern wie oben erneut die Beobachtungsdichotomie Deutsche/Ausländer. Zur Erklärung des Verhaltens der Gruppe A gegenüber verbindet M die Freundschaftskategorie mit der Nationalitätskategorie. Mit Hilfe des Begriffes „Freunde" sagt er, daß es auf der Schule keine Solidarität zwischen den Deutschen und den Ausländern bzw. Türken, die ja zu der angesprochenen Gruppe gehörten, gab. M artikuliert in dieser Sequenz am Beispiel von Freundschaften also erneut die Erfahrung einer Distanz zu Deutschen. Was hier thematisch anklingt, soll im Folgenden *Verletzungserfahrung* genannt werden. Die Schuld für diese Erfahrung gibt er implizit den deutschen Mitschülern. Damit deutet sich an, daß M seine Erklärung im Sinne einer Rechtfertigung präsentiert.

Im Zusammenhang mit der Beobachtung, daß M eine Verletzungserfahrung formuliert, fällt auf, daß er erneut in der „wir"-Form spricht. M beschreibt also eine (Verletzungs-) Erfahrung, die er auch anderen ausländischen Jugendlichen unterstellt. Dies hat er in gleicher Weise auch zuvor getan, als er etwa das Verabredungsverhalten der anderen Jugendlichen oder die Erfahrungen der anderen Ausländer in dem Wohnhaus ansprach. M nutzt in den letzten Sequenzen die Beschreibung des Verabredungsbeispiels, um sein eigenes Verhalten und seine Erfahrungen durch die Anführung angeblich gemeinsam geteilter (Verletzungs-)Erfahrungen zu erklären oder zu rechtfertigen.

Die Formulierung „oder so" schließt eine Äußerung, die mit „ja wie soll ich sagen" begonnen wurde, ab. Mehrmals teilt M hier also Unsicherheiten im Hinblick auf das zu Formulierende mit bzw. impräzisiert es. Es ist nicht anzunehmen, daß der Grund dafür darin liegt, daß er nicht weiß, wovon er redet. Er führt das Thema der Distanz zu Deutschen ja geradezu mit Vehemenz ein. Vielmehr kann vermutet werden, daß die gewählte Form seiner Äußerung mit der Brisanz des Themas, der Rede über eine Verletzungserfahrung, zusammenhängt. Der Sequenzabschluß „oder so" kann zudem dahingehend gelesen werden, daß mit ihm die Austauschbarkeit des sozialen Kontextes Schule im Sinne von ‚im Kindergarten', ‚in der Freizeit' o.ä. oder die Austauschbarkeit des gewählten Begriffes „Freunde" im Sinne von ‚gute, d.h. vertrauensvolle Beziehungen', ‚selbstverständliche Loyalität und Solidarität' o.ä. ausgedrückt wird. Auch das Wort „Schule" ist so allgemein, daß es sich eigentlich auf alle Schulen, die er bisher besuchte, beziehen kann. Insofern wäre die Impräzisierung „oder so" eine weitere Bestätigung der Annahme, daß M hier – ähnlich wie bei der Beschreibung seiner Wohnumfelderfahrung – eine Erfahrung von wesentlicher biographischer Bedeutung beschreibt.

Exkurs:
In der bisherigen, aber auch in der nachfolgenden Analyse findet der nicht unproblematische Begriff der *Erfahrung* wiederholt Verwendung. An dieser Stelle, an der von einer für die vorliegende Fallstruktur zentralen (s. Kap. D.II.4.1) *Verletzungserfahrung* M's die Rede ist, sollen dazu einige klärende Worte in den Analyseverlauf eingeschoben werden.

Strenggenommen muß bei der Interpretation immer zwischen M's Rede über Erfahrungen (Wünsche, Pläne usw.) und seinen Erfahrungen selbst unterschieden werden. Wie vor allem in Teilen der Biographieforschung argumentiert wird, kann man natürlich nicht von der Rede über Erfahrungen direkt auf die tatsächlich erlebten Erfahrungen schließen.[147] Beobachtet werden kann nur die aktuelle Präsentationsform der Akteure. Sie deutet im Falle der vorliegenden Sequenz darauf hin, daß M sich als verletzte Person inszeniert. Er tut dies insofern, als er in dem protokollierten Gespräch vor dem Interviewer seine bisherige Inklusionskarriere in das Bildungssystem und seine Erfahrung, als Kind von Migranten in dem besagten Innenstadtviertel aufgewachsen zu sein, als Ursachen einer persönlichen (bzw. kollektiven) Verletzung interpretiert. Man kann deswegen davon sprechen, daß – unabhängig davon, ob eine Verletzung als vergangene Erfahrung vorliegt oder nicht – eine Verletzung als soziale Figur in M's sozialer Praxis (hier: Gesprächsinteraktion) eingeschrieben ist.

Bei ausreichenden Hinweisen lassen sich aber auch Hypothesen über vergangene Erfahrungen aufstellen, die das beobachtbare Verhalten in der Gesprächsinteraktion und die sich in diesem Verhalten ausdrückende Fallstruktur plausibel begründen können. An der erreichten Stelle im Interview bietet es sich etwa an, zusammenfassend zu argumentieren, daß sowohl die obige Suche M's nach angemessenen Formulierungen und die relative Aufgeregtheit seiner Rede als auch seine bisherigen Äußerungen wie „ich hab noch nie einen Deutschen gesehen", „wo ich bei meinen Eltern gewohnt hab" oder „ich hab schon von Anfang an gesagt" deutlich darauf hinweisen, daß M über eine Erfahrung spricht, die für ihn persönlich sehr wichtig ist. Die im Rahmen der aktuellen Sequenz formulierte Schuldzuweisung kann auch derart gelesen

---

147 Vgl. z.B. Bude 1985 o. Nassehi 1994.

werden, daß M mit der angesprochenen Erfahrung seinen (evtl. vergangenen) Wunsch einer Freundschaft mit Deutschen verknüpft. Dieser Wunsch wurde ihm aus seiner Sicht von den Deutschen aber nicht erfüllt. Allgemeiner formuliert: Die hier von M geäußerte Behauptung über nicht existierende Freundschaften zwischen deutschen und nicht-deutschen Schülern verweist auch auf eine *Verletzungserfahrung*, die M in der Vergangenheit tatsächlich gemacht hat. Eine solche Erfahrung würde z.B. erklären, warum er das, was er jetzt sagt, anfangs bagatellisierte: Es ist nicht leicht und selbstverständlich, vor einem fremden Gesprächspartner über eine Verletzung zu sprechen.

Einerseits wird also in der Analyse davon gesprochen, daß M eine Verletzungserfahrung (oder andere Erfahrungen, Intentionen usw.) präsentiert, andererseits wird hier und an anderen Stellen des Analyseverlaufes versucht, die Form der Rede durch Hypothesen über eine in der Vergangenheit gemachte (Verletzungs-) Erfahrung oder über Vorstellungen, Pläne usw. zu plausibilisieren. Die Plausibilisierung erklärt jedoch nicht, was M mit seiner spezifischen Redeform erreicht. Für die Rekonstruktion des hier interessierenden Handlungsmusters des interviewten Abiturienten ist nicht entscheidend, ob die angesprochenen Erfahrungen (hier: eine Verletzung) tatsächlich im Bewußtsein M's vorliegen oder in der Vergangenheit vorlagen. Dies ist ohnehin nicht überprüfbar. Das Erkenntnisinteresse hat sich folglich nicht an der Frage, „wie es wirklich war" (Fischer/Kohli 1987, 33) oder wie es jenseits der Gesprächsinteraktion wirklich ist, zu orientieren, sondern vielmehr daran, welche Formen der Thematisierung von Biographie, (Aufstiegs-) Erfahrungen, Inklusionskarrieren, Plänen usw. von den Akteuren gefunden werden: „Entscheidend ist (...), daß letztlich der kommunizierte Text die Person konstituiert" (Nassehi 1994, 59). Zentral für die Analyse bleibt deshalb weiterhin die detaillierte Rekonstruktion dessen, was im Forschungsgespräch passiert, um derart die Handlungsformen und Selbstbeschreibungen der Abiturienten, ihre Verwendungsweisen der Kategorien Ethnizität und Raum sowie den jeweiligen Gebrauchswert der beobachteten Handlungen zu analysieren.
[Ende des Exkurses]

> also wir kannten die alle, weil wir in einer Klasse waren aber (.) Freunde hatten wir nicht und [ja]

Die zuletzt beschriebene Erfahrung wird hier wiederholt und präzisiert. Dabei wird die Relevanz des Unterschieds zwischen Bekanntschaft zu und Freundschaft mit Deutschen betont.

Es fällt auf, daß M weder das Substantiv ‚Deutsche' (statt dessen: „die") noch das Adjektiv ‚deutsch' bei „Freunde" (statt dessen: Auslassung) benutzt. So entsteht die Formulierung „aber Freunde hatten wir nicht", die dramatisch und anklagend ist. Sie weist erneut darauf hin, daß M sich deutsche Freunde gewünscht hat bzw. seine angesprochene Erfahrung eng mit einem solchen Wunsch verbindet. Ob dies heute noch so ist, bleibt abzuwarten; die Verwendung des Präteritums an dieser Stelle deutet strenggenommen nur auf einen vergangenen Wunsch hin. Die Form seiner Rede bestätigt daher die schon aus vielen anderen Äußerungen abgeleitete Interpretation seiner Aufgeregtheit. Die Deutung, daß M hier wie beschrieben redet, da er aufgeregt ist, ist vor allem plausibel, wenn es zutrifft, daß er über eine Verletzung und einen mit ihr zusammenhängenden, unerfüllten Wunsch spricht.

Der Gebrauch des Wortes „Klasse", das in der gymnasialen Oberstufe normalerweise durch das Wort ‚Kurs' abgelöst wird, unterstreicht ähnlich wie der des Wortes „Schule" in der letzten Sequenz die Allgemeingültigkeit der Aussage. Gesagt wird in diesem Sinne, daß die Erfahrung der sozialen Distanz zu Deutschen nicht nur für die Jahrgangsstufe 13 (Zeitpunkt der Begegnung zwischen A und der Gruppe), sondern auch für die Vergangenheit, in der es ‚Klassen' gab, gilt. Hier besteht also eine direkte Parallele zu dem Abschluß der vorangehenden Sequenz („oder so"), der ebenfalls eine mögliche Kontextausweitung implizierte.

Mit der aktuellen Äußerung sagt M folglich, daß auch das Gymnasium seine Erfahrung der fehlenden Solidarität zwischen Deutschen und Ausländern nicht aufgehoben hat. Die Distanzerfahrung, von der er hier spricht, ist eine *Ausschlußerfahrung*. Diese Lesart legt die gängige Bedeutung des Wortes „Freunde", nämlich zu einer Gruppe dazuzugehören, nahe: Mit Hilfe des Wortes „Freunde" beschreibt M die Erfahrung, trotz formaler Zugehörigkeit als Schüler zur Schule der Gruppe der Schüler oder Gymnasiasten nie vollständig im Sinne einer geteilten sozialen Identität angehört zu haben. Er formuliert eine Distanz- und Ausschlußerfahrung, die immer gültig war. Die darin liegende Parallele zur früheren Beschreibung seiner Wohnumfelderfahrung ist unübersehbar; die Struktur der präsentierten Distanzerfahrung ist gleich. In seinem Zukunftsentwurf sagte er: „Ich glaub nicht, daß wir mal irgendwo einziehen wo nur Deutsche wohnen". Er sagte also, daß er aufgrund seiner Erfahrungen eine Überschreitung der Grenze nicht erwarte. Man kann davon ausgehen, daß diese Erwartung auch auf Freundschaften mit Deutschen zutrifft. Wenn dies der Fall ist, dann ist wichtig festzuhalten, daß M in den letzten beiden Sequenzen tendenziell den deutschen Mitschülern die Schuld gibt, keine Freundschaften mit ihm eingegangen zu sein. Im weiteren Gespräch ist zu prüfen, ob sich diese Deutung bestätigt. Des weiteren ist auf zusätzliche Hinweise zu achten, ob er (nach wie vor) Freundschaften zu Deutschen sucht, wie er mit dieser Distanz- und Ausschlußerfahrung umgeht bzw. wie er sie in seiner Rede verwendet.

Erneut spricht M wie selbstverständlich für die anderen aus der Gruppe und demonstriert A damit, daß er auch ihre Erfahrungen kennt. Das verleiht seinen Aussagen einen hohen Verallgemeinerungswert und damit zusätzliches Gewicht.

Die unmittelbar folgende Konjunktion „und" indiziert die Fortführung der Rede, obwohl die letzte Teilsequenz eine gewichtige Aussage enthält und daher auch ein Abschluß an dieser Stelle denkbar wäre. A unterbricht nicht.

> keiner von denen hat doch daran gedacht irgendwie irgendeinem Deutschen zu helfen weil der Examen macht oder so. [ja] Verstehst du?

Mit dieser Äußerung sagt M, daß eine Überschreitung der zuvor skizzierten Grenze durch die ausländischen Jugendlichen unwahrscheinlich ist und daher wie eine völlig abwegige Erwartung erscheint. Nimmt man nun die vorherige Sequenz hinzu, dann ist die implizite Aussage: Wäre man mit den Deutschen befreundet, dann könnte man ihnen auch helfen. Das Konzept von Freundschaft, das diesen Äußerungen zugrunde liegt, faßt eine Freundschaft als ein Reziprozitätsverhältnis, in dem die gegenseitige Hilfeleistung eine große Bedeutung hat. Auffallend ist in dem Zusammenhang, daß in dieser Sequenz von Helfen statt von Einen-Gefallen-Tun, als das man die Erfüllung einer Interviewbitte weniger dramatisch auch bezeichnen könnte, gesprochen wird. Hilfe wird benötigt zum Bestehen von Prüfungen oder beim Examen. Jemand, der um Hilfe bittet, braucht sie nötiger als die Erfüllung eines Gefallens. Hilfe hat im Gegensatz zu Gefallen eine existentiellere Konnotation. Insofern beschreibt M mit der gewählten Formulierung das Nicht-Einhalten der Verabredung als eine unterlassene Hilfeleistung in einer Bildungsinstitution.

Indem M die Gesprächsverabredung als eine Bitte um Hilfe bei einem „Examen (...) oder so" beschreibt, sagt er zudem, daß Examenssituationen ihm bzw. ihnen vertraut sind. Er weist sogesehen also darauf hin, daß er und die anderen Jugendlichen über die gleiche Kompetenz verfügen, sich das gleiche ‚kulturelle Kapital' angeeignet haben, wie A oder Deutsche auf der Schule oder der Uni im allgemeinen. Sie sind ihnen hinsichtlich ihrer Fähigkeit, höhere Bildungsabschlüsse zu absolvieren, nicht unterlegen und könnten Deutschen daher beim „Examen (...) oder so" durchaus helfen.

In bezug auf die Schule könnte man erwarten, daß schon der institutionelle Kontext eine Solidarität unter den Schülern herstellt. Diese Erwartung, die M eventuell auch A unterstellt, weist M mit seiner Äußerung klar zurück. Er präsentiert A hier die Erfahrung einer nicht-existenten Solidarität zwischen deutschen und ausländischen Schülern und die Folgen, die er aus dieser Erfahrung zieht. Da M bis hierhin seine Erfahrungen über die Beschreibung der Erfahrungen anderer Jugendlicher (bzw. Hausmitbewohner) ausdrückte, können auch die letzten beiden Sequenzen entsprechend gelesen werden. Demnach sagt M, daß für ihn und für andere ausländische Jugendliche aufgrund der lebenslangen Erfahrung fehlender Hilfsbereitschaft und Freundschaft zu Deutschen absolut *keine Reziprozitätsverpflichtung Deutschen gegenüber* besteht. Die Türken bzw. die Ausländer haben keinerlei Verpflichtung, Deutschen zu helfen, da sie bisher die Grenze zwischen ihnen und den Deutschen als unüberwindbar erfahren mußten. Nun wird auch verständlich, warum M den durch den Austausch der Telefonnummern eingegangenen Verpflichtungscharakter der Verabredung mit A so kritisiert hat.

M demonstriert am Beispiel der Rechtfertigung der Interviewverweigerung, wie er mit der Ausschlußerfahrung umgeht: Die in diesen Sequenzen inszenierte Verweigerung von Hilfe ist ein Ausdruck von Trotz und eine Provokation. Dabei ist die Struktur des vorgeführten Arguments ganz ähnlich wie zuvor, als M sagte: „Ich glaub nicht daß wir mal irgendwo einziehen wo nur Deutsche wohnen (...) aber ich glaub du bist der erste Deutsche der die Treppen hier hochgekommen ist". Hier lautet die Aussage erneut: ‚Da die Deutschen normalerweise nicht auf mich bzw. uns zugehen (bzw. mir/uns helfen), machen wir das auch nicht umgekehrt'. Formal deutet schon die Sequenz „Ja und (.) ja das ist aber auch so weil (.)" auf diese Ähnlichkeit der Argumentation hin. Sie bildet in der ausführlichen Beantwortung von A's Frage („Wie kommt das?") zwischen dem ersten Teil der Antwort, der die Nichteinhaltung der Verabredung beschreibt, und dem zweiten Teil, der die Begründung für dieses Verhalten liefert, das Bindeglied.

Die Haltung der ausländischen Jugendlichen, die M hier präsentiert, ist eine sehr weitreichende und grundsätzliche. Sie gilt allen Deutschen („irgendeinem") gegenüber in allen vergleichbaren Situationen, in denen Kooperation erwartet wird („irgendwie"). A wird dadurch zwar nur indirekt, aber dennoch erneut distanzierend angesprochen. Als „irgendein Deutscher", so M indirekt, sei er für ihn und die anderen Gruppenmitglieder im Prinzip austauschbar. Man kann aus dieser Adressierung von A zweierlei lesen. Zum einen dreht M mit der gewählten Formulierung die Art, wie er von Deutschen zuerst als Ausländer behandelt wird und nicht als eine Person, für deren Beschreibung andere Kategorien als Nationalität oder Ethnizität relevant sind (z.B. Student), um. Insofern spiegelt er nicht nur mit der Thematisierung einer Hilfsverweigerung, sondern auch durch die Form, in der er A anspricht, seine Erfahrungen mit Deutschen provokativ zurück. Zum anderen wurde schon oben interpretiert, daß M in dem bisherigen Gespräch A als einen Deutschen anspricht und damit gleichzeitig die gesamte Gesprächssituation als eine Ausnahmesituation kennzeichnet. Indem M ihn hier als im Prinzip austauschbaren Deutschen anspricht, ihm gleichzeitig jedoch sehr wichtige Dinge sagt, behandelt er ihn also wie einen offiziellen Repräsentanten der Deutschen. Dies erscheint im Hinblick auf den Kontext eines Forschungsinterviews schlüssig und wichtig. Denn man kann in diesem Sinne das, was M hier A mitteilt, als die Präsentation einer Erfahrung verstehen, von der M offensichtlich annimmt, daß sie in der Öffentlichkeit in Deutschland bzw. bei den Deutschen nicht bekannt ist.

M schließt die Sequenz mit der Rückversicherung „Verstehst du?", womit er explizit ausdrückt, daß es hier tatsächlich um die Präsentation einer rechtfertigenden Erklärung ging. Es wird damit ein Abschluß markiert, der in dieser Form neu ist und sich daher auf das bisherige Gesamtthema beziehen kann. Schließlich wird mit der Frage nun A, der bisher ja derjenige war, der fragte, direkt angesprochen und zu einer weiteren, womöglich deutlicheren Reaktion als der des einfachen „ja" aufgefordert.

3.2.3 Zwischenergebnis, Teil II

Insgesamt hat sich M in dem Gesprächsanfang, Teil II, sehr aufwendig für sein vergangenes Verhalten A gegenüber gerechtfertigt. Die Thematisierung der nicht eingehaltenen Verabredung mit A, die M anfangs bagatellisierend als plötzliche Erinnerung einführte, entwickelt sich zu einer massiven Erklärung, aus der eine *Verletzung* gelesen werden kann. M präsentiert eine Verletzungs- und Ausschlußerfahrung, die unabhängig von den im Rahmen seiner Bildungskarriere vollzogenen Kontextwechseln für ihn immer Gültigkeit hatte. Obwohl er bzw. er und seine Freunde im Laufe ihrer Qualifikationskarriere immer auch mit deutschen Mitschülern zu tun hatten, hat selbst das Gymnasium die Erfahrung der fehlenden Solidarität, Hilfsbereitschaft und Freundschaft mit Deutschen nicht aufgehoben. Insofern drückt die thematisierte Verletzung die Erfahrung, immer anders zu sein oder behandelt zu werden, aus. Indem M den Deutschen die Schuld für diese Erfahrung gibt, begründet er, daß nun auch umgekehrt für ihn und seine Freunde keinerlei Hilfsverpflichtung Deutschen gegenüber besteht.

Zieht man das erste Zwischenergebnis bzw. die Sequenzanalyse, Teil I, hinzu, dann kann auch die resignative Nischenhaltung zu Anfang des Gespräches („ich glaub nicht, daß wir mal irgendwo einziehen wo nur Deutsche wohnen") dahingehend gelesen werden, daß M mit ihr implizit seine Verletzungserfahrung zum Ausdruck bringt. Die eingangs geäußerte Erfahrung einer gelebten und als Normalität erlebten sozialen und räumlichen Distanz wird durch die hier formulierte Ausschlußerfahrung verständlicher. Sowohl die eingangs artikulierte Nischenhaltung als auch die Aussage, keiner Reziprozitätsverpflichtung zu unterliegen, können als Reaktion auf die im sozialen Aufstiegsprozeß gemachte Verletzungserfahrung verstanden werden. Auch bestätigt sich, daß die Unterscheidung deutsch/ausländisch (bzw. deutsch/türkisch)[148] eine besondere Bedeutung für M hat.

Wenn man der bisherigen Leseweise, daß M in dem Gespräch eine Verletzungserfahrung artikuliert, die er als eine von Deutschen verursachte Erfah-

---

[148] Explizit hat M bis Ende von Teil II nur die Unterscheidung deutsch/ausländisch als eine für ihn relevante gekennzeichnet.

rung deutet, folgt, dann ist die aktuelle, von ihm als deutsch-ausländisch markierte Interaktionssituation in hohem Maße prekär. Dies macht die Tatsache, daß er eine Verletzungserfahrung im Gespräch mit A so schnell und deutlich anspricht, noch auffälliger. Es ist anzunehmen, daß M, ohne von A danach gefragt worden zu sein, die Verabredung thematisiert, da er sich damals wie auch in diesem Gespräch von A als Ausländer bzw. als Türke angesprochen sieht. Die Besonderheit, daß A da ist, nimmt er sehr ernst. Darauf weist auch die Beobachtung hin, daß er aufgeregt ist und sich zunehmend in Rage redet. Insofern wird die frühe Interpretation, daß sich in dem Gespräch aufgrund von A's Gegenwart die Erfahrung von Ausschluß und einer scheinbar unhintergehbaren Andersartigkeit reproduziert, bestätigt. M demonstriert auch, wie er mit dieser Situation umgeht. Er markiert die Gesprächssituation als eine Opfer-(potentieller)Täter-Konstellation und unterstellt gleichzeitig den anderen Jugendlichen die gleichen (Verletzungs-)Erfahrungen in bezug auf ihr Verhältnis zu deutschen Mitschülern. So beschreibt er seine persönliche Erfahrung als eine kollektiv gültige. Auf diese Weise kann er sein Verhalten A gegenüber in einer Form rechtfertigen, die das vergangene Verhalten als eine Hilfsverweigerung provokant und trotzig inszeniert.

Die erfolgten Deutungen hinsichtlich der in dem Gesprächsanfang artikulierten Verletzungserfahrung und ihrer Präsentation reichen eigentlich schon für die Formulierung einer gehaltvollen Strukturhypothese aus. Auf der Suche nach weiteren Bestätigungen und Präzisierungsmöglichkeiten wird die detaillierte Sequenzanalyse aber noch etwas weitergeführt.

3.3 Gesprächsanfang, Teil III

3.3.1 Transkript

A: Ach so (.) das/
M: ~ ja und (.) das ist jetzt/ ich bin jetzt auf der Uni, ich studier Bauingenieurwesen und (.) ich hab immer noch keine deutschen Freunde. Ich hab nur meine meine eigenen. [hm] Oder irgendwelche die ich da jetzt getroffen hab (.) und der sagt mir ja ich bin Iraner oder so und auf einmal sind wir Freunde. [hm] Deswegen also. (1) Ich kenne die meisten meiner Freunde die hätten da nicht gegangen und die sagen sich das ich sag mir das auch meistens immer. Weil äh ich kenn das also (.) wir hätten auch so etwas machen können auf der Schule und [ja] wenn wir da irgendwelche Deutschen befragen (.) [ja] wird schwer. (.) Ich brauch ja nur auf der Straße irgendso alte Leute irgendwas befragen und diese (.) die verstecken ihre Taschen oder so. (M lacht) (.) Verstehst du?
A: Ja ich bin jetzt nur n bißchen überrascht daß das mir gegenüber auch ne? (.) Wenn ich da als als [doch doch] Junger ankomm?

M: ~ ja da wo du ankamst also [ja] du hättst ja sehen können daß/ wir waren ja nur untereinander ne? Da war ja, da waren ja keine Deutsche neben uns oder so. [hm] Wir waren ja nur alles Ausländer.
A: ~ gut aber das äh in äh wenn man (.) da mal kurz an der Schule ist da kann man das ja nicht so feststellen.
M: Ja. (.) Ah ist ja ich ich bin mir nich/ ich kenn auch viele Ausländer, die deutsche F/ oder (.) Freunde kann ich nicht sagen die Deutsche gut kennen [ja] also die sagen die nennen sie auch Freunde oder so (.) aber ich glaub die Deutschen würden sie nie zu einer Geburtstagsfeier aus/ einladen oder so. (1) Das machen sie dann nicht. (.) Ja und deswegen hab ich keine Freunde.

3.3.2 Sequenzanalyse

A: Ach so (.) das/

A reagiert auf M's letzte Äußerungen mit einem Verstehenssignal („ach so"), das Erstaunen oder Überraschung ausdrücken kann (‚ach so ist das'). Nach einer kurzen Pause setzt er zu einer Äußerung an, die jedoch sofort von M unterbrochen wird.

M: ~ ja und (.) das ist jetzt/ ich bin jetzt auf der Uni, ich studier Bauingenieurwesen und (.) ich hab immer noch keine deutschen Freunde.

Offensichtlich genügt M die Reaktion von A als Hinweis auf seine Aufmerksamkeit und sein Verständnis. Die Tatsache, daß er keine Frage abwartet, sondern A sofort unterbricht, zeigt, daß er noch mehr zu dem Thema zu sagen hat. Mit dem Sprachmuster „ja und (.)" wird wie oben ein neuer Aspekt bzw. ein Ebenenwechsel angekündigt. Im Folgenden beschreibt er dann das, was er zuvor thematisch als kollektive Distanzerfahrung einführte, explizit als seine *eigene* Verletzung.

Der abgebrochene Satz „das ist jetzt" könnte mit ‚auch nicht anders' fortgesetzt werden. Zunächst wird er jedoch abgebrochen, und das „jetzt" wird weiter erläutert. M kennzeichnet die aktuelle Situation im Gegensatz zu der vergangenen Situation des Schulalltags als Uniwelt. Dabei sagt er nicht nur, daß er jetzt auf der Uni ist, sondern erwähnt extra, daß und was er studiert. Durch diese Verdeutlichung wird die neue Situation als eindeutig akademische, in der er den Titel eines Ingenieurs anstrebt, betont. M weist also in gewisser Weise erneut auf seine Kompetenz hin. Es fällt auf, daß sich seine Aussage über die nach wie vor bestehende Distanz zu Deutschen, also eine Beschreibung, für die die Unterscheidung deutsch/ausländisch zentral ist, direkt an den Hinweis auf seine Kompetenz anschließt. Das paßt in das bisherige Redemuster, das dadurch gekennzeichnet war, daß er die Erfahrung von Ausschluß und Verletzung in den Zusammenhang des Schulkontextes stellte.

Mit der sich an den Kompetenzhinweis anschließenden Formulierung „ich hab immer noch keine deutschen Freunde" sagt er, daß es von dem sozialen Kontext Universität her möglich oder normal wäre, deutsche Freunde zu haben. Hiermit formuliert er eine gängige Erwartung. Insofern teilt M hier mit, daß er seit dem Abitur erneut in möglichen Hoffnungen oder Wünschen enttäuscht worden ist. Das, was er mit der Beschreibung der Schulerfahrungen einschließlich des Gymnasiums als biographisches Thema einführte, hat also auch in der Gegenwart eine große Bedeutung. Auch die Universität ändert angeblich nichts an seiner Erfahrung, daß es eine scheinbar unüberwindbare Grenze zwischen ihm und den Deutschen gibt. Formal gehört er nun zwar zur Gruppe der Studenten, wie zuvor zu der der Gymnasiasten. Tatsächlich existiert die soziale Grenze, die bisher immer zählte, aber weiter. An der Ausschlußerfahrung, d.h. der fehlenden Solidarität zwischen deutschen und ausländischen Schülern bzw. Studenten, die ihm bereits bekannt ist, hat also auch die Universität nichts geändert. Mit diesem deutlichen Hinweis auf seine jetzige Situation sagt M, daß seine Erfahrung offensichtlich unabhängig davon ist, wie weit er sich durch Bildung weiter qualifizieren wird. Auch sein Status als angehender Ingenieur ändert nichts an der Ausschlußerfahrung, die seine Schulbiographie stets begleitete. Insofern ist diese Sequenz ein erneuter Hinweis auf die biographische Relevanz der Unterscheidung deutsch/nichtdeutsch. Seine Erfahrung der erfolgreichen Aneignung von Bildungskompetenzen bringt M also in seiner bisherigen Rede mit der Erfahrung des Ausschlusses aufgrund ethnischer Kategorien sowohl sprachlich-formal als auch inhaltlich in einen engen Zusammenhang.

> Ich hab nur meine meine eigenen. [hm] Oder irgendwelche die ich da jetzt getroffen hab (.) und der sagt mir ja ich bin Iraner oder so und auf einmal sind wir Freunde. [hm] Deswegen also. (1)

Erneut sagt M, daß für ihn in bezug auf Freundschaften die entscheidende Unterscheidung diejenige zwischen Deutschen und Ausländern ist. Allerdings spricht er hier noch von einer Binnendifferenzierung, er unterscheidet nämlich Türken und andere Ausländer. Quasi garantiert ist für ihn die Freundschaft unter Türken. Mit „meine eigenen" beschreibt er andere türkische Jugendliche in Form einer Eigentums- bzw. Herkunftsbeschreibung; es ist eine ethnische Beschreibungsform. Bei den „eigenen" ist die Freundschaft etwas Selbstverständliches.

Was sich aber ebenso leicht und unvermittelt („auf einmal") entwickelt, ist die Freundschaft zu anderen Ausländern. Dabei ist es vollkommen egal, um welche Nationalität es sich handelt („irgendwelche", „Iraner oder so"). Freunde, d.h. loyale Reziprozitätsbeziehungen, hat M mit vielen Personen, nur sind sie eben alle Nicht-Deutsche. Damit sagt er auch, daß seine Erfahrung nicht etwa an ihm liegt in dem Sinne, daß er unfähig zu einer Freundschaft wäre oder daß er keine deutschen Freunde hat, weil er aus Prinzip keine nicht-türkischen Freunde haben will. Es liegt vielmehr daran, daß die Deutschen keine Freundschaft mit ihm wollen.

Die Partikeln „nur" und „meine eigenen" deuten darauf hin, daß die Freundschaft zu Deutschen als etwas Neues, nicht Selbstverständliches erworben werden müßte. Etwas, was M eigentlich will oder wollte. Insofern verweist „nur" erneut auf ein Bedauern bzw. beschreibt etwas, was weniger als erhofft ist (vgl. Teil I: „Ich glaub nicht, daß wir mal irgendwo einziehen, wo nur Deutsche wohnen").

M schließt diese Sequenz, die A lediglich mit zwei Verstehenssignalen kommentiert, mit „Deswegen also. (1)". Dies ist eine deutliche Markierung eines Abschlusses. An dieser Stelle wird ein inhaltlicher Bogen, der sich auf mehrere vorangehende Stellen beziehen kann, geschlossen: Die Ausschlußerfahrung, nie zu sozialen Kontexten, zu denen überwiegend Deutsche gehören, vollständig dazuzugehören bzw. keine deutschen Freunde zu haben, weil Deutsche nie auf ihn zugehen, ist der Grund dafür, daß M „nicht glaubt, daß wir mal irgendwo einziehen, wo nur Deutsche wohnen", daß er und seine Freunde nicht zum Interview mit A erschienen sind, daß er fordert, „Warum sagt ihr ihm das nicht offen daß ihr nicht kommt? (...) da ihr doch sowieso nicht kommen werdet", daß er und die anderen Ausländer ganz allgemein keinerlei Reziprozitätsverpflichtungen den Deutschen gegenüber haben, kurz: daß M ‚gerechtfertigterweise' eine Nischenhaltung einnimmt.

Insofern bestätigt sich hier, daß die Erfahrung, trotz der erfolgreichen Aneignung von Wissen und des in den verschiedenen Bildungskontexten benötigten kulturellen Kapitals immer nur auf Freundschaften zu anderen Ausländern angewiesen zu sein, tatsächlich als eine Verletzungserfahrung gelesen werden kann. Diese Erfahrung macht M's resignative („Ich glaub nicht, daß wir mal irgendwo einziehen wo nur Deutsche wohnen") und trotzige (Inszenierung der demonstrativen Verweigerung von Hilfe) Äußerungen verständlich.

> Ich kenne die meisten meiner Freunde die hätten da nicht gegangen und die sagen sich das ich sag mir das auch meistens immer. Weil äh ich kenn das

Mit dieser Äußerung sagt M, wie typisch seine zuletzt geschilderte, ganz persönliche Erfahrung ist. Auch die meisten seiner Freunde würden so argumentieren und sich einem deutschen Interviewer gegenüber so verhalten wie er. Nach den obigen Ausführungen ist bekannt, daß M ausschließlich nichtdeutsche Jugendliche als seine Freunde beschreibt. Entweder benutzt er hier „meine Freunde" als Synonym für Türken, worauf die obige Formulierung „meine eigenen" hinweist, oder für Ausländer allgemein, die alle die Erfahrung teilen, keine deutschen Freunde zu haben. In dieser Freundesgruppe ist also für die „meisten" das A gegenüber gezeigte Verhalten normal. Man hilft

Deutschen nicht und begründet das so wie er. Für die Bezugsgruppe, die M konstruiert, i.e. die ausländischen Jugendlichen, ist seine Erfahrung normal und gängig. D.h.: M stellt seine Erfahrung erneut als eine kollektiv gültige dar, aus seiner persönlichen macht er eine kollektive Verletzung.

In der Formulierung „ich sag mir das auch meistens immer" widersprechen sich die Worte „meistens" und „immer" in ihrer Bedeutung. Die Formulierung einer resoluten und kategorischen Konsequenz wie ‚ich sag mir das auch immer' wird durch „meistens" unmöglich. M sagt damit implizit, daß es Ausnahmen in seinem Verhalten gibt. Eine solche ist z.B. das aktuelle Gespräch. Insofern markiert er mit dieser Äußerung das Gespräch zwischen ihm und A erneut als eine Ausnahme.

Mit „weil äh ich kenn das" wird nun nochmals eine Begründung für das Verhalten der Gruppe A gegenüber angekündigt, die sich auf persönliche Erfahrungen stützt. (Bisher wurde als Begründung die Erfahrung, trotz erfolgreichen Durchlaufens höherer Bildungsinstitutionen keine deutschen Freunde gewinnen zu können, angeführt.)

> also (.) wir hätten auch so etwas machen können auf der Schule und [ja] wenn wir da irgendwelche Deutschen befragen da (.) [ja] wird schwer. (.) Ich brauch ja nur auf der Straße irgendso alte Leute irgendwas befragen und diese (.) die verstecken ihre Taschen oder so. (M lacht) (.) Verstehst du?

In dieser (längeren) Sequenz wird die zuvor mit „ich kenn das" angedeutete Erfahrung genauer erläutert. Der nun angeführte Grund ist bisher in dieser Betonung so noch nicht formuliert worden. Gleichwohl ist das hier entwickelte Argument in ähnlicher Form bereits zweimal vorgebracht worden. Oben sagte M – gemäß der erfolgten Interpretation –, daß ‚wir keine deutschen Freunde hatten ... und daher ... keiner von denen daran gedacht hat, irgendeinem Deutschen zu helfen' bzw. daß ‚er nicht glaubt, mal irgendwo einzuziehen, wo nur Deutsche wohnen, weil kein Deutscher auf sie zukommt'. Er verwendete also ein *Wie du mir, so ich dir*-Argument. Hier betont er zunächst, daß er sich, was die Bildung angeht, der gleichen sozialen Gruppe zuordnet, in der er auch A sieht. Infolge seiner Schulbildung habe er das gleiche kulturelle Kapital wie A akkumuliert („wir hätten *auch* so etwas machen können auf der Schule"). M sagt, daß die ausländischen bzw. türkischen Schüler von ihrer Kompetenz her auch „irgendwelche Deutschen" hätten befragen können. Tatsächlich hätten sie dann aber bei der Durchführung Schwierigkeiten bekommen, da die Deutschen nicht kooperiert hätten („wird schwer"). Im Sinne einer solchen, mit „wird schwer" zunächst nur angedeuteten Erfahrung weist M in dieser Sequenz darauf hin, daß es nur verständlich sei, daß sie nun umgekehrt auch nicht kooperieren würden.

Ähnlich provokativ, wie M oben A indirekt als „irgendeinen Deutschen" anspricht, die Nichteinhaltung der Verabredung als eine Hilfsverweigerung inszeniert und A indirekt für sein Verhalten und seine Erfahrungen verantwortlich macht, verfährt er hier. Mit der Formulierung „wir hätten auch so was machen können ... irgendwelche Deutschen befragen" stellt er einen Bezug zu A und seinem Anliegen, ein Forschungsgespräch mit ihm zu führen, her. Dabei spiegelt er die Erfahrung der Behandlung durch Deutsche (bzw. durch die Forschung) als „irgendwelche Ausländer" (bzw. als Forschungsobjekt) zurück.

Die gesamte Argumentation in dieser Sequenz ist ein Gedankenexperiment, mit dem M eine Analogie („wir hätten auch so etwas machen können") zu der Beziehung zwischen A und ihm sowie den anderen Jugendlichen herstellt. Um das Argument zu entwickeln, beschreibt er Alltagssituationen, in denen er Deutsche etwas fragt und Ablehnung oder gar Abwehr erfahren hat. Als Beispiel wählt M allerdings alte Deutsche, die er auf der Straße anspricht. Eine Gruppe also, die hinsichtlich des Alters und eventuell auch des Bildungsgrades nicht der Gruppe der angesprochenen türkischen Gymnasiasten entspricht. Der Vergleich ‚hinkt' also. Statt „fragen" sagt er in dieser Sequenz „befragen", was die Leseweise stärkt, daß es hier tatsächlich um eine exemplarische Demonstration für die Gültigkeit seines Argumentes, also um einen Vergleich, geht. Die Reaktion der alten Deutschen ist, daß sie, statt ihm als einem fragenden Passanten oder interviewenden Schüler zu antworten, ihre Taschen verstecken. Mit dem Lachen kommentiert er die Unglaublichkeit ihrer Reaktion. M beschreibt also eine typische Diskriminierungserfahrung im Alltag, die ihn infolge ethnischer oder rassistischer Zuschreibungen eine Grenze zu Deutschen schmerzlich spüren läßt.

Versteht man das Beispiel mit den „alten Deutschen", mit dem M die hier entwickelte Analogie illustriert, als Rechtfertigung für sein Verhalten A gegenüber, dann erscheint es zunächst recht weit hergeholt. Strenggenommen ist dieses Beispiel für das skizzierte *Wie du mir, so ich dir*-Argument unpassend. Dennoch führt M es hier an; er markiert es sogar als selbstverständlich passend („ich brauch ja nur"). Daher ist davon auszugehen, daß es für M auf einer Ebene, die nicht die spiegelbildliche Analogie beinhaltet, Gültigkeit besitzt. Diese Ebene kann die Ebene sein, auf der er Verletzungserfahrungen vergleicht. Auf der Ebene der Beschreibung seiner immerwährenden Ausschlußerfahrungen und damit der Plausibilisierung seiner Nischenhaltung, aufgrund derer er Deutschen gegenüber keiner Verpflichtung unterliegt, ist das Beispiel verständlich.

M artikuliert mit dieser Äußerung die *Erfahrung einer Unterlegenheit*. Er sagt, daß er trotz gleicher Kompetenzen eine vergleichbare Studie, wie A sie durchführt, umgekehrt nicht oder nur schwer durchführen könnte („wird schwer"; ‚schon auf der Straße verstecken die Leute ja ihre Taschen'). Dabei unterstellt er erneut anderen Jugendlichen die gleichen Unterlegenheits- und Verletzungserfahrungen.

Diese Sequenz zeigt sehr deutlich, daß M seine Erfahrungen des Ausschlusses, der Unterlegenheit und Ungleichheit als *ethnisch motiviert* deutet. Denn zum einen verweist er durch die Formulierung „meine eigenen oder irgendwelche (Ausländer)" mit Hilfe ethnischer (nationaler) Beschreibungskategorien auf Freundschaften, die er im Gegensatz zu Freundschaften mit Deutschen, selbstverständlich eingehen kann. Zum anderen sagt er mit der Anführung der Beispiele ‚Interview durch einen Deutschen', ‚Interviews mit Deutschen' und ‚alte Leute (Deutsche)', daß seine Ausschluß- und Unterlegenheitserfahrungen durch ethnische bzw. rassistische Diskriminierungen durch Deutsche hervorgerufen sind. Dadurch erscheinen sie besonders ungerecht. Insgesamt gesehen bemüht M also eine *Ethnizitäts- und Diskriminierungssemantik*, um seine Erfahrungen zu beschreiben. Mit ihrer Hilfe eignet er sich die Konversation mit A als ein *Gespräch unter ‚ungleichen Gleichen'* an.

Mit der Rückversicherung „Verstehst du?" schließt M seine Erklärung ab.

A: Ja ich bin jetzt nur n bißchen überrascht daß das mir gegenüber auch ne? (.) Wenn ich da als als [doch doch] Junger ankomm?

Indem A die Verstehensfrage kurz bejaht, signalisiert er zunächst das nachgefragte Verständnis. Im Folgenden zeigt er sich jedoch überrascht, daß das, was M als Begründung für das Verhalten von ausländischen Jugendlichen Deutschen gegenüber angeführt hat, auch auf die gemeinsame Gesprächsverabredung zutreffen soll. Die Bemerkung als ganze demonstriert, daß er M nicht ganz versteht bzw. er den Diskriminierungsdiskurs an dieser Stelle für nicht passend hält.

Explizit stellt A die Angemessenheit des Vergleichs der von M zuvor angeführten Beispiele der Reaktion ‚irgendwelcher Deutscher' oder ‚alter Deutscher auf der Straße' mit dem Verhältnis zwischen A und den angesprochenen Jugendlichen in Frage. Er reagiert also auf das im Rahmen eines *Wie du mir, so ich dir*-Arguments vorgebrachte Diskriminierungsbeispiel und damit auf die Möglichkeit, daß M's Argumente nur vorgeschobene Erklärungen sind und die Jugendlichen eventuell ganz andere Gründe, z.B. keine Lust, hatten, nicht zu der Verabredung zu erscheinen.

Die Formulierung „nur n bißchen" mildert die artikulierte Überraschung bzw. das Unverständnis rhetorisch ab und reagiert damit auf M's „verstehst du". A versteht also M „nur n bißchen" nicht, ansonsten aber schon. A's Frage ermuntert M somit, sich weiter zu erklären und nicht etwa auf das Unverständnis beleidigt mit Abbruch zu reagieren.

Noch bevor A „Junger ankomm" sagt, bestätigt M mit Nachdruck („doch doch") die in Frage gestellte Gültigkeit seines Arguments. An dieser Sequenzstelle hätte A jedoch auch noch mit ‚Wissenschaftler' o.ä. fortfahren können. M's Kommentar entspricht insofern der bisherigen Interpretation, daß M als wesentliche Beschreibungskategorie für seine zu erklärende Haltung die Unterscheidung deutsch/nichtdeutsch benutzt und nicht gebildet/ungebildet, alt/jung o.ä. Indem A nach M's Kommentar mit „Junger ankomm" fortfährt, fragt er indirekt, ob das gemeinsame Merkmal ‚Alter' (oder: ‚Bildung') nicht eine wichtigere Unterscheidung als die von M verwendete ist.

Bedenkt man, daß M implizit mit seiner bisherigen Rede unterstellt hat, daß A von dem Verhalten und den dazugehörigen Gründen türkischer bzw. ausländischer Jugendlicher keine Ahnung oder nur falsche Annahmen hat, dann kann seine in dieser Äußerung artikulierte Überraschung von M als Bestätigung dieser Erwartung aufgefaßt werden.

> *M:* ~ ja da wo du ankamst also [ja] du hättest ja sehen können daß/ wir waren ja nur untereinander ne? Da war ja, da waren ja keine Deutsche neben uns oder so. [hm] Wir waren ja nur alles Ausländer.

Am Beispiel des punktuellen Besuchs von A auf der Schule behauptet M, daß A die von ihm angesprochene Problematik hätte sehen können. Damit sagt er, daß diese Situation das für M typisch Problematische enthält. Indirekt wird gesagt, daß, wenn M oder ein anderer aus der Gruppe deutsche Freunde gehabt hätten, diese auch neben ihnen gestanden hätten. Die Konstellation aber, in der A die Jugendlichen antraf – ohne daß Deutsche dabei waren –, wird daher indirekt als eine für M's alltägliches Leben typische Situation beschrieben. Insofern ist diese Antwort erneut eine Aussage über die alltägliche Erfahrung der von M gelebten Differenz. Am Beispiel der Freunde wiederholt M seine Aussage über bisherige Diskriminierungserfahrungen. Die zentrale Unterscheidung, mit der er spricht, bleibt diejenige zwischen Ausländern und Deutschen und nicht etwa die zwischen Türken und Deutschen.

Mit „du hättest ja sehen können" und den folgenden „ja"s markiert M seine Aussage als etwas Selbstverständliches, was nicht in Frage zu stellen ist. Insofern weist er A's zweifelnde Nachfrage tendenziell vorwurfsvoll zurück. Dies ist ein deutlicher Hinweis darauf, daß M die zuvor geschilderten Situationen an der Uni und auf der Straße sowie die Verabredungssituation mit A in der Schule in einer Weise parallelisiert, für die eine andere Unterscheidung – wie z.B. die des Alters oder der Bildung – vergleichsweise irrelevant ist.

> *A:* ~ gut aber das äh in äh wenn man (.) da mal kurz an der Schule ist da kann man das ja nicht so feststellen.

Auf M's Antwort, die einen erkennbaren Vorwurf beinhaltet, reagiert A mit einer zunächst zögerlichen („das äh in äh") Äußerung. Sie hat den Charakter einer Rechtfertigung und erklärt, warum A selbst auch die Unterscheidung jung/alt benutzen konnte und warum M's Beispiel für ihn schwer verständlich ist. A's Äußerung kann erneut in dem Sinne aufgefaßt werden, daß er sich nicht in M's Lebenswelt auskennt und daß eine relevante Erfahrungsdifferenz zwischen A und M besteht. Indirekt wird M dadurch aufgefordert, A ausführlichere Einblicke in seine Erfahrungen zu geben.

Die in dieser Sequenz markierte Differenz zwischen A und M hinsichtlich der Fähigkeit, relevante Beobachtungen anstellen zu können, wird nicht als ethnische oder deutsch-nichtdeutsche sondern eher als Schüler-Außenstehender markiert. Die Formulierungen „mal kurz an der Schule" und „kann ... so feststellen" verweisen dabei auf die Rolle von A, der für eine wissenschaftliche Untersuchung die Schule besucht hat. Insofern spezifizieren sie die Seite des ‚Außenstehenden' und damit seine Funktion. Das Verb „feststellen" hat eine inhaltliche Nähe zu ‚herausfinden' und thematisiert damit M's Erfahrungen als solche, die von einem Wissenschaftler untersucht werden. Indirekt weist A hier also darauf hin, daß das, was M erzählt, im Rahmen einer wissenschaftlichen Untersuchung auf Gültigkeit hin überprüft werden soll. A stellt keine direkte Frage.

> *M:* Ja. (.) Ah ist ja ich ich bin mir nich/ ich kenn auch viele Ausländer, die deutsche F/ oder (.) Freunde kann ich nicht sagen die Deutsche gut kennen [ja] also die sagen die nennen sie auch Freunde oder so (.) aber ich glaub die Deutschen würden sie nie zu einer Geburtstagsfeier aus/ einladen oder so. (1) Das machen sie dann nicht. (.)

M beginnt seine Äußerung mit „Ja. (.) Ah ist ja ich ich" etwas zögerlich. Zweimal wird zudem ein möglicher Satzanfang abgebrochen und neu angesetzt („ist ja", „ich ich bin mir nich"). Diese Schwierigkeit, einen geeigneten Beginn zu formulieren, ist auffallend. Das Stocken sowie der mögliche Anschluß von „ich bin mir nich" – ‚sicher, ob (daß) ...' – und die Formulierung „ich kenn auch" sind Anzeichen dafür, daß M hier auf die Überraschung von A und seinen impliziten Hinweis darauf, daß es sich bei dem Interview um einen Teil einer wissenschaftlichen Untersuchung handelt, reagiert. Er bemüht sich daher nun bereits in der Formulierung („ich bin mir nich", „ich kenn auch") um die Glaubwürdigkeit seiner Aussagen. Wenn A nämlich eine Untersuchung macht, in der er mit verschiedenen Schülern spricht und sich häufiger auf der Schule aufhält, könnte es sein, daß er beobachtet oder in Gesprächen gesagt bekommt, daß andere türkische Schüler durchaus deutsche Freunde haben. In diesem Fall könnten M's Aussagen leicht übertrieben oder unglaubwürdig oder als ein lediglich persönliches Problem erscheinen. Auf diesen Umstand, der implizit in A's letzter Bemerkung thematisiert wurde, reagiert M hier. Auffallend ist auch, daß er seine Äußerung beginnt, ohne daß A direkt etwas gefragt hätte. Offensichtlich sieht M die Möglichkeit, daß A die Gültigkeit seiner Aussage, daß es sich bei seiner Ausschlußerfahrung um eine kollektive Verletzung handelt, anzweifelt. Diesem möglichen Zweifel an dem Wahrheitsgehalt seiner Aussagen beugt er hier vor.

Zusätzlich zu der bisher dichotom und pauschal verwendeten Unterscheidung Deutsche/Ausländer benutzt er nun die Unterscheidung ‚Ausländer mit deutschen Freunden'/‚Ausländer ohne deutsche Freunde', wobei er sich letzterer Kategorie zuordnet. Er differenziert also in seiner Reaktion auf A's Kommentar, der auf die wissenschaftliche Verwertung dieses Gesprächs hinwies. Doch während er dies sprachlich faßt, beginnt er zugleich, die Kategorie ‚Ausländer mit deutschen Freunden' zu dekonstruieren. Er demonstriert A gegenüber, daß das, was von manchen ausländischen Jugendlichen Freundschaft genannt wird oder so erscheint, in Wahrheit etwas anderes ist. „Viele Ausländer" nennen ihre deutschen Bekannten zwar „Freunde oder so". Aber das, was diese Jugendlichen Freunde nennen, ist in seinen Augen nicht mehr als ein „Kennen": „... F/ oder (.) Freunde kann ich nicht sagen die Deutsche gut kennen". Durch diese sprachliche Dekonstruktion erscheint die Gruppe der ‚Ausländer mit deutschen Freunden' wieder als ein Teil der Gruppe der ‚Ausländer ohne deutsche Freunde'. M entlarvt also die Gruppe der ‚Ausländer mit deutschen Freunden' vor A als Illusion. Als Grund dafür, daß „Freundschaft" keine angemessene Beschreibung ist, nennt er das Ausbleiben persönlicher Einladungen von Deutschen.

Mit dieser Begründung artikuliert M eine große Skepsis („nie"), was die Möglichkeit einer Freundschaft zu Deutschen angeht. Es gibt Hinweise darauf, wie diese Skepsis entsteht. Die bisherige Interpretation hat an verschiedenen Stellen gezeigt, daß M eine persönliche Verletzungserfahrung ausdrückt. Diese Lesweise erfährt hier eine Stärkung durch die Verwendung von „nie", „Geburtstagsfeier" und „das machen sie dann nicht". Im Vergleich zu dem im Abiturientenalter gängigeren Wort ‚Party' oder ‚Fete' verweist das Wort „Geburtstagsfeier" eher auf die Sprache von jüngeren Kindern und damit auf eine Kindheitserfahrung. Ebenso sind das kategorische „nie" und „das machen sie dann nicht" als Beschreibung einer eigenen Erfahrung lesbar. Schließlich kann auch die vorhergehende Sequenz als die Beschreibung einer eigenen schlechten Erfahrung mit Deutschen, die er ‚vorschnell' als Freunde ansah bzw. die ihn einen Freund „nannten" oder ‚freundschaftlich taten', interpretiert werden. Eine wirkliche Freundschaft umfaßt für M aber neben der gegenseitigen Loyalitäts- und Hilfeverpflichtung in institutionellen Kontexten (s. Teil II) auch eine ebensolche Reziprozitätsbeziehung im privaten Bereich („Geburtstagsfeier ... oder so"). Insgesamt bestätigt diese Sequenz damit die bisherige Interpretation, daß M's Kontakt zu Deutschen in der Vergangenheit – wenn überhaupt – auf die Schule beschränkt war, aber nicht darüber hinausging.

Indem M den ‚ausländischen Jugendlichen mit deutschen Freunden' unterstellt, daß sie einem Irrtum unterliegen, wenn sie deutsche Jugendliche als ihre Freunde ansehen, beschreibt er diese ausländischen Jugendlichen tendenziell kritisch. Insofern können seine Ausführungen als Hinweis darauf gelesen werden, daß M zu den ausländischen Jugendlichen, bei denen er in bezug auf Deutsche ein anderes Verhalten bzw. andere Erfahrungen als seine eigenen feststellt, auf Distanz geht.

Unterstellt man M gemäß der bisherigen Interpretation, trotz seines Wunsches, deutsche Freunde zu haben, eine unüberwindbare Grenze zu verspüren und zugleich zu wissen, daß andere ausländische Jugendliche durchaus deutsche Freunde haben, dann erklärt dies sowohl seine Distanzierung von denjenigen, die scheinbar keine solchen Probleme haben, als auch seinen *demonstrativen Rückzug in eine Nische*, von der aus vor A (und vor anderen) die Möglichkeit einer deutsch-ausländischen Freundschaft kategorisch verneint werden kann.

Ja und deswegen hab ich keine Freunde.

Hier bestätigt sich nun noch einmal explizit die bisherige Deutung. M sagt, daß er keine deutschen Freunde hat, weil die Deutschen eben so wie von ihm beschrieben seien, d.h.: diskriminierend, ausschließend usw. Liest man diese Äußerung als die Beschreibung einer persönlichen Verletzung und Ausschlußerfahrung, worauf auch die infolge entsprechender Aufregung verursachte erneute Auslassung eines Wortes („keine – *deutschen* – Freunde") hinweist, steht hier in Kurzform („deswegen"): ‚Ich habe keine deutschen Freunde, weil Deutsche mich nicht einladen bzw. mich diskriminieren'. Insofern stellt diese Sequenz den Abschluß einer Erklärung dar, die inhaltlich fast vollständig bereits in der Formulierung am Anfang des Gesprächs „ich glaub du bist der erste Deutsche der die Treppen hier hochgekommen ist" ausgedrückt wurde.

M reagiert also auf A's zweifelnde Kommentare mit einer Äußerung, die in der Form einer Erklärung für eine wissenschaftliche Untersuchung noch einmal das fokussiert, was bereits an verschiedenen Stellen zuvor – wenn auch nicht so explizit – zum Ausdruck kam. Es ist die persönliche Verletzungserfahrung, keine deutschen Freunde zu haben bzw. nicht im Sinne einer sozialen Identität zu der Gruppe derer zu gehören, die Mitglieder der Institutionen und sozialen Kontexte (Schule, Uni) sind, denen er formal auch angehört. Darüber hinaus kann man festhalten, daß die Verwendung einer Diskriminierungssemantik es M offensichtlich ermöglicht, biographische Erfahrung zu thematisieren.

3.3.3 Zwischenergebnis, Teil III

Die bisherige Deutung hinsichtlich der artikulierten Verletzungserfahrung bestätigt sich und kann noch präzisiert werden. M präsentiert nicht nur eine Ausschluß-, sondern auch eine Unterlegenheitserfahrung. Auch auf der Universität wiederholt sich M's Erfahrung, keine Solidarität von deutschen Studenten zu erhalten und trotz gleicher Kompetenzen scheinbar unentrinnbar unterlegen zu sein. Erneut zeigt sich, daß für M die Unterscheidung zwischen Ausländern und Deutschen wichtiger ist als etwa die zwischen Türken und Deutschen.

Die Artikulation der Unterlegenheitserfahrung erweist sich als bedeutsam für den Verlauf des Gesprächs zwischen M und A. M verschärft nämlich die schon geäußerte Schuldzuweisung an die Deutschen. Er präsentiert seine Erfahrung als eine lebenslang gültige Erfahrung alltäglicher ethnischer Diskriminierung. Infolge der immer zu erwartenden Diskriminierung durch Deutsche ist er auch immer anders als der Student (Doktorand) A oder vergleichbare Deutsche. Indem er das sagt, und indem er dabei stets auf seine Kompetenzen hinweist und sich auf diese Weise als intellektuell mit A vergleichbar darstellt, eignet er sich das Gespräch als eines unter *ungleichen Gleichen* an.

Ferner bestätigt sich, daß M zur Darstellung seiner Verletzung und zur Rechtfertigung seiner daraus abgeleiteten Haltung Deutschen (bzw. A) gegenüber seine Erfahrungen auch anderen ausländischen Jugendlichen unterstellt. Im Verlauf von Teil III des Gesprächsanfangs sieht er sich jedoch durch A's Intervention erstmalig angehalten zu differenzieren. Die Deutung seiner Reaktion kann zum einen die obige Vermutung erhärten, daß er A nicht nur als Deutschen, sondern auch als Wissenschaftler sehr ernst nimmt. Zum anderen ist in ihr eine Distanzierung von denjenigen Jugendlichen, die seine Erfahrungen einer gelebten Distanz zu Deutschen nicht teilen, erkennbar.

4. *Zusammenfassung der Analyse des Gesprächsanfangs*

4.1 *Strukturhypothese*

Daß an dieser Stelle der durchgeführten Sequenzanalyse ein Sättigungspunkt erreicht ist, zeigt nicht nur die mehrfache Wiederholung und Bestätigung schon erfolgter Interpretationen, sondern auch die (hier nicht vorgeführte) Analyse der diesem Gesprächsanfang unmittelbar folgenden Sequenzen. Daher kann die detaillierte Sequenzanalyse zunächst abgebrochen und zusammenfassend eine Fallstrukturhypothese formuliert werden.

Die bisherige Interpretation hat gezeigt, daß M in dem Gespräch mit A eine Verletzungserfahrung artikuliert. Diese Verletzungserfahrung, oder genauer: seine Ausschluß- und Unterlegenheitserfahrung, stellt M in einen engen Zusammenhang mit der Wohngegend, in der er aufwuchs, seiner bisher durchlaufenen Bildungskarriere und der widerfahrenen Diskriminierung durch Deutsche. Trotz aller Aneignung kulturellen Kapitals bleibt für ihn die Erfahrung einer scheinbar unüberwindbaren Grenze zu Deutschen bestehen. Trotz aller eigenen Anstrengungen wird er eine permanente Traditions- und Identitätszuschreibung und das damit verbundene Gefühl der Unterlegenheit und des Ausschlusses nicht los. Diese Verletzungserfahrung, trotz seiner individuellen Leistung und Kompetenzen von Deutschen stets als Ausländer oder auf seine Herkunft angesprochen zu werden, reproduziert sich in dem vorliegenden Gespräch zwischen ihm und A.

Die zentrale Hypothese über die vorliegende Fallstruktur lautet nun, daß die Erfahrung der Unüberwindbarkeit einer Grenze im Zusammenhang mit dem vollzogenen Bildungsaufstieg bei M zu einer Verletzung führte, die er mit einer Nischenhaltung, für die die Mobilisierung von Ethnizität und Lokalität zentral ist, bearbeitet. M kann seine Unterlegenheits-, Verletzungs- und Ausschlußerfahrungen plausibel deuten, offen darüber sprechen und seine Bildungsaufstiegskarriere weiter verfolgen, indem er sie, erstens, auch anderen ausländischen Jugendlichen unterstellt, zweitens, die Deutschen dafür verantwortlich macht, und sie drittens in der Form eines „Ghettodiskurses" als ein von ungerechtfertigter Segregation und ethnischer Diskriminierung Betroffener präsentiert. Noch allgemeiner formuliert: Die Verwendung einer ethnisch und räumlich markierten Diskriminierungs- und Nischensemantik und die Herstellung einer kollektiven Verletzung ermöglichen es M, seine Verletzung in einer Form zu bearbeiten, die ihm in seiner Aufstiegskarriere nützt. Denn er bricht seinen bisherigen sozialen Aufstieg nicht etwa an dem mit dem Abitur erreichten Punkt frustriert ab. Vielmehr ist die Art und Weise seiner Selbststilisierung als verletzter Bildungsaufsteiger ein wesentlicher Bestandteil eines Handlungsmusters, mit dem es ihm gelingt, nicht nur biographische Erfahrungen, die er in seinem bisherigen sozialen Aufstieg machte, zu bearbeiten und zu thematisieren, sondern auch handlungsleitende Zukunftsentwürfe zu entwickeln, die die erfolgreiche Fortsetzung seiner Bildungskarriere nicht in Frage stellen.

Es sei erneut darauf hingewiesen, daß dieses Ergebnis vorläufig ist, daß es sich eben erst um eine Hypothese handelt. Der analytische Durchgang durch das gesamte Gespräch wird zeigen, ob sich diese die bisherige Sequenzanalyse zusammenfassende Deutung bestätigt oder als nicht haltbar herausstellt.

4.2 Weitere Ergebnisse und Fragen für die Analyse des restlichen Gespräches

Für die Analyse des restlichen Gespräches sollen vor dem Hintergrund der Interpretationen des Gesprächsanfangs, der daraus entwickelten Strukturhypothese und der Fragestellung der Gesamtarbeit kurz die weiteren Ergebnisse sowie die sich daraus ergebenden Fragen und Suchkategorien zusammengefaßt werden.

Schon zu Beginn des Gespräches lassen sich Form und Inhalt von M's Rede, sein Insistieren auf persönlicher Kompetenz sowie seine Betonung materieller Güter und symbolischer Wohlstandsinsignien (wie z.B. die Wohngegend, in der „nur Deutsche wohnen") als spezifische Handlungsformen und -merkmale eines sozialen Aufsteigers beschreiben. Es fällt auf, daß die Passagen, die als Artikulation einer Verletzung gelesen wurden, neben der für M's Erfahrungen wichtigen Unterscheidung deutsch/ausländisch ebenso deutliche Hinweise auf den Entstehungskontext seiner Unterlegenheits- und Ausschlußerfahrung enthalten. M verklammert die Präsentation seiner Erfahrungen nämlich mit dem direkten Verweis auf seine Qualifikationskarriere. In dem Sinne ist die präsentierte Verletzungserfahrung als eine spezifische Bildungsaufstiegserfahrung interpretierbar. Bei der weiteren Analyse ist nun abzuklären, inwiefern es angemessen ist, M's Rede als vergleichsweise typische Präsentation von Aufstiegserfahrungen zu deuten.

Bisher hat sich gezeigt, daß die für M relevante ethnische Unterscheidungsform diejenige zwischen Deutschen und Ausländern und nicht die zwischen Deutschen und Türken ist. Indem er die Unterscheidung zwischen Deutschen und Ausländern als unüberwindbare Grenze präsentiert, reproduziert er gerade diese Grenze. Dies wird sowohl bei den Beschreibungen seiner Wohnungs-, Schul- und Universitätserfahrungen deutlich als auch an der Art und Weise, wie er durch die ethnische Form, in der er sich und A voneinander abgrenzend markiert, die angeführte Erfahrung einer Distanz zu Deutschen reetabliert. Gleichzeitig war eine Distanzierung von denjenigen ausländischen Jugendlichen, die mit deutschen Jugendlichen befreundet sind, zu beobachten. Die Gültigkeit dieser beiden Handlungsmuster ist weiter zu überprüfen und begründen.

In dem Gesprächsanfang wird bereits recht deutlich, welche Relevanz die sozialen Kategorien Ethnizität und Raum für M haben. Er erklärt seine Ausschluß- und Unterlegenheitserfahrungen als kollektiv gültige Folge ethnischer Diskriminierung. Alle Beschreibungen räumlich markierter Handlungszusammenhänge, in denen M (in seiner Rede) vorkommt (Stadtviertel, Schule, Uni, Straße), verknüpft er mit ethnischen bzw. nationalen Beschreibungsformen. Auch die interpretierte Nischenhaltung artikuliert und plausibilisiert er durch die Verwendung von ethnischen *und* räumlichen Unterscheidungen. Bei der weiteren Analyse ist darauf zu achten, ob es sich bestätigt, daß M mit dieser Verknüpfung ethnischer und räumlicher Kategorien sowohl biographisch relevante Themen wie seine Erfahrung einer gelebten Differenz als auch aktuelle und zukünftige Handlungsformen ausdrückt. In diesem Zusammenhang sind weitere Hinweise zu sammeln, wie er seine Erfahrung, scheinbar unentrinnbar zu denen zu gehören, die „Ausländer" sind bzw. „unten" stehen, in Zukunftsentwürfe übersetzt. Ist seine Nischenhaltung ein durchgängiges Handlungsmuster?

Schließlich wird schon in dem Gesprächsanfang recht deutlich, was M mit der Präsentation seiner Ausschluß- und Unterlegenheitserfahrung erreicht. Sein Gesprächsverhalten verweist nämlich auf eine Gewohnheit. Die Analyse konnte zeigen, daß sich M's Erfahrung der unhintergehbaren Andersartigkeit durch A's Gegenwart, seine Forschungsgesprächsbitte und seine Fragen an ihn in dem Gespräch selbst teilweise reproduziert. Statt aber das Thema der Verletzungserfahrung zu umgehen oder zu schweigen, spricht er relativ offen über seine Verletzung und präsentiert A ihre kategorisch formulierten Ursachen (Diskriminierung als Ausländer) und Folgen (kollektive Verletzung, Nischenhaltung, keine Reziprozitätsverpflichtung) als unzweifelhaft zutreffend. Indem er auf die Ungerechtigkeit seiner Erfahrungen „pocht" und gleichzeitig die aktuelle Gesprächssituation als eine Opfer-(potentieller)Täter-Konstellation markiert, spiegelt er die erfahrene Grenze trotzig, provokativ und offensiv zurück. Er reagiert dabei auf mögliche Unterstellungen hinsichtlich der ihm zugeschriebenen Traditionszusammenhänge wie auf eine Zumutung. Auf diese Weise erzeugt er in seiner Rede eine Mischung aus Offenheit und Überraschungseffekt, mit der er über ein für ihn biographisch wichtiges Unterlegenheitsgefühl zu jemand sprechen kann, dem gegenüber die Thematisierung seiner Verletzungserfahrung zunächst nicht gerade zu erwarten ist. Indem M mit der Präsentation einer angeblich allgemeingültigen Distanz zu Deutschen ein Thema von großer biographischer Relevanz mit Vehemenz einführt, spricht er nicht nur A als Repräsentanten der deutschen Öffentlichkeit an, sondern inszeniert sich selbst als Sprecher der im vermeintlichen Ghetto lebenden Ausländer, der Diskriminierten und Ausgeschlossenen. In der weiteren Analyse ist darauf zu achten, ob sich diese Deutung bestätigt und ob von einem entsprechenden Handlungsmuster gesprochen werden kann.

Die Ergebnisse, die die vollständige Fallanalyse des Gespräches mit Mesut ergab, werden im Rahmen des Spektrums der identifizierten Fallstrukturen in Kapitel D.IV.2 vorgestellt.

III. Zur vollständigen Fallanalyse und Falldarstellung

In diesem Kapitel soll zunächst dargelegt werden, wie bei den durchgeführten Einzelfallanalysen im Anschluß an die Erarbeitung einer Fallstrukturhypothese weiter verfahren wurde. Es ist kurz darauf einzugehen, wie die Analyse eines ganzen Gespräches verlief und wie nach der vollständigen Interpretation des Gesprächstextes schließlich auch die anderen, für den jeweils zu analysierenden Einzelfall relevanten Protokolle aus der Feldforschung (Beobachtungen, gesammelte Schriftzeugnisse, weitere aufgenommene Gespräche oder protokollierte Interaktionen) verwertet wurden.

Außerdem soll auf die Problematik einer angemessenen Darstellung der rekonstruierten Fallstrukturen eingegangen werden. Die exemplarische Sequenzanalyse verdeutlicht die Grenzen der Darstellbarkeit der einzelnen Erkenntnisschritte. Sie läßt aber auch erahnen, daß das Wesentliche eines Handlungsmusters oder einer Fallstruktur, d.h. die Art und Weise ihrer Reproduktion, nur unbefriedigend in der Form von Zusammenfassungen oder Aussagen *über* den Fall darstellbar ist. Wenn man nun noch bedenkt, daß die Sequenzanalyse eines längeren Gesprächsausschnitts nur ein – allerdings zentraler – Bestandteil der vollständigen Analyse eines Falles ist und diese schließlich für acht Fälle durchgeführt wurde, werden die Darstellungsschwierigkeiten noch offensichtlicher. Es gilt folglich, eine Präsentationsform für die Analyseergebnisse zu finden, die zwar einerseits im Hinblick auf die Untersuchungsfragen ergebnisorientiert ist, die aber andererseits auch dem rekonstruktiven Charakter der Analysen gerecht wird. Die gesuchte Darstellungsform sollte es deshalb ermöglichen, nicht nur abstrakte Ergebnisse im Sinne von Aussagen über den Fall zu „behaupten", sondern sie auch am Fall bzw. an der jeweils analysierten Handlungsform oder Interaktion zu „belegen" und damit nachvollziehbar zu machen. Da es für das Verständnis der angestellten Überlegungen zur Herstellung von „lesbaren Fallanalysen" wichtig ist, zu wissen, wie bei einer vollständigen Fallanalyse vorgegangen wurde, nun also zunächst zur Vervollständigung der Erläuterung der durchgeführten Strukturrekonstruktionen.

Schon erwähnt wurde, daß der Gesprächsanfang immer sehr intensiv analysiert werden sollte und dies im Rahmen der durchgeführten Fallrekonstruktionen auch wurde. Allerdings reichte die detaillierte Sequenzanalyse des Gesprächsanfangs nicht immer für die Entwicklung einer umfassenden Fallstrukturhypothese, die auch die interessierenden Forschungsfragen berücksichtigen konnte, aus. Nicht in allen Protokollen reproduziert sich eine Fallstruktur so kompakt und klar bereits in der Anfangspassage wie in dem für die exemplarische Analyse ausgewählten Gespräch mit Mesut. Und nicht immer ließ sich schon während der Analyse des Gesprächsanfangs auf die mein

Projekt anleitenden Forschungsfragen eingehen. Im Gegenteil, nur selten berührte die Rekonstruktion der wesentlichen Merkmale einer Fallstruktur die Fragen nach Aufstiegsmustern und -erfahrungen, der Verwendung von Ethnizität und Raum usw. bereits so direkt wie in dem vorgestellten Beispiel. Teilweise ergaben sich die Strukturhypothese, weitere Fallspezifika und Hinweise zur Beantwortung der Forschungsfragen erst als kumulatives Ergebnis nach der Sequenzanalyse mehrerer kleinerer, nicht zusammenhängender Passagen. Sobald es jedoch nach der Sequenzanalyse eines längeren Gesprächsabschnittes oder eben mehrerer kürzerer Passagen gelang, auf der Basis der bis dahin erarbeiteten Interpretationen eine reichhaltige und schlüssige Fallstrukturhypothese zu formulieren, gestaltete sich das weitere Vorgehen folgendermaßen.

Zunächst wurde die zentrale Hypothese am gesamten Gesprächstext geprüft, indem dieser gezielt auf Passagen durchsucht wurde, die die rekonstruierte Fallstruktur auf den ersten Blick bestätigten oder falsifizierten bzw. die zur Modifikation oder Erweiterung der Strukturhypothese zu zwingen schienen (vgl. zu dieser Vorgehensweise auch Leber/Oevermann 1994, 389). Für diese Suche erwies sich die Beachtung der über die jeweilige Strukturhypothese hinausgehenden weiteren Ergebnisse der ersten Sequenzanalysen und der sich daraus ergebenden Fragen und Suchkategorien als sehr hilfreich. Die daraufhin ausgewählten Passagen wurden dann genauer, d.h. ebenfalls sequentiell durchgegangen. Allerdings verliefen diese Interpretationen nur selten so detailliert wie die Sequenzanalyse derjenigen Passagen, aus denen die Fallstrukturhypothese ursprünglich rekonstruiert wurde. Denn war die Fallstruktur erst einmal bekannt bzw. glaubte ich, sie zu kennen, war im Durchgang durch andere Passagen sehr schnell zu erkennen, ob sich die bisherigen Annahmen bestätigten oder ob und inwiefern sie modifiziert werden mußten. Nach der sehr umfangreichen und detaillierten Analyse einer größeren Anfangspassage oder mehrerer kleinerer Gesprächsausschnitte beschleunigte sich das Analysetempo also beträchtlich.

Im Anschluß an die wiederholte Bestätigung der wesentlichen Aspekte der analysierten Fallstruktur wurde versucht, bis dahin noch nicht behandelte Forschungsfragen sowie Fragen, die sich aus dem Vergleich mit den anderen untersuchten Fällen ergaben, zu beantworten. Dazu wurden die entsprechend ausgewählten Gesprächspassagen vor dem Hintergrund der nun vorliegenden Fallstruktur gedeutet. Schließlich wurden die Ergebnisse der vollständigen Analyse eines Gesprächsprotokolls durch die in der Feldforschung angestellten Beobachtungen ergänzt. Dieses „ethnographische Auffüllen" der analysierten Strukturmuster verlief je nach Fall und verfügbarem Feldforschungsmaterial unterschiedlich. Nur selten konnten meine Beobachtungen nicht schlüssig durch die rekonstruierte Fallstruktur erklärt werden. Diese Situationen wurden dann zum Anlaß genommen, erneut in die Strukturrekonstruktion des Falles einzusteigen und die bisherigen Analyseergebnisse weiter zu modifizieren und präzisieren – entweder anhand des Gesprächsprotokolls oder anhand einer Kombination von Gespräch und anderen Protokollen. Zumeist ergänzten sich meine Beobachtungen von Handlungszusammenhängen, in die die untersuchten Aufsteiger eingebunden waren, mit den Ergebnissen der Gesprächsrekonstruktionen jedoch in dem Sinne, daß die rekonstruierten Fallstrukturen die Beobachtungen plausibel und schlüssig erklärten. Die Feldforschungsbeobachtungen konnten dann als zusätzliche Belege der analysierten Strukturmerkmale der einzelnen Handlungsmuster interpretiert werden: Sie illustrieren, wie die Alltagspraxis und Handlungsmuster der Aufsteiger jenseits der analysierten Gesprächssituation konkret aussehen können. Insofern trug das ethnographische Material dazu bei, die den Sequenzanalysen zugrundeliegende Annahme von der situationsüberschreitenden Gültigkeit der rekonstruierten Fallstrukturen (s. Kap. D.I.3) weiter zu plausibilisieren.

Auch die Ausführungen zum methodischen Vorgehen bei einer vollständigen Fallanalyse veranschaulichen, daß sich das Analyseverfahren nur vergleichsweise grob schematisieren läßt. Schon die exemplarische Analyse verdeutlichte, daß bei der Entwicklung einer Interpretation einer Fallstruktur nicht vorab entschieden werden kann, welche sprachlichen Formen und welche Aspekte eines Strukturmusters schließlich zum zentralen Gegenstand der Analyse werden. Erst im sequenzanalytischen Durchgang durch die Protokolle erweisen sich bestimmte formale Charakteristika der Rede als für den jeweiligen Fall bedeutsam. Da das in der Feldforschung gesammelte und produzierte Material, das die Handlungsmuster der einzelnen untersuchten Aufsteiger protokolliert, nie identisch ist, mußten die wesentlichen fallspezifischen Kriterien und Relevanzen in jedem Protokoll mittels Sequenzanalyse neu rekonstruiert werden. Je nach vorliegendem Protokollmaterial und je nach den Strukturmerkmalen, die als die für einen Fall typischen herausgearbeitet wurden, gestaltete sich auch das weitere Vorgehen im Rahmen der Einzelfallanalysen mit unterschiedlichen, da fallspezifischen Schwerpunkten.

Kehrt man nun zu der Frage nach einer brauchbaren und angemessenen Präsentation der Fallanalysen zurück, stellt sich das Darstellungsproblem wie folgt dar. Die Darstellung der Ergebnisse kann sich nicht auf die Formulierung einiger zentraler Aussagen über den analysierten Fall beschränken. Zur Darstellung der rekonstruktiven Analyse von Handlungsstrukturen gehört es notwendigerweise dazu, daß der Weg der Erkenntnisgewinnung wenigstens in seinen groben Zügen offengelegt wird. Strenggenommen macht der rekonstruktive Status der Analysen die Trennung von Analyse und Ergebnis sogar unmöglich. Denn zu der Art und Weise des Verstehens des untersuchten Gesprächsprotokolls, d.h. dem Ergebnis, gehört untrennbar auch die Bennung des Weges, auf dem man zu dieser Lesweise gekommen ist (vgl. Bommes 1993, 469). Gleichwohl können unmöglich alle einzelnen Interpretationen detailliert vorgeführt und an Textstellen oder Feldforschungsbeobachtungen demonstriert werden, wenn insgesamt acht Fallanalysen dargestellt werden sollen.

Vor diesem Hintergrund wurde für die Darstellung von sieben der acht rekonstruierten Fälle eine *Mischform* von Fallanalyse, Beschreibung der Fallanalyse und Präsentation der relevanten Untersuchungsergebnisse entwickelt. Mit dieser Mischform wird versucht, dem rekonstruktionslogischen Charakter der Analyse und ihrer Ergebnisse gerecht zu werden: In einer primär ergebnisorientierten Darstellung werden sowohl zentrale Interpretationen und der Gang der Strukturrekonstruktion zusammengefaßt als auch die wichtigsten und für den jeweiligen Fall typischen Analyseergebnisse mit Protokollausschnitten der Gesprächsinteraktion und Beobachtungen der Alltagspraxis illustriert sowie mit weiterem ethnographischen Material ergänzt. Mit den unten präsentierten Collagen aus Fall- und Analysebeschreibung, Ausschnitten der Gesprächsprotokolle, Interpretationen und ethnographischen Beobachtungen wird in erster Linie das Ziel verfolgt, „lesbare" Darstellungen der Fallanalysen zu komponieren, die es erlauben, trotz ihres zusammenfassenden Stils das methodische Vorgehen angemessen nachzuvollziehen. Die gewählte Darstellungsform unterscheidet sich damit wohlgemerkt von den tatsächlich durchgeführten Auswertungsschritten. Da das sequenzanalytische Verfahren einmal exemplarisch im Detail demonstriert wurde und die weiteren Analyseschritte nun ebenfalls benannt worden sind, wurde auf die detaillierte Wiedergabe der jeweiligen Hypothesengenerierung und der anschließenden Prüfung der Strukturhypothesen verzichtet. Die Interpretationen, die in der Analyse oft kumulativ aus der sequentiellen Rekonstruktion mehrerer Passagen entwickelt wurden, werden zumeist nur zusammengefaßt. Aber auch wenn an verschiedenen Passagen ausgewählte Aspekte der analysierten Fallstruktur demonstriert werden, kann die vertretene Lesweise nicht in einer der exemplarischen Sequenzanalyse nur annähernd vergleichbaren Weise vorgeführt werden.

Trotz aller Ergebnisorientierung, Kürzungsbemühungen und Anstrengungen, den Analysegang, obgleich nachvollziehbar, so doch nur zusammenfassend darzustellen, fallen die im Folgenden präsentierten Einzelfallstudien mit 15 bis 27 Seiten immer noch recht ausführlich aus. Dies liegt vor allem daran, daß versucht wird, das methodische Vorgehen, die Interpretationen und die Demonstrationen dessen, was es bedeutet, wenn eine Fallstruktur so oder so gelagert ist, anhand von Protokollausschnitten zu illustrieren. Die Integration der Protokolle in die Texte über die Fälle bzw. Fallanalysen ermöglicht es zwar, unterschiedliche Aspekte und Ergebnisse der sequenzanalytischen Interpretation der Fallstrukturen mehr oder weniger zufriedenstellend zu veranschaulichen und dem Leser vielerlei Einblicke in den Gang der Analyse und das zugrunde gelegte Material zu gewähren. Doch sie erfordert eben auch eine größere Ausführlichkeit als die ausschließliche Beschreibung eines Falles.

Die für die Darstellung der Analyseergebnisse gefundene Lösung der Darstellungsproblematik ist somit nur „suboptimal". Sie wird weder der sequenzanalytischen Methode vollkommen gerecht, noch eignet sie sich zur übersichtlichen Zusammenfassung der Ergebnisse. Um zu demonstrieren, daß der naheliegende Ausweg, ausschließlich Zusammenfassungen der Analysen in Form von Aussagen *über* die untersuchten Fallstrukturen zu präsentieren, eine noch weniger befriedigende Lösung gewesen wäre, wird dieser Weg für einen Fall bewußt beschritten. Das Kapitel über den Milieutheoretiker begnügt sich mit der Beschreibung eines Falles, die auf die Illustrierung der behaupteten Aussagen durch Protokolle und die zusammenfassenden Deutungen einzelner Gesprächsausschnitte ganz verzichtet (s. Kap. D.IV.6).

IV. Das Spektrum der identifizierten Fallstrukturen

1. Zur Auswahl der Fälle

Von den während der Feldforschung interviewten und beobachteten Jugendlichen wurden acht für die exemplarische Rekonstruktion der Handlungsmuster von türkischen Bildungsaufsteigern ausgewählt. Zentrales Auswahlkriterium war die Kontrastivität der einzelnen Fälle. Denn um dem explorativen Anspruch der Untersuchung gerecht zu werden, galt es, ein möglichst weites Spektrum unterschiedlich strukturierter Fälle zu rekonstruieren.

Die eigentliche Auswahl der Fälle war ein Prozeß, der sich über einen längeren Zeitraum erstreckte. Auf der Basis der Feldforschungserfahrungen wurde das beobachtete Feld zunächst nach folgenden Merkmalen sortiert: (1) Verwendung ethnischer Unterscheidungen: ja/nein sowie Grad der Ausprägung; (2) Verwendung räumlicher Unterscheidungen: ja/nein sowie Grad der Ausprägung; (3) bisherige Bildungskarriere: erfolgreich, größere oder kleinere Probleme, mühevoll; (4) Erreichbarkeit der Jugendlichen während der Feldforschung und Bereitschaft zur Kooperation: groß/gering; (5) männlich/weiblich; (6) Teilnahme an den Handlungszusammenhängen lokaler ethnischer Vereine: ja/nein, regelmäßig/unregelmäßig; (7) Heterogenität der türkischen Migrantengruppe: Sunniten, Aleviten, Kurden; (8) Gesamtschule oder Gymnasium, Schüler(in) oder Student(in); (9) „Ausnahmefälle", d.h. Handlungsformen, die im Rahmen der Feldforschung eher selten beobachtet wurden, oder „durchschnittliche Fälle", d.h. Handlungsformen, die in vergleichbarer Ausprägung häufiger beobachtet wurden.

Diese Merkmale dienten einer ersten Auswahl und Positionierung der Jugendlichen, mit denen ich während der Feldforschung zu tun hatte. Die genaue Festlegung, welche und wie viele der beobachteten Handlungsformen und Aufsteiger schließlich in Einzelfallanalysen detailliert zu untersuchen waren, ergab sich aber erst im Laufe der Auswertungsphase. Nach den ersten Fallrekonstruktionen wurden weitere Fälle danach ausgesucht, wie deutlich und in welchen Merkmalen sie sich von den bereits analysierten unterschieden. Inwiefern die Feldforschungsbeobachtungen und die genannten Merkmale die Auswahl der acht Fälle im einzelnen beeinflußten und welche Positionen die Fälle in dem aufzuzeigenden Möglichkeitsspektrum der Relevanz von Ethnizität und Raum im Aufstiegszusammenhang exemplarisch verdeutlichen, wird im Rahmen der nachfolgenden Darstellung der Fallstudien aufgezeigt.

Begonnen wird mit der Präsentation der vollständigen Analyse des Forschungsgespräches, dessen Anfang bereits Grundlage der vorangehenden exemplarischen Sequenzanalyse war (*„Der verletzte Aufsteiger":* Mesut,[149] *21 Jahre, Abitur auf dem Gymnasium, Student, Bauingenieurwesen*). Es folgt ein deutlicher Kontrastfall – ein Abiturient aus der gleichen Schule, für den im Gegensatz zur Handlungsstruktur des verletzten Aufsteigers gerade die Nicht-Verwendung ethnischer und räumlicher Unterscheidungen kennzeichnend ist (*„Der Kosmopolit":* Bülent, *20 Jahre, Gymnasium, Student, Wirtschaftswissenschaften*). Die den nächsten drei Fällen zugrundeliegenden Analysen basieren auf Gesprächen mit und Beobachtungen von Personen, die die Gesamtschule besuchten. Zunächst wird der Fall einer Studentin vorgestellt, für die die Mobilisierung von Ethnizität eine große Bedeutung hat (*„Die Multikulturalistin":* Jale, *20 Jahre, Gesamtschule, Studentin, Pädagogik*). Für das Handlungsmuster der im Anschluß präsentierten Studentin haben dagegen ethnische, aber auch räumliche Unterscheidungen keine wesentliche Bedeutung (*„Die Rücksichtsvolle":* Özlem, *20 Jahre, Gesamtschule, Studentin, Medizin*). Und für die fünfte präsentierte Fallstruktur ist vor allem eine spezifische Raumkonstitution charakteristisch (*„Der Milieutheoretiker":* Tarkan, *21 Jahre, Gesamtschule und Oberstufenkolleg, Schüler*). Schließlich werden noch drei Aufsteiger vorgestellt, die sich im Gegensatz zu den ersten fünf Fällen zur Zeit der Feldforschung alle mehr oder weniger regelmäßig, allerdings aus ganz unterschiedlichen Gründen, in lokalen ethnischen Vereinen und ihrem Umfeld engagierten. Die an ihrem Beispiel rekonstruierten Fallstrukturen unterscheiden sich unter anderem dadurch voneinander, daß einmal Ethnizität eine große Relevanz hat (*„Der Autoethnologe":* Erdal, *23 Jahre,*

---

149 Alle Eigennamen wurden anonymisiert.

Gymnasium, Ausbildung zum Einzelhandelskaufmann), daß in einem anderen Fall von der Mobilisierung ethnischer Unterscheidungen gerade abgesehen wird (*„Der Nonkonformist": Murat, 19 Jahre, Gymnasium, Schüler/Abiturient*) oder daß für die identifizierte Fallstruktur die enge Verknüpfung von Ethnizität und Lokalität konstitutiv ist (*„Der lokale Identitätspolitiker": Ahmet, 24 Jahre, Gesamtschule, Student, Lehramt Sek. II/I*).

2. Der verletzte Aufsteiger

Die Interpretation des gesamten Gespräches mit Mesut kann die Ergebnisse der vorgeführten detaillierten Analyse des Gesprächsanfangs bestätigen und noch genauer bestimmen. Wiederholt thematisiert Mesut in unserem Gespräch sehr deutlich seine Verletzungserfahrungen. Er präsentiert sie als ungerechte ethnische Diskriminierung. Bevor im Folgenden vor dem Hintergrund der Gesamtanalyse auf die präzisierte Deutung seines Handlungsmusters, den Gebrauchswert der ethnischen Deutung seiner Unterlegenheits- und Ausschlußerfahrungen sowie den Nutzen der deckungsgleichen Verwendung von ethnischen und räumlichen Unterscheidungen eingegangen wird, soll zunächst erläutert werden, inwiefern sich in Mesuts Rede die Erfahrung eines sozialen *Aufsteigers* reproduziert. Es läßt sich nämlich argumentieren, daß Mesuts Verhalten bzw. seine Rede über Verletzungserfahrungen strukturell sehr stark dem ähnelt, was in anderen Zusammenhängen als Unterlegenheits- und Diskriminierungserfahrung, die soziale Aufsteiger beim Überschreiten von Klassengrenzen machen, beschrieben wurde. Interpretiert man Mesuts Rede als das Handlungsmuster eines verletzten sozialen Aufsteigers, oder genauer: eines verletzten Bildungsaufsteigers, dann besteht die Besonderheit seiner Präsentation von Verletzungserfahrungen gerade darin, daß er die „Klassengrenze zwischen Mittel- und Unterklasse" als ethnische (und räumliche) Grenze ausdrückt.

2.1 Verletzungserfahrungen eines Bildungsaufsteigers

Der Dortmunder Student *Mesut, 21 Jahre,* wuchs in einem vergleichsweise typischen Arbeitermilieu auf. Er wurde in Dortmund geboren und hat bisher sein ganzes Leben in der Dortmunder Nordstadt in relativ einfachen Verhältnissen gelebt. Die innenstadtnahe Wohngegend, in der Mesut aufwuchs, ist geprägt von ihrer Nachbarschaft zu Altindustrieanlagen, einem relativ großen Anteil von Arbeitern, die (noch) in der unter kontinuierlichem Restrukturierungs- und Globalisierungsdruck stehenden Schwerindustrie arbeiten, und dem im Vergleich zur Gesamtstadt höchsten ausländischen Bevölkerungsanteil (über 40%). Mesuts Eltern kamen Anfang der 1970er Jahre im Rahmen der Gastarbeiteranwerbung aus der Türkei nach Deutschland. Der Vater, in der Türkei nach Abschluß der dortigen Grundschule in einer Schneiderei tätig, arbeitet seitdem als ungelernter Industriearbeiter bei Hösch in der Dortmunder Nordstadt; die Mutter, ebenfalls nur Grundschulbildung, hat in der Türkei nicht, und in Deutschland nur gelegentlich als Putzhilfe gearbeitet. Mesuts vier Jahre jüngerer Bruder arbeitet seit der mittleren Reife ebenfalls als ungelernter Arbeiter bei Hösch. Mit ihm teilte sich Mesut stets das Zimmer in der elterlichen Wohnung, und zwar bis unmittelbar vor den Abiturprüfungen, als er mit seinem älteren Bruder in die besagte Zwei-Zimmer-Wohnung, ebenfalls in der Nordstadt, einzog. Mesuts zwei Jahre ältere und verheiratete Schwester ist nach der 10. Klasse von der Gesamtschule abgegangen und hat ebenfalls keine Berufsausbildung. Und sein fünf Jahre älterer Bruder, mit dem er nun seit einem Jahr zusammenlebt, kam erst mit 16 Jahren, also vor 10 Jahren, nach Deutschland, machte auf der Gesamtschule das Abitur und studiert nun Jura. Ein Teil Mesuts Verwandtschaft wohnt ebenfalls in Deutschland, teilweise im gleichen Dortmunder Stadtviertel.

Bis auf den älteren Bruder, einen Cousin in der Türkei und einen Onkel, der noch vor Mesuts Vater nach Deutschland migrierte, hat niemand in seiner Verwandtschaft studiert. Laut seinen Ausführungen war es dieser Onkel, der ihn zum Besuch des Gymnasiums (ebenfalls in der Dortmunder Nordstadt) und damit zum Abitur und Studium animierte:

Ausschnitt 1 (Transkript, S. 26-27):[150]

Mesut: und dann hab ich angefangen Grundschule bis vierte Klasse (.) danach äh hat ich hab ah einen Onkel äh H. (.) der war gebildet sehr gebildet genau wie der Cousin R. (...) und der Onkel ist dann ja auch (.) hm hier geblieben und er hat hier bei dieser Arbeiterwohlfahrt angefangen (.) in A. und der arbeitet da immer noch und ich weiß jetzt der hat jetzt irgendwie so ne höhere Position (1) ja und früher hat der auch halt auch in so kleinen Wohnungen gewohnt da Einzimmerwohnungen und so und jetzt hat er n Einzelhaus ein eigenes (.) ja jetzt hat er sich jetzt kann er sich das alles leisten und der hat mehrere Sachen studiert er hat auch unterrichtet ne mal Zeitlang ja und der wollte unbedingt also bei den anderen [hm] mein Bruder meine Schwester und der kleinere die sind alle zur Gesamtschule gegangen (.) mein Onkel wollte das von mir nicht ja und er hat bei mir irgendwie gesehen daß ich halt das schaffen könnte auf dem Gymnasium oder so wollte das auch sehen (.) ja und dann hat er das/

A: ~ das waren jetzt nicht deine Eltern [nein] oder die Lehrer die gesagt haben/

Mesut: ~ früher hat/ nein meine Eltern ham sich nicht äh dafür interessiert (.) sie ham mich auch nicht gefragt wie es so gefällt äh auf der Schule oder so (.)

---

[150] Die Seitenangaben beziehen sich hier und in den folgenden Präsentationen der Fallanlysen auf die transkribierten Gesprächsaufnahmen. Zur Überprüfung und zum Nachvollzug der Interpretationen werden die den Fallanalysen zugrunde gelegten Gesprächstranskripte den Leserinnen und Lesern vom Autor gerne zur Verfügung gestellt.

> kann ich auch verstehen mein Vatter kam von der Arbeit ja und kann ich ja nicht alles verlangen ja er arbeitet Nachtschicht Mittagsschicht Frühschicht das (.) was soll man da noch von ihm verlangen ich ha/ verlange auch nichts von ihm ja und meine Mutter (1) ja von meiner Mutter kann ich schon behaupten also die hat schon immer äh gefragt (.) aber wie gesagt mein Onkel hat dafür gesorgt daß ich da hinkonnte zum F.-Gymnasium

An diesem Ausschnitt wird an der Vorbildfunktion seines Onkels die Attraktivität deutlich, die ein sozialer Aufstieg durch Bildung für Mesut hat. Ein Bildungserfolg läßt die Aussicht einer materiellen Verbesserung der Lebensbedingungen, wie Mesut sie hier am Beispiel der Karriere des Onkels beschreibt, wahrscheinlich erscheinen. An anderer Stelle im Gespräch wird klar, daß es auch dieser Onkel war, der ihn zum Lernen anhielt, nachdem Mesut in der siebten Klasse einmal sitzengeblieben war.

Verschiedene Passagen deuten darauf hin, daß Mesut vor allem durch seine Schullaufbahn und den dadurch entstandenen Kontakt zu Personen mit höherem sozioökonomischen Status seiner Herkunft gewahr wurde:

Ausschnitt 2 (S. 42-43):
A: du sagtest mal irgendwie (.) am Anfang daß du ganz gerne auch mal in ne ganz andere Gegend gezogen wärst oder ziehen würdest[151]
Mesut: ja früher (...) früher jetzt nicht mehr also früher (1) also ich hätt das wär wirklich n das war wirklich n Traum also ich hätte ich hab ja gesehen diese Einzelhäuser zum Beispiel von meinen Lehrern (.)[152] da waren n paar Lehrer die ham uns eingeladen in ihre Häuser ham n Grill gemacht und so und ich hab das Haus gesehen und das hatte zwei Etagen das hatte ne Treppe in der Mitte und ich dachte so das haben drei Leute und ich dachte, was soll das? das große Haus für die drei Leute da (1) ein Kind haben sie und so zwei Etagen da waren so viele Räume also (.) Vorgarten die hatten alles mögliche und ich dachte mir das wäre doch spitze wenn ich das Zimmer hätte und das und auf auf einer Etage ham so n Bad und n Klo und dann noch so eins für Gäste und [hm] also (.) früher wo wir da gewohnt haben in der S.-Straße wir hatten keinen Heizkörper hier wir hatten diese Kohledinger da (1) [hm] wir hatten ein Gemeinschaftsklo da mußtest du die Treppen erstmal runter da mußtest du aus der [hm] Wohnung raus (1) solche Sachen hab ich erlebt [hm] ich bin mal mit mei/ ich hab Fußball gespielt mit so n paar Freunden da waren auch n paar Deutsche dabei mit dem Deutschen dem Wolfgang bin ich zu Hause nach Hause gegangen also er ist nach zu sich aber wir waren noch auf dem selben Weg und dann hab ich gesagt so ah jetzt jetzt vor diesen Heizkörper stellen so weil ich naß geworden bin wegen dem Regen (.)

---
151 Bei den am „Anfang" des Gespräches beispielhaft von Mesut genannten Gegenden, in die er gerne gezogen wäre bzw. ziehen würde, handelte es sich ausnahmslos um Vororte von Dortmund. Stets wies Mesut darauf hin, daß dies wohlhabendere Gegenden mit Einfamilienhäusern usw. seien.
152 Wie sich an einer anderen Stelle zeigt, handelt es sich auch bei dem hier angeführten Beispiel seiner Lehrer um einen der wohlhabenderen Vororte Dortmunds.

und dann er also ich stell mich vor meinen Kamin (1) verstehst du? und das (.) ich hab mir schon gewünscht daß ich so etwas habe (.) ich hab seinen Kamin gesehen a/ einmalig alles (1) aber wenn ich jetzt überlege wenn ich da in so ner Gegend gewohnt hätte ich glaub ich wäre (1) anders gewesen ich hätte äh von vielen Sachen keine Ahnung oder will auch nicht das wissen wie es den andern da so geht

Unter anderem artikuliert Mesut hier deutlich seinen Wunsch nach materiellem Wohlstand. Dieser Wohlstand wird für ihn durch Eigentum, Statusgüter (Eigenheim, Kamin, teure Autos, Urlaub), Vorort-Wohngegenden usw. symbolisiert. Was aber für die Interpretation wichtiger ist, ist die Art und Weise, wie Mesut über diese Erfahrungen einer (hier materiellen) Unterlegenheit spricht. Er präsentiert diese Erfahrung als eine ungerechte Erfahrung, indem er verdeutlicht, daß er es in der Vergangenheit im Vergleich zu den Deutschen – und damit auch im Vergleich zu mir – besonders schwer hatte. Nicht nur lebte er unter unvorteilhaften Lebensbedingungen, er hatte auch statusbezogene Kränkungen und Demütigungen zu erleiden („... solche Sachen hab ich erlebt", „... verstehst du?"). Dieses Handlungsmuster ist an vielen Gesprächsstellen beobachtbar.

Ebenso klar zeigt sich an Ausschnitt 2 die bereits bei der Analyse des Gesprächanfangs ausführlich interpretierte Erfahrung einer gelebten Distanz zu Deutschen. Die Erläuterung seiner Erfahrung, einem materiell schwächeren Herkunftskontext zu entstammen, verbindet Mesut eng mit der Erfahrung einer gelebten *räumlichen* Differenz. Darüber hinaus, und oft gleichzeitig, drückt er die Erfahrung, einer niedrigeren, weniger privilegierten und räumlich segregierten Schicht anzugehören, mit der ethnisch-nationalen Dichotomie deutsch/ausländisch aus. Man könnte sagen, daß er die Unterlegenheits- und Distanzerfahrung, über die er spricht, mit ethnischen und räumlichen Unterscheidungskategorien wahrnimmt und formuliert; der räumliche Kontext symbolisiert für ihn die soziale und ökonomische Zugehörigkeit von Menschen: Diejenigen Menschen, die in seinen sozioökonomischen Ausführungen „unten" positioniert sind, beschreibt er überwiegend als Ausländer, die in den deprivierten Vierteln der Innenstadt leben (müssen), und die, die „oben" sind, als Deutsche, die in den reicheren Vororten leben. Die Kränkungen, die am Gesprächsanfang mit der Erfahrung, nie deutsche Freunde gehabt zu haben, artikuliert wurden, werden hier mit der Beschreibung der Erfahrung eines nicht existierenden Interesses der „reichen Vorort-Deutschen" an seinen Lebensumständen und Schwierigkeiten, mit anderen Worten: mit der Beschreibung des nicht erfahrenen Respektes, angesprochen („wenn ich da in so ner Gegend gewohnt hätte (...) will das auch nicht wissen, wie es den anderen da so geht").

Wie in Ausschnitt 2 teilt Mesut seine Erfahrungen oft in einer Unverständnis („was soll das?") oder gar Empörung ausdrückenden Form mit. Damit wird ihre Ungerechtigkeit unterstrichen. Auch verdeutlicht Mesut stets, daß er aus seinen Erfahrungen Konsequenzen zieht: Demonstrativ nimmt er eine Nischen- oder teilweise sogar Rückzugshaltung ein („ja früher (...) früher jetzt nicht mehr").

Der folgende Ausschnitt bestätigt und illustriert zum einen, daß und wie Mesut die Erfahrung einer alltäglich erlebten Distanz zu seinen (deutschen) Mitschülern und das Gefühl von Ausschluß und Unterlegenheit auf seine soziale bzw. ethnische und lokale Herkunft zurückführt, und zum anderen, daß diese Erfahrungen eng mit seiner Schulbiographie verbunden sind. Dieser Ausschnitt ist Teil einer längeren Erzählung über seine Schulkarriere (A: „Kannst du mal versuchen zu beschreiben, wie deine ganze Schullaufbahn sich entwickelt hat?"). In diesem Zusammenhang spricht Mesut zunächst über seine Zeit auf der lokalen Grundschule in der Nachbarschaft. Nachdem er beschrieben hat, daß in seiner Klasse viele Ausländer waren und er mit zwei türkischen, mit marrokanischen und jugoslawischen Kindern befreundet war, fährt er fort:

Ausschnitt 3 (S. 24-25):
Mesut: aber die Deutschen da (1) das das war (.) ich hab mir das wirklich gewünscht (.) früher hab ich mir auch nie Gedanken darüber gemacht warum das so ist (.) ich hab manchmal schon äh war ich schon traurig so warum da ich da nicht mitmachen konnte oder wie/ hab ich mich so wie son Außenseiter gefühlt aber auch die anderen (.) war ja nicht immer alleine die anderen waren bei denen war das immer so (1) es gab viele auch äh bei den Jugos die (.) mit Deutschen zusammen waren nur deutsche mit Deutschen zusammen waren (.) aber das waren so komische (.) für mich waren die auch Deutsche [hm] für die anderen Jugos waren sie auch Deutsche die Jungs [hm] (1) aber äh ich hab mir das schon gewünscht also ich wäre gerne (1) mit Deutschen zusammen gewesen (...)
da war so n anderer son Deutscher Wolfgang dem mit dem war ich auch hab ich öfters irgendwas gemacht aber es war nicht richtige Freundschaft oder so aber wir kannten uns schon gut und Geburtstagsfeier hat er mich auch eingeladen (.) ja nur wenn ich als ich bei ihm zu Hause[153] ne (.) die hatten so nen schönen Kamin voll die teuren Möbel und so (.) der hatte eigentlich alles zu Hause (.) ja und äh ah ich weiß nicht also ich es es ist automatisch gewesen wo die anderen auch da waren (.) man fühlt sich nicht so als wenn man jetzt da hingehört

Mesut beschwert sich über seine Behandlung durch deutsche Jugendliche. Der persönliche Wunsch, deutsche Freunde zu haben, habe sich nie erfüllt. Die formelle Gleichberechtigung als Mitglied der besuchten Schulinstitution

---

153 Das Haus der Eltern seines ehemaligen deutschen „Freundes" liegt in einem der Dortmunder Vororte; vgl. auch Ausschnitt 2. Vgl. außerdem die Verwendung von „Geburtstagsfeier" im Gesprächsanfang. Offensichtlich war die Beziehung zu Wolfgang, der in unserem Gespräch an drei Stellen als Beispiel angeführt wird, eine der wenigen, wenn nicht die einzige Beziehung Mesuts zu Deutschen, die über den Schulalltag hinausging.

habe die Erfahrung, immer anders zu sein, nicht verhindert. So, wie er die deutschen Jugendlichen in dieser und anderen Passagen beschreibt, muß ihr Verhalten als empörend disqualifiziert werden. Insofern betont Mesut erneut die Ungerechtigkeit seiner Erfahrungen. Des weiteren zeigt und bestätigt sich hier sowohl Mesuts durchgehende Handlungsweise, seine Erfahrung als eine allgemein gültige Erfahrung zu präsentieren („aber auch die anderen (...) bei denen war das immer so"), als auch die schon bekannte Distanzierung von denjenigen ausländischen Jugendlichen, die deutsche Freunde haben („das waren so komische ...").

Am zweiten Teil des Ausschnitts 3 ist neben der schon festgestellten Ungleichheits- und Ungerechtigkeitsfigur, die Mesut durch Hinweis auf den höheren sozioökonomischen Status der Deutschen und ihre besseren Wohngegenden (hier nur implizit) hervorbringt, vor allem die Zugehörigkeitsbeschreibung wichtig. Die Erfahrung, sich bei privaten Besuchen bei manchen Mitschülern (oder Studenten) nicht wohl zu fühlen oder adäquat verhalten zu können, beschreibt Mesut ebenfalls durchgehend anhand von Situationen, für die er als entscheidendes Merkmal herausstellt, daß er – als Ausländer – sich mit Deutschen traf. Ebenso plausibel beschreibt er an anderen Stellen die Jugenderfahrung, immer anders gewesen zu sein, an Beispielen wie etwa dem, daß seine Eltern aufgrund solcher Verhaltensweisen wie striktem Sparen und lebenslangem Rückkehrwunsch in die Türkei anders waren als die Eltern deutscher Mitschüler. Das Verletzungs- und Unterlegenheitsgefühl, das Mesut ausdrückt, erklärt sich für ihn durch seine Zugehörigkeit zu einer ethnisch (und auch räumlich) markierten sozioökonomischen „Unterklasse".

Bedenkt man, daß Ausschnitt 3 Teil einer längeren Erzählung über seine Qualifikationskarriere ist, dann bestätigt sich zudem die Hypothese, daß Mesut die Beschreibung seiner Mobilitätserfahrung ethnisch bzw. mit der Erwähnung einer ethnisch motivierten Ausschluß- und Unterlegenheitserfahrung verklammert. Dies zeigt sich auch an vielen anderen Gesprächsstellen sehr deutlich. Nie ist er in seinen Beschreibungen mir gegenüber nur Student. Obgleich er im gesamten Gespräch durchgehend seine persönliche Kompetenz herausstellt, präsentiert er sich nie *nur* in seiner Intellektualität. Er ist stets ein Abiturient oder Student, für dessen Mobilitätserfahrung die anscheinend unüberwindbare Grenze zu Deutschen, die Erfahrung von Andersartigkeit, Ausschluß und Unterlegenheit entscheidend ist.

2.2 Diskriminierungssemantik

Die von Mesut artikulierten Verletzungserfahrungen stehen offensichtlich in engem Zusammenhang mit seiner Bildungsaufstiegskarriere. In vielerlei Hinsicht sind die von Mesut formulierten Gefühle des Ausschlusses und der Unterlegenheit mit den in anderen Zusammenhängen beschriebenen Erfahrungen von Personen aus Arbeiterfamilien vergleichbar, die sich im Laufe ihrer Mobilitätskarriere im Gegensatz zu Personen, die schon in „Bildungshaushalten" großgeworden sind, das adäquate kulturelle Kapital wesentlich mühsamer erarbeiten müssen. Die Erfahrung einer unüberwindbaren Grenze, die zwischen einem selbst, der sich im Rahmen seines individuellen Aufstiegs langsam aus der sozioökonomischen Unterschicht einer Gesellschaft (der Arbeiterklasse bzw. Arbeiterkultur) entfernt, und den Personen, die qua Geburt bereits aus der Mittel- oder Oberschicht stammen, wird vor allem in etwas älteren Studien zur Klassenproblematik häufig beschrieben.[154] Schon die Analyse des Gesprächsanfangs lieferte Hinweise darauf, daß sich Mesuts Erfahrung von Unterlegenheit, Distanz und Verletzung mit der Erfahrung ethnischer Diskriminierung vermischt und daß er seine Erfahrungen mit Hilfe einer Ethnizitäts- und Diskriminierungssemantik bearbeitet. Interessanterweise berichteten die anderen Jugendlichen, mit denen ich während der Feldforschung in Dortmund zu tun hatte, nur selten von Diskriminierungserfahrungen – teilweise selbst auf Nachfragen nicht. Deshalb wurde bei der Analyse besonders darauf geachtet, welchen Nutzen Mesut daraus zieht, die Verletzungs- und Diskriminierungserfahrungen als spezifische Handlungsressourcen einzusetzen. Eine erste Antwort lautet, daß er mit seiner Redeweise vor allem die Ungerechtigkeit seines kontinuierlichen Ausschlusses herausstellt. Um den Gebrauchswert dieser Bearbeitung einer Aufstiegsverletzung noch genauer bestimmen zu können, sei kurz auf Ergebnisse der Untersuchung von Sennett und Copp verwiesen.

Sennett und Copp verfolgten das Ziel, die Strategien von Aufsteigern zu erforschen, mit denen diese die Kränkungen ihres sozialen Status', die sie sich durch ihren Aufstieg zugezogen hatten, parierten. Dazu führten sie in den Jahren 1969-1970 ca. 150 Tiefeninterviews mit sozialen Aufsteigern in den USA (vgl. Sennett/Copp 1972, 40). Bei den interviewten Personen handelte es sich um erfolgreiche Migranten der 2. und 3. Generation, deren Eltern oder Großeltern überwiegend aus Italien, Polen und Griechenland stammten. Die Interviews wurden also vor dem sog. „ethnic revival" in den 1970er Jahren durchgeführt, das dieser Personengruppe die Bezeichnung „white ethnics" zuteil werden ließ. Die hohe gesellschaftspolitische Relevanz dieser (Re-)Ethnisierung der sozialen Verhältnisse existierte demnach zu dem Zeitpunkt der Studie noch nicht.[155] Anlaß für die Untersuchung von Sennett und Copp war die Beobachtung gewesen, daß ehemalige „blue-collar workers" und ihre Kinder, die den sozialen Aufstieg aus einem Arbeiterviertel einer US-Großstadt in die Vororte der Mittelklasse geschafft hatten, trotz ihrer „objek-

---

154 Vgl. Hoggart 1971, Sennett/Copp 1972, Williams 1985, Young/Willmott 1972.
155 Vgl. Elschenbroich 1986, S. 131ff.

tiven" Erfolge statt stolz und selbstbewußt eigentümlich zurückhaltend, zurückgezogen und unzufrieden erschienen. Es zeigte sich, daß ihre Hoffnungen auf ein besseres Leben mit größeren Freiheiten enttäuscht worden waren, daß das Überschreiten von Statusgrenzen und die Ausübung von „white-collar jobs" auch bei der jüngeren Generation zu persönlichen Frustrationen führte (ebd., 179). In den Kränkungen und Verletzungen, die ihre Interviewpartner erkennen ließen, sahen die Autoren die Folgen eines nicht erhaltenen Respektes der Mittelklasse bzw. von Personen außerhalb der ethnischen Gemeinschaften, die Folgen der Nichtanerkennung ihrer persönlichen Leistungen, der Erfahrungen von Inadäquanz und verletzter Würde sowie eines schlechten Gewissens, die soziale Herkunftsgruppe verlassen zu haben. Sennett und Copp deuteten die von ihren Interviewpartnern artikulierten Unterlegenheitsgefühle als *„hidden injuries of class"*.

Soweit decken sich alle Beobachtungen dieser Studie mit den Ausschlußerfahrungen, die der individuell erfolgreiche Aufsteiger Mesut beschreibt. Auch Mesut wird das Gefühl der Unterlegenheit nicht los. Der entscheidende Unterschied liegt nun darin, daß sich die von Sennett und Copp untersuchten Aufsteiger im Gegensatz zu Mesut ausschließlich selbst für ihre sozialen Demütigungen, Verletzungen und ihr persönlich empfundenes Scheitern verantwortlich machten. Aus ihren frustrierenden Aufstiegserfahrungen, nie richtig zur Mittelschicht dazuzugehören, machten diese Aufsteiger ein Problem ihrer eigenen Persönlichkeit. Sie sahen darin ein Problem ihrer inadäquaten Fähigkeiten, mit ihrem Leben zurechtzukommen. Mesut dagegen spricht nicht zurückhaltend und schuldbewußt über seine Erfahrungen, sondern beginnt das Gespräch, wie gesehen, sehr offensiv, indem er seine sich während der Interaktion reproduzierende Verletzungserfahrung sofort thematisiert. Mit Vehemenz präsentiert er zugleich die Erklärung, mit der er seine Erfahrungen plausibel deuten kann: Seine Verletzung sei die Folge von Diskriminierungen, die ihm aufgrund ethnischer und rassistischer Zuschreibungen widerfahren seien. Aus seiner eigenen Verletzung macht er derart ein kollektives Problem aller Ausländer.[156] Dieses Handlungsmuster dominiert das gesamte Gespräch und ist in nahezu jeder längeren Passage enthalten. Auf diese Weise gelingt es Mesut, mehr oder weniger unwidersprochen gängige öffentliche Diskurse über die Unterdrückung und Ungleichbehandlung von Ausländern in Deutschland zu reproduzieren.

Die Spannung und Aufregung in Mesuts Rede, die bereits den Gesprächsanfang kennzeichnete, hält über weite Strecken des insgesamt knapp zwei Stunden dauernden Gespräches an. Auffällig ist auch, daß ein Großteil unseres Gespräches ohne explizite Aufforderung – aber auch ohne größere Unter-

---

156 Mit Ausnahme derer, die mit Deutschen befreundet sind, von denen er sich wiederum deutlich distanziert.

brechungen meinerseits – von langen narrativen Passagen über verschiedene biographische Erfahrungen, die häufig mit Diskriminierungen durch Deutsche verbunden sind, bestimmt ist. Teilweise sehr detailliert und dramatisierend schildert Mesut verschiedene Diskriminierungserfahrungen, denen er, andere ausländische Jugendliche und seine Eltern sich durch Deutsche, durch Lehrer, Mitschüler, Kollegen, Polizisten usw. ausgesetzt sahen. Häufig verwendet er dabei neben ethnischen oder sozialen auch räumliche Unterscheidungen; er schildert Verletzungserfahrungen, für die ethnische, sozioökonomische *und* räumliche Zuschreibungen (Nordstadt, „Ghetto" oder Türkei) konstitutiv sind. Eines von vielen Beispielen:

Nach dem analysierten Gesprächsanfang berichtet Mesut ausführlich, wie er schon häufiger von der Polizei nachts angehalten wurde und sich verschiedenen, teilweise unangenehmen Kontrollen und Untersuchungen unterziehen mußte. So auch in einer Nacht, als er mit griechischen Freunden aus einer Disko mit dem Auto nach Hause fuhr. Sie wurden von der Polizei angehalten und verdächtigt, an einer Schießerei beteiligt gewesen zu sein, die sich kurz zuvor in Dortmund ereignete. Mesut beschreibt anklagend das grobe Vorgehen der Polizei, während er und seine Freunde, an das Auto gestützt, nach Waffenbesitz durchsucht wurden. Als dann keine Waffen gefunden wurden, wurde Mesut mit der Begründung, daß eine Personensuchbeschreibung genau auf ihn zutreffen würde, von einer der Polizistinnen verdächtigt, ein Verkehrsschild gestohlen zu haben:

Ausschnitt 4 (S. 5):
Mesut: und ich glaub bei mir ham se nur gesehen das is n Türke dann ham se mich kontrolliert so richtig (.) aber bei den Griechen ham se gar nicht kontrolliert (.) dann kam die Frau und hat mir das so alles wieder hat uns das zurückgegeben und dann meinte sie zu mir ja Sie kriegen mit der Post n Bescheid so ne Anzeige oder so ja und dann meint ich, wieso denn das?
A: Für was, ja?
Mesut: ja ich (.) wegen dem Stopschild meinte sie (.) und ich so zu ihr wißt ihr was, ich hab in dem Land noch nie freundliche Polizisten gesehen noch nie ist mir das passiert (.) sie so ja da müssen Sie auch/ wie meint sie? (2) ja dann sollten Sie am besten mal wieder zurückgehen da wo Sie herkommen (.) so meint sie das (.) genau so

Mesut beschreibt verletzende und diskriminierende Behandlungen, die ihm persönlich widerfahren seien. Daß es derartige Diskriminierungen von Migranten, insbesondere in Konstellationen wie der angesprochenen, aber natürlich auch im schulischen, behördlichen oder privaten Alltag gibt, ist bekannt. Indem Mesut diese allgemeinen und bekannten Diskurse über die Diskriminierung von Migranten oder Ausländern im Rahmen der Beschreibungen seiner persönlichen Erfahrungen anführt, bestätigt er nicht nur ihre Gültigkeit. Vielmehr erscheinen seine teilweise sehr ausführlichen und bisweilen dramatisierenden Ausführungen nur selten übertrieben, sondern vielmehr glaubhaft und im negativen Sinne beeindruckend. Für die Deutung dieser Interaktionspassage ist es wichtig, darauf zu achten, wie ich Mesut in seiner empörenden Darstellung und Kommentierung des Vorfalls selbstverständlich beipflichte („Für was, ja?"). In entsprechender Weise deuten auch andere Gesprächspassagen, in denen Mesut am Beispiel eigener Erfahrungen über Probleme, Ungerechtigkeiten und Ungleichbehandlungen berichtet, darauf hin, daß er erwartet oder infolge meiner Reaktion erwarten kann, meine Zustimmung zu seinen Äußerungen in Form einer mit ihm geteilten Kritik an dem diskriminierenden Verhalten von Polizisten, Lehrern, Mitschülern usw. zu erhalten.

Vergleicht man Mesuts Bearbeitung seiner Verletzungserfahrung mit den sozialen Aufsteigern, die Sennett und Copp untersuchten, dann kann der Gebrauchswert der verwendeten Ethnizitäts- und Diskriminierungssemantik bis hierin folgendermaßen bestimmt werden. Es konnte gezeigt werden, daß auch Mesut das Unterlegenheits- und Ausschlußgefühl, welches für andere Aufsteiger in der Vergangenheit beschrieben wurde, artikuliert. Statt sich jedoch selbst für seine Unterlegenheitserfahrungen verantwortlich zu machen, macht er mit der Beschreibung alltäglicher ethnischer und rassistischer Diskriminierungen in schulischen und anderen Kontexten aus den persönlich erfahrenen Kosten des Aufstiegs ein Problem der kollektiven Verletzung aller Ausländer. Das Brauchbare der Deutung seiner Erfahrungen als einer ethnisch motivierten Verletzungserfahrung ist, daß diese Deutung gerade das Ungerechte seiner Erfahrung unterstreicht. Dieser Effekt wird durch die polarisierende Verwendungsform räumlicher Unterscheidungen noch zusätzlich verstärkt. Indem Mesut seine Verletzung auf diese Weise als Handlungsressource ins Spiel bringt, kann er ausdrücken, daß seine nicht loszuwerdenden Unterlegenheitserfahrungen nicht aus dem Aufsteigertum im allgemeinen, der unhintergehbaren Klassenkompetenz von „uns" im Gegensatz zu „denen"[157] oder seiner besonderen Persönlichkeit resultieren, sondern aus der nicht rechtfertigbaren Ungleichbehandlung einer Ethnie (bzw. Nation) durch eine andere. Durch die Deutung seiner Erfahrung mittels der Reproduktion der Ethnizitäts- und Diskriminierungssemantik wird seine Erfahrung als eine ungerechtfertigte Unterlegenheit beschreibbar. Denn die Ethnizitätssemantik transortiert im Unterschied zur kollektiven Klassensemantik gerade nicht die Erfahrung einer unentrinnbaren, sondern eben allenfalls einer ungerechtfertigten Unterlegenheit. Die Art und Weise, wie Mesut mich in dem Gespräch durchgehend als einen Vertreter der Deutschen adressiert, von dem er (wie sich im Verlauf des Gespräches zeigt: zu Recht) erwartet, daß er der (teilweise ziemlich undifferenzierten) Deutung seiner Erfahrung als einer ungerechtfertigten Ungleichbehandlung eines Türken zustimmt, verweist auf eine Bedingung,

---

157 Vgl. Hoggart 1971, Kap. 3: „Them" and „Us".

die neben dem faktischen Vorliegen von Diskriminierungen die offensive Einnahme seiner Nischenhaltung ermöglicht: Es ist der etablierte moralische Konsens darüber, daß es in dem modernen Wohlfahrtsstaat Bundesrepublik Deutschland keine soziale Ungleichheit aufgrund ethnischer oder nationaler Identitäten geben sollte.

Mesut inszeniert also seine Erzählungen über seine persönliche Erfahrung in dem Gespräch mit mir mit Hilfe einer Verbindung von ethnischen, räumlichen und Diskriminierungsdiskursen erfolgreich als Rede über ein Ungleichheitsproblem. Seine Gesprächshandlungen können daher letztlich als die Reproduktion eines Handlungsmusters gelesen werden, das die Effektivität der Diskriminierungssemantik demonstriert. Zum einen wird durch ihren Gebrauch die eigene Verletzung handhabbar gemacht und damit die Artikulation biographischer Erfahrungen ermöglicht. Insofern kann man argumentieren, daß Mesut sich eine Selbstpräsentations- und Sprachform angewöhnt hat, oder sie zumindest hier gekonnt einsetzt, mit der er einer Leidenserfahrung erfolgreich entgegensteuern kann. Dies ist von großer Bedeutung für seinen Aufstiegsprozeß. Die Deutung seiner Ausschluß-, Distanz- und Unterlegenheitsgefühle als Ausdruck einer durch ethnische Diskriminierung hervorgerufenen kollektiven Verletzung ermöglicht es Mesut, seinen Aufstiegsweg auf der Universität weiter zu verfolgen, anstatt sich frustriert vom gesamten Bildungssystem abzuwenden. Zum anderen kann Mesut sich das Gespräch durch die Anführung von Diskriminierungserfahrungen als eines unter *ungleichen Gleichen*, oder genauer: als ein „ethnischer Wortführer", aneignen. Dieser Aspekt des rekonstruierten Handlungsmusters, der bisher mit dem Label *Nischenhaltung* nur angedeutet wurde, wird nachfolgend genauer erörtert.

2.3 Rückzugshaltung eines verletzten Intellektuellen

Analysiert man das gesamte Gespräch, wird noch klarer als im Gesprächsanfang, wie die Aufstiegsverletzung und ihre Darstellung unter Verwendung der Diskriminierungssemantik in Mesuts Handlungspraxis integriert sind: *Die in dem Gespräch präsentierte Nischenhaltung kann als Merkmal eines potentiellen Intellektuellen einer ethnischen (bzw. sich selbst ethnisierenden) Elite interpretiert werden.* Dies soll im Folgenden anhand verschiedener Gesprächsausschnitte dokumentiert werden. Neben den spezifischen Ausprägungen sollen auch die Implikationen dieser Handlungsstruktur beschrieben werden. Dabei wird besonders darauf geachtet, welche Möglichkeiten die Mobilisierung von Ethnizität und Raum sowie die Selbstinszenierung als „verletzter Intellektueller" Mesut eröffnen.

2.3.1 Zurückweisung von Ungleichbehandlung, Stereotypen und Bevormundung

Mesut demonstriert an unterschiedlichen Beispielen, daß ein Großteil des vermeintlichen Wissens über die Türken und die Türkei, welches er mir und anderen Deutschen unterstellt, falsch ist. Schon der Gesprächsanfang zeigt, daß er davon ausgeht, daß Deutsche aufgrund ihrer angeblichen (sozialen, räumlichen usw.) Distanz zu ihm nicht wissen können, wie er lebt und welche Erfahrungen er gemacht hat. Die Annahmen, die er dabei zurückweist, sind Positionen, die viele Linke und Liberale vertreten. Er distanziert sich daher nicht nur von Deutschen im allgemeinen, sondern auch von denjenigen Personen, die er als linke Türken beschreibt. Mesut klärt mich u.a. über das tatsächlich gute Verhältnis zwischen Aleviten und Sunniten sowie zwischen Kurden und Türken in der Türkei und Deutschland auf, belehrt mich darüber, welche Gefahren von der PKK ausgingen und daß nicht die zumeist ungebildeten, unorganisierten, rechten türkischen Jugendlichen, sondern eher die oft militanten, gebildeten, linken Jugendlichen gefährlich seien. Des weiteren begründet er ausführlich, warum das türkische Militär nicht zu kritisieren („ich würd nie sagen, daß unser Militär faschistisch ist, die labern doch alle Mist" (S. 16)), sondern eher zu schätzen und sogar zu bewundern ist. Mit all diesen Beispielen demonstriert Mesut nicht nur, daß er selbst bestimmt, welches die für ihn gültigen Identitätsbezüge, Traditions- und Lebenszusammenhänge sind. Auffallend sind auch seine expliziten Hinweise darauf, daß er sich in jedem einzelnen Fall das jeweilige Wissen über die Kultur der Türken oder über Geschichte, Politik und Gesellschaft der Türkei selbst angeeignet hat – durch Gespräche mit Verwandten und anderen Türken in Deutschland und der Türkei, durch Türkeibesuche, die Lektüre einschlägiger Informationen usw. Mit diesen Authentizitätsverweisen und Selbstdarstellungen als Autodidakt insistiert er auf der Richtigkeit und Angemessenheit seiner Darstellung der einzelnen Themen.

Nachdem Mesut sich an einer Stelle des Gespräches über die unfreundlichen deutschen Studenten beklagt hat, behauptet er, wie gerne er, lebte er in der Türkei, Migranten als Freunde hätte. Als Beispiel führt er Griechen und Jugoslawen und die Städte an, in denen sie als Migrantenjugendliche in der Türkei lebten. Er erklärt mir, daß und warum die meisten „Volksgruppen in der Türkei Türken" seien (Geschichte der „Turkvölker"). Daraufhin fährt er fort:

Ausschnitt 5 (S. 35):
Mesut: ich kümmer mich auch darum daß ich n bißchen mehr was sehe oder was
          was erkenne und was sehe in der Türkei (1) weil vor kurzem hab ich gesehen

	hier so ne Diskussion im Fernsehen hier mit der Moschee und so in Duisburg (1) und äh die Deutschen da sind alle dagegen
A:	in Duisburg?
Mesut:	in Duisburg
A:	Ach (.) das war diese Muezzinsache ne?
Mesut:	Ja (.) da waren Umfragen und dann fragen sie die alten Leute so was soll das eigentlich hier (.) wir ham doch alle gut zusammen gelebt hier und jetzt wollen sie auch noch noch eine Moschee (.) was soll das hier (.) sie ham gut zusammen gelebt sagt der (.) der der Arsch wird noch nie einen Türken gesehen haben oder so in seiner Wohnung gewesen sein oder gegrüßt haben und dann sagt er wir ham gut zusammen gelebt das nennste gut zusammen leben (.) also das geht nicht und dann sagt er, ja was bei denen bei denen gibts doch auch keine Kirchen und so die (.) das stimmt nicht (.) guck mal hier, siehst du das? (er zeigt auf eine Postkarte von Istanbul an der Wand) die größten also da gibts riesengroße Kirchen in der Türkei in Antalya in Izmir in Bursa in Istanbul die größte die größte orthodoxe Kirche ist in Istanbul [hm] (1) also der Patriarch ist in Istanbul das stimmt nicht (.) Kirchenläuten das gibts da ich wußte das früher auch nicht (.) also wenn man sich bemüht das sehen will, dann sieht man das [ja] und ich bin froh, daß es das in der Türkei gibt und ich würde mir wünschen wenn es da noch mehr gäbe aber die na/ die sind (.) das sind halt die Leute die ham hier noch dieses Gedankengut von von früher die werden sich nie ändern [ja] niemals

Indem Mesut hier ein weiteres Beispiel der Diskriminierung von Türken in Deutschland anführt, demonstriert er, wie er sich durch die Aneignung von Wissen über die Türkei etc. Gegenargumente, mit denen er stereotype Traditionsunterstellungen von Deutschen zurückweisen kann, aneignet. Mit dem Verweis auf die Kirchen und das Kirchenläuten in der Türkei kann er nicht nur einem weit verbreiteten Vorurteil beggenen, sondern auch die Behandlung der Türken in Deutschland sehr plastisch als Ungerechtigkeit verurteilen. Auch wird an diesem Ausschnitt deutlich, wie Mesut sich während der Beschreibung seiner Reaktion auf den Fernsehbericht zunehmend aufregt und wie er dabei erneut seine mir gegenüber demonstrierte, vehemente Gegenreaktion in einen offensichtlichen, engen Zusammenhang mit seiner Biographie und seinen lebenslangen Differenz- und Ausschlußerfahrung stellt („sie haben gut zusammen gelebt, sagt der (.) der der Arsch wird noch nie einen Türken gesehen haben oder so in seiner Wohnung gewesen sein ..."; siehe auch den Gesprächsanfang).

An den Gesprächsausschnitt 5 schließt sich ein kurzes Zwischengespräch über einen anderen mir aus Dortmund bekannten Fall einer den Gebetsruf ablehnenden Reaktion von deutschen Anwohnern an, das Mesut folgendermaßen beendet:

Ausschnitt 6 (S. 35-36):
Mesut: das ist ja nur einmal am Freitag und da machen die schon son Aufstand (...) wir gehören nicht hier hin (.) so denke ich dann halt verstehst du? wenn so wenn ich solche Leu/ Leute sehe (.) da sag ich mir, Leute wir riskieren halt nur etwas wenn wir hier leben äh irgendwann kommen dann mehrere Leute (.) und dann stehen wir da
A: aber denkst du nicht daß ähm/
Mesut: ~ ja man kann sich gegen wehren
A: ~ daß das ne Diskussion is auch auch Leute die dann n deutschen Paß haben ne (.) die dann grade sagen (.) durch Grundgesetz ist so was dann eben auch erlaubt
Mesut: ja ich weiß schon also die meisten sagen ja auch hier wir müssen uns dagegen wehren und so O.K. ich bin nicht dagegen aber (1)
A: bist nicht dagegen/
Mesut: ~ ich bin nicht dagegen daß man sich nicht wehren sollte [ja] äh [ja ja] daß man sich wehren soll (.) aber ich bin also das man sollte sich schon wehren (.) nur (1) ich mach mir da keine Mühe

Zunächst artikuliert Mesut hier einen kollektiven Rückzugsvorschlag. Die Reaktion der Deutschen zeige, wie gefährlich und hoffnungslos die Situation für Türken in Deutschland sei. Auch in dieser Äußerung zeigt sich, wie schon in obigen Beispielen zur Diskriminierung von Migranten, daß Mesut die gängigen gesellschaftlichen Diskurse in Deutschland über Türken, multikulturelle Gesellschaft, Diskriminierung von Migranten usw. nicht nur kennt, sondern aktiv in seiner Rede reproduziert. Deutlich wird in diesem Ausschnitt aber noch etwas anderes.

Meine auf seinen Rückzugsvorschlag folgende Frage unterbricht er. Seine Unterbrechung zeigt, daß er den Fortgang meiner Frage schon antizipierte, was sich durch meine folgende Äußerung tatsächlich bestätigt. Mein dann umständlich formulierter Vorschlag ist vergleichsweise typisch für den linksliberalen Diskurs der Befürworter des Multikulturalismus. Reaktionen wie meine kennt Mesut („ja ich weiß schon") und erwartet sie von mir auch. Das ist einer von vielen Hinweisen in dem Gespräch, daß Mesut mich von Anfang an als einen tendenziell linken oder linksliberalen Deutschen einschätzt. Indem Mesut nun im Folgenden meinen Vorschlag zurückweist („ich mach mir da keine Mühe"), weist er nicht zuletzt eine Bevormundung durch mich zurück. Dies paßt zu seiner an vielen anderen Stellen beobachtbaren Haltung der selbstbewußten Zurückweisung von Zuschreibungen und Bevormundungen durch Deutsche.

Mesut fährt fort:

Ausschnitt 7 (S. 36):
Mesut: ich kann mich/ ich geh damit nicht zu so ner Talkshow und dann redet der mit diesem Priester so nem deutschen Priester ja (1) und der erzählt da was von irgendwelchen Versen in seiner Bibel oder so (.) wobei ich sagen muß

wir haben eine Bibel zu Hause er wird kein Koran zu Hause haben (.) da
wird der sagen ja das ist auf arabisch das stimmt aber nicht das gibts auch
auf Türkisch (.) oder auf Deutsch Übersetzung (.) aber das sind so Leute die
ham von vornherein (.) die wolln uns nicht also da das ist jetzt es geht nicht
jetzt um die Moschee oder so (.) er sagt sich ja wir ham doch hier friedlich
zusammen gelebt das ist ne Lüge der der will uns hier nicht der hat nicht mit
uns friedlich zusammen friedlich heißt, wenn du mit uns mit uns lebst du
hast das nicht getan ich lebe hier du lebst da du hast deinen Vorgarten ich
hab gar keinen Garten ich hab n Balkon und der ist auch noch dreckig (1) ja
das geht nicht also (1) der hat nicht mit mir zusammen gelebt nicht friedlich
[hm] wir sind nicht friedlich (.) wenn ich da in einer Talkshow mit ihm rede
dann nicht mehr friedlich [hm] früher hätt ich friedlich gesprochen jetzt
mach ich das nicht mehr (.) ganz offen ist das dann [hm] ganz offen [hm] also man muß ihm einfach sagen, halt die Schnauze dann sei ruhig du hast überhaupt gar keine Ahnung sei ruhig [hm] ich ich rede gar nicht mir dir (.) die
die wollen uns doch auch gar nicht haben das ist sie könn/ das (.) dann sagen
sie vor der Kamera so draußen ja wir können (.) ja wir möchten nicht unsere
Meinung jetzt richtig sagen weil sonst wird das hier verdreht und dann stehn
wir da als Ausländerfeinde (1) das sind die (.) das sind sie einfach

An diesem Ausschnitt wird Mesuts Verletzungserfahrung nochmals sehr
deutlich. Er macht den Deutschen den Vorwurf, sich nicht richtig für ihn bzw.
die Türken zu interessieren („er wird keinen Koran zu Hause haben"). Über
die Artikulation seiner lebenslangen Erfahrung von Unterlegenheit, Ausschluß sowie sozialer und räumlicher Distanz zu Deutschen („ich lebe hier, du
lebst da ...") steigert Mesut seine echauffierte Rede bis zu verbaler Aggression. Diese Aggression rechtfertigt er wieder durch Verweise auf die im allgemeinen zu erwartende Diskriminierung („die wollen uns doch gar nicht haben") und Ausländerfeindlichkeit der Deutschen. Erneut bemüht er in seiner
Kritik allgemeine Wissensbestände über das oft problematische, vorurteils-
geladene und distanzierte bis feindliche Verhältnis zwischen Deutschen und
Türken bzw. Muslimen.

2.3.2 Sprecher der Ausländer und Diskriminierten

Die entscheidende Grenze, die Mesut immer wieder in dem Gespräch reetabliert und mit der er permanent eine Distanz zu mir markiert, ist die zwischen
Deutschen und Ausländern. Interessant ist die Art und Weise, wie er eine ver-
bindende Gemeinschaft unter Ausländern bzw. zwischen ihm und anderen
ausländischen – und nicht nur türkischen – Jugendlichen begründet und damit
herstellt: Er unterstellt anderen Ausländern vergleichbare Diskriminierungs-
und Verletzungserfahrungen oder betont zumindest die permanent gegebene
Möglichkeit einer Ungleichbehandlung durch Deutsche; und er verwendet die
Handlungs- und Beschreibungskategorie Ethnizität sowie räumliche Unter-

scheidungsformen zur Markierung der Grenze zu Deutschen. Wie seine Reaktion auf meine Frage nach dem Ort der zukünftigen Wohnung ganz zu Anfang unseres Gespräches und viele vergleichbare Stellen verdeutlichen, verschmelzen räumliche und ethnische Unterscheidungsformen in seinen Handlungen häufig; Mesut verwendet die Kategorien Raum (bzw. Lokalität) und Ethnizität mehr oder weniger synonym. Dazu nun weitere Beispiele aus dem Gesamtgespräch, anhand derer der Gebrauchswert dieser Verwendung noch genauer spezifiziert werden kann:

Ausschnitt 8 (S. 24):
Mesut: da (in der Grundschule) war ich in einer Klasse, da waren sehr viele Ausländer drin sehr viele (1) angefreundet hab ich mit/ mich mit ähm ähm ein ein Türke war da glaub ich und sonst warn da (.) oder doch zwei Türken ähm ein Marrokaner und n paar Jugoslawen waren da (.) angefreundet hab ich mich am meisten mit den Türken und mit den Jugoslawen (.) früher auf der Grundschule war ich sehr viel mit Jugoslawen zusammen (.) bei Jugoslawen hatt ich auch immer das Gefühl und das ist auch bei anderen Türken so (.) wir passen gut zusammen wir verstehen uns auch gut (.) das hat schon wirklich was damit zu tun, daß die Türken also von früher vielleicht aus osmanischer Zeit oder so denn es gibt viele Sachen was sie machen und das kommt mir bekannt vor weil meine Großeltern das auch gemacht haben (.) zum Beispiel es gibt ein Wort das heißt Mashallah und Mashallah da ist das Wort auch Allah drinne ...

Während der Beschreibung seiner Schulbiographie beginnt Mesut ohne spezielle Aufforderung, über seine Freunde zu sprechen. Er macht deutlich, daß er schon damals in der Grundschule nur ausländische Freunde hatte und führt als Begründung ein gewisses Zusammengehörigkeitsgefühl an. Dabei konzediert Mesut („schon wirklich"), daß sich die Beobachtung, daß er und andere Türken häufig neben türkischen auch jugoslawische (und griechische)[158] und nicht etwa deutsche Freunde hatten, aufgrund ethnischer Gemeinsamkeiten und geteilter Traditionen erklären kann. Die gängige kulturalistische Erklärung, daß sich die Menschen eines Volkes bzw. die Menschen „verwandter Völker" ähnlich verhalten, weil sie gemeinsame historische, kulturelle und religiöse Wurzeln besitzen, markiert er dabei als eine Deutung („vielleicht"), die ihm durchaus zutreffend erscheint.[159] Mesut führt im Anschluß an Ausschnitt 8 noch einige Beispiele von Gebräuchen und Wortstämmen, die Tür-

---

[158] Auf den Vergleich mit dem Verhältnis zwischen türkischen und griechischen Jugendlichen weist die Formulierung „auch immer das Gefühl" hin. Kurz vor Ausschnitt 8 hatte Mesut über seine Freundschaft zu griechischen Jugendlichen – unter harscher Zurückweisung entsprechender anderslautender Vorurteile der Deutschen – gesprochen.
[159] Auch in dieser Äußerung mischen sich offensichtlich wieder allgemeine Wissensbestände, die man zum Beispiel auf dem Gymnasium lernt („osmanische Zeit oder so"), mit biographischen Erfahrungen.

ken wie Jugoslawen bekannt und wichtig wären, an. Ähnlich, wie er das Zusammengehörigkeitsgefühl zwischen jugoslawischen und türkischen Kindern auf der Grundschule plausibel deuten kann, indem er es ethnisch begründet, erklärt er an anderen Stellen seine heutigen sehr guten Freundschaften mit griechischen Jugendlichen. Dabei wird stets deutlich, daß Mesut sich aus dem rhetorischen Fundus der Thematisierung von Kultur und Ethnizität, den er in seinem bisherigen Leben als Schüler mit Migrationshintergrund in Deutschland kennengelernt hat, bedient.

Die Art und Weise seiner Mobilisierung von Ethnizität stellt eine spezifische Fähigkeit dar. Bereits die Ausschnitte 5-7 zeigen indirekt, daß Mesut sich als Sprecher anderer Ausländer inszenieren kann, indem er auf die gemeinsame Kultur der (diskriminierten und ausgeschlossenen) Migranten verweist. Auch der folgende Ausschnitt belegt dies noch einmal. Er demonstriert vor allem, wie Mesut mit dem in seiner Schulkarriere erworbenen Bildungskapital in Gegenwart von nicht so erfolgreichen und gebildeten Kindern von Migranten umgeht, wie er sich also im Verhältnis zu Personen aus seinem sozialen Herkunftskontext plaziert:

Ausschnitt 9 (S. 9):
A: habt ihr da in der Schule auch oder hast du mit deinen Freunden häufig solche Diskussionen? (über gewaltsame Reaktionen auf Diskriminierung) oder
Mesut: ja also die fühlen das alle (.) aber wir sind auch wir sind (.) wie soll ich sagen? wir sind halt wir wollen ja nur das Leben n bißchen genießen (.) wir diskutieren nie über/ ich (.) über Politik zu diskutieren das ist nicht in Ordnung das ist nicht gut weil (.) die meisten von uns haben ja auch nicht so viel Ahnung davon (.) weil sonst kommt man da (.) auf den Punkt daß man sich streitet (.) zum Beispiel mit Griechen also (.) wenn, dann sollten wir immer (2) also sagen zumindest daß wir halt denken daß wir daß Türken und äh Griechen halt (1) wie soll ich sagen äh (2) eigentlich fast ein Volk sind (.) also so kommt mir das vor (.) ich bin auf griechischen Festen die spielen Lieder, die gibts bei uns und die sing/ die singen ein paar Lieder die singen sie auf türkisch

Mesut sagt hier, daß die anderen Jugendlichen zwar fühlen würden wie er, sich aber zu diesen Themen nicht so äußern würden oder könnten. Da die meisten der anderen (türkischen) Jugendlichen nicht so gebildet seien, solle man politische Diskussionen lieber vermeiden, da diese häufig zu Streit führten. Was Mesut mit seiner Antwort verdeutlicht, ist, erstens, daß er sich auch den ungebildeten bzw. schlechter qualifizierten Migrantenjugendlichen sehr loyal gegenüber verhält („wir wollen ja nur ... genießen, wir diskutieren nie über ...") und sich nicht etwa wie andere Aufsteiger von ihnen distanziert. Und zweitens führt er mit seinem Vorschlag („dann sollten wir immer sagen ...") vor, wie er durch die Verwendung ethnischer Aspekte eine Gemeinschaft zwischen Griechen und Türken begründen kann.

Auch an anderen Gesprächsstellen verhält er sich den, wie er sie teilweise nennt, „schlechten" (da kriminellen) und den „ungebildeten" Ausländern[160] gegenüber überaus loyal. Das, was man als strukturelle Spannung zwischen diesem Teil seiner sozialen Herkunftsgruppe und Mesuts individuellem Aufstieg oder seiner persönlichen Leistung bezeichnen könnte, balanciert er aus, indem er den „ungebildeten Ausländern" moralische Tugenden zuschreibt, die er – außer bei sich selbst – bei den „gebildeten"[161] verloren sieht. Es sei das Wissen vom „wirklichen Leben" mit all seinen Problemen und Diskriminierungen, das die ungebildeten Jugendlichen mit ihm teilten und den üblichen Akademikern voraus hätten. Indem Mesut auf diese Weise besondere Fähigkeiten der nicht sozial aufsteigenden Migrantenjugendlichen herausstellt, ziemlich authentisch geteilte Bedürfnisse und Erfahrungen betont („wir sind halt wir wollen ja nur das Leben n bißchen genießen"; Diskriminierung) sowie auf gemeinsame kulturelle Wurzeln referiert, indem er sich also gerade nicht durch Verweise auf seine intellektuelle Überlegenheit oder seine schulischen Leistungen und beruflichen Perspektiven von ihnen absetzt, stellt er sich demonstrativ auf ihre Seite. Mesut präsentiert sich insofern glaubhaft als jemand, der stets einer seiner Herkunftsgruppe – „einer von ihnen" – bleibt und daher auch berechtigt ist, in ihrem Interesse zu sprechen.[162]

Diese Interessenartikulation, die Mesut durch die Konstruktion einer verbindenden, teilweise ethnischen Klammer zwischen Ausländern verschiedener Nationalität bzw. zwischen ihm und den ungebildeten Kindern von Migranten legitimiert, wird auch an folgendem Ausschnitt sichtbar. In einem Teil unseres Gespräches, in dem er sich zunächst über die linken Türken in Deutschland beklagte, kommt er zu der für die Form seiner Sprecherrolle typischen Aussage:

---

160 Auch seinen jüngeren Bruder zählt er zu diesen ungebildeten Ausländern. Er beschreibt ihn und seine Freunde als eher rechte Jugendliche, die überwiegend Sympathisanten der *Grauen Wölfe* bzw. der MHP seien. Es sei jedoch falsch, dieses Verhalten zu kritisieren, wie das die deutsche Öffentlichkeit und die linken Türken täten, da diese Jugendlichen tatsächlich unorganisiert und ungefährlich seien. Sie wollten lediglich etwas Spaß haben und etwas in ihrer Freizeit erleben und schlössen sich deshalb zu „gang"-artigen Gruppen zusammen.
161 Zu den gebildeten türkischen Jugendlichen zählt er auch seinen älteren Bruder. Mit verschiedenen Äußerungen distanziert er sich deutlich von ihm, obwohl er mit ihm zusammenlebt. Sein älterer Bruder sei einer dieser gebildeten Linken, die zwar von Marx bis Tolstoi alles gelesen hätten, aber so lebensfremd seien, daß sie noch nicht einmal ein Rad vom Auto wechseln könnten.
162 Die strukturelle Verwandtschaft der hier interpretierten Fallstruktur mit dem Verhalten anderer sozial aufgestiegener Interessenvertreter, die gerade die Interessen derjenigen sozialen Gruppe vertreten, aus der sie aufgestiegen sind, ist offensichtlich. Am Beispiel von Gewerkschaftsfunktionären hält etwa Bommes fest: „Der offensiven Art des Auftretens vieler Gewerkschaftsfunktionäre ist diese tiefsitzende Unterlegenheitswahrnehmung noch eingeschrieben" (Bommes 1996b, 38, Fn. 11).

Ausschnitt 10 (S. 21):
Mesut: nein ich finde das auch nicht richtig (.) ich finde weder rechts noch links das bringt uns nicht nach vorne das wirft uns nur zurück (.) verstehst du? und das ist, wir werden so zu Marionetten von den anderen die uns wirklich [hm] die das wollen daß wir uns streiten (.) ich mach das nicht (.) also ich bin dafür, daß ich/ daß es eine Türkei gibt die wirklich so stark ist wie Deutschland wirtschaftlich gesehen

Mit dieser Äußerung artikuliert Mesut seine Überzeugung, daß Streitereien und Spannungen zwischen verschiedenen sozialen und politischen türkischen Gruppierungen zu vermeiden sind. Am Beispiel der wirtschaftlichen Zukunft der Türkei formuliert er das Ziel, daß die Türkei in ihrer Macht Deutschland ebenbürtig sein soll. Er redet insofern einem neuen Selbstbewußtsein der Türken das Wort. Seine diesbezügliche Haltung kommt auch zum Ausdruck, wenn er betont, daß die Ausdifferenzierung der türkischen Minderheit in Deutschland und die Antagonismen, die zwischen verschiedenen ausländischen Minderheiten bestehen, nur die potentielle Macht schwächen würden, die die (allesamt benachteiligten und diskriminierten) Ausländer im Falle ihrer gemeinsamen Kooperation haben könnten. In gleicher Weise können seine Ausführungen verstanden werden, mit denen er mir demonstriert, daß Türken und Kurden entgegen anders lautenden Einschätzungen von Linken und Deutschen „tatsächlich eine Volksgruppe" (Transkript, S. 23) seien und daß die oft beschriebene Spannung zwischen Aleviten und Sunniten in der Türkei oder in Deutschland nicht ernstzunehmen sei. Mit dem Ziel, die bestehenden Verhältnisse zu verbessern und gegebenenfalls Widerstand gegen die (deutschen) Unterdrücker zu leisten, bemüht sich Mesut, die Ausgeschlossenen und Benachteiligten zu vereinen.

Als *Ergebnis* bleibt festzuhalten, daß Mesut durch die biographisch motivierte Thematisierung von Bevormundung, Ungerechtigkeit und Unterdrückung und die durchgängig eingenommene Distanzhaltung Deutschen gegenüber verschiedene soziale Grenzen reproduziert. Je nach Thematik, über die er spricht, dominiert die Unterscheidung deutsch/türkisch, muslimisch/nichtmuslimisch oder deutsch/ausländisch. Der teilweise offensiv artikulierte Rückzug ist also keineswegs einer in die eigene ethnische Gruppe. Vielmehr hebt Mesut mit Hilfe ethnisch und räumlich markierter Erklärungen und der Anführung von Diskriminierungserfahrungen Gemeinsamkeiten zwischen verschiedenen Gruppen von Ausländern hervor. Auf diese Weise gelingt ihm die Beschreibung neuer ethnischer Gruppen (wie z.B. die ethnisch begründete Gemeinschaft zwischen Türken und Griechen). Insofern präsentiert Mesut sich nicht nur als ein möglicher Kandidat für die zukünftige Elite der türkischen Minderheit in Deutschland, sondern vielmehr als ein legitimer Sprecher aller (diskriminierten) Ausländer. Dabei macht er sich durch seine Distanzierung von den gebildeten, den linken und denjenigen Ausländern mit deutschen Freunden bei gleichzeitig demonstrierter Loyalität mit den geringer qualifizierten vor allem zu einem Wortführer der weniger eloquenten Ausländer. In dieser Rolle kann er seine intellektuellen Fähigkeiten im Namen der Ausgeschlossenen nutzen und Ansprüche auf Verbesserung ihres sozialen Status' wie auf Gleichberechtigung kämpferisch artikulieren. Wie fast alle Ausschnitte zeigen, kann Mesut gerade deshalb überzeugend als engagierter Intellektueller agieren, weil er stets auf die eigenen Ausschlußerfahrungen verweisen kann.

2.3.3 Nutzen der Reproduktion segregierter Räume

Für das interpretierte Handlungsmuster sind räumliche Differenzierungen und die Mobilisierung von Lokalität äußerst relevant. Die Artikulation einer Nischen- und Rückzugshaltung basiert ganz wesentlich auf der Verwendung verbreiteter Raumabstraktionen und regionalistischer Diskurse wie z.B. „Türkei", „der wohlhabende deutsche Vorort" oder „das innerstädtische Ausländer-Ghetto". Die Analyse hat gezeigt, daß Mesut seine Nischenhaltung gerade dadurch plausibilisieren kann, daß er die durchgängige, häufig mit ethnischen Verweisen gestützte Unterscheidung deutsch/ausländisch zusätzlich mit räumlichen Beschreibungsformen verknüpft. Wie gesehen kann Mesut durch die Kontrastierung seines Aufwachsens in einem unterprivilegierten innerstädtischen Viertel mit den Lebensverhältnissen der Deutschen in den wohlhabenderen Vororten oder mit ähnlich dichotomen räumlichen Unterscheidungen seine verletzenden Jugenderfahrungen der alltäglichen Distanz zu Deutschen und der dauerhaften Unterlegenheit selbstbewußt als nicht akzeptablen Ausschluß bzw. als Ungerechtigkeit formulieren und in genau dieser Form auch in eine Zukunftsperspektive übersetzen. In unserem Gespräch steigert Mesut die von ihm eingenommene Nischenhaltung mit Hilfe räumlicher Differenzierungen oft – insbesondere bei der Rede über Zukunftsentwürfe – zur besagten Rückzugshaltung. Früher habe er sich z.B. deutsche Freunde gewünscht, heute will er aus Enttäuschung gar keine mehr; er treffe sich lieber mit ausländischen Jugendlichen in der Dortmunder Nordstadt, in griechischen Kulturvereinen, „ausländischen Diskos" usw. Früher wünschte er sich, in den reicheren Gegenden der Deutschen zu wohnen, heute nicht mehr. Im Gegenteil, Mesut sagt nicht nur, daß er in dem Stadtviertel wohnen bleiben werde, in dem er groß wurde, bzw. dorthin zurückziehen werde. An verschiedenen Stellen behauptet er sogar, in der Zukunft in die Türkei gehen zu wollen. Zumindest, so präzisiert er dann wieder an anderen Stellen, werde er je nach Arbeitsangebot irgendwohin ins Ausland gehen; nur in Deutschland wolle er eben nicht bleiben.

Indem Mesut die soziale Zugehörigkeit, die er sich und anderen ausländischen Jugendlichen infolge seiner Erfahrungen als die relevante zuschreibt, häufig mit einem räumlichen Bezug ausdrückt, stellt er sie als kompatibel bzw. nicht-kompatibel mit bestimmten Räumen dar. So begründet er z.b., daß er in der Zukunft lieber in der Türkei leben würde, mit den Worten:

Ausschnitt 11 (S. 45):
Mesut: wir gehören da hin wir gehören nicht hier hin (.) es ist nicht (.) ich hasse die Deutschen nicht (.) aber sie haben mir nicht die Möglichkeit gegeben daß ich das Land hier liebe oder (.) wie gesagt, ich lebe ich liebe äh das dieses System hier wie das funktioniert aber [hm] die Menschen und das Land (2) die ham nicht dafür gesorgt daß ich das Land lieben lerne (2) ich hätt das gerne getan (.) also hier sind (.) das Land ist so grün also das ist wirklich einmalig so grün das grün/ das Grüne das mag ich (.) in der Türkei da wo ich herkomme da sieht man nicht viel Grün [hmhm] deswegen ist man schon froh wenn man das hier sieht (.) das ist einmalig aber diese Leute hier das ist (1) ich lebe hier aber (1) wir sind untereinander [hm] das ist komisch das ist schade (.) hier Wochenende werd ich wieder ausgehen (.) mit meinen Kollegen die werden mich anrufen (.) und wir werden in ausländische Diskos gehen oder ausländische Cafés/
A: ~ das sind die dann die griechischen Freunde von dir oder/
Mesut: ~ Griechen Türken also das ist vollkommen gleich

Dieser Ausschnitt verdeutlicht neben seiner Verletzungserfahrung, wie Mesut bestimmte Räume mit der Unterscheidung deutsch/ausländisch (z.B. Vororte versus Innenstadtviertel; deutsche versus ausländische Diskos) bzw. deutsch/türkisch (z.B. Deutschland versus Türkei) semantisch auflädt. Durch diese Praxis stellt er in seiner Rede *polarisierte soziale Räume* her. Schon der Anfang des Gespräches hat gezeigt, daß Mesut die räumlichen Kontexte, in denen er aufwuchs und sich täglich bewegt, als ethnisch markierte Räume beschreibt, denen er dauerhaft angehört. Hier, in Ausschnitt 11, sagt er nun erneut, daß ihm sein Herkunftskontext sowie andere, „ausländisch" markierte Handlungszusammenhänge aufgrund seiner lebenslangen Differenzerfahrungen unverlaßbar erscheinen. Damit und mit der Beschreibung seiner Wochenendaktivitäten ist angedeutet, inwiefern diese Form einer kongruenten Handhabung ethnischer und räumlicher Kategorien handlungsgenerierend sein kann und inwiefern Mesut durch seine alltäglichen Handlungsformen an der (Re-) Produktion segregierter Räume partizipiert. Auf diesen Aspekt der vorliegenden Fallstruktur soll abschließend eingegangen werden.

Zuvor sei allerdings an dieser Stelle noch einmal klärend darauf hingewiesen, daß Mesuts Rückzugshaltung *nicht* im Sinne eines Scheitern verstanden wird. In der Literatur werden Nischenbildung und ethnisch markierte Rückzugstendenzen der Kinder der Migranten nahezu ausschließlich im Zusammenhang mit sozioökonomischen Mißerfolgen (schlechte Ausbildung,

Arbeitslosigkeit usw.) in der Aufnahmegesellschaft diskutiert.[163] Ähnlich wird die Diskriminierung von Migranten üblicherweise nur als eine soziale Barriere diskutiert, die einen sozialen Aufstieg verhindert. Mesut dagegen kann (wie alle anderen der untersuchten Bildungsaufsteiger) aufgrund seiner erheblichen, kontinuierlichen Aufwärtsmobilität in Relation zu seiner Familie und anderen Jugendlichen türkischer Herkunft als „Migrationsgewinner" betrachtet werden – trotz aller hier artikulierten Verletzungserfahrungen. Über seine bisher erfolgreich verlaufene Bildungskarriere ist Mesut sich im übrigen sehr bewußt; darauf deuten u.a. die kontinuierlichen Betonungen seiner intellektuellen Kompetenzen im Vergleich zu den geringer qualifizierten ausländischen Jugendlichen hin.

Betrachtet man die Verwendung der Raumkategorie vor dem Hintergrund der Selbstinszenierung als Sprecher der diskriminierten Ausländer, dann wird deutlich, daß räumliche Differenzierungen zentraler Bestandteil seines Auftretens sind. Mit der Art und Weise, wie Mesut räumliche Unterscheidungen verwendet und sich gängige öffentliche Diskurse über innerstädtische „Problemgebiete" und „Ghettos" aneignet, kann er hervorragend polarisieren. So ist es nicht überraschend, daß die in dem Gespräch zu beobachtende Mischung aus räumlicher Rückzugsrhetorik, der offensiven Präsentation einer kollektiven Verletzungserfahrung der meisten jugendlichen Ausländer sowie seiner über weite Strecken recht aufgeregten Rede, die sich bis zu verbaler Aggression steigert, dazu führt, daß seine Sprache häufig dem aggressiven, trotzigen und selbstbewußten *Ghettostil* der schwarzen Rapper aus den segregierten und verarmten Wohngegenden in den US-amerikanischen Großstädten verblüffend ähnelt. Nicht nur in Ausschnitt 7, sondern auch in vielen anderen Passagen signalisiert Mesut mit Inhalt und Form seiner Äußerungen „das Ende der Geduld", ein im harten Ghetto gestähltes Selbstbewußtsein, sich nichts mehr gefallen zu lassen, berechtigte Wut, Aggression und Widerstand. Der den Rückzug ins Ghetto propagierende verletzte Intellektuelle wird zum Malcolm X der Ausländer in Deutschland.

Darüber hinaus bringt Mesut, seiner Rückzugshaltung entsprechend, anhand verschiedener Beispiele zum Ausdruck, daß er seine persönlichen Fähigkeiten in Zukunft in Orten einzusetzen versucht, die für ihn (und für andere) nicht symbolisch „deutsch" sind. Auffallend ist, daß es sich bei allen genannten Orten um Kontexte handelt, in denen er aufgrund seines angehäuften Bildungskapitals vor anderen einen gewissen Vorsprung hätte. Er möchte zum Beispiel nach Möglichkeit wie sein Cousin als Ingenieur für Siemens in der Türkei arbeiten. Dort könne er der Diskriminierung entgehen und von seiner Fähigkeit, sowohl Deutsch als auch Türkisch zu sprechen, beruflich

---

163 Siehe Kap. B.II und B.III. Vgl. exemplarisch: Heitmeyer 1998 und Heitmeyer/Müller/Schröder 1997.

profitieren (Transkript, S. 14). In die gleiche Richtung geht sein Zukunftsentwurf, wenn er davon spricht, in Zukunft gerne als Bauingenieur (der er nach dem erfolgreichen Abschluß seines Studiums wäre) günstige Häuser für Türken in der Dortmunder Nordstadt zu bauen:

Ausschnitt 12 (S. 43):
Mesut: so etwas würd ich machen oder auch so für ältere Leute (1) so ich würd so Häuser errichten so (.) wo halt äh wo ich das so mit billigen machen/ Mitteln machen würde so (.) Einzelhäuser (.) in so ner Gegend würd ich das machen hier in (.) in der Nähe so irgendwo, wo es n Industriegebiet die werden ja immer geschlossen und dann kann/ soll man da kann man da ja billig bauen (.) da würd ich so Einzelhäuser errichten und sie halt Arbeiter aus der Türkei und so rufen und so (.) und so ne türkische Baufirma weil die billiger sind ja und da würd ich jedem das Haus hier verkaufen oder vermieten (.) die die ham alle das Geld dazu (.) nur sie trauen sich nicht, weil es keinen gibt der das richtig organisieren kann und auch nicht/ sie wollen auch nicht so eine Gegend wo sie dann alleine sind unter diesen Deutschen denn keiner von denen kann die da leiden (.) ich könnte eine Gegend hier machen wo sie dann alle zusammen wohnen können und sie ham alle anderen (.) und die Frauen, die können sich dann im Garten immer s/ so in ihrem Vorgarten dann so treffen und dann können sie häkeln und was weiß ich oder könn se was anbauen (.) anbauen das machen alle Türken eigentlich gerne [hmhm] sie ham das völlig vergessen weil sie ja jetzt hier wohnen [hm] sie ham keinen Garten [hm] in der Türkei hat jeder einen

Mesut glaubt, für die Errichtung billiger Häuser für ältere Türken besonders geeignet und prädestiniert zu sein („weil es keinen gibt, der das richtig organisieren kann"). Nicht nur könnte er auf diese Weise seine Ausbildung adäquat verwenden, er könnte seine grundsätzliche Distanzhaltung Deutschen gegenüber zu einer besonderen beruflichen Qualifikation machen. Wie ersichtlich artikuliert Mesut auch bei der Formulierung dieses Zukunftsentwurfes seine biographische Erfahrung sozialer und räumlicher Distanz zu Deutschen. Sie ist sogar konstitutiv für die Entwicklung seines Plans. Mit dem Argument der kollektiven, ungerechten Distanzerfahrung will er die räumliche Segregation der türkischen Wohnbevölkerung bewußt unterstützen, ihre Wohnsituation allerdings deutlich verbessern („Vorgarten") und in dem Sinne gerechter gestalten. Außerdem weist Mesut darauf hin, daß er den potentiellen türkischen Käufern oder Mietern seiner Häuser die Revitalisierung ihrer traditionellen Gewohnheiten („anbauen, das machen alle Türken gerne (...) sie haben das völlig vergessen") ermöglichen würde. Damit demonstriert er, wie er durch ethnische Traditionsverweise die Attraktivität und damit die Erfolgswahrscheinlichkeit seiner Anstrengungen steigern könnte.

Wenn man schließlich bedenkt, daß Mesut die Nischen- und Rückzugshaltung insgesamt keineswegs passiv einnimmt, sondern durchgehend demonstriert, wie kompetent und voller Pläne er ist, dann können alle seine Zukunftsentwürfe dahingehend verstanden werden, daß er bestrebt ist, sein durch den Bildungsaufstieg angehäuftes Kapital dort zu nutzen, wo er einen Bildungs- und Qualifikationsvorsprung hat. Insofern stellt die am Beispiel des Gespräches mit Mesut identifizierte Fallstruktur das Handlungsmuster eines potentiellen Kandidaten einer sich selbst ethnisierenden Bildungselite dar, der sich als verletzter Intellektueller an der Reproduktion einer räumlich, sozial und ethnisch segregierten Gemeinschaft beteiligt.

3. Der Kosmopolit

3.1 Gesprächskontext

Der *20jährige Bülent* war einer der Schüler, mit denen ich auf dem Gymnasium kurz vor ihrem Abitur Kontakt aufgenommen hatte. Nachdem ich mich und mein Anliegen damals den Schülern vorgestellt und um ein erstes Gespräch zum Kennenlernen gebeten hatte, zeigte Bülent sich direkt interessiert und wir trafen uns zunächst in einer seiner Freistunden. In diesem ersten längeren Gespräch mit ihm, das nicht aufgenommen wurde, fiel mir bereits auf, wie dynamisch und selbstbewußt Bülent agierte. Schnell hatte er mir erzählt, wie gut er in der Schule sei, wie sehr er sich auf das Studium freue, daß er sich zur Zeit einfach nicht entscheiden könne, ob er nun Medizin, Biologie oder Wirtschaftswissenschaften studieren solle, daß er auf jeden Fall keine Zeit verlieren wolle und daß er schon seit Jahren am Wochenende nebenher bei Mövenpick jobbe, da man seiner Meinung nach möglichst frühzeitig von seinen Eltern finanziell unabhängig sein sollte. Er nutzte das Gespräch, um mich über verschiedene organisatorische Details des Studiums auszufragen, wie man schnell und effektiv studiere, wie eine Promotion verliefe und welche beruflichen Möglichkeiten sie einem eröffne. Außerdem sprachen wir über verschiedene politische Themen, wobei ich stets den Eindruck hatte, daß Bülent mir mit der Demonstration seiner diesbezüglichen Positionen und seiner allgemeinen Informiertheit imponieren wollte. Worüber wir überhaupt nicht sprachen, waren Themen im Zusammenhang mit Migration, Ethnizität oder der Dortmunder Nordstadt. Sie spielten schlicht keine Rolle. Weder verwendete er in seiner Rede ethnische Unterscheidungen oder räumlich-lokale Bezüge, noch fand ich infolge seiner expliziten Nichtthematisierung passende Gelegenheiten, nach der Relevanz derartiger Aspekte für ihn zu fragen.

Um so überraschter war ich, daß ich Bülent gelegentlich auf Veranstaltungen des alevitischen Kulturvereins in der Nordstadt traf, den ich im Rahmen meiner Feldforschung über einen längeren Zeitraum beobachtete.[164] Bülent tauchte zwar nur selten dort auf, ich hatte ihn jedoch nach unserem ersten Gespräch überhaupt nicht in einem derartigen, ethnisch markierten Zusammenhang erwartet. Als ich ihn dreimal sonntags bei der Jugendgruppe, einmal auf einer Jahreshauptversammlung des Vereins sowie auf einem in einer Stadthalle durchgeführten „alevitischen Kulturfest", zu dem mehrere hundert, vornehmlich alevitische Gäste aus ganz Nordrhein-Westfalen erschienen, traf, war er stets gut gelaunt, machte Witze und diskutierte engagiert mit anderen. Sobald er mich sah, kam er auf mich zu und erzählte mir alsbald von seinen aktuellen Studienplänen und -erlebnissen. Auch erkundigte er sich nach dem Verlauf meiner Untersuchung und ich erzählte ihm von den bis dahin aufgenommenen Gesprächen mit Abiturienten. Zu diesem Zeitpunkt hatte ich noch keine Forschungsgespräche mit Schülern von dem Gymnasium, sondern nur mit Schülern aus der Gesamtschule geführt. Wiederholt bat ich Bülent bei diesen Treffen um ein erneutes Interview, das er mir bereits locker zugesagt hatte. Auch rief ich ihn deshalb mehrmals an. Er vertröstete mich jedoch immer wieder auf einen späteren Zeitpunkt, da er nie genug Zeit habe. Mal war es die Abiturfeier, die er mit vorbereiten mußte, mal ein Filmprojekt, das er mit Freunden durchführte, mal Verpflichtungen im Zusammenhang mit dem Studienbeginn. Stets war er angeblich zu beschäftigt, um sich noch einmal für ein bis zwei Stunden mit mir zu treffen. Bülent war für ein erneutes Forschungsgespräch schwer erreichbar. Schließlich gelang eine Verabredung und wir trafen uns am späten Nachmittag in einem Café in der Nähe seiner ehemaligen Schule in Dortmund für ein etwa einstündiges Gespräch.

Dieses der Analyse zugrundeliegende Gespräch fand knapp zwei Monate nach dem Beginn seines wirtschaftswissenschaftlichen Studiums in Bochum statt. Zum Gesprächszeitpunkt wohnte der in Deutschland geborene und in der Dortmunder Nordstadt aufgewachsene Bülent noch zusammen mit seinem jüngeren Bruder bei seinen Eltern in Dortmund. Am Ende des ersten Semesters zog Bülent in ein Studentenwohnheim in Bochum, war jedoch weiterhin am Wochenende und in den Ferien bei seiner Familie in Dortmund.

3.2 Selbstinszenierung als erfolgreicher Intellektueller und Kosmopolit

Die Analyse ergab, daß die zentrale Struktur Bülents Handlungsmusters darin besteht, sich permanent *als erfolgreicher Intellektueller und Kosmopolit zu inszenieren*. Vor dem Hintergrund dieser Interpretation läßt sich das rekonstruierte Handlungsmuster auch als das eines *kosmopolitischen Gelegenheitsspezialisten* charakterisieren (s. 3.3).

---

[164] Näheres zu diesem alevitischen Kulturverein: s. Kap. D.IV.7.

Die folgenden Ausführungen zu wesentlichen Ergebnissen der Fallinterpretation werden auch die einleitend beschriebenen Beobachtungen erklären. Zunächst soll jedoch am Beispiel der Gesprächsentwicklung in den ersten 10 Minuten zusammengefaßt werden, wie sich die Fallstruktur des *Kosmopoliten* in unserer Interaktion reproduziert.

Bülent kam zu unserem Treffpunkt in einem Dortmunder Café direkt von der Uni aus Bochum. Schon beim Eintreten und Hinsetzen begann er, von der Uni zu erzählen, aus welchem Kurs er gerade komme und daß er nur wenig Zeit habe, da er direkt nach unserem Gespräch wieder zurück nach Bochum müsse. Er war also extra für unser Treffen aus Bochum nach Dortmund gekommen, hatte es sozusagen endlich geschafft, die Verabredung zwischen zwei anderen Terminen zu plazieren. Ähnlich wie der verletzte Aufsteiger Mesut, der übrigens sein Mitschüler aus dem gleichen Jahrgang des Gymnasiums war, ließ sich Bülent, wie der Ausschnitt 1 zeigt, von dem Beginn der Aufnahme nicht beeindrucken. Er setzte das schon begonnene Gespräch mit mir souverän fort. Bereits der aufgenommene Gesprächsanfang verdeutlicht die große Dynamik und eine gewisse Hektik seiner Rede:

Ausschnitt 1 (Transkript, S. 1):
Bülent: ... nur so mit den Tutoren zusammen mit den Freunden und so
A: mit Freunden oder Freundin hast du gesagt?
Bülent: Nee nee mit Freunden (.) aus der Uni halt
A: Aus der Uni jetzt. Und wo geht ihr dann hin heut abend?
Bülent: Ähm (.) ja wie gesagt ins HZO (.) Film angucken.
A: Was ist das?
Bülent: Äh das ist das Kino/
A: ~ dies große in Bochum? Ja da war ich noch nie/
Bülent: ~ und dann sehen wir uns den Film Trainspotting an (.) den hab ich schon mal mit ner Freundin gesehen und die hatte das mir zum Geburtstag ausgegeben (.) aber der gefiel mir so gut der ist so kultig da muß ich noch mal hin (lacht) und danach halt wie gesagt, weil wir Mittwoch Zivilrechtsklausur geschrieben haben konnten wir dann Montag nichts weg/ nicht weg (.) und dann, äh dann sind wir dann halt/
A: ~ ah (.) ihr habt schon ne Klausur geschrieben?
Bülent: ja (.) in Z-Recht
A: Und? Wie ging's?
Bülent: Ja (.) ganz gut eigentlich/
A: ~ aber das Semester hat doch gerade erst angefangen?
Bülent: Ja äh (.) bei den Wirtschaftswissenschaftlern ist das nun mal so daß die Propädeutika halt äh mitten in der Woche geschrieben werden (.) Z-Recht wäre nach der DPO Propädeutikum, aber nach der neuen DPO, Diplomprüfungsordnung (.) aber nach der alten eigentlich nicht aber trotzdem so ne Übung halt ob man für die Zwischenprüfung Recht geeignet ist
A: Und da fährst du jetzt gleich wieder zurück nach Bochum?

Bülent: Ja (.) ist ja nur 10 Minuten von hier mit dem Stadtexpress
A: So schnell geht das?
Bülent: Ja (.) wenn der Stadtexpress keine Verspätung hat, eigentlich schon (.) dann mit der U-Bahn noch 5 bis 6 Minuten würd ich sagen und dann bin ich [hm] in der Uni (.) also im Idealfall/
A: ~ und die hält auch direkt an der Uni ne? Da brauchst du nicht/
Bülent: ~ ja also von der Infrastruktur her ist das ganz gut/
A: ~ jaja ja (.) ich bin richtig froh daß das mal geklappt hat (.) das war ja echt schwer irgendwie n Termin mit dir zu finden/
Bülent: ja also in der Woche ja sowieso (.) wir sind 30 Stunden so in der Uni ähm während die anderen 16 Stunden haben (.) in Medizin oder sonstigen anderen Studiengängen

Bülent schildert sich als jemand, der wie selbstverständlich in einem akademischen Zusammenhang vorkommt.[165] Dabei fällt auf, daß er sowohl seine soziale Eingebundenheit wie auch die Anforderungen in seinem Studium betont; beide werden als Normalität präsentiert und erfolgreich gemeistert. Bülent redet, als sei ihm die Universitätswelt schon lange vertraut, und nicht, als müsse er sich den sozialen Aufstieg in das höhere Bildungsmilieu mühsam erarbeiten. Nur zwei Monate nach Studienbeginn nennt er seine neuen Unibekanntschaften schon „Freunde" und trifft sich privat mit ihnen und seinen Tutoren von der Uni. Dabei adressiert er sich selbst als Teil der Studenten aus seinem Studiengang oder anderer Gruppen, die er durch das Studium kennengelernt hat („wir"). Und nur zwei Monate nach Studienbeginn behauptet er, sich bereits mit den Vorgaben der alten und neuen Diplomprüfungsordnung auszukennen und spricht schon von der Zwischenprüfung. Nicht nur demonstriert er damit, daß er sich um ein zügiges, effektives und erfolgreiches Studium kümmert; auch bringt er mit der Verwendung der unitypischen Sprachcodes wie „Z-Recht" usw. zum Ausdruck, daß er bereits bestens informiert, ein kompetenter und vollwertiger Student und nicht etwa ein noch etwas desorientierter Studienanfänger ist. Insofern teilt Bülent hier indirekt seine spezifische Fähigkeit des Einschleusens in soziale Zusammenhänge mit, die für seine erfolgreiche Bildungsaufstiegskarriere von zentraler Bedeutung ist: Schnell, leistungsorientiert und sozial flexibel wurde er binnen zwei Monaten zum kompetenten Mitglied des Universitätssystems. Bülent präsentiert sich als jemand, der ganz selbstverständlich immer schon dem gleichen Bildungskontext angehört wie ich.

---

165 Diese Selbstverständlichkeit stellt Bülent her, indem er seine Rede als für einen Studenten „normal" markiert. Er operiert auffallend häufig mit Anspielungen auf Bekanntes. Partikel wie „halt" und Formulierungen wie „mit den Freunden und so", „wie gesagt" oder „bei den Wirtschaftswissenschaftlern ist das nun mal so" signalisieren Normalität und unterstellen Bekanntheit. Insofern fordert er schon durch die sprachliche Form einen Konsens mit mir ein. Mehr zu der Form seiner *Studentensprache* weiter unten.

Bülent stellt heraus, daß er die neuen Unibekanntschaften und die sich durch sie ergebenden Möglichkeiten der typisch studentischen Freizeitgestaltung (gemeinsames Ausgehen, „kultige" Filme ansehen usw.) genießt. Er ist also auch in der Jugend- bzw. Studentenszene „dabei". Trotz aller privaten Interessen und Tätigkeiten habe aber die Erfüllung der studienbedingten Aufgaben Priorität. Im weiteren Gesprächsverlauf zeigt sich, daß er über seine schul- und unibezogenen Leistungen stets in einer etwas angeberischen Form spricht. Bülent weist derart darauf hin, daß er etwas Besonderes leistet, daß er besondere Kompetenzen besitzt. In Ausschnitt 1 deutet die Betonung, daß sein Studium zeitlich umfangreicher und in dem Sinne anspruchsvoller als andere sei, auf dieses Handlungsmuster hin. Auf diese Weise sagt Bülent also, daß es nicht nur sein soziales Eingebundensein und seine Interessen sind, sondern vor allem seine intellektuellen Fähigkeiten, die ihn für die akademische Welt prädestinieren.

Darüber hinaus ist an Ausschnitt 1 zu erkennen, daß Bülent nicht nur verschiedene Themen selbst in das Gespräch einführt, sondern während seiner Rede auch wiederholt von einem Darstellungs- in einen Beurteilungsmodus wechselt. So kommentiert er den Film („kultig") oder die Verbindung zur Uni mit öffentlichen Verkehrsmitteln („Infrastruktur ... ganz gut") mit modischen bzw. abstrakten Einschätzungen. Damit indiziert er, daß er zu verschiedenen Dingen eine dezidierte (und, wie er im weiteren Gespräch noch oft vorführt, wohl begründbare) Position vertritt.

Zeit spielt für Bülent eine große Rolle. Das Gespräch selbst stand unter einem Zeitdruck, was während des knapp einstündigen Verlaufes daran deutlich wurde, daß er wiederholt auf seine Uhr sah, um seine Verabredung in Bochum im Auge zu behalten. Ob dies dazu führte, daß er viele Gesprächsstellen wie hier den Anfang so dynamisch gestaltet, daß er sich mitunter beim Sprechen verwirrt (wie hier bei seiner Erklärung zur DPO), ist nicht zu ergründen. Beobachtbar ist jedoch, daß Bülent teilweise ungefragt neue Themen einführt und nicht gestellte Fragen oder Einwände vorwegnehmend beantwortet. Insofern spricht er, als gelte es, die zur Verfügung stehende Zeit optimal auszunutzen und sich in der knappen Zeit so vorteilhaft wie möglich zu präsentieren. Auch sagt er, sein Studium und sein Stundenplan seien so umfangreich, daß er normalerweise in der Woche sowieso keine Zeit für Treffen wie dieses mit mir habe. Bülent ist also offenbar sehr beschäftigt. Diese Beobachtung und die Art, wie er über die „optimale" Zugverbindung nach Bochum spricht, deuten darauf hin, daß er seine sozialen Beziehungen und Verpflichtungen vor allem zeitlich (und nicht z.B. räumlich) einteilt. An den folgenden Ausschnitten wird deutlicher werden, wie relevant dieses Handlungsmuster ist.

Kurz nach dem Anfang entwickelt sich das Gespräch folgendermaßen weiter:

Ausschnitt 2 (S. 2):
A: Und die machen alle so viel in deinem Kurs, die 30 Stunden (.) da bist du keine Ausnahme?
Bülent: Alle sind also ziemlich strebsam würd ich mal sagen (.) alle woll'n sie schnell fertig werden, aber trotzdem ist die Gemeinschaft ganz gut so
A: Ja?
Bülent: Ja (.) wir verstehen uns alle ziemlich gut und äh ham auch viel Spaß in der Vorlesung (.) allerdings blöd ist eigentlich, daß man ziemlich viele Gruppen da kennenlernt und man sich für eine Hauptgruppe eigentlich entscheiden muß/
A: ~ was meinst du jetzt, pro Fach oder oder/
Bülent: ~ nee nee überhaupt insgesamt so (.) also äh als ich hier mit dem Mathe-Vorkurs eben angefangen habe, hatt ich ne andere Gruppe, mit denen ich auch noch guten Kontakt hab (.) und dann hab ich noch ne andere Gruppe kennengelernt aus Essen (.) dann halt ne Gruppe aus Dortmund und äh der Freund hat auch morgen Geburtstag (.) äh einen Kakao mit Sahne (zur Bedienung) äh (2) Tasse (5) äh/
A: ~ das war jetzt noch aus dem Vorkurs? der Typ der Geburtstag hat/
Bülent: ~ nee nee (.) der studiert auch mit uns (.) also den hab ich auch noch vom Vorkurs kennengelernt (.) eigentlich viele zwar, aber das blöde ist eigentlich, daß man dann nicht mit allen irgendwie gemeinsam was unternehmen kann oder so (.) mit 40, 50 Leuten und so (.) da muß man sich schon so auf seine 12 da beschränken und äh letztens ham wir auch ...

Auf meine Frage, mit der die Möglichkeit eröffnet wird, Bülent als Ausnahme, d.h. als „unnormalen" Student zu beschreiben, antwortet er, daß sein strebsames Studienverhalten eben genau das unter Wirtschaftswissenschaftlern normale und angemessene sei. Anschließend hebt er noch einmal und noch ausführlicher seine vielfältigen sozialen Beziehungen hervor. Trotz der strebsamen Arbeitshaltung seien die sozialen Beziehungen untereinander „ganz gut". Schon in Ausschnitt 1 sprach er von einer Freundin, die ihm in der Vergangenheit den Filmbesuch geschenkt hatte, von Tutoren und Freunden aus seinem Studium. In Ausschnitt 2 steigert er sich in euphorischer Weise bis zu der Behauptung, schon 40 bis 50 Leute auf der Uni kennengelernt zu haben und im Prinzip mit allen intensivere soziale Beziehungen eingehen zu können. Er spricht von der Schwierigkeit, nicht alle möglichen sich anbietenden Freundschaftsgruppen wahrnehmen zu können. Überall lerne er verschiedene Gruppen und Menschen kennen, mit denen er direkt befreundet sei oder Kontakt zu halten versuche. In diesem Zusammenhang fällt Bülents (schon in Ausschnitt 1 wie überhaupt im ganzen Gespräch zu beobachtende) sehr impersonalisierte Rede auf: Er verwendet häufig die Subjekte „man" und „wir". Bülent spricht sich derart selbst als jemand an, der erfolgreich und selbstverständlich in verschiedenen studentischen Gruppen und Kontexten vorkommt. Er kenne so viele Personen gut – und das nach zwei Monaten Studium – daß er sich schweren Herzens auf einige „beschränken" müsse. Offensichtlich demonstriert mir Bülent erneut seine soziale Flexibilität. Wie die Analyse des gesamten Gesprächs zeigt, ist das Handlungsmuster, sich als sozial flexible und erfolgreiche Person darzustellen, nicht nur auf den Universitätskontext beschränkt. Ganz allgemein inszeniert sich Bülent als jemand, der voller Energie überall dabei ist.

Bülent präsentiert sich also als ein Student, der keinerlei Probleme bei der Orientierung und dem Herstellen von sozialen Anschlüssen zu Studienbeginn hat. Ohne Schwierigkeiten knüpfe er in dem neuen sozialen Kontext auch neue Beziehungen und Freundschaften. Damit steht die hier beobachtbare Fallstruktur in diametralem Gegensatz zum ersten Fall, dem verletzten Bildungsaufsteiger und Intellektuellen.

Man kann Bülents Selbstdarstellungsstil als ein aufsteigertypisches Verhalten interpretieren. Das Bestreben, seine persönlichen Kompetenzen, Fähigkeiten und akademikergerechten Verhaltensweisen in unseren Gesprächen besonders herauszustellen, ist sehr deutlich. Gerade die „Übermotivation", mit der er die vorgebliche Selbstverständlichkeit seiner Studenten-Kompetenz und seine Ambitionen betont, verweist auf seinen sozialen Herkunftskontext.[166] Denn im allgemeinen stellen Kinder aus „Bildungshaushalten" ihre Kompetenzen weniger aufwendig und unprätentiöser dar. Da von Akademikerkindern vor dem Hintergrund des Bildungsniveaus und der Berufspositionen ihrer Eltern geradezu erwartet wird, ebenfalls eine höhere Bildungslaufbahn einzuschlagen, besteht für sie biographisch gesehen keine Notwendigkeit, Verhaltensweisen zu entwickeln, mit denen sie extra auf das Vorhandensein ihrer individuellen Eignung und ihrer bildungssystemadäquaten sozialen Fähigkeiten hinweisen. Kinder aus Arbeiterhaushalten dagegen, für die es nicht selbstverständlich ist, eine akademische Laufbahn zu verfolgen, können dieses Wissen um die eigene Fähigkeit, eine höhere Bildungskarriere erfolgreich zu bewältigen, nicht vergleichbar selbstverständlich als familial tradierte Gewißheit in Anspruch nehmen.[167] Wie die Bildungsaufsteiger diese für einen Bildungsaufstiegsprozeß charakteristische Situation tatsächlich erfahren und wie sie mit dieser Erfahrung umgehen, ist allerdings nicht per se festgelegt. So begleiten viele Aufsteiger in jedem Stadium ihres Aufstiegsprozesses Un-

---

166 Bülents Vater hat die türkische Grundschule abgeschlossen, kam anschließend im Rahmen der Gastarbeitermigration nach Deutschland und arbeitet seit 25 Jahren im „Bergbau" im Ruhrgebiet; seine Mutter ist „Hausfrau". Verschiedene Verwandte, von denen keiner studiert hat, leben in Deutschland und den Niederlanden, andere in der Türkei. Bülents jüngerer Bruder besucht auf dem gleichen Gymnasium die Oberstufe und legt ein Jahr nach ihm das Abitur ab.
167 Vgl. Scherr 1995, 144 u. 160. Siehe auch Kap. C.II.

sicherheiten und Zweifel, ob sie den nächsten Schritt ebenfalls erfolgreich bewältigen werden. Häufig wird diesen aufstiegsbedingten Unsicherheiten durch „Tiefstapeln" ihrer bisherigen Bildungserfolge sowie durch stetes und bewußtes Einkalkulieren der Möglichkeit eines zukünftigen Scheiterns begegnet. Bülent dagegen bearbeitet die Erfahrung, nach dem Abschluß des Gymnasiums jetzt auch als erstes Familienmitglied auf der Universität zu studieren, genau umgekehrt: Er gibt euphorisch an, was für ein typischer Student er sei, er „stapelt hoch". Die Erfahrung, daß er in den letzten Schuljahren des Gymnasiums ein sehr guter Schüler war (Transkript, S. 16) und auf seiner Schule eines der zehn besten Abiturzeugnisse seines Jahrgangs erreichte (S. 23), mag ihn zu diesem Selbstdarstellungsverhalten zusätzlich motivieren. Aber gerade die Tatsache, daß er angibt und auf seine intellektuellen und dem höheren Bildungskontext angemessenen sozialen Kompetenzen eigens hinweist, daß er sogar angibt, obwohl er es aufgrund seines Abiturerfolges eigentlich gar nicht nötig hätte, ist ein gewichtiger Grund, sein Verhalten als die von ihm biographisch erlernte Form, mit seinen persönlichen Aufstiegserfahrungen umzugehen, zu deuten.

Nachdem Bülent noch weiter ausgeführt hat, wie bzw. wie erfolgreich ihm das Knüpfen von neuen Freundschaften gelingt, frage ich etwas unvermittelt:

Ausschnitt 3 (S. 2/3):
A: und die Profs?
Bülent: also (2) ich muß ehrlich sagen, daß ich/ einige Profs halt ich für kompetent, aber andere wiederum nicht besonders (.) also ich find den Unterricht ziemlich trocken (.) wie sie's rüberbringen und die äh Lage der Hörsäle ist auch nicht besonders toll (.) also ich würd mal sagen, das ist n ziemlicher Abstrich/
A: ~ manchmal (.) wenn's voll ist oder warum?
Bülent: Ja ziemlich voll (.)deshalb (.) man kriegt nicht immer einen Platz, man muß das erstmal vorreservieren und so (.) und das find ich nicht besonders gut (.) außerdem das, was im Unterricht dann vermittelt wird in einigen Fächern äh ist nicht besonders hochwertig, würd ich sagen [hm] also da kann man sich echt zu Hause hinsetzen, sich das Buch angucken, da hat man mehr von als wenn man in die Vorlesung geht

Meine Frage ist elliptisch und daher sehr unpräzise. Sie ist nur im Zusammenhang des Gespräches zu verstehen, in dem mir Bülent bisher ausschließlich seine Erfahrungen auf der Uni geschildert hat. Statt nachzufragen, was ich genau über die Professoren an der Uni wissen will, verschafft Bülent sich zunächst etwas Zeit für seine Antwort. Er antwortet also auch ohne genaue Frage. Mit der Anwort demonstriert er dann erneut, daß er die typischen studentischen Diskurse beherrscht. Er präsentiert seine Einschätzung der fachlichen

277

und didaktischen Kompetenzen der Professoren, beklagt beklagenswerte Studienbedingungen wie überfüllte Hörsäle usw.

Wichtig an dieser Passage ist erstens, daß Bülent überhaupt antwortet. Er hat also (stets) etwas vermeintlich Kluges zu sagen. Zweitens demonstriert er mit seiner Antwort, daß er erneut die Themen, die behandelt werden, hier die Lehre und die Studiensituation, problematisieren, kritisch und differenziert reflektieren sowie ungefragt Begründungen für seine Meinungen liefern kann. Drittens bemüht er sich, nicht nur gängige studentische Klagen zu wiederholen, sondern seine eigene Meinung durch eine vermeintlich eigene Argumentation zu rechtfertigen („ich muß ehrlich sagen", „außerdem ... würd ich sagen"). Diese drei Merkmale seiner Rede lassen sie nicht nur studentisch, sondern, noch allgemeiner gesprochen, intellektuell erscheinen. Bülent praktiziert insofern einen Vorgriff auf Intellektualität. Die individualisierenden und bewertenden Sprachfloskeln („ich muß ehrlich sagen", „ich würd mal sagen ... ziemlicher Abstrich") können genau in diesem Sinne verstanden werden. Und viertens schließlich beschreibt Bülent in dieser Passage sein Bestreben, Situationen, wie hier das Studium, möglichst effektiv zu verwerten und zu nutzen. Er behauptet also, nach Möglichkeit zweckrational zu handeln. Diese inhaltliche Aussage „paßt" in hohem Maße zu seinem bisherigen Gesprächsverhalten, an dem sein Bemühen ablesbar ist, das Gespräch mit mir in dem Sinne optimal zu nutzen, daß er sich als sehr erfolgreicher und kritischer Student präsentiert (für den die Herkunft aus einer Arbeiterfamilie kein erwähnenswertes Thema ist).

Im Anschluß an Ausschnitt 3 reden wir noch einige Zeit über sein Studium. Bülent spricht über die Kurse, die er besucht und seine Pläne, evtl. „auf Medizin rüberzuwechseln" (S. 3). Er sieht das laufende Semester als Phase und Möglichkeit des Ausprobierens, da er ja noch nicht Zivildienst leisten müsse. Zur Zeit laufe sein Einbürgerungsverfahren und er befürchtet, daß er nach der Einbürgerung, vielleicht in seinem Hauptstudium, „vom Kreiswehrersatzamt eingezogen" werde. Er werde jedoch „alles mögliche tun, damit ich das nicht machen muß, ich seh das als Zeitverschwendung". Auf diese Weise teilt mir Bülent erneut mit, daß er sich nach Möglichkeit durch nichts von seiner Karriere ablenken lassen will. Bülent erklärt mir dann, wie viel sinnvoller es für die persönliche Entwicklung sei, sofort mit dem Studium zu beginnen, als erst den Zivildienst abzuleisten, wie die meisten seiner Freunde das zur Zeit täten. Während ich an diesem Abschnitt des Gespräches mit meinen Nachfragen immer wieder das von ihm erwähnte Einbürgerungsverfahren anspreche, etwa die Dauer kommentiere oder nach den Einbürgerungsplänen seiner Familie frage, geht Bülent auf die Einbürgerung selbst nicht weiter ein und behandelt sie insofern als etwas vollkommen Selbstverständliches. Vielmehr nutzt er auch diesen Gesprächsteil, um mir seine politische Meinung zu demonstrieren und sich erneut in seiner Intellektualität zu präsentieren: Er fordert eine Berufsarmee, beschreibt das Konzept des Zivildienstes als überholt und problematisiert und kritisiert das Verweigerungsverfahren, da auf diese Weise den Verweigerern scheinheilig Gewissensgründe abverlangt würden, wo doch tatsächlich der kränkelnde Sozialstaat auf die Zivildienstleistenden angewiesen sei.

Obwohl Bülent in seiner Rede viele Möglichkeiten eröffnet, ein ausführlicheres Gespräch über aktuelle politische Themen und Einstellungen zu führen, greife ich wiederholt gerade die Punkte auf, die eine größere Nähe zur Problematik von Ethnizität, Migration und damit zu meiner Untersuchung zu beinhalten scheinen. So nehme ich erneut Bezug auf das von ihm nur en passant angesprochene Einbürgerungsverfahren und frage, ob er wie andere Jugendliche, mit denen ich gesprochen habe, beabsichtige, nach der Einbürgerung wieder die türkische Staatsangehörigkeit zu beantragen. Ich spreche ihn also indirekt auf seine Identität und die Bedeutung, die die Staatsangehörigkeit für ihn hat, an, obwohl er diese Thematik zuvor in keiner Weise als für ihn relevant gekennzeichnet hat.

Ausschnitt 4 (S. 5):
A: Willst du denn nachher auch wieder die türkische beantragen?
Bülent: Das geht ja eigentlich nicht.
A: Eigentlich geht das nicht, aber es machen trotzdem viele ne?
Bülent: Na ja (.) soll's geben (2) also ich würd's nicht vorläufig machen hm weil, ich weiß nicht (.) wenn schon, dann sollte man sich für eine entscheiden (.) und im Grunde genommen bin ich ja kein Fremder in der Türkei sogesehen (.) wenn ich in die Türkei komme, da werden sie mich trotzdem als Türken akzeptieren (.) das ist genauso wie bei den äh Israeli (.) die in der Diaspora verbliebenen Juden halt (.) da sind ja auch noch äh der Staat Israel/
A: ~ hast du denn solche Erfahrungen gemacht in der Türkei?
Bülent: Hm (.) ja gut, man erkennt mich erkennt sofort, daß ich Deutschländer bin in dem Sinne (.) aber schlechte Erfahrungen hab ich nie gemacht
A: Also nicht, daß du da irgendwie da nicht akzeptiert wirst oder so?
Bülent: Nee (.) nur wie gesagt, es gibt ja jetzt hier äh politischen Umschwung in der Türkei (.) und ich möcht nicht unbedingt in einem theokratischen Staat leben (.) das isses auch
A: Siehst du da ne echte Gefahr, daß sich das immer weiter dahin entwickelt/
Bülent: Ja (.) momentan haben wir ja einen Theokraten als Ministerpräsident und mit den konservativen Parteien habe ich auch mehr den Eindruck, daß sie auch mehr auf diese Richtung/ in diese Richtung gehen und ich denk mal schon, daß das sich in diese Richtung entwickeln wird

Zunächst wird an diesem Gesprächsausschnitt ganz deutlich, daß Bülent den Erwerb der doppelten Staatsangehörigkeit überhaupt nicht in Erwägung zieht und sich von denjenigen, die so etwas machen, tendenziell distanziert („na ja

(.) soll's geben ..."). Er sieht in einer solchen Handlung für sich keine Vorteile. Zur Begründung greift er auf einen der gängigen Diskurse in Deutschland über Staatsangehörigkeit zurück, der besagt, daß man sich für eine entscheiden sollte. Interessant an Bülents Antwort ist nun, daß er nicht etwa fortfährt mit einer Äußerung wie „Im Grunde genommen bin ich ja Deutscher bzw. kein Fremder in Deutschland, und deshalb ist die deutsche Staatsangehörigkeit selbstverständlich für mich" oder „Warum sollte ich so was machen, was bringt mir das?". Statt dessen sagt er, daß er auch mit einem deutschen Paß kein Fremder in der Türkei sei und vergleicht seine Identität mit jener der „in der Diaspora" lebenden Juden. Dadurch macht Bülent klar, daß er sich weder in Deutschland noch in der Türkei als Fremden sieht. Auch in der Türkei habe er als „Deutschländer" keine schlechten Erfahrungen gemacht. Gerade davon haben mir jedoch andere Jugendliche erzählt. Die Probleme der *almancilar* in der Türkei sind allgemein bekannt und häufig beschrieben worden. Daher könnte man eine ähnliche Erfahrung auch Bülent unterstellen. Einer solchen durchaus naheliegenden Vermutung hält Bülent jedoch indirekt entgegen, daß er (theoretisch) in beiden Ländern zu Hause sei. Insofern beschreibt er sich als jemand, der ganz selbstverständlich auch in den Handlungszusammenhang Türkei integriert ist. Man kann diesen Ausschnitt also derart lesen, daß Bülent, wenn er schon so deutlich als Türke angesprochen wird, aus dieser ethnisierenden Zuschreibung eine Stärke und Überlegenheit konstruiert: Er präsentiert sich selbst als *Kosmopolit*. Hinter diesem Antwortverhalten steckt die schon oben beobachtete Selbstbeschreibung als eine sozial flexible, moderne Person. Kann man meine Frage so interpretieren, daß ich Bülent auf seine Identität anspreche, dann zeigt er mit seiner Antwort, daß er seine Identität nicht an eine spezifische Nationalität bindet, im Gegenteil, Nationalität und räumliche Bezüge werden von ihm tendenziell entwertet.

Meine daraufhin folgenden Fragen in Ausschnitt 4 können als Aufforderung, sein Verhältnis zur Türkei genauer zu bestimmen, verstanden werden. Darauf reagiert Bülent in genau der Weise, wie er auch das bisherige Gespräch gestaltete. Als türkischer Kosmopolit („wir") verweist er auf die politische Situation in der Türkei unter Ministerpräsident Erbarkan, charakterisiert ihn als „Theokraten" und distanziert sich von einem politischen System, das er als undemokratisch beschreibt. Bülent reproduziert damit als ein engagierter und politisch reflektierender Student eine Meinung, für die er meine Zustimmung erwarten kann. Der Gesprächsausschnitt demonstriert insofern seine selbstverständliche Inanspruchnahme politischen Interesses. Und wie an dem Gesprächsausschnitt zu sehen ist, gehe ich auf den von ihm vollzogenen Ebenenwechsel ein und wir sprechen über die politischen Verhältnisse in der Türkei in einer Form, in der man unter Studenten eben häufig über Politik spricht. Insofern hat Bülent das Gespräch erneut erfolgreich genutzt, um sich als jemand aus dem akademischen Milieu zu inszenieren, der seine Identität nicht über eine Nationalität, über ethnische und/oder räumliche Bezüge, sondern über einen intellektuellen Habitus, eben den des Kosmopoliten, definiert.

Am Beispiel des nächsten Ausschnitts soll auf das bereits angesprochene spezifische Sprachverhalten Bülents etwas genauer eingegangen werden. Kurz nach Ausschnitt 4 fragt mich Bülent nach weiteren „Fragen":

Ausschnitt 5 (S. 6):
Bülent: Sonst noch irgendwelche Fragen?
A: Äh ja, daß du noch eben also (.) mir ist eben eingefallen, als du über Einbürgerung gesprochen hattest, was du neulich erzählt hast (.) daß du mal gesagt hast, die Politiker hätten ne Doppelmoral der Einbürgerung gegenüber (.) die deutschen Politiker (.) kannst du dich erinnern?
Bülent: Hm ja (.) irgendwann im R. (Kneipe, in der wir uns für unser erstes Gespräch trafen) oder [bitte?] im R. glaub ich [ja genau] Was hab ich denn da nochmal gesagt? (1) Also äh ich find es äh nicht gut, daß ähm die Einbürgerung zeitlich so lange dauert (.) irgendwie diese Mechanismen, bürokratische Mechanismen müßten verändert werden (.) daß das schneller läuft (.) so seh ich das und, halt deswegen auch (.) und dann weiß ich auch nicht, ob man äh irgendwie diejenigen die hier aufgewachsen sind unbedingt als Bestandteil dieser Gesellschaft akzeptiert (.) das is auch so ne Frage und ähm also die Ethnik überwiegt/
A: ~ ob was nicht überwiegt?
Bülent: Ja äh das is eigentlich die Befürchtung, ob man äh auch wenn man eingebürgert ist, trotzdem als Fremder angesehen wird sogesehen (.) auch wenn es keine ideologischen Differenzen gibt (.) aber ich muß ehrlich sagen, so von meinem Privatleben her hab ich diese Erfahrung nicht gemacht (.) auch wenn ich mit deutschen Behörden in Kontakt getreten bin hab/ hatt ich auch nicht den Eindruck, daß ich benachteiligt werde (.) insofern is das nur so ne (.) wie soll man sagen? (3) ja äh so'n vages Unbehagen aber äh über das man sich da halt flüchtig Gedanken macht [ja] aber ähm eigentlich hab ich in der Hinsicht keine schlechten Erfahrungen gemacht sogesehen und in gewisser Weise (.) ja das ist auch so unbegründet in dem Sinne momentan (.) ich weiß nicht, wie's mal in meinem späteren Leben sein wird, aber auf dem jetzigen Stand meines Lebens muß ich sagen, daß ich diese Erfahrungen nicht gemacht hab

Mit seiner Frage nach weiteren „irgendwelchen Fragen" weist Bülent, erstens, erneut auf seine begrenzte Zeit sowie, zweitens, auf seine generelle Bereitschaft, mir Fragen zu beantworten, hin. Drittens jedoch teilt er auch unmißverständlich mit, daß, wenn eine Thematik oder eine Beschäftigung ihm nicht sinnvoll erscheint, wenn er keinen Nutzen aus ihr ziehen kann – so wie einige meiner Ausschnitt 5 unmittelbar vorangehenden Fragen, zu denen er nicht viel sagen konnte, da die nachgefragten Inhalte bzgl. Doppelstaatsangehörigkeit oder typischen Diskussionen unter türkischen Jugendlichen für ihn vergleichsweise belanglos waren –, daß er in diesem Fall seine kostbare Zeit lieber anders und effektiver nutzen will. Insofern bestätigt sich an Bülents Gesprächsverhalten das, worüber er an verschiedenen Stellen in Form seiner Selbstbeschreibungen sprach, i.e., daß er keine Zeit verlieren und sich durch nichts aufhalten lassen will bei der erfolgreichen Umsetzung dessen, was er mit seiner Inszenierung als kosmopolitischer Intellektueller indiziert.

Nachdem Bülent in dem bisherigen Gespräch die Einbürgerung in keinster Weise problematisiert hat, verweise ich in Ausschnitt 5 auf eine diesbezügliche Bemerkung, die er bei unserem ersten Treffen gemacht hatte. Meine Frage, ob er sich erinnere, ist strenggenommen keine inhaltliche Frage. Gleichwohl faßt Bülent sie als eine Aufforderung auf, seine damals geäußerte Meinung zur Einbürgerungsproblematik zu wiederholen. Er demonstriert, daß er seine Meinung überzeugend vertreten kann und daß er auch den Diskurs rund um die Probleme der Einbürgerung beherrscht. Es fällt auf, daß er dabei in ganz allgemeiner Form über andere Türken (oder Ausländer) spricht und ihre Ängste („ob man äh irgendwie diejenigen ... akzeptiert", „das ist auch so ne Frage"), die auf ihn nicht zutreffen, thematisiert. Er sagt auf diese Weise erneut, daß er sich selbst (im Gegensatz zu anderen) als integriert, selbstverständlich akzeptiert und nicht diskriminiert sieht. Das ist im übrigen eine Erklärung dafür, daß er diesen Diskurs zuvor bei seiner Erwähnung der Einbürgerung nicht reproduzierte. Nichtsdestotrotz verhält Bülent sich denjenigen Ausländern, denen es nicht so wie ihm geht, durch seine verständnisvolle Beschreibung ihrer Befürchtungen sehr loyal gegenüber – wie es sich für einen Kosmopoliten gehört.

An diesem Ausschnitt kann man noch deutlicher, da geballter, als an den anderen Passagen sehen, wie Bülent sich durch sein Sprachverhalten vorwegnehmend als Intellektueller inszeniert (vgl. im Folgenden Weber 1980, 243ff.). Zunächst zeigt diese Stelle, daß Bülent eigentlich nie sprachlos ist bzw. nichts zu sagen hat. So präsentiert er seine Rede- und Argumentationsgewandtheit ohne eindeutige Aufforderung; er entwickelt, strukturiert und problematisiert das Thema in komplexen und längeren, teilweise durch mehrere Nebensätze verschachtelten, Formulierungen; er erledigt mögliche Einwände auf seinen Redebeitrag (z.B. „Hast du denn Probleme mit Diskriminierung?") im Redebeitrag selbst, usw. Selbstverständlich, zielsicher und souverän präsentiert Bülent seine differenzierte Meinung. Auch verwendet er auffallend häufig akademikertypische „äh"s oder Floskeln, mit denen zunächst nichts anderes gesagt wird, als daß er einen Anspruch erhebt weiterzusprechen; z.B.: „aber ich muß ehrlich sagen", „wie soll man sagen?", oder, sehr schön und wenig aussagekräftig: „und in gewisser Weise (.) ja ist das auch so unbegründet in dem Sinne momentan". Des weiteren benutzt Bülent hier wie in allen anderen Ausschnitten eine Sprache mit Partikeln und Formulierungen wie „sogesehen", „wie gesagt", „eigentlich", „insofern" oder „halt", die im akademischen Kontext gebräuchlich ist. Diese Füllsel helfen, den Anschein flüssiger Rede und akademischer Argumentation zu erwecken oder zu verstärken (ebd., 247). Bei der detaillierten Interpretation fiel schnell seine offensichtliche Lieblingspartikel „sogesehen" auf, die er im Sinne des gebräuchlicheren „sozusagen" zur Hervorhebung einer spezifischen Perspektive oder Beschreibungsform, auf die er sich in intellektueller Manier einläßt, verwendet. Um einen besonders akademischen Sprachstil bemüht sich Bülent in Ausschnitt 5 z.B. mit dem Wort „Ethnik", das durch seine Nähe zu eher wissenschaftlichen Begriffen wie Ethnie, Ethnozentrismus usw. auffällt. Mit dieser Wortschöpfung ist er hier zwar nicht erfolgreich, doch sie zeigt, wie er bestrebt ist, möglichst akademisch klingende Formulierungen zu wählen. Überhaupt ist seine Rede mit vielsagenden Andeutungen gespickt; er praktiziert die studententypische „*Bluff-Sprache*" (ebd., 243). Insgesamt verwendet Bülent auch sehr viele Fremdwörter (hier z.B. „ideologische Differenzen"). Schließlich fällt noch auf, daß er sehr gewählt, teilweise gestelzt spricht: „in Kontakt getreten bin", „vages Unbehagen", „auf dem jetzigen Stand meines Lebens". Alles in allem präsentiert sich Bülent mit diesem Sprachstil eindrucksvoll und gekonnt als Akademiker. Wie Weber in seiner Arbeit über „Studentensprache" im Vergleich des Sprachverhaltens von Unterschichts- und Mittelschichtskindern nachweist, ist die Sprachform Bülents, die sich durch offensichtliches Profilierungsbestreben, die Verwendung vermeintlich akademischer Selbstdarstellungsrituale, Bluffs usw. auszeichnet, gerade für soziale Aufsteiger ausgesprochen typisch (ebd., 217ff.).

Weber argumentiert allerdings auch, daß die hier aufgezählten Merkmale Unkenntnis und Unsicherheit des Sprechers signalisierten (ebd., 217ff. u. 247f.). Mit dem entsprechenden Sprachstil bemühe sich gerade der sozial aufsteigende Student, für den die „Sprachbarriere" zum erfolgreichen Eintritt in die Sprachkultur der akademischen Welt höher liege als für den Mittel- oder Oberschichtsstudenten, seine Unkenntnis und Unsicherheiten zu verdecken. Diese Hypothese wurde bei der Interpretation des Gespräches mit Bülent lange Zeit aufrechterhalten, da Bülent offensichtlich Eindruck schinden will und blufft. Doch es erwies sich als unangemessen, die Redeform Bülents, der einer der besten und ein ausgesprochen gebildeter Schüler seines Gymnasiums war, auf Unsicherheit und Unkenntnis zu reduzieren. Sicherlich blufft auch Bülent. Doch, wie die Analyse zeigen konnte, hat dies weniger mit seiner Unsicherheit oder mit Unkenntnis als mit seinem ehrgeizigen, selbstbewußten, hochmotivierten und ziemlich souveränen Verhalten zu tun, das er sich – auch durch vielerlei Bestätigung – während seines Aufstiegsprozesses angeeignet hat und mit dem er nicht zuletzt im Forschungsgespräch mit mir Erfolg hat. Die nachfolgend zu diskutierenden Gesprächsausschnitte werden diese Interpretation eines aufsteigertypischen Sprachverhaltens weiter belegen.

An den Ausschnitten 4 und 5 ist ersichtlich, daß sich Bülent in mehrfacher Weise von anderen türkischen Abiturienten und ihrem Verhalten distanziert. Aber auch seine sonstige Rede, in der er sich als ein erfolgreicher Student, also als jemand aus dem akademischen Kontext schildert, kann als Demonstration, wie stark er sich von anderen türkischen Jugendlichen und ihren häufig thematisierten Problemen (Sprache, Bildung, wenig erfolgreiche Zukunftsaussichten, Diskriminierung, sozialer Ausschluß) unterscheidet, gelesen werden. Dazu paßt auch, daß Bülent in allen Gesprächen, die ich mit ihm geführt habe, nie die gelegentlichen Spannungen zwischen ihm und seinem Bruder anspricht, die ich während der Feldforschung im Umfeld des alevitischen Vereins beobachten konnte und durch Äußerungen des Bruders bestätigt fand. Bülent schildert sich eben als jemand, der keine Probleme hat, also auch keine familiären. In gleichem Sinne fällt auf, daß er, als er – nur kurz und knapp – über die Migration seiner Eltern und die Berufstätigkeit seines Vaters spricht, seine Eltern nicht als „typische Gastarbeiter", „Bauern", „ungebildet" o.ä. beschreibt, wie das viele der anderen Jugendlichen taten. Vielmehr ergänzt er die Erwähnung der Tätigkeit seines Vaters im Bergbau mit der Erläuterung: „das (Kaiserstuhl 3) ist ja die modernste Anlage, soll das auf der Welt sein (...) ich glaub sein ursprünglicher Betrieb wurde geschlossen und jetzt ist er dahin gekommen" (Transkript, S. 14). Insofern präsentiert sich Bülent auch durch die Beschreibung seiner Eltern als jemand, der aus einer vergleichsweise erfolgreichen Tradition stammt. Auch die Beschreibung seiner Schullaufbahn zeigt, daß er es vermeidet, sich als jemand zu beschreiben, der aus einer türkischen Arbeiterfamilie kommt (Transkript, S. 16). Seine Schulkarriere schildert er als die Schullaufbahn eines überaus leistungsorientierten und zielstrebigen Schülers, dessen Vater ihn nur in der Grundschule zum Lernen anhalten mußte, der aber dann angeblich schon als zehnjähriger Junge wußte, daß er später das Abitur machen wollte. An keiner Stelle seiner Schilderung liefert er explizite Hinweise auf den Migrationshintergrund des Vaters, sein viel niedrigeres Bildungsniveau oder seinen migrantentypischen Ehrgeiz in bezug auf den Schul- und Aufstiegserfolg seiner Kinder. Wie diese Beispiele verdeutlichen, sagt Bülent in seiner Rede implizit, daß er eigentlich nicht die richtige Person für eine Untersuchung ist, die sich für Kinder türkischer Arbeitsmigranten und, wie manche meiner Fragen nahelegen, ihre Schwierigkeiten (Einbürgerung, Identität; s. z.B. Ausschnitt 4) und Konflikte (Streitereien aufgrund ethnischer oder politischer Differenzen; s. z.B. Transkript, S. 5) interessiert. Es stellt sich daher die Frage, warum er sich dennoch mit mir trifft, wo er doch aufgrund seiner vielfältigen sozialen Verpflichtungen so wenig Zeit hat.

Die bisher vorgestellten Ausschnitte geben bereits Hinweise auf seine Motivation für dieses Gespräch. Wie gesehen präsentiert sich Bülent sowohl mit den Dingen, über die er spricht, als auch mit seinem Sprachstil als ein mit mir vergleichbarer Akademiker. Daß er zudem oft ohne eindeutige Fragen bereitwillig seine Positionen erläutert und begründet oder daß er hier in Ausschnitt 5 um weitere Fragen bittet, deutet darauf hin, daß er mir einen Gefallen unter Studenten oder Akademikern tut. Dies bestätigen seine verschiedenen Gefälligkeitsanspielungen, wie z.B. in diesem Ausschnitt die Formulierung „Was hab ich denn da nochmal gesagt? (1) Also äh ich find es äh nicht gut ..." oder in Ausschnitt 6 (s.u.): „Hm naja, ist schwer zu sagen (.) na gut, ...". Auch die einleitend referierten Beobachtungen zeigen, daß er gewillt ist, mir zu helfen. Sie zeigen aber eben auch, daß er zumeist Besseres vorhat, als mir einen Gefallen zu tun. Einen großen Teil der für ihn interessanten Informationen über das Hochschulstudium konnte er bereits bei unserem ersten Gespräch erfragen. Offensichtlich ist Bülent nicht bereit, sich auf Beschäftigungen einzulassen, von denen er keinen Nutzen für sich, sein Studium o.ä. erwartet. Die Tatsache, daß er die Gesprächsgelegenheit dazu nutzt, unsere Interaktion als eine unter (angehenden) Intellektuellen zu gestalten, verdeutlicht seine Erwartung, daß sich aus dem Gespräch mit mir eine Diskussion über Politik, grundsätzliche Aspekte des Studiums usw. entwickeln könnte. An den Stellen, die ihn nicht interessieren, signalisiert Bülent dann klar, daß wir entweder über intellektuellere Themen als die Einbürgerungs- oder ähnliche Probleme, die manche (türkische) Jugendliche haben, diskutieren oder das Gespräch oder zumindest die angesprochene Thematik bald beenden sollten. In diesem Sinne kann man als Hypothese, die an den folgenden Ausschnitten bestätigt werden soll, formulieren, daß Bülent sich nicht mit mir unterhält, weil er glaubt, der Richtige für meine Untersuchung zu sein, sondern weil er an der Intellektuellen-Szene teilnehmen will.

3.3 Der Kosmopolit als Gelegenheitsspezialist

Bisher wurde deutlich, daß Bülent sich als jemand beschreibt, der an den verschiedensten sozialen Zusammenhängen erfolgreich teilnimmt. Am Beispiel von Ausschnitten, die noch einmal explizit seine Teilnahme an zwei Handlungszusammenhängen in der Vergangenheit und seine Vorstellungen über die Zukunft thematisieren, soll abschließend noch weiter plausibilisiert werden, warum die Deutung seines Gesprächsverhaltens als die Selbstinszenierung eines Intellektuellen bzw. eines Kosmopoliten sinnvoll ist. Außerdem wird an den folgenden Beispielen noch klarer werden, inwiefern Bülent sein Verhalten im Aufstiegsprozeß nützt.

Nachdem Bülent mir noch einmal von seinen verschiedenen Freundschafts-Cliquen erzählt hat, spreche ich ihn auf den alevitischen Kulturverein an, auf dessen Veranstaltungen ich ihn einige Male traf. Betrachtet man unser gesamtes Gespräch bis zu dieser Stelle, dann kann man die Gesprächsentwicklung in dem Sinne deuten, daß ich durch meine Fragen versuche, das Gespräch zunehmend auf ethnische Themen zu lenken. Ich bitte ihn nun, mir etwas über den Verein zu erzählen und fordere ihn damit indirekt auf, mir darzulegen, in welcher Beziehung er zu dem Verein steht (Transkript, S. 8f.). Darauf antwortet Bülent mir, daß er aus Zeitgründen nur selten zu den Veranstaltungen ginge. Im Folgenden bewertet er die Jugendarbeit des Vereins und die „Bemühungen" der regelmäßig anwesenden Jugendlichen nicht aus der Perspektive eines Vereinsmitgliedes, sondern aus der distanzierteren Perspektive eines interessierten Beobachters, die er auch mir als einem gelegentlichen Besucher unterstellen kann. Tatsächlich spricht er also *über* den Verein und nicht über seine Gründe der gelegentlichen Teilnahme. Als ich ihn frage, wie es dazu kam, daß er dorthin ging, antwortet er, daß er über seinen Vater, der früher den Verein besuchte, bereits von dessen Existenz wußte und daß es dann vor einiger Zeit sein jüngerer Bruder gewesen sei, der zuerst die Veranstaltungen der Jugendgruppe besucht und ihm von den „netten Leuten" dort erzählt habe. Als er dann auch einmal Zeit gehabt hätte, sei er ab und zu zu den sonntäglichen Treffen der Jugendgruppe hingegangen:

Ausschnitt 6 (S. 9):
Bülent: ich weiß nicht, wie lang ich da hingegangen bin (.) zu Anfang äh regelmäßig aber danach nicht mehr (.) halt äh, weil ich zuwenig Zeit hab für meinen Freundeskreis sozusagen in dem Sinne
A: Hm und ähm, wie siehst du dich selbst? Siehst du dich selbst als Alevit? Weil da wird ja in der Jugendarbeit sehr viel dazu gemacht ne? daß die Jugendlichen irgendwie so'n Bild vom Alevismus bekommen
Bülent: Hm naja, ist schwer zu sagen (.) na gut, ich halte den Alevitismus für ne fortschrittliche Religion muß ich sagen und im also islamischen Kulturkreis würd ich sagen die fortschrittlichste. Ich will sie nicht graduell über die anderen stellen (.) aber also was da dogmatisch äh verankert ist, wie Emanzipation, Gleichberechtigung von Frau und Mann, Säkularismus ist ja auch da mitenthalten (.) überhaupt das ganze Menschenbild ähm damit könnt ich mich identifizieren (.) aber da ich in meiner Jugendzeit nicht besonders mit Religion konfrontiert wurde, hab ich auch nicht das Bedürfnis ähm mich irgendeiner Religion anzuschließen sogesehen (.) also, würde ich mich mit einer Religion identifizieren, so würde ich mich mit dem Alevitismus identifizieren (.) nicht aus dem Grund äh weil ich das aus dem Elternhaus gekriegt hab (.) weil ich äh/
A: ~ das wär die nächste Frage, ja/
Bülent: ~ nee (.) weil ich eigentlich äh objektiv also der Meinung bin, daß da sehr viele demokratisch liberale Prinzipien äh dogmatisch verankert sind und äh aus diesem Grunde halt (.) also wenn man bedenkt äh was 1792 so in der Französischen Revolution halt gebracht wurde geleistet wurde, dann sieht man schon, daß der Alevitismus schon paar tau/ also eintausendzweihundert Jahre vorher das schon erkannt [hm] hatte

Zunächst ist an diesem Gesprächsausschnitt zu sehen, daß Bülent mir erneut klarmacht, daß er eben nur eine Zeitlang die Vereinsveranstaltungen besuchte. Seine Freunde, zu denen er die Vereinsbesucher offensichtlich nicht zählt, seien ihm wichtiger, so daß man schließen kann, daß Bülents Motivation, den Verein zu besuchen, im wesentlichen seine Neugier und sein durch den Bruder gewecktes Interesse war. Die Gelegenheit, an einer sich Mitte der 1990er Jahre neu formierenden alevitischen Jugendgruppe, die ausschließlich aus Jugendlichen der zweiten Migrantengeneration bestand, teilzunehmen, scheint ihn gereizt zu haben. Diese Gelegenheit tat sich durch den Vereinsbesuch des Bruders und die Tatsache, daß der Verein in der unmittelbaren Nähe der elterlichen Wohnung lag, auf, und Bülent nutzte sie. Nachdem er sich dann ein Bild von dem Verein und seinen Aktivitäten verschafft hatte, waren ihm jedoch andere Dinge wichtiger.

Dann stelle ich eine Frage, die eigentlich nur aus meinem Forschungsinteresse heraus verstanden werden kann. Obwohl Bülent mir zuvor durch die Form seiner zwar wohlmeinenden, aber eher distanzierten Beschreibung des alevitischen Vereins zu verstehen gab, daß er aus Interesse oder Neugier, jedoch nicht aus Gründen einer über ethnische Bezüge konstituierten Identität den alevitischen Verein besuchte, frage ich, ob er sich als Alevit definiere. Damit fordere ich ihn auf, selbstreflexiv den Zusammenhang zwischen seiner sozialen Praxis, gelegentlich in den Verein zu gehen, und seiner Identität zu erläutern. Diese Frage kann man als typische Frage der Migrationsforschung verstehen, die zum einen von dem Interesse an Ethnizität geleitet ist und zum anderen nicht selten den Besuch ethnischer Vereine aus einer vermeintlich ethnischen Identität heraus zu erklären versucht oder zumindest im Zusammenhang mit Fragen zur ethnischen Identitätsbildung diskutiert (s. Kap. B). Insofern frage ich Bülent im Sinne der Prämisse vieler Arbeiten der Migrationsforschung, ob er den Verein besucht hat, da er von einer spezifischen kulturellen, hier alevitischen, Tradition gesteuert ist. Ich konfrontiere ihn also mit seiner Verstrickung in eine soziale Praxis, die ich als Identitätsfrage thematisiere, und dränge ihn als Ethnizitätsforscher in die Ecke.

Auf diese Frage hin demonstriert mir Bülent genau das schon oben explizierte Verhalten einer intellektuellen, reflexiven Selbstthematisierung. Meiner recht direkten Frage nach seiner Identität weicht er aus; seine gesamte Antwort stellt ein bedingtes Nein hinsichtlich seiner in Frage stehenden Religiosität dar. Nachdem er mir zunächst sein gefälliges Entgegenkommen und damit seine Bereitschaft, sich auf meine Frage überhaupt einzulassen, signalisiert hat, präsentiert er mir eine elaborierte Stellungnahme. Dabei behandelt er die angesprochene Thematik nicht wirklich als Identitätsfrage, sondern als theoretische und grundsätzliche Problematik einer angemessenen, modernen Geisteshaltung. Mit dem Wort „Alevitismus" kündigt sich bereits an, daß Bülent hier weniger über eine Religion als über die angemessene Interpretation der Welt und der Religionen spricht. Den von mir benutzten und im Umfeld des Vereins gängigen Begriff „Alevismus" transformiert er nämlich in „Alevitismus". Man kann dies so verstehen, daß er damit zwar die „-ismus"-Form aufgreift, sie jedoch noch steigert. Er antwortet also im Stil einer akademischen Diskussion über Weltanschauungen. Dabei beschreibt er den „Alevitismus" als eine „fortschrittliche Religion", die für moderne „demokratisch liberale" Konzepte wie Emanzipation und Säkularismus stehe, die er „dogma-tisch" in ihr „verankert" sieht. Diese Charakterisierung erscheint wie die darauf folgende Begründung, warum er sich prinzipiell dem „Alevitismus" anschließen könnte, in hohem Maße konsensfähig. Mit Hilfe der Formulierungen „identifizieren" und „sich irgendeiner Religion anschließen" (statt z.B. „an die Lehre des Alevismus glauben" oder „Alevit sein" o.ä.) faßt er reliöse Überzeugungen als eine Wahlmöglichkeit und einen rationalen Akt. Damit beschreibt er die Religion als eine der Wahlmöglichkeiten in modernen Gesellschaften. Auch auf diese Weise verhält er sich anderen gegenüber, die sich beispielsweise im Gegensatz zu ihm als Aleviten beschreiben würden, nicht etwa denunziatorisch, sondern sehr loyal.

Zugleich wendet er sich mit seiner Antwort gegen den ihm indirekt unterstellten Traditionalismus. Er sagt, daß er keine Traditionen (aus dem Elternhaus oder der ethnischen Gruppe) verlängere, da er sich, wenn überhaupt, bewußt für den „Alevitismus" entscheiden würde. Er könne wählen und präsentiert sich insofern als Typ des Individualismus, der relativ unabhängig von Familie, sozialer Herkunft und kultureller Tradition ist. Für die theoretisch denkbare Entscheidung für den „Alevitismus" präsentiert er gute Gründe; er übernimmt also nicht passiv einen Glauben und kulturelle Sitten. Die Tradition, in die ich ihn mit meiner Frage gestellt habe, faßt er durch die Beschreibung des „Alevitismus" und seiner Wahlmöglichkeit als eine Tradition des Individualismus, der Aufklärung und Modernität. Schließlich überbietet er mich bzw. die westliche Tradition, in die er mich indirekt stellt, mit der grundsätzlichen Einschätzung, daß die aufklärerischen und demokratisch-liberalen Errungenschaften des Westens infolge der Französischen Revolution schon wesentlich früher im Alevismus angelegt waren. In dem Sinne zeigt er mir, daß, wenn ich ihn schon auf eine Tradition festnageln will, dies eine Tradition ist, mit der er mich argumentativ überbieten kann. Derartige „konkurrenzorientierte Selbstdarstellungsrituale" und sprachliche Demonstrationsformen von Belesenheit und Kenntnis, wie sie hier zu beobachten sind und wie sie in Bülents ganzer Rede wiederholt vorkommen, sind ebenfalls vergleichsweise typisch für eine kompetente „Studentensprache" (vgl. Weber 1980, 210ff.).

Betrachtet man die Sequenz zur Französischen Revolution bzw. zum Vergleich der Französischen Revolution mit dem „Alevitismus" genauer, dann fällt Bülents Bemühen um zeitliche Präzision auf. Da der Vergleich allerdings auch ohne die vermeintlich genauen Daten vollkommen verständlich wäre (z.b. einfach: „wenn man bedenkt, was in der Französischen Revolution ... dann sieht man schon, daß der Alevitismus das schon Hunderte von Jahren vorher ..."), kann man die Angabe von exakten Daten und Zeiträumen ebenfalls als Imponiergehabe interpretieren. Interessant sind in diesem Zusammenhang noch weitere Feinheiten, zunächst, daß Bülent zur Präzisierung seines Verweises auf die Französische Revolution ausgerechnet das Jahr 1792 anführt. Dies ist eine eher ungewöhnliche Wahl, denn gemeinhin wird die Französische Revolution mit dem Jahr 1789, dem folgenschweren Beginn der ereignisreichen, zehnjährigen Revolution verbunden.[168] Was könnte der Grund dafür sein, daß Bülent, wenn er die Französische Revolution schon so präzise datiert, gerade das Jahr 1792 und nicht das üblicherweise genannte Jahr 1789 wählt? Für sein Verhalten bieten sich zwei Erklärungen an. Entweder, eher unwahrscheinlich, nennt Bülent das Jahr 1792 ganz bewußt. Dann könnte er zum Beispiel auf den Sturm auf die Tuilerien (10. August 1792), einem zentralen Ereignis dieses Jahres wie auch der gesamten Revolution, anspielen. Dies würde gut zu dem tendenziell angeberischen Stil, mit dem er hier demonstrativ seine Bildung herausstellt, passen. Auch die durch seine Äußerung prinzipiell eröffnete Möglichkeit, daß ich auf das herausgegriffene, eher unübliche Datum mit diesbezüglichen Kommentaren oder Nachfragen reagiere, wäre dann in seinem Sinne: Er könnte mit weiteren detaillierten Kenntnissen und Ausführungen, warum er gerade dieses Datum genannt hat, glänzen. Viel wahrscheinlicher ist dagegen, daß sich Bülent mit der Jahreszahl der Französischen Revolution schlichtweg um drei Jahre vergriffen hat. Dann müßte sein Verhalten derart gedeutet werden, daß er auch hier mit vermeintlich detailliertem Wissen blufft. Für diese Erklärung spricht, daß auch seine folgende Datierung der Ursprünge des Alevismus – 1200 Jahre vor der Französischen Revolution, also gegen Ende des 6. Jahrhunderts – nicht korrekt ist. Während selbst die islamische Zeitrechnung erst von der Auswanderung Mohammeds, dem Stifter des Islam, nach Medina (622 n.Chr.) datiert, gilt für den Alevismus gängigerweise sogar erst das 13. Jahrhundert als historischer Ursprung, als sich nämlich die den Alevismus kennzeichnenden wesentlichen Unterschiede zum sunnitischen Islam aus einer Verbindung volksreligiöser Elemente anatolischer Turkmenenstämme und der islamischen

---

168 Geschichtsbücher und Lexika geben unter dem Stichwort Französische Revolution gewöhnlich einen Zeitraum an, der von 1789 bis 1799, dem Jahr des Staatsstreichs Napoléon Bonapartes, reicht.

Mystik entwickelten.[169] Interpretiert man die Äußerungen Bülents in dieser Passage folglich als Bluff, dann ist aber auch hier die schon oben diskutierte Hypothese, daß Bülent blufft, um Unsicherheit und Unkenntnis zu verdecken, kaum haltbar: Weder müßte Bülent immer weiter fortfahren, noch erfordert diese Gesprächsstelle notwendigerweise die von ihm eher unvermittelt vorgebrachten zeitlichen Präzisierungen. Bedeutsamer ist vielmehr die Beobachtung, daß der Bluff im Eifer des Gefechts nicht auffiel bzw. unkommentiert blieb. Dann aber gilt auch für diese Gesprächspassage, was ganz allgemein für Bülents Handlungsweise festgestellt werden kann: Derartige „Fehler", wie also in Ausschnitt 6 der Verweis auf das Jahr 1792 einer sein könnte oder wie die historische Vorverlegung der Ursprünge des Alevismus noch offensichtlicher einer ist, gehen in dem beeindruckenden Hagel von Fakten, historischen Verweisen und geistesgeschichtlichen Andeutungen schlicht unter. Und genau hierin liegt der Erfolg seiner überladenen Rede begründet.

Insgesamt gesehen demonstriert Bülent in Ausschnitt 6, daß er sich von mir nicht auf eine ethnische Identität fixieren läßt. Zugleich führt er mit seiner Rede eindrucksvoll vor, wie man erfolgreich einen konsensfähigen Universalismus praktizieren kann; erfolgreich im Sinne der Beeindruckung des Gesprächspartners und der Ausräumung von möglichen Gegenargumenten.

Das Gespräch entwickelt sich folgendermaßen weiter:

Ausschnitt 7 (S. 9):
A: Und woher weißt du solche Sachen jetzt zum Beispiel?
Bülent: Ja äh mein Vater liest auch selber so Bücher und äh einiges vermittelt er auch auf Türkisch (.) und dann gibt's etliche im Verein, die sich damit besonders befassen (.) S. auch, mit dem du mal gesprochen hast. Und dann kriegt man auch selbst was so mit (.) man hört ja auch äh bestimmte Sätze, also bestimmte Gebetsformen oder sonstwas (.) ich mein, die zielen auch dahin sogesehen
A: Gehst du denn zum Beispiel, ich hab jetzt gehört, daß morgen (.) nee übermorgen ist so Cem-Treffen (.) Gehst du zu sowas hin?
Bülent: Nee (.) ich muß arbeiten (.) sonst würd ich/ würde mir das mal angucken (.) aber wie gesagt, ich hatte in meiner Jugend nicht sehr viel mit Religion zu tun gehabt und ich denke, es reicht wenn man sich moralisch einwandfrei verhält (.) und zwar ohne die Freiheit des anderen einzuschränken (.) nach dem kategorischen Imperativ von Kant so äh obwohl der ziemlich trocken ist (.) könnte bißchen emotionaler geprägt sein (beide lachen) aber so in die Richtung

Daß Bülent sich nicht selbst intensiv mit der alevitischen Kultur beschäftigt hat, war schon vor diesem Ausschnitt klar. Auf meine Frage beschreibt er hier nun, wie er sich das nur sehr allgemeine Wissen über die alevitische Kultur,

---

169 Vgl. Gülçiçek 1996, Ministerium 1995, Vorhoff 1995. Siehe auch Kap. D.IV.7.1.

das er zuvor präsentierte, angeeignet hat. Diese Aneignung beschränkt sich auf das, was er von seinem Vater (und wahrscheinlich seinem jüngeren Bruder) oder denjenigen Jugendlichen im Verein, die sich ausgiebiger mit dem Alevismus beschäftigen, aufschnappt. Wie gesehen reicht ihm dieses Wissen, um die ethnisierenden Fragen von mir in seiner Rolle des Kosmopoliten erfolgreich parieren zu können.

Obwohl Bülent zuvor deutlich gemacht hat, daß er nicht religiös ist und an den Vereinsaktivitäten nur gelegentlich teilnahm, halte ich zunächst an dem Thema fest und frage ihn, ob er zu dem religiösen Treffen, das der Verein veranstaltet, hingehen werde. Bülent antwortet, daß er nicht zu dem Cem-Treffen gehen werde, da er an diesem Tag jobben müsse und daher keine Zeit habe. Statt dann aber zu sagen, daß er ja sowieso nicht religiös sei und daher auch nicht zu dezidiert religiösen Veranstaltungen hingehe, sagt er, daß er theoretisch durchaus an solchen Veranstaltungen Interesse habe. Wie die Gesamtanalyse zeigt, hängt die Wahrnehmung solcher Gelegenheiten davon ab, ob Bülent Zeit hat und ob sie eine intellektuelle Herausforderung für ihn darstellen. Seine Motivation ist also keine religiöse, familiäre oder ethnische, sondern ein grundsätzliches Interesse auch an Kultur bzw. der Rede über Kultur. Dieses Interesse an Kultur und ihrer Beobachtung („sonst würd ich ... mir das mal angucken") paßt wiederum zu seinem intellektuellen Habitus, der noch einmal deutlich in der abschließenden Sequenz zum Ausdruck kommt. Erneut nutzt er die Frage von mir, die genaugenommen wieder an dem Inhalt seiner Äußerungen vorbeigeht, um in konsensfähiger und noch dazu lustiger Form mitzuteilen, daß das Vorhandensein einer religiösen Überzeugung nicht so wichtig sei, solange man die richtigen ethischen Maximen vertrete. Dabei stellt er sich erneut, diesmal explizit, in eine aufklärerische, westliche Tradition und nicht in eine ethnisch-türkische. Dem stimme ich lachend zu.

Betrachtet man die gesamte Rede Bülents über seine Teilnahme am Handlungszusammenhang des alevitischen Vereins, dann bleibt zu resümieren, daß an ihr in dreifacher Hinsicht das Handlungsmuster eines *intellektuellen Gelegenheitsspezialisten* beobachtbar ist. Erstens wird deutlich, daß Bülent zwar gelegentlich im alevitischen Vereinskontext vorkommt. Er bleibt aber, dem Ethnizitätsforscher vergleichbar, stets am Rande des Vereins in der Rolle eines interessierten Kulturbeobachters und nicht in der des aktiven und engagierten Teilnehmers. Zweitens nutzt Bülent die Gelegenheit, auf den Alevismus angesprochen zu werden, um Universalismus zu praktizieren und sich mir gegenüber als Intellektueller zu inszenieren, für dessen Identität nicht Ethnizität, sondern eine von Kategorien wie Volk und Ethnie unabhängige, da abstraktere, aufklärerische Tradition konstitutiv ist. Er betrachtet unser Gespräch als eines unter zwei Intellektuellen. Und drittens bestätigt sich das Interpretationsergebnis, daß sich Bülent aus Zusammenhängen, die für ihn nicht weiter intellektuell verwertbar erscheinen, heraushält.

Man kann unterstellen, daß Bülent mit diesem biographisch angeeigneten *Verhalten eines sozial sehr flexiblen, kosmopolitischen Gelegenheitsspezialisten* ohne größere Schwierigkeiten an verschiedenen, im Aufstiegsprozeß gut verwertbaren, Zusammenhängen recht erfolgreich teilnehmen kann (z.b. Diskussionen mit Lehrern, Professoren, Kommilitonen, Forschern, in Kulturvereinen usw.). Die Plausibilität dieser Annahme wird sowohl durch obige Passagen, die Bülents soziale Flexibilität hinreichend demonstrieren, als auch von Bülents Teilnahme an dem nachfolgend vorgestellten Handlungskontext bestätigt.

Bülent war nämlich in der Vergangenheit auch in einen anderen kulturell markierten Kontext involviert: in die Jugendarbeit einer örtlichen katholischen Gemeinde. Sein dortiges, ca. zweijähriges Engagement war wesentlich intensiver als im Falle des alevitischen Vereins. Als ich ihn auf seine diesbezüglichen Aktivitäten, die er bereits bei unserem ersten Treffen erwähnte, anspreche, erzählt er mir, daß er „mal zwei Jahre Jugendarbeit in der Kirche" gemacht habe (Transkript, S. 10f.). In dieser Zeit habe er eine wöchentliche Jugendgruppe von 8-16jährigen Jugendlichen geleitet und als Begleiter einer „Kommunions- und einer Firmgruppe" auf Ausflügen der Kirchengemeinde fungiert. Es ist anzunehmen, daß er dieses Engagement in unserem früheren Gespräch erwähnt hatte, um mir seine Weltgewandtheit zu demonstrieren. In dem vorliegenden Transkript sagt er in vergleichbarer Weise, daß er durch diese Zeit „auch einiges von der katholischen Religionslehre mitgekriegt" habe. Durch den Verweis auf seine damaligen Tätigkeiten kann er also behaupten, daß er sich auch in diesem kulturellen Feld auskennt. Das versucht er zu untermauern, indem er die „Vorstellungen der katholischen Kirche", die ihm „nicht passen" (das Zölibat und die Stellung des Vatikans zur Verhütung), erwähnt und dann sagt, daß er durch seine Arbeit mitbekommen habe, daß die katholische Gemeinde an der Basis diesen Vorstellungen ebenfalls kritisch gegenüber stehe. Daher habe er „insgesamt von der katholischen Religionslehre n guten Eindruck gekriegt". Meine anschließende Frage nach seinen damaligen Beweggründen, in der Gemeindearbeit mitzumachen, beantwortet er wie folgt:

Ausschnitt 8 (S. 11):
Bülent: Nein überhaupt, weil ich lebe in der abendländischen Kultur und die äh abendländische Kultur ist geprägt vom Christentum (.) also warum soll man sich da nicht mit befassen? [hm] Und das war n willkommener Anlaß und mein Freund hat dann zu mir gesagt, ja hast du Bock mit Jugendarbeit da machen? komm mal vorbei und so (.) ich hatte n guten Eindruck von den Leuten (.) schon auf dem Gemeindefest hatt ich n guten Eindruck von denen (.) hab ich auch vom Pastor D. und der ist ziemlich in Ordnung also, ein charakterlich

	hochwertiger Mensch muß ich sagen (.) ich hatte ja viele Diskussionen mit ihm, philosophische Diskussionen und äh der is richtig gut [hmhm] der kann das auch gut vermitteln wie gesagt als Mensch ist er sehr hochwertig und [hmhm] insgesamt hab ich n sehr positiven Eindruck von der katholischen Kirche
A:	Und da hast du dann irgendwann aufgehört, weil du/
Bülent:	~ ja äh ich hatt es mir vorgenommen, daß ich äh von der 10. bis zur 12. Klasse das machen werde bis das Abitur kommt (.) das hab ich auch eingehalten (.) die zwei Jahre gemacht

Bülent begründet mir gegenüber seine Tätigkeit als Jugendbetreuer in der katholischen Gemeinde, die sich offensichtlich vor vier Jahren über die Vermittlung seines Freund ergab, nicht etwa mit dem Reiz, selbst eine Jugendgruppe zu betreuen o.ä., sondern mit seinem Interesse am Christentum. Dieses Interesse resultiere daraus, daß er in der „abendländischen Kultur" lebe und sich deshalb auch in ihr auskennen wolle. Durch diese retrospektive Rationalisierung einer wahrgenommenen Gelegenheit („willkommener Anlaß"; Grundsatzdiskussionen mit dem „Pastor", von dem er einiges gelernt habe) artikuliert Bülent mir gegenüber erneut seine kosmopolitische Einstellung. Indem er die Meinung formuliert, daß es für jemanden wie ihn mit guter Allgemeinbildung etwas Selbstverständliches sei, sich auch mit dem Christentum zu „befassen", sich also Wissen über die Kultur anzueigen, unterstreicht er seine bisherige Selbstdarstellung.

Die Beschreibung seines Eingebundensein in den Zusammenhang der katholischen Kirche zeigt, wie er auch diese Erfahrung verwerten kann. Bülent nutzt seine Erfahrungen der Teilnahme an unterschiedlichen Handlungszusammenhängen (alevitischer Verein, katholische Jugendarbeit, Forschungsgespräch etc.), wenn sich die Gelegenheit ergibt (wie hier im Forschungsgespräch), um die Rolle eines angehenden Intellektuellen zu praktizieren. Daß die jeweilige Teilnahme in engem Zusammenhang mit seinem Bildungsaufstieg steht, deutet das Ende des Ausschnitts 8 an: Priorität hat für Bülent stets der schulische oder universitäre Erfolg; auf dem Weg dorthin gilt es, möglichst viel Interessantes und Verwertbares mitzunehmen, ohne sich dabei groß aufhalten zu lassen.

Nachdem Bülent mir an anderer Stelle von seinen Plänen erzählt hat, am liebsten später im „Bankenwesen" oder in „nem Job, wo man viel reisen" könne, zu arbeiten (sofern er denn weiter Wirtschaftswissenschaften und nicht demnächst Medizin studieren werde), frage ich gegen Ende des Gespräches:

Ausschnitt 9 (S. 20):
A:	Und wo würdst du gern ähm hin? Hast du irgendwie räumlich ne Vorstellung, möchtest du gern hier im Ruhrgebiet bleiben oder bist du da so ganz/
Bülent:	~ also wie gesagt, wo ich n Job krieg sogesehen (.) wenn's Ruhrgebiet/ O.K. Ruhrgebiet ist (lacht) oder nach Dunkeldeutschland (lacht) nein das fiel mir

jetzt nur spontan ein (.) das war ja jetzt auch kein Vorurteil in dem Sinne ähm das fiel mir nur so ein

Der Ort, an dem er in Zukunft leben wird, spiele also für ihn keine Rolle; er ist global einsetzbar. Was für ihn zähle, ist, einen (guten) Beruf auszuüben. Bülent kann den Inhalt der Frage wieder einmal schnell abhaken, da er für ihn nicht sonderlich relevant ist. Statt weiterer Ausführungen zu einer für ihn z.Zt. irrelevanten Thematik nutzt er die Gelegenheit dann erneut souverän und selbstbewußt zu einem das Gespräch auflockernden Witz (Anspielung auf Ostdeutschland). Insgesamt wurde bei der Interpretation deutlich, daß Bülent seine sozialen Verpflichtungen und sein Einbinden in verschiedene Kontexte vor allem nach zeitlichen Kriterien und nach ihrer Verwertbarkeit für seine Aufstiegskarriere einteilt. Wie an diesem Ausschnitt beispielhaft zu sehen ist, entwertet er dabei räumliche und lokale Bezüge, was wiederum typisch für das analysierte Handlungsmuster der Selbstinszenierung als Kosmopolit ist.

3.4 Fazit

Die Analyse hat gezeigt, daß der dynamische Aufsteiger Bülent sich konsistent als eine Person aus dem akademischen Kontext schildert und als ein angehender Intellektueller entwirft. Durchgehend erhebt er durch Form und Inhalt seiner Rede einen Anspruch auf den Status eines Intellektuellen. Mit anderen Worten: Bülent beansprucht die Zugehörigkeit zur Universität als wesentliches identitätsstiftendes Element. Das Forschungsgespräch behandelt Bülent offensichtlich als eine intellektuelle Herausforderung. Er demonstriert durch die Art und Weise, wie er sich das Gespräch aneignet, nämlich durch die Praktizierung von sozialer Flexibilität, selbstverständlicher Inanspruchnahme politischen Interesses, beeindruckenden Bluffs, von Universalismus und Humor, wie man erfolgreich sein und an der intellektuellen Szene partizipieren kann. Dazu gehört, daß Bülent es vermeidet, sich explizit als jemand zu beschreiben, der aus einer (türkischen) Arbeiterfamilie stammt oder der in der Dortmunder Nordstadt aufgewachsen ist.

Die Selbstdarstellung als überaus kompetenter und motivierter Teilnehmer am höheren Bildungssystem ist als spezifische Fähigkeit zu verstehen, die es Bülent ermöglicht, an Handlungszusammenhängen wie der Universität oder anderen leistungsorientierten Sozialsystemen, in Kulturvereinen oder am Forschungsinterview wie selbstverständlich teilzunehmen. Diese Fähigkeit hat er während seiner Bildungsaufstiegskarriere entwickelt. Zu seinem Aufstiegsverhalten gehört auch, sich als hochmotivierter Aufsteiger durch nichts, was ihn nicht interessiert und ihm im Hinblick auf seine Bildungskarriere verwertbar erscheint, aufhalten zu lassen. Man kann vermuten, daß Bülent eine Selbstpräsentation als *türkischer* Student, als Mitglied des *alevitischen* Vereins oder als Kind *türkischer* Arbeiter mit einem nur niedrigen Bildungsniveau ebenso wie den lokalen Bezug auf die Dortmunder Nordstadt als hinderlich empfindet oder zumindest als wenig hilfreich einschätzt. Für das rekonstruierte Handlungsmuster sind solche Deutungen seiner bisherigen Bildungskarriere und derartige Gebrauchsformen von Ethnizität und Raum auf jeden Fall irrelevant.

Nichtsdestotrotz läßt sich Bülent als „intellektueller Gelegenheitsspezialist" von ethnisch markierten Praxiskontexten wie dem des alevitischen Vereins oder der katholischen Gemeinde ansprechen. Es sind allerdings nicht eine ethnische Identität, Tradition, familiäre oder vergleichbare Gründe, die seine Teilnahme motivieren, sondern ein prinzipielles Interesse an Kultur, Gesellschaft und einer möglichst nutzbringenden Aneignung der sich anbietenden Gelegenheiten. Insofern sind seine Teilnahmen an den Jugendgruppen der katholischen Gemeinde und des alevitischen Kulturvereins strukturlogisch vergleichbar. Im wesentlichen beteiligt Bülent sich an derartig kulturell markierten Handlungszusammenhängen – als Beobachter, Kommentator für grundsätzliche Aspekte, in einer Führungsposition – nur so lange, wie sie für ihn etwas Neues darstellen, er durch seine Teilnahme etwas lernen kann und seine Teilnahme ohne Schwierigkeiten mit seiner Bildungskarriere und ihren Anforderungen vereinbar ist.

Da Bülent sich vorwiegend über die Aufzählung von verschiedenen Kontexten, in denen er selbstverständlich und erfolgreich vorkommt, beschreibt, kann man das identifizierte Handlungsmuster zusammenfassend *Selbstinszenierung eines Kosmopoliten* nennen. Die bei dem beobachtbaren Handlungsmuster auffällige Tendenz des Ignorierens von Lokalität und des Absehens von Erklärungen, die ethnische Bezüge beinhalten, kann dann als ein sozial typisches Verhalten eines Kosmopoliten verstanden werden. Ebenso ist derart erklärbar, daß Bülent sich tendenziell als unabhängig von seiner Familie, der lokalen türkischen Community, der Dortmunder Nordstadt oder seiner Herkunft aus einer Arbeiterfamilie beschreibt, daß er seine Beziehungen nicht über Räumlichkeit oder ethnische Traditionen definiert, sondern individualistisch: Er handelt als moderner, kosmopolitischer Individualist mit „entankerten" Handlungsstrukturen, d.h. mit delokalisierten und in bezug auf die Kultur, die Migrationserfahrung oder das Arbeitermilieu seiner sozialen Herkunftsgruppe weitgehend enttraditionalisierten Handlungsformen. Er konstituiert auf diese Weise einen für ihn gültigen *globalen* Handlungsraum. Natürlich verhält er sich seiner Herkunftsgruppe, von der er sich gelöst hat (je nach Perspektive: Türken, Aleviten oder Arbeiter), als Kosmopolit loyal gegenüber. Seine eigenen Beziehungen strukturiert er aber durchgehend nach Kriterien wie persönlichem Interesse, intellektueller Verwertbarkeit im Kontext seiner weiteren Bildungskarriere oder schlicht nach sich ergebenden Gelegenheiten.

4. Die Multikulturalistin

4.1 Gesprächsanbahnung und -rahmung

Während der Feldforschung hatte ich die *20jährige Jale* schon mehrere Male in schulischen und außerschulischen Zusammenhängen getroffen. Sie war mir als immer freundliche und erzählfreudige Abiturientin aufgefallen, die in einen Freundeskreis von vier bis sechs anderen – ebenfalls türkischen – Abiturienten und Abiturientinnen, die nach dem Abitur alle in Dortmund, Bochum oder Essen ein Universitätsstudium begannen, fest integriert war. Nach dem Beginn ihres Pädagogik-Diplomstudiums in Essen verlor ich sie aus den Augen, hörte jedoch über einen ihrer guten Freunde, den ich nach wie vor regelmäßig traf, relativ häufig von ihr und ihrem Studium. In der Zeit ihrer ersten Semesterferien fragte mich dieser Freund eines Tages, ob ich nicht mit in die Innenstadt wolle, wo er sich mit Jale und drei anderen ehemaligen Gesamtschülerinnen verabredet hatte. Als ich Jale an diesem Nachmittag dann traf, wunderte sie sich nur wenig über meine Präsenz, da sie von meinen Gesprächen mit verschiedenen Abiturient(inn)en und meinem Forschungsinteresse bereits wußte. Gemeinsam spazierten wir in einer Gruppe von fünf oder sechs Personen durch die Dortmunder Innenstadt, besuchten ein Café und unterhielten uns. Wie häufig in dieser Gruppe erstreckte sich das behandelte Themenspektrum von den letzten Parties über den neuesten Tratsch über Mitschüler, Neuigkeiten in puncto Dortmunder Café-, Kino- und Diskoszene bis zur Diskussion der ersten Universitäts-, Hausarbeits- und Klausurerfahrungen. Stets war mir in dieser Clique aufgefallen, daß alle praktisch durchgehend auf Deutsch sprachen. Obwohl bei ihren Treffen oft nur türkische Migrantenjugendliche dabei waren (gelegentlich auch zwei jugoslawische oder ein deutscher Jugendlicher), wurde sehr selten und dann nur kurzzeitig auf Türkisch gewechselt.[170] Auch fiel im Vergleich zu anderen Jugendlichen, die ich häufiger begleiten konnte, auf, daß nur selten explizit ethnische Bezüge oder ethnisch markierte Themen das Gespräch bestimmten. Diese Beobachtungen stellte ich auch an besagtem Nachmittag in der Innenstadt an. Nach einiger Zeit kam ich mit Jale ins Gespräch, in dem sie mir u.a. von der Essener Universität/Gesamthochschule, ihren ersten Erfahrungen als Pädagogikstudentin und ihren Plänen, im zweiten Semester zusätzlich ein Türkisch-Studium zu beginnen, erzählte. Als ich sie schließlich fragte, ob sie Zeit und Lust hätte, ebenfalls ein Forschungsgespräch mit mir zu führen, willigte sie sofort und mit deutlichem Interesse ein.

---

170 Wie explizite Nachfragen und verschiedene Beobachtungen bestätigten, handelte es sich dabei keineswegs bloß um Höflichkeit im Falle meiner Gegenwart, sondern um ein durchgängiges Gruppenverhalten.

Dieses Gespräch, das zwei Tage nach unserem Wiedersehen in einem Café stattfand, begann wie folgt:

Ausschnitt 1 (Transkript, S. 1):
Jale: Hast du schon angestellt jetzt?
A: Ich hab's jetzt gerade angemacht. Ja/
Jale: ~ ach so (lacht) ja warte mal (.) was willst du mich überhaupt fragen (lacht)?
A: Das wirst du gleich sehen (lacht) keine, keine wilden keine wilden Sachen
Jale: (lacht)
A: das ist einfach nur so n Gespräch (.) ich habe keinen [ja] Fragebogen oder so/
Jale: ~ ist ja kein Problem (.) ja/
A: ~ aber du kannst/
Jale: ~ was für ne Studie machst du jetzt eigentlich so? machst du so eine ähm so ne Untersuchung, was äh (.) was Schüler während der der Abi-Zeit machen und danach oder wie was wo wann?
A: Genau (.) es es geht mir so um die Orientierungen und Erfahrungen von türkischen Abiturienten und Abiturientinnen
Jale: Aha
A: Was die so für Pläne haben und so
Jale: (lacht)
A: Das ist ne Doktorarbeit an der Uni die ich schreibe
Jale: Ach so (1)
A: Ich habe auf Lehramt studiert und [hm ja] und mache jetzt ne Doktorarbeit und ähm ja interessiere mich eben gerade für die Situation so von Abiturienten [hm] und Abiturientinnen.

Auffällig an diesem Aufnahmebeginn ist einerseits Jales Kommentierung der Aufnahme. Daraus kann die Artikulation einer Unsicherheit hinsichtlich der Inhalte und der Eigenschaft, in der ich sie in dem verabredeten Forschungsgespräch interviewe, ihr Bestreben, eine „gute" bzw. adäquat vorbereitete Interviewpartnerin zu sein, sowie ihre generelle Hilfsbereitschaft („kein Problem") gelesen werden. Andererseits fällt die inhaltliche Rahmung auf, die ich in Reaktion auf ihre Fragen mit meinen Antworten vornehme. Während in Jales Frage nur von „Schülern" die Rede ist, bekunde ich in der Antwort mein Interesse an „türkischen Abiturienten und Abiturientinnen" im Zusammenhang mit einer Doktorarbeit, die sich an ein Lehramtsstudium anschließt. Damit ist dreierlei gesagt: Erstens wird Jale auf diese Weise schon zu Beginn des Gespräches explizit als Türkin angesprochen und auf diese Weise durch mich ethnisiert; zweitens sage ich, daß ich ein wohlbegründetes Forschungsinteresse an der Lebenssituation von türkischen Jugendlichen habe; und drittens unterscheide ich – im Gegensatz zu ihr – wiederholt zwischen weiblichen und männlichen Jugendlichen, wodurch sprachlich beide Geschlechter explizit gleichbehandelt werden. Mit meinen Antworten präsentiere ich mich demnach nicht nur als studierter Pädagoge, sondern darüber hinaus in einer „politisch korrekten" Form, die unter den links-liberalen Lehrern auf ihrer Gesamtschule und unter deutschen Studierenden mit einem Interesse an Migranten, türkischer Kultur usw. weit verbreitet ist. Die Gesprächssituation wird hier also deutlich gerahmt. Es ist müßig, da nicht entscheidbar, darüber zu spekulieren, ob das Gespräch wesentlich anders gelaufen wäre, ob sich Jale etwa durchgehend lediglich als Student(in) und nicht als türkische (Pädagogik-)Studentin (s. 4.2 - 4.4) beschrieben hätte, wenn ich diese Rahmung hier nicht vorgenommen hätte. Dies scheint jedoch zumindest unwahrscheinlich, da ich sie dann sicherlich an anderen Stellen direkt oder indirekt als Türkin und auf ihr Pädagogikstudium angesprochen hätte. Außerdem wußte oder ahnte Jale durch Informationen von ihren Freunden von meinem spezifischen Interesse. Insofern kann dieser Gesprächsbeginn als eine Kontextbedingung verstanden werden, in der ethnisiert wird und die Jale durch die Form der Ethnisierung durch (angehende) Lehrer oder Studenten sehr vertraut ist.

4.2 Selbstbeschreibung als türkische Multikulturalistin

Nach Ausschnitt 1 führe ich meine Antwort noch etwas fort und beschreibe Jale meine bisherigen Forschungsanstrengungen. Sodann sprechen wir im Anschluß an eine diesbezügliche Frage von mir über ein uns beiden bekanntes Café in Dortmund, das sie und ihre Freunde in der Vergangenheit häufiger besuchten, und die dort verkehrenden Leute. Nach der Unterhaltung über das Café frage ich Jale, ob sich ihr Freundeskreis nach dem Abitur verändert habe. Dies sei nicht der Fall, im Gegenteil, sie habe und pflege intensiven, nahezu täglichen Kontakt zu ihren Freundinnen, die im Gegensatz zu ihr fast alle in Dortmund studierten. Der Kontakt sei ihr sehr wichtig und auch möglich, da sie noch bei ihren Eltern in Dortmund wohne. Wie sie später sagt, sei sie gerade wegen ihrer in Dortmund wohnenden Freunde nicht nach Essen gezogen (wie zum Beispiel ihre ältere, ebenfalls studierende Schwester; s. Transkript, S. 27). So wie viele andere beobachtete Bildungsaufsteiger (z.B. auch der verletzte Aufsteiger; kaum jedoch der Kosmopolit) ist auch Jale bemüht, in der Übergangsphase Schule/Universität ihre vergangenen sozialen Beziehungen fortzuführen. Dazu paßt, daß sie ihren lokalen Herkunftskontext, Dortmund, mehr oder weniger emphatisch als Heimat faßt.[171] Trotz ihres

---

171 Beispielsweise sagt Jale, als sie zu beschreiben versucht, daß das erfolgreiche Fortbestehen enger sozialer Beziehungen entscheidend davon abhänge, ob man sich auch entsprechend darum bemüht: „... *aber wie gesagt, das liegt auch natürlich an einem selber, ob man äh da verzichten will (auf die alten Freundschaften) oder ob man nicht darauf verzichten will (.) ich kann nicht darauf verzichten, weil, ich find, irgendwie ich bin in Dortmund geboren, ich bin hier (...) ich bin in Dortmund aufgewachsen ...* " (S. 28). Obwohl Jale an einer früheren Stelle bereits erzählte, daß sie in der Türkei geboren wurde und erst im Alter von vier Monaten nach Deutschland kam, beschreibt sie Dortmund hier als ihren Geburtsort.

Studiums in Essen lokalisiert Jale ihren Freundeskreis, einen Teil ihrer Identität, der sehr große Bedeutung für sie habe, in Dortmund: Sie gebe sich „viel Mühe (...) daß diese Verbindung halt bestehenbleibt" (S. 6). Regelmäßig träfe sie sich mit ihren Schulfreunden und -freundinnen, um sich auszutauschen, durch die Stadt zu bummeln und Cafés zu besuchen. Mit dieser Ortsgebundenheit und Lokalität ihrer alltäglichen, privaten Handlungspraxis stellt Jale ebenso wie mit der Pflege ihrer guten Freundschaften biographische Kontinuität her. Dieses Verhalten ist typisch für Studienanfänger, die sich noch etwas unsicher in ihrer neuen Lebenswelt bewegen. Es schafft in der Phase der formalen Umkontextuierung der Lebensverhältnisse und der damit einhergehenden sozialen Veränderungen eine gewisse Stabilität. Mögliche Schwierigkeiten und Desorientierungen als Studienanfängerin können so abgefedert werden. Scherr würde von einer „lebensweltlich zentrierten Identität" sprechen (vgl. Scherr 1995, 134).

Angesprochen auf ihren Freundeskreis beginnt Jale, über die einzelnen Jugendlichen zu erzählen. Fast alle der Jugendlichen, die sie aufzählt, sind mir als türkische Abiturient(inn)en bekannt, da sie entweder zu der erwähnten Freundschaftsgruppe gehörten oder in ihrem Abiturjahrgang waren. Durch meine Äußerungen teile ich mit, daß ich über die einzelnen und ihr Studium bzw. ihre Ausbildung informiert bin. Wichtig für die Interpretation ist, daß Jale ihre Freunde und Freundinnen nicht ein einziges Mal als türkische Jugendliche o.ä. adressiert. Sie spricht nur von vergangenen und bis in die Gegenwart anhaltenden Freundschaften. Nachdem Jale mir dann recht ausführlich von ihren Freundschaften erzählt hat, die sie als sehr gut, lustig und vor allen Dingen als so wichtig für ihr Leben beschreibt, daß sie auch weiterhin sehr darum bemüht sei, viel Zeit und Energie in sie zu investieren, frage ich:

Ausschnitt 2 (S. 8):
A: Hast du auch deutsche Freunde?
Jale: Warte mal (.) mal überlegen (lacht) weil du stellst eine sehr gute Frage die ich leider mit nein beantworten muß (lacht) ja also, es ist so, ich meine in der Schulzeit, da hat man ja natürlich ähm da lernt man ja verschiedene äh Leute aus verschiedenen [hm] Kulturen und so alles kennen (.) okay, ich hatte ja in der Schule auch Fr/ deutsche Freunde, mit denen ich auch gesprochen habe (.) aber so privat treffe ich mich mit gar keinem (.) stimmt, ist mir noch nie auf/ doch (lacht) nee

Mit meiner Frage wird die Beschreibung ihrer Freundinnen, die sie außer durch die Nennung ihrer Namen nicht als türkisch o.ä. markiert hatte, explizit ethnisiert. Ähnlich wie zu Beginn unseres Gespräches verweist meine Frage

---

Das ist wenig überraschend, da es im Zusammenhang dieser Äußerung um die Artikulierung von Heimat, Ortsgebundenheit, Zugehörigkeit, soziale Kontinuität ihres Lebenslaufes usw. geht.

hier erneut auf meine Rolle als Forscher, der an der Lebenssituation, den Einstellungen und Handlungen einer türkischen Studentin interessiert ist. Für die Erforschung dieser Lebenssituation, so legt die Frage außerdem nahe, scheint es wichtig, ob Jale „auch deutsche Freunde" hat oder nicht. Beschrieb sie ihre Lebenssituation zuvor dadurch, daß sie auf die für sie wichtigen, guten Freundschaften verwies, so frage ich hier, ob sie genauso selbstverständlich, wie sie türkische Freunde hat, auch deutsche Freunde habe. Da dies aber aufgrund ihrer vorherigen Ausführungen offensichtlich nicht der Fall zu sein scheint, weist die Frage Jale auf ein, aus der Sicht des Fragenden, potentielles Defizit hin. Liest man die Interaktion vor dem Hintergrund, daß der Frager als relativ etablierter Repräsentant der Universität, der er als Doktorand ist, mit Jale, der Neu-Studentin, spricht, kann die Frage nach deutschen Freunden auf eine „Normalität" im Universitätsmilieu anspielen, nämlich auf die Tatsache, daß Studentinnen an deutschen Unis „normalerweise" auch deutsche Freunde und Freundinnen haben. Insofern wird durch mein Gesprächsverhalten eine Situation geschaffen, in der Jales zunächst nur formal durch den Studentenstatus begründete soziale Identität „Studentin" thematisisiert, oder besser: problematisiert wird.

Diese Situation ist nicht untypisch für eine türkische Bildungsaufsteigerin: Mit ihrem Eintritt in die Universität vollzieht Jale einen sozialen Kontextwechsel, der mit allerhand Neuem, manchmal Infragestellungen, oft Fremdzuschreibungen usw. verbunden ist. Die Frage, die sich dabei – sowohl aus ihrer Perspektive als auch aus der des Interpreten – stellt, ist, ob und wie es ihr, die sie aus einer türkischen Arbeiterfamilie stammt und bisher nur türkische Freunde hatte, gelingt, ihre Mitgliedschaft zur Universität über formale Kriterien hinaus auch sozial zu bewerkstelligen.

In ihrer Antwort behauptet Jale zunächst, daß es nötig sei, genau nachzudenken – als sei die Frage schwer oder nicht eindeutig zu beantworten. Auch bei der dann folgenden Antwort fällt die Suche nach einem geeigneten Beginn sowie, anschließend, nach der geeigneten Formulierung auf. Insgesamt indizieren die Einleitungsfigur, mit der sich Jale Zeit für die Formulierung ihrer Antwort verschafft, und die Form der Antwort eine gewisse Verunsicherung, die meine Frage hervorgerufen hat. Nach der inhaltlichen Verneinung der Frage beginnt Jale direkt, eine Erklärung dafür, daß sie keine „deutschen Freunde" hat, zu formulieren.[172] Dies ist ein Hinweis darauf, daß sie ihre Antwort vor mir als begründungsbedürftig ansieht. Sie reagiert also tatsächlich auf das mit der Frage implizit angesprochene potentielle Defizit. Auch

---

172 An der Gesamtschule mit ihrem hohen Anteil ausländischer und türkischer Schüler(innen) (s. Kap. D.I.2) wurden viele rein türkische Freundschaftsgruppen beobachtet. Sie waren „normal".

die beobachtbare Verunsicherung deutet darauf hin, daß sie auf ihre in Frage gestellte „Normalität" als Studentin eingeht.

Mit ihrer Antwort bestätigt Jale zwar, daß sie nur türkische Freunde und Freundinnen hat, deutet aber zugleich an, daß dies kein soziales Defizit sei. Jale sagt, daß sie in dem öffentlichen Raum der Institution Schule „natürlich" deutsche Mitschüler gekannt habe, mit ihnen zu tun gehabt und gesprochen habe usw.; in ihrer Freizeit treffe sie jedoch nie deutsche Jugendliche (bzw. nur türkische). Ganz im Gegensatz zu dem verletzten Aufsteiger markiert sie diese alltägliche Erfahrung einer gelebten Differenz aber nicht als Verletzung, sondern als einen Aspekt ihrer Lebenssituation, der für sie mehr oder weniger irrelevant und unproblematisch sei („stimmt, ist mir noch nie auf ..."). Auf die augenscheinliche Tatsache, daß Jale ihre nicht existierenden Freundschaften zu Deutschen natürlich aufgefallen sind („doch (lacht) nee"), braucht hier nicht weiter eingegangen zu werden. Festzuhalten ist dagegen, daß Jale diese Erfahrung nicht als ein Problem faßt, sondern im Gegenteil in eine Redeform einzubauen versucht, mit der sie „Normalität" markiert.

Daß Jale mit ihrer Selbstpräsentation Normalität signalisiert, wird in folgender Passage noch deutlicher. Nach meiner Frage, was sie denn „an der Uni für Leute kennengelernt" hätte, beschreibt sie, wie sie zunächst niemand kannte, dann aber sehr bald anfing, durch das Ansprechen von Sitznachbarn in Vorlesungen und Seminaren erste Kontakte herzustellen:

Ausschnitt 3 (S. 10):
Jale: (...) und mit der Zeit hat/ habe ich ja ähm noch viele andere Gruppen oder auch Personen kennengelernt (.) also das sind, wie soll ich dir das hier beschreiben? das sind normale Studenten so (.) die kommen äh also die, mit denen ich auch hier im Moment meistens rumhänge, sind die aus Gelsenkirchen und äh aus Bochum also (.) und das sind auch Türken (lacht)

Ihre bisherigen Unibekanntschaften charakterisiert Jale als „normale Studenten". Auf diese Weise adressiert sie sich indirekt auch selbst als „normale" Studentin, die eben verschiedene andere Studenten aus unterschiedlichen Städten kennengelernt hat, ganz so, wie das „normal" ist für Erstsemester. Diese Selbstpräsentationsform läßt sich an vielen Gesprächsstellen erkennen (s. z.B. auch Ausschnitt 1).[173] Gestützt wird die Interpretation durch die Analyse ihres Sprachverhalten: Jales Rede ist auffallend „studentisch". Ähnlich wie dies oben detailliert für den Fall des Kosmopoliten gezeigt wurde, kann man auch in Jales Rede einen oft unter Studenten zu hörenden Studenten-Jargon nachweisen. Damit sind nicht nur die der Jugendsprache zuzurechnen-

---

173 Auch ihre (in Ausschnitt 2 erst angedeutete) kulturalisierende Redeweise kann als eine gängige und typische studentische Redeweise verstanden werden; dazu gleich mehr.

den Ausdrücke wie „rumhängen", „total" usw., sondern auch die sehr häufige Verwendung von inhaltlich oft redundanten Partikeln wie „eigentlich", „halt", „ähm", „irgendwie" sowie Füllseln wie „ich glaube", „zum Beispiel", „sagen wir mal so" usw. gemeint, mit denen indiziert wird, daß die Sprecherin immer eine Meinung und Antwort vertreten kann und nicht etwa nichts zu sagen hat.[174]

Zurück zu Ausschnitt 2: Indem Jale verschiedene Schüler als Vertreter „verschiedener Kulturen" anspricht, skizziert sie die alltägliche Situation auf der Gesamtschule als eine „multikulturelle". Andere Äußerungen in dem Gespräch verdeutlichen, daß Jale sich mit dem Ausdruck „verschiedene Kulturen" auch auf die unter türkischen Schülern häufig thematisierte ethnische Binnendifferenzierung – in „Sunniten", „Sunnitinnen mit oder ohne Kopftuch", „Aleviten", „rechte Jugendliche" (z.B. Anhänger der „Grauen Wölfe"), „Atheisten" – bezieht und insofern auch türkische Schüler und Schülerinnen als unterschiedlichen Kulturen zugehörig beschreibt. Die in Ausschnitt 2 bereits in Ansätzen erkennbare Redeform, die durch Versatzstücke des „(multi-)kulturellen Diskurses" gekennzeichnet ist (z.B. „Sunnit", „Moslem", „Christ", „Toleranz", „Akzeptanz" usw.), habe ich bei vielen Jugendlichen von der Gesamtschule beobachtet. Wie die Feldforschung zeigt, bilden die Gesamtschule und die in ihrem Zentralgebäude untergebrachte RAA einen sozialen Kontext, in dem der multikulturelle Diskurs omnipräsent ist (s. Kap. D.I.2). An dem Gespräch mit Jale läßt sich daher exemplarisch studieren, wie eine Bildungsaufsteigerin diese biographisch erlernte Beschreibungsform verwendet und welchen Nutzen sie im Verwendungskontext eines Bildungsaufstiegs haben kann.

Im Anschluß an Ausschnitt 2 entwickelt sich das Gespräch folgendermaßen weiter:

Ausschnitt 4 (S. 8):
A: ja ja (.) ich frage nur weil ich die Leute jetzt alle kenne ne, frage ich so
Jale: nee nee (.) von den Deutschen/ nein sind sind keine da (.) ich weiß aber auch nicht warum (.) an mir liegt's bestimmt nicht (lacht)
A: und und das war immer schon so oder/
Jale: ~ ja doch (.) eigentlich schon (.) glaube ich
A: denk mal zurück (.) so an die Grundschulzeit/
Jale: ~ ja doch
A: und seit dem/
Jale: ~ war irgendwie schon immer so also [hm] ich weiß nicht (.) also okay ich denk mir mal, ich kann zu Menschen ziemlich gut vordringen (.) also daß ich äh leicht ein Gespräch verkuppeln kann so (.) aber also ah ich will dich ja

---

174 Vgl. Weber 1980 sowie Kap. D.IV.3.

> auch nicht beleidigen oder so ne, aber ich meine, es war ja meistens so, daß bei uns im Jahrgang so ähm daß wir Ausländer eine bessere Verbindung also einen Zusammen/ besseren Zusammenhalt hatten als die Deutschen unter sich (.) sage ich mal so (.) also zum Beispiel wenn man irgendwie sich was äh von der Mensa geholt hat, da hat man sich ja immer gegenseitig gefragt ob man auch was will (.) und dann hat man ja das ja aus der eigenen Tasche bezahlt (.) das war ja etwas Selbstverständliches oder daß man halt ähm zum Beispiel wenn man geraucht hat, daß man da etwas angeboten hat (.) das war ja auch etwas Selbstverständliches (.) aber ich muß ehrlich sagen ich ha/ ich treff äh selten Deutsche an die das auch machen (.) sage ich mal so (...)

Meine bohrenden Fragen zu ihren Freundschaften in der Vergangenheit bestätigen die bisherige Leseweise, daß Jale ihre nicht bestehenden Freundschaften zu Deutschen als ein von mir angesprochenes Defizit verstehen kann. Sie fordern wiederholt eine Erklärung von ihr. Diese liefert Jale nun und demonstriert damit schon drei Dinge, die ihr ihre kulturalisierende Rede ermöglicht.

Erstens: In Ausschnitt 4 spricht Jale darüber, daß das Finden von Freunden und der Umgang mit Freunden auf geteilten Erfahrungen und Verhaltensweisen – als Voraussetzung für freundschaftliches Verstehen – beruht. Um dies deutlich zu machen, spricht sie von kulturellen, ethnischen bzw. nationalen Unterschieden und mobilisiert gängige kulturelle und generalisierende Klischees: Ausländische bzw. türkische Jugendliche seien im Gegensatz zu den vergleichsweise verschlossenen deutschen hilfsbereiter, solidarischer, hätten einen besseren Zusammenhalt usw. Aus dem gleichen Grund oder um auszudrücken, daß auch das Leben in der Familie auf Gemeinsamkeiten und geteilten Erfahrungen beruht, verwendet Jale auch an anderen Gesprächsstellen kulturelle Stereotype (türkische Menschen und Familien seien „wärmer, freundlicher, lustiger, gastfreundlicher" usw. als deutsche).

Zweitens wird deutlich, daß Jale mit dieser Form der Mobilisierung ethnischer Unterschiede die mit meinen Fragen transportierten Zuschreibungen umkehren kann: Es liege nicht an ihr, sie habe die Kompetenzen zu Freundschaften mit allen Menschen, auch mit Deutschen, die Defizite lägen bei den Deutschen. Ihre Differenzerfahrung, bisher im wesentlichen nur mit ausländischen bzw. türkischen Jugendlichen befreundet zu sein, stellt sie also mit dem Verweis auf Verhaltensweisen und Beziehungen, die sie als „besser" bewertet, als eine Erfahrung dar, durch die sie sich positiv von mir und den Deutschen abgrenzen kann. Das, was ihr im Hinblick auf ihre Identität als Studentin an einer deutschen Universität als Schwäche oder als nicht kontextadäquate Eigenschaft unterstellt werden könnte, beschreibt sie derart selbstbewußt als eine Stärke und Besonderheit.

Drittens ist zu erkennen, wie Jale ihrer Rede durch Selbstethnisierung und Verwendung des kulturalistischem Diskurses nach einem etwas unsicherem

Anfang zunehmend Stabilität und Sicherheit verleiht („also okay ich denk mir mal ..."").

Diese Merkmale der Fallstruktur werden durch folgende Textpassage bestätigt. Im Gespräch folgt Ausschnitt 5 kurz nach Ausschnitt 3 und steht somit im Zusammenhang von Jales Schilderung, wie sie die ersten Wochen ihres Studiums erlebte und warum sie sich bisher auch auf der Universität am besten mit türkischen Studierenden verstehe:

Ausschnitt 5 (S. 10):
Jale: sagen wir mal so (.) wenn ich mit jemandem zusammensitze, dann möchte ich auch natürlich ein schönes Gespräch haben und halt über etwas Interessantes diskutieren (.) und war dann halt auch n paar mal in einem Café zusammen mit den äh neuen Freunden in Anführungsstrichen (.) aber irgendwie, da kam ni/ kein Gespräch auf (.) immer nur über's Wetter und äh wie man äh und woher man kommt (.) welche Schule man hatte und Pipapo (.) solche Sachen alltägliche Sachen (.) und jeden Tag darüber reden kann man ja auch nicht, man muß ja irgendwie schon Gemeinsamkeiten finden und ich habe da keine
A: Und über was redest du mit den anderen Leuten muß ich jetzt mal fragen?
Jale: Oh alles. Also äh mich freut es immer wieder, daß ich m/ mit Leuten reden kann äh also (.) wenn ich über Politik äh [ja] mit jemandem reden kann [ja] zum Beispiel über die Politik in der Türkei, da läuft ja ziemlich viel schief sage ich mal so [hm] und wenn man da schon angefangen hat, dann kann man stundenlang drüber reden und über die/ also da ist ja schon diese Gemeinsamkeit da, daß man türkisch ist also Türke ist ne, aus der Türkei kommt und ähm halt (.) es ist ja so daß äh verschiedene Leute aus den verschiedenen Sch/ äh Städten oder äh aus welchen äh Teilen Türkeis man kommt, daß da zig ähm Unterschiede sind [hm] zum Beispiel, die in An/ Anatolien, die halten sich noch mehr an die ähm an die Tradition als die an der Ägäis oder äh und die die oder was weiß ich (.) also (.) jede Stadt hat so seine ähm persönliche äh Art, sage ich mal so (.) sei es vom äh Essen her [hm] also vom vom Gericht her oder sei es von der Sprache oder vom Verhalten [hm] das liegt in einem einfach halt [hm] wie gesagt, jede Stadt hat ei/ hat eine Spezialität bei uns (.) und darüber kann man halt stundenlang reden oder wo/ wohin man halt im Urlaub fliegt, wo man überall war oder (.) was weiß ich (.) so halt (.) dar/ da gibt's so vieles zu erzählen oder was/ darüber kann man echt stundenlang sprechen so [hm] ja, das finde ich ehrlich ziemlich toll, wenn man mit äh Leuten darüber reden kann.

Jale begründet ihre intensiveren sozialen Beziehungen zu türkischen Studenten erneut mit herkunftsbedingten Gemeinsamkeiten, gemeinsamen Interessen und geteilten Erfahrungen. Ihr ethnisches Erklärungsmuster wird hier durch geeignete räumliche Bezüge noch zusätzlich gefestigt. Wie Jales zunehmend flüssige Rede zeigt, gelingt es ihr mit ihrer kulturellen Redeweise, die anfänglichen Unsicherheiten abzulegen.

Genau genommen beschreibt sich Jale in diesem Ausschnitt nicht nur als Türkin, sondern als eine Person, die aus einem Land stammt, für das die kulturelle und historische Vielfalt kennzeichnend sei, kurz: aus einem Land, das sich durch seine Multikulturalität auszeichne. Aus der ethnischen Zuschreibung *Türkin* im Forschungsgespräch macht sie eine *multikulturelle Identität*. Den öffentlichen Multikultur-Diskurs in der Bundesrepublik Deutschland, der gemeinhin eher soziale Beziehungen zwischen einer oder mehreren Migrantengruppen und der Bevölkerung der Aufnahmegesellschaft (z.B. Deutsche – Türken) und nicht Beziehungen zwischen „Subkulturen" einer Nation thematisiert, deutet Jale hier um. Sie stellt sich durch ihre Verknüpfung des Multikultur-Diskurses mit der Raumabstraktion Türkei in die Tradition der „Multikulturalität", ohne auf deutsche oder nicht-türkische ausländische Freunde, also eine sog. „interethnische" Freundschaftsstruktur, verweisen zu müssen. Dabei faßt sie „Kultur" bzw. „Multikultur" in essentialistischer Weise als ein Wesensmerkmal der persönlichen Identität auf, sie „liege halt einfach in einem".[175]

Durch die Reproduktion der stereotypen Diskurse über Kultur und Nationalität als dominierende und abgrenzende Merkmale der Identität von Migranten sowie ihre Anwendung auf die intern differenzierte türkische Bevölkerung stellt Jale sich indirekt auch als jemand mit einem genuinen Interesse am Multikulturalismus dar. Mit den Hinweisen auf ihre Fähigkeit, über kulturelle Unterschiede stundenlang reden zu können, sagt sie, daß sie die verschiedenen türkischen Kulturen und Subkulturen kennt und beschreiben kann (was sie an anderen Stellen des Gesprächs auch in ausführlicher Weise tut). Das Kennen der kulturellen Unterschiede, Identitäten und Erfahrungen beschreibt sie als eine Bereicherung, als etwas Interessantes und Verbindendes. Kulturelle Identitäten werden also positiv konnotiert. In dem Sinne kann man aus dieser Passage auch lesen, daß Jale mir ihre „multikulturellen Kompetenzen" demonstriert. Sie demonstriert derartige Kompetenzen durch die Thematisierung persönlicher und alltäglicher Erfahrungen im Umgang mit türkischen Schülern/Studenten und durch den Verweis auf ihre multikulturelle Herkunft.

Indem Jale es an dieser Stelle vermeidet, Deutschland bzw. die Gesellschaft in Deutschland ebenfalls als eine multikulturelle zu beschreiben, und indem sie die deutschen Studenten als eher langweilig darstellt, markiert sie ähnlich wie in Ausschnitt 4 erneut einen Unterschied zu deutschen Schülern und Studenten. Mit Bezug auf ihre Herkunft schreibt sie sich folglich Eigenschaften und Interessen zu, durch die sie besonders erscheint. Da die De-

---

175 In ähnlicher Weise sagt sie an anderer Stelle, daß auch der deutsche Paß, den sie bald beantragen werde, nichts und niemals etwas daran ändern würde, daß sie „innerlich immer noch türkisch" bliebe (Transkript, S. 34).

monstration von Individualität jedoch ein gängiges studentisches Verhalten ist, kann man interpretieren, daß Jale mir ihre studentische Individualität vorführt. Diese Interpretation wird dadurch gestützt, daß Jale sagt, das gemeinsame Interesse an Themen wie den politischen Problemen in der Türkei und der Multikultur dieses Landes mache die Gespräche unter türkischen Studenten interessanter als die Gespräche mit deutschen. „Über etwas Interessantes (zu) diskutieren" ist genau das, was viele Studenten als bevorzugte Beschäftigung praktizieren; es gehört zum studentischen Habitus.[176] Insofern demonstriert Jale in dieser Erklärung nicht nur ihre vermeintlichen (multi-)kulturellen Kompetenzen und Handlungsorientierungen, sondern betont durch ihre Abgrenzung von mir zugleich ihre Individualität als Studentin.

Die mit meinem (ethnisierenden) Gesprächsverhalten und meinen Fragen zu ihren Freundschaften (bzw. zu etwaigen deutschen Freunden) implizite Problematisierung ihrer sozialen Identität als Studentin weist Jale somit durch ihre Rede deutlich zurück. Ihr Gesprächsverhalten zeigt, wie die *selbstethnisierende Verwendung des (Multi-)Kultur-Diskurses* es ihr ermöglicht, sich als selbstbewußte Studentin zu präsentieren.

4.3 Aufstieg als Modernisierung und Emanzipation

Jale stellt sich und ihre beiden studierenden Schwestern sowie ihre besten (türkischen) Freundinnen und Freunde im Vergleich zu anderen Türken als Ausnahme, als Vorreiterinnen einer sich modernisierenden und wandelnden türkischen Migrantencommunity in Deutschland dar.[177] In diesem Sinne sagt sie an verschiedenen Gesprächsstellen, ihre Eltern hätten einen geringeren Einfluß auf die Gestaltung ihres Lebens (im Hinblick auf Partnerwahl, Studienpläne, Wohnortwahl o.ä.), als dies bei anderen türkischen Mädchen der Fall sei:

---

176 Vgl. Scherr 1995, 70ff.
177 Jale, 20 Jahre, ist die jüngste von fünf Geschwistern. Ihre älteste Schwester, 29, lebt in der Türkei, ist dort verheiratet, hat Kinder und sei wie ihre Mutter eine „ungebildete Hausfrau". Ihr älterer Bruder, 32, lebt verheiratet in Dortmund und ist wie der Vater, der seit einem Jahr Frührentner ist, ungelernter Industriearbeiter in einer Zeche. Die anderen beiden Schwestern haben wie Jale beide Abitur gemacht und studieren. Mit der 25jährigen, die gerade ihr erstes Staatsexamen als Lehrerin abgelegt hat, teilt sich Jale zu Hause ein Zimmer. Die 21jährige Schwester wohnt und studiert in Bochum.
Auch von ihrer Verwandtschaft in Deutschland heben sich die drei Töchter durch ihre höheren Bildungskarrieren deutlich ab: *„(...) Leute aus dem Verwandtenkreis, die diesen Wandel immer noch nicht durchgemacht haben sage ich mal so (.) weil äh es ist für manche Leute immer noch unerklärlich, daß alle drei Töchter äh alle drei zur Schule gegangen sind und daß alle drei studieren. Das ist etwas/ und daß eine sogar auswärts wohnt (.) das ist etwas, was die überhaupt nicht verstehen können warum sie so was darf (.) die können das nicht verstehen (...)"* (Transkript, S. 31).

Ausschnitt 6 (S. 32):
Jale: Also meine Eltern können mir heute nicht sagen „du mußt hier Studium aufhören"
A: Nee?
Jale: Nein. Können sie nicht
A: Und was würdest du dann machen?
Jale: Ja ich würde ihnen drohen, daß ich ausziehe (.) so einfach ist die Sache (.) dann würden sie mich niemals zu Gesicht bekommen (.) ah ich meine, die würden das sowieso nicht wagen (.) weil, die haben ja gesehen, ich hab's bis hierhin geschafft, also schaffe ich's auch bis da hin (.) und bei meinen Geschwistern genau so und, also okay, früher hätten die gesagt „ja warum äh studier/ warum studiert ihr? warum [hm] könnt ihr nicht irgendwie damit aufhören?" oder halt solche Sachen [hm] aber heute können sie das nicht mehr (.) weil sie a/ weil sie halt diesen äh Umgang als/ auch gemacht haben (.) also den/ weil andere denken ja immer noch „Mädchen müssen sofort heiraten und dürfen nicht studieren" (.) aber meine Eltern denken ja nicht mehr so (.) die haben heute dieses äh Gedankliche auch abgeschafft (.) und ich denk mir mal, wir werden schon unser Leben äh so gestalten, wie wir es uns auch vorgestellt haben (.) ihnen würde auch niemals die Idee kommen, daß sie halt uns/ für uns äh die Männer suchen müßten [ja] das könnten sie auch gar nicht

Im ganzen Gespräch fällt auf, daß Jale sich von bekannten Stereotypen über die türkische „Gastarbeitermigration" und von vermeintlich typisch türkischen Verhaltensweisen in bezug auf Religion, Frauenrolle, Freizeitgestaltung, Arbeiterkultur usw. abgrenzt. Es wird deutlich, daß sie die Tatsache, daß sie und ihre Schwestern studieren, mit der Erfahrung von zunehmender Selbständigkeit, Emanzipation und Ablösung von den Eltern verknüpft. Infolge ihres Bildungs- und Qualifikationserwerbs entschieden die Töchter nun autonom über ihr Leben. Ausschnitt 7 (s.u.) erlaubt es, diese Aspekte der analysierten Handlungsstruktur noch genauer zu betrachten.

In Passagen wie Ausschnitt 6, in denen wir uns über Jales Schullaufbahn, ihre Familie oder die Migrationsgeschichte ihrer Eltern unterhalten, wird klar, daß Jale sich ihres sozialen Aufstieges sehr bewußt ist, daß sie ihre Bildungs- als Aufstiegskarriere deutet. So sagt sie etwa, daß ihre Eltern als ungebildete Bauern in der Türkei zu der „untergeordneten Klasse" (Transkript, S. 11) ohne wirtschaftliche Zukunft gehört hätten oder daß ihre Mutter, die weder lesen noch schreiben könne, eine typische „türkische Hausfrau" (S. 12 und S. 38/9) sei. Jale wurde in der Türkei geboren, folgte aber kurz nach ihrer Geburt mit ihrer Mutter und den anderen Geschwistern dem Vater nach Deutschland. Da Jales Vater zunächst nur einige Jahre in Deutschland bleiben wollte, hatte ihre Mutter vor Jales Geburt mit ihren älteren Geschwistern sowohl ein paar Jahre alleine in der Türkei als auch bei ihrem Vater in Deutschland gelebt. Vor der Entscheidung, weiter in

Deutschland zu arbeiten, gingen die Eltern dann erst noch einmal in die Türkei. Aus ökonomischen Gründen entschieden sie sich jedoch schließlich nach einigen Jahren der Trennung bzw. „Hin-und-Her-Fahrerei" (S. 11) für Deutschland. Nach der Schilderung ihrer familiären Migrationsgeschichte formuliert Jale unaufgefordert die Einschätzung, daß sie im Vergleich zu anderen türkischen Mädchen viel freier und selbständiger aufgewachsen sei. Wären ihre Eltern in der Türkei geblieben, sei sie mit ihren 20 Jahren „bestimmt schon verheiratet" gewesen. Da sie und ihre Schwestern nun aber in Deutschland studierten, hätten sie „viel mehr das Sagen" (S. 12). Insbesondere fiele ihr dieser Unterschied zu ihrer ältesten, in der Türkei lebenden und verheirateten Schwester auf. Diese sei so anders als sie selbst und so anders erzogen worden, daß sie nicht glauben könne, von den gleichen Eltern abzustammen. Daraufhin fährt sie fort:

Ausschnitt 7 (S. 13):
Jale: Meine Eltern sind ja mit der mit der Einst/ Einstellung äh nach Deutschland gekommen, daß sie hier halt ähm (.) Geld verdienen und daß sie irgendwann wieder zurückfah/ fahren (.) okay meine Schwester (in der Türkei) hat dann auch gehei/ geheiratet und ähm ja (.) was wollte ich jetzt sagen? (lacht) besser gesagt, wie soll ich das jetzt ausdrücken? ähm es ist so (.) die türkische Gesellschaft ist so weit, daß sie sich jetzt auch bereit erklärt, zu/ sich zu ändern [hm] weil es ist ja immer noch, daß Mädchen wenig dürfen oder was weiß ich (.) all solche Sachen
A: Ist das noch so?
Jale: Das ist in manchen Familien noch so (.) es ist sogar noch ziemlich kraß (.) also ich kenne sogar noch äh Mädchen, die können nicht einmal bis zehn elf Uhr irgendwohin gehen noch zu einer Freundin äh zum Sitzen oder so
A: Hier in in Deutschland?
Jale: Ja, in Dortmund noch (.) also es ist so, ma/ jeder Mensch will erzogen werden [hm] und ich denk mir mal, dadurch, daß wir hier unsere auch Selbständigkeit äh in die Hand genommen haben, haben sich meine Eltern natürlich auch da bereit erklärt, sich zu erziehen [hm] weil meine Schwester (die älteste Schwester in der Türkei) wurde schon ziemlich ähm äh sage ich mal so, streng äh und auch etwas religiös erzogen.

An diesem Ausschnitt ist ersichtlich, wie Jale ihre Aufstiegserfahrungen, anders als andere Kinder von Migranten und ihre Schwester zu sein, deutet. Ihre eigene Biographie und ihr Verhältnis zu ihren Eltern faßt Jale als eine Frage der persönlichen Entwicklung und der Erziehung. Die Veränderung, die die „türkische Gesellschaft" nun zu durchlaufen beginne, habe sie bereits hinter sich. Daß Jale diese Veränderung als *Modernisierung* oder *Emanzipation* faßt, zeigt an dieser Passage u.a. die wiederholte Verwendung der Partikel „noch". Auch an anderen Stellen, an denen sie das mit ihrer Bildungskarriere zusammenhängende Gefühl der zunehmenden Verschiedenartigkeit und Entfernung von anderen Türken artikuliert (z.B. von ihren Verwandten), deutet sie ihre persönlichen Aufstiegserfahrungen als Modernisierungserfahrungen eines türkischen Mädchens. Im Einklang mit den in der Öffentlichkeit (Medien, Politik, Wissenschaft, Schule) verbreiteten Beschreibungsformen der Folgen von Migration als Frage der Integration von Individuen aus vermeintlich weniger entwickelten Staaten in eine moderne Gesellschaft, also als modernisierungstheoretisches Problem (vgl. Auernheimer 1994), reproduziert Jale in unserem Gespräch den bekannten Modernisierungsdiskurs.

In dem Sinne ist auch die letzte Äußerung in Ausschnitt 7 zu verstehen, mit der Jale konzediert, daß das Bild der strengen, traditionellen und religiösen Erziehung der Mädchen in türkischen Familien auf ihre älteste Schwester in der Türkei sehr wohl zutreffe. Damit unterstreicht sie zum einen, daß sie selbst anders bzw. moderner und emanzipierter sei als ihre Schwester. Zum anderen deutet sie mit ihrer Bemerkung den Einstellungs- und Modernisierungswandel ihrer Eltern an. Dazu führt sie an anderen Stellen aus, daß ihre Eltern noch ihre älteren Schwestern nur sehr zögerlich bei ihren Plänen, das Abitur zu machen, unterstützt hatten (Transkript, S. 39). Zum Beispiel seien sie zunächst sehr verärgert gewesen, daß ihre Schwester vor zwei Jahren gegen ihren Willen in ein Studentenwohnheim gezogen sei. Auch hätten sie „früher die Ansicht vertreten, daß wir (die Töchter) unbedingt Kopftücher tragen müßten" (S. 20). Für Jale sei es als jüngste Tochter dann leichter gewesen, die Schule nach der 10. Klasse fortzusetzen.

Das Ende von Ausschnitt 7 ist aber auch ein Hinweis darauf, daß für Jale Religion und religiöse Erziehung vergleichsweise unbedeutend sind. Ihr Desinteresse an Religion, Moscheebesuchen oder Kopftuchtragen deutet sie ebenfalls modernisierungstheoretisch: Zum Beispiel behauptet sie, daß sie inzwischen in ihrer persönlichen Entwicklung „so weit" sei, daß sie, wenn sie ein Kopftuch trüge, auf ziemlich viel verzichten müsse, „auf so ziemlich alles, was ich eigentlich mache" (S. 18). Gleichwohl verhält sie sich kopftuchtragenden Frauen, wie auch allen anderen Türken, von denen sie sich ansonsten durch den Verweis auf ihre Aufstiegserfahrungen distanziert, stets loyal gegenüber: Das Tragen des Kopftuches und der Moscheebesuch seien persönliche Entscheidungen, die bei bestehender großer Religiosität selbstverständlich seien (S. 20).

Schließlich dokumentiert Ausschnitt 7 exemplarisch, daß Jale die in unserem Gespräch zu beschreibenden Verhaltensweisen als Fragen einer genossenen (oder nicht genossenen) Erziehung bzw. einer durch Erziehung hervorgerufenen Veränderung von Verhaltensweisen thematisiert. Auf den ersten Blick scheint dies ihrer an anderen Stellen stark kulturalisierenden und essentialistischen Argumentationsweise zu widersprechen (s. 4.2). Wenn man Jales Rede allerdings als die Aneignung und Reproduktion eines spezifischen pädagogischen Diskurses liest, ist sie konsistent. In diesem Diskurs gehen Vorstellungen von Erziehung und von der Vielfalt der Kulturen eine Verbindung ein, die „multikulturelle Pädagogik" genannt wird (s. 4.4.).

Daß Jale die für eine soziale Aufsteigerin aus dem Arbeitermilieu vergleichsweise typischen Individuations- und Entfremdungserfahrungen gemacht hat,[178] wird auch an anderen Stellen unseres Gespräches deutlich. Beispielsweise beschreibt sie, daß türkische Nachbarn und Verwandte, die allesamt keine höhere Schulbildung hätten, ihr früher häufig in einer Mischung aus Neid und Respekt vorgeworfen hätten, eine „Besserwisserin" zu sein (Transkript, S. 31). Diese Personen, deren Kinder, insbesondere Töchter, „es nicht soweit gebracht haben", seien lange Zeit „eifersüchtig" auf sie und ihre beiden älteren Schwestern gewesen; ihr Verhalten, nach der 10. Klasse weiter auf die Schule zu gehen, sei als „unbrav" kritisiert worden (S. 30f.). Derartige Vorwürfe eines „Verrates an der Herkunft" (Metz-Göckel 1992, 61) hätten sich mittlerweile, da es etwas normaler geworden sei, daß auch türkische Mädchen studieren, gelegt. Heute sei ihre Familie sehr stolz auf sie und unterstütze sie in der Fortsetzung ihrer Ausbildung (Transkript, S. 30f.).

Im Zusammenhang mit diesen recht typischen Erfahrungen einer sozialen Aufsteigerin fällt insgesamt auf, wie offen Jale über ihre Herkunft und Aufstiegserfahrungen spricht. Wie andere Forschungsarbeiten über „Arbeitertöchter" zeigen, ist das nicht selbstverständlich (vgl. Schlüter 1992). Man kann nicht sagen, daß Jale „ihre Herkunft verleugnet", um im bürgerlichen Milieu bzw. der Universität als vollwertig anerkannt zu werden (ebd., 10f.). Die „widersprüchlichen Erfahrungen", sich einerseits mit dem Schul- und Hochschulbesuch aus dem sozialen und familiären Herkunftsmilieu zu entfernen und andererseits von dem bürgerlichen Umfeld doch als Arbeiterkind – oder hier: als Türkin bzw. als türkisches Arbeiterkind – wahrgenommen zu werden, führten bei Jale ganz offensichtlich nicht zu „Orientierungslosigkeit" oder „Isolationserfahrungen" (ebd.). Im Gegenteil, die in ihrer Aufstiegskarriere gemachte Erfahrung, sowohl anders als andere Personen aus ihrem Herkunftskontext als auch anders als deutsche Studenten (wie z.B. der sie interviewende Doktorand) zu sein, kann sie mit dem Multikultur-Diskurs selbstbewußt thematisieren. Mit der Deutung ihrer Bildungskarriere als aufstiegsbedingte Modernisierung und Emanzipation transformiert sie die naheliegende und ihr gewiß häufig unterstellte Identität einer türkischen, evtl. türkisch-muslimisch-sunnitischen, Frau in eine türkisch-multikulturelle Identität. Dies ermöglicht ihr eine mehrfache Distanzierung (von mir, von den „ungebildeten", „nicht-modernen", „religiösen" oder „nationalistischen" Türken), ohne orientierungs- oder sprachlos zu sein.

---

178 Vgl. Hoggart 1971, Schlüter 1992, Williams 1985 u. Young/Willmott 1972.

Befindet sich Jale in Situationen wie dem Forschungsgespräch, die für den zu bewerkstelligenden Kontextwechsel insofern charakteristisch sind, als sie ihre neue soziale Identität als Studentin, ihre Qualifikation o.ä. problematisieren, gelingt es ihr durch ihre Selbstinszenierung als moderne, emanzipierte, multikulturelle Türkin nicht nur, in studentischer Weise Individualität zu praktizieren. In der multikulturellen Form kann sie zugleich Loyalität, Toleranz und pädagogisches Interesse gegenüber türkischen Migranten, deren Verhaltensweisen und Lebensformen sich von ihren eigenen deutlich unterscheiden, demonstrieren. Auch das kann als ein unter Studierenden, gerade unter Pädagogik-Student(inn)en, übliches Verhalten gedeutet werden.

4.4 Sprache, Multikulturalismus und Emanzipation als Kompetenzen

Die dargestellte Selbstinszenierungs- und Handlungsweise ermöglicht Jale sowohl die Bearbeitung von aufstiegstypischen Verunsicherungen und Problemstellungen als auch die Entwicklung von motivierenden Zukunftsentwürfen. Dieser mehrfache Nutzen des rekonstruierten Aufstiegsmusters soll abschließend noch eingehender beleuchtet werden.

Es ist kein Zufall, daß Jale Pädagogik studiert. Seit längerer Zeit verfolgt sie dieses Ziel. Und es ist ebenfalls kein Zufall, daß die Form, in der sie über Pädagogik spricht, an die Konzepte der „multikulturellen Pädagogik" erinnert. Bereits in der Oberstufe belegte Jale einen Pädagogik-Leistungskurs, in dem vor dem Hintergrund des hohen Migrantenanteils an der Gesamtschule Themen wie multikulturelle Gesellschaft, Integration von Migranten etc. einen herausragenden Stellenwert besaßen. Nicht zuletzt durch ihre guten Noten in diesem Leistungskurs bestand sie erfolgreich das Abitur. Um die Voraussetzung dafür zu schaffen, sich ihren derzeitigen Berufswunsch, als Pädagogin zu arbeiten, erfüllen zu können, kümmerte sie sich gegen Ende ihrer Schulzeit um einen möglichst erfolgversprechenden Studienort. Da ihr bei verschiedenen Beratungsgesprächen der Pädagogikstudiengang an der Universität/Gesamthochschule Essen am häufigsten empfohlen worden war, begann Jale ihr Studium in Essen und nicht in Dortmund, wo die meisten ihrer Freunde studieren. Tatsächlich gefalle ihr das vor einem Semester begonnene Pädagogikstudium sehr, es sei genau das, was sie schon seit langem machen wolle.

Die analysierte Form der Selbstethnisierung hat sich in Jales bisheriger Aufstiegskarriere bewährt. Vergleichsweise schwierige Phasen der Des- oder notwendigen Neuorientierung konnte Jale mit der Mobilisierung von Ethnizität und der Orientierung an Pädagogik stets erfolgreich meistern. Beispielsweise griff sie in den für sie entscheidenden Statuspassagen (Übergang von der Mittel- zur gymnasialen Oberstufe sowie Beginn des Diplomstudiengangs) auf die türkische Sprache und selbstethnisierende Identitätsentwürfe als Ressourcen zurück, um die jeweilige institutionelle Einschleusung zu bewältigen. Wie die folgenden Ausschnitte demonstrieren, liegt hierin ein spezifisches Potential, das Jale im Aufstiegsprozeß nicht nur motiviert und orientiert, sondern das sie zu Beginn ihres Studiums und möglicherweise auch in ihrer beruflichen Zukunft ganz bewußt strategisch einzusetzen weiß.

Während eines längeren Gesprächsabschnittes, in dem wir uns über ihre Schullaufbahn unterhalten, erzählt Jale, daß sie immer eine nur „durchschnittliche Schülerin" gewesen sei, sich aber irgendwie „immer über Wasser" hätte halten können. Auf meine Frage, wann sie sich überlegt hätte, das Abitur zu machen, antwortet sie, daß sie das früher eigentlich nie vorhatte, weil sie immer dachte, sie würde das nicht schaffen. Auch die Art, wie ihre Lehrer vor Abschluß der Mittleren Reife die Oberstufe als sehr arbeitsam und fordernd beschrieben hätten, hätte sie eher abgeschreckt. Daher habe sie sich während der 10. Klasse um Lehrstellen beworben und sogar Vorstellungsgespräche für die Ausbildung zur Arzthelferin absolviert. Sie habe jedoch nur Absagen bekommen und wäre daher weiter zur Schule gegangen. Tatsächlich sei sie dann nach dem Eintritt in die Oberstufe mit ihren Noten „abgesackt" und in der Gefahr gewesen sitzenzubleiben. Daraufhin habe sie sich ziemlich angestrengt und so viel wie noch nie in ihrem Leben für die Schule gearbeitet. Dennoch hätte sie im zweiten Halbjahr der 11. Jahrgangsstufe noch zwei Fünfen gehabt. Eine Minderleistung konnte sie jedoch durch den auf der Gesamtschule angebotenen Grundkurs *Türkisch* ausgleichen.[179] Ab der 12. Klasse hätten sich ihre Noten dann wieder verbessert, was sie zu einem weiteren hohen Arbeitseinsatz motiviert habe. Mit der Belegung von *Türkisch* als zweiter Fremdsprache in der Oberstufe (neben Englisch und statt z.B. Französisch) konnte Jale also ihren Notendurchschnitt verbessern; in diesem Fach, in dem sie immer relativ gute Noten erreichte, machte sie schließlich auch eine der vier in NRW obligatorischen Abiturprüfungen.

Als ich Jale nach ihren bei unserem letzten Treffen in der Innenstadt geäußerten Plänen fragte, im nächsten Semester auch Seminare im Studiengang „Türkisch" zu belegen, sagte sie:

---

[179] In NRW gibt es seit 1992 erstmals Richtlinien für Türkisch-Grundkurse in der gymnasialen Oberstufe. Bei einem hohen Anteil türkischer Schüler und Schülerinnen, bestehender Nachfrage und verfügbaren qualifizierten Lehrkräften können Gesamtschulen und Gymnasien die Einrichtung von Wahlpflichtkursen in der zweiten Fremdsprache Türkisch beim Kulturministerium beantragen. Vgl. Kultusministerium des Landes Nordrhein-Westfalen 1994.

Ausschnitt 8 (S. 25):
Jale: Würde ich sehr gerne machen (.) ja (.) ja äh also (.) paar äh Vorlesungen würde ich da sehr gerne besuchen (.) weil, ich würd sehr gerne mein äh mein türkisches Wissen erweitern und meine Sprache auch [hm] meine Aussprache und so alles

Neben dem „Wissen" über die Türkei verspricht Jale sich von einem Zweitstudium „Türkisch"[180] offensichtlich eine Verbesserung ihrer türkischen Sprachkompetenzen. Als ich sie daraufhin frage, wie denn ihr Türkisch sei, antwortet sie, es sei (nur) „durchschnittlich gut". Zu Hause hätten die drei Schwestern zumeist Deutsch gesprochen. Seit einiger Zeit bemühten die Schwestern und ihre Freunde sich jedoch, untereinander nur noch Türkisch zu sprechen, um ihr Türkisch zu verbessern. Als Reaktion darauf frage ich:

Ausschnitt 9 (S. 25/6):
A: Und warum?
Jale: Ja weil (.) es ist ja so, Deutsch spricht man ja immer und überall und äh das kann man ja immer erweitern, weil wir ja in Deutschland leben. Wir besuchen deutsche Unterrichte und äh [hm] halt beim Einkaufen sei es [hm] hier und da (.) aber Türkisch kann man ja nicht immer sprechen [hm] und man muß diese Gelegenheit a/ halt auch ausnutzen um Türkisch sprechen zu können. Es muß (.) also weil die Muttersprache, die muß halt irgendwie erhalten bleiben und ich k/ ich kenn echt Leute, die kriegen keinen einzigen Satz auf Türkisch äh zustande und die auch gar nicht Türkisch können und so (.) und solche Menschen haben natürlich auch sehr viele Schwierigkeiten, wenn die in der Türkei sind [hm] also ich habe diese Schwierigkeiten nicht (.) halt nur die ersten paar Tage und dann legt sich das halt wieder [hm] weil man sich ja dann halt total drauf einstellt.

Jale will also ihre Kenntnisse über die Türkei und vor allem ihre Türkischkenntnisse verbessern.[181] Es fällt auf, daß Jale in ihrer Begründung die bekannte Forderung der multikulturellen Pädagogik, „die Muttersprachen zu erhalten" und zu fördern, übernimmt. Die Bewahrung und Erhaltung der türkischen Sprache (und, wie sich an anderen Stellen zeigt: Kultur) präsentiert Jale als Erklärung für ihre Studienpläne. Anderen türkischen Jugendlichen gegenüber sieht sie sich durch ihre vergleichsweise guten Türkischkenntnisse schon jetzt im Vorteil, was die sprachliche Kompetenz im Türkischen angeht. Diesen Vorteil will sie also bewahren und ausbauen, womit sie sich neben ihrem Studium eine besondere Zusatzqualifikation verschaffen würde. Im Ge-

---

180 Wie das weitere Gespräch zeigt, meint sie nicht den im Wintersemester 1995/96 an der Universität/Gesamthochschule Essen neu eingerichteten Studiengang „Türkischlehrer für die Sekundarstufe II", sondern den Magisterstudiengang „Türkisch (Literatur- und Sprachwissenschaft)".
181 Viele Jugendliche haben mir von vergleichbaren Plänen und Bemühungen, ihre türkischen Sprachkenntnisse zu verbessern, berichtet.

gensatz zu den in der sozialwissenschaftlichen Literatur und der Öffentlichkeit lange Zeit unterstellten Kulturkonflikten türkischer Migrantenjugendlicher, die aus dem Aufwachsen im Migrationskontext resultierten und die zu „innerer Zerrissenheit" usw. führten, begreift Jale Bi- bzw. Multikulturalität[182] nicht als Problem, sondern als eine persönliche Kompetenz und Chance.
Wenig später frage ich:

Ausschnitt 10 (S. 26/7):
A: Willst du das nächstes Semester schon dazu nehmen (.) Turkologie?
Jale: Ja klar.
A: Ist das nicht n bißchen viel?
Jale: Ach nein
A: Nee?
Jale: Nee (.) ich denke nicht (.) also äh ein paar Seminare bißchen nur [ja] das wird nicht [ja] und ich interessiere mich auch natürlich äh sehr für die Geschichte der Türken, weil es ist ja eine sehr sehr interessante ähm (.) äh doch (.) eine sehr sehr interessante Geschichte, weil es ist ja so, es gibt ja eigentlich gar keine Türken [hm] sie sind ja alle irgendwie von Asien von Griechenland [hm] Bulgarien [hm] Ägypten (.) die sind ja alle irgendwie auch da eingewandert (...) (Jale fährt mit einem Abriß der türkischen Ein- und Auswanderungsgeschichte fort) also ich find's (.) ich find's sehr schön, daß wir so eine ähm (.) multikulturelle Kultur sind sagen wir mal so (.) und weil, es gibt wirklich gar keine reinrassigen Türken (.) das kann dir gar keiner einreden (.) die kamen alle eben von links und rechts

Meine Bedenken, daß ein paralleles Zweitstudium eine Überlastung darstellen könnte, mit denen ich also indirekt ihre Kompetenz in Frage stelle, weist Jale ähnlich deutlich wie meine anfängliche Problematisierung ihrer studentischen Identität (s. Ausschnitte 2 u. 4) zurück. Es folgt ein flammendes Bekenntnis zu ihrer multikulturellen Identität und Handlungsorientierung, das als Demonstration ihrer Prädestination für eine berufliche Tätigkeit als *Pädagogin mit dem Arbeitsschwerpunkt „multikulturelle Angelegenheiten"* lesbar ist. Partikel wie „natürlich" deuten darauf hin, wie selbstverständlich die Traditionsperspektive, in die sie sich hier stellt, in ihre soziale Handlungspraxis eingeschrieben ist. Die wiederholte Bekundung von „Interesse an türkischer Kultur und Geschichte" zieht sich wie ein roter Faden durch das gesamte Gespräch, ist an diesem Ausschnitt jedoch besonders prägnant ablesbar. Jale sagt hier im Prinzip, daß sie sich kraft ihrer Herkunft aus der Türkei, einem Land, in dem „auch alle irgendwie eingewandert sind", als *geborene Expertin für Migrationsfragen* sieht. Mit der abschließenden Zurückweisung des Vorur-

---

182 Bi- bzw. Multikulturalität sind hier in dem von Jale vertretenen Sinne gemeint, i.e. als (durch ein Zusatzstudium erwerbbare) Kompetenz, neben der deutschen Sprache und dem, was sie über Deutschland weiß, auch die türkische Sprache gut zu beherrschen und sich gut in türkischer Geschichte und Kultur auszukennen.

teils von „reinrassigen Türken" distanziert sie sich nicht nur von den entsprechenden Darstellungen nationalistisch argumentierender Türken oder von allgemeinen Vorurteilen über Türken. Sie sagt implizit auch, daß diejenigen, die von „reinrassigen Türken" sprechen, eine adäquate Erziehung benötigen. Dafür wäre Jale, die Anwältin der hybriden, modernen und multikulturellen Identitäten, geeignet. Das demonstriert sie nicht zuletzt dadurch, daß sie an vielen Stellen des Gespräches, etwa wenn wir über andere Jugendliche, ihre Eltern oder andere Türken sprechen, die besondere Bedeutung von Erziehung betont.

Ihre Selbständigkeit im Vergleich zu anderen türkischen Frauen und ihren Wunsch, den Lebensstil der Eltern bzw. der Mutter nicht zu wiederholen, identifiziert Jale, wie gesehen, als Emanzipation einer Türkin der zweiten Migrantengeneration. Auch diese Aufstiegserfahrungen kann sie überzeugend in pädagogisch motivierte Redeformen und Forderungen übersetzen:

Ausschnitt 11 (S. 38/9):
Jale: Eine Frau muß auf jeden Fall ihre Selbständigkeit kriegen (.) guck/ also du brauchst dir ja nur diese höhe/ hohe Scheidungsrate anzugucken (.) was soll eine Hausfrau schon machen, wenn sie geschieden wird? sie hat nichts davon (.) also irgendwie/ vor allem die türkischen Frauen, die kennen ja ihr Recht weniger und die trauen sich ja auch gar nicht, sich scheiden zu lassen (.) weil sie Angst haben, daß sie dieser/ in dieser weiten Welt nicht zurecht kommen (.) weil sie kaum diese Sprache/
A: Aber das ist ja bei dir nicht so (.) du kannst ja was weiß ich/
Jale: Nein bei mir nicht bei mir nicht (.) aber zum Beispiel bei meiner Mutter (.) stell dir vor [hm] sie würde sich scheiden wollen (.) könnte sie nicht [hm] erstens, weil sie diese Sprache kaum kennt [hm] sie kennt äh sie kann nicht arbeiten [hm] sie hat keine Ausbildung (.) sie hat kein gar nichts in der Hand (.) also ist sie automatisch abhängig vom Mann (.) und ich vertrete diese Ansicht halt, daß eine Frau auf jeden Fall ihre Selbständigkeit erlangen muß (.) muß sein äh in der heutigen Zeit muß es auf jeden Fall sein (.) anders geht's nicht [hm] ja so ist es halt (lacht).

Die in diesem Ausschnitt demonstrierte Haltung verdeutlicht nicht nur, wie sich Jale im Rahmen ihrer multikulturellen Rede als eine moderne, emanzipierte Studentin präsentiert. Sie zeigt auch, wie Jale sich gerade dadurch, daß sie ihre bisherige Bildungskarriere als aufstiegsbedingte persönliche Emanzipation und Modernisierung deutet, speziell für pädagogische Aufgaben, deren Ziel die Betreuung von Migrantinnen und die Förderung ihrer beruflichen und sozialen Selbständigkeit ist, besondere Kompetenzen zuschreiben kann.

Was Metz-Göckel allgemein für sozial aufsteigende Arbeitertöchter formuliert, scheint auch im Falle Jales eine plausible Hypothese zu sein: „Töchter aus Arbeiterfamilien, die aus eigener Kraft sozial aufgestiegen sind, könnten eine sehr sensible Vorhut sein, Seismographen gleichsam für tiefergehende soziale Veränderungen der Frauenrolle, des Selbstverständnisses und des Geschlechterverhältnisses generell" (Metz-Göckel 1992, 37). Auch Jale demonstriert mit ihrer emanzipatorischen Rede, wie sie die zu erstrebende Selbständigkeit und Entscheidungsautonomie von Frauen als persönliche Überzeugung aufgrund eigener Erfahrungen ausgebildet hat. Durch die Betonung, daß es sich bei der Emanzipationsfrage um eine Problematik handelt, die besonders im Falle türkischer Migrantinnen relevant sei, unterstreicht sie eine Perspektive, die sie als *betroffene Expertin* ausweist. Jale hat im Zusammenhang mit ihrem bisherigen sozialen Aufstieg die Kompetenz entwickelt, biographische Erfahrungen bei Bedarf (wie hier im Forschungsgespräch) überzeugend in einer Form thematisieren zu können, die dadurch gekennzeichnet ist, daß die Kategorie Geschlecht in enger Verbindung mit den Modernisierungs-, Emanzipations- und Multikulturalismusdiskursen mobilisiert wird. Da die Mobilisierung dieser Kategorien in bestimmten (z.B. pädagogischen) Zusammenhängen höchst anschlußfähig ist, stellt Jales Kompetenz ein ausgesprochen hilfreiches berufliches Potential dar. Denn mit der erlernten Form der Deutung ihrer Bildungskarriere als aufstiegsbedingte Emanzipation und Modernisierung einer multikulturellen Türkin besitzt Jale die offenkundige „Fähigkeit, Übersetzungsarbeit zum Bestandteil sozialpädagogischer Interaktionszusammenhänge zu machen" (Lutz 1990, 268).

Lutz hat mit ihrer Arbeit über türkische Sozialarbeiterinnen darauf hingewiesen, daß diese Migrantinnen gerade für die Kompetenz, „in ihrem Arbeitsbereich ihre eigenen Erfahrungen, ihr erlerntes kulturelles Wissen, ihre sozialen Werte und Handlungsweisen für die sogenannte Integrationsarbeit mit anderen Migranten instrumentalisieren" zu können, „von den Anstellungsträgern bezahlt und von ihren Landsleuten angefragt" werden (ebd., 34). Mit der Form ihrer multikulturellen Selbstbeschreibung bietet sich Jale ebenfalls als „Mittlerin" zwischen den Migrantengemeinschaften und der Aufnahmegesellschaft an. Allerdings bestehen zwei wesentliche Unterschiede zu den von Lutz mehr als 10 Jahre zuvor interviewten Migrantinnen: Sie waren entweder Migrantinnen der ersten Generation oder migrierten erst im Jugendalter; und sie arbeiteten bereits als Sozialarbeiterinnen. Dagegen leistet die in Deutschland aufgewachsene Jale keine „kommunikative Pionierarbeit" (ebd.) mehr. Sie reproduziert und instrumentalisiert vielmehr einen mittlerweile etablierten und institutionalisierten Diskurs, den sie in den Bildungsinstitutionen, die sie in ihrem bisherigen Aufstiegsprozeß durchlaufen hat, erlernte. Ob dieses Handlungsmuster ihr ebenfalls konkrete berufliche Möglichkeiten im Bereich der multikulturellen Pädagogik eröffnet oder nicht, ob sie derartige Berufe in einigen Jahren überhaupt noch favorisiert, usw., ist nicht voraussehbar. Analysierbar ist lediglich, daß Jale eine Handlungsweise entwickelt hat, mit der sie unter Verwendung der „ethnischen" Handlungsressourcen *türkische*

Sprache und *multikulturelle Selbstbeschreibung* Verunsicherungen und Identitätszumutungen, die durch den Bildungsaufstiegsprozeß hervorgerufen werden, konstruktiv bearbeiten und dabei zugleich motivierende Zukunftsentwürfe entwerfen kann.

4.5 Fazit

Unter den durch das Forschungsgespräch hervorgerufenen Bedingungen ethnischer Zuschreibungen, die auf viele andere Situationen in Bildungsinstitutionen wie Schule oder Universität übertragbar sind, präsentiert Jale sich als eine emanzipierte, moderne Türkin mit multikulturellen Kompetenzen. Die Gesprächsanalyse hat gezeigt, daß diese Selbstbeschreibung Ausdruck eines vielseitigen Aufstiegsverhaltens ist:

Jale hat gelernt, mit der Verwendung multikultureller Unterscheidungen und der Mobilisierung ihrer türkischen Sprachkenntnisse auftretende Schwierigkeiten beim Absolvieren der einzelnen Abschnitte ihrer höheren Bildungskarriere erfolgreich zu bewältigen, aufstiegsbedingte Unsicherheiten zu absorbieren und Vertrauen in ihre eigenen Fähigkeiten zu entwickeln. Die Aneignung und Reproduktion des Multikulturalismusdiskurses ermöglicht ihr außerdem die Artikulation ihrer alltäglichen und mit anderen Migrantenjugendlichen geteilten Erfahrungen von Freundschaft, einer gelebten Differenz zu Deutschen und einer mit fortschreitendem Bildungsaufstieg zunehmenden Verschiedenartigkeit im Vergleich zu anderen Personen ihrer Herkunftsgruppe. Dies gelingt ihr in einer Weise, mit der sie verschiedene Vorurteile über türkische Migrantinnen als auf sie selbst nicht zutreffend zurückweisen, dabei zugleich Loyalität gegenüber ihrer sozialen Herkunftsgruppe demonstrieren und vor allem studentenspezifisch moderne Individualität praktizieren kann. Gerade dadurch, daß sie gelernt hat, ihre bisherigen Aufstiegserfahrungen derart als die Modernisierung und Emanzipation einer multikulturellen Türkin zu thematisieren, kann sie sich selbstbewußt als engagierte Pädagogikstudentin oder zukünftige Diplompädagogin spezifische pädagogische Kompetenzen zuschreiben. Bei Bedarf ermöglicht ihr das den überzeugenden Auftritt als Expertin und potentielle Kandidatin für pädagogische, oder genauer: multikulturelle und frauen- oder migrantinnenspezifische, Aufgabenfelder.

Im Vergleich zur großen Relevanz von Ethnizität sind räumliche Unterscheidungen für das rekonstruierte Aufstiegsmuster weniger bedeutsam. Während Jale ethnische Unterscheidungen äußerst explizit verwendet, kommen räumliche Differenzierungsformen in ihrer Handlungs- und Kommunikationspraxis zwar durchgehend, aber häufig nur indirekt vor. Auch fällt auf, daß sie ganz verschiedene Räume konstituiert. So artikuliert sie entweder im Zusammenhang mit der Fortführung früherer sozialer Beziehungen eine lokale Dortmunder Identität. Diese Form der Mobilisierung von Lokalität dient besonders der Herstellung von Kontinuität in einem Lebensabschnitt, der durch verschiedene, aufstiegsbedingte Umkontextuierungen geprägt ist. Oder sie bezieht ihre multikulturelle Rede auf Dortmund, die Gesamtschule oder die Türkei. Neben dem Bild einer kulturell vielfältigen Türkei reproduziert sie im Rahmen ihrer Selbstinszenierung als moderne, emanzipierte und individuelle Studentin auch den Diskurs des traditionellen Kulturraums Türkei. Insgesamt wird deutlich, daß die mehrfachen Raumbezüge stets ihren multikulturellen Identitätsentwurf stützen.

5. *Die Rücksichtsvolle*

5.1 *Gesprächskontext und Fallstruktur*

Bei dem der Analyse zugrundeliegenden Gespräch mit der *20jährigen Özlem* handelt es sich um das zweite aufgenommene Forschungsgespräch mit ihr. Kurz vor ihrem Abitur auf der Gesamtschule, die sie seit der 5. Klasse besuchte, nahm sie bereits an einem Gruppengespräch teil, an dem noch zwei weitere Mitschüler ihrer Jahrgangsstufe beteiligt gewesen waren. Schon in diesem ersten Gespräch wurde deutlich, daß Özlem seit jeher die beste Schülerin ihres Jahrgangs war und daß sie beabsichtigte, Medizin zu studieren. Ihre guten Schulleistungen – sie erreichte das beste Abitur ihres Jahrgangs – und ihre diesbezüglichen Anstrengungen wurden von anderen Mitschülern, mit denen ich während der Feldforschung zu tun hatte, immer sehr anerkennend kommentiert. Darüber hinaus bestätigte schon unser erstes Gespräch meinen durch die Beobachtungen auf der Schule gewonnenen Eindruck, daß Özlem, obwohl sie in Dortmund geboren wurde und aufwuchs, nicht fehlerfrei Deutsch spricht.[183] Während der Feldforschung nahm ich an verschiedenen Treffen der Jugendlichen, z.B. in der Schulcafeteria, auf Schulfeten, bei der Erstellung der Abizeitung, in städtischen Cafés usw., teil. Es fiel auf, daß Özlem in diese Veranstaltungen selten, und wenn, dann nicht übermäßig aktiv involviert war. So war ihr kurzzeitiges Engagement für die türkisch-deutsche Schülerzeitung, das die Übersetzung eines Artikels beinhaltete, mehr ein Gefallen, den sie ihrem Türkischlehrer tat, als ein aktives Miteinbringen in die Gestaltung der Zeitung. Im Gegensatz zu der Multikulturalistin, die überall dabei zu sein und stets sehr geschäftig schien, war Özlem eher zurückhaltend

---

183 Auf der Dortmunder Gesamtschule mit ihrem hohen Anteil ausländischer und türkischer Schüler und Schülerinnen ist es nicht selten, daß Jugendliche trotz ihres Aufwachsens in Deutschland nicht fehler- und akzentfrei Deutsch sprechen (s. Kap. D.I.2).

und unauffällig.[184] Gleichwohl verhielt sie sich mir gegenüber immer sehr hilfsbereit.

Als ich nach dem ersten Semester ihres Medizinstudiums, das sie in Bochum begann, bei Özlem zu Hause anrief und sie um ein weiteres Gespräch, diesmal ein Einzelgespräch, bat, willigte sie sofort ein, wies jedoch darauf hin, daß sie eigentlich wenig Zeit hätte, da sie neben der Vorbereitung auf die ersten Testate im Medizinstudium zur Zeit ihren Führerschein mache. Wir vereinbarten dennoch einen Treffpunkt in einem uns beiden bekannten Café. Als Özlem nicht zu dem Gespräch erschien, war ich sehr überrascht, da ich im Gegensatz zu manchen anderen Schülern bei ihr fest davon ausgegangen war, daß ich mich auf ihre Zusage verlassen konnte. Noch von unserem verabredeten Treffpunkt aus rief ich erneut bei ihr zu Hause an. Ihre Schwester erklärte mir, daß Özlem leider nicht hätte kommen können, da sie ihre Schwägerin und deren Kinder zu einem Arzt begleiten müsse, was nicht vorherzusehen war. Ich könne aber gerne noch an diesem Nachmittag bei ihnen zu Hause vorbeikommen. Das tat ich dann auch und wir führten das vereinbarte Gespräch in dem Wohnzimmer des Hauses, in dem Özlem mit ihrer Familie lebt.[185] Zu Beginn des Gespräches zeigte sich Özlem zunächst überrascht, daß ich auf den Vorschlag, sie in ihrem Haus zu treffen, eingegangen war. Sie hatte erwartet, daß ich einen ruhigeren Ort für unser Gespräch bevorzugte. Denn in dem kleinen Mietshaus ihrer Eltern lebt Özlem auf relativ engem Raum mit 10 anderen Familienmitgliedern – ihren Eltern, Geschwistern sowie ihrer Schwägerin mit Kindern. Während unseres ca. einstündigen Gespräches kam es daher häufiger zu kleineren Unterbrechungen: durch ihre kleinen, im Wohnzimmer herumspielenden Neffen, ihre zeitweise im Raum anwesende Schwägerin, die uns Getränke anbot,[186] sowie durch zwei ihrer älteren Brüder, die während des Gespräches von der Arbeit nach Hause kamen und sich jeweils kurz in das Gespräch einschalteten. Niemand schien sich jedoch durch unser Gespräch sonderlich gestört zu fühlen.

Özlem ist das jüngste von sechs Kindern und das einzige Familienmitglied, das eine höhere Bildungskarriere durchläuft. Ihre Geschwister haben Hauptschulabschlüsse auf der benachbarten Hauptschule gemacht und sind alle entweder verheiratet oder verlobt und haben teilweise schon Kinder. Nur

---

184 Auch das von Mitschülern erstellte „Portrait" von Özlem in der Abiturzeitung ihres Jahrgangs erwähnt ihre zurückhaltende Art.
185 Das Haus ihrer Familie liegt in dem nördlichen Stadtteil Dortmund-Eving inmitten einer ehemaligen Bergbau-Arbeiter-Wohnsiedlung, die durch einen großen türkischen Bevölkerungsanteil gekennzeichnet und deren genossenschaftlicher Träger die ehemalige lokale Bergwerkszeche bzw. ihr rechtlicher Nachfolger ist.
186 Özlems Schwägerin, die erst vor zwei Jahren aus der Türkei nach Deutschland migrierte, um Özlems Bruder zu heiraten, spricht praktisch kein Deutsch. Deshalb half ihr Özlem auch beim Arztbesuch mit ihren Kindern.

ein Bruder hat eine Berufsausbildung absolviert. Und nur die beiden Brüder arbeiten; zwei der drei Schwestern leben bei ihren Männern, sind Hausfrauen und erziehen ihre Kinder. Zum Zeitpunkt unseres Gespräches teilte sich Özlem mit der noch nicht verheirateten älteren Schwester, die allerdings kurz vor ihrer Hochzeit stand, ein Zimmer. Özlem ist also nicht nur in bezug auf ihr Medizinstudium, sondern auch in bezug auf ihre erfolgreiche Schulkarriere eine große Ausnahme in der Familie.

Die Art und Weise, wie das Gespräch selbstverständlich in die familiäre Lebenssituation integriert wurde, ist charakteristisch für die analysierte Fallstruktur. Im Gegensatz zu dem verletzten Aufsteiger, dem Kosmopoliten und der Multikulturalistin adressiert sich Özlem zumeist als Teil ihrer Familie und nicht als autonom handelndes Individuum. Dies kommt in Formulierungen wie „wir sind ja sechs Geschwister (.) Großfamilie" (statt z.B.: „ich habe fünf Geschwister") zum Ausdruck. Doch Özlem verhält sich ihrer Familie nicht nur sehr loyal gegenüber. Spricht sie über ihre Pläne und Entscheidungen, fällt auf, daß sie sie stets in einen familiären Entscheidungsrahmen einbettet, in dem die Interessen ihrer Eltern und Geschwister berücksichtigt werden. Familiäre Ansprüche und Erwartungen an sie haben vor anderen Dingen Vorrang. Ein Beispiel dafür ist die selbstverständliche Begleitung ihrer Schwägerin zum Kinderarzt trotz unserer Verabredung.

Die folgende Zusammenfassung der Fallrekonstruktion zeigt, wie Özlem ihre Aufstiegsambitionen mit dem Leben im Familienverband verträglich hält. Dabei wird deutlich, daß ihre beachtlichen individuellen Aufstiegsleistungen in einem engen Zusammenhang mit ihrer Rücksichtnahme auf die Familie stehen.

5.2 Respekt, Rücksichtnahme, Familienkompromiß

Zu Beginn des aufgenommenen Gesprächs unterhalten wir uns über verschiedene Themen: Özlems Nebenjob als Kassiererin in einem Supermarkt; den Urlaub in der Türkei mit ihrer Familie nach den Abiturprüfungen, aus dem sie nach nur einer Woche schon zurückkehrte, um ihr Abiturzeugnis auf der Abschlußfeier persönlich entgegennehmen und um sich um einen Medizin-Studienplatz kümmern zu können; ihre Eltern,[187] die seit dem Berufsende des Vaters mehrere Monate im Jahr in dem Dorf in der Türkei, aus dem sie stammen, verbringen; sowie das ihr von der ZVS im Rahmen des Bewerbungsverfahrens um einen Medizin-Studienplatz angebotene, von zwei Pro-

---

187 Ihr Vater war bis zum Antritt seiner Rente vor wenigen Jahren sowohl in der Türkei als auch in Deutschland ungelernter Bergwerksarbeiter; ihre Mutter hatte ebenfalls nur die türkische Grundschule besucht und war in Deutschland nie berufstätig. Beide Eltern sprechen auch 25 Jahre nach ihrer Migration kaum Deutsch.

fessoren geführte Auswahlgespräch für einen Studienplatz an der Universität Bochum. Nachdem Özlem mir erzählte, daß sie schon immer Kinderärztin werden wollte, frage ich sie, ob es denn auch eine Ärztin in ihrer Familie gebe. Sie verneint, in ihrer Familie gebe es bisher weder Ärzte noch Krankenschwestern, und fährt fort:

Ausschnitt 1 (Transkript, S. 6):
Özlem: Ich bin auch die einzige in der Familie, die Abitur gemacht hat [ah ja] und jetzt weiter studiert
A: Ah ja hmhm. Und äh haben/ hat deine Familie oder haben deine Eltern das dann manchmal dann so gesagt, das wäre schön, daß du [ja] also (.) so gerade so Medizin oder so/
Özlem: ~ sie haben sie sind ja auch stolz auf mich [ja] weil ich ja/ nicht, daß ich jetzt nur Medizin studiert habe, sondern auch Abitur geschafft habe und weiter studieren möchte [hm] das ist eigentlich mir überlassen
A: Ach so (.) die/ oh (.) vielen Dank
Schwägerin: Bitte (Sie reicht uns Tee.)
A: Ja. Sie (.) sie unterstützen das so die ganze Zeit?
Özlem: Ja (.) sie unterstützen mich [hm] hm
A: Und das war auch schon die ganze Zeit so oder?
Özlem: Hm ja (lacht) ich war ja die Jüngste und da haben die gesagt, ja du, unser Kleinste, du willst studieren (lacht) [ja] was weiß ich (.) so halt wie man ein Kind erzog.
A: Ja. Ich wollte gerade fragen, wieso war das äh bei dir so und bei deinen Geschwistern nicht so
Özlem: Es ist nach Interesse [hm] weil, vielleicht waren ja meine Geschwister ja nicht interessiert, weiter zu studieren [hm] das kommt einfach von innen (.) ich weiß nicht.
A: Hm. Wann hast du denn so (.) wenn du das im Rückblick dir anguckst, so für dich klar gehabt, daß du gerne Abitur machen möchtest und dann vielleicht auch studieren möchtest?
Özlem: So in der siebten und ach/ in der achten Klasse [hm] (.) erst da habe ich gesagt ich m/ ich werde Abitur machen (.) und meine Lehrerin hat mich auch unterstützt [ja] sie hat gesagt, die hat äh du bist gut in der Schule [ja] mach weiter [hm] wirst auch schaffen [ja] habe ich auch Motivation bekommen (.) habe ich gesagt, du schaffst/
A: ~ was hast du bekommen? Motivation?
Özlem: Motivation ja [ja] da habe ich gedacht, du schaffst das (1)
A: Ja. Ähm (.) wo warst du denn vorher auf der Grundschule?
Özlem: Auf der Grundschule hier bei uns äh H.-Grundschule.
A: Ah ja hm (1) und wie war das, hast du da noch Erinnerungen dran?
Özlem: Ja (1) es war also ähm meine Lehrerin, das war auch komisch (.) meine Lehrerin wollte mich aufs Gymnasium schicken (.) da meinte mein Vater, das ist zu weit entfernt und ähm deine Geschwister sind auf der Hauptschule, du kommst auch auf die Hauptschule [hm] da war meine Lehrerin nicht einverstanden (.) hat gesagt, ja geht nicht, sie ist zu gut für die Hauptschule [hm] dann schicken wir sie lieber zur Real/ dann mein Vater nein, das ist auch

	weit entfernt (lacht) und dann irgendwie kam ich auf die Gesamtschule [hm] auf unsere G.-Gesamtschule
A:	Ja (.) weil die nicht ganz so weit weg ist oder warum?
Özlem:	Ja hmhm (.) genau (.) auch bißchen (.) da bin ich auch mit der Straßenbahn gefahren [hm] aber, es war so, wir hatten einige Nachbarskinder, die auch auf der Gesamtschule waren (.) deswegen [hm] haben sie gesagt, ja (.) kannst auf die Gesamtschule

Bescheiden erklärt Özlem mir ihre Ausnahmestellung in der Familie in bezug auf ihre erfolgreiche Schulkarriere und ihr begonnenes Medizinstudium. Vergleicht man ihre Selbstdarstellung mit derjenigen des Kosmopoliten, der bemüht war, seine Klugheit und intellektuelle Kompetenz besonders zu betonen, und der darauf bedacht war, keine expliziten Hinweise auf das Arbeitermilieu seiner Familie mitzuteilen, dann fällt auf, wie zurückhaltend und bescheiden Özlem ihre Leistungen präsentiert. Fast könnte man sagen, sie spielt ihre schulischen Erfolge herunter; ihre Geschwister hätten eben andere Interessen.

Özlems Eltern seien stolz auf sie und ihre Erfolge. Daher seien ihr, dem Nesthäkchen, ihre Studienpläne und beruflichen Entscheidungen auch „eigentlich" selbst „überlassen". Mit dieser Äußerung sagt Özlem nicht nur, daß ihr Oberstufen- und Universitätsbesuch (bzw. die Studienwahl) von ihren stolzen Eltern grundsätzlich unterstützt wird. Indirekt spricht sie hier auch so etwas wie familiäre Besonderheiten ihrer „eigentlich" selbstbestimmten Verfolgung ihrer Aufstiegsziele an – spezifisch familiäre Voraussetzungen, Ausnahmen oder Einschränkungen. Mit der anschließenden Beschreibung ihrer Schulkarriere liefert sie umgehend ein Beispiel dafür. Denn offensichtlich verliefen die Entscheidungen über ihre Schullaufbahn nicht so wie bei denjenigen Aufsteigern, die stets von ihren Eltern zu ihren Schulleistungen und zu einem Studium motiviert wurden. Es war ihre Lehrerin, die Özlem aufgrund ihrer guten Schulleistungen zum Abitur „motivierte"; ihr Vater unterstützte diesen Plan zunächst nicht vorbehaltlos. Als Grund für die Haltung des Vaters führt Özlem die Entfernung des Gymnasiums von der elterlichen Wohnung an. Die „Lösung", der der Vater schließlich zustimmte, war die Gesamtschule, die zwar ebenfalls in einem anderen Stadtteil lag, also nicht so nah wie die vom Vater favorisierte Hauptschule im gleichen Stadtteil, auf die jedoch auch „einige Nachbarskinder" gingen. Das Gymnasium oder die Gesamtschule sind Schulen, die weder der Vater selbst noch seine anderen Kinder besucht hatten. Man kann vermuten, daß diese Bildungsinstitutionen und die mit ihnen verbundenen Lebensformen und Lebensläufe ihrem Vater mehr oder weniger fremd waren. Die Tatsache, daß auch Kinder, die dem Vater aus der Nachbarschaft oder über andere Familien bekannt waren, die für ihn fremde Schule besuchten, habe dazu geführt, daß er bzw. ihre Eltern sich – in Form eines Kompromisses zwischen seinen Wünschen und denen der Lehrerin – für die Gesamtschule entschieden. Die Entscheidung, das Abitur zu machen, beschreibt Özlem insofern als eine Entscheidung, die wesentlich von der Erfüllung der Erwartungen ihres Vaters abhing. Özlem beschreibt ihren Vater weder als jemanden, der ihr ihren Bildungsaufstieg verbietet, noch als jemand, der ihn bedingungslos unterstützt, sondern vor allem als jemand, auf den sie Rücksicht nimmt.

Obwohl ihr Vater sich denkbar stark von Özlem unterscheidet und seine Einstellungen und Erfahrungen (bzw. die ihrer Eltern) stark von ihren eigenen differieren (wie sie auch an anderen Textstellen verdeutlicht), spricht Özlem sehr verständnisvoll, fast nachsichtig über ihre Eltern. Statt sie als „ungebildete Bauern" o.ä. zu beschreiben, wie das die meisten anderen der befragten Abiturienten und Abiturientinnen taten (so z.B. der verletzte Aufsteiger oder die Multikulturalistin), kommentiert Özlem die Verhaltensweisen ihrer Eltern ähnlich respektvoll wie die weit weniger erfolgreichen Biographien ihrer Geschwister (z.B.: „so halt wie man ein Kind erzog"; „vielleicht waren ja meine Geschwister ja nicht interessiert, weiter zu studieren ...").

In derartigen Beschreibungen reproduziert sich eine Handlungsorientierung, die durchgehend am ganzen Gesprächstext interpretierbar ist. Die entsprechenden Gesprächsstellen verweisen darauf, daß Özlem bei der Verfolgung ihrer Aufstiegsziele stets die Wünsche, Ängste, Gefühle oder Einstellungen ihrer Eltern und Familie bedenkt und berücksichtigt. Noch deutlicher wird dieses Verhalten an einer Passage nur kurze Zeit später.

Özlem erzählt mir, daß sie immer die beste Schülerin in ihrem Jahrgang auf der Gesamtschule gewesen war. Daraufhin frage ich, ob es für sie je eine besondere Bedeutung gehabt habe, daß sie als Mädchen so erfolgreich war. Im Gegensatz zur Multikulturalistin verneint Özlem dies deutlich, „auch Jungen hätten das schaffen können". Als ich dann auf andere türkische Mädchen, die nicht studieren, anspiele, schaltet sich ihr kurz zuvor in den Raum eingetretener, gerade von seiner Arbeit (als Aushilfsarbeiter bei einer Gerüstmontagefirma) heimkehrender 25jähriger Bruder in das Gespräch ein. Er erklärt mir, daß das Verhalten der von mir indirekt angesprochenen nicht studierenden türkischen Mädchen und die Tatsache, daß viele türkische Mädchen abends nicht „so spät rausgehen" dürften, „auch religiöse Gründe hätte". In ihrer Reaktion auf seine Bemerkung modifiziert Özlem seine Einschätzung etwas und meint, daß die Vorbehalte mancher türkischer Eltern sich auf die „Entfernung" der Töchter von dem Wohnort der Eltern bezögen, was wiederum „kulturell", aber nicht unbedingt religiös begründet sei. Auch in dieser kurzen Passage, in der ihr Bruder an unserem Gespräch teilnahm (Transkript, S. 8/9), kann Özlems ebenso rücksichts- und respektvolle wie kompromißsuchende Haltung beobachtet werden. Obwohl sich der Bruder offensichtlich mit wichtigen Bemerkungen etwas vor mir aufspielt und Özlem seine Meinung hinsichtlich der angeblich religiösen Gründe nicht teilt, fährt sie ihm nicht verbessernd über den Mund oder ironisiert seine Bemerkungen. Vielmehr „übersetzt" sie das, was sie glaubt, das er sagen will, für mich, indem sie seine Formulierungen vorsichtig „reformuliert" und für mich erläutert. Nur indirekt sowie höflich, taktvoll und einfühlsam korrigiert sie durch ihren Verweis auf die „Entfernung" und damit auf „kulturelle Sitten" die religiöse Pauschalerklärung des Bruders. Ähnliches ist an Ausschnitt 2 ersichtlich.

Die von mir eingeführte Thematisierung des Verhaltens türkischer Mädchen greift Özlem auf und führt als Beispiel ihre Studienortwahl an. Medizin könne man in Dortmund nicht studieren; die von Dortmund aus nächste Universität sei Bochum:

Ausschnitt 2 (S. 9):
Özlem: Zum Beispiel (.) hätte ich einen Platz in Berlin bekommen (über die ZVS) [ja] oder in München [ja] dann würde mein Vater mich nicht hinschicken.
A: Ja (.) auch aus religiösen Gründen?
Özlem: Nicht aus religiösen
Bruder: ~ ach nee (.) nicht aus religiösen Gründen (.) aber das kommt darein wieder [ja] die Religion (.) weil, das/ sie ist ein Mädchen [ja] allein [ja] siehst du ja auch hier in Deutschland (.) wie das alles läuft [ja]
Özlem: Also (.) wird nicht gut gesehen von/ also nicht erkannt von anderen Verwandten oder Bekannten [ja] oder Nachbarn [ja] wird ganz schlecht darüber gesprochen (.) ein Mädchen äh wohnt und lebt allein in einem anderen Stadt [ja] ohne Aufsicht würd/ wäre dann, also (.) würden die anderen sagen (.) ich weiß nicht
A: Ja also das wäre ja eine schwierige Situation gewesen (.) ne? [hmhm] wenn du jetzt Berlin bekommen hättest [genau] dann/ hättest du denn dann noch ernsthaft überlegt oder kannst du dir das vorstellen oder/
Özlem: ~ ich glaube schon [hm] also, da würde vielleicht mein Vater äh mich mit mit meiner Mutter [ja] hinschicken (.) also [ja] dann würde ich mit meiner Mutter zusammenleben [ja] in einer Wohnung [ja] aber alleine dürfte ich bestimmt nicht

An dieser Stelle sollen weder die Antwortversuche des Bruders, der kurz nach dieser Passage das Zimmer wieder verließ, noch die Sprachschwierigkeiten von Özlem interessieren. Wichtiger ist, daß Özlem nun auch die Entscheidung für ihren Studienort als eine Entscheidung darstellt, die von der Zustimmung ihres Vaters abhängt. Sie geht nicht irgendwo hin, sondern ihr Vater „schickt" sie bzw. „schickt" sie nicht irgendwo „hin". Als Grund führt sie die Befürchtung des Vaters bzw. der Eltern an, Verwandte und Nachbarn würden „schlecht" über sie reden, wenn sie als Mädchen alleine außerhalb des elterlichen Wohnbereiches „ohne Aufsicht" lebte. Ob Özlem diese Formulierung wählt, um einer etwaigen Haltung des Bruders rücksichtsvoll zu entsprechen, ist nicht mit Sicherheit zu sagen. Festgestellt werden kann jedoch, daß sie, indem sie sich – vor ihrem Bruder und mir – als das (türkische) „Mädchen", das „beaufsichtigt" werden muß, präsentiert, erneut Rücksichtnahme und Loyalität ihren Eltern und deren Einstellungen gegenüber demonstriert. Dies tut sie in vergleichbarer Weise auch an anderen Gesprächsstellen, wo wir uns alleine im Wohnzimmer befinden oder auch schon in dem Gruppengespräch.

Beide Optionen, Bochum und die hypothetische Situation Berlin, haben die Gestalt eines Kompromisses. Da Özlem jetzt in Bochum studiert, kann sie pendeln, also noch zu Hause wohnen, wie ihre Eltern das wünschen. Hätte sie aufgrund einer entsprechenden Studienplatzzuweisung in Berlin oder in einer anderen, ähnlich entfernten Stadt anfangen müssen, hätte sie durch die Begleitung ihrer Mutter ebenfalls den Vater (bzw. andere Verwandte) beruhigt. Özlem wählt folglich keine Lösung, mit der sie einen Konflikt mit der Familie oder ihren Eltern riskieren würde. Dazu paßt die bemerkenswerte Tatsache, daß sie bei ihrer Schilderung weder sich noch das Verhalten ihrer Eltern in irgendeiner Form abwertet – wie dies andere Jugendliche tun, die das Verhalten ihrer Eltern als altmodisch, traditionell o.ä. kritisieren. Zu solchen Zumutungen der üblichen Kultur- und Migrationsdiskurse in Deutschland und den damit verbundenen Erwartungen der individuellen oder kollektiven Selbstabwertung bewahrt Özlem in ihrer dezenten, verständnis- und respektvollen Rede durchgängig Distanz.

Aufschlußreich ist an Ausschnitt 2 aber auch der schlichte Umstand, daß Özlem nicht sagt, im Fall eines anderen Studienplatzangebotes hätte sie nicht studiert oder diesen Platz nicht angenommen. Vielmehr sagt sie, daß dann ihre Mutter mitgekommen wäre und mit ihr zusammengelebt hätte, da sie (als unverheiratetes Mädchen, wie sie an anderer Stelle erklärt) nicht allein leben dürfe. Ihren Plan und Wunsch zu studieren, hätte sie somit auch in diesem Fall realisiert.

Insofern demonstriert diese Passage eindrucksvoll die Art und Weise, in der die Medizinstudentin ihr biographisches Projekt mit einem entgegenkommenden, respekt- und rücksichtsvollen Umgang mit ihrer Familie verknüpft. Dieses Handlungsmuster läßt sich an verschiedenen Beispielen in unserem Forschungsgespräch beobachten.

Auch mit ihrem Plan, so wie viele ihrer Mitschüler den deutschen Paß zu beantragen, nimmt sie Rücksicht auf die Gefühle und Einstellungen ihrer Eltern, insbesondere auf die ihres Vaters, der ein „bißchen dagegen" sei (Transkript, S. 20). Sie wolle zwar im Gegensatz zu ihren Eltern, die ihr Leben lang davon träumten, später „für immer in die Türkei" zu gehen, auf keinen Fall in der Türkei leben. Im Gegenteil, ihre Zukunft als Ärztin sieht sie ganz selbstverständlich in Deutschland (S. 24/5). Dennoch werde sie den deutschen Paß zunächst nicht beantragen, da sie damit ihren Vater „bestimmt ärgere" und „seelisch erkranke". Sie wolle erst einmal warten, bis ihre älteren Brüder, die ebenfalls in Deutschland bleiben möchten, auch die deutsche

Staatsangehörigkeit beantragen: „Als erste möchte ich das lieber nicht" (S. 24). Räumliche Unterscheidungen sind für das rekonstruierte Handlungsmuster kein hervorstechendes Merkmal. Zwar werden Räume offensichtlich unter dem Gesichtspunkt relevant, ob sie in der Reichweite der Familie liegen. So ist die Nähe zu dem Haus der Familie in Dortmund, dem gemeinsamen Wohnort, charakteristisch für Özlems Aufstiegsverhalten. In der aktuellen Phase ihres Bildungsaufstiegs ist sie täglich – allerdings nur kurz – zu Hause präsent, sie beteiligt sich an Familien-, Verwandtschafts- oder Arztbesuchen usw.; kurzum: Özlem ist für die familiäre Kommunikation täglich erreichbar. Trotzdem spielen Raum oder Lokalität – als Handlungskategorien – keine wesentliche Rolle in ihrem Handlungsmuster. Abgesehen davon, daß Özlem selbst nur äußerst selten räumliche Bezüge verwendet, zeigt die Interpretation ihrer Gesprächshandlungen deutlich, daß nicht der spezielle Studienort Bochum, die Distanz zwischen Studien- und Wohnort der Familie, der Bezug auf einen konkreten zukünftigen Wohnort oder vergleichbare Bezüge auf Ausschnitte der Erdoberfläche von Bedeutung sind, sondern die Rücksichtnahme auf die Gefühle ihrer Eltern und die Signalisierung von Kompromißbereitschaft. Solange ihre Mutter sie an einen relativ weit von Dortmund entfernten Studienort begleiten würde oder solange die Möglichkeit der täglichen Distanzüberwindung zwischen Studien- und Wohnort der Eltern gegeben wäre, könnte Özlem ihren Bildungsaufstieg auch in Berlin oder sonstwo problemlos mit dem Medizinstudium fortsetzen.

5.3 Irrelevanz von Ethnizität

Özlem greift in ihrer Rede nur sehr selten auf ethnische Unterscheidungen zurück. Wenn überhaupt, geschieht dies nach vorhergehender Ethnisierung meinerseits und außerdem in einer erstaunlich zurückhaltenden und wenig überzeugenden Weise. Diese Merkmale ihrer Rede fallen insbesondere im Kontrast zum Sprachverhalten der Multikulturalistin auf.[188] Özlems sparsame und unsichere Verwendung des Kulturdiskurses verweist auf die geringe Relevanz, die die Ethnizitätskategorie für sie bisher hatte.

Als stets jahrgangsbeste Schülerin, die insbesondere in den naturwissenschaftlichen Fächern und in Mathematik gut war,[189] kam Özlem nie in die Situation (wie die Multikulturalistin), auf ethnische Ressourcen wie z.B. die

---

188 Özlem und die Multikulturalistin Jale besuchten die gleiche Gesamtschule und legten im gleichen Jahrgang ihr Abitur ab, waren jedoch nicht weiter befreundet.
189 Da Mathematik immer Özlems Lieblingsfach war, hatte sie sich für den Fall, daß sie keinen Medizinstudienplatz bekommen würde, als für sie bestmögliche Alternative überlegt, ein Mathematikstudium aufzunehmen.

türkische Sprache zurückzugreifen und den angebotenen Türkischkurs in der Oberstufe zu belegen, um derart Defizite in anderen Fächern auszugleichen. Im Gegenteil, Özlem betont, daß sie lieber weniger Türkisch sprechen würde, um ihr mangelhaftes Deutsch zu verbessern. Auch könnte man angesichts ihres nach eigenen Angaben lebenslangen Wunsches, Ärztin zu werden, vermuten, daß sie in ethnisch gekennzeichneten Verhaltensweisen gerade wegen ihrer Zukunftspläne nie einen größeren Verwendungssinn gesehen hat. Denn im ärztlichen Berufsfeld ist die Mobilisierung ethnischer Kategorien generell weniger verwertbar als in dem einer Pädagogin. Insofern könnte Özlems Rede auch auf ein durch ihren Berufswunsch bedingtes Desinteresse an ethnischen Unterscheidungen hindeuten.

Statt von ihr aus ethnisch markierte Themen in unser Gespräch einzuführen, stellt Özlem wiederholt studienbedingte Nachfragen. Diese Nachfragen verweisen auf ihr Bemühen, ihr Berufsziel Ärztin zielstrebig und effektiv zu verwirklichen. Da Özlem davon ausgeht, als zukünftige Ärztin ebenfalls zu promovieren, erkundigt sie sich bei mir z.B. recht detailliert über Art, Umfang und Dauer von Promotionen sowie die Unterschiede zwischen einer gesellschaftswissenschaftlichen und einer medizinischen Doktorarbeit. Über diese Artikulation ihres Interesses an der Erlangung akademischer Titel präsentiert sie sich als kompetente Teilnehmerin des höheren Bildungssystems – ohne dabei ethnische Formen zu mobilisieren (wie etwa die Multikulturalistin).

Ein weiterer Grund für die vergleichsweise geringe Bedeutung von Ethnizität wird deutlich, wenn man Gesprächsausschnitte wie den folgenden, in denen Özlem ausnahmsweise mit „Kultur" und ethnischen Unterscheidungen operiert, genauer analysiert. Mit Bezug auf die vorhergehende Intervention des Bruders, Özlems Rede von „unserer Religion" und ihre Erwähnung, daß sie seit vier Jahren aus Solidarität mit ihrer Familie zur Fastenzeit mitfaste (S. 11), frage ich Özlem nach der Bedeutung, die Religion für sie habe:

Ausschnitt 3 (S. 14):
A: Bist du denn ähm auch religiös erzogen worden? Hast du so von der Religion auch was mitbekommen?
Özlem: Nein (.) äh also äh ich bin nicht zur Moschee gegangen (.) ich war nicht ((zu dem Kind, das fragt:) ja kannst du) äh ich/ mei/ also (.) meine ähm meine meine Schwestern, die ja auch verheiratet sind [hm] die tragen auch kein Kopftuch [hm] die müssen auch nicht beten. Es gibt ja diese äh [ja] fünf weißt du ja (.) fünf (lacht) Tageszeiten beten [ja] das machen auch meine Eltern nicht. Sie sie gehen auch nicht zur Moschee (.) aber (.) sie sind so halt streng (.) äh (1) ich glaub, auch irgendwie durch Kultur und, ich weiß nicht (.) aber [hm] zu religiös sind wir nicht [hm] es gibt ja einige Hodschas [hm] die das richtig machen dieses Fünf-Tageszeiten-Beten [hm] und viele ähm (.) wie sagt man das? (.) so Gebete [hm] verschiedene Gebete (.) ich ich kann

	nur zwei oder vier Gebete so auswendig [ja] aber ansonsten? [ja] Arabisch lesen kann ich auch nicht (.) meine Eltern auch nicht.
A:	Ja. Warst du denn auch mal im Korankurs zum Beispiel?
Özlem:	Nein (.) nur einmal bin ich mit meiner Freundin hingegangen (.) aus Interesse [ja] dann nicht mehr.
A:	Ja. Das machen ja sehr viele Jugendliche/
Özlem:	~ ja (.) sehr viele (.) aber auch durch die Eltern [hm] meine Eltern haben ja nichts gesagt, ja geh zum Korankurs oder so (.) haben sie mir nicht gesagt [hm] al/ äh zum Beispiel, ich kann mich frei anziehen (.) so ohne Kopftuch oder so modisch (.) sagen nichts dazu (.) aber nur abends darf ich nicht rausgehen [hm] wie halt türkische Mädchen erzogen sind (lacht) [hm] so

Abgesehen von ihrer Demonstration gängigen Wissens über die religiöse Praxis der Muslime sagt Özlem unmißverständlich, daß Religion für sie, aber auch für ihre Familie keine große Rolle spiele. Sie sei weder religiös erzogen noch zur Praktizierung religiöser Tätigkeiten angeleitet worden. In ihren Antworten spricht Özlem davon, daß ihre Schwestern „auch nicht beten müssen" und daß sie selbst sich „frei anziehen" könne. Diejenigen, die über diese Dinge entscheiden, sind also wie bei der Schul- und Universitätswahl (s. Ausschnitte 1 und 2) erneut ihre Eltern (bzw. die Männer der Schwestern) und nicht sie (oder ihre Schwestern) und ihr persönlicher Glaube. Insofern artikuliert Özlem auch in Ausschnitt 3 ihren bzw. den familiären Respekt vor den Eltern und ihren Einstellungen.

Religiös seien die Eltern nicht, „aber (.) sie sind so halt streng". Hiermit spricht Özlem explizit an, was sie im bisherigen Gespräch schon wiederholt angedeutet hat. Mit „streng" bzw. „strenger" Einstellung meint Özlem, wie dieser Ausschnitt und andere Stellen zeigen, im wesentlichen drei Sachen: Ihre Eltern (bzw. ihr Vater) erlauben nicht, daß sie abends spät ausgeht; sie darf „offiziell" keinen Freund haben, zumindest dürfen ihre Eltern und Brüder nicht von ihm wissen; und sie darf nicht alleine außerhalb des elterlichen Hauses leben, solange sie noch nicht verheiratet ist. Mit anderen Worten: Özlem spricht über die Regeln und Gewohnheiten des familiären Zusammenlebens, zu denen auch die Erwartungen und Einstellungen ihrer Eltern gehören.

Das „strenge" Verhalten der Eltern erklärt sie sodann mit der Äußerung: „ich glaub, auch irgendwie durch Kultur". Zögerlich („äh (1) ich glaub", „ich weiß nicht") und unspezifisch („auch irgendwie") sagt sie damit, daß man die elterlichen Einstellungen und Erwartungen auch als kulturell bedingtes Verhalten beschreiben könnte. Ähnlich generalisierend und Gemeinplätze bedienend („wie halt ...") charakterisiert sie am Ende dieser Passage die für sie geltende Einschränkung („nur abends darf ich nicht rausgehen") mit dem Verweis auf die vermeintlich türkischen Traditionen und Sitten der Erziehung von Mädchen.

Zweierlei ist an diesen Äußerungen erkennbar. Zum einen versucht Özlem dort, wo sie von Kultur spricht, deutlich zu machen, daß das Leben in der Familie auf geteilten Erfahrungen, Gemeinsamkeiten und Regeln als Voraussetzung für intimes und alltäglich-familiäres Verstehen und Verhalten beruht.[190] Zum anderen wird sichtbar, daß Özlem die Rede von Kultur und kulturellen Unterschieden Schwierigkeiten bereitet und ihr nicht behagt: Zunächst zögert sie. Und mit dem Wechsel in die kulturelle Semantik wählt sie plötzlich überraschend undifferenzierte Beschreibungen, die ihren anderen Ausführungen fast zu widersprechen scheinen. Zum Beispiel teilt mir Özlem in ihrem letzten Redebeitrag – vor ihrer kulturellen Pauschalerklärung „wie halt türkische Mädchen erzogen sind" – mit, daß sie gerade nicht glaubt, wie ein typisch türkisches Mädchen erzogen worden zu sein und zu leben.[191]

Entsprechende Schwierigkeiten werden auch an anderen Gesprächsstellen deutlich, wenn Özlem mir und meinen Forschungsfragen freundlich entgegenkommt und versucht, gängige Versatzstücke des öffentlichen und wissenschaftlichen Migrationsdiskurses zu reproduzieren. Ihre zaghaften Versuche der Darstellung ihrer Lebenssituation als das Aufwachsen zwischen zwei Kulturen, zum Beispiel, widersprechen anderen Äußerungen von ihr oder sind so wenig überzeugend, daß ich verdutzt nachfrage. Auf solche Reaktionen hin gibt sie dann zu, daß sie diese Erklärung von ihrem Lehrer habe (S. 13), oder erwidert: „Haben das die anderen (Schüler, die du interviewst) nicht gesagt, zwischen zwei Kulturen?" (S. 26).

In derartigen Ungereimtheiten und Folgeproblemen der Wahl kultureller Unterscheidungen scheint der tiefere Grund für die Irrelevanz von Ethnizität für das analysierte Handlungsmuster zu liegen. Der „laute" Kulturdiskurs (vgl. den verletzten Aufsteiger oder die Multikulturalistin) paßt nicht zu Özlems ansonsten sehr zurückhaltender, taktvoller und feinfühliger Rede über ihre Eltern und Familie. Er ist zu grob und verstellt vieles, was für ihr Handlungsmuster charakteristisch ist. Wie unser Gespräch zeigt, hält sie gerade Distanz zu vielen der gängigen Erwartungen über türkische Migrantenfamilien, ihre Kultur und ihre Töchter. Für Özlem verunmöglicht der Kulturdiskurs daher Differenzierung und ihr Bemühen, ihre Familie, ihre Eltern und ihr eigenes Verhalten ihrer Familie gegenüber einfach das sein zu lassen, was sie für sie sind.

---

190 In vergleichbarer Weise mobilisierte übrigens auch die Multikulturalistin ethnisch-kulturelle Unterscheidungen, um ihre alltäglichen Erfahrungen des Findens von Freunden und des Umgangs mit ihren (türkischen) Freunden auszudrücken (s. Kap. D.IV.4).
191 Deshalb findet sie sich mit der genannten Einschränkung durch ihre Eltern auch bereitwillig ab: Vergleicht sie sich mit anderen türkischen Mädchen, könnten ihre Eltern ihr Leben wesentlich stärker und unangenehmer beeinträchtigen; bis auf die Tatsache, daß sie abends nicht spät ausgehen darf, kann sie machen, was sie will.

5.4 Rücksichtnahme als Aufstiegsressource

Insgesamt wird bei der Analyse von Özlems Selbstbeschreibungen klar, daß sie in ihrem Alltag im wesentlichen nur an zwei sozialen Kontexten teilnimmt: Entweder ist Özlem zu Hause und in familiären Verpflichtungen engagiert (Arztbegleitung, Besuch von Hochzeitsfeiern auch entfernter Bekannter etc.) oder sie ist in Handlungszusammenhänge auf der Schule oder der Universität involviert. Priorität haben für Özlem eindeutig ihre Verpflichtungen im Studium und in der Familie. In diesem Sinne kann man Özlems Lebenswelt zweigeteilt nennen: Bei den für die analysierte Fallstruktur relevanten Aspekten handelt es sich auf der einen Seite um familienbedingte Bezüge, Entscheidungen und Eigenarten ihres Lebens und auf der anderen Seite um bildungssystemspezifische Arbeitsbedingungen und Leistungsanforderungen oder Freundschaften zu Schülern aus den von ihr belegten Kursen.[192] Aus anderen Zusammenhängen hält Özlem sich tendenziell heraus. Zum Beispiel gelänge es ihr, seit sie in Bochum studiert, „leider" fast gar nicht mehr, alte Freunde von der Schule zu treffen, obwohl sie sie oft vermisse. Da das Medizinstudium sehr arbeitsintensiv sei, habe sie für Freizeitaktivitäten kaum Zeit (im Gegensatz zur Multikulturalistin oder zum Kosmopoliten, die privat ständig Freunde treffen, oder auch zum verletzten Aufsteiger, der in seiner Freizeit griechische Kulturvereine besucht). Statt den Kontakt zu früheren Mitschülern und Freunden weiter zu pflegen, habe sie begonnen, auf der Universität neue Freundschaften zu (türkischen, deutschen und rumänischen) Kommilitonen aus ihren Kursen aufzubauen.[193]

Vor dem Hintergrund ihrer derart strukturierten Lebenswelt kann Özlems Rücksichtnahme auf familiäre Belange und ihre diesbezügliche Kompromißbereitschaft als die biographisch angeeignete und praktizierte Form der Verbindung der beiden für sie relevanten sozialen Kontexte Familie und Schule/Universität bestimmt werden. Özlem hat gelernt, ihre Aufstiegsambitionen mit ihrem Leben im Familienverband in einer Weise zu verbinden, mit der sie

---

[192] Da die sozialen Kontexte, an denen Özlem bis zu ihrem Eintritt in die Universität teilnahm, sich neben ihrer Familie, in der ausschließlich Türkisch gesprochen wird, im wesentlichen auf die Grundschule in der Nähe der elterlichen Wohnung und die Gesamtschule beschränkten, wird verständlich, warum Özlem, obwohl sie in Deutschland aufwuchs, nicht fehlerfrei Deutsch spricht: Beide Schulen wiesen einen weit überdurchschnittlichen Anteil türkischer Schüler und Schülerinnen auf; und da Özlems Freunde stets auch ihre Mitschüler (oder jetzt: Kommilitonen) waren, war sie in der Vergangenheit fast ausschließlich mit türkischen Jugendlichen zusammen. Bis auf den Unterricht selbst, in dem informell unter den Schülern sicherlich ebenfalls Türkisch gesprochen wurde, sprach Özlem in ihrem bisherigen Leben daher überwiegend Türkisch.

[193] Übrigens markiert Özlem trotz ihrer in der Vergangenheit überwiegend türkischen Freundschaften in keiner Weise eine Distanz zu deutschen Studenten und Schülern (wie, in allerdings sehr unterschiedlicher Form, der verletzte Aufsteiger oder die Multikulturalistin).

bisher sehr erfolgreich aufsteigen konnte. Besonders klar reproduziert sich diese Verbindung in der folgenden kurzen Sequenz.

Nachdem Özlem mir erklärt hatte, daß sie nicht religiös erzogen worden sei, erzählte sie, daß ihre Mutter ein Kopftuch trage. Sie tue dies aus Gewohnheit, sie habe immer schon eines getragen. Daraufhin frage ich – obwohl Özlem klar betont hatte, daß sie nicht religiös sei:

Ausschnitt 4 (S. 15):
A: Könntest du dir das denn vorstellen, ein Kopftuch zu tragen?
Özlem: Meine Mu/ ich/ mich? (lacht)
A: Hmhm
Özlem: Ich weiß nicht. Vielleicht zu Hause (.) aber wenn ich ausgehe, ausgehe oder irgendwohin, zu Freunden (.) dann würde ich das nicht vorstellen.

Özlem führt hier vor, wie sie den häuslich-familiären Kontext und den Handlungszusammenhang, in dem sie primär ihre eigenen Interessen verfolgt, d.h. Schule/Universität und Freizeit, miteinander verbindet. In der Art und Weise, wie sie diese beiden Kontexte kombiniert, äußert sich genau die bezeichnende Rücksichtnahme und Kompromißbereitschaft – in diesem Fall auf die hier hypothetisch von Özlem in Interpretation meiner Frage angenommene Forderung der Eltern, ein Kopftuch zu tragen. Ihre Antwort demonstriert das Entgegenkommen, mit dem sie in der Lage ist, ihren Eltern und ihrer restlichen Familie zu verdeutlichen, daß sie sich trotz des Universitätsbesuchs nicht wesentlich von ihren Lebensvorstellungen unterscheidet. Auch wenn die Ansichten ihrer Eltern teilweise sehr wohl von ihren eigenen Einstellungen und Plänen differieren, und auch wenn sie auf der Universität oder in ihrer Freizeit ihren eigenen Vorstellungen folgt, so wahrt sie ihnen gegenüber dennoch stets Loyalität und Respekt.

Ein weiteres Beispiel: Als Özlem und ich uns ein anderes Mal trafen, erzählte sie mir, daß sie im letzten Jahr auf der Gesamtschule einen Freund gehabt habe. Anvertraut habe sie das aber nur einer ihrer Schwestern. Ihre Eltern würden so etwas nicht erfahren (dürfen). Özlem läßt sich also nicht etwa von ihren Entscheidungen und Interessen abbringen, nur in der Form ihrer Durchführung (siehe die Beispiele Freund oder Studienortwahl) nimmt sie Rücksicht auf die Einstellungen, Unsicherheiten und Empfindungen ihrer Eltern.

Man kann vermuten, daß Özlem erhebliche familiäre Probleme provozieren würde, wenn sie bei ihren Entscheidungen nicht auf ihre, wie sie sie beschreibt, „strenge" Eltern Rücksicht nehmen oder sich ihnen gegenüber nicht kompromißbereit zeigen würde. Dies könnte z.B. eintreten, wenn sie in ein Studentenwohnheim zöge, „alleine" in Berlin Medizin studierte oder ähnliche eigene Pläne durchsetzte. Unter Umständen käme es bei einer relativ kompromißlosen Verfolgung ihrer Aufstiegsziele und eigenen Interessen zu erheblichen Spannungen, die schließlich in einem Bruch mit der Familie resultieren könnten. Nicht selten geht ein sozialer Aufstieg mit derartigen Schwierigkeiten einher. Sie sind umso wahrscheinlicher, je größer die sozialstrukturelle Distanz zwischen der bildungsfernen Herkunftsschicht und der Position, in die der Aufstieg führt, ist. Auch im Falle von sozial aufsteigenden Migrantinnen der zweiten Generation sind die Spannungen, die bei einer nicht gelungenen Ausbalancierung der unterschiedlichen sozialen Gruppen entstehen können, und die Unsicherheiten, die der Prozeß des Herauslösens aus Familienverband und sozialem Herkunftskontext mit sich bringen kann, bekannt. Riesner z.B. beschreibt anhand von Fallbeispielen die „durch die Einschränkungen (durch die strengen Eltern und den Verwandten- und Bekanntenkreis) hervorgerufenen Konflikte" (Riesner 1995, 144) und das „Orientierungsdilemma" (ebd., 158) derjenigen türkischen Migrantinnen der zweiten Generation, die sich – oftmals infolge ihrer positiven (Aufstiegs-) Erfahrungen im deutschen Schulsystem (ebd., 175) – mit den „Lebensvorstellungen sog. traditioneller Türkinnen nicht identifizieren" können, die ihre Aufstiegsaspirationen gleichwohl nicht aufgeben wollen (ebd., 145 u. 155ff.). Etwas pathetisch subsumiert sie die Frauen, bei denen die aufstiegsbedingten Diskrepanzen dann zu einem „endgültigen Bruch mit ihrer Familie" führten (ebd., 146), in der „Gruppe der ‚ausgebrochenen' Frauen" (ebd., 131ff.) und geht auf verschiedene, mit dem Bruch verbundene psychisch-emotionale Folgeprobleme ein.

Vergleicht man das Handlungsmuster Özlems, die ihre Aufstiegs- und Medizinkarriere nicht orientierungslos, sondern ausgesprochen zielstrebig verfolgt, mit den von Riesner beschriebenen „ausgebrochenen Frauen", deren Lebenssituationen strukturell durchaus vergleichbare Elemente aufweisen, so ist der Nutzen von Özlems Verhalten offensichtlich. Die mit einem Bruch mit der Familie oder mit großen Spannungen einhergehenden möglichen „Kosten" des individuellen Bildungsaufstiegs kann Özlem durch ihre einfühlsame Rücksichtnahme und ihr respektvolles Entgegenkommen verhindern. Das Wagnis des sozialen Aufstiegs, das für manche Aufsteiger(innen) in den durch die zunehmende Entfernung vom Herkunftsmilieu hervorgerufenen familiären Problemen besteht, kann Özlem derart abfedern und reduzieren. Umgekehrt lassen ihre Eltern ihr dann auch genügend Gestaltungs- und Selbstbestimmungsfreiheit. Ihre im Vergleich zu ihren Geschwistern kontinuierlich zunehmende Verschiedenartigkeit wird nicht sanktioniert; die Weiterverfolgung ihrer Bildungskarriere erfährt im Gegenteil die familiäre Unterstützung. Dies wird sowohl bei der Studienfachwahl als auch am folgenden Beispiel der hypothetischen Partnerwahl deutlich.

Özlem erzählte mir, daß alle ihre Geschwister schon verheiratet (bzw. verlobt) sind, daß sie schon mit 19 bis 23 Jahren geheiratet haben und ihre Partner teilweise aus der Türkei kommen. Sie verdeutlicht dann, daß sie das Verhalten ihrer Geschwister selbstverständlich toleriert: „Eigentlich" fände sie dieses Alter zu jung, um zu heiraten, aber das müßten ihre Geschwister selbst wissen. Sie selbst habe da allerdings eine andere „Vorstellung", da sie erst am Anfang ihres Studiums stünde, welches für sie zur Zeit eindeutig Priorität habe. Dann frage ich:

Ausschnitt 5 (S. 17):
A: Und wie ist das bei deinen Eltern zum Beispiel äh reden die mit dir schon mal darüber oder [nein] wünschen die sich, daß daß/
Özlem: ~ nee (.) sie reden nicht darüber [hm] es ist eigent/ eigentlich auch mich überlassen, wann ich heirate [ja] ich sag, wenn der richtige kommt (lacht) dann. (...) Mein/ meine Mutter/ mein Vater sagt, ja äh ist mir egal, wann du heiratest (.) ich paß auf dich auf, bis du dreißig wirst.

Özlems Geschwister sind (bis auf die verlobte Schwester) bereits alle verheiratet und leben mit ihren Kindern entweder im elterlichen Haus oder in der unmittelbaren Umgebung. Trotz dieser familiären „Normalität" bestehe darüber, daß es Özlems Entscheidung sei, wann und wen sie heirate, ein beidseitiger Konsens zwischen ihren Eltern und ihr. Dies mag auch bei ihren Geschwistern so gewesen sein. Wichtig ist hier vielmehr, daß Özlem erneut ihren Vater anführt, der ihr diese Entscheidungsfreiheit lasse. Während sie an anderen Stellen die strengen Erziehungsansichten ihres Vaters thematisiert, denen gegenüber sie sich entgegenkommend und verständnisvoll verhält, sieht man an dieser Sequenz, wie sie ihre Entscheidungsfreiheit als eine von dem Vater tolerierte Selbständigkeit und die familiäre Unterstützung ihres Aufstiegs als Selbstverständlichkeit formuliert.

Damit kann der Gebrauchswert des rekonstruierten Handlungsmusters wie folgt zusammengefaßt werden. Solange Özlem mit ihren aufstiegsbezogenen Entscheidungen und Handlungsorientierungen auf ihre Familie und familiäre Erwartungen Rücksicht nimmt, kann sie mögliche Konflikte, die ihren bisher überaus erfolgreichen Aufstieg behindern könnten, verhindern. Dieses Verhalten ermöglicht ihr nicht nur eine kontinuierliche und zielstrebige Verfolgung ihrer Studien- und Berufsziele, sondern sichert ihr darüber hinaus auch die Unterstützung ihrer Familie. Insofern ist die analysierte Art und Weise der Verknüpfung ihrer Aufstiegsziele mit dem Leben im Familienverband sowohl Aufstiegsbedingung als auch Aufstiegsermöglichung.

6. *Der Milieutheoretiker*

Der Analyse des *Milieutheoretiker* genannten Falles liegen ein knapp zweistündiges Forschungsgespräch mit dem *21jährigen Tarkan* sowie verschiedene während der Feldforschung angefertigte Beobachtungsprotokolle zugrunde.[194] Als jüngstes von sechs Kindern türkischer Arbeitsmigranten (Vater: ehemaliger ungelernter Industriearbeiter; Mutter: ehemalige Putzfrau; inszwischen beide Rentner) ist Tarkan neben seiner 29jährigen Schwester, die Jura studiert, das einzige Familienmitglied, das eine höhere Bildungskarriere verfolgt. Einer seiner älteren Brüder ist ungelernter Bauarbeiter, einer gelernter Elektriker, einer arbeitet als Reisebürokaufmann in einem Reisebüro und ein weiterer Bruder arbeitet nach mehrjähriger Tätigkeit als Schlosser und Fabrikarbeiter in einer von ihm seit drei Jahren gepachteten Dortmunder Gaststätte.

Auch der in der elterlichen Wohnung lebende Tarkan arbeitete zur Zeit des aufgenommenen Gespräches regelmäßig als Aushilfe in der Gaststätte seines Bruders. Zwei Jahre zuvor hatte er kurz vor Ende der zwölften Jahrgangsstufe die Gesamtschule im Dortmunder Norden verlassen, weil es so aussah, daß er das Abitur auf dieser Schule nicht erreichen würde. Zum einen waren einige seiner Noten so schlecht gewesen, daß er sich nicht sicher war, ob er die Abiturzulassung ohne Stufenwiederholung erreicht hätte. Zum anderen sei er mit einigen Lehrern nicht zurechtgekommen, was ihn zusätzlich demotivierte. Nach dem vorzeitigen Verlassen der Gesamtschule nahm er erst einmal eine mehrmonatige „Auszeit". In dieser Phase begann er, in der Gaststätte seines Bruders zu jobben und sich nach anderen Möglichkeiten, das Abitur zu machen, zu erkundigen. Schon bald bewarb er sich um die Aufnahme in ein Oberstufenkolleg in Dortmund, in dem vor allem Berufstätige für das Abitur lernen. Diese Bewerbung war erfolgreich und sechs Monate nach dem Verlassen der Gesamtschule begann er dort einen zweijährigen, mit dem „Fachabitur" (Jahrgangsstufe 12) abschließenden Oberstufenkurs, den er seitdem besucht. Seine Noten sind nun gegen Ende dieses Kurses so gut, daß er überlegt, noch ein weiteres Jahr anzuhängen, um auch das „Vollabitur" abzulegen.

Nach dem Abitur will Tarkan Wirtschaftswissenschaften studieren; zuvor will er jedoch erst eine kaufmännische Lehre absolvieren. In der Lehre sieht er eine gewisse Sicherheit für den Fall, daß er mit dem Studium Schwierig-

---

194 In diesem Kapitel wird auf die Skizze des Interpretationsganges und die Integration von Gesprächsausschnitten bewußt verzichtet. Zur Problematik der angemessenen Darstellung der für die Rekonstruktion der Fallstrukturen verwendeten Auswertungsmethode und zur genaueren Begründung der nur knappen Darstellung des Milieutheoretiker-Falles siehe Kap. D.III.

keiten bekommen sollte. Sein vorsichtiges, schrittweises Planen der nächsten Jahre, das auch die Möglichkeit, mit dem angestrebten Studium zu scheitern, berücksichtigt, ist als Folge seiner Mobilitätserfahrungen zu verstehen: Seine bisherige Bildungskarriere ist von Diskontinuitäten und Umwegen gekennzeichnet, was nicht untypisch für eine Aufstiegskarriere ist. Aufgrund verschiedener Schwierigkeiten (Disziplinprobleme, Minderleistungen, Probleme mit einzelnen Lehrern, aber auch Unterforderung) mußte er mehrfach die Schule wechseln (Realschule, Hauptschule, Gesamtschule, Oberstufenkolleg). Diese Erfahrung und insbesondere das schon erlebte Scheitern an formalen Karrierehürden läßt ihn nun etwas vorsichtiger werden. Wie andere Aufsteiger muß sich auch Tarkan das Wissen um die eigenen Fähigkeiten zur Bewältigung der Anforderungen des Abiturs bzw. eines Studiums erst schrittweise selbst aneignen. Er kann es weder als familial tradierte Gewißheit in Anspruch nehmen, noch kann er auf die Erfahrung einer bisher reibungslosen und erfolgreichen Schullaufbahn zurückgreifen. Trotz aller Anlaufschwierigkeiten läßt sich Tarkan aber keineswegs entmutigen. Ein Studium scheint ihm gerade deshalb erstrebenswert, weil er täglich am Beispiel von Freunden, die wie sein älterer Bruder eine Lehre bei Hösch oder einem anderen gewerblich-industriellen Unternehmen absolvierten, aber dennoch arbeitslos sind oder waren, erlebt, daß auch eine Lehre keinen sicheren Beruf mehr verspricht.

Das vorsichtige, kleinschrittige Planen der zukünftigen Ausbildungsschritte ist aber nur ein untergeordneter Aspekt des rekonstruierten Aufstiegsmusters. Das zentrale Merkmal liegt darin, daß sich Tarkan konsequent aus gewissen lokalen Zusammenhängen und Gruppen, die er als hinderlich für sein schulisches und berufliches Weiterkommen wahrnimmt, heraushält. Für dieses Verhalten ist eine bestimmte Form der Verwendung räumlicher Unterscheidungen konstitutiv. Ebenso bezeichnend ist sein weitgehender Verzicht auf die Mobilisierung von Ethnizität. Auf Tarkans Distanzierungshaltung, die dafür relevante Raumkonstitution, seine Nicht-Verwendung ethnischer Unterscheidungen sowie die Hintergründe und den Nutzen dieser Verhaltensweise wird im Folgenden eingegangen.

Tarkan wuchs mitten in der Dortmunder Nordstadt auf, einer Gegend, die er als typisches großstädtisches Problemviertel darstellt. Als Jugendlicher, der deutlich jünger als seine Geschwister ist, habe er den größten Teil seiner außerschulischen Zeit mit gleichaltrigen Jungen im Fußballverein, im Jugendzentrum, in Kneipen oder auf den Straßen und Plätzen in der Innen- und Nordstadt verbracht. Auch die besuchten Schulen hätten alle in Fußnähe der Wohnung seiner Eltern gelegen. Neben nicht-deutschen, überwiegend türkischen Jugendlichen, habe er – trotz des hohen Migrantenanteils in der Nordstadt und auf den Nordstadt-Schulen – immer auch deutsche Freunde gehabt. Die meisten seiner Freunde habe er von klein auf gekannt.

Nachdem er auf der Realschule vor allem durch schlechte Noten und diverse Störaktionen mit seinen damaligen Freuden aufgefallen sei, habe er mit 12 Jahren auf die Hauptschule wechseln müssen. Auch dort hätten er und seine „Kollegen" viel „Scheiße gebaut" und „Spaß gehabt". Dennoch sei er bald der Klassenbeste gewesen und nach der 10. Klasse auf die Gesamtschule gewechselt. Während er sich hauptsächlich für Fußball interessiert und mehrmals wöchentlich trainiert habe, habe der Alltag vieler seiner ehemaligen Freunde mehr und mehr den in den Sozialwissenschaften oft beschriebenen Delinquenzkarrieren geähnelt: Illegale Geschäfte, Drogenkonsum und -handel, Schlägereien usw. seien ihm aus nächster Nähe bekannt. Einige Jugendliche aus seinem Bekanntenkreis hätten deshalb ins Gefängnis gehen müssen, seien von Jugendgerichts- und Bewährungshelfern betreut oder von ihren Eltern wegen ihrer wiederholten Straffälligkeit für einige Jahre zu Verwandten in die Türkei geschickt worden. Mit diesen Jugendlichen habe er zwar schon längere Zeit nichts mehr zu tun. Dennoch sei ihre Bekanntschaft mehrfach zum Problem für ihn geworden, so zum Beispiel seinen Eltern gegenüber oder auch während seiner Gesamtschulzeit. Zu der Zeit nämlich, als er auf die Gesamtschule wechselte, seien auf dem Schulhof und am Rand des Schulgeländes wiederholt Drogen verkauft worden, was die Lehrer in Zusammenarbeit mit der Polizei zu verstärkten Beobachtungen und Kontrollen veranlaßt habe. Da einige dieser jugendlichen Dealer zu seinen alten Bekannten gehört hätten, hätten sie sich auch selbstverständlich gegenseitig gegrüßt und unterhalten. Schnell hätten daher manche Gesamtschullehrer auch ihn der Dealerei verdächtigt. Wiederholt seien er und einige andere Schüler für verschiedene Probleme verantwortlich gemacht worden – ein Vorurteil, das sich bis zu seinem Schulabgang gehalten habe und in dem er den Grund für sein angespanntes Verhältnis zu zweien seiner ehemaligen Oberstufenlehrer sieht.[195]

In dieser Weise interpretiert Tarkan das Verhalten seiner ehemaligen Freunde, aber auch seine eigenen Schulschwierigkeiten als *innerstädtisches Milieuproblem*. Er reproduziert eine spezifische Milieutheorie: Die Gegend, in der er aufwuchs, sei wie andere Stadtviertel Dortmunds ein richtiges „Ghetto", wie man es aus den Spielfilmen und Reportagen über die USA kenne. Gewalt, Kriminalität, Arbeitslosigkeit und Armut nähmen ständig zu. Auch der hohe Ausländeranteil, der die Folge einer strategischen Stadt- und Wohnungspolitik sei, die die Verteilung der Ausländer durch die Art und Weise der Zuteilung von Sozialwohnungen steuere, sei sehr problematisch.

---

195 Die letzten Aussagen zum Drogenverkauf an der Gesamtschule, zur anfänglichen Verdächtigung Tarkans und zu seinem angespannten Verhältnis zu zweien seiner Lehrer wurden durch die Forschungsgespräche mit den Lehrern der Gesamtschule bestätigt.

Manche öffentliche Plätze in der Nähe der elterlichen Wohnung, die Gegend um den Dortmunder Borsigplatz sowie die besuchte Hauptschule und die Gesamtschule symbolisieren für Tarkan problemverursachende oder sogar gefährliche Orte. Da Tarkan diese Orte mit diversen Schwierigkeiten verbindet – seien es seine eigenen beim Durchlaufen der Bildungsinstitutionen oder beim Besuch bestimmter Gegenden, die der anderen Jugendlichen mit der Polizei oder die seiner arbeitslosen und arbeitsuchenden Freunde –, meidet er sie ebenso wie die entsprechenden Jugendlichen in seinem Alltag. Als Gegenentwurf zum Ghetto reproduziert er das Bild vom ruhigen und grünen Vorort, in dem Menschen leben, die zur Arbeit in die Stadt pendeln. So bald wie möglich wolle er zusammen mit seiner Freundin an den Rand Dortmunds ziehen. Ihre zukünftigen Kinder sollten auf keinen Fall in der gleichen Innenstadtgegend wie er selbst aufwachsen. In dieses handlungsleitende Interpretationsmuster sind nicht nur seine Erfahrungen der allmählichen Entfernung von Jugendlichen, die keine Aufstiegskarrieren verfolgen, eingeschrieben, sondern vor allem auch die Erwartung, daß die Nichtteilnahme an bestimmten Zusammenhängen und die Distanzierung von einigen ehemaligen Freunden erforderlich sind, um das angestrebte Abitur und Studium nicht noch einmal zu verfehlen. In diesem Sinne läßt sich zusammenfassen, daß der Bildungsaufstieg für Tarkan eine Frage des erfolgreichen Verlassens des innerstädtischen Ghettos bedeutet: Aufgrund seiner bisherigen Mobilitätserfahrungen glaubt er, nur dann aufsteigen bzw. seine Bildungskarriere fortsetzen zu können, wenn er sich aus bestimmten lokalen Kontexten heraushält.

Das Gespräch veranschaulicht außerdem, daß Tarkan ähnlich wie bestimmte Orte und innerstädtische Gegenden auch ethnische Unterscheidungen nur als problemverursachend erfahren hat. Einige Male habe er – selbst alevitisch-kurdischer Abstammung – mit 17 Jahren einen linken kurdischen Verein in Dortmund besucht, da er einige der Vereinsmitglieder gekannt habe. Doch als ein Cousin von ihm in der Türkei als PKK-Kämpfer erschossen worden sei, seine älteren Brüder und Eltern ihm besorgt von einer regelmäßigen Teilnahme an den Vereinsaktivitäten abgeraten hätten und er von gewaltsamen kurdischen Demonstrationen in Deutschland erfahren habe, habe er bald das Interesse verloren. Auch in den Gesprächsabschnitten über seine ehemalige Schule demonstriert Tarkan, daß er ethnische Unterscheidungen nur mit Problemen verbunden sieht. Nach dem Wechsel auf die Gesamtschule habe er überrascht bemerkt, wie „politisch" diese Schule im Gegensatz zu seinen vorherigen Schulen sei und wie populär die ethnischen Unterscheidungen Sunniten/Aleviten und Türken/Kurden bei manchen Jugendlichen gewesen seien. Die gelegentlichen Provokationen einiger „rechter" Jugendlicher, die versucht hätten, ihn als Kurden und PKK-Sympathisanten zu denunzieren, habe er insbesondere deshalb als sehr ärgerlich empfunden, weil sie den Eindruck seiner ohnehin schon besorgten Lehrer noch zu verstärken schienen.

Insgesamt zeigt die Interpretation, daß Ethnizität als Aufstiegsressource keine Relevanz für Tarkan hat; er hat offensichtlich nicht die Erfahrung gemacht, daß ihre Mobilisierung ihm nützen kann. Im Unterschied zu der beschriebenen räumlichen Indizierung seiner Biographie und der für ihn relevanten (bzw. zu vermeidenden) Orte verwendet Tarkan in seiner Handlungs- und Kommunikationspraxis auffallend selten ethnische Unterscheidungen. In seinen Selbstbeschreibungen adressiert er sich nicht als Kurde oder als Alevite, sondern als Schüler, Student, Fußballer oder jemand, der viel Witze macht und Spaß haben will. Und selbst in seinen detaillierten Beschreibungen des Innenstadtmilieus kommen die Personen, von denen er sich fernzuhalten versucht, nur selten als Türken, Albaner, Jugoslawen, Sunniten o.ä., sondern vielmehr als „Kaputte", „Asoziale", „Bekloppte" oder „Fanatiker" vor.

Zusammenfassend kann festgehalten werden, daß Tarkan seine Jugenderfahrungen und vergangene Aufstiegsschwierigkeiten als milieuverursacht deutet. Dazu reproduziert er den „Problemstadtteil"- bzw. „Ghetto"-Diskurs und markiert seine Vergangenheit und Zukunft mit Hilfe einer Gegenüberstellung von Ghetto- und Vorort-Diskurs primär räumlich. Da er aus eigener Erfahrung ethnische Unterscheidungen und das Aufhalten in bestimmten Stadtvierteln vorrangig mit potentiellen Problemen verbindet, ethnisiert er sich nicht selbst und meidet die als Aufstiegshindernis gedeuteten Gegenden und Gruppen von Jugendlichen. Für Tarkan ist die alltägliche und zukünftige Distanzierung von bestimmten, als problematisch erfahrenen Innenstadtkontexten ebenso wie der soziale Bruch mit einigen seiner ehemaligen Freunde zur notwendigen Aufstiegsbedingung geworden. Mit dieser Deutung seiner Erfahrungen kann er sich trotz des Scheiterns beim ersten Abituranlauf zum Wiedereintritt in die weiterführende Schule und zur Fortsetzung seiner Aufstiegskarriere motivieren.

7. Der Autoethnologe

7.1 Alevismus und alevitische Kulturvereine in Deutschland

Während der Feldforschung wurde ich häufig auf den Alevismus und die Unterscheidung zwischen alevitischen und sunnitischen Jugendlichen hingewiesen. Nicht nur mir, sondern auch vielen Lehrern auf dem Gymnasium und der Gesamtschule waren alevitische Identifikationen lange Zeit mehr oder weniger unbekannt. Wie sich herausstellte, galt dies auch für die türkischen Jugendlichen selbst, und zwar sowohl für diejenigen, die sich als Aleviten bezeichneten, als auch für diejenigen, die sich als Sunniten, Kurden, Atheisten oder etwas anderes beschrieben. Auf Nachfragen gestanden sie mehrheitlich ein, die Unterschiede zwischen Aleviten und Sunniten bis etwa drei Jahre vor meiner Untersuchung ebenfalls nicht gekannt zu haben. Außerdem wurde ich immer wieder darauf aufmerksam gemacht, daß es in der Nähe der beiden Schulen in der Dortmunder Nordstadt einen alevitischen Kulturverein mit einer aktiven Jugendgruppe gibt, an der in der Vergangenheit auch einige der befragten Schüler und Schülerinnen teilgenommen hätten. Der Verein und sein Umfeld schienen also wie geschaffen für die exemplarische Untersuchung der Frage, wie sich Bildungsaufsteiger von derartigen lokalen Handlungszusammenhängen, die die Migrationsforschung gemeinhin als Beleg für die Existenz einer ethnischen Kolonie behandelt, ansprechen lassen. Deshalb wurde der alevitische Kulturverein im Rahmen meiner Feldforschung zum Gegenstand einer sich insgesamt über einen Zeitraum von acht Monaten erstreckenden ethnographischen Beobachtung.

Über eine Abiturientin, die früher selbst gelegentlich in diesen Verein gegangen war, erhielt ich Zutritt zu den Veranstaltungen der Jugendgruppe. Wie sich bald herausstellte, war der Leiter der Jugendgruppe, der in Deutschland geborene *23jährige Erdal*, selbst Bildungsaufsteiger. Sein Engagement in dem Verein konnte im Rahmen der regelmäßigen Teilnahme an den Vereinsaktivitäten und vor allem an den wöchentlichen Treffen der Jugendgruppe eingehend studiert werden. Im Zentrum dieses Kapitels wird das am Beispiel von Erdal analysierte Handlungsmuster eines (potentiellen) *ethnischen Intellektuellen* stehen. Schon hier sei darauf hingewiesen, daß die Raumkategorie für die analysierte Fallstruktur nicht weiter relevant ist. Zwar hat der lokale Handlungskontext des alevitischen Kulturvereins für Erdal eine große Bedeutung, doch nicht in dem Sinne, daß die Lokalität des Vereins selbst oder explizite Raumbezüge bei den im Verein behandelten Themen wichtig sind. Erdal, der im Gegenteil zu den Jugendlichen und den älteren Migranten, die den Verein besuchen, nicht in der unmittelbaren Umgebung, sondern bei seinen Eltern in einer kleineren, von Dortmund 20 km entfernten Stadt wohnt, fährt immer 30 Minuten mit seinem Auto, um an den Vereinstätigkeiten teilzunehmen. Er pendelt aber auch regelmäßig zu Veranstaltungen anderer, befreundeter alevitischer Vereine, die in verschiedenen Ruhrgebietsstädten verteilt sind. Im Folgenden wird aus verschiedenen Perspektiven untersucht, was ihm dieses Engagement im einzelnen ermöglicht. Der Beschreibung und Analyse seiner vereinsbezogenen Aktivitäten seien zum besseren Verständnis zunächst einige Bemerkungen zum Alevitentum und den Aleviten in der Türkei und in Deutschland vorangestellt.

Bei den Aleviten handelt es sich um eine große religiöse Minderheit unter der türkischen Bevölkerung. Ihr Anteil an der Bevölkerung in der Türkei liegt nach unterschiedlichen Schätzungen zwischen 10 und 40%. In Deutschland leben nach Angaben alevitischer Interessenorganisationen ca. 600.000 Aleviten (von ca. 2 Mio. Türken). Generell wird vermutet, daß ihr Anteil an der türkischen Bevölkerung in der Bundesrepublik höher liegt als derjenige an der Gesamtbevölkerung der Türkei, da viele türkische Migranten aus den westlichen Provinzen Ostanatoliens stammen, die auch Siedlungsschwerpunkte der Aleviten darstellen (vgl. Ministerium 1995, 33).

Das Alevitentum (bzw. der Alevismus) hat sich im Gebiet der heutigen Türkei im Verlauf des 13. Jahrhunderts aus einer Verbindung volksreligiöser Elemente anatolischer Turkmenenstämme und der islamischen Mystik entwickelt. Zwar werden die Aleviten religionssoziologisch zur islamischen Glaubensrichtung der Schiiten gezählt, doch unterscheidet sich die alevitische Religiosität in vielen Aspekten nicht nur von der sunnitischen, sondern auch von der schiitischen Glaubensauffassung. Bei der Beschreibung des Alevitentums wird neben den religiösen Unterschieden zu dem in der Türkei dominierenden orthodoxen sunnitischen Islam häufig die alevitische Lebensweise und Philosophie als eine die Religion umfassende laizistische und humanistische Kultur betont (vgl. Gülçiçek 1996, 15; Vorhoff 1995). Das an Innerlichkeit und einem autonomen, selbstverantwortlichen und individualistischen Menschenbild ausgerichtete alevitische Religionsverständnis rüttelt an den von Schiiten und Sunniten gleichermaßen verfochtenen religiösen Verpflichtungen und Grundfesten: Islamisches Glaubensbekenntnis, fünfmaliges Beten, rituelle Waschung, Almosensteuer, Wallfahrt nach Mekka und Fasten im Ramadan stellen nach alevitischer Auffassung nur Äußerlichkeiten dar. Zentral für den alevitischen Glauben ist vielmehr, daß der Mensch zu seinem inneren Selbst pilgern sollte. Dieser Wesenszug des Alevismus ist Thema vieler alevitischer Gedichte und verweist auf eine Verwandtschaft des Alevismus mit buddhistischen Glaubenspraktiken. Zum religiösen Ritual, das nicht in einer Moschee, sondern in sogenannten *Cem-Häusern* abgehalten wird, kommen Frauen und Männer ohne die in sunnitischen Kreisen übliche Geschlechtertrennung zusammen. Die Tatsache, daß Frauen und Männer gemeinsam beten und gemeinsam an rituellen Tänzen, den *semah*, teilnehmen, das fehlende Alkoholverbot und die in der Vergangenheit betriebene Geheimhaltung ihrer Lehre haben den Aleviten das Vorurteil der sunnitischen Mehrheit eingebracht, ausschweifend und unmoralisch zu sein. Wegen ihrer unterschiedlichen Glaubenselemente und -praktiken werden die Aleviten von vielen Sunniten als nicht rechtgläubig angesehen.

Aleviten wurden aufgrund ihrer heterodoxen Religions- und Lebensauffassung immer wieder Opfer von Repressalien und Verfolgungen durch Verfechter des sunnitischen Islam. Nach Vorhoff stehen die Verfolgungen und Anfeindungen der Aleviten in engem Zusammenhang mit der Herausbildung der Besonderheiten der alevitischen Religiosität und Gemeinschaft (vgl. Vorhoff 1995, 62). Da wichtige alevitische Persönlichkeiten, wie z.B. verschiedene Volksdichter, häufig oppositionelle, sozialkritische und reformerische Akteure in politischen Bewegungen darstellten, beschreibt Gülçiçek den historischen Kern der alevitischen Kultur als politische Ideologie der „unterdrückten Menschen gegen die osmanische Dynastie" (vgl. Gülçiçek 1996, 9 u. 28ff.). Die laizistische Türkische Republik Atatürks gewährte den Aleviten erstmals Glaubensfreiheit, wenn auch nicht die offizielle Anerkennung. Dennoch kam es immer wieder zu Hetzkampagnen und blutigen Übergriffen. Seit dem Militärputsch von 1980 kritisieren alevitische Intellektuelle in der Türkei zunehmend die offizielle Religionspolitik, die zulasse, daß die säkularen und demokratischen Strukturen der Türkischen Republik durch fundamentalistische Bewegungen allmählich unterhöhlt und sunnitisiert würden (vgl. Gülçiçek 1996, 120ff.; Vorhoff 1995, 159). Die offizielle sunnitische Religionspolitik sei auf eine Assimilierung der Aleviten an die sunnitische Mehrheit ausgerichtet, was sich u.a. daran zeige, daß in den Schulen bisher nur die sunnitische Religionslehre unterrichtet werde (vgl. Ministerium 1995, 36; Vorhoff 1995, 172). Nach den Massakern an Aleviten in Sivas (1993) und Gazi (1995) forderten alevitische Vertreter in der Türkei verstärkt Gleichberechtigung, eine stärkere Präsenz in öffentlichen Ämtern, insbesondere im Amt für Religiöse Angelegenheiten (DIYANET), und die offizielle Anerkennung ihrer Religion.[196]

In Deutschland sind alevitische Vereine und die Artikulation alevitischer Identität ein verhältnismäßig junges Phänomen. Erst seit Ende der 1980er Jahre und verstärkt in den 1990ern kommt es zur Gründung alevitischer Kulturvereine. Der 1991 gegründete Dachverband Föderation der Alevitischen Gemeinden in Deutschland e.V. (Almanya Alevi Birlikleri Federasyonu) erklärt die zunehmenden Vereinsgründungen damit, daß die seit den 1970er Jahren zahlreich entstandenen sunnitischen Moscheevereine Druck auf die Aleviten in der Bundesrepublik ausübten, ihre Kinder im sunnitischen Sinne zu erziehen. Beispielsweise sei es dazu gekommen, daß auch alevitische Kinder in Korankurse gingen und alevitische Mädchen in den Städten begannen, Kopftücher zu tragen, obwohl dies von ihren Eltern nicht erwünscht war. Auch der muttersprachliche Unterricht in den Schulen benachteilige die ale-

---

196 Bei dem Blutbad in Sivas handelte es sich um einen Massenmord an einer Gruppe von Intellektuellen, die Teilnehmer des alljährlichen Pir Sultan Abdal Kulturfestivals waren. Pir Sultan Abdal, Barde und oppositioneller Bauernrebell gegen die osmanische Zentralmacht, lebte im 16. Jahrhundert in Sivas und wurde vom Sultan zum Tode verurteilt. Er ist eine der zentralen Identifikationsfiguren der Aleviten und gilt als Symbol für den freien Geist, der sich nicht durch Verbote einschüchtern läßt und der bereit ist, für seine Überzeugung zu sterben. Islamische Eiferer zündeten Anfang Juli 1993 während des Festivals ein Hotel an, in dem sich führende linksintellektuelle Persönlichkeiten der Türkei versammelt hatten. 37 Menschen, überwiegend Aleviten, kamen in den Flammen zu Tode. – Bei den Übergriffen auf Aleviten in dem Istanbuler Stadtteil Gaziosmanpaşa 1995 starben ca. 30 Menschen (vgl. Ministerium 1995, 116; sowie FAZ vom 6. 7. 1993).

vitischen Jugendlichen. Anläßlich dieser „drohenden Sunnitisierung" auch in Deutschland hätten sich die Aleviten veranlaßt gesehen, eigene Vereine zur Pflege ihrer kulturellen und religiösen Traditionen zu bilden. Nach (telefonischen) Auskünften des alevitischen Dachverbandes existierten in Deutschland Ende 1996 über 100 alevitische Vereine. Die Jugendarbeit sei mit der Zeit zu einer zentralen Aufgabe der alevitischen Vereine geworden.[197] Die wachsende Bedeutung, die die zweite und dritte Migrantengeneration für den organisierten Alevismus hat, belegen nicht nur die neu eingerichteten Jugendgruppen, sondern auch die seit 1996 bestehenden Publikationsorgane: die Internet-Homepages der Vereinigung Alevitischer Jugend in Europa (AAGB, http://www.aix.de/aagb) sowie der Föderation der Alevitischen Gemeinden in Deutschland e.V. (AABF, http://www.alevi.com), das monatliche Bulletin der Alevitischen Jugend NRW und das „Alevitische Jugendmagazin – BARIS (Der Frieden)". Hier werden neben aufklärenden Artikeln über das Alevitentum aktuelle politische Ereignisse in der Türkei, die besonders Aleviten betreffen, sowie Berichte von alevitischen Tagungen und diversen Veranstaltungen verschiedener Vereine in Deutschland veröffentlicht.

Wie meine Beobachtungen und Gespräche mit türkischen Schülern in Dortmund zeigen, tragen aktuelle politische Entwicklungen in der Türkei und Ereignisse wie die Übergriffe auf Aleviten in Sivas oder Gazi dazu bei, daß die Jugendlichen in der Schule und in ihrer Freizeit untereinander Diskussionen über die Identität von Aleviten und Sunniten, politische Entwicklungen in der Türkei usw. führen und daß sich manche von ihnen durch derartige Bezüge voneinander abgrenzen. In diesem Zusammenhang fielen auf der Gesamtschule neben der symbolhaften Zurschaustellung türkisch-nationalistischer Positionen (z.B. durch Symbole der Grauen Wölfe) auch alevitische Embleme auf. So war das Tragen von Halskettchen mit Anhängern des Zülfikar, des sagenhaften Schwerts Alis, oder auch nur mit seinem Namen in arabischer Schrift geradezu modisch.

7.2 Der alevitische Kulturverein und die Jugendgruppe

Der untersuchte alevitische Kulturverein besteht seit Ende der 1980er Jahre. Er gehört damit zu den älteren der zum Zeitpunkt der Erhebungen etwa 25 alevitischen Vereine in Nordrhein-Westfalen.[198] Der Verein zählt 180 zahlende, überwiegend erwachsene Mitglieder, von denen die Mehrheit in Dortmund, oft sogar im gleichen oder in benachbarten Stadtteilen, lebt. Nach

---

197 Für eine detailliertere Darstellung der organisatorischen Strukturen der Aleviten in Deutschland und ihrer Ziele vgl. Ministerium 1995, 115ff.
198 In Dortmund gibt es noch zwei weitere alevitische Vereine, deren Mitglieder im Gegensatz zu dem beobachteten überwiegend (alevitische) Kurden sind.

Schätzungen des Vereins gibt es in Dortmund etwa 6.000 Aleviten. Demnach ist nur ein sehr kleiner Teil der lokalen alevitischen Bevölkerung in die bestehenden Vereinsstrukturen eingebunden. Die Jugendgruppe, deren Besuch nicht an eine Vereinsmitgliedschaft gebunden ist, besteht erst seit Ende 1992. Zuvor stellte der Verein vor allem einen Treffpunkt für ältere alevitische Migranten der ersten Generation dar, die auch heute noch, allerdings zu anderen Zeiten als die Jugendlichen, zu verschiedenen religiösen und sozialen Veranstaltungen und Anlässen zusammenkommen. Der Verein ist in drei miteinander verbundenen Räumen im Erdgeschoß eines Wohnhauses untergebracht; er besteht aus einer Küche, einem kleinen Raum mit Tischen und Stühlen sowie einem größeren Versammlungsraum mit Tischen, Stühlen, Fernseher, Videorecorder, kleiner Bibliothek, Bildern von alevitischen Heiligen und Religionsstiftern an den Wänden, Infoblättern, den letzten Ausgaben des Alevitischen Jugendmagazins, einem schwarzen Brett mit Rundbriefen der alevitischen Föderation, Faxen an den Verein, Kontaktadressen für Saz-Unterricht[199] oder Veranstaltungsankündigungen.

Die zentrale Veranstaltung für die Jugendlichen ist die wöchentliche, Sonntag abends stattfindende und von dem 23jährigen *Erdal* organisierte und geleitete Jugendgruppe. Schon am Nachmittag nehmen etwa fünf bis zehn Jugendliche an einer Tanzgruppe teil. Sie wird in einer nahegelegenen Sporthalle unter Anleitung eines alevitischen Tänzers und Musikers, der auch drei Jugendlichen aus dem Verein Saz-Unterricht erteilt, geleitet. Einstudiert werden vor allem alevitische Volkstänze, darunter der kultische semah. Auf Kulturfesten oder Vereins- und Familienfesten, die zusammen mit anderen alevitischen Vereinen aus benachbarten Ruhrgebietsstädten organisiert werden, treten die jugendlichen Sazspieler und die Tanzgruppe des Vereins gelegentlich auf. Die Teilnehmerzahl der ab ca. 19 Uhr beginnenden Veranstaltung der Jugendgruppe schwankt zwischen 15 und 25; Mädchen und Jungen sind etwa in gleicher Anzahl vertreten; die Mehrheit der Jugendlichen ist im Alter von 14 bis 20 Jahren und wohnt in Dortmund; einige besuchen die benachbarte Gesamtschule oder das Gymnasium, andere Haupt-, Real- oder Berufsschulen. Fast jede Woche wechselt die Zusammensetzung etwas, ab und zu kommen neue Gesichter und nur ein kleiner Teil der Jugendlichen erscheint jeden Sonntag. Fast alle der Jugendlichen bezeichnen sich als Aleviten, nur selten kommen auch nicht-alevitische Freunde mit in den Verein. Die meisten Jugendlichen kennen sich bereits vor ihrem ersten Vereinsbesuch von der Schule und werden durch Freunde auf die Veranstaltungen aufmerksam. Andere hören von der Jugendgruppe durch ihre Eltern oder Geschwister, die

---

199 Die Saz ist eine sechsseitige Langhalslaute, die nicht nur zentrales Instrument der alevitischen Volksmusik, sondern für die Aleviten auch ein Symbol für den Kampf gegen Ungerechtigkeit und Unterdrückung ist (vgl. Gülçiçek 1996, 207).

schon länger Vereinsmitglieder sind. Zwar erscheinen zu dem sonntäglichen Treffen auch einige, die in Erdals Alter bzw. bis etwa 25 Jahre alt sind und die sich schon länger untereinander kennen, doch nehmen sie nur relativ unregelmäßig teil. Oft schauen sie nur einmal kurz herein, begrüßen einander, setzen sich in die Ecke oder die Küche und unterhalten sich. Das machen zwar auch die jüngeren Jugendlichen, doch versucht Erdal, insbesondere sie durch seine Veranstaltung anzusprechen.

Vor und nach dem etwa ein bis zwei Stunden dauernden „Hauptprogramm" herrscht in dem Vereinsraum durch das individuell unterschiedliche Kommen und Gehen, Begrüßen und Verabschieden, durch gelegentliches Telefonklingeln, Teetrinken, die Einbeziehung der Küche und der sich dort unterhaltenden Personen eine häufig lebendige, teilweise unruhige Stimmung. Die Jugendlichen unterhalten sich, lachen, flirten, treffen Verabredungen, verwickeln sich in verschiedene Diskussionen, zeigen Fotos, verteilen Einladungen zu anstehenden Hochzeiten von Familienmitgliedern, lästern über Mitschüler und Jugendliche in anderen Vereinen, die sie durch die Besuche von alevitischen Jugendfesten oder Kooperationsveranstaltungen mit anderen alevitischen Vereine kennengelernt haben, besprechen Parties usw. Entsprechend schwierig ist es bisweilen für Erdal, die Aufmerksamkeit aller zu erhalten, wenn er mit seinen inhaltlichen Themen, Planungen oder Besprechungen beginnen will. Dennoch gelingt ihm dies fast immer, da die Teilnahme an der Jugendgruppe freiwillig ist und alle wissen, daß Erdals „Unterricht", wie manche der Jugendlichen das Treffen respektvoll nennen, zumindest theoretisch der zentrale Bestandteil des Abends ist. Zum Ziel hat sich Erdal die Vermittlung von Wissen über den Alevismus und die alevitische Identität gesetzt. Seine Informationsarbeit besteht vor allem in der Anregung von Diskussionen über verschiedene Themen, die den Alevismus betreffen.

Auffallend ist, daß in der Jugendgruppe fast ausschließlich Deutsch gesprochen wird. Sowohl die informellen Unterhaltungen als auch die von Erdal initiierten Diskussionen werden bis auf seltene und dann nur kurze Wechsel ins Türkische auf Deutsch geführt. Die alevitischen Jugendmagazine und die anderen herumliegenden Publikationen sind meist zweisprachig. Zwar sprechen die Jugendlichen auch Türkisch, doch gerade in Situationen, in denen ein älteres Vereinsmitglied oder ein Besucher aus der Türkei, der kein Deutsch spricht, anwesend ist, fällt auf, daß die meisten Deutsch bevorzugen. Überhaupt sind für die Jugendgruppe, aus deren Gestaltung sich Eltern ebenso wie andere ältere Vereinsmitglieder weitgehend heraushalten, vor allem die Erfahrungen der in Deutschland geborenen und aufgewachsenen zweiten Generation konstitutiv. Zum Beispiel werden häufig Probleme besprochen, die die Jugendlichen mit ihren Eltern und einem von dem ihrer Eltern teilweise sehr stark abweichenden Verständnis alevitischer Identität haben.

7.3 Der Jugendgruppenleiter

Während der Feldforschung im alevitischen Verein habe ich mit vielen der Jugendlichen gesprochen. Nach kurzer Zeit war ich den meisten bekannt und als Beobachter und Teilnehmer der Veranstaltungen geduldet.[200] Auch der Jugendgruppenleiter Erdal war stets gewillt und interessiert, mit mir zu sprechen. Zwei unserer längeren Gespräche (je ca. 45 Minuten) konnte ich aufnehmen. Beide dieser Gespräche fanden in dem Verein statt, jeweils vor dem sonntäglichen Treffen.

Wie sowohl die Gesprächsanalysen als auch die regelmäßigen Beobachtungen zeigen, eignet sich Erdal den Handlungszusammenhang des alevitischen Kulturvereins in der Form eines *ethnischen Intellektuellen* an. Anhand von sechs Ausschnitten aus den beiden längeren Gesprächen soll nachfolgend veranschaulicht werden, wie sich die rekonstruierte Fallstruktur in Erdals Selbstbeschreibungen reproduziert und in welchem Zusammenhang sie mit dem Aufstiegsprozeß steht (7.3.1 u. 7.3.2). Nach dieser Zusammenfassung der Gesprächsanalysen wird auf der Basis der teilnehmenden Beobachtungen noch einmal näher auf Erdals Engagement als Leiter der Jugendgruppe eingegangen (7.3.3).

7.3.1 Selbstinszenierung eines ethnischen Intellektuellen

Gespräch I

Das erste längere Gespräch, das wir geführt haben (Ausschnitte 1 - 4), ist davon geprägt, daß Erdal mir ausführlich den Alevismus und die alevitische Kultur erklärt. Wir beginnen mit einer Diskussion eines Cem-Treffens, das der Verein am Tag zuvor für seine Mitglieder veranstaltete. Erdal erklärt mir die Gebetsrituale und bezieht sich dabei auf die Lebensweise der Aleviten in Anatolien in der Vergangenheit. Diese sei von Brüderlichkeit, Gleichberechtigung der Geschlechter und Geheimhaltung des Bekenntnisses vor den sie unterdrückenden Sunniten geprägt gewesen. Er charakterisiert den Alevismus folgendermaßen:

Ausschnitt 1 (Transkript S. 3, Forschungsgespräch I):
Erdal: (...) ist eigentlich noch mehr so was Mystisches äh also das ist im Grunde auch ziemlich zusammengewürfelt (.) ich weiß nicht, ob du das kennst (unv.) kennst du den (unv.)-Glauben?
A: Nein.
Erdal: Äh mit der Sonne und Feuer und so was heilige Sachen (.) das ist eigentlich ziemlich viel zusammengewürfelt (.) also, auch vom Buddhismus sind sehr

---
200 Es gab allerdings eine – sehr interessante – Ausnahme; s. Kap. D.IV.8.

	viele Aspekte drin [hm] vom Judentum sind Aspekte drin vom Christentum sind Aspekte drin also, ist eigentlich ziemlich zusammengewürfelt (.) irgendwie immer [hm] die positiven Sachen eines Glaubens haben die übernommen.
A:	Hmhm.
Erdal:	Ist sehr offen (.) also, wir sind gegenüber jede/ jeder Kultur solange die, solange die andere Glaubensrichtung (unv.) uns akzeptiert als Aleviten halt und daß wir uns nicht irgendwie verstellen müssen und sagen müssen „paß mal auf, wir sind so und so" [hm] und die müssen/ und daß die uns dann irgendwie Druck auf uns ausüben und sagen „nee (.) ihr müßt so und so sein" verstehst du? seit mehr als siebenhundert Jahren versucht halt das türkische Reich, das osmanische Reich das (.) die türkische Republik heutzutage, versucht uns halt sunnitisch zu machen (.) Assimilationspolitik (.) verstehst du? und wir lassen uns halt nicht da reinzwängen (.) wir sagen „nein, wir sind aber so (.) wir sind anders wir sind nicht so wie ihr seid (.) laßt uns das doch einfach so machen (.) ihr akzeptiert uns so wie wir sind und wir akzeptieren euch so" [ja ja] also die sollen in ihre Moscheen gehen und wir machen halt unsere Cems [ja] jetzt nur auf der religiösen Basis gesehen [ja] natürlich kommt natürlich das äh das politische Denken kommt natürlich auch noch dazu ne, daß wir Revolutionäre sind (.) jetzt Revolutionäre nicht in dem Sinn von Marx oder Lenin, sondern die Revolution liegt in unserer Lebensweise (.) daß wir immer gegen die Unterdrückung kämpfen.
A:	Von euch selber jetzt?
Erdal:	Von/ also von der alevitischen Ideologie her jetzt (.) zum Beispiel Pir Sultan (.) er hat im Jahre 1500 gelebt (.) hat gegen die osmanische Unterdrückung gekämpft [hm] Imam Hussein hat gegen M. gekämpft (.) das waren damals halt die Königreiche, die damals existiert haben (.) das wäre nichts anderes als die heutige Regierung

In seiner ausgesprochen professionellen Rede adressiert Erdal sich durchgehend als Alevite. Dabei stellt er sich mit der Präsentation historischer Fakten explizit in eine alevitische Tradition, die durch die Erfahrung der Unterdrückung der alevitischen Kultur durch die türkische Republik und die Sunniten gekennzeichnet ist. Da er nicht zwischen der Situation in der Türkei und der türkischen Minderheit in Deutschland unterscheidet, beschreibt er die Identität der Aleviten trotz des Bezuges auf die Türkei (Fakten, Geschichte, Ereignisse, Politik) in einer Form, deren Angemessenheit implizit auch für Deutschland beansprucht wird (s. u.a. den Gebrauch von „wir").

Erdal spricht als Vertreter der Aleviten und inszeniert sich als Intellektueller. Dazu greift er – im Gegensatz etwa zum Kosmopoliten Bülent (s. Kap. D.IV.3) – auf ethnische Beschreibungsformen zurück. Auch durch die gehäufte Verwendung von Wörtern, die einem links-intellektuellen Sprachgebrauch (Unterdrückung, Revolutionäre, Ideologie usw.) zugerechnet werden können, markiert Erdal seinen Anspruch auf Intellektualität.

In Abgrenzung von der sunnitischen Glaubensrichtung stellt er den Alevismus als eine offene, tolerante und tendenziell „multikulturelle" Geisteshaltung, Religion bzw. Kultur dar. Diese Form der Selbstbeschreibung unter Verwendung multikultureller Topoi (Wertschätzung von Kulturen, gegenseitige Anerkennung und Bewahrung kultureller Differenzen usw.) ist unter alevitischen Jugendlichen sehr verbreitet. Die derart reproduzierte soziale Identität eines Aleviten erscheint in hohem Maße anschluß- und konsensfähig. Wie im Laufe der folgenden Zusammenfassung noch deutlicher werden wird, zeigt diese Redeform, daß Erdal einen großen Teil der Intellektuellen (in Deutschland und der Türkei) hinter sich glaubt. Sie drückt seine Erwartung aus, daß seine Beschreibungen und Forderungen geteilt und seine Vereinsaktivitäten auch außerhalb des Vereins als sinnvoll und unterstützenswert anerkannt werden.

Daneben fällt an Ausschnitt 1 auf, daß Erdal mit dem Begriff der Assimilation, der im deutschen Migrationsdiskurs üblicherweise im Zusammenhang der Beschreibung des Verhältnisses zwischen deutscher Bevölkerung und Migrantenbevölkerung verwendet wird, eine andere Differenz markiert, eben diejenige zwischen Aleviten und Sunniten. Damit weist er auf eine nicht allgemein bekannte Binnendifferenzierung der türkischen Bevölkerung hin. Wie die Beobachtungen der Vereinsaktivitäten zeigten, gehört die Thematik der angemessenen Selbstbeschreibung (bzw. Fragen wie: „Wer sind wir? Wer sind die Aleviten?") zu den zentralen Diskussionspunkten in der alevitischen Jugendgruppe. Implizit ist das auch in Ausschnitt 1 Thema: In die von Erdal demonstrierte Artikulation alevitischer Identität, die sich von den sunnitischen Türken und damit von dem stereotypen Türkenbild (in Deutschland) abgrenzt, sind die Erfahrungen, wie in Deutschland, und hier insbesondere in dem von den Jugendlichen durchlaufenen Bildungssystem, die türkische Migrantengruppe und ihre „Kultur" gemeinhin thematisiert werden, eingeschrieben.

Nach Ausschnitt 1 erläutert Erdal verschiedene Aspekte der alevitischen Lebensweise, der permanenten Unterdrückung der Aleviten in der Türkei sowie der in Abgrenzung zum sunnitischen Islam „unorthodoxen" religiösen Praktiken der Aleviten. Dabei spricht er stets wie ein authentischer Beobachter des Lebens der Aleviten in den Dörfern Anatoliens. Zwar gibt er auf meine Nachfrage hin zu, daß er in Deutschland geboren sei, er kenne diese Lebensumstände aber von seinen Urlauben in der Türkei. Nachdem Erdal die Migrationsgeschichte seiner Eltern, die als „Arbeiter" nach Deutschland geholt worden seien, skizziert hat, frage ich:

Ausschnitt 2 (S. 8/9, I):
A: Sag mal (.) und bist du dann mit dem Alevismus groß geworden, zu Hause? Sind deine Eltern sehr/

Erdal:	~ nein nicht
A:	~ religiös oder?
Erdal:	Nee (.) das nicht [nee] gar nicht direkt (.) aber halt von der Lebensweise hast du das mitgekriegt (.) wie mein Vater mit meiner Mutter zum Beispiel umgeht (.) aber jetzt/
A:	~ zum Beispiel?
Erdal:	Human (.) also, daß [ja] (A lacht) die Mutter bestimmt genau so [ja] wie mein Vater mit und [hm] die gehen beide arbeiten, in der Erziehung auch/
A:	~ ach so (.) und du meinst das/
Erdal:	~ gleich gestellt (.) verstehst du?
A:	~ das kommt durch den/
Erdal:	~ das, das kommt nicht bewußt (.) aber das kommt daher, weil sie haben es ja auch schon von ihren Eltern kennengelernt und sie geben es auch so an mich weiter [hm] also/
A:	~ haben sie dir denn speziell auch was über Alevismus so erzählt?
Erdal:	Nein (.) sie haben ja nicht das Wissen gehabt [hm ja] die sind damals aus den Dörfern gekommen (.) die waren 20, 25 Jahre alt (.) die sind hier nach Deutschland gekommen und hier gab's keine Vereine hier gab's nicht unsere Gebetshäuser (unv.) die waren einfach assimiliert verstehst du? Langsam wurden sie assimiliert (.) aber sie haben sich nicht assimilieren lassen [hm] weil, die sind ja auch nicht in die Moschee gegangen (.) sie haben halt hier ihre eigenen Leute kennengelernt (.) Aleviten oder ihre eigenen Verwandten und immer den Kontakt so gepflegt (.) aber nicht direkt über den Alevismus gesprochen (.) weil sie Alevismus gar nicht kannten

Erdal beschreibt sich hier als jemand, der in seiner Jugend den Alevismus nicht bewußt von seinen Eltern kennengelernt habe. Allerdings interpretiert er rückblickend den familiären Umgang als eine „alevitische Lebensweise". Die Beispiele, die er als kulturelle Praxis der Aleviten anführt, humaner Umgang miteinander, Gleichberechtigung zwischen Mann und Frau, liberale Erziehung, sind zwar reichlich unspezifisch. Sie gehören jedoch zum gängigen Ensemble der Selbstbeschreibung der Aleviten als Mitglieder einer Kultur, die Reformorientierung, Humanismus, Laizismus, Emanzipation und Widerstand gegen kulturelle Unterdrückung bzw. Assimilation vertreten und die keine Moscheen besuchen. In genau diese Tradition stellt sich Erdal mit seinen Selbstbeschreibungen.

Der entscheidende Aspekt im Hinblick auf die interessierende Fallstruktur kommt in Ausschnitt 2 mit den Wörtern „unbewußt" und „Wissen" zum Ausdruck. Erdal sagt, daß seine Eltern zwar natürlich auch Aleviten gewesen seien, allerdings sei ihnen ihre Kultur nie bewußt gewesen. Er selbst verfüge dagegen nun über ein „Wissen", das sie infolge ihrer dörflichen Herkunft gar nicht haben konnten. Daher kann Erdal nun (wie er in unserem Gespräch demonstriert) reflektiert über den Alevismus und seine Identität Auskunft geben. Indirekt wird hier das klar, was Erdal schon mit der Skizzierung der „Gastarbeiter"-Migrationsgeschichte seiner Eltern ausdrückte, daß er nämlich seine bisherige Schulkarriere als einen Bildungsaufstieg deutet. Außerdem teilt er hier implizit mit, daß er selbstverständlich immer schon Alevit gewesen sei, diese Identität nur heute auch argumentativ fassen könne. Wie die weitere Gesprächsanalyse gezeigt hat, ist die Beschreibung seiner Handlungen als *bewußte* und *reflektierte* Handlungen eines Aleviten ein zentrales Merkmal seines Handlungsmusters. Während sich sowohl seine Eltern wie er selbst ihrer Identität in der Vergangenheit noch nicht bewußt gewesen seien, reklamiert Erdal heute genau dieses Bewußtsein für sich. Damit spricht er einen biographischen Prozeß an, der, wie noch klarer zu sehen sein wird, in engem Zusammenhang mit seinen Bildungsaufstiegserfahrungen steht.

Wenig später erzählt Erdal, daß er in der Vergangenheit durch seine Eltern immer nur indirekt und ohne weitere Begründungen auf seine alevitische Identität hingewiesen worden sei (Transkript I, S. 9). An anderer Stelle sagt er, daß er seine Eltern, die ja früher nur „unbewußt" Aleviten gewesen seien, mit in den Verein gebracht habe und nicht etwa umgekehrt. Hier träfen sie sich jetzt gelegentlich mit anderen alevitischen Eltern und besuchten auch schon mal eines der vom Verein organisierten Kulturtreffen. Früher hätten sie sich nie als Aleviten „geoutet": „Erst nachdem ich in den Verein kam, kamen bei uns Bilder von Ali ran an die Wand" (S. 18). Da Erdal, bevor er den Verein kennenlernte, fast nichts von seiner Identität gewußt habe, sei er z.B. mit einem Freund gelegentlich sogar in eine Moschee gegangen (S. 9). Daraufhin habe seine Mutter ihm zwar gesagt, daß sie, die Familie, eigentlich nicht in die Moschee ginge. Sie habe ihm aber nicht erklären können, warum nicht. Als ich ihn daraufhin auf seine vergangene Praxis der gelegentlichen Moscheebesuche mit Freunden anspreche, erläutert er:

Ausschnitt 3 (S. 10/11, I):
Erdal: Also wenn Ramadan war, war ich eigentlich da (.) ich hab/ ich habe Ramadan gefastet und unser Fasten (.) verstehst du? [hm] also, wir fasten zwölf Tage wir trauern zwölf Tage und die (die Sunniten) fasten ja dreißig Tage [hm] also habe ich insgesamt 42 Tage gefastet im Monat [ja] im Jahr [ja] habe ich immer noch beides gemacht (.) weil, ich war halt in so Zwischendingen
A: Und das Ramadan hast du dann mit deinen Kollegen einfach/
Erdal: ~ ja ja, habe ich so (unv.) und ich habe jetzt also arabische Freunde gehabt und/ habe ich immer noch die Kollegen (.) aber damals war ich halt nicht meiner eigenen Identität sicher (.) ich wußte gar nicht, wer ich bin
A: Darauf will ich ja hinaus, wie sich das irgendwie entwickelt hat
Erdal: Ja und dann äh war halt 93 dieses Massaker in Sivas [hm] und dann war hier die erste Veranstaltung von den Jugendlichen. Da bin ich auch zum ersten Mal hier zugestoßen (.) 93 (.) das war irgendwann mal (.) Januar 93
A: Das war nach dem Massaker/
Erdal: ~ ja (.) nach dem Massaker ja. Dann bin ich hier irgendwie immer da hingekommen

Erdal nutzt meine Frage zunächst für zwei Dinge. Zum einen demonstriert er mir sein Wissen über die sich unterscheidenden religiösen Praktiken der alevitischen und der sunnitischen Glaubensrichtung. Zum anderen beschreibt er seine persönliche Vergangenheit als ein Identitätsdilemma. Ähnlich, wie er in den Ausschnitten 1 und 2 mit dem Begriff der Assimilation eine Binnendifferenzierung der türkischen Bevölkerung anspricht, verwendet er hier den Diskurs des Aufwachsens zwischen zwei Kulturen („ich war halt in so Zwischendingen"), der sich gängigerweise auf die Situation der Migrantenkinder in der Aufnahmegesellschaft bezieht, als sprachliche Ressource zur Markierung einer Differenz zu sunnitischen Jugendlichen. Ob Erdal in seiner Rede nun, wie hier, bekannte Konzepte über Identität oder Kulturkonflikte oder, wie an anderen Stellen (z.B. Ausschnitt 1), Begriffe wie Assimilation, Multikulturalismus o.ä. verwendet: Es ist durchgehend zu erkennen, daß er sich zentrale Begriffe aus dem gängigen Diskurs über Migration in Deutschland zu eigen macht, um seine Selbstbeschreibung als Alevite zu artikulieren. Die bei solchen Stellen von ihm häufig verwendete, einen gemeinsamen Konsens unterstellende Partikel „halt" verweist auf Erdals durchgängige Erwartung, daß seine Rede von mir nicht nur verstanden wird, sondern daß seine Identitätsartikulation und, wie am folgenden Ausschnitt zu sehen, seine Tätigkeit im Verein auch als Ausdruck eines selbstverständlichen Interesses aufgenommen und begrüßt werden. Tatsächlich können meine Reaktionen (hier: „darauf will ich ja hinaus ...") als Bestätigung dieser Erwartung gelesen werden. In dem Gespräch stellt Erdal insofern eine Gemeinsamkeit her, die ihn und sein demonstriertes Interesse an alevitischer Kultur und Identität mit dem Forscher, dessen Anliegen es infolge des regelmäßigen Besuches des alevitischen Vereins zu sein scheint, die alevitische Kultur zu untersuchen, verbindet. Auch Erdal präsentiert sich in unserem Gespräch als *Ethnizitäts- und Identitätsforscher*.

Als Anlaß, den Verein erstmalig zu besuchen, nennt Erdal das Massaker in Sivas. Aus verschiedenen Gesprächen mit anderen Jugendlichen erfuhr ich, daß die damaligen Veranstaltungen des alevitischen Vereins für viele, und nicht nur für alevitische Jugendliche, vor allem wegen der Veranstaltung großer Parties attraktiv waren. Außerdem waren die damals beginnenden Diskussionen unten den Schülern über den Unterschied zwischen Aleviten und Sunniten etwas Neues. Dagegen präsentiert Erdal sich hier mir gegenüber als jemand, den nicht etwa die Parties oder die anderen Jugendlichen interessiert hätten. Indem er überhaupt so ein vermeintlich präzises Datum und noch dazu das für seine Jugendarbeit in vieler Hinsicht konstitutive Datum eines Massakers an Aleviten in der Türkei anführt, begründet er seine damalige Neugier an den Veranstaltungen des Vereins mit dem persönlichen Interesse an der Beschäftigung mit der Unterdrückung der Aleviten. Die von Erdal präsentierte Motivation kann daher als das Interesse eines *betroffenen Intellektuellen* verstanden werden.[201]

Kurz nach Ausschnitt 3 fährt Erdal fort:

Ausschnitt 4 (S. 11/12, I):
Erdal: Ja und so langsam hat sich das halt entwickelt. Dann bin ich auf die Veranstaltungen mitgegangen und dies und das und dann (.) habe ich halt so langsam gesehen „ja, das ist es". Das, das ist halt unsere eigene Kultur (.) ich werd halt versuchen, so weit wie es geht diese Kultur am Leben zu erhalten [hm] (Erdal redet auf Türkisch mit jemandem im Raum) und den Jugendlichen halt versuchen, auch weiterzuhelfen [ja] oder so weit wie es in meinen Möglichkeiten liegt was für Aleviten tu/ zu tun.
A: Und wie hast du dann äh angefangen, dieses Wissen anzueignen? weil du/
Erdal: ~ lesen/
A: ~ sehr viel Fakten und du weißt einfach sehr viel über Alevismus
Erdal: Le/ ja lesen (.) Interesse (.) also, wenn du für irgendwas Interesse hast, dann [hm] dann lernst du das auch alles (.) aber wenn du kein Interesse hast und du mußt alles mit Zwang reinwürgen, dann [hm] ich hab zig Bücher zu Hause (.) ich les mir jeden Tag irgendwie ein Buch durch und/ immer was mich halt gerade interessiert. Ich habe mir jetzt/ ich les jetzt ein Buch über Indianer und [hm] immer halt das Allgemeine (.) nicht nur auf eine Sache (.) nicht nur [hm] auf's Aleviten tum spe/ weil, es ist ja auch [ja] nicht das Aleviten tum (.) immer [hm] wir denken halt multikulturell (.) wir sagen nicht nur wir sind da, wir kämpfen ja auch (.) was heißt kämpfen? jetzt in Anführungsstrichen [hm] wir sind für eine multikulturelle Gesellschaft (.) wir wollen, daß jede Grenze aufgehoben wird (.) jeder Mensch sich so toleriert, wie der andere Mensch sein will

Wie zuvor begonnen, fährt Erdal in diesem Ausschnitt fort, seine Vergangenheit als einen Prozeß des Bewußtwerdens seiner ethnischen Identität zu thematisieren. So sagt er, daß er seine eigene Kultur entdeckt habe. Mit der Beschreibung des Bewußtwerdens seiner Identität und seiner Motivation, einschlägige Literatur zu lesen, drückt Erdal die Erfahrung der Aneignung von Wissen über die alevitische Kultur aus. Die eingenommene Haltung kann nicht nur als Attitüde eines Ethnizitäts- und Identitätsforschers, sondern auch als die eines Autodidakten bezeichnet werden. Daher wurde das rekonstruierte Handlungsmuster das Handlungsmuster eines *Autoethnologen* genannt.

---

201 Tatsächlich ereignete sich das angesprochene Massaker in Sivas Anfang Juli 1993 und nicht im Januar. Eventuell vergreift sich Erdal bei seinem Rückblick lediglich im Datum, das ist hier nicht zu ergründen. Zu erwähnen ist aber, daß diese Äußerung ein Beispiel – eines von vielen – für eine, auf historische Fakten, politische Ereignisse, Ideologien usw. rekurrierende, Redeweise ist, die im gleichen Sinne als studenten- und akademikertypische (Bluff-)Sprache interpretiert werden kann, wie dies oben in den Fällen des *Kosmopoliten* und der *Multikulturalistin* ausgeführt wurde (vgl. auch hier: Weber 1980, 243ff.). Insofern stellt diese Äußerung ein weiteres Beispiel dafür dar, daß Erdal in dem Gespräch mit mir auch durch seine Sprachform einen Anspruch auf Intellektualität erhebt.

Erdal präsentiert sich als Pädagoge, der den Jugendlichen Hilfen zur Identitätsfindung anbietet. Er wolle die alevitische Kultur bewahren und sein angeeignetes Wissen weitergeben. Bei diesem Verweis auf seine in dem Verein praktizierte Rolle als Leiter der Jugendgruppe wendet er erneut den pädagogischen Diskurs des Multikulturalismus (hier: Bewahrung der (ursprünglichen) Kultur) an.

Im zweiten Teil des Ausschnitts deutet Erdal an, wie schwer das Lesen und Lernen fallen kann, wenn Interesse und Motivation fehlen. Die Analyse des zweiten Gesprächs zeigt, daß Erdal hiermit auch seine eigenen Schulerfahrungen anspricht. Denn lange Zeit fehlte ihm auf dem Gymnasium die entsprechende Lernmotivation. Daß Erdal sich tatsächlich in den letzten Jahren viel mit Büchern über den Alevismus beschäftigt hat, demonstriert er während des Gespräches durch die teilweise sehr detaillierte und ausführliche Beschreibung der alevitischen Kultur und Geschichte. Auch bestätigen meine Beobachtungen der Jugendtreffen und verschiedener Gespräche seine diesbezügliche Belesenheit. Da der Vereinsbesuch und seine Tätigkeit als Jugendgruppenleiter Erdal zum Lesen motivieren, kann man zusammenfassend interpretieren: *Die Figur des ethnischen Intellektuellen mobilisiert seine Bildungsmotive* (s. dazu: 7.3.2).

Außerdem stellt Erdal in Ausschnitt 4 klar, daß sein Interesse nicht etwa auf die alevitische Kultur beschränkt sei. Die Erwähnung eines Buches über Indianer indiziert, daß sich sein Interesse vor allem auf Themen richtet, die die Unterdrückung und Zerstörung von Kulturen bzw. einen gegen Unterdrückung und Ausbeutung gerichteten Widerstand behandeln. Auch das können die Vereinsbeobachtungen bestätigen. Mit der Artikulation dieses Interesses sowie der erneuten Erwähnung der „multikulturellen" Einstellung und Ziele der Aleviten unterstreicht Erdal seinen Anspruch auf die Rolle eines liberalen oder linken Intellektuellen.

Im weiteren Verlauf des Gesprächs bemüht sich Erdal, mir noch möglichst viele Aspekte der alevitischen Kultur zu erläutern. Wegen der zunehmenden Unterbrechungen durch eintreffende Jugendliche brechen wir die Aufnahme jedoch bald ab. Da ich Erdal in diesem ersten aufgenommenen Gespräch nicht mehr explizit auf seine Schul- und Aufstiegserfahrungen ansprechen konnte, bat ich ihn um ein weiteres Gespräch. Dieses zweite Forschungsgespräch führten wir einige Wochen später. Es bestätigt, daß Erdal sich mir gegenüber als ein belesener Autoethnologe darstellt. Vor allem bietet es aber die Möglichkeit, Erdals Vereinsengagement auch vor dem Hintergrund seiner Aufstiegserfahrungen zu interpretieren. Die diesbezüglichen Ergebnisse seien im Folgenden anhand zweier Ausschnitte knapp benannt.

7.3.2 Mobilisierung von Bildungsmotiven im Aufstiegskontext

Gespräch II

Der 23jährige Erdal lebt in der Wohnung seiner Eltern zwischen Dortmund und Hagen, wo er auch aufwuchs. Er hat eine ältere Schwester, die die Hauptschule besucht hat, Arzthelferin und verheiratet ist. Sein Vater, türkische Grundschulbildung, ist seit seiner Tätigkeit im Straßenbau als Arbeiter in einer Fabrik beschäftigt, seine Mutter, die ebenfalls nur die Grundschule besucht hat, arbeitet gelegentlich als Putzhilfe. Erdal besuchte nach der Grundschule zunächst die Hauptschule, wo er aber durch seine Leistungen so positiv auffiel, daß er zwei Jahre später auf das Gymnasium wechselte. In unserem Gespräch sagt Erdal, daß seine Eltern stets seinen Plan, das Abitur zu machen, unterstützt hätten, da sie wollten, daß er es einmal besser und leichter habe, als es ihnen ergangen sei. Erdal selbst sei in seiner Jugend dagegen lange Zeit nicht sehr motiviert gewesen, er sei eben noch unreif gewesen. Da er leider, wie er heute bedauert, zu wenig gelernt habe, habe er die 12. Jahrgangsstufe wiederholen müssen und in der 13. die Zulassung zum Abitur nicht geschafft. In dem Leistungskurs Sozialwissenschaften sei er zwar immer gut gewesen, in Biologie jedoch nicht. Kurz vor den Abiturprüfungen „mußte" er daher infolge zu vieler Minderleistungen „abbrechen".

Ausschnitt 5 (S. 1-2, II):
A: Und dann, war dir dann direkt klar, was du dann machst oder?
Erdal: Nee/
A: ~ wolltest du noch mal wiederholen?
Erdal: Nee (.) ich hatte ja schon wiederholt (.) ging ja nicht mehr [hm] und dann mußte ich ne Lehre machen (.) ja und habe ich halt die Lehrstelle gefunden. Da war ich ja schon froh (.) habe ich gesagt, „Hauptsache, ich sitze nicht ein Jahr irgendwo rum" (.) mache ich lieber ne Lehre (.) da habe ich wenigstens was in der Hand
A: Und die hast du auch schnell gefunden da?
Erdal: Ja (.) habe ich Glück gehabt (.) normalerweise nicht, weil das ziemlich spät war (.) war im Januar oder im Februar hab ich mich beworben [hm] da kriegst du nichts Vernünftiges mehr [hm] deshalb mußte ich auch die Lehre nehmen als Einzelhandelskaufmann
A: Du hättest lieber was anderes gemacht oder?
Erdal: Ja klar (.) ich hätte lieber was anderes gemacht. Aber kannst du dir ja nicht aussuchen
A: Und wie lief das? Wie lief die Lehre bisher?
Erdal: Ja (.) gut. Überhaupt kein Problem. Unterfordert (.) aber was willst du machen (.) selber schuld [hm] ist ja immer dasselbe (.) Ware einräumen, verkaufen [hm] ist ja nichts [hm] Weltbewegendes
A: Bist du in einem großen Betrieb oder/
Erdal: ~ ja ja (.) in nem Baumarkt bin ich

A:	Ja (.) und Berufsschule? Kommst du klar?
Erdal:	Ach ja (.) ja
A:	Ist leicht ne? im Vergleich zur Oberstufe
Erdal:	Ja (.) auf jeden Fall. Ja, kannst du auch im Grunde nicht vergleichen (.) aber [ja] ist jetzt ja was ganz anderes (.) aber wenn du halt ein bißchen Allgemeinbildung hast dann (1) obwohl (.) die drei Jahre haben mich eigentlich ziemlich geprägt in der Oberstufe (.) war eigentlich schon, war war keine verschwendete Zeit für mich (.) habe ich echt viel dazu gelernt (.) hätte ich mich nur n bißchen reinknieen müssen.

In diesem Gesprächsausschnitt wird deutlich, daß Erdal nach dem Verlassen des Gymnasiums, etwa 2 ½ Jahre vor unserem Gespräch, gezwungenermaßen eine Lehre begonnen hat, mit der er nicht besonders zufrieden ist. Er fühle sich „unterfordert", habe sich aber selbst zuzuschreiben, das Abitur nicht geschafft zu haben. Dennoch bereue er die Oberstufenzeit nicht. Wie an vielen anderen Stellen unserer Gespräche weist Erdal in diesem Zusammenhang darauf hin, daß er in der Oberstufenzeit, also im Alter von 16 bis 20 Jahren, viel „gelernt" habe. Wie schon bekannt, ist das die Zeit, die er rückblickend auch als den Beginn des Bewußtwerdens seiner alevitischen Identität bezeichnet. Das Verlassen des Gymnasiums bzw. der Beginn seiner Lehre fällt zeitlich mit dem erstmaligen Besuchen des alevitischen Vereins zusammen. Es bestätigt sich also nicht nur die obige Interpretation, daß Erdals Engagement in dem Verein seine allgemeine Bildungsmotivation gefördert hat. Sein über die letzten zwei Jahre stetig zunehmendes Vereinsengagement kann geradezu als Kompensation der durch das Verlassen des Gymnasiums erzwungenen Unterbrechung einer höheren Bildungskarriere und der damit einhergehenden intellektuellen Unterforderung durch die Lehre gelesen werden.[202]

Bei verschiedenen Gelegenheiten während der Feldforschung unterhielten wir uns über seine Pläne, direkt im Anschluß an die abgeschlossene Berufsausbildung das Abitur auf einem entsprechenden Kolleg nachzumachen. Dies wiederholt Erdal auch in diesem Gespräch (S. 2/3, II); auf keinen Fall wolle er weiter als Einzelhandelskaufmann arbeiten.[203] Offensichtlich empfand er die Lehrstelle stets als eine nur sehr unbefriedigende Alternative zu dem verpaßten Abitur und einem möglichen Studium. Die durch den vorzeitigen, aber doch erst sehr späten, Abbruch der Oberstufe entstandenen (und in Ausschnitt 5 auch angedeuteten) biographischen Orientierungsschwierigkei-

---

202 Für diese Interpretation war von Bedeutung, daß die Themen (bzw. Begriffe) „Interesse", „Lernen", „Lesen", „Beschäftigung mit intellektuellen, grundsätzlichen Fragestellungen" und „Bewußtwerdung" nicht nur durchgängig in Erdals Ausführungen vorkommen, sondern für die Beschreibung seiner Schulerfahrungen in gleicher Weise zentral sind wie für die Beschreibung seiner Rolle im Verein.
203 Tatsächlich besuchte Erdal nach Abschluß seiner Lehre ein Abiturkolleg in Dortmund, um ein Fach aus dem „Sozialbereich" studieren zu können.

ten ließen sich durch die ihn intellektuell unterfordernde Lehre nur unzureichend beheben. An diesem biographischen Punkt halfen ihm seine Vereinsaktivitäten, seine Bildungsmotivation aufrecht zu erhalten.

In unserem zweiten aufgenommenen Gespräch sprechen wir ebenfalls darüber, wie es ursprünglich zu Erdals Engagement in dem Verein kam. Auf dem Gymnasium seien überhaupt keine Aleviten und als türkischer Schüler sei er dort die große Ausnahme gewesen. Dennoch habe er privat neben den deutschen Mitschülern, mit denen er befreundet war, auch türkische Freunde gehabt. Er sei zwar immer schon „antifaschistisch" eingestellt gewesen, bevor er sich seiner Identität „bewußt" wurde. Doch hätte er zuvor „nur Haß auf Glatzen und nicht irgendwie Haß auf türkische Faschisten" gehabt (S. 6, II). Er sei als Jugendlicher sogar ein bißchen „türkisch-nationalistisch" gewesen, was ja den Zielen der Aleviten deutlich widerspräche. Der folgende Gesprächsausschnitt beginnt mit dem Ende der Beschreibung des persönlichen Wandels von einem „türkisch-nationalistischen" Jugendlichen, der in der Vergangenheit sogar an Schlägereien mit „deutschen Skins" teilgenommen habe, zu einem alevitischen Intellektuellen, der nun durch sein Vereinsengagement versuche, auf „politischer Ebene" gegen „türkische Faschisten" vorzugehen:

Ausschnitt 6 (S. 7/8):
Erdal: ... hat sich jetzt auch schon so gewandelt, daß ich auch gegen türkische Faschisten halt auch agiere (.) damals hast du das ja nicht gemacht/
A: ~ daß du agierst, oder?
Erdal: Ja jetzt auf Dingens-Ebene ne? auf [ja] politischer Ebene [ja] gegen türkische Faschisten agieren
A: Ja. Aber das ist jetzt so parallel gewachsen mit deinem Engagement/
Erdal: ~ ja (.) klar
A: ~ hier in dem Verein oder?
Erdal: Ja [hm] ja, es war auch schon davor so ein bißchen (.) also, wo ich in der 11 oder in der 12 war, hast du schon so ein bißchen drüber nachgedacht (.) daß du im Grunde nichts anderes machst, wenn du türkischen Nationalismus betreibst (.) machst du im Grunde nix anderes, als die Deutschen hier machen [hm] dann wurd dir das halt bewußt (.) deshalb sage ich, das hat mich auch ziemlich geprägt (.) also damals hab ich ziemlich viel gelesen und so [hm] so dann merkst du das
A: Kannst du auch mal diesen Wandel versuchen zu beschreiben? Wie das gekommen ist, daß du dich jetzt auch für die alevitische Kultur interessierst? (2)
Erdal: Ich habe mich ja im Grunde schon immer dafür interessiert (.) weil, ich habe immer gefragt und dann haben sie (die Eltern) halt gesagt „wir sind Aleviten" (.) aber mehr kam halt nicht. Ja, und dann hast du von selber ein bißchen recherchiert und gelesen und gemacht (.) dann hast du festgestellt, daß es eigentlich was sehr Schönes ist was/ was du (.) was du dir irgendwie gar nicht aneignest [hm] du hast im Grunde genommen was sehr Schönes. Du bist, du bist da reingeboren worden (.) aber du eignst dir das gar nicht an (.)

	dann habe ich mich mal ein bißchen damit befaßt (.) wurd dann halt auch immer intensiver (.) habe ich mich auch von meiner Freundin getrennt dann deswegen (.) weil das sich/
A:	~ warum?
Erdal:	Sie hat's nicht eingesehen (.) immer (.) so Kulturverein und so. Ist normal halt wenn du deutsch erzogen bist und [hm] hast im Grunde damit nix zu tun (.) willst nur in die Disco gehen am Wochenende und [hm] kulturell hast du echt nix drauf
A:	Ach (.) sie war keine Alevitin?
Erdal:	Nee (.) sie war Deutsche. Ja (.) und wenn du da kulturell nix drauf hast und kein Interesse dafür hast und du bist halt kulturell vielleicht ein bißchen aktiv (.) das war/ obwohl das waren noch meine ersten Dingens (.) ich glaub das war 93, 94, 95 war das
A:	Das ist ja nicht lange her
Erdal:	Vor zwei Jahren oder so
A:	Ja. Hat sie das denn verstanden?
Erdal:	Hab's ihr zwar erklärt aber [hm] wenn du kein Interesse da hast, kannst du erklären wie du willst [hm] dann haben wir uns halt getrennt deswegen (.) ja und dann habe ich mich halt so richtig dann vertieft in die Sache

Dieser Ausschnitt bestätigt die bisher genannten Ergebnisse; einige lassen sich noch weiter präzisieren. Durch die Rede von dem Bewußtwerden seiner Identität markiert Erdal die letzten Jahre ebenso deutlich wie durch die Anführung des Bruches mit seiner deutschen Freundin als den Beginn eines grundlegend neuen Lebensabschnitts. Wie zuvor indirekt anhand der persönlichen Veränderungen des ehemals „türkisch-nationalistischen Jugendlichen" angedeutet wurde, hat sich Erdal seit dem Besuch der gymnasialen Oberstufe auch zunehmend von seinen ehemaligen Freunden, mit denen er u.a. auch an den Schlägereien mit deutschen Rechten teilgenommen habe, getrennt. In anderen Gesprächen während der Feldforschung teilte Erdal mir mit, daß seine ehemaligen Freunde (nur zu einem habe er noch Kontakt) überwiegend Jugendliche waren (türkische, jugoslawische und deutsche), die die Haupt- oder Realschule besuchten. Auch seine frühere deutsche Freundin habe zu dieser Clique gehört. Erdal war demnach der einzige, der weiter auf eine weiterführende Schule ging und das Abitur machen wollte. Insofern markiert die Oberstufe eine biographische Phase der deutlichen Ablösung von seinem Herkunftskontext, die auch mit einem allmählichen Wechsel seiner sozialen Bezugsgruppe und dem Knüpfen neuer Freundschaften einherging. In diese Phase fällt schließlich der vorzeitige, erzwungene Abbruch des Abiturs und die damit einhergehenden notwendigen Umorientierungsbemühungen. Beide Erfahrungen, die des sukzessiven Lösens von seiner ehemaligen Bezugsgruppe und die plötzliche Unterbrechung seiner Bildungskarriere, können als spezifische Zumutungen, die ein Bildungsaufstieg mit sich bringen kann, verstanden werden.

Die Form, in der Erdal in Ausschnitt 6 seine Entscheidungen und seine sich wandelnden Einstellungen in den letzten Jahren rückblickend interpretiert, veranschaulicht seine Selbstinszenierung als autodidaktischer ethnischer Intellektueller. Seine selbst- und fremdethnisierende Rede über seine frühere deutsche Freundin demonstriert beispielsweise, wie es Erdal gelingt, sich durch ethnische Selbstbeschreibungen als ein Intellektueller zu entwerfen, dessen „Interesse" eher kulturellen Themen als dem Diskobesuch gilt. Darüber hinaus deutet die Redeform auch auf den Umgang mit seinen Aufstiegserfahrungen hin. Die vor etwa zwei bis drei Jahren beginnende „bewußte" Beschäftigung mit dem Alevismus beschreibt Erdal wie eine *Chance*, die er aufgrund seiner alevitischen Abstammung besitze und die er dann wahrgenommen habe. Dazu paßt, daß Erdal für jeden Vereinsbesuch extra 20 km „angereist" kommt: Er nimmt gewisse Anstrengungen gerne in Kauf, um die Gelegenheit, an den Vereinsaktivitäten teilnehmen und dann bald auch als Jugendleiter in dem Verein arbeiten zu können, wahrzunehmen. Insofern läßt sich interpretieren, daß Erdal mit der *Verknüpfung von Intellektualität und Ethnizität* die aufstiegsbedingten Ablösungs-, Umorientierungs- und Frustrationserfahrungen erfolgreich bearbeiten kann.

Diese These wird durch sein Engagement im alevitischen Kulturverein in vielerlei Hinsicht belegt. Insbesondere bestätigt sich, daß der Handlungszusammenhang des Vereins ihm die Umsetzung seiner Bildungsambitionen ermöglicht (s. 7.3.3). Somit bleibt insgesamt zu resümieren: Erdal mobilisiert Ethnizität in einer Weise, die es ihm neben der Bearbeitung von verunsichernden persönlichen Aufstiegserfahrungen erlaubt, im Kontext seiner Vereinsteilnahme erfolgreich – quasi vorwegnehmend – intellektuelle Ansprüche zu reklamieren, die er in seiner formellen Bildungskarriere erst noch erwerben muß.

Im Gegensatz zur Relevanz von Ethnizität ist die *Raumkategorie* für dieses Handlungsmuster relativ unbedeutend. Die für Erdals Vereinsaktivitäten zentralen Themen (alevitische Identität usw.) haben, wenn überhaupt, zumeist einen mehrfachen, oft historischen Raumbezug: Das Territorium der Türkei; die Traditionen der Aleviten; die Wohngegenden der Aleviten in der Türkei; die Orte der Massaker an Aleviten und der nachfolgenden Demonstrationen; die Lebensverhältnisse der Aleviten in Deutschland; sowie einzelne alevitische Vereine und Veranstaltungsorte in Deutschland. Durch diese mehrfachen Raumbezüge, die Erdal im Rahmen seiner Rede über die alevitische Identität verwendet, reproduziert er insgesamt einen *transnationalen, multilokalen alevitischen Raum*.

Um zu illustrieren, was das Ergebnis dessen ist, was Erdal „sich richtig in die Sache vertiefen" nennt, wird sein Engagement als Leiter der alevitischen Jugendgruppe abschließend vor dem Hintergrund der Gesprächsinterpretationen noch einmal genauer betrachtet.

7.3.3 Das Engagement des Autoethnologen im Kulturverein

Nach dem ersten Vereinsbesuch ist Erdal sehr schnell aktiv in die Mitarbeit und Gestaltung des Vereins eingestiegen. Im ersten Jahr seiner bisher dreijährigen Mitarbeit war er selbst Teilnehmer der Jugendgruppe und spielte in einem Theaterstück mit. Mit diesem Theaterstück, der Inszenesetzung des Massakers in Sivas, waren die Jugendlichen sehr erfolgreich. Mindestens sieben mal traten sie in verschiedenen alevitischen Vereinen, auf den von ihnen veranstalteten Kulturfesten und bei einem städtischen Kulturfest auf. Bereits einige Monate nach Beginn seines Vereinsbesuches ließ Erdal sich in den Vereinsvorstand wählen. Nach einer einjährigen Unterbrechung war er dann zum Zeitpunkt meiner Untersuchungen erneut Vorstandsmitglied. Im Vorstand ist Erdal der einzige Jugendliche; alle anderen Vorstandsmitglieder sind Migranten der ersten Generation. Erdal sagt, daß er dort gerne aushelfe. Vor allem bei organisatorischen Fragen, wie zum Beispiel der Anmietung von städtischen Räumlichkeiten für Vereinsfeste, sei seine Mitarbeit gefragt, da die „Alten" nur schlecht Deutsch sprächen. Wie während der Feldforschung unschwer zu erkennen war, wird Erdals Mitarbeit im Vereinsvorstand von allen sehr geschätzt. Seine Vorstandstätigkeit führte dazu, daß er schnell alle Verantwortlichen im Verein kannte und die Aktivitäten der Jugendgruppe, die er seit nunmehr zwei Jahren leitet, mit den Interessen des Gesamtvereins bzw. denen der älteren Migranten koordinieren kann.

Erdal zeigte durchgehend großes Interesse daran, sich mit mir über den Verein, die Jugendlichen und den Alevismus zu unterhalten. Oft erwähnte er Bücher, die er gelesen habe oder aus denen er das, worüber er sprach, wisse. Mit der Zeit kam es dazu, daß wir uns gegenseitig verschiedene Bücher über den Alevismus, über Politik und wissenschaftliche Untersuchungen zu migrationsspezifischen Themen ausliehen. Auch gab er mir verschiedene Videobänder mit Berichten über die Situation der Aleviten in der Türkei, die er aufgenommen oder für die Jugendarbeit kopiert hatte.

Bald wurde deutlich, daß Erdal für die Jugendgruppe und den Verein insgesamt einen Großteil seiner Freizeit opfert. Insbesondere an Wochenenden ist er manchmal rund um die Uhr mit Vereinsangelegenheiten beschäftigt: Zusätzlich zu seiner wöchentlichen Vorbereitung und Tätigkeit mit der Dortmunder Jugendgruppe besucht er freitags und samstags häufig die Veranstaltungen anderer alevitischer Vereine im Ruhrgebiet, hält mit den dortigen Verantwortlichen Kontakt und stimmt mit ihnen gemeinsame Aktivitäten ab, läßt sich auf verschiedenen Hochzeiten von Vereinsmitgliedern und anderen Veranstaltungen wie Mitgliederversammlungen oder Cem-Treffen – zumindest kurz – blicken, fährt zu Großveranstaltungen und Demonstrationen, an denen sich auch alevitische Vereine beteiligen, nach

Köln und Frankfurt usw. usf. Für all dies ist viel Koordinationsarbeit und Zeit nötig, zumal Erdal selbst nicht in Dortmund, sondern ca. 20 km entfernt wohnt. Seine vielfältigen „multilokalen" Tätigkeiten im Zusammenhang mit dem alevitischen Vereinswesen führen dazu, daß Erdal sich sehr gut in dem Milieu der alevitischen Vereine auskennt und fast jede Woche Neuigkeiten und Anregungen für seine eigene Jugendgruppenleitung erhält. Außerdem wurde Erdal auf diese Weise selbst schnell in der lokalen alevitischen Szene bekannt. Auf den Fahrten mit seinem Auto zwischen den verschiedenen Städten begleiten ihn zwar oft andere Jugendliche und Freunde, doch ist Erdal der einzige, der immer dabei ist. Haben die anderen Jugendlichen um die 20 Jahre häufig andere Pläne am Wochenende, so räumt Erdal bei seiner Freizeitgestaltung dem Verein und seinen Belangen eindeutig Priorität ein.

Seine Jugendgruppenleitung beschreibt Erdal als eine Art Pioniertätigkeit. Bevor er die Gestaltung der Jugendgruppe selbst in die Hand genommen habe, seien die Treffen von den Jugendlichen nur zur Belustigung und Organisation von Partys genutzt worden. Über „Alevismus oder so" sei „eigentlich nicht geredet" worden (Transkript II, S. 12). Die Frage, die ihn offensichtlich stark beschäftigte, war, wie es ihm gelingen könnte, die Jugendlichen mehr zu aktivieren und für den Alevismus zu interessieren. Häufig beklagte er, wie wenige der alevitischen Jugendlichen in Dortmund zu dem Verein kämen und mit wie wenig Ernst und Verständnis diejenigen, die kämen, bei der Sache wären. Während der Jugendgruppentreffen bemühte sich Erdal, mit dem wiederholten Hinweis auf seine eigenen Erfahrungen die Jugendlichen zum Lesen und zur Auseinandersetzung mit dem Alevismus zu motivieren. Oft beklagte er sich, daß den meisten Allgemeinbildung und Wissen über den Alevismus vollkommen fehle. Nur mit diesen, noch weitgehend unterentwickelten, Kompetenzen, so seine Einschätzung, seien die Aleviten aber in der Lage, gegen ihre Unterdrückung „zu kämpfen".

Nachdem die Jugendlichen sonntags abends eintreffen, unterhalten sie sich zuerst eine Weile. Dann eröffnet Erdal das eigentliche Treffen der Jugendgruppe. Er beginnt zumeist mit einem kurzen Bericht über Neuigkeiten aus diesem und anderen alevitischen Vereinen, mit der Ankündigung von zukünftigen oder der Nachbesprechung der letzten Veranstaltungen eines der alevitischen Vereine im Ruhrgebiet, dem Vorlesen eines Flugblattes oder eines Zeitungsartikels aus einer türkischen Zeitung über die Aleviten usw. Häufig reichen diese Vorgaben, um eine erste Diskussion in Gang zu bringen. Manchmal wird dann ein Film, z.B. über Demonstrationen nach der Ermordung von Aleviten oder über die alevitische Kultur gezeigt; an anderen Sonntagen hält ein Jugendlicher ein kurzes Referat über den Islam oder das osmanische Reich, das Erdal in den Wochen zuvor verteilt hatte; oder es werden aktuelle politische Themen aus der Türkei besprochen (z.B. Politikskandale oder Probleme, die den Aleviten durch die regierende Refah-Partei oder den wachsenden Fundamentalismus entstünden).

Breiten Raum nehmen bei den Jugendgruppentreffen die Planung sowie die Vor- und Nachbesprechung verschiedener Veranstaltungen des Vereins oder anderer alevitischer Vereine ein. Beispielsweise hat der Dortmunder Verein im Frühjahr 1997 in einer Dortmunder Stadthalle ein „Fest der Alevitischen Jugend", zu dem etwa 600 Aleviten aus ganz NRW, zumeist Familien, kamen, organisiert. Dafür mußten ein Programm entwickelt, eine Halle gemietet, Sänger, Bürgermeister und Lokalpolitiker eingeladen sowie eine Vielzahl von Aufgaben und Posten verteilt werden. Die Hauptverantwortung lag bei Erdal, der einzelne Vorbereitungsgruppen einteilte, die dann unter der Regie anderer älterer Jugendlicher ihre Planungen betrieben und immer wieder über den Stand der Dinge berichteten. Im Rahmen der Organisation solcher Vereinsveranstaltungen findet sein Einsatz nicht nur die Zustimmung und Anerkennung der Vereinsmitglieder, sondern auch von Lehrern, Journalisten, Mitarbeitern der Stadtverwaltung und Politikern: Die Anmietung städtischer (oder schulischer) Sporthallen oder Veranstaltungsräume, in denen der Verein diverse Veranstaltungen abhält (z.B. Mitgliederversammlung, Parties, Begegnungsfeste, religiöse Cem-Treffen oder öffentliche Diskussionsveranstaltungen), gelingt Erdal regelmäßig und auch die Einladung von Lokalpolitikern auf die größeren Feste des alevitischen Vereins ist oft erfolgreich. Insofern reproduziert sich durch derartige im Vereinskontext ausgeübte Tätigkeiten seine auch in den Gesprächen mit mir wiederholt ausgedrückte Erfahrung, daß die selbstbewußte und organisierte Artikulation kulturell begründeter Interessen von Migrantenminderheiten in der deutschen Gesellschaft grundsätzlich unterstützt wird.

In dem Verein nimmt Erdal durchgehend die Rolle eines – teilweise recht strengen – Lehrers ein. In seinen Ausführungen während der Jugendgruppe und in den verschiedenen Diskussionen, die im Laufe des Abends entstehen, erläutert er beispielsweise die Unterschiede zwischen den einzelnen ethnischen Gruppierungen in der Türkei sowie Zusammenhänge aus der türkischen und alevitischen Geschichte, grenzt die „weltoffenen" Aleviten von den angeblich häufig „nationalistischen" Sunniten ab, beschreibt traditionelle Bräuche der Aleviten in Anatolien wie ein authentischer Beobachter, betont den Laizismus als die für Aleviten relevante Weltanschauung oder erklärt die sich von der sunnitischen Religionsauffassung unterscheidende Fastenzeit und andere Prinzipien der alevitischen Lehre. Wiederholt werden Diskussionen darüber geführt, ob denn die Aleviten nun Muslime seien, wie viele der Jugendlichen von ihren Eltern erfahren. Zwar wird dieser Punkt fast nie zur Zufriedenheit aller Anwesenden geklärt, da die Meinungen hierüber auseinandergehen und vage Formulierungen von Erdal wie „wir sind natürlich keine Muslime wie die Sunniten, aber wir sind der Weg bzw. der Islam", mit denen er alevitische Sinnsprüche zitiert, wenig hilfreich sind. Doch erlauben derartige Themen Erdal, sein angelesenes Wissen einzusetzen. Und nicht selten doziert er bei solchen Gelegenheiten über die Zusammenhänge zwischen alevitischen Traditionen, die sich aus der Zeit noch vor der Islamisierung Anatoliens speisen, der Abgrenzung von den sie unterdrückenden Sunniten und die „verlorene Generation" ihrer Eltern, die noch kein Wissen über ihre Identität gehabt hätten.

Insgesamt herrscht in der Jugendgruppe eine „linke Atmosphäre", die nicht unwesentlich von Erdal und seinen Diskussionsbeiträgen beeinflußt wird. Begriffe wie Kommunismus, Feudalherren, Faschismus, Bourgeoisie oder Autonomie, mit denen er die türkische Geschichte und Gesellschaft beschreibt und alevitische Prinzipien erläutert, werden zwar nicht von allen Jugendlichen verstanden, nichtsdestotrotz häufig verwendet.[204] Derart gewappnet, mischt sich Erdal z.B. eifrig in Diskussionen ein, die den Sinn und Unsinn der Forderung von kultureller Autonomie für die Aleviten in der Türkei erörtern. Oder er kann sich sehr darüber erregen, daß ein Mädchen während des Treffens sagt, sie würde sich dennoch eher als Türkin und nicht als Alevitin fühlen, sie hätte halt türkisches Blut in ihren Adern. Daraufhin erklärt er ihr aufgeregt, daß Kemal Atatürk das Amt für religiöse Angelegenheiten, die Diyanet, gegründet habe, unter dessen Religionspolitik die Aleviten heute zu leiden hätten. Ihre Bemerkungen seien nationalistisch und dem nationalistischen Geschwätz der Sunniten entnommen; wenn sie so sprechen würde, würde sie indirekt die Assimilationspolitik der Diyanet unterstützen. Sie solle mal mehr lesen und sich bilden, bevor sie derartige Sprüche von sich gebe. Anhand solcher Beobachtungen ließ sich wiederholt die Interpretation bestätigen, daß Erdal gerade in seiner Rolle als Leiter der Jugendgruppe intellektuelle Ansprüche reklamieren kann.

Schließlich soll noch darauf eingegangen werden, daß die in der Jugendgruppe besprochenen Themen sich nicht nur, wenn auch überwiegend, auf die Türkei oder den alevitischen Verein beziehen. Die für die meisten Argumentationen zentrale Abgrenzung von den sunnitischen Türken wird häufig dadurch erreicht, daß auf das Bild der Türken oder auf türkische Jugendliche in Deutschland referiert wird. Nicht nur von Erdal, sondern auch von einigen der Jugendlichen wird wiederholt betont, daß die alevitische Jugend der deutschen Öffentlichkeit zeigen müsse, daß nicht alle türkischen Mädchen Kopftücher trügen oder die meisten türkischen Jungen politisch rechts eingestellt

---

204 So behauptet Erdal z.B., daß man in den alevitischen Dörfern früher durch das selbstverständliche Teilen von Nahrungsmitteln etc. den Sozialismus erlernt habe und die alevitische Kultur daher im Grunde genommen sozialistisch sei.

seien. Ebenso sind die von den Anwesenden berichteten alltäglichen Schulerfahrungen mit ihren Lehrern oder mit türkisch-sunnitischen Mitschülern gelegentlich Thema der sonntäglichen Treffen. Zum Beispiel berichtet eine Schülerin aus der 10. Klasse wiederholt davon, daß sie „gezwungen" sei, am „muslimischen Religionsunterricht" in der Gesamtschule teilzunehmen, womit sie den muttersprachlichen Unterricht, der von einem nicht-alevitischen Türkischlehrer durchgeführt wird, meint. Wann immer dieser Lehrer im Rahmen dieses Unterrichts religiöse Themen behandele, spreche er vom Koran und dem sunnitischen Islam. Sie fühle sich daher diskriminiert. Dieses Thema wird von Erdal natürlich sofort (und fast dankbar) aufgegriffen. Er kann berichten, daß die alevitische Föderation sich bereits seit einiger Zeit mit der Forderung beschäftige, bei einer zukünftigen Einführung islamischen Religionsunterrichts auch das Alevitentum angemessen zu berücksichtigen. Im Falle der Schülerin überlegen die Jugendlichen voller Tatendrang gemeinsam, ob und ggf. welche Form von Kritik man als Verein artikulieren sollte, ob es z.B. sinnvoll sei, einen Anwalt einzuschalten.

Außerdem spricht Erdal in der Jugendgruppe wiederholt Vorurteile über Aleviten an, die durch wissenschaftliche Untersuchungen transportiert würden. So greift er beispielsweise an einem Abend einen Kritikpunkt auf, der in der Zeitschrift „Baris (Der Frieden) – Alevitisches Jugendmagazin" an der Untersuchung *Verlockender Fundamentalismus. Türkische Jugendliche in Deutschland* von Heitmeyer, Müller und Schröder (1997) geübt wird.[205] Erdal erklärt den anwesenden Jugendlichen, daß diese Untersuchung die Ungleichbehandlung von alevitischen Jugendlichen in Deutschland fördere, da sie die Gefahr des islamischen Fundamentalismus pauschal für alle türkischen Jugendlichen beschwöre, ohne zwischen Aleviten und Sunniten zu unterscheiden. Um gegen eine solche Ungleichbehandlung langfristig angehen zu können, müßten sich die Jugendlichen aber zunächst informieren, sich Wissen über ihre Identität aneignen und zumindest das Jugendmagazin regelmäßig lesen. Erneut versucht Erdal also, sie zum Lernen und zum Selbststudium zu motivieren.

---

205 In dem entsprechenden Artikel in BARIS werden Heitmeyer et al. für die fehlende Differenzierung zwischen alevitischen und sunnitischen Jugendlichen in ihrer Studie kritisiert. Dadurch entstünde der Eindruck, alle türkischen Jugendlichen, auch die alevitischen, tendierten zu gewaltbereiten, islamistischen Positionen: „(...) Offensichtlich ist der Unterschied zwischen den sunnitischen und alevitischen Konfessionen nicht erfaßt worden. Dieser Fehler in der Studie ist für das alevitische Volk sicherlich nicht zu tolerieren, zumal es immer für Demokratie und gegen Nationalismus und Chauvinismus eingetreten ist. Somit würden die o.g. Zahlen sicherlich nicht für die Aleviten repräsentativ sein, was den Medien in Deutschland mitgeteilt werden muß (...)" (vgl. Baris – Der Frieden, Alevitisches Jugendmagazin, Juni 1997, Nr. 2, 14f.).

An einem letzten Ausschnitt aus unserem zweiten Gespräch soll diese Thematisierung wissenschaftlicher Untersuchungen durch Erdal verdeutlicht werden. Auf meine Frage, welche inhaltlichen Punkte er an diesem Abend für die Jugendgruppe geplant habe, antwortet er:

Ausschnitt 7 (S. 14, II):
Erdal: Äh (.) die Veranstaltung vom Freitag wollten wir noch mal bereden. Wir hatten Freitag so ne kleine Kooperationsveranstaltung, wo die Schwerter und die Dortmunder zusammen/
A: ~ hier?
Erdal: Nee (.) in Schwerte. Die n bißchen auswerten (.) wie sie die Veranstaltung fanden (.) hm und die Unterschriftenaktion (.) wir machen momentan ne Unterschriftenaktion gegen diesen Faruk Şen vom Institut für Türkei-Studien
A: Da habe ich neulich, das hast du mal kurz erwähnt als/
Erdal: ~ ja (.) das stimmt
A: Sag noch mal was dazu (.) was war das?
Erdal: Ja der hat da so n paar Schriften veröffentlicht (.) ja und das ist halt ne Schrift (.) er bringt ja so n Buch raus, „Türkische Muslime in Nordrhein-Westfalen"/
A: ~ das ist schon raus ne?
Erdal: Das ist schon raus (.) 95
A: ~ das habe ich nämlich auch
Erdal: ~ 95 (.) kannst du ja mal lesen über die Aleviten (.) auf der Seite 32, 33 beschreibt er die Aleviten und in der Beschreibung taucht halt auf, daß die Aleviten bei ihrem Cem äh entweder Wein oder Raki trinken (.) so bei unserem Gebetsritual (.) daß wir das Wein oder dingens trinken (.) das stimmt absolut nicht. Du warst ja auch letztens da (.) ich weiß nicht, ob du noch so lange da warst, aber es wird da nur Wasser gereicht (.) das ist schon mal ein Vorurteil daß wir irgendwie Al/ fast Alkoholiker (lacht) ja im Grunde sind ne? Wenn du schon beim Gebet irgendwie [hm] Alkohol zu dir nimmst (.) und das andere heißt äh daß wir als (.) als glücksbringendes oder als heiliges Tier äh (.) ein Kranich stimmt (.) äh Reh stimmt auch und den Wolf, den wir auch als [hm] dingens verherrlichen (.) der Wolf stimmt natürlich nicht (.) weil das n pantürk/ ein pantürkisches Symbol ist, was von den (unv.) Türken als Leitwolf halt gesehen wird auch (.) deshalb kommt ja auch der Begriff „Graue Wölfe" [hm] das ist das Leitsymbol von denen (.) also [ja] haben wir da gar nix mit zu tun ganz im Gegenteil (.) wir sind dagegen (.) also gegen dies/ [hm] und gegen diese, gegen diese Falschdarlegungen haben wir jetzt ne Unterschriftenaktion gemacht

Auch diese Passage bestätigt, daß man unser Gespräch als eines unter *zwei* Ethnizitätsforschern charakterisieren kann, die sich beide gegenseitig mit ihren diesbezüglichen Kompetenzen und Interessen präsentieren, und daß Erdal die alevitische Identität insbesondere in Abgrenzung von den sunnitischen Türken markiert. Darüber hinaus zeigt sie, wie Erdal sich durch seine Beschäftigung mit dem Alevismus für dieses Thema sensibilisiert. Er hatte wenige Wochen zuvor zusammen mit gleichaltrigen Jugendlichen aus zwei anderen Vereinen im Ruhrgebiet ein Schreiben an das Zentrum für Türkeistudien verfaßt, in dem Prof. Şen aufgefordert wird, die hier kritisierten Inhalte zu korrigieren, da sie Vorurteilen Vorschub leisteten. Seitdem bemüht sich Erdal, möglichst viele Unterschriften für die Protestaktion zu sammeln, wofür seine Kontakte zu den verschiedenen alevitischen Vereinen im Ruhrgebiet sehr hilfreich sind. Man könnte das diesem Verhalten zugrundeliegende Handlungsmuster als das eines *ethnischen Identitätspolitikers* charakerisieren.

An den genannten Beispielen des muttersprachlichen Unterrichts und der beiden wissenschaftlichen Untersuchungen von Heitmeyer/Müller/Schröder 1997 und dem Zentrum für Türkeistudien (vgl. Ministerium 1995) ist eindrucksvoll zu sehen, wie wissenschaftliche Formulierungen über die Praxis von Individuen und Gruppen direkt in ebendiese Praxis eindringen bzw. von ihnen angeeignet werden. Sie demonstrieren darüber hinaus, daß Migranten der zweiten Generation, die sich – wie Erdal – vor dem Hintergrund ihrer Aufstiegserfahrungen von ethnisch markierten Vereinen als (potentielle) ethnische Intellektuelle ansprechen lassen, ihre Bildungskompetenzen einsetzen können, um ethnische Identität und die Forderungen ethnischer Gruppen öffentlich zu artikulieren und andere Personen zur Unterstützung ihrer Ziele zu mobilisieren. Damit ist nicht nur exemplarisch das Potential einer gegenwärtig entstehenden ethnischen Elite in Deutschland aufgezeigt, sondern auch die Form einer von ihr potentiell ausgeübten *Politik der Anerkennung ethnischer Interessen*.

So läßt sich an diesen Beispielen beobachten, *wie* die Kinder der Migranten Protest und Widerstand formulieren, mit dem sie explizit die Bedingungen ihres Aufwachsens und ihrer Behandlung in Deutschland thematisieren: In den kollektiven Selbstbeschreibungsformen, die im Kontext des alevitischen Kulturvereins und der Jugendgruppe beobachtet wurden, sind gängige Diskursformen, mit denen die pädagogischen (und andere) Institutionen in Deutschland die Folgen von Migration sprachlich und organisatorisch handhabbar machen, wiederzufinden. In den Flugblättern, die in dem alevitischen Verein kursierten, und in der von Erdal mitverfaßten Unterschriftenaktion gegen eine wissenschaftliche Untersuchung sind dies vor allem die Spielarten der multikulturellen Semantik wie „Ablehnung von Assimilation", „Bewahrung der kulturellen Identität" und „Gleichberechtigung verschiedener Kulturen". Deutlich wird daran zum einen, daß in den Formulierungen und Aktivitäten die Aufstiegserfahrungen der zweiten Generation gebunden sind. Deshalb könnte man die von Erdal im und über den alevitischen Kulturverein betriebene Politik der Anerkennung ethnischer Interessen im Einklang mit den bisherigen Lesweisen auch als Reaktion auf die permanente kulturelle Identitätszumutung, mit der Migranten und ihre Kinder konfrontiert sind, deuten. Zum anderen ist erkennbar, daß Mitglieder potentieller ethnischer Eliten mit ihren selbstbewußt erhobenen Forderungen und ihren für Vereine oder ähnliche Kontexte formulierten Programmen dazu beitragen, die Ethnisierung sozialer Beziehungen in der erst in der Migrationsgesellschaft erlernten Beschreibungsform weiter zu reproduzieren.

Abschließend sei erwähnt, daß Erdals Engagement in dem Verein etwas nachließ, nachdem er begonnen hatte, nach Abschluß seiner Lehre das Abitur auf einem Oberstufenkolleg nachzuholen. Die Vorstandstätigkeit führte er zwar noch fort, die Jugendgruppe leitete nun jedoch eine Abiturientin, die sich schon zu Erdals Zeiten sehr motiviert an der Planung verschiedener Veranstaltungen beteiligt hatte. Dennoch tauchte Erdal noch fast jeden Sonntag abend in dem Verein auf, wenn auch nicht mehr für den gesamten Abend. Auch diese Beobachtung bestätigt das Interpretationsergebnis, daß Erdal seine Bildungsmotivation durch die Art und Weise seiner engagierten Partizipation an dem alevitischen Kulturverein in einer Phase der Unterbrechung seiner Aufstiegskarriere aufrecht erhalten, wenn nicht sogar deutlich steigern konnte.

8. *Der Nonkonformist*

8.1 *Der Nonkonformist, der alevitische Kulturverein und der Ethnizitätsforscher*

Durch die Feldforschung im alevitischen Kulturverein ergab sich, wie im vorangehenden Kapitel beschrieben, die Möglichkeit, mit den meisten der den Verein besuchenden Jugendlichen entweder ein Einzelgespräch zu vereinbaren oder sie über Diskussionen und informelle Gespräche, die sich spontan in dem Verein entwickelten, kennenzulernen. Da sich diese Kontakte verhältnismäßig einfach herstellen ließen und da die Jugendlichen mir mehrheitlich offensichtlich helfen wollten und mich ohne weiteres in den Verein und ihre Gesprächsgruppen integrierten, war es um so auffälliger, daß sich ein Jugendlicher mir gegenüber sehr abweisend verhielt. Schon bei den ersten Vereinsbesuchen stellte ich fest, daß dieser Jugendliche, der *19jährige Murat*, die Jahrgangsstufe 13 des Gymnasiums in der Dortmunder Nordstadt besuchte und Bildungsaufsteiger war. Er gehörte damit zu den etwa fünf Jugendlichen in dem Verein (von ca. 20-30), die mich aufgrund ihres Alters, ihrer Bildungsqualifikation und ihres sozialen Hintergrundes als Zielgruppe der Untersuchung besonders interessierten. Es war unschwer zu erkennen, daß Murat sehr aktiv an den Vereinstreffen und den Diskussionen teilnahm und sie stark mitgestaltete. Dies verstärkte mein Interesse an einem Gespräch mit ihm. Obwohl wir bald unsere Telefonnummern ausgetauscht und ein Gespräch vereinbart hatten, kam es während der gesamten, sich über einen Zeitraum von ca. acht Monaten erstreckenden Feldforschung in dem Verein nie zu einem Treffen für ein Forschungsgespräch. Anfangs behauptete Murat zumeist, für eine Klausur lernen zu müssen oder anderweitig beschäftigt zu sein und vertröstete mich auf später. Schnell wurde jedoch deutlich, daß er nicht nur kein Interesse an einem Forschungsgespräch hatte, sondern daß er es mir mit Hilfe verschiedener Strategien verweigerte. Bis zum Ende der Feldforschungen bemühte er sich, sich meiner Gesprächsbitte im Verein oder auf diversen Veranstaltungen des Vereins zu entziehen, indem er fast durchgehend Distanz demonstrierte. Zwar konnte ihm dies nicht vollständig gelingen, da ich zunächst mit Erlaubnis des Jugendgruppenleiters (s. Kap. D.IV.7) und nach meiner ersten Teilnahme an einem der sonntäglichen Treffen auch mit dem ausdrücklichen Einverständnis der gesamten Jugendgruppe an den weiteren Veranstaltungen teilnahm. Doch meine Präsenz machte sein distanziertes Verhalten mir gegenüber noch deutlicher: Wenn ich mich im Verein oder auf den einzelnen Veranstaltungen ihm oder informellen Grüppchen, bei denen er saß, näherte, wechselte Murat manchmal den Raum oder die Gesprächspartner oder begann auf Türkisch zu sprechen, obgleich seine Türkischkenntnisse nur sehr mangelhaft waren und er daher im allgemeinen ganz offensichtlich Deutsch bevorzugte; auch lud er mich im Gegensatz zu anderen Jugendlichen nie in seinen Kreis ein oder sprach mich von sich aus an usw.

In diesem Kapitel soll nun am Beispiel des Abiturienten Murat die Fallstruktur, die dieser Interviewverweigerung zugrunde liegt, vorgestellt werden.[206]

---

[206] Man kann die Entscheidung, eine Person, die ein Forschungsgespräch bewußt verweigert, nichtsdestotrotz als Forschungsobjekt zu behandeln, sicherlich auf den ersten Blick als unsensibel oder sogar forschungsethisch problematisch kritisieren. Auch ich war mir eine Zeitlang unschlüssig, ob eine solche Entscheidung vertretbar wäre. Mindestens drei Gründe sprachen jedoch dafür. Erstens, auch wenn die Rede von einzelnen Fällen oder die Präsentation der Äußerungen einzelner Bildungsaufsteiger dies nahelegen mögen – es geht in dieser Arbeit *nicht* um die Untersuchung einzelner Personen oder ihrer Persönlichkeiten. Vielmehr gilt das Interesse den „hinter" den beobachtbaren Handlungen und Verhaltensweisen stehenden *sozialen* Strukturmustern. Diese Strukturmuster manifestieren sich zwar immer in den konkreten Handlungen einzelner Personen, doch sie existieren in gewissem Sinne unabhängig von der einzelnen Person. Deshalb äußern sich die interessierenden „überindividuellen" sozialen, d.h. gesellschaftlich bestimmten Strukturen von Handlungsmustern höchstwahrscheinlich – mit entsprechend biographisch bedingten Variationen – auch in den Handlungen anderer als der konkret beobachteten Personen (was jedoch eine qualitative Untersuchung mit nur acht Fallanalysen nicht belegen kann). Zweitens, erklärtes Ziel der vorliegenden empirischen Untersuchung ist es, ein möglichst breites Spektrum von Strukturmustern des Verhältnisses von Aufstieg, Ethnizität und Raum zu erfassen. Und zum Abstecken dieses Möglichkeitsfeldes gehört auch die Analyse von „Extremfällen", wie

Die folgenden Informationen über Murat entnehme ich den während der Feldforschung angefertigten Beobachtungsprotokollen, verschiedenen kurzen Unterhaltungen mit ihm oder den im Verein stattgefundenen Diskussionen, an denen er beteiligt war und die ich aufgrund meiner Anwesenheit trotz seiner Vermeidungsstrategie beobachten konnte. Murat ist 19 Jahre alt, in Dortmund geboren und aufgewachen, und hat einen zwei Jahre älteren Bruder, der bereits studiert. Sein Vater arbeitet als Arbeiter im Bergbau, seine Mutter ist nicht erwerbstätig. Die Jugendgruppe des Vereins besucht er erst seit wenigen Monaten, dafür aber recht regelmäßig. Unter den Jugendlichen dort hat er einige Freunde. Er ist ein sehr guter Schüler, einer der besten seiner Jahrgangsstufe auf dem Gymnasium. Nach dem Abitur wolle er Germanistik, Journalismus oder vielleicht Medizin studieren, er sei noch unentschieden. In den letzten Jahren ist Murat in verschiedenen politischen Zusammenhängen aktiv gewesen. So hat er in der Oberstufe in der Schülervertretung mitgearbeitet, nahm wiederholt an politischen Demonstrationen (gegen den Krieg in Kurdistan, gegen die Ausländerpolitik der Bundesregierung, für die Verbesserung der Bildungssituation der Schüler und Studenten in Deutschland usw.) teil und war vor dem Beginn seines regelmäßigen Besuches des alevitischen Kulturvereins zwei Jahre Mitglied in der Ortsgruppe von amnesty international.

In der Jugendgruppe des alevitischen Vereins, die Murat seit dem Ende der 12. Jahrgangsstufe besucht, ist er sehr beliebt. Murat nimmt an den Veranstaltungen und Diskussionen engagiert teil, übernimmt Aufgaben wie die Vorbereitung und Präsentation von Kurzreferaten über den Islam oder eine Demonstration gegen den Mord an Aleviten in Istanbul und greift oft ordnend in das Geschehen in der Jugendgruppe ein. Ständig ist Murat in Gespräche mit anderen Jugendlichen verwickelt; er macht Witze und versteht sich bestens mit einigen der Mädchen. Obwohl oder gerade weil er großes Interesse an der alevitischen Kultur und der Auseinandersetzung mit der alevitischen Geschichte als der Geschichte der Unterdrückung eines Volkes an den Tag legt, nimmt er in dem Verein häufig eine sehr kritische Haltung ein. So beschwert er sich z.B. über den Ablauf der alevitischen Kulturfeste, an denen die Jugendgruppe teilnahm. Er kritisiert u.a., daß der Dede[207] „unlogischen Kram

---

Murats Handlungsmuster vermutlich einen darstellt. Drittens, das am Beispiel von Murat analysierte Verhalten einer Verweigerungshaltung erschien mir gerade im Hinblick auf die oft eingeforderte selbstreflexive Vorgehensweise der empirischen Sozialwissenschaften sehr wichtig zu sein und geeignet, einen diesbezüglichen Beitrag leisten zu können. Denn, wie die Analyse zeigen wird, man kann Murats Verhalten als Reaktion auf die nicht zuletzt durch die Migrationsforschung etablierte diskriminierende Sonderbehandlung von Migranten interpretieren.

207 Der Dede (aus dem Türkischen: Großvater) ist ein alevitischer Geistlicher, der u.a. die religiösen Zeremonien leitet. Die Herkunft der Dedes wird auf die 12 Imame, die geistlichen

gelabert habe", daß überhaupt die Redner rhetorisch nicht geschult und daher gähnend langweilig seien, und er fragt den Gruppenleiter Erdal während der Jugendgruppe demonstrativ, ob man den Redner auf dem letzten gemeinsam besuchten Kulturfest nicht besser hätte unterbrechen oder als Gruppe hätte zurückfahren sollen. Wiederholt kritisiert er aber auch Meinungen und Einstellungen, die Erdal selbst äußert, und fordert ihn auf diese Weise argumentativ heraus. Man könnte sogar sagen, daß Murat die meisten Diskussionen der Jugendgruppe intellektuell dominiert. Schließlich fällt auf, daß Murat im Gegensatz zu den anderen Jugendlichen im Verein, die sich ausgesprochen modisch kleiden, äußerlich sehr leger auftritt; er kleidet sich – fast demonstrativ – alternativ. Insgesamt macht er mit seinem Verhalten nicht nur sich, sondern auch einige der Diskussionen interessant und abwechslungsreich.

Murat inszeniert sich stets als ein Linker. Im Gegensatz zu den anderen Jugendlichen, die sich mehrheitlich ebenfalls links geben, beschreibt er sich selbst explizit als Kommunist. Auch die anderen im Verein charakterisieren ihn so. In den Diskussionen mit anderen Jugendlichen spricht Murat offen und teilweise euphorisch über sich und seine Argumente für ein Engagement im alevitischen Kulturverein. Die wöchentliche Ortsgruppe von amnesty international habe ihn nicht sehr befriedigt. Zwar seien dort gute Diskussionen und große Pläne verkündet worden, aber es hätten ihm mehr gemeinsame Aktivitäten zur praktischen Umsetzung der ideologischen Ziele gefehlt. Bei den Diskussionen im Verein stellt er sich zumeist als jemand dar, der revolutionäre Ideale verficht. So fordert er die anderen wiederholt dazu auf, gegen die türkische Regierung zu kämpfen bzw. zu überlegen, wie man gegen sie agieren könne. Mit Äußerungen wie der Einschätzung, daß er eigentlich nicht mehr darauf vertraue, daß sich die politischen und gesellschaftlichen Verhältnisse in der Türkei auf demokratischem Wege verbessern ließen, heizt er Diskussionen über den Sinn und die Form von politischem Engagement an. Die bei amnesty international gemachten Erfahrungen und die Kenntnisse aus seinem Geschichts- und Politikunterricht bringt Murat regelmäßig in die Diskussionen im alevitischen Verein mit ein, insbesondere wenn es um die Situation von Minderheiten oder um die Frage der Menschenrechte in der Türkei geht. Er erregt sich beispielsweise häufig und unmißverständlich über die aktuelle politische Situation in der Türkei. Dort würde die Polizei auch schon jugendliche Demonstranten brutal mißhandeln und es würden gegen sie wegen der Teilnahme an Demonstrationen lange Gefängnisstrafen verhängt.

Als zwei der Jugendlichen, die den Verein besuchten, in einer Diskussion sagten, sie würden sich normalerweise nicht nur als Aleviten, sondern auch als Türken bezeichnen, regte sich Murat sehr über sie auf und kritisierte ihre

---

Führer, die bei den Aleviten Ali und seine 11 Nachfolger sind, zurückgeführt. Die Funktion des Dede erwirbt man durch Abstammung (vgl. Vorhoff 1995).

Äußerung als unreflektiert. Die Aleviten seien immer friedfertig gewesen und hätten gegen die Unterdrückung gekämpft. Daher wolle auch er sich mehr mit dieser Kultur beschäftigen. Wer jedoch sage, er sei ein Türke, der stelle sich in eine faschistische und nationalistische Tradition. Dann sagte Murat dem Sinne nach:

„Ich hasse es zu sagen, ich bin ein Türke oder so, ich möchte einfach nur sagen, ich bin ein Mensch oder so. Ich bin ein Mensch, der dann halt diese Sprache spricht, aber sonst? (...) Und red nicht solche Sachen, ich bin Deutscher, ich bin Türke, ich bin n Engländer, das bringt mich voll, ich hasse das wie die Pest so. Und wenn du siehst, was die Türken machen, das ist der herbste Nationalismus, den ich erlebt habe. Ich hab n Referat darüber geschrieben, die Türken haben vor den Deutschen die erste Massenvernichtung an einem Volk, an den Armeniern, gemacht ...". (Gedächtnisprotokoll)

Seine Antipathie gegen alles Türkische und seine Ablehnung der Fremd- und Selbstzuschreibung einer nationalen Identität bringt er auch mit Kommentaren wie „Wenn ich was türkisches sehe, kotzt mich das schon an" (Gedächtnisprotokoll) deutlich zum Ausdruck. Mit solchen Äußerungen exponiert er sich in der Gruppe wiederholt als ein kritischer Linker, als linker Intellektueller, der seine Identität argumentativ fundiert mit Hilfe politischer oder weltanschaulicher Kategorien beschreibt und für den nationale Kategorien persönlich irrelevant und politisch problematisch sind. Indirekt demonstriert er den anderen Jugendlichen auf diese Weise seine intellektuelle Überlegenheit. Auch für Murat bietet der Handlungsrahmen des alevitischen Vereins also eine Möglichkeit, sich als Intellektueller bzw. als *intellektueller Individualist* zu entwerfen und zu erproben. Im Gegensatz zum Kosmopoliten oder zum Autoethnologen vermeidet Murat jedoch das Forschungsgespräch mit mir.

Sein politisches Selbstverständnis und sein alternativ-linkes Auftreten verweisen deutlich auf eine „weltbildorientierte Identität" (Scherr 1995, 143). Die bis hierhin referierten Beobachtungen lassen vermuten, daß Politik und alternative Ideologien die entscheidenden und integralen Komponenten seines aktuellen Lebensentwurfs darstellen und daß der alevitische Verein, in dessen Jugendgruppe ohnehin häufig von Unterdrückung (vor allem der Aleviten), Widerstand und linken Idealen die Rede ist, es Murat ermöglicht, seine nonkonformistische „weltbildorientierte Identität", die er bisher in anderen Zusammenhängen entwickelt hat, in besonders ausgeprägter, oft wortführender Form zu praktizieren. Die weiteren Ausführungen werden die These, daß Murat offensichtlich sein politisches Selbstverständnis – und nicht eine ethnische Identität oder andere Merkmale (z.B. seine erfolgreiche Bildungs- und Aufstiegskarriere) – als Kristallisationspunkt seiner Biographie, seiner gesellschaftlich-sozialen Verortung und seiner Teilnahme an den Vereinsaktivitäten in Anspruch nimmt, zusätzlich stärken.

Tatsächlich habe ich, wie erwähnt, mit Murat bei verschiedenen Gelegenheiten, z.B. beim Warten vor den noch verschlossenen Vereinsräumen oder auf einem Ausflug zu einem anderen alevitischen Verein im Ruhrgebiet, kurze Unterhaltungen führen können. Wir haben dann über seine kommenden Abiturprüfungen gesprochen, über den Notendurchschnitt, den er erwartet, darüber, daß er als Student selbstverständlich zu Hause auszuziehen und in die Stadt, in der er studieren wird, umziehen möchte, den letzten Diskobesuch oder die Planung der Abiturfeier seiner Jahrgangsstufe. Dabei erfuhr ich u.a., daß Murat einer der vier Redakteure der Abi-Zeitung ist und daß seine besten Freunde deutsche Mitschüler aus dem Gymnasium sind. Allerdings fiel auch bei diesen Unterhaltungen auf, daß Murat eher kurz angebunden war und sich bemühte, mich zu siezen, was ihm jedoch nicht durchgehend gelang. Er versuchte auch in diesen Gesprächen stets, eine Distanz zu mir zu markieren, wobei er interessanterweise nie auf ethnische Beschreibungskategorien zurückgriff. Wann immer ich ihn in unseren gelegentlichen kurzen Unterhaltungen dann auf meinen Wunsch, mit ihm ein ausführlicheres Gespräch zu führen oder auf die Gründe, warum er seit einigen Monaten diesen Verein besucht, angesprochen habe, wies er meine Bitte brüsk zurück. Kurz danach brach er unser Gespräch meist ganz ab, so daß ich es vorzog, ihn erstmal eine längere Zeit nicht darauf anzusprechen.

Murats Interviewverweigerung war gerade deshalb besonders auffällig, da er in dem Verein und auf der Schule ausgesprochen offen und hilfsbereit war. Ein erster Schritt zur Auflösung dieser scheinbaren Diskrepanz ist die Beobachtung, daß sich Murat durch die Absage, die er mir erteilte, vor den anderen Jugendlichen neben seinem Diskussionsverhalten als vermeintlicher Kommunist zusätzlich interessant machte. Doch damit mußte sein Verhalten auch etwas mit mir bzw. meiner Rolle in dem Verein zu tun haben. Diese Rolle sei daher kurz skizziert.

An dem Abend, an dem ich erstmalig in der Jugendgruppe erschien und an dem auch Murat anwesend war, wurde ich den Jugendlichen von dem Gruppenleiter als ein „deutscher Forscher" (sic!) vorgestellt, der eine wissenschaftliche Arbeit über den Alevismus und die Kultur der Aleviten schreiben wolle. Ich selbst ergänzte, daß ich mich insbesondere für die Situation der Jugendlichen interessiere, die als Kinder türkischer Einwanderer in Deutschland geboren wurden und aufwuchsen. Mit dieser Vorstellung war meine Rolle als Ethnizitätsforscher, der die Kultur der türkischen bzw. alevitischen Jugendlichen studierte, und damit die vergleichsweise typische Adressierung der Kinder der Migranten durch mich bzw. die Forschung oder die deutsche Öffentlichkeit klar benannt. Auch ich schien ja ganz selbstverständlich davon auszugehen, daß die Jugendlichen den Verein aufsuchten, um ihre Kultur zu praktizieren und ihre „kulturelle Identität" zu suchen, zu entwickeln oder dergleichen. Mit meinem bloßen Auftauchen und dem Erläutern meines Interesses war also der gängige Dreiklang der Migrationsforschung aus Ethnizität, Identität und Interesse an den Kindern der Migranten (und ihren vermeintlichen Identitäts- und Kulturproblemen) auch in der Jugendgruppe des alevitischen Vereins (re-)etabliert (s. Kap. B.II.1); meine Präsenz verkörperte insofern einen Teil des herkömmlichen öffentlichen und wissenschaftlichen Diskurses über Migration und Migrantenjugendliche. Diese Rolle bestätigte ich zwangsläufig und permanent durch die verschiedenen Einzel- und Gruppengespräche, die ich in den nachfolgenden Monaten mit den Vereinsjugendlichen führte, durch meine feldforschungstypischen Aktivitäten des Notizen-Notierens in einer Kladde und der Verwendung eines Aufnahmegerätes zum Mitschnitt verschiedener Diskussionen. Schließlich wies ich auch immer dann, wenn ich versuchte, eine informelle Unterhaltung mit Murat in Richtung auf ein mögliches und angestrebtes Forschungsgespräch zu lenken, auf die Prämissen und Ziele meiner Gegenwart hin.

Die bis zu dieser Stelle dargestellten Beobachtungen von Murats Selbstinszenierung als individueller, politisch-alternativer Aktivist und seiner Kritik an nationalen Unterscheidungen indizieren, daß seine Reaktion auf meine Gesprächsbitte auch durch die Form begründet ist, in der ich ihn ansprach: als türkischen und/oder alevitischen Jugendlichen. Indem ich ihm durch meine Feldforschung zumindest indirekt unterstelle, daß er, nur weil er den alevitischen Verein besucht, dort auch seine „ethnische Identität" o.ä. praktiziere, schaffe ich für ihn die Möglichkeit, sich auch durch seine Absage als kritischer *Nonkonformist* zu präsentieren.

Diese Falldeutung soll im Folgenden präzisiert werden.

8.2 Begründung der Interviewverweigerung

Mehrere Monate nach dem letzten Überredungsversuch saßen Murat und ich an einem Sonntag abend nach Ende der „offiziellen" Jugendgruppenveranstaltung gemeinsam an einem Tisch in dem Kulturverein. Mein Aufnahmegerät lag auf dem Tisch. Die Stimmung im Verein war ausnahmsweise sehr ruhig, da an diesem Abend mit acht Jugendlichen nur wenige Personen anwesend waren. Nachdem Murat und ich uns etwas über die Planung der bevorstehenden Abiturfeier, in die er ebenfalls stark involviert war, unterhalten hatten, fragte ich ihn erneut, ob wir nicht doch ein Interview durchführen könnten. Er verneinte wieder. Daraufhin bat ich ihn, mir zu erklären, warum ich denn bei ihm im Gegensatz zu den anderen Jugendlichen auf so deutliche Ablehnung stieß. Ein etwa fünfminütiger Teil dieses dann folgenden (ca. zehnminütigen) Gespräches wurde aufgenommen und im Rahmen der Fallanalyse ausgewertet.

Zunächst sagte Murat, daß er zu mir nicht über sich und seine Meinungen sprechen wolle. Schon meine Anwesenheit bei einer unlängst geführten, sehr aufgeregten Diskussion unter vier Jugendlichen über Kommunismus und die politische Lage in der Türkei sei ihm im nachhinein unangenehm gewesen, da ich durch diese Diskussion „vieles Fundiertes" über ihn habe erfahren können. Offensichtlich verknüpft Murat also sein Diskussionsverhalten in dem Verein und damit die Form der Aneignung dieses Handlungszusammenhangs eng mit seiner Persönlichkeit. Über Persönliches will er aber nicht mit mir sprechen. Das ist in den Ausschnitten 1 und 2 noch deutlicher zu erkennen.

Mit einer Frage, die sich sowohl auf das von ihm erwähnte Unbehagen meiner Teilnahme an der vergangenen Diskussion als auch auf seine bisherige Weigerung, mir detaillierte Auskünfte zu geben, bezieht, hake ich nach:

<u>Ausschnitt 1 (Transkript, S. 2):</u>
A: Warum ist dir das unangenehm, über deine Meinung zu reden?
Murat: (lacht) Es ist ja nicht nur meine Meinung, die dann da durchkommt (.) das ist ja alles von mir und das will ich irgendwie nicht (.)
A: Wieso? Du erzählst mir doch nicht deine deine was weiß ich für intimen Sachen/
Murat: ~ ja aber sie/ irgendwie kommen sie ja doch raus (.) also das das ist ja nicht nur dabei/ es bleibt ja nicht nur dabei jetzt zu sagen, ja ich bin n Kommunist und bla blub so oberflächlich [ja] dann muß man ja erstmal erzählen, wie man dazu gekommen ist und so (.) warum (.) und das ist doch schon fast (.) n Großteil von dem, was ich in mir habe und so (.) ja darüber will ich halt nicht sprechen

An dieser kurzen Sequenz wird bereits vieles deutlich. Zunächst zeigt sich die schon oben skizzierte Art und Weise unseres unterschiedlichen Verhältnisses zu dem, was Murat sagt bzw. was er durch seine Handlungen für mich beobachtbar macht. Seine Meinungsäußerungen, als die ich sein Gesprächsverhalten entdramatisierend anspreche, werden von mir als nicht so „intim" erachtet, als daß er nicht mit mir darüber sprechen könnte. Für den Ethnizitätsforscher könnten seine Meinungen z.B. schlicht die Meinungen eines türkischen oder alevitischen Jugendlichen sein. Murat dagegen deutet seine Meinungen als etwas, was ihm sehr wichtig ist, da mit ihnen „alles von ihm", also Persönliches, das seine Identität ausmache, zum Ausdruck komme. Seine Meinungen seien also nicht nur irgendwelche, auch von anderen Personen vertretenen Meinungen, sondern eben seine individuellen Überzeugungen. Mit der unmißverständlichen Aussage, daß er nicht über Persönliches mit mir sprechen wolle, stellt er meine Berechtigung, ihn als ein ihm mehr oder weniger Unbekannter zu beobachten, in Frage. Die in dieser Sequenz erkennbare Deutung seiner Meinungen als den Ausdruck seiner Individualität findet in seinen Vereinsaktivitäten und in der Interviewverweigerung zwei Parallelen. Als kritischer, linker und politisch engagierter Intellektueller und als Kommunist inszeniert sich Murat ebenso deutlich wie durch seine Interviewabsage vor den anderen Jugendlichen in seiner Individualität.

Ähnlich wie die Zusammenfassung der Feldprotokolle veranschaulicht auch dieser Gesprächsausschnitt, daß Murat sich nicht zuerst als Alevite (wie z.B. der Autoethnologe) oder als Student (wie der Kosmopolit oder die Multikulturalistin), sondern als Kommunist, also über die Verwendung einer dezidiert politischen Identitätskategorie adressiert. Seine Vereinsaktivitäten bestätigen die Annahme, daß ihn offensichtlich die Möglichkeit der politischen Auseinandersetzung zum Besuch der Jugendgruppe motiviert hat. Murat faßt seine Identität als Kommunist (und die Äußerung anderer Meinungen) nicht als bloße Übernahme einer Beschreibungsform, sondern als das Resultat einer persönlichen Auseinandersetzung auf. In der hier vorgeführten engen Verknüpfung der Artikulation seiner politischen Einstellung mit seiner gesamten Persönlichkeitsentwicklung drückt sich aus, daß die favorisierten Selbstbeschreibungsformen Kommunist, revolutionärer Jugendlicher usw. für Murat Sinnangebote im Prozeß seiner Individuation darstellen. Wie Ausschnitt 2 noch deutlicher zeigt, gilt dies auch für seine Teilnahme am Handlungskontext der Jugendgruppe des alevitischen Vereins. Seine Verstrickung in den Verein spricht er nicht als Folge einer durch Abstammung gegebenen ethnischen Identität (wie der Autoethnologe), sondern genau umgekehrt als Folge der biographischen Herausbildung seiner politischen Einstellung und Individualität an.

Nach der in dieser Gesprächspassage formulierten Absage versuche ich zunächst erneut, Murat doch noch mit einigen Argumenten oder Vergleichen mit anderen Jugendlichen, mit denen ich problemlos Gespräche führen konnte, zu einem Interview zu überreden. Dabei erläutere ich erneut meine Forschungsziele, die ihm bereits wohlbekannt waren, und die Tatsache, daß ich in ihm und seinen Aktivitäten einen Jugendlichen sehe, der sich von dem öffentlichen Bild über Ausländer in Deutschland unterscheide. Aber auch diesen Überredungsversuch, mit dem ich ihn als einen erfolgreichen Migrantenjugendlichen anspreche, weist er zurück. Im weiteren Verlauf der kurzen Unterhaltung stelle ich dann erneut Fragen über sein bevorstehendes Abitur und seine Studien- und Auszugspläne. Er antwortet knapp und demonstriert, daß er offensichtlich nicht gewillt ist, sich darüber in ein Gespräch verwickeln zu lassen. Nachdem ich kurz darauf meine Bereitschaft, seine Haltung schließlich zu akzeptieren, signalisiert habe, begründet Murat seine Interviewverweigerung doch noch einmal etwas ausführlicher. Diese in Ausschnitt 2 formulierte Begründung kann die bisherigen Deutungen bestätigen und ergänzen.

Ausschnitt 2 (S. 5/6):
Murat: Daß ich überhaupt mit Ihnen darüber sprechen sollte (.) das ist/ also ich seh da keinen Sinn für mich (1)

A: ja (.) gut und wenn ich dich drum bitten würde, anders rum? Das ist kein Sinn für dich (.) du sagst das sehr (.) knallhart wirtschaftlich drückst du das aus (.) ne?
Murat: Also ich mein/
A: ~ also du machst/ ja? (.) ja?
Murat: Ich mein ich rede [ja] mit einer Freundin von mir [hm] die kenn ich seit der fünften Klasse und wir sind erst seit der zwölften so richtig eng befreundet also [ja] fast also die besten Freunde (.) und mit der hab ich jetzt erst neulich, als ich bei ihr war haben wir erstmal über Gott und die Welt und alles über uns und was uns bewegt haben wir gesprochen (.) das hat schon so lange gedauert (.) ich mein, ich kenn Sie überhaupt nicht (.) oder (.) [ja] jetzt weiß ich gar nicht, warum ich mit Ihnen über/ äh mit Dir über (.) äh das was ich in der Zukunft will sprechen sollte oder (.) warum ich/ welche Meinung ich hab [ja] oder wie ich denke oder warum ich aktiv bin (.) ich mein, das hab/ das erzähl ich ja nicht mal mit meinen guten Bekannten so [ja] und (.) ich hab äh ich weiß gar nicht ich bin zwar n Mensch der (.) äh also viel nach außen macht alles so [ja] und labern und so [ja] ich dem/ in der Hinsicht (.) will ich das irgendwie nicht [ja] (Murat lacht leicht) auch wenn Sie mich bitten würden, will ich das nicht machen
A: ja (.) einfach weil/
Murat: ~ ich wend mich zwar jetzt gegen die alevitische (.) äh Dings an (.) gegen die Richtlinien da von uns hier [ja] hilf den Menschen und bla und blub aber (.) ich weiß nicht also [ja] man sollte schon n bißchen an sich auch noch denken finde ich
A: einfach weil du meinst, daß du/ du bist da selbst dabei, dich erstens sehr stark zu entwickeln und daß/ du redest einfach noch nicht soviel mit Leuten darüber oder?
Murat: Nee (.) nur mit Leuten, die ich sehr gern hab. Ich weiß gar nicht, warum ich so/ solche Sachen irgendwelchen Leuten erzählen sollte (.) also ich hab schon meinen Charakter gebildet und so (.) meine Entwicklung ist fast abgeschlossen (.) würd ich schon sagen (.) aber halt ich rede nur mit Leuten, die halt/ die mir sehr am Herzen liegen [ja ja] wie Christina und so

Murat lehnt die Bitte, sich mit mir ausführlicher zu unterhalten, selbstbewußt ab. Er sagt, daß er über sich nur mit seiner besten Freundin oder mit Personen, zu denen er eine persönliche Beziehung hat, spreche. Das potentielle Gespräch über seine Erfahrungen und Pläne, um das er gebeten wird, faßt er also (naheliegenderweise) als ein Gespräch über sich und damit über Persönliches auf. Persönliches jedoch sei für ihn etwas Privates und damit Exklusives, das er nicht mit ihm fremden und unbekannten Menschen teile. Nur mit seiner (nicht-türkischen) Freundin Christina spreche er über Dinge wie seinen Zukunftsentwurf, seine Meinungen, Gedanken oder die Gründe seines Engagements im Verein. Mit seiner Begründung, daß die für ihn wichtige Voraussetzung eines Gespräches, nämlich eine persönliche Bekanntschaft und ein gegenseitiges Interesse, „überhaupt nicht" gegeben sei, demonstriert er, daß er selbst entscheidet, mit wem er wann ein Gespräch über was führt, daß er etwas Besonderes ist und sich nicht bereitwillig als Forschungsobjekt ansprechen läßt.

Sprachlich markiert Murat die Distanz zwischen uns durch die Ansprache in der zweiten Person Plural. Tatsächlich gelingt ihm das in Ausschnitt 2, wie auch sonst, nicht durchgehend, was darauf verweist, daß er mich – so wie die anderen Jugendlichen auch – in anderen Situationen, in denen es ihm nicht um die Abwehr meines vermeintlichen Anspruches auf ein Forschungsgespräch geht, duzen würde.

Wie seine Rede über die Herausbildung seines „Charakters" und darüber, wie lange es gedauert habe, sich mit seiner langjährigen Schulfreundin über Persönliches ausführlich zu unterhalten, zeigt, verknüpft Murat die Situation, von mir als türkischer (alevitischer) Jugendlicher auf ein Forschungsinterview angesprochen zu werden, mit der Bewußtwerdung und Reflexion seiner besonderen Identität. Kurzum: Er macht sich wichtig. *Aus solchen Bemerkungen wurde interpretiert, daß Murat seine bisherige Biographie – und damit seine bisherigen Aufstiegserfahrungen – primär als Individualisierung deutet.*

Interessanterweise drückt Murat diese Erfahrung der Bewußtwerdung der eigenen Identität im Unterschied zum Autoethnologen oder zur Multikulturalistin, die im Gespräch vergleichbare Erfahrungen artikulierten, ganz ohne die Verwendung ethnischer Unterscheidungen und ohne den Verweis auf sein Engagement in dem Verein aus. Daß Murat trotz seiner aktiven Beteiligung an den Diskussionen der alevitischen Jugendgruppe für seine Selbstdefinition keine ethnischen, homogenisierenden Beschreibungsformen verwendet, fällt insbesonders angesichts der Beobachtung auf, daß die alevitischen Jugendlichen sich häufig dezidiert in die Tradition des Alevismus stellen, um zu demonstrieren, wie weltoffen, hilfsbereit, modern, demokratisch usw. sie im Gegensatz zu den sunnitischen Jugendlichen seien (s. Kap. D.IV.7). Gerade auf diese oft anzutreffende Argumentationsfigur greift Murat nicht zurück. Im Gegenteil, wie er in Ausschnitt 2 explizit verdeutlicht, räumt er seinem persönlichen Bedürfnis und seinen persönlichen Interessen selbstverständlich Vorrang vor den Handlungsmaximen der alevitischen Lehre ein. Ähnlich wie mit der Interviewabsage stilisiert er sich folglich auch auf diese Weise als Individualist; er demonstriert, daß er anders und besonders ist. Auf diese Haltung wird im folgenden Unterkapitel noch genauer eingegangen.

Da nach Murats Auffassung für ein Gespräch über Erfahrungen und Pläne ein persönliches Kennenlernen der zwei am Gespräch beteiligten Individuen und dafür viel Zeit und gegenseitiges Interesse nötig sind, und da diese Voraussetzungen in unserem Falle offensichtlich nicht gegeben sind, sagt er indirekt, daß er die Gründe meines Interesses an ihm nicht akzeptiert. Murat unterstellt mir, daß ich mich für ihn nicht wegen seiner Person interessiere, sondern weil ich in ihm primär einen alevitischen oder türkischen Jugendlichen sehe. Seine Vermutung wird durch meine Feldforschung natürlich bestätigt. In diesem Punkt unterscheidet sich Murats Verhalten vollkommen von dem des Autoethnologen. Der Jugendgruppenleiter – und in ähnlicher, nicht ganz so professionalisierter Form, auch die meisten anderen Jugendlichen im alevitischen Verein – ließ sich gerade als Repräsentant der alevitischen Jugendlichen der zweiten Generation ansprechen. Murat dagegen stellt mit der Ablehnung des Forschungsgesprächs die scheinbare Berechtigung, mit der ich im Verein aufgetaucht bin und begonnen habe, die Jugendlichen zu beobachten, in Frage: Nur weil er den Verein besucht, steht er für eine wissenschaftliche Befragung noch lange nicht zur Verfügung. Mit anderen Worten: Murat demonstriert, daß seine Individualität ihn von der vermeintlichen Verpflichtung, sich wie andere Migranten als Forschungsobjekt beobachten zu lassen, entbindet.

Das am Beispiel von Murat beschreibbare Handlungsmuster verdeutlicht somit eine mögliche Form des ausgesprochen selbstbewußten, entschiedenen und erfolgreichen Widerstandes gegen die ethnisierenden Zumutungen der Wissenschaft oder einzelner Interaktionspartner, die – anders als die von dem verletzten Aufsteiger praktizierte Verweigerungshaltung und Zurückweisung ethnisierender Zuschreibungen (s. Kap. D.IV.2) – gerade nicht durch trotzige Selbstethnisierung gekennzeichnet ist. Murats Verhalten wird noch verständlicher, wenn man seine Aneignung der alevitischen Jugendgruppe und die Inszenierung der Interviewverweigerung auf den Vereinstreffen weiter ausdeutet. Dies soll abschließend geschehen.

8.3 Selbstverwirklichung, Sinnsuche und praktizierte Individualität

Murat markiert seine Handlungen (z.B. den Vereinsbesuch oder ausführliche persönliche Gespräche) explizit als Handlungen, für die er sich nach dem Kriterium entscheide, ob sie für ihn „Sinn" machen (s. Ausschnitt 2). Auf diese Weise stilisiert er sich zu einem nonkonformistischen Sinnsucher, der bemüht ist, seine Persönlichkeit, seine Ideale und seine Handlungen in Einklang zu bringen. Murats Argumentationsmuster ähnelt auffallend dem individualistischen Credo der Selbstverwirklicher und Sinnsucher und damit einer (auch) in der Adoleszenz und unter Studenten weit verbreiteten Haltung. Es deckt sich mit seinem oben skizzierten, alternativ-politisch orientierten Verhalten, an dem ersichtlich war, daß Murat in dem Verein offensichtlich so etwas wie *intellektuelle Selbstverwirklichung* praktiziert.

Dazu paßt, daß die Form seiner Teilnahme an dem alevitischen Kulturverein auch als Distanzierungshandlung gegenüber seiner Herkunftsfamilie gedeutet werden kann. Obwohl seine Eltern den Verein gelegentlich ebenfalls besuchen, hat ihre Partizipationsform wenig mit der ihres Sohnes gemein. Während sie die schon etwas länger (d.h. seit Ende der 1980er Jahre) bestehende Tee- und Geselligkeitsrunde der älteren Vereinsmitglieder an einigen Nachmittagen in der Woche besuchen, nimmt Murat seit einigen Monaten an der Jugendgruppe, die selbst erst relativ jungen Datums ist (Gründung: Ende 1992), teil. Er nimmt aber, wie gesehen, nicht einfach nur teil, sondern er politisiert, polarisiert und kritisiert eine unreflektierte Vermengung von türkischer und alevitischer Identität. Außerdem fordert er bei einigen Diskussionen entschlosseneren Widerstand gegen die die Aleviten und andere Minderheiten unterdrückende türkische Regierung. Wie sich im Laufe der Feldforschung herausstellte, kollidiert die Art und Weise von Murats politischem und alternativ-weltanschaulich begründetem Auftreten ganz offensichtlich mit dem Verständnis von türkisch-alevitischer Kultur, das seine Eltern haben. Insbesondere seine Vorstellungen bezüglich eines stärkeren, kämpferisch-linken Engagements, die er mit dem Verweis auf gleichgesinnte Freunde in der Jugendgruppe auch vor seinen Eltern zu Hause vertritt, führen wiederholt zu Streit mit seinen Eltern. Während er ihnen Gleichgültigkeit und politisches Desinteresse vorwirft, befürchten sie, daß die „revolutionären Ideale" ihres Sohn noch dazu führen könnten, daß er sich gar gewaltbereiten politischen Gruppierungen anschließen werde. Vor dem Hintergrund dieser familialen Spannungen läßt sich Murats intellektuelle Selbstverwirklichung und sein nonkonformistisches, politisch-intellektuelles Engagement in dem alevitischen Verein als Bestandteil seiner – durch den Bildungsaufstiegsprozeß bedingten – zunehmenden Entfernung von seinem Herkunftsmilieu deuten. War schon sein vergangenes politisches Engagement (Schülervertretung, Demonstrationen, amnesty international) immer auch Ausdruck der mit seinem kontinuierlichen Bildungsaufstieg allmählich fortschreitenden Distanzierung von seinen Eltern und der damit einhergehenden Individuationserfahrungen, so trifft dies auf die Form seiner Teilnahme an der Jugendgruppe, mit der er die elterlichen Traditionen und Gewißheiten (türkische bzw. türkisch-alevitische Identität) provokant in Frage stellt, noch deutlicher zu.

Der Besuch des alevitischen Vereins ermöglicht es Murat also, sein *individuelles Selbstkonzept* zu verwirklichen: Er bekommt Aufmerksamkeit, macht sich interessant (auch bei einigen der Mädchen) und erprobt sich in der Rolle eines kritischen, nonkonformistischen Intellektuellen, der Bestehendes kritisiert sowie neue politisch-ideologische Entwürfe mitformuliert und selbstbewußt verteidigt. Murat nutzt das Umfeld des alevitischen Vereins mithin als eine Art Experimentierfeld, in dem er einen politisch-alternativen Lebensentwurf erproben kann. Natürlich verwendet Murat dabei u.a., aber eben nicht primär, auch ethnische Unterscheidungen. Wie an den oben wiedergegebenen Gedächtnisprotokollen über sein Verhalten in den vereinsinternen Gruppendiskussionen zu sehen war, instrumentalisiert er vor allem die Kultur und Geschichte der Aleviten, um sich als Kämpfer gegen ihre Unterdrückung zu inszenieren. Im Vergleich zu den anderen Jugendlichen im Verein verwendet Murat ethnische Unterscheidungen allerdings nur sehr spärlich, weit wesentlicher sind dezidiert politische Kategorien. Darüber hinaus ist die beobachtete Verwendungsform von Ethnizität für das analysierte Handlungsmuster nur eine austauschbare, relativ kurzzeitige Komponente. Denn die alevitische Jugendgruppe ist für Murat keine singuläre politisch-soziale Nische. Der Kulturverein, der in Fußnähe der elterlichen Wohnung und der Nachbarschaft seiner Schule liegt, stellt für Murat schlicht eine willkommene Gelegenheit dar, das fortzusetzen, was er zuvor in anderen Zusammenhängen (Schülermitverwaltung, Demonstrationen, amnesty international) praktizierte: seinen Selbstentwurf als kritischer, linker Intellektueller. Die Mitarbeit in der Ortsgruppe von amnesty international beispielsweise reizte ihn nach einiger Zeit nicht mehr; sie schien ihm nicht mehr sinnvoll und es gab ihm dort zu wenig konkrete Aktivitäten zur Umsetzung der propagierten Ideen. Das war in der Jugendgruppe des alevitischen Vereins – zunächst – anders. Wie die Beschreibungen der Jugendgruppe des alevitischen Vereins verdeutlichen (s.o.: 8.1 und Kap. D.IV.7), eignet sich dieser Handlungskontext sogar ausgesprochen gut dazu, sich am Beispiel des Schicksals der Aleviten als alternativpolitisch engagierter Jugendlicher gegen Unterdrückung und Ungerechtigkeit und für einen entsprechenden politischen Widerstand zu betätigen und die Veränderung der gesellschaftlichen und politischen Verhältnisse zu fordern. In der Jugendgruppe des Vereins konnte sich Murat daher, fast nach Belieben, mit seinen diesbezüglichen Erfahrungen einbringen, als engagierter Intellektueller auftreten und an vielen „Aktionen" teilnehmen, die aus seiner Sicht ideologisch sehr unterstützenswert waren.

Durch spätere Vereinsbesuche, die einige Monate nach der eigentlichen Feldforschung stattfanden, erfuhr ich, daß Murat nach dem Abitur bald auch seine Teilnahme an der Jugendgruppe aufgab. Nach einem längeren Interrail-Urlaub mit Schulfreunden begann er sein Studium in Köln und zog in ein dortiges Wohnheim. Vor diesem Hintergrund erscheint seine Teilnahme an der Jugendgruppe des Vereins wie ein einjähriges Intermezzo in der Karriere eines zielstrebigen und erfolgreichen sozialen Aufsteigers, der sich, wenn er Interesse hat und sich die Gelegenheit ergibt, über seine Aufgaben in der Schule (oder der Uni) hinaus auch in seiner Freizeit sozial und politisch aktiv engagiert. Der alevitische Verein und die in diesem Zusammenhang gelegentlich beobachtbare Mobilisierung von Ethnizität waren für Murat eine verheißungsvolle und sinnvolle zeitweilige Alternative zur Ortsgruppe von amnesty international. Der experimentelle Charakter seiner Aneignung des Handlungszusammenhangs der alevitischen Jugendgruppe deutet, nicht zuletzt wegen der vergleichsweise geringen Bedeutung von Ethnizität, darauf hin, daß sich seine Teilnahme am alevitischen Kulturverein prinzipiell nicht von seinem nonkonformistischen, politisch-intellektuellen Engagement in anderen Zusammenhängen unterscheidet. Vielmehr setzt sie dieses – nun in der Form des Widerstandes gegen die Unterdrückung der Aleviten – fort. Wären der alevitische Verein nicht gerade in der Nähe, die Jugendgruppe nicht so aktiv oder die Teilnehmer so interessant und nett gewesen, hätte der individualistische Sinnsucher Murat – strukturlogisch – auch bei SOS Rassismus, der Gesellschaft für bedrohte Völker, Terre des Hommes, einem kooperativen Entwicklungshilfeprojekt, einer linken Zeitschrift oder an anderen Handlungszusammenhängen, in denen man als politisch engagierter, linker Abiturient eben mitarbeitet, teilnehmen können.

Obwohl Murat nur gelegentlich, und dann nur implizite und mehrdeutige, räumliche Bezüge (Türkei, die Orte von Vereinen, Demonstrationen usw.) verwendet, könnte man bei der Interpretation seines Handlungsmusters dennoch von einer spezifischen Raumkonstitution sprechen: Durch sein nonkonformistisches Verhalten konstituiert und reproduziert Murat einen für ihn relevanten „multilokalen Raum des Widerstands". Mit dieser Deutung läßt sich die Art und Weise seiner Teilnahme am alevitischen Kulturverein folgendermaßen interpretieren: Der Nonkonformist eignet sich den alevitischen Kulturverein als Bestandteil eines auch in anderen Zusammenhängen erlebten subkulturellen „Widerstands-" oder „Gegen-Raumes" an, in dem er Individualität, Selbstverwirklichung und Kritik an etablierten Deutungsmustern praktizieren kann.

Mit den vorangehenden Analyseergebnissen wird Murats Begründung seiner Interviewverweigerung noch verständlicher. Einerseits stört ihn meine Beobachtung, da der Verein für ihn nicht mehr, aber auch nicht weniger als ein politisch-intellektuelles Experimentierfeld darstellt. Sie stört ihn nicht nur, da er sich von mir bei einer sozialen Praxis, die für ihn einen Erprobungscharakter hat (zumindest aus der Sicht des wissenschaftlichen Beobachters), beobachtet fühlt, sondern vor allem deshalb, weil er sich von mir als Alevite oder türkischer Jugendlicher und nicht als Subjekt, das seinen politisch-ideologischen „Charakter gebildet" hat, also nicht in seiner spezifischen Individualität, angesprochen sieht. Da Murat aus seiner Sicht in dem Verein als ein unverwechselbares Subjekt vorkommt, läßt er sich nicht unter den verallgemeinernden, impersonalisierenden Kategorien „alevitischer Jugendlicher" oder „türkischer Migrantenjugendlicher, der am Handlungskontext des alevitischen Vereins teilnimmt", sondern – wenn überhaupt – nur persönlich und informell ansprechen. Bei einer Adressierung, die ihn als Forschungsobjekt instrumentalisiert, ist daher der Kommunikationsabbruch das folgerichtige und einzig hilfreiche Verhalten. Andererseits bietet ihm meine Forschungsbitte eine weitere Möglichkeit, sich den Verein erfolgreich als Nonkonformist anzueignen.

Mit seiner auch vor den anderen Jugendlichen demonstrierten Verweigerungshaltung kann er meine Präsenz in gleicher Weise nutzen wie die Treffen der Jugendgruppe insgesamt: Durch seine Absage an mich untermauert Murat seine nonkonformistische Identität und wertet sich als Person, die ihre Persönlichkeit im Gegensatz zu anderen Jugendlichen nicht jedem offenlegt, auf; er praktiziert mithin Individualität.

Folgt man der Deutung, daß Murat sich den alevitischen Verein als Bestandteil eines auch in anderen Zusammenhängen erlebten und reproduzierten subkulturellen „Gegen-Raumes" aneignet, dann ist die Verweigerung des Forschungsinterviews auch als Inszenierung der sich widersprechenden Raumkonstitutionen des Nonkonformisten und des Feldforschers zu verstehen: Der „multilokale Widerstandsraum" des Nonkonformisten, der in dem alevitischen Kulturverein gerade keine ethnische Identität sucht oder Ausschlußprobleme bearbeitet, konfligiert mit der durch den Feldforscher repräsentierten dominanten Raumkonstitution der Ethnizitäts- und Migrationsforschung. Denn diese faßt einen Migranten-Kulturverein gängigerweise homogenisierend als einen spezifischen „ethnischen Identitätsraum", als Bestandteil einer „ethnischen Kolonie" (Heckmann) oder als „ethnozentrierten Ort" (Heitmeyer/Müller/Schröder 1997, 81) auf. Indem Murat sich von mir nicht auf seinen Besuch des alevitischen Kulturvereins oder eine alevitische Identität, die man daraus ableiten könnte, reduzieren läßt, wehrt er sich somit zugleich gegen die übliche Verbindung oder sogar Gleichsetzung von Ethnizität, Lokalität und Identität.

9. *Der lokale Identitätspolitiker*

In diesem Kapitel wird ein dem Autoethnologen (s. Kap. D.IV.7) ähnlicher Fall vorgestellt. Es handelt sich um den *24jährigen Ahmet*, der ebenfalls seit einigen Jahren sehr aktiv an dem Handlungszusammenhang eines ethnischen Vereins, und zwar eines türkisch-sunnitischen Moscheevereins, beteiligt ist. Auch ihm ermöglicht diese Teilnahme, die damit einhergehende Form der Selbstethnisierung und die Aneignung „ethnizitätsspezifischen" Wissens die Praktizierung der Rolle eines ethnischen Intellektuellen. Im Gegensatz zum Autoethnologen Erdal legte Ahmet jedoch bereits erfolgreich das Abitur (auf der Gesamtschule) ab und studiert schon seit mehreren Semestern ein Lehramtsstudium (Geographie und Sport, Sek. II/I) an der Universität Dortmund. Auch wohnt Ahmet, anders als Erdal, in der unmittelbaren Nachbarschaft des Moscheevereins, den er schon als Kind und Jugendlicher mehr oder weniger regelmäßig besuchte. Diese Vertrautheit mit dem Verein und den lokalen Verhältnissen im Stadtteil Dortmund-Eving, in dem Ahmet seit seinem achten Lebensjahr lebt, ist für das im Folgenden vorzustellende Beispiel eines Bildungsaufsteigers von besonderer Bedeutung. Wie zu sehen sein wird, ist im Unterschied zur Fallstruktur des Autoethnologen für den Fall des *lokalen Identitätspolitikers* Ahmet neben der Ethnizitäts- auch die Raumkategorie in mehrfacher Hinsicht relevant.

9.1 Der Konflikt um den Gebetsruf

Als Vorstandsmitglied und Sprecher eines etwa 250 Mitglieder zählenden Moscheevereins (DİTİB) geriet Ahmet im Zusammenhang mit einem lokalen Konflikt um den öffentlichen muslimischen Gebetsruf seines Vereins für mehrere Monate in das Zentrum der städtischen Aufmerksamkeit. Wie ein halbes Jahr zuvor in Duisburg[208] entzündete sich auch in dem Dortmunder Stadtteil Eving ein Konflikt um den lautsprecherverstärkten Gebetsruf, bei dem um die Rechtmäßigkeit, Häufigkeit, Lautstärke und den angemessenen Ort des Rufes gestritten wurde. Da der Dortmunder Konflikt während meiner Feldforschungszeit entstand, war es möglich, seine Entwicklung und die mit der öffentlichen Auseinandersetzung im Zusammenhang stehenden Aktivitäten des Moscheesprechers Ahmet zu beobachten. Um das Handlungsfeld zu skizzieren, an dem Ahmet als einer der Protagonisten teilnahm, sollen zunächst die Entwicklung und zentrale Merkmale des Konflikts zusammengefaßt werden.

Die Ankündigung des Evinger Moscheevereins auf einem Flugblatt für die Nachbarschaft, ab Januar 1997 so wie schon zwei andere Moscheevereine in Dortmund täglich um die Mittagszeit den etwa dreiminütigen lautsprecherverstärkten Gebetsruf auszuführen, stieß auf eine nicht nur für die Vereinsmitglieder überraschend unverblümte und krasse Kritik. Der Moscheeverein, dessen Räumlichkeiten sich 1997 in den beiden unteren Etagen eines Wohnhauses befanden, lag an einer stark befahrenen Durchgangsstraße.[209] Er war wie die Mehrheit der türkischen Moscheevereine in Deutschland von außen nicht als Moschee und damit nicht sofort in seiner religiösen Funktion (Koranunterricht, Gebetstreffen) identifizierbar. Ausgehend von Protestschreiben der direkten Nachbarn, die sich durch den Gebetsruf gestört fühlten und anfangs vor allem eine Lärmbelästigung beanstandeten, entwickelte sich eine mehrmonatige Auseinandersetzung zwischen Befürwortern und Gegnern des Gebetsrufes, an der sich viele Personen beteiligten und deren Nachfolgediskussionen bis in die jüngste Vergangenheit andauerten. Auch die Stadt Dortmund schaltete sich schnell in den Konflikt ein. Nach einer entsprechenden Prüfung wurde schon wenige Wochen nach den ersten Protesten klargestellt,

---

208 Vgl. Dietzsch/Jäger/Schulz 1997.
209 Im Jahre 2002 zieht der Verein in einen Moschee-Neubau an einem anderen Standort im gleichen Stadtteil um.

daß der Gebetsruf aus rechtlicher Perspektive aufgrund des Rechtes auf freie Religionsausübung und des von dem Verein eingehaltenen zulässigen Geräuschpegels nicht anfechtbar ist. Tatsächlich wird der Gebetsruf nun auch seit Januar 1997 täglich durchgeführt. Doch der lokale Streit ließ nicht etwa nach; im Gegenteil, nachdem sich der inhaltliche Schwerpunkt von der Frage der rechtmäßigen Lautstärke und ihrer Einhaltung zur Thematisierung von Religion und Kultur von Muslimen und Deutschen sowie zur Frage nach dem angemessenen Ort eines öffentlichen muslimischen Gebetsrufes verlagert hatte, gewann der Konflikt sogar an Schärfe – und an öffentlicher Aufmerksamkeit. Die teilweise sehr emotional und von seiten der Gebetsrufgegner oft aggressiv und auch mit rassistischen Argumenten geführten Debatten wurden auf verschiedenen Bürger- und Parteiversammlungen, auf Flugblättern, in öffentlichen Erklärungen und Leserbriefspalten der regionalen Zeitungen usw. ausgetragen. Fernsehen und Presse schürten das überregionale Interesse.[210]

Die Gebetsruf-*Gegner* vertraten schon bald nach Beginn der ersten Auseinandersetzungen im wesentlichen die Position, daß der öffentliche Gebetsruf eine (symbolische) Bedrohung der „kulturellen Grundlagen" der angrenzenden „deutschen Wohngebiete" darstelle.[211] Daher forderten sie, entweder solle der Moscheeverein auf den Ruf verzichten, die Verrichtung religiöser und kultureller Praktiken wie bisher auf die Privatsphäre bzw. auf von außen nicht sicht- und hörbare Aktivitäten innerhalb der Vereinsräume beschränken und sich damit zumindest äußerlich der „Kultur der Mehrheitsgesellschaft" anpassen. Oder der Ruf dürfe nur in den Wohngebieten, in denen mehrheitlich türkische bzw. muslimische Menschen leben, erfolgen.[212] Die *Befürwor-*

---

210 Die Jugendlichen, mit denen ich während der Feldforschung zu tun hatte, sprach ich auch auf diesen Konflikt an. Bis auf ganz wenige Ausnahmen (wie der verletzte Aufsteiger, der dieses Thema selbst einbrachte, sich allerdings nicht auf den Dortmunder, sondern auf den Duisburger Konflikt bezog; s. Kap. D.IV.2) hatten sie nicht nur den Konflikt nicht wahrgenommen und zeigten sich an der Thematik ziemlich desinteressiert, sondern bezogen zudem eine den Gebetsruf ablehnende Haltung. Die Multikulturalistin und die Rücksichtsvolle lehnten ihn beispielsweise mit der Begründung, daß er in der ihrer Meinung nach christlich geprägten Bundesrepublik – im Gegensatz zur Türkei – nicht angemessen sei, ab; die alevitischen Jugendlichen sahen in ihm mehrheitlich einen Ausdruck von fundamentalistischen Tendenzen unter sunnitischen Türken, von denen sie sich gerade abgrenzten.
211 Die hier und an anderen Stellen gesetzten Anführungsstriche kennzeichnen Formulierungen, die aus einem Forschungsgespräch stammen oder während der Feldforschung gesammelt wurden.
212 Die Seite der zentralen und breiten Straße in Dortmund-Eving, an der der Moscheeverein 1997 lag, grenzt östlich an ein größeres Wohnviertel (auf der anderen Seite der Straße liegt das Stadtteilzentrum mit Geschäften, Verwaltung usw.). Unterscheidet man die Wohnbevölkerung des angrenzenden Wohnviertels nach dem Kriterium deutsch/türkisch, erkennt man eine deutliche Binnen-Segregation. In dem Teil des Wohnviertels, der näher an besagter Straße und damit dem Moscheeverein liegt, leben mehrheitlich Deutsche, darunter auch die ersten Protestler. In dem etwas weiter entfernt liegenden Teil, dem Kern der ehe-

ter des Gebetsrufes, einschließlich der beiden Vertreter des betroffenen Moscheevereins (Ahmet und ein weiteres Vorstandsmitglied aus der zweiten Migrantengeneration), stellten dagegen den gesamten Stadtteil Dortmund-Eving in eine multikulturelle Tradition und sahen infolgedessen in dem Gebetsruf eine willkommene Bestätigung der (angenommenen) Multikulturalität des Stadtteils und seiner Wohnbevölkerung.

Nach einigen Monaten richtete die Stadt Dortmund einen nicht-öffentlichen Runden Tisch als ein weiteres zentrales Diskussionsforum ein, zu dem etwa 30 Vertreter aller Konfliktparteien eingeladen waren und der von zwei Vertretern der lokalen Sozialforschungsstelle im Interesse der Stadt Dortmund moderiert wurde. Ziel der über einen Zeitraum von vier Monaten regelmäßig stattfindenden Treffen der Diskussionsteilnehmer des Runden Tisches war die möglichst weitreichende Annäherung der unterschiedlichen Positionen. Im Laufe der Zeit wurden verschiedene Themen diskutiert, die die Problematik des Gebetsrufes nur am Rande berührten und sich besser unter der Rubrik „Probleme des Zusammenlebens von Deutschen und Türken im Stadtteil seit Beginn der Arbeitsmigration" zusammenfassen ließen. Nach dem Auslaufen des Runden Tisches flaute die öffentliche Diskussion zunächst etwas ab. Die Suche nach einem anderen Standort für den Moscheeverein, der auch für den Bau einer modernen, größeren Moschee geeignet war, ging jedoch weiter, bis dieser schließlich 2001, ebenfalls in Dortmund-Eving, gefunden wurde.

An anderer Stelle wurde eine eingehende Rekonstruktion des Dortmunder Konflikts unternommen, in der die Konfliktentwicklung und die beiden Konfliktgruppen, Gebetsrufgegner und Befürworter, sowie ihre jeweiligen Argumentationsstrategien auf der Basis bevölkerungsstatistischer Daten und ethnographischer Beobachtungen untersucht wurden (vgl. Pott/Thieme 1999). In diesem Zusammenhang konnte u.a. gezeigt werden, daß die am Dortmunder Gebetsrufkonflikt beteiligten Personen, und zwar sowohl die Befürworter als auch die Gegner, mit Ausnahme von zwei Vertretern des involvierten Moscheevereins und zwei nichtdeutschen Mitgliedern des lokalen Ausländerbeirates nicht der türkischen oder ausländischen Minderheit, sondern der autochtonen deutschen Mehrheit angehörten. Neben Ahmet und einem weiteren Vertreter des Moscheevereins standen sich vor allem erboste Nachbarn des Vereins, Vertreter und Mitglieder aller lokal relevanten politischen Parteien, offizielle städtische Administratoren, Vertreter der Kirchen, Mitglieder des

---

maligen Bergarbeitersiedlung *Kolonie Eving*, ist dagegen der türkische Bevölkerungsanteil vergleichsweise hoch.
Im östlichen Teil Dortmund-Evings (mit einem Ausländeranteil von knapp 20%; vgl. Stadt Dortmund, Statistik und Wahlen 1997) gibt es noch eine zweite Wohngegend mit einem überdurchschnittlich großen türkischen Bevölkerungsanteil, die sog. *Fischsiedlung*.

Ausländerbeirates, Anwohner und Nicht-Anwohner, lokale Verfechter multikultureller Ideen sowie eine Vielzahl von Leserbriefschreibern und Kommentatoren gegenüber. Die Konfliktteilnehmer verfolgten ihre ganz unterschiedlichen, dem konkreten Streitpunkt meist vorgängigen Interessen, die teilweise, aber bei weitem nicht immer, im Zusammenhang mit den tiefgreifenden sozialstrukturellen De-Industrialisierungsprozessen und ihren lokalen Folgen (insbesondere Arbeitslosigkeit) standen. Sie *alle* reproduzierten in ihren Argumenten jedoch eine soziale Grenze zwischen der deutschen Bevölkerung Evings (bzw. Dortmunds) und der türkischen – eben so, als ständen sich in dem Konflikt primär zwei ethnisch-religiöse Gruppen gegenüber.

Die dafür relevanten Homogenisierungen wurden durch eine Kombination von Ethnisierungs- und Verräumlichungspraktiken erreicht, mit der alle Konfliktteilnehmer operierten. So unterstellten sowohl Befürworter als auch Gegner des Gebetsrufes homogenisierend der gesamten türkischen Bevölkerung in Dortmund-Eving eine islamisch-sunnitische Identität sowie die je nach Standpunkt als berechtigt oder unberechtigt angesehene Forderung, diese religiöse Identität auch öffentlich zu artikulieren. Die deutschen Bewohner des Stadtteils wurden demgegenüber von allen Konfliktteilnehmern pauschal als Christen adressiert. Besonders anschlußfähig erwies sich im Verlauf des Konflikts die Ethnisierung ausgewählter Territorien und Artefakte („deutsche/türkische Wohngegend", „multikultureller Stadtteil", „Moschee" (statt z.B. „Moscheeverein in einem Wohnhaus")). Die genaue Konfliktrekonstruktion zeigt, daß die Chancen der Kontinuierung des Konflikts durch diese Verbindungsform ethnischer und räumlicher Unterscheidungen erheblich gesteigert werden konnten (ebd.). Denn nicht nur konnten mit der Hervorbringung zweier vermeintlich klar abgegrenzter lokaler Konfliktparteien die völlig unterschiedlichen Teilnahmemotivationen der einzelnen Konfliktteilnehmer erfolgreich verbunden werden. Sie ermöglichte darüber hinaus, daß, nachdem der anfängliche Vorwurf der Gebetsrufgegner (Lärmbelästigung) zu ihren Ungunsten geklärt war, sehr bald der Ort des Gebetsrufes bzw. die von „deutscher Seite" als problematisch angesehene Nachbarschaft von Moscheeverein und Wohngebiet sowie die Suche nach einem geeigneten Standort für eine zukünftige Moschee ins Zentrum der öffentlichen Diskussion rücken konnten.

Mit diesen zusammenfassenden Ausführungen zu Verlauf und Struktur des Dortmunder Gebetsrufkonflikts ist das Handlungsfeld, an dem sich der Student Ahmet als Sprecher des Moscheevereins sehr engagiert beteiligte, für die nachfolgende Falldarstellung hinreichend skizziert.

9.2 Der Moscheesprecher als lokaler Identitätspolitiker

Als Vorstandsmitglied des türkisch-sunnitischen Moscheevereins verfaßte Ahmet unter Mithilfe des Pfarrers der evangelischen Ortsgemeinde, der den Wunsch des Vereins, den Muezzinruf auszuführen, unterstützte und in vielen Konfliktfragen beratend eingriff, das Flugblatt, das den ersten Proteststurm hervorrief. Im Laufe der Konfliktentwicklung war Ahmet dann als Sprecher des Moscheevereins an vielen Diskussionsrunden, der Verfassung einer öffentlichen Erklärung des Moscheevereins und seiner (deutschen) Unterstützer sowie verschiedenen Presseterminen beteiligt. Bei den im Zusammenhang mit dem Konflikt beobachteten Diskussionen fiel erstens auf, daß Ahmet fast immer dabei war. Er zog sich nicht etwa aus der Öffentlichkeit zurück, im Gegenteil, er schien sie geradezu zu suchen. Zweitens wurde deutlich, daß Ahmet sich an den meisten Diskussionen nicht als beleidigter und gekränkter Betroffener beteiligte, also mit einer Haltung, für die er infolge der erfahrenen Reaktionen, die ihn teilweise persönlich angriffen, durchaus Gründe gehabt hätte, sondern vielmehr aktiv und mit Interesse an der Auseinandersetzung und den diversen Koalitionsbildungen.[213] Wenn es um den Gebetsrufkonflikt und die diesbezügliche öffentliche Aufmerksamkeit für den Moscheeverein ging, schien Ahmet überall dabei zu sein: Er organisierte Führungen und einen Tag der Offenen Tür für die Anwohner des Moscheevereins, argumentierte als wohlmeinender Nachbar, schrieb Briefe und Bitten um Stellungnahmen an die Stadt und einzelne Parteien, traf sich mit Mitgliedern des Ausländerbeirates, Unterstützern einer den Gebetsruf befürwortenden Bürgerinitiative und dem evangelischen Pfarrer zu Lagebesprechungen, setzte sich für eine von der Stadt unterstützte Suche und den Erwerb eines größeren Grundstücks für einen zukünftigen Moscheebau ein usw. usf. Seinen öffentlichen Äußerungen und seinem Auftreten zufolge kannte Ahmet die relevanten Stadtratsabgeordneten, die Lokalpolitiker von SPD, CDU und den GRÜNEN, die Pfarrer der Evinger Kirchengemeinden, einige der Lokalreporter und natürlich die wichtigsten Beschwerdeführer und Unterstützer bestens. Aber auch die entsprechenden lokalen Akteure schienen ihn alle zu kennen und stets mit seinem Auftreten und dem selbstbewußten Einbringen seiner Meinungen bzw. der Haltung des Moscheevereins zu rechnen.

Bereitwillig erläuterte Ahmet in den verschiedenen Diskussionen diverse Aspekte des Islam, grenzte sich von fundamentalistischen Tendenzen ab oder setzte den Diskussionsteilnehmern die demokratische Gesinnung des Mo-

---

213 Dieses Verhalten verweist darauf, daß seine Aufstiegserfahrung bisher nicht mit einer persönlichen Verletzungserfahrung verknüpft ist – wie die des verletzten Aufsteigers (s. Kap. D.IV.2). In dem Forschungsgespräch mit mir bestätigte Ahmet diese Deutung indirekt an verschiedenen Stellen.

scheevereins und seine doch unterstützenswerten Aufgaben der kulturellen Erziehung der türkischen Muslime in Eving auseinander. Wiederholt vertrat er die Meinung, daß „90% der Türken sich nun für Deutschland entschieden hätten" und daher eine wachsende Zahl von ihnen so wie er selbst auch den deutschen Paß besäßen. Außerdem werde infolge der „Seßhaftwerdung der Wunsch bei den älteren, aber auch bei den jüngeren Türken größer, ihre kulturellen und religiösen Traditionen zu bewahren" (Gedächtnisprotokoll). Ahmet thematisierte folglich nicht nur öffentlich eigene Erfahrungen oder formulierte als Sprecher des Vereins verschiedene Interessen und Forderungen. Vielmehr inszenierte er sich ganz allgemein als Vertreter und ein in kulturellen Fragen versierter und kompetenter Ansprechpartner der türkischen Bevölkerung in Dortmund. Dabei setzte er die türkische Bevölkerung kurzerhand mit der muslimischen Bevölkerung gleich – wie dies auch alle anderen Konfliktteilnehmer taten.

In seinen Erläuterungen zu Muslimen in Dortmund, zur Tätigkeit und Bedeutung des Moscheevereins und in seinen Argumenten, mit denen er den Anspruch des Moscheevereins auf einen öffentlichen Gebetsruf begründete, reproduzierte auch Ahmet die lokal gängigen, durch häufige Wiederholung wohletablierten „regionalistischen Diskurse" (Hard 1994). Als Befürworter des Gebetsrufes mobilisierte Ahmet räumliche Unterscheidungen und Lokalität natürlich in einer der Argumentation der Gebetsrufgegner, die den Gebetsruf und den Moscheeverein nicht in der Nähe ihres „deutschen Wohngebiets" dulden wollten, entgegengesetzten Weise. So sprach er von der Gesamtstadt Dortmund oder vom Stadtteil Eving und charakterisierte diese Räume ganz im Jargon der anderen Gebetsrufbefürworter stets als „multikulturell". Mit dem wiederholten Verweis auf die etwa 3.500 Türken in Dortmund-Eving, die er pauschal als Muslime identifizierte, und den Umstand, daß im ganzen Stadtteil nur zwei türkische Moscheevereine existierten, konnte Ahmet die angebliche religiöse Unterversorgung der lokalen türkischen Bevölkerung überzeugend und plastisch thematisieren. Dies gelang vor allem, wenn er der türkischen (muslimischen) Bevölkerung Evings die deutsche (christliche) Bevölkerung mit ihren weitaus größeren drei Kirchen argumentativ gegenüberstellte. *Auf diese Weise konstruierte auch Ahmet einen multikulturellen, oder genauer: einen bi-religiösen, Raum Dortmund-Eving.* Wie oben ausgeführt, war die in dem Konflikt übliche Verbindung ethnischer und räumlicher Diskurse insofern sehr wirkungsvoll, als sie ganz wesentlich dazu beitrug, Dauer und Schärfe der Auseinandersetzung zu erhöhen. Deshalb kann man Ahmets Mobilisierung räumlicher Bezüge und die entsprechende Verknüpfung mit ethnischen Beschreibungen als eine Handlungsform interpretieren, die dazu beitrug, seine mehr oder weniger permanente und exponierte Teilnahme am öffentlichen Handlungsfeld des Gebetsrufkonflikts, in dem genau diese Kommunikationsformen äußerst relevant waren, zu gewährleisten.

Im Stile eines engagierten Interessenvertreters, der mit den Gegebenheiten, Stimmungen und Personen in der Lokalpolitik, der Lokalpresse, den verschiedenen Bürgerinitiativen, Kirchen und Moscheevereinen sehr gut vertraut war (oder sich vertraut machte), verhandelte Ahmet also divergierende Positionen rund um den Gebetsruf. Er stützte seine Argumente und Forderungen ebenso auf Konzepte einer multikulturellen Gesellschaft wie auf gängige Lokalitäts-Diskurse und seine Kenntnisse lokaler Spezifika. Dieses Verhalten dominierte auch in unserem Forschungsgespräch. Es wurde als das Handlungsmuster eines *lokalen Identitätspolitikers* charakterisiert.

Das Ziel der folgenden Zusammenfassung der Gesprächsanalyse besteht darin, den Zusammenhang zwischen dem beschriebenen Verhalten des lokalen Identitätspolitikers und den in seinem bisherigen Aufstiegsprozeß gemachten Erfahrungen und daraus abgeleiteten Erwartungen zu beleuchten. Es wird gezeigt werden, warum Ahmets Teilnahme an dem lokalen Konflikt – einschließlich ihrer Besonderheiten – ein in seinem Bildungsaufstieg sehr sinnvolles und hilfreiches Verhalten ist. Dazu werden zunächst Ahmets Selbstbeschreibungsformen untersucht.

Auf einer der letzten Versammlungen des Runden Tisches sprach ich Ahmet nach dem Ende der Diskussionen erstmalig an und bat ihn um ein Gespräch. Dies sagte er mir sofort zu und wir verabredeten uns für einen Abend im Anschluß an die nächste Gesprächsrunde wenige Wochen später. Es ist wahrscheinlich, daß er in mir, der ich einige der Diskussionen mehr oder weniger kommentarlos beobachtet hatte, ursprünglich eine Art Reporter oder zumindest jemanden, der vornehmlich an dem Gebetsrufkonflikt interessiert war, gesehen hatte. Zwar hatte ich ihm bei unserer Verabredung erklärt, daß mich im Rahmen einer wissenschaftlichen Untersuchung insbesondere die Erfahrungen und Pläne von türkischen Abiturienten und Studenten interessierten, doch schien er von dieser Mitteilung nicht weiter beeindruckt zu sein. Sie änderte nichts an seiner spontan bekundeten Bereitschaft, mir für ein Gespräch zur Verfügung zu stehen. Das Interesse an seiner Person schien ihm aus der Erfahrung der vorangegangenen Monate selbstverständlich zu sein.[214]

Im Anschluß an ein weiteres Treffen des Runden Tisches gingen wir zusammen mit einem anderen Vorstandsmitglied des Moscheevereins, einem ca.

---

214 Wie sich im Laufe unseres Gespräches herausstellte, hatte Ahmet infolge seines Engagements im Gebetsrufstreit tatsächlich schon mehreren Personen Interviews gegeben; darunter verschiedenen Reportern, aber auch Studenten der Raumplanung, die an einer Hausarbeit über die Förderung von kultureller Identität durch raumplanerische Maßnahmen arbeiten.

30jährigen Mann, der als Kind von Arbeitsmigranten ebenfalls in Deutschland aufgewachsen war und in Bochum studiert hatte, in den Verein. Ahmet zeigte mir zunächst kurz den Gebetsraum und die Unterrichtsräume, bevor er mich in das Vereinsbüro, in dem unser Gespräch schließlich stattfand, führte. Während der ersten 10 Minuten des etwa einstündigen Gespräches war das andere Vorstandsmitglied (*V*) noch anwesend und beteiligte sich gelegentlich an unserem Gespräch. Auch bei dieser Aufnahme fällt der Aufnahmebeginn in eine laufende Unterhaltung (s. Ausschnitt 1). Ahmet hatte mir gerade erzählt, daß er vor einigen Tagen aus Interesse die Informationsversammlung der CDU-Ortsgruppe, die zur Diskussion einer Strategie gegen den Gebetsruf anberaumt worden war, besucht hatte. Daraufhin werfe ich ein, daß man doch, wie ich selbst erfahren mußte, ohne Einladung gar nicht daran hätte teilnehmen können:

Ausschnitt 1 (Transkript, S. 1/2):
A: ... da hab ich gehört daß man ne Einladung sich vorher/
Ahmet: ~ ja hab ich auch gehört ich ich bin einfach dort hingegangen (.) da stand der Herr N. der CDU (1) Vorsitzender glaub ich ja und dann hab ich gesagt, ja Herr N. kann ich nicht auch mit rein (.) er so ja Sie haben sich zwar nicht angemeldet, aber O.K. Sie dürfen auch rein (1)
A: Und wie war das?
Ahmet: Ja wie erwartet (.) da waren etwa 60 bis 70 Leute (.) der Herr Reuter[215] der Dr. K. war da (.) natürlich die CDU-Abgeordneten der des des Dortmunder Stadtrats glaub ich und die Bezirksvertretung der CDU da waren Leute aus Duisburg aus aus Lünen (.) aus Brambauer
A: ja der Reuter ist ja gerade bekannt durch sein Engagement da in Duisburg ne?
Ahmet: hm [ja] ja
A: und der hat dementsprechend auch?/
Ahmet: ~ ja der hat wieder seine äh Öffentlichkeit äh äh Öffentlichkeitsarbeit dort vorgestellt (.) was er da/ warum er nun bekannt geworden ist und wie sein (unv.) ist (.) daß wir nicht an den gleichen Gott glauben wie alle es meinen (.) er wüßte es deshalb [hmhm] daß die Christen an einen anderen Gott glauben als die Muslime [hmhm] und daß einige, kamen solche Bemerkungen ja äh der Gott im im Grundgesetz sei der christliche Gott und daß wir der gilt ja nur für Christen nicht für nicht für andere Religionen (lacht) solche Befürchtungen (.) er bemängelte warum wir noch nicht zum Christentum übergetreten sind (einige Worte auf türkisch zu V, der in irgendwelchen Papieren und Faxen kramt; V antwortet kurz) solche und ähnliche Sachen [hm] daß die Leute nichts dagegen hätten [hm] was er gehört hat [hm] so wie gesagt so alles erwartet

---

215 Der aus dem Streit um den Gebetsruf in Duisburg im vorhergehenden Jahr als kompromißloser Gegner und unversöhnlicher Hetzer überregional bekannt gewordene (mittlerweile suspendierte) evangelische Pfarrer Reuter (vgl. Dietzsch/Jäger/Schulz 1997) war als Gastredner in der CDU-Versammlung aufgetreten.

V:	Und was was haben die anderen gesagt?
Ahmet:	So was [V: niemand] was sollen sie sonst sagen? Alle haben ihn unterstützt und auch ihre Meinung gesagt vom S. (Vereinsnachbar, einer der Hauptbeschwerdeführer) bis bis Leute aus Duisburg daß sie bis nach Bonn schon was geschrieben hätten und und und nichts gekriegt hätten
A:	Hast du was gesagt?
Ahmet:	Nee (.) ich hab mich ganz dezent rausgehalten/
V:	~ und wir haben mit einer CDU-Politikerin gesprochen sie heißt ist heißt Frau H. (.) sie hatte auch äh mit ihr hab ich gesprochen und sie war auch da und sie sagt jetzt hab ich glatt eine andere Meinung von Pfarr/ Pfarrer Reuter/
Ahmet:	~ bitte?
V:	~ Reuter vom Pfarrer Reuter
Ahmet:	Wie? Welche?
V:	positiv hat sie/
Ahmet:	~ positiv? (lacht) ja ich ich hatt heute eine Dings äh Veranstaltung äh im Dings äh in der Uni (.) da gehts über Islam und Politik und zuletzt hab ich auch das äh den Spruch gebracht daß einige Pfarrer nicht der Meinung sind daß wir an den gleichen Gott glauben wollen (.) da waren sie ja auch relativ überrascht [hmhm] die Professoren [A lacht] und und die Theologen
A:	Hmhm und was war das jetzt an der Uni für ne Veranstaltung?
Ahmet:	Äh das ist n ja also EW Erziehungswissenschafts-Veranstaltung und ein Teilgebiet jetzt weiß ich nicht mehr welche Teilgebiet das ist irgend [ja] und/
A:	~ war das im Rahmen von nem Seminar?
Ahmet:	Im Seminar (.) Seminar ist das jaja [ja] ja (.) ich mein ich besuch so was gerne (.) ja weil, erstens informier ich mich auch äh (.) lern ich was und ich gucke auch wie die Einstellung der äh Deutschen gegenüber dem Islam ist oder gegenüber die Ausländer (.) das ist schon relativ (.) wie soll ich sagen ...

Ahmet konnte sich offenbar auch ohne persönliche Einladung Zugang zu der CDU-Veranstaltung verschaffen, da ihn die entscheidenen Personen, wie der CDU-Ortsvorsitzende, aus anderen Veranstaltungen kannten und ihm den Eintritt nicht verwehren wollten. Die für den lokalen Konflikt wichtigen Personen in der CDU, die eindeutig auf der Seite der Gebetsrufgegner Position bezogen, kannte Ahmet bereits alle. Er besuchte mithin ein Treffen der Gebetsrufgegner, um sich über deren Argumente und Organisation zu informieren bzw. seine bisherigen Einschätzungen ihrer Haltungen bestätigt zu finden („wie erwartet"). Wenig später im Gespräch (Transkript, S. 5) erklärt Ahmet, daß ihn vor allem die Haltung des Rechtsdezernenten der Stadt Dortmund, der ebenfalls CDU-Mitglied und der städtische Ansprechpartner und Koordinator des Runden Tisches war, interessierte. Ahmets Neugier war so groß, daß er die CDU-Veranstaltung trotz einer zuvor gemeinsam mit der evangelischen Kirche Evings getroffenen Vereinbarung und in einer Pressekonferenz abgegebenen Erklärung, daß die Moscheevertreter und die Befürworter des Rufes die Veranstaltung wegen des Auftritts von Pfarrer Reuter aus Duisburg boykottieren wollten, besuchte. Es bestätigt sich damit die oben beschriebene Beobachtung, daß Ahmet derartige Diskussionstreffen mit Interesse besucht und ihnen nicht etwa wegen der Gefahr weiterer Beleidigungen oder kritischer Reaktionen, die möglicherweise auch ihn persönlich treffen könnten, fernbleibt.

Ahmet behandelt mich in dem Gespräch wie jemand, dem die lokale Szene rund um den Konflikt ebenfalls bekannt ist. Anlaß zu dieser Vermutung könnte ihm mein vergangenes Auftauchen bei dem Runden Tisch gegeben haben. Auch unterstellt er mir augenscheinlich eine den Gebetsruf grundsätzlich befürwortende Haltung, die ich hier durch meine Nachfrage („und hat der dementsprechend auch?"), aber auch durch mein weiteres Gesprächsverhalten bestätige. In dem Sinne wird unser Gespräch in Ausschnitt 1 (von beiden Teilnehmern) nicht als der Beginn eines Forschungsgespräches markiert; vielmehr ist Ausschnitt 1 als Passage einer Unterhaltung lesbar, die unter Gebetsruf-Befürwortern geführt wird. Vor dem Hintergrund der Konfliktkonstellation und der „multikulturellen Argumentationsweise" der Befürworter wird dann die Art und Weise verständlich, mit der Ahmet auf meine nur knappen Nachfragen hin das Auftreten des Gastredners als eine ihm bzw. uns beiden bekannte Argumentation distanziert-überlegen schildert. Selbstsicher markiert Ahmet die wiedergegebenen gegnerischen Standpunkte durch sein Lachen und Bemerkungen wie „solche Befürchtungen" als absurd und lächerlich. Auch über die assimilationistische Haltung des Pfarrers Reuter regt er sich nicht weiter auf, sie sei ihm ebenfalls schon bekannt gewesen. Die gesamte Veranstaltung ist Ahmet trotz der dort beobachteten deutlichen Ablehnung des Gebetsrufes vor mir keine Aufregung wert. Mit diesem Gesprächsverhalten demonstriert er souverän seine *professionelle Beschäftigung* mit der Thematik.

Seine recht intensive Beschäftigung mit dem Themenbereich Gebetsruf/Islam/Ausländer, die in der interessierten Teilnahme an verschiedenen diesbezüglichen Handlungszusammenhängen ihren Ausdruck findet, wird auch im letzten Teil des Ausschnittes 1 deutlich. Hier zeigt Ahmet, wie er sowohl die Erfahrungen, die er durch seine Rolle im Moscheeverein und im Gebetsrufkonflikt gesammelt hat, in bestimmten Universitätsveranstaltungen verwendet, als auch, umgekehrt, Universitätsseminare und die dort gelernten Dinge für seine engagierte Beschäftigung mit dieser Thematik in der Freizeit nutzt. Darüber hinaus demonstriert Ahmet mit der Erwähnung des Seminars, daß er auch die Professoren indirekt als Verbündete im Gebetsrufstreit anzusprechen weiß. Ahmet deutet an, was er später (Transkript, S. 3ff.) noch expliziter ausführt, daß er nämlich Seminare wie das erwähnte zu Islam und Politik freiwillig und zusätzlich zu seinen Pflichtveranstaltungen im Lehramtsstudium, das „ja eigentlich gar nichts mit Religion zu tun" hätte (S. 5), besucht. Der Besuch derartiger Seminare ermögliche ihm sowohl die Aneignung von einschlägigem Wissen über den Islam, über den die Theologen natürlich viel mehr als er wüßten, und über Themen im Zusammenhang mit Migranten etc. als auch die Beobachtung der Argumente und Vorurteile, die Deutsche über den Islam, Ausländer usw. besäßen (vgl. Ausschnitte 1 und 2).

Die beiden Themenbereiche Gebetsrufkonflikt *und* Studium werden nicht nur durch meine Fragen, sondern auch von Ahmet selbst oft in einen engen Zusammenhang gesetzt oder im direkten Wechsel angesprochen. Da der Gesprächsanfang in diesem Sinne typisch für das Gesamtgespräch ist, und da die Verbindung von Gebetsrufkonflikt und Bildungskarriere von entscheidender Bedeutung für die analysierte Fallstruktur ist, sei eine weitere Passage aus der Anfangsphase des Gespräches zitiert:

Ausschnitt 2 (S. 3):
A: ... also inwiefern findst du das gut wenn du da/ an solchen Verst/ Veranstaltungen teilzunehmen?
Ahmet: Ja also äh also die die Professoren die gucken immer (.) wenn die was sagen gucken die immer, ah der ist Muslim oder der ist Ausländer, gucken sie dich an als ob ich sofort da irgendwo einschreiten würde (.) „ja da halt da erwarte ich ja auch von den muslimischen Studierenden einen Beitrag" (.) als ob wir sag ich mal jetzt Theologen wären oder so äh wollen die immer ne Bestätigung haben oder wenn sie was falsch gesagt/ nein natürlich, wenn wir wissen daß sie wenn sie was Falsches sagen, dann äh schreiten wir dann natürlich sofort ein aber weil/ wir haben ja auch nicht (.) die haben eigentlich mehr Wissen wie wir die Theologen (.) die sag ich mal Islam studiert haben und/
V: ~ an der theologischen Fakultät/
T: ~ ja mit denen kann man sich ja nicht äh messen (.) wir versuchen da irgendwie aus aus praktische Beiträge zu leisten aus dem Alltag oder so

Wie die in den Ausschnitten 1 und 2 beobachtbare Form der Verknüpfung verschiedener Handlungsfelder (Gebetsrufkonflikt und Uniseminare) nahelegt, äußert sich in dem Besuch der CDU-Veranstaltung und dem Besuch des Universitätsseminars im Prinzip das gleiche Handlungsmuster. Dem Autoethnologen vergleichbar *schult* sich Ahmet durch derartige Veranstaltungen bewußt in der Thematik „kulturelle Identität, Islam und Kulturprobleme". Zu diesem Handlungsmuster gehört, daß Ahmet sich einerseits als „Ausländer" bzw. „Muslim" angesprochen fühlt, daß er sich aber andererseits auch gerne als Muslim bzw. als Türke mit „praktischen Erfahrungen" (Transkript, S. 3, vor Ausschnitt 2) auf das Thema „Islam in Deutschland" ansprechen läßt und selbst präsentiert. Wie seine aktive Teilnahme an dem Gebetsrufkonflikt und sein freiwilliges Mitwirken an dem Seminar auf der Universität verdeutlichen, inszeniert sich Ahmet bei entsprechenden Gelegenheiten in der Rolle des kompetenten muslimischen Migranten. Weder seine theologischen Wissenslücken noch sein nicht fehlerfreies Deutsch beeinträchtigen diese Selbstinszenierung.[216] Den Bildungsvorsprung, den Professoren auf der Uni oder Lokalpolitiker, Pfarrer und andere Personen im Zusammenhang mit dem Gebetsrufkonflikt haben, kann Ahmet dadurch kompensieren, daß er auf seine „praktischen Erfahrungen" verweist bzw. „praktische Beiträge aus dem Alltag leistet". Durch die selbstethnisierende Thematisierung der Erfahrungen, die er als Kind von Migranten in Dortmund mit dem Moscheeverein in seiner Nachbarschaft, mit dem Islam, mit diversen Vorurteilen usw. gemacht hat, gelingt es Ahmet, seiner Rolle des kompetenten muslimischen Studenten in Deutschland Authentizität und Legitimität zu verleihen. Mit anderen Worten: Die aktive, sich selbst einbringende Teilnahme an den skizzierten Zusammenhängen des Gebetsrufkonflikts oder auf der Universität und seine Selbstpräsentation als *authentischer Muslim in Deutschland* (bzw. *Dortmund*) ermöglichen es ihm, in der Rolle eines *Experten* angesprochen zu werden. Wie noch deutlicher werden wird, liegt hierin der zentrale Aspekt der Fallstruktur des lokalen Identitätspolitikers.

Angesprochen auf sein Engagement in dem Verein adressiert Ahmet sich stets als „praktizierender Muslim". Für ihn sei es selbstverständlich, in dem Moscheeverein auszuhelfen, da es bei dieser Tätigkeit „um seinen Glauben" gehe. Ahmet erklärt mir in dem Gespräch, daß er erst ein Jahr vor dem Gebetsrufkonflikt um seine Mitarbeit im Vereinsvorstand gebeten worden ist. Als er gefragt wurde, war er in dem Verein allerdings schon seit Jahren bekannt: Seine Eltern sind ebenfalls Vereinsmitglieder und Ahmet selbst, der noch bei seinen Eltern lebt, besuchte phasenweise schon als Jugendlicher den Verein, um am Koranunterricht teilzunehmen (s. Ausschnitt 4). Er erläutert, in der Funktion als Vorstandsmitglied könne er mit seinen Deutsch- und anderen durch seine Schulbildung erworbenen Kenntnissen gerade den älteren Mitgliedern „praktische" Hilfestellungen in alltäglichen Fragen mit Behörden oder auch im Gebetsrufstreit anbieten. Im Gegensatz zum ihm wüßten die Älteren nicht, welche Rechte ihnen in Deutschland zustünden. Ahmet bringt also aus für ihn selbstverständlicher Solidarität seine *Kompetenzen als Helfer, Berater, Vertreter und Vermittler* ein, um den Vereinsmitgliedern bei der Wahrung ihrer Interessen, der Durchsetzung ihrer Rechte und bei Problemen wie dem Gebetsrufkonflikt zu helfen. Diese Verhaltens- und Selbstdarstellungsweise wählte Ahmet auch bei seinen diversen Auftritten im Zusammenhang mit den Diskussionen im lokalen Gebetsrufkonflikt; sie steht in direktem Zusammenhang mit der Expertenrolle.

Im Laufe des Gespräches ergreift Ahmet verschiedene Gelegenheiten, um sich als ein im Islam praktisch erfahrener, kompetenter, beratender und ver-

---

216 Inwiefern die nicht fehlerfreie Verwendung des Deutschen mit dem rekonstruierten Handlungsmuster zusammenhängt und wie sie zu erklären ist, wird weiter unten besprochen.

mittelnder Migrant der zweiten Generation zu inszenieren. Als Sprecher der (muslimischen) Türken adressiert er in seiner Rede in Erwartung stereotyper Fragen und Klassifizierungen indirekt die deutsche Öffentlichkeit:

Ausschnitt 3 (S. 23/4):
A: Hmhm (.) ähm ich hab in der Zeitung jetzt gestern oder vorgestern gelesen, daß äh sich die verschiedenen Moscheevereine irgendwie zusammenschließen und daß du auch dabei bist?
Ahmet: Ja [Was äh was ist das?] ja äh also wir haben äh gemerkt, also das alles ist ja durch diesen Gebetsruf eigentlich in die Öffentlichkeit äh gekommen (.) äh man merkt, daß daß daß die Vereine untereinander sich äh eigentlich schlecht äh verstehen oder sich schlecht koordinieren und daß da was fehlt daß da eine Instanz fehlt (.) daß alle 5/ alle 25 Moscheen glaub ich äh vertreten äh daß wir ein Ansprechpartner gegenüber der Stadt Dortmund oder auch äh äh gegenüber was weiß ich welche Instanzen einen Ansprechpartner nicht haben (.) es ist ja nicht leicht alle 25 Moscheen irgendwie an einem Tisch zu bringen und sagen, heute haben wir dieses Problem und heute haben wir das [hm] zu klären (.) deshalb haben wir entschlossen äh einen Arbeitskreis zu gründen der das alles koordinieren soll [hmhm] äh wir haben nun zweimal allen Moscheen (.) geschrieben/
A: ~ die Initiative geht jetzt hier [eingeladen] von eurer Moschee aus?
Ahmet: Nicht nur nicht nur (.) also äh von von wie gesagt die die ersten äh das wie soll ich sagen? Wie hat das angefangen? (.) Das hat ja mit dem Gebetsruf angefangen [hm] und äh da hat der Rechtsdezernent Dr. K. versucht alle Moscheen äh einzuladen und mit ihnen das ganze Problem zu bereden (.) auch bei der Einladung von Herrn Dr. K. ist ja nicht/ konnten also nicht alle Moscheen äh folgen äh und da haben wir gesehen sowohl von der Stadtseite als auch von dem Verein her, daß da was fehlt daß da eine Instanz fehlt das das die Moscheen vertritt (.) da haben wir beschlossen n Arbeitskreis zu gründen der die Vereine vertreten soll [hmhm] und äh von der Seite aus ist das auch vorangetrieben (.) äh als erstes haben wir vorgeschlagen daß der Ausländerbeirat alle Moscheen einladen sollte [hmhm] daß die alle zusammenkommen und äh sich in erster Instanz ging ging das um den Gebetsruf (.) daß sie dieses Gebetsruf diskutieren daß wir eine einheitliche Lösung äh für das Gebetsrufproblem finden ...

Nicht nur *spricht* Ahmet im Gespräch mit mir oder bei den Treffen des Runden Tisches *für* die anderen Türken bzw. Muslime („wir"), auch beteiligt er sich als (einer von drei) Repräsentant(en) der 25 Dortmunder Moscheevereine und Moscheen an einem koordinierenden Arbeitskreis, der von der Stadt als „Ansprechpartner" in Sachen Gebetsruf o.ä. angeregt wurde. Als Ziel dieses vermittelnden Arbeitskreises, der nicht nur türkische Muslime, sondern alle Muslime in Dortmund vertreten soll, nennt Ahmet erneut die Suche nach Problemlösungen. Ahmet läßt sich also auch in diesem Zusammenhang als jemand ansprechen, der aufgrund seiner Herkunft bzw. seiner selbst- und fremdzugeschriebenen ethnischen Identität vermeintliche *Koordinierungs-*

und Problemlösungskompetenzen besitzt. Seine Rede ist in diesem Ausschnitt besonders deutlich von Ausdrücken wie Öffentlichkeit, Instanz, Koordinierung, Arbeitskreis, Problem, Beschluß, Vorschlag usw. geprägt; sie gleicht insofern einer Politikersprache. Dies deutet auf seine im lokalpolitischen Kontext erworbenen Erfahrungen hin, als kompetenter Verhandlungspartner, eben als Identitäts-*Politiker*, sowohl von seiten der Migranten als auch von seiten der deutschen Lokalpolitiker angesprochen und ernstgenommen zu werden.

In dieser Vermittlungsposition beteiligt sich Ahmet bereitwillig und aktiv an einer neuen Artikulationsform verschiedener Migrantenvereine, einer Interessenvertretung nicht nur türkischer, sondern auch bosnischer, albanischer und arabischer Muslime, deren Entstehung als Reaktion auf die öffentliche Nachfrage nach einer verbindlichen muslimischen Ansprechinstanz zu verstehen ist. Deutlich wird hier wie auch an anderen Gesprächspassagen und Feldbeobachtungen, daß der *Vermittler* Ahmet nicht jemand ist, der den lokalen Gebetsrufkonflikt anheizt o.ä., sondern stets um Konsens und Ausgleich bemüht ist. Dem Autoethnologen vergleichbar (s. Kap. D.IV.7) ermöglicht die Einnahme der Rolle des türkischen Identitätspolitikers auch Ahmet, sich vorwegnehmend als Intellektueller zu entwerfen.

Wie Ausschnitt 3 veranschaulicht, wäre Ahmet auch ein geeigneter Kandidat für den Ausländerbeirat oder ähnliche Institutionen, die zwischen Kommune und Migrantengruppe vermitteln. Da die entsprechenden Posten jedoch oft schon von Migranten der ersten Generation besetzt sind (wie z.B. in Dortmund), ist es nicht überraschend, wenn sich soziale Aufsteiger wie Ahmet andere Felder suchen, um als Vermittler und Vertreter der Migranten agieren zu können. Der Fall des Identitätspolitikers stellt insofern ein Beispiel für die öffentliche Artikulation von migrantenspezifischen Interessen dar, wenn einerseits – wie häufig in der zweiten oder dritten Generation – Themen wie Integration oder Staatsangehörigkeit nicht mehr die dringendsten oder die relevanten Themen sind und andererseits die Partizipation an Institutionen wie einem Ausländerbeirat nicht möglich ist. Ahmet spricht explizit für die Interessen der zweiten Generation und kann mit dem Hinweis auf seinen deutschen Paß und seine muslimische Identität überzeugend die Notwendigkeit vermitteln, nach Formen der dauerhaften und gleichberechtigten islamischen Präsenz in Deutschland zu suchen. Wie der Autoethnologe in und über den alevitischen Kulturverein betreibt in modifizierter Form auch Ahmet eine *Politik der Anerkennung ethnischer Interessen*. Der Fall des lokalen Identitätspolitikers demonstriert ebenfalls, wie Mitglieder nachfolgender Migrantengenerationen selbstbewußt die Forderung kultureller Gleichberechtigung erheben können. Er ist ein weiteres Beispiel für eine sich gegenwärtig in Deutschland herausbildende ethnische Elite.

Im folgenden Gesprächsausschnitt wird Ahmet noch einmal explizit aufgefordert, seine Verbindung mit dem Moscheeverein, die der Bitte, als Vorstandsmitglied mitzuarbeiten, vorausging, darzulegen:

Ausschnitt 4 (S. 27/8):
A: Ja ja (1) ähm wie bist du denn/ das wollt ich noch eben fragen in diesen Verein überhaupt gekommen? waren deine Eltern vorher in dem Verein? und/
Ahmet: ~ ja mein ähm mein Vater äh äh wie gesagt lebt ja seit 1971 hier äh und der Verein existiert seit 1977 (.) der war ja schon von Anfang an da äh wenn wenn ein Gebetshaus oder eine Moschee errichtet wird, dann haben sie natürlich alle mitgeholfen (.) das ist so daß äh hier in diesem Verein oder in dieser Moschee nicht nur gebetet wird sondern auch die Kinder werden hier auch unterrichtet äh Religionsunterricht (.) äh die muslimischen Kinder kriegen ja in der Schule keine Religionsunterricht äh da müssen sie ja irgendwo ihre Religion ähm lernen oder ihre Religion [hm] kennenlernen und da hilft natürlich äh die Vereine äh diese Kinder äh also die Kinder kommen
A: Das war bei dir auch so?
Ahmet: Auch (.) natürlich (.) nach der Schule äh sind wir hier gekommen und unser Religion um unser Religion kennenzulernen um Koran lesen zu können und äh solche Sachen (.) äh schade wie gesagt in den Schulen wird das ja nicht angeboten [hm] das ist ja auch ne Doppelbelastung für die Kinder das sieht man auch ein (.) deshalb wirds abwechselnd daß es nicht jeden Tag kommen jetzt Kinder kommen sondern abwechselnd (.) einen Tag kommen die Mädchen am andern Tag kommen die Jungen [hm] das bezieht sich darauf das passiert so in der Woche drei bis vier mal die wir hier herkommen
A: Und das hast du auch über längere Zeit/
Ahmet: ~ das hab ich auch über längere Zeit gemacht klar [hm] (1) und wie gesagt eine andere Möglichkeit gibt es ja nicht um unsere Religion kennenzulernen

Ahmet hat als Jugendlicher in dem Moscheeverein, dem auch sein Vater angehört, Korankurse besucht. Die angesprochene persönliche Verstrickung in den Handlungszusammenhang des Vereins beschreibt er als etwas für einen türkischen Migrantenjugendlichen Selbstverständliches. Er subsumiert seine persönlichen Erfahrungen also ganz konsistent unter der Kategorie muslimischer Jugendlicher. In seiner Antwort präsentiert Ahmet den Moscheeverein als eine Organisation, die Hilfe, hier für muslimische Jugendliche, anbietet, und faßt damit sein Engagement in dem Verein indirekt als eine entsprechend soziale, helfende Tätigkeit. Ausschnitt 4 zeigt aber auch, daß Ahmet es versteht, sich als jemand zu präsentieren, der mit Bezug auf seine Biographie die spezifischen Probleme, die er türkischen Jugendlichen bzw. türkischen Migranten unterstellt, benennen und, wie andere Gesprächsstellen noch deutlicher demonstrieren, in der Rolle eines Intellektuellen entsprechende Forderungen formulieren kann. So nutzt Ahmet hier die Fragen nach Aspekten seiner Biographie und persönlichen Erfahrungen zu einer allgemein gehaltenen

Erklärung („das ist so ...") über die Organisation und den Sinn der Korankursangebote des Vereins[217] und zur impliziten Forderung eines islamischen Religionsunterrichtes an den Schulen. Seine Rede ist derart zu verstehen, daß er als Vereinsvertreter mir bzw. der deutschen (lokalen) Öffentlichkeit unter dem impliziten Verweis auf seine persönliche Erfahrung die Legitimität der Vereinsangebote erläutert. Auffallend ist, wie er die Erziehung der Jugendlichen als ein Kulturvermittlungsproblem anspricht. Allein in diesem kurzen Ausschnitt deutet Ahmet dreimal auf das vermeintliche Defizit eines fehlenden Islamunterrichts an den Schulen in Deutschland hin. Die Äußerung „das ist ja auch ne Doppelbelastung ..." zeigt in diesem Zusammenhang zum einen, wie Ahmet mögliche Einwände („Doppelbelastung") und Fragen („Ist die Geschlechtertrennung im Verein nicht problematisch im Hinblick auf eine erfolgreiche Schulintegration?") hinsichtlich der Korankurse antizipiert und ziemlich professionell vorwegnehmend beantwortet. Sie zeigt zum anderen, wie er zu erwartende Reaktionen und gängige Stereotype nutzt, um die angemessene kulturelle bzw. religiöse Erziehung der türkischen Jugendlichen zu thematisieren.

In Ausschnitt 4 ist noch ein weiterer Aspekt des rekonstruierten Handlungsmusters angedeutet. In der Art und Weise, wie sich Ahmet auf seine Biographie bezieht, zeigt sich, daß er bei der Selbstinszenierung als Intellektueller seine Vertrautheit mit bestimmten Lokalitäten in seiner alltäglichen Umgebung – wie hier dem Moscheeverein – ins Spiel bringt. Mit Hilfe ausgewählter Raumbezüge untermauert er seine spezifische Kompetenz als türkisch-muslimischer Experte und Vermittler. Wie unten an einem anderen Beispiel noch deutlicher werden wird (s. Ausschnitt 7), sind die Orte, deren Vertrautheit er sich derart zunutze macht, gerade dadurch gekennzeichnet, daß sie in den öffentlichen Debatten oft als Symbole für Migration, ihre Folgeprobleme, für die Kultur der Migranten usw. vorkommen. Ein Beispiel ist der Tag der Offenen Tür, den Ahmet für die Nachbarschaft und alle an der Moschee Interessierten organisierte und an dem er sich der Öffentlichkeit sowohl als muslimischer Experte als auch als langjähriger und wohlgesinnter Nachbar präsentierte. Auch in Ausschnitt 4 unterstreicht Ahmet mit dem Verweis auf seine vergangene Präsenz im Moscheeverein seine Informiertheit im Themenbereich Migrantenjugendliche, Moscheen und religiöse Erziehung – nach dem Motto: „Ich weiß, wovon ich rede".

Offensichtlich unterstellt Ahmet bei seinen Ausführungen einen Konsens darüber, daß es selbstverständlich sei, türkische Jugendliche im Islam zu unterweisen („da müssen sie ja irgendwo ihre Religion lernen"), und daß es zu bedauern sei, daß dies nicht in den staatlichen Schulen stattfindet. Auf einen

---

217 In vergleichbarer Weise fügt er an anderen Gesprächsstellen in seine Rede Erläuterungen über den Islam, die vorgeschriebenen religiösen Praktiken usw. ein.

diesbezüglichen Konsens konnte er sich nicht zuletzt bei den Befürwortern des Gebetsrufs verlassen: Sie betonten wiederholt die positiven Funktionen des Vereins, die Jugendlichen durch die Vermittlung ihrer Kultur psychosozial zu stabilisieren und damit letztlich ihre Integration zu fördern.[218] An diesem Punkt wird eine weitere Gemeinsamkeit mit dem Fall des Autoethnologen deutlich. Anhand der mit Erdal geführten Gespräche konnte ebenfalls rekonstruiert werden, daß sich die auf seinen Erfahrungen mit dem Ethnizitätsdiskurs in Deutschland beruhende Überzeugung in der Form seines Engagements als *ethnischer Identitätspolitiker* niederschlägt. Auch er fordert und praktiziert die Bewahrung der kulturellen Identität von Migranten; auch er findet für seine öffentliche Formulierung ethnisch begründeter Interessen wiederholt Zustimmung und Bestätigung.

Abschließend soll demonstriert werden, daß Ahmets Selbstinszenierung als Experte für Migrationsprobleme und deren Lösung in engem Zusammenhang mit seinen Aufstiegserfahrungen und beruflichen Zukunftsplänen steht.

9.3 Die Figur des lokalen Migrationsexperten als Aufstiegsmotivation

Ahmet (24 J.), der im Alter von acht Jahren mit der restlichen Familie seinem Vater nach Deutschland folgte, besuchte nach der Grundschule auf Anraten seiner Lehrerin ein Gymnasium. Das Gymnasium wurde in dem Jahr, in dem er die 10. Klasse wiederholen mußte, in die für meine Feldforschung ausgewählte Gesamtschule in der Dortmunder Nordstadt umgewandelt. Ahmet wiederholte auf der Gesamtschule die 10. Klasse und blieb dann bis zum Abitur auf dieser Schule. Mehrmals weist Ahmet in unserem Gespräch darauf hin, daß er bis zur 10. Klasse nur in Klassen mit ausschließlich türkischen Schülern gewesen sei und bis dahin folglich auch nur türkische Freunde gehabt habe. Dies habe sich zwar seitdem geändert, mittlerweile habe er auch deutsche Freunde. Doch seine Sprachschwierigkeiten, die er heute als „großes Defizit" empfindet, resultierten eben aus dieser Vergangenheit (Transkript, S. 9).[219] Man kann annehmen (dies hat Ahmet nicht explizit gesagt), daß er seine

---

218 Beachte die nahezu identische Reproduktion des entsprechenden wissenschaftlichen Diskurses über die gesamtgesellschaftlich integrierenden Funktionen ethnischer Kolonien. Siehe Kap. B.II.3.
219 Ähnlich wie in Bayern gab es auch auf der Gesamtschule (bzw. dem ehemaligen Gymnasium) in der Dortmunder Nordstadt bis in die 1980er Jahre hinein eine türkische „Nationalklasse". Die gängige Praxis, ausländische Schüler aus den Anwerbeländern vorwiegend in nationalhomogenen Vorbereitungsklassen zu beschulen, führte in Dortmund an vielen Schulen zu „Langformklassen", die das 1. bis 6. Schuljahr umfaßten und deren weitgehende nationale Homogenität sich insbesondere an Schulen mit hohem Ausländeranteil bis zur 10. Klasse hielt (vgl. Tölle 1995, 30). Insofern können Ahmets Sprachprobleme als Folge der langjährigen politischen Weigerung verstanden werden, zu akzeptieren, daß die Mehrheit der „Gastarbeiter" und ihrer Kinder trotz individueller Rückkehrpläne und zeitweiliger

nicht perfekten Deutschkenntnisse auch deshalb als Problem empfindet, weil sie ihm im Hinblick auf einen späteren Beruf möglicherweise Schwierigkeiten bereiten könnten.

Ahmet hat noch sechs Geschwister, davon vier Schwestern, zwei ältere und zwei jüngere, sowie zwei jüngere Brüder. Er ist der einzige in der Familie, der bisher Abitur gemacht hat und die Universität besucht. Drei seiner Schwestern sind verheiratet und nicht erwerbstätig, eine Schwester und der jüngste Bruder machen eine Ausbildung, und der andere Bruder „versucht", auch auf der Gesamtschule das Abitur zu erreichen. Vor diesem familiären Hintergrund deutet Ahmet seine eigene Bildungskarriere an verschiedenen Gesprächsstellen selbst als sozialen Aufstieg. Seine Eltern hätten ihm nie viel helfen können, weil sie nach wie vor kaum Deutsch sprächen. Da sie „aus der unteren Schicht aus der Türkei" gekommen seien, hätten sie „noch nicht mal" gewußt, was ein Gymnasium oder eine Universität ist (S. 10). Trotz ihres niedrigen Bildungsstandes hätten sie ihn, Ahmet, jedoch immer in seinem Wunsch zu studieren unterstützt, damit er es einmal besser haben werde.

Ahmet, der sich nach wie vor in der elterlichen Wohnung mit seinen beiden Brüdern ein Zimmer teilt, begann nach dem Abitur zunächst – wie mehrere seiner damaligen türkischen Freunde von der Schule – das Diplomstudium Bauingenieurwesen. Nach vier Semestern wechselte er jedoch den Studiengang und studiert nun ein Lehramtsstudium, um Lehrer für die Sekundarstufe I und II zu werden. Auf meine Frage, warum er denn gewechselt habe, antwortet er folgendermaßen:

<u>Ausschnitt 5 (S. 6):</u>
A: Könntest du mal eben äh mir erklären, wie wie kamst du zu dem Studium was du jetzt machst?
Ahmet: Ja (.) einfach also (.) ich hab äh mit Bauwesen angefangen weil ich der Meinung war, wenn ich Bauwesen studier, dann hab ich auch später falls ich mal auch in der Türkei wieder zurückkehre n Beruf in der Hand (.) aber da ich gemerkt habe ja der Fach ist nichts für mich und da ich nicht auch so schnell wieder in die Türkei zurückkehren werde, hab ich gesagt äh (.) für mich äh daß ich durch den Beruf Lehrer eigentlich mehr für den ausländischen Kindern in in den deutschen Schulen bewirken kann und auch äh wie gesagt darüber denen helfen kann wie im Bauwesen
A: Das war ne Motivation von dir?
Ahmet: Das war ne Motivation von mir (.) das hab ich auch im Dings äh im Blockpraktikum wo ich fünf Wochen lang in der Schule war auch äh relativ gut mitgekriegt
A: (unv.)

---

staatlicher Rückkehrförderung tatsächlich Immigranten sind, die zum großen Teil bleiben und nicht remigrieren.

Ahmet: Blockpraktikum (.) fünf Wochen lang macht man n Blockpraktikum, damit man eben praktische Erfahrungen hat und in dem Schule, in dem ich war, waren über 50% Ausländer

Das zunächst begonnene Studium in Bauingenieurwesen lag Ahmet, wie er wenig später noch deutlicher zugibt (Transkript, S. 7), überhaupt nicht. Außerdem habe er erkannt, daß er seine Zukunft wahrscheinlich in Deutschland verbringe.[220] Bei der Suche nach einer Studienalternative, die eine erfolgversprechendere Perspektive für seine berufliche Zukunft in Deutschland darstellen könnte, habe ihn die Möglichkeit, ausländischen Kindern zu helfen, motiviert. Das Motiv des Unterrichtens und Helfens, das Ahmet bereits bei der Beschreibung der Aufgaben des Moscheevereins und seines dortigen Engagements verwendete, taucht also auch bei der Selbstbeschreibung als potentieller Lehrer auf. Daß er sich dabei auch als Lehrer in einer Weise Problemlösungskompetenzen zuschreibt, die durch den Rückgriff auf Ethnizität bzw. auf migrantenspezifische Aspekte seiner Biographie gekennzeichnet ist, wird am nächsten Ausschnitt besonders deutlich.

Nachdem Ahmet erzählte, daß ihm die Fächer Sport und Geographie, die er nun studiere, auf der Schule am meisten Spaß gemacht hätten und er sie deshalb gewählt habe, frage ich ihn:

Ausschnitt 6 (S. 7):
A: Warum möchtest du denn was für ähm türkische Jugendliche oder für Türken tun?
Ahmet: Ja die ha/ äh (.) sehr viele ham Probleme hier (.) wie gesagt im Blockpraktikum hab ich auch diese Erfahrung gemacht (1) so wie soll man das sagen? äh (.) die Beziehungen zwischen Schule oder zwischen Lehrer und Schüler vor allem bei den ausländischen Kindern (.) das klappt nicht (.) also das ist nicht so wie es sein sollte (.) aber wenn ich mit denen rede mit den Kindern die mit dem Lehrer nicht zurechtkamen äh kam das deutlich (.) ja weil, eben der ist Deutscher der benachteiligt uns und solche ähnliche Probleme kamen da auf (.) da kann man als Ausländer oder als Landsleute den den Kindern äh mehr einwirken (.) sagen, ja hör mal das stimmt doch gar nicht was du da sagst äh liegt es vielleicht auch an euch? äh daß es vielleicht nicht so gut klappt wie ihr euch gern hättet (.) und dann ihr als Ausländer ihr müßt natürlich äh euch erst noch beweisen (.) und dann hört man auch dann hören die auch dann werden sie auch ganz ruhig (.) sie hören auch einem zu [hmhm] wie gesagt als Landsleute oder als jemand der hier aufgewachsen

---

220 Auffällig viele der türkischen Jungen auf der Gesamtschule, mit denen ich während der Feldforschung zu tun hatte, berichteten mir von ihren Plänen, ein auch in der Türkei angesehenes und verwertbares Ingenieurstudium zu beginnen und/oder nach dem Studium „zurück" in die Türkei zu gehen. Offensichtlich hatte auch Ahmet zur Zeit seines Abiturs derartige Ansichten. Dies ist nicht weiter überraschend, wenn man bedenkt, daß er bis zum Abitur praktisch nur mit türkischen Jungen befreundet war, die, wie er sagt, alle dachten, „daß sie irgendwie zurückkehren werden" (Transkript, S. 11).

ist, der versteht was sie da durchmachen wie gesagt die, also die Leute (.)
den Kindern kann man viel mehr einwirken wie in einem anderen Beruf

Dieser Ausschnitt verdeutlicht, welche Erwartungen Ahmet mit seinem Studium bzw. seinem Fachwechsel verknüpft. Er sieht sich als jemand, der im Gegensatz zu deutschen Lehrern besondere Kompetenzen für den Umgang mit ausländischen Schülern mitbringt. Viele der ausländischen Schüler, so behauptet er, hätten Probleme in der Schule, die mit ihrer Beziehung zu den deutschen Lehrern zusammenhingen. Daß ihm der Umgang mit diesen Schülern leichter als den deutschen Lehrern falle, habe er während seines Praktikums erfahren.

Durch das Schulpraktikum wurde seine Erwartung bestätigt, gerade für die Tätigkeit als Lehrer, der viel mit ausländischen Schülern zu tun hat, geeignet zu sein. Dieses Praktikum absolvierte Ahmet an seiner ehemaligen Gesamtschule in der Dortmunder Nordstadt. Für die vorliegende Handlungsorientierung ist es ganz wesentlich, daß Ahmet gerade seine ehemalige Schule für das Praktikum und nicht irgendeine andere auswählte. Den Kontext der Gesamtschule kennt er nämlich; er ist eng mit seiner eigenen Biographie verknüpft. Ahmet weiß, daß der Anteil ausländischer Schüler dort ausgesprochen hoch ist, daß auf dieser Gesamtschule die oft diskutierten Jugendprobleme Drogen, Gewalt und Kriminalität besondere Bedeutung haben, daß viele der ausländischen Schüler ähnliche Probleme wie er selbst haben (z.B. mit der deutschen Sprache oder mit der Wahl eines für sie sinnvollen Studienfaches), daß sie über fehlende Beratung darüber, wie es nach der Schule für sie weitergehen könnte, klagen usw. Insofern trifft auch auf dieses Beispiel zu, was oben für den Moscheeverein und Ahmets Teilnahme an den verschiedenen Veranstaltungen zum Gebetsrufkonflikt ausgeführt wurde. Ahmet macht sich seine Vertrautheit mit spezifischen Lokalitäten, Kontexten und ihren öffentlichen Wahrnehmungen zunutze. Seine Biographie erlaubt es ihm, sich überzeugend als Experte derjenigen Orte zu stilisieren, die im öffentlichen Diskurs oft symbolisch für die Folgeprobleme von Migration stehen. Fallstrukturlogisch folgerichtig ist in diesem Sinne, daß Ahmet neben seiner Rede vom multikulturellen Stadtteil Eving auch andere lokalistische und lokal übliche Diskurse reproduziert. So behauptet er z.B., auf der Gesamtschule existierten besondere Probleme, da sie in einem „sozialen Brennpunkt" liege bzw. selbst einen „sozialen Brennpunkt" darstelle. Dieses in Dortmund (und nicht nur dort) weit verbreitete Bild der Gesamtschule und der Nordstadt, inmitten derer diese „Stadtteilschule" liegt (s. Kap. D.I.2), verwendet Ahmet mehrmals; unter anderem in der Passage, in der er davon erzählt, daß auch sein kleiner Bruder (zur Zeit unseres Gespräches) seine ehemalige Gesamtschule besuche, obwohl er ihm aufgrund seiner eigenen Erfahrungen davon abgeraten habe:

Ausschnitt 7 (S. 29):
A: ... aus diesen Gründen die du vorhin erwähnt hast (.) so so Sprache und so?
Ahmet: Ja klar natürlich auch äh das ganze Problem so äh da sind glaub ich einige Probleme die/ auch von der Größe her das ist ne relativ große Schule äh die haben (.) Moment (1) drei oder vier Lehrerzimmer haben sie zum Beispiel [hm] ähm die Gebäude äh also die Schule ist in mehreren Gebäuden verteilt [hm] äh ist n sozialer Brennpunkt sag ich mal so (.) ja ja die Schule ist n sozialer Brennpunkt [hm] ja deshalb wollte ich auch eigentlich nicht, daß er (.) dort äh hingeht aber (.) ist ja seine Entscheidung (1) weil seine Freunde dort hingegangen sind wollte er dort hin

Zwar gibt Ahmet auf meine Nachfragen hin zu, daß er die mit diesem Image angesprochenen Probleme wie Gewalt usw. nicht selbst erfahren habe (s. z.B. Transkript, S. 34). Das ändert jedoch nichts an der Interpretation, daß er die Raumkategorie in Form der „Ghetto"- und „Problemstadtteil"-Diskurse nutzt, um die Kontexte, die für seine Biographie prägend waren, d.h. die Gesamtschule in der Nordstadt und sein Wohnort in dem benachbarten, von hoher Arbeitslosigkeit betroffenen Stadtteil Eving, in einer Weise zu beschreiben, die ihn, Ahmet, als Kenner der lokalen Probleme thematisiert.[221]

Mit der Anführung seiner Erfahrungen des Aufwachsens in Eving, seiner Schulerfahrungen als Kind von Migranten in Deutschland[222] und seiner Praktikumserfahrungen kann Ahmet Fähigkeiten, die deutsche Lehrer oder auch türkische Lehrer, die nicht in Deutschland aufgewachsen sind, nicht hätten (Transkript, S. 32), für sich beanspruchen. Dies ist eine Handlungsweise, mit der er nicht nur seine im Gebetsrufkonflikt praktizierte Rolle des türkisch-muslimischen Identitätspolitikers festigt, sondern sich vor allem für ein spezifisches Berufsfeld empfiehlt.

Wie an verschiedenen Gesprächsstellen deutlich wird, haben die Lehrer auf seiner ehemaligen Gesamtschule ihn offensichtlich während seines Praktikums stark in seiner Meinung, spezifische Fähigkeiten für den Umgang mit türkischen und ausländischen Schülern zu besitzen, bestärkt und ihn derart zusätzlich zum Lehramtsstudium motiviert. Um seine Berufsaussichten weiter zu verbessern, habe die Oberstufenleiterin der Gesamtschule ihm geraten, an der Gesamthochschule Essen noch Türkisch als drittes Lehramtsfach zu studieren (S. 33/4).[223] Dies überlege er nun tatsächlich. Auch an diesem Beispiel

---

221 Form (gängige Stadtteildiskurse) und Zweck (Selbstinszenierung als Experte) der Verwendung räumlicher Unterscheidungen sind in den drei Handlungskontexten Schulpraktikum (bzw. zukünftige Lehrertätigkeit), Forschungsgespräch und Gebetsrufkonflikt identisch.
222 Zu den im Gespräch mit mir artikulierten Schulerfahrungen, die er rückblickend als migrantenspezifische Schwierigkeiten markiert, gehören: Sprachprobleme (Transkript, S. 9), eine unrealistische Rückkehrorientierung (S. 7), eine fehlende adäquate Beratung beim Übergang in die Oberstufe und in die Universität (S. 32).
223 Seit dem Wintersemester 1995/96 bietet die Gesamthochschule Essen den Studiengang „Türkischlehrer für die Sekundarstufe II" an. Mit der Einrichtung dieses Lehramtsstudien-

zeigt sich, wie die Handlungsmuster der untersuchten Migranten der zweiten Generation ganz wesentlich durch die Organisationen, die sie durchlaufen oder in denen sie später arbeiten wollen, geprägt werden.[224]

9.4 Fazit

Zusammenfassend bleibt festzuhalten, daß Ahmets berufliche Selbsteinschätzung und seine öffentlichen Auftritte als türkisch-muslimischer Identitätspolitiker und Interessenvertreter der gleichen Logik folgen. Er inszeniert sich als (authentischer) Experte für die Lösung von praktischen, d.h. alltäglichen, Problemen von und mit Migranten. Dem analysierten Handlungsmuster liegt die im bisherigen Aufstiegsprozeß gemachte Erfahrung zugrunde, daß die Nutzbarmachung ethnischer Zuschreibungen und die Vertrautheit mit lokalen Spezifika verschiedene erfolgversprechende Optionen für die Zukunft eröffnen können. Stellt man seinen Berufswunsch, als (für ausländische Jugendliche besonders geeigneter) Lehrer zu arbeiten, in Rechnung, verlängert Ahmet mit dem Engagement im lokalen Gebetsrufkonflikt seine Vermittler- und Expertenidentität antizipatorisch in seine berufliche Zukunft.

Neben der Ethnizitätskategorie ist für die rekonstruierte Fallstruktur im Gegensatz zu dem strukturell sehr ähnlichen Handlungsmuster des Autoethnologen auch die Raumkategorie bzw. die Mobilisierung von Lokalität von großer Relevanz. Nicht zuletzt durch die biographisch gerahmte Reproduktion derjenigen Lokalitätsdiskurse, die auch in dem Gebetsrufkonflikt eine große Bedeutung haben, und durch den Rückgriff auf biographisch bedingte Erfahrungen mit Orten, die in den öffentlichen Diskussionen stark ethnisch aufgeladen sind (wie der Moscheeverein, die Gesamtschule, die Nordstadt oder Dortmund-Eving), gelingt ihm die überzeugende, allseits bestätigte und nachgefragte Selbstinszenierung als *lokaler* Identitätspolitiker und Experte für Migrationsprobleme.

Durch die Ausübung der Sprecherfunktion der türkischen Muslime in dem lokalen Konflikt und mit dem Selbstentwurf als potentieller pädagogischer Spezialist für Problemzusammenhänge von Migrantenjugendlichen in „sozialen Brennpunkten" positioniert sich Ahmet erfolgreich in Handlungs-

---

ganges wird auf die wachsende Nachfrage nach in Deutschland ausgebildeten Türkischlehrern reagiert. In NRW wird der Bedarf an entsprechend qualifizierten Lehrern besonders deutlich, da seit 1992 an rund 80 Schulen im Land die Möglichkeit besteht, Türkisch als zweite Fremdsprache zu belegen. Vgl. Süddeutsche Zeitung v. 13. Juli 1995: *Neuer Studiengang für Türkischlehrer*.

224 Vgl. auch den in Kap. D.IV.4 vorgestellten Fall der *Multikulturalistin*, die ebenfalls Türkisch als Zweitstudium studieren will. Auch ihr Verhalten konnte als Bemühen verstanden werden, ihre berufliche Qualifikation als Pädagogin mit „multikulturellen Kompetenzen" herauszustellen bzw. zu verbessern.

feldern, in denen er – trotz seiner Sprachschwierigkeiten – sein bisher akkumuliertes Bildungskapital einsetzen und intellektuelle Ansprüche reklamieren kann. Insgesamt ist die Figur des lokalen Migrationsexperten zentral für Ahmets Handlungsorientierung: Sie motiviert nicht nur sein Verhalten im Gebetsrufkontlikt, sondern trägt auch erheblich zur Fortsetzung seines Bildungsaufstiegs bei.

E. Ethnizität und Raum als Ressourcen im Aufstiegsprozeß: Schlußbetrachtungen

I. Diskussion der Kontrastfälle

Die Auswertung des empirischen Materials erfolgte im Rahmen der detaillierten Rekonstruktion verschiedener Handlungsmuster. Die vorgestellten Fälle wiederum wurden, der explorativen Anlage der Untersuchung folgend, möglichst kontrastiv ausgewählt. Auf diese Weise brachten die exemplarischen Fallstudien insgesamt eine Vielzahl von Einzelergebnissen hervor. Der rekonstruktionslogische Charakter der Analysemethode begründet, daß sich diese Einzelergebnisse als solche zu Beginn dieses abschließenden Kapitels nicht noch einmal unabhängig von den Fallanalysen zusammenfassen lassen. Aus dem gleichen Grund wurden die relevanten Interpretationsergebnisse bei sieben der acht Fallpräsentationen stets in Verbindung mit der Skizzierung der jeweils zugrundeliegenden Analysegänge vorgestellt. Die vergleichsweise unbefriedigende, da nicht nachvollziehbare, Darstellung der zentralen Merkmale der achten Fallstruktur („Der Milieutheoretiker") demonstriert indirekt die Untrennbarkeit der einzelnen Interpretationen vom analytischen Zusammenhang der eigentlichen Fallrekonstruktion. Statt also zu versuchen, noch einmal die Interpretationsergebnisse unabhängig von den durchgeführten Analysen möglichst vollständig zusammenzufassen, soll hier direkt dazu übergegangen werden, die identifizierten Fallstrukturen vor dem Hintergrund der leitenden Fragestellung und der im ersten Teil der Arbeit entwickelten Kritik an der herkömmlichen Migrationsforschung zu diskutieren.

Ausgangspunkt der Kritik an den Arbeiten der Migrationsforschung war die Einseitigkeit, mit der die Folgen von Migration vorrangig im Hinblick auf verschiedene Integrationsprobleme von Migranten untersucht werden. Die Kehrseite dieses problemorientierten Blicks ist, daß erfolgreiche Handlungsmuster von Migranten oder ihren Kindern und ihre gesellschaftlichen Bedingungen und Folgen regelmäßig unbeachtet bleiben. In dem bisher dominanten Forschungsrahmen werden auch die Untersuchungsaspekte Ethnizität und Raum (bzw. lokaler Kontext oder Lokalität) nur einseitig in Problem- und Ungleichheitszusammenhängen thematisiert. Angesichts der jüngeren markanten Bildungsaufstiegsprozesse in der zweiten Generation der Arbeitsmigranten und der Beobachtungen, daß einige dieser erfolgreichen Aufsteiger ganz offensichtlich mit ethnischen Unterscheidungen operieren und daß die große Mehrheit von ihnen in genau den großstädtischen Gegenden aufwuchs, die die Forschung vorwiegend als Problemstadtteile untersucht, erschien die gängige Erwartung, daß Ethnizität und segregierte städtische Einwanderungskontexte im Aufstiegszusammenhang keine Rolle spielen oder sogar hinderlich sind, wenig plausibel. Deshalb war es das Ziel dieser Arbeit, die Handlungsmuster von Aufsteigern und Aufsteigerinnen aus der zweiten Generation am Beispiel von türkischen Bildungsaufsteigern und -aufsteigerinnen aus Dortmund zu erforschen und dabei der Frage nachzugehen, ob und, wenn ja, welche Bedeutung Ethnizität und Raum im Kontext von Bildungsaufstiegen und individuellen Aufstiegserfolgen haben.

Mit dieser Fragestellung wurde inhaltliches Neuland betreten. Auf der Suche nach einer angemessenen Konzeptualisierung der empirischen Untersuchung war zunächst die genaue Klärung des Verhältnisses von leitender Fragestellung und bisheriger Forschung erforderlich. Die kritische Überprüfung der gängigen theoretischen Ansätze in der deutschsprachigen Migrationsforschung ergab, daß die auffällige Blickverengung der Forschung in bezug auf Ethnizität und Raum auch theoretisch begründet ist. So läßt sich die fast ausschließlich problemorientierte Untersuchung von ethnischen und räumlichen Kategorien vor allem auf konzeptionelle Engführungen und unbefriedigende Setzungen zurückführen. Es konnte gezeigt werden, daß die etablierten Modelle der Migrationsforschung auf problematischen Annahmen basieren, die für die mögliche Relevanz von Ethnizität und Raum im Kontext von sozialem Aufstieg in der zweiten Generation keinen angemessenen Platz lassen. Außerdem werden beide Untersuchungsaspekte bereits theoretisch mehr oder weniger deckungsgleich verklammert. Die Folgen der gebräuchlichen Modellkonstruktionen sind dann, daß, erstens, die Bedeutung von Ethnizität im Zusammenhang von Bildungsaufstiegsprozessen ebenso wie von Raum (bzw. von residentiellen Konzentrationen von Migranten mit ihren Netzwerken und Organisationen) von vornherein ausgeschlossen wird, daß, zweitens, im Falle deutlich segregierter Wohngegenden eher Integrationsschwierigkeiten als Aufstiege angenommen werden oder daß, drittens, falls die Mobilisierung von Ethnizität durch Bildungsaufsteiger aus Gegenden mit signifikanter Migrantenkonzentration doch zu beobachten ist, pauschal verschiedene Probleme unterstellt oder zumindest für die Zukunft erwartet werden.

Die eingehendere Untersuchung der zumeist nicht weiter reflektierten Verwendung der Raumkategorie in der Migrationsforschung konnte durch den Einbezug aktueller Debatten aus der Sozialgeographie darüber hinaus noch folgendes verdeutlichen. Die Tatsache, daß sich die Migrationsforschung implizit auf die zwar weit verbreiteten, aber nichtsdestotrotz problematischen, erdoberflächlich und physisch-materiell orientierten Behälter- und Relationalraumkonzeptionen stützt, erklärt die auffallende Deckungsgleichheit, mit der ethnische und räumliche Aspekte thematisiert werden. Diese Forschungspraxis trägt nicht unwesentlich zu der kritisierten konzeptionellen Einschränkung von Ethnizität auf den Handlungsbereich eines segregierten Stadtviertels oder einer sog. ethnischen Kolonie bei. Auch der in jüngster Zeit wieder häufiger zu vernehmende Befund einer angeblichen Ghettobildung in den Großstädten, der neben anderen Problemen auch von der Wahrnehmung der in den gleichen Gebieten lebenden Aufsteiger ablenkt, basiert auf der Vorstellung eines physisch-materiellen, behälterförmigen Raumes. Insgesamt wurde deutlich, daß die Migrationsforschung Räume und räumliche Untersuchungsaspekte wie Lokalität oder lokale Umgebungen nicht, oder zumindest nicht konsequent als sozial konstruierte Phänomene behandelt. Aus theoretischen Gründen und um unzulässig homogenisierende Argumentationen zu vermeiden, ist es für eine sozialwissenschaftliche Untersuchung jedoch ratsam, nicht nur Ethnizität, sondern auch Räume und Lokalität als Handlungs- und Kommunikationskategorien zu konzipieren.

Vor dem Hintergrund dieser Kritik an den üblichen Ansätzen in der Migrationsforschung wurde die empirische Untersuchung in einen bewußt offenen, systemtheoretisch abgeleiteten Rahmen gestellt. Der Bildungsaufstieg in der modernen, funktional differenzierten Gesellschaft läßt sich dann als eine spezifische höhere Bildungskarriere beschreiben. Sie unterscheidet sich von den höheren Bildungskarrieren von Kindern, deren Eltern und Familien bereits erfolgreiche Teilnehmer des höheren Bildungssystems waren, darin, daß Bildungsaufsteiger neben den allgemeinen Anforderungen einer höheren Bildungskarriere auch die besonderen Schwierigkeiten, die mit der durch einen sozialen Aufstieg bedingten Entfernung von ihrem Herkunftsmilieu einhergehen, meistern müssen. Das gilt für alle Bildungsaufsteiger, unabhängig davon, ob sie Kinder von Migranten sind oder nicht. Die Lebensbedingungen der Kinder von Arbeitsmigranten in Deutschland sind zudem durch die mittlerweile wohletablierte Ethnisierung der gesellschaftlichen Verhältnisse im allgemeinen und der Migrationsthematik im besonderen gekennzeichnet. Ethnizität und Raum (bzw. Lokalität) wurden schließlich als zwei – konzeptionell voneinander entkoppelte – Handlungs- und Kommunikationskategorien konzipiert. Ihre Verwendungsformen und Bedeutungen sind nicht akteurs-, situations- und kontextunabhängig festgelegt, sondern werden im Gegenteil immer erst im Handeln, in der Interaktion oder in der Kommunikation unter spezifischen strukturellen Bedingungen hervorgebracht und reproduziert. In diesem konzeptionellen Rahmen war dann empirisch zu untersuchen, wie, d.h. mit welchen Handlungsmustern und Kommunikationsformen, den türkischen Bildungsaufsteigern aus der zweiten Migrantengeneration ihre erfolgreiche Teilnahme an den Organisationen des höheren Bildungssystems gelingt, ob sie dabei auf ethnische und räumliche Unterscheidungen zurückgreifen und welche Gruppen und Räume sie dadurch konstituieren, welche Relevanz für sie die Lokalität der städtischen Lebensbedingungen (als spezifische Raumkonstitution) sowie lokale Vereine und Netzwerke von Migranten haben und was ihnen die Mobilisierung der Handlungsressourcen Ethnizität und Raum im sozialen Aufstiegsprozeß ermöglicht.

Zur Beantwortung dieser Fragen wurden acht Kontrastfälle rekonstruiert. Die exemplarischen Fallanalysen beschreiben ein ganzes Spektrum von Handlungsmustern türkischer Bildungsaufsteiger(innen). Das Spektrum zeigt, daß ihnen die Verwendung von Ethnizität und Raum ganz unterschiedliche Möglichkeiten im Aufstiegsprozeß eröffnet. Die Variationsbreite reicht von Fällen, für die die Mobilisierung von Ethnizität genauso aufstiegsrelevant ist wie die Mobilisierung von Lokalität („Der verletzte Aufsteiger", „Der Identitätspolitiker"), über Fälle, für die zwar auch lokale und andere Raumbezüge regelmäßige Handlungsbestandteile sind, die sich aber insbesondere durch die Verwendung ethnischer Kategorien auszeichnen („Die Multikulturalistin", „Der Autoethnologe"), und einen Fall, für den, umgekehrt, vorrangig eine spezifische lokale Raumkonstitution bedeutsam ist („Der Milieutheoretiker"), bis zu Aufsteigern, die zwar gelegentlich auch mit ethnischen und räumlichen Unterscheidungen operieren, für die aber Ethnizität und Raum als Aufstiegsressourcen im Vergleich zu anderen Merkmalen ihrer Handlungsmuster und im Vergleich zu den anderen rekonstruierten Fällen nur eine geringe Bedeutung haben („Der Kosmopolit", „Die Rücksichtsvolle", „Der Nonkonformist"). Die Antwort auf die Leitfrage der empirischen Untersuchung nach der Relevanz von Ethnizität und Raum im Bildungsaufstiegsprozeß ist damit so einfach wie folgenreich: Sowohl Ethnizität als auch Raum sind Handlungsressourcen, deren Gebrauch für die erfolgreiche Bewältigung der Anforderungen eines Bildungsaufstiegs nützlich sein *kann*!

Bei genauerer Betrachtung der Variationsbreite der rekonstruierten Handlungsmuster wird zunächst deutlich, wie unterschiedlich Ethnizität und Raum in die Handlungspraxen und die Identitätsentwürfe der untersuchten Aufsteiger eingelassen und wie verschieden die Gründe dafür sind. Aus dieser Unterschiedlichkeit der Fallstrukturen ist unmittelbar ersichtlich, daß homogenisierende und allgemeingültige Modelle oder Aussagen über *die* Bedeutung von Ethnizität und Raum im Aufstiegszusammenhang, über *die* Aufsteiger aus der zweiten türkischen Migrantengeneration und ihre Handlungsmuster, *die* ethnische Gruppe, *die* ethnische Kolonie, *die* Stadtteilkultur, *die* „Kontexteffekte" *des* segregierten Stadtteils, *die* Bedeutung von Lokalität usw. nicht nur aus theoretischen Gründen problematisch, sondern auch empirisch nicht haltbar sind.

Aus der Unterschiedlichkeit der präsentierten Fälle darf allerdings keineswegs auf die Beliebigkeit der Handlungsmuster oder die Beliebigkeit der Form der Mobilisierung (bzw. der Nichtverwendung) von ethnischen und räumlichen Unterscheidungen geschlossen werden. Wenn man die Verhaltensweisen der Aufsteiger und Aufsteigerinnen als Ausdruck der Bearbeitung ihrer Aufstiegserfahrungen und als im Aufstiegsprozeß erlernte Formen, an den verschiedenen Organisationen des höheren Bildungssystems mehr oder weniger erfolgreich teilzunehmen, interpretiert, dann erscheinen sie keineswegs mehr willkürlich konstruiert. Vielmehr lassen sie sich dann als bisher sinnvoll erfahrene Handlungsformen entschlüsseln, in denen die Erfahrungen mit den Anforderungen eines Bildungsaufstiegs gebunden sind.

Daher verweisen die beobachteten Formen der Mobilisierung ethnischer und/oder räumlicher Unterscheidungen immer auch auf die Mitgliedschaft in den Organisationen des höheren Bildungssystems. So reproduzierten fast alle untersuchten Aufsteiger einen oder mehrere der auf den Schulen und Universitäten präsenten Diskurse über Migration und die „Kultur" der Migranten, über ihre diskriminierende Ungleichbehandlung und ihr Aufwachsen „zwischen den Kulturen", über die „multikulturelle Gesellschaft", aber auch über die Assimilation der Migranten in der Aufnahmegesellschaft, über die angeblich problembelasteten und problemverursachenden Stadtviertel, in denen die Kinder der Migranten aufwachsen, usw. In der Aneignung dieser gängigen Migrationsdiskurse können typische Diskurselemente weithin identisch übernommen werden (s. Multikulturalistin, Milieutheoretiker), mehr oder weniger stark modifiziert und gemischt werden (s. Autoethnologe, lokaler Identitätspolitiker, verletzter Aufsteiger) oder eben gerade nicht verwendet werden (s. Kosmopolit, Nonkonformist). Die individuell unterschiedliche Art und Weise der (Nicht-) Aneignung erklärt sich wiederum aus den im Aufstiegsprozeß gemachten Erfahrungen und dem bisher erfahrenen Gebrauchswert einer bestimmten Handlungspraxis.

Die Handlungsmuster der untersuchten türkischen Bildungsaufsteiger(innen) sind also trotz ihrer Unterschiedlichkeit alles andere als beliebig. Sie entstanden in der alltäglichen Auseinandersetzung mit den Bedingungen eines Bildungsaufstiegs in Deutschland:

- Im Falle der *„Multikulturalistin"* ließ sich die Form der Selbstzuschreibung multikultureller und pädagogischer Kompetenzen sowie der Rückgriff auf ihre türkischen Sprachkenntnisse zur Erlangung des Abiturs als Ausdruck eines vielseitigen und nützlichen Aufstiegsverhaltens interpretieren. Als Schülerin der Gesamtschule und anschließende Pädagogik-Studentin hat sie gelernt, mit der Mobilisierung des Multikultur-Diskurses und ihrer Türkischkompetenzen die ihre Bildungskarriere begleitenden – aufstiegstypischen – *Unsicherheiten* und *Schwierigkeiten* erfolgreich zu bewältigen. Mit ihrer ethnisierenden Selbstbeschreibung als moderne, emanzipierte und zugleich lokal verankerte Multikulturalistin kann sie in verschiedenen Situationen (Familie, Schule, Freizeit, Universität) ihre soziale Herkunft, aber auch ihre Freundschaften, mit der Fortsetzung ihres Bildungsaufstiegs flexibel verknüpfen und explizit thematisieren. Auf diese Weise bewerkstelligt sie die manchmal verunsichernde Fortbewegung von ihrem Herkunftskontext, artikuliert ihre besondere Individualität und entwickelt Vertrauen in ihre eigenen Fähigkeiten. Es gelingt ihr derart, ebenso selbstbewußt wie studienmotiviert die selbstverständliche Mitgliedschaft im höheren Bildungssystem zu beanspruchen und sich von dem *Wagnis* der Fortsetzung ihrer Aufstiegskarriere nicht abschrecken zu lassen.

- In ähnlicher Weise hat auch der *„lokale Identitätspolitiker"* gelernt, mit Hilfe der Selbstinszenierung als lokaler muslimischer Experte und Vermittler „zwischen den Kulturen", der die vermeintlichen Schwierigkeiten der türkischen Jugendlichen und des Zusammenlebens von Türken und Deutschen in den problemverdächtigen innerstädtischen Kontexten kennt, Unsicherheiten hinsichtlich seiner beruflichen Zukunft als Lehrer zu absorbieren. Wie sein Engagement als einer der Hauptakteure des Gebetsrufkonflikts in dem von ihm wesentlich mitkonstituierten multikulturellen und multireligiösen Stadtteil-Raum zeigt, verschafft ihm diese Handlungsweise auch vielfältige öffentliche Anerkennung und Bestätigung. Außerdem ermöglicht sie ihm die kontinuierliche Aneignung und Erprobung weiterer spezifischer „Vermittlungs"-Qualifikationen.

- Aber auch die nicht selten mit Bildungsaufstiegen verbundenen Erfahrungen des *Scheiterns* oder einer *unterbrochenen, diskontinuierlichen* Bildungskarriere mit verschiedenen *Umwegen* sowie die manchmal als notwendig erfahrene *Trennung* von Freunden, die keine Aufstiege vollziehen, können einige der beobachteten Handlungspraxen erklären. Weil der *„Milieutheoretiker"* aus eigener Erfahrung ethnische Unterscheidungen und das Aufhalten in bestimmten Stadtvierteln nur mit potentiellen Problemen verbindet, ethnisiert er sich gerade nicht selbst und meidet insbesondere die als Aufstiegshindernis wahrgenommenen Gegenden und Gruppen von Jugendlichen. Indem er sowohl seine Vergangenheit als auch seine Zukunft mit Hilfe einer Gegenüberstellung von Ghetto- und Vorort-Diskurs primär räumlich-lokal indiziert, kann er seine vergangenen Aufstiegsschwierigkeiten als ghetto- bzw. milieuverursacht deuten. Für ihn ist sein weiterer Aufstieg untrennbar mit dem Verlassen innerstädtischer Handlungskontexte und dem Umzug in einen Vorort verbunden. Seine Milieutheorie motiviert ihn zum Wiedereintritt in eine weiterführende Schule, der ihm wiederum das Nachholen des Abiturs, die spätere Aufnahme eines Wirtschaftsstudiums und damit die Fortsetzung seiner Aufstiegskarriere ermöglicht.

- In anderer Form reagiert der *„Autoethnologe"* auf vergleichbare Aufstiegserfahrungen. Der Handlungszusammenhang eines alevitischen Kulturvereins im Zentrum des vom Milieutheoretiker als Ghetto markierten Raums bietet ihm eine Nische des Erfolgs in einer Phase der erzwungenen Aufstiegsunterbrechung. Durch die engagierte Vereinsarbeit als Leiter der Jugendgruppe kann er dort intellektuelle Ansprüche reklamieren, die er in seiner formellen Bildungskarriere erst noch erwerben muß. Für seine Einnahme der Rolle eines Intellektuellen und gebildeten Lehrers ist die durchgängige Verwendung ethnischer Unterscheidungen (Aleviten/Sunniten; Aleviten/Deutsche; Opposition gegen das Assimilationskonzept und Befürwortung der „multikulturellen Gesellschaft") konstitutiv. Durch die stets mehrfachen, aber im Vergleich zur ethnischen Mobilisierung nur impliziten Raumbezüge (Türkei, Gebiete der Aleviten in Anatolien, alevitische Vereine und Veranstaltungen im Ruhrgebiet oder im sonstigen Deutschland) reproduziert er in seinen Handlungen indirekt einen translokalen „alevitischen Raum". Insgesamt erarbeitet er sich durch sein Engagement im Verein wieder Vertrauen in seine eigenen Kompetenzen, welches seine Bildungsmotivation enorm belebt und wesentlich zur baldigen Fortsetzung seines Bildungsaufstiegs beiträgt.

- Die *„rücksichtsvolle"* Medizinstudentin kann durch ihre einfühlsame Rücksichtnahme auf ihre Eltern und familiäre Belange potentielle *Spannungen* und *Loyalitätskonflikte*, die die kontinuierliche *Entfernung von ihrem Herkunftsmilieu* provozieren könnte, vermeiden. Mit ihrem respekt- und verständnisvollen Entgegenkommen und ihrer demonstrativen Loyalität ihrer Familie gegenüber hält sie ihr Leben im Familienverband mit ihren Aufstiegsambitionen verträglich. Erfolgreich balanciert sie die Ansprüche der Familie mit denen der Universität aus. Das rücksichtsvolle und kompromißbereite Verhalten sichert ihr trotz ihrer Ausnahmestellung die volle familiäre Unterstützung ihrer Aufstiegskarriere.

- Die Handlungsstruktur des *„verletzten Aufsteigers"* illustriert, wie Ethnizität und Raum (bzw. Lokalität) als Ressourcen verwendet werden können, um die lebenslange Erfahrung von *Statusinkonsistenz*, *Ausschluß* und *Unterlegenheit* als ungerechtfertigte Ungleichbehandlung zu deuten, ohne dabei den Bildungsaufstiegsprozeß frustriert abzubrechen. Indem der verletzte Aufsteiger ethnische und räumliche Unterscheidungen deckungsgleich verknüpft, reproduziert er die für ihn handlungsleitende dichotome Raumkonstitution Ghetto (der diskriminierten Ausländer) versus Vorort (der diskriminierenden Deutschen und der assimilierten Ausländer). Mit dieser Mobilisierungs- und Verknüpfungsform von Ethnizität und Raum bearbeitet er seine persönliche Aufstiegserfahrung, daß bestimmte soziale Trennlinien trotz der eigenen, formal sehr erfolgreichen Bildungskarriere scheinbar nicht aufzuheben sind, durch die demonstrative Einnahme einer Rückzugs- und Konfrontationshaltung. Mit der Selbststilisierung als verletzter Bildungsaufsteiger und selbstbewußter Sprecher der diskriminierten Ausländer gelingt es ihm nicht nur, biographische Erfahrungen offen und provozierend zu thematisieren, sondern auch, aufstiegsmotivierende, da eng mit seinem weiteren Bildungsaufstieg verknüpfte Zukunftspläne zu entwickeln.

- Der Fall des *„Nonkonformisten"* verdeutlicht, daß auch eine Mobilitätserfahrung, die nicht durch Ausschluß und Benachteiligung, sondern durch vielfältige Erfolge, *Individualisierung* und die bisherige Irrelevanz von Ethnizität gekennzeichnet ist, zu einer ähnlich entschlossenen und selbstbewußten Widerstandshaltung führen kann. Den alevitischen Kulturverein eignet sich der Nonkonformist – ohne dabei explizit räumliche Kategorien zu mobilisieren – als Bestandteil eines auch in anderen Zusammenhängen erlebten subkulturellen „Gegen-Raumes" an, in dem er Individualität, Selbstverwirklichung und Kritik an etablierten Deutungsmustern praktiziert. Genau dies ermöglicht ihm auch die Ablehnung des Forschungsinterviews. Mit ihr kann der Nonkonformist, der in dem alevitischen Kulturverein gerade keine ethnische Identität sucht oder Ausschlußprobleme bearbeitet, demonstrieren, daß seine Individualität mit dem durch den Feldforscher repräsentierten dominanten Diskurs der Ethnizitäts- und Migrationsforschung konfligiert.

- Schließlich kann man, wie der Fall des *„Kosmopoliten"* zeigt, in seinem bisherigen Aufstieg auch gelernt haben, studententypische Merkmale wie *Individualität*, *kognitive Kompetenzen* und *Intellektualität* dadurch unter Beweis zu stellen, daß man intellektuelle Herausforderungen bewußt sucht und konkurrenzbetonte, akademische Selbstdarstellungsrituale habitualisiert. Für den dynamischen Kosmopoliten gehört zur Praktizierung intellektueller Flexibilität und Weltgewandtheit auch die demonstrative Entwertung ethnischer und lokaler Bezüge und der eigenen sozialen Herkunft. Er erreicht dies durch konsequente Nichtverwendung bzw. Nichtthematisierung.

Insgesamt war es für die Analysen sehr wichtig, den Bildungsaufstiegsprozeß als die entscheidende Interpretationsfolie zu behandeln. Vor diesem Hintergrund konnten die jeweiligen Handlungsformen der Jugendlichen und die Bedeutung der Verwendungsweise von Ethnizität und Raum im Hinblick darauf untersucht werden, was ihnen ihr Verhalten im Aufstiegsprozeß ermöglicht. Die einzelnen Fallanalysen verdeutlichen aber auch, daß es bei weitem nicht ausreicht, die beobachtbaren Handlungs- und Kommunikationsformen pauschal auf die Lebensbedingungen im Aufstiegskontext zurückzuführen. Denn obwohl die strukturellen Rahmenbedingungen, die mit dem Bildungsaufstieg verbunden sind, die Handlungsmuster und Selbstbeschreibungsformen der Aufsteiger präformieren und auch limitieren, bestimmen sie doch nicht allgemeingültig, welche der aufstiegstypischen Konstellationen und Probleme tatsächlich wie in die alltägliche Lebenspraxis der Jugendlichen hineinreichen. Obwohl die untersuchten Aufsteiger und Aufsteigerinnen bis auf den Autoethnologen alle entweder in Dortmund-Eving oder in der Dortmunder Nordstadt aufwuchsen und alle entweder das dortige Gymnasium oder die Gesamtschule besuchten, sind die Aufstiegsformen und die Formen der identitätsgenerierenden Auseinandersetzung mit der eigenen Aufstiegsmobilität, dem Besuch höherer Bildungseinrichtungen und den Erfahrungen des Aufwachsens als Kind türkischer Arbeitsmigranten in einer Ruhrgebietsstadt sehr unterschiedlich. Insofern war die detaillierte Rekonstruktion der jeweiligen Handlungs- und Kommunikationspraxis unerläßlich. Erst die genaue Analyse der erhobenen Interaktionsdaten und der beobachteten Handlungssituationen konnte aufzeigen, welche gesellschaftlichen Bedingungen und Aufstiegserfahrungen im einzelnen Fall relevant waren und dann wie im Alltag gehandhabt wurden.

Die hermeneutische, sequenzanalytische Rekonstruktion der Interaktionsprotokolle, die durch den Einbezug ethnographischer Beobachtungen ergänzt wurde, erwies sich dabei als sehr geeignete Methode. Die sequenzanalytische Rekonstruktion von Handlungs- und Interaktionsverläufen eignete sich gerade deshalb, weil in dieser Untersuchung sowohl Raum als auch Ethnizität als Handlungs- und Kommunikationskategorien konzipiert wurden. Als qualitativ-rekonstruktive Methode erlaubte sie es außerdem, auf starke Annahmen hinsichtlich der interessierenden Handlungsmuster bzw. der Relevanz von Ethnizität und Raum zu verzichten. Ganz im Sinne der explorativen Anlage der Untersuchung ließ sich daher ein vergleichsweise neues Forschungsfeld offen erschließen. Wie die Fallanalysen zeigen, konnte durch dieses Vorgehen tatsächlich eine Vielzahl „neuer", d.h. bisher nicht erkannter oder beachteter, Aspekte und Handlungsmuster aufgedeckt werden.

Ein offensichtlicher Nachteil der angewendeten Analysemethode folgt aus der Komplexität von Handlungssituationen, Interaktionen und Handlungsmustern. Der Versuch, diese Vielschichtigkeit des Untersuchungsgegenstandes möglichst genau zu rekonstruieren, führt zu facettenreichen Interpretationsergebnissen, die sich nur schwer in linearer Form verschriften lassen. Dies begründet einerseits die Umständlichkeit der Darstellung, wenn man die Analyse selbst dokumentieren will (s. Kap. D.II). Andererseits erklärt dies auch, warum zusammenfassende Darstellungen der Analyseergebnisse, zu denen aufgrund des rekonstruktionslogischen Charakters der Analyse eigentlich immer auch die Darstellung des Erkenntnisweges gehört, stets mehr oder weniger problematische Verkürzungen in Kauf nehmen müssen. Besonders deutlich kommt diese Problematik bei der extremen Verdichtung der einzelnen Analysen in den bewußt zugespitzt formulierten Fall-Etikettierungen zum

Ausdruck, bei denen ausgewählte zentrale Merkmale der Handlungsmuster herausgegriffen wurden. Natürlich können derartige Vereindeutigungen den komplexen Handlungssituationen und vor allem den interessierenden Aufstiegsformen nie vollkommen gerecht werden. Deshalb soll an dieser Stelle noch einmal davor gewarnt werden, die auf Aussagen über Handlungsmuster zielenden Fallanalysen in einem deterministischen Sinne mißzuverstehen. Der „verletzte Aufsteiger" zum Beispiel mußte aufgrund seiner Mobilitätserfahrungen nicht zwangsläufig zum verletzten Aufsteiger werden. Das rekonstruierte Handlungsmuster entstand im Kontext seiner Aufstiegsmobilität vielmehr als eine mögliche, als sinnvoll erfahrene Handlungsform, mit der er sich (auch) die untersuchte Interaktionssituation aneignet. Auch handelt er – trotz des Einbezugs der Beobachtungsdaten in die Interpretation – selbstverständlich nicht in allen Situationen in der analysierten Weise (Inszenierung der Kränkung, Rückzug, Sprecher der Diskriminierten usw.). Ebensowenig muß er auch in Zukunft derart handeln. Solche Aussagen über ganz andere als die untersuchten Handlungskontexte, über Vergangenheit und Zukunft der untersuchten Fälle sind nicht intendiert. Die Fallanalysen sind im Gegenteil lediglich als Demonstrationen von *möglichen* Strukturmustern des Zusammenhangs von Bildungsaufstiegserfahrungen und der Mobilisierung von Ethnizität und Raum zu verstehen.

Die identifizierten Handlungsmuster stellen mithin Beispiele für mögliche und möglicherweise auch längerfristig gültige Aufstiegsformen dar, die in vergleichbarer Weise durchaus auch bei anderen Bildungsaufsteigern beobachtet werden könnten. Um das Spektrum möglicher Strukturmuster anzudeuten, wurde bei der Auswahl der Kontrastfälle darauf geachtet, sowohl „Ausnahmefälle", d.h. Fälle, die im Rahmen der Feldforschung eher selten beobachtet wurden (s. verletzter Aufsteiger, Kosmopolit, Nonkonformist), als auch „durchschnittliche Fälle", d.h. Fälle, die in mehr oder weniger ähnlicher Form häufiger beobachtet wurden (s. die anderen fünf Fälle), zu berücksichtigen. Trotz dieser Vorgehensweise kann mit den acht Fallanalysen keinerlei Anspruch auf Vollständigkeit erhoben werden. Andere als die dargestellten Aufstiegsformen sind keineswegs ausgeschlossen – man denke allein an die vielfältig möglichen Mischformen, die sich aus der Kombination zentraler Merkmale der analysierten Fallstrukturen ergäben (z.B. zwischen verletztem Aufsteiger und Autoethnologe). Diesbezügliche Aussagen müssen allerdings ebenso wie Aussagen über die Häufigkeit einzelner Handlungsmuster bzw. die Verallgemeinerbarkeit der Ergebnisse anderen Studien vorbehalten bleiben.

Im Gegensatz zu quantitativ-analytischen oder deduktiven Ansätzen, die theoretisch motivierte Modellbildungen betreiben, allgemeingültige und operationalisierbare Erklärungshypothesen empirisch mit repräsentativen Verfahren überprüfen und dabei externen wie internen Validierungsansprüchen genügen, handelt es sich bei der durchgeführten Untersuchung eben „nur" um eine systemtheoretisch gerahmte qualitativ-rekonstruktive Studie, deren Aufgabe in der exemplarischen Identifikation von Kommunikationsformen als Anschlußmöglichkeiten im Aufstiegsprozeß bestand. An die durch sie identifizierten sozialen Typen können zukünftige Forschungen nicht nur im Sinne von Bestätigung, Erweiterung oder Widerlegung anschließen. Ebenso naheliegend ist die Ergänzung durch quantitative und analytisch-erklärende Ansätze, insbesondere, wenn diese die in dieser Arbeit gewonnenen Ergebnisse in ihre Modellbildung einfließen lassen.

Zusammenfassend formuliert, verdeutlichen die vorliegenden Fallanalysen, daß die Verwendung ethnischer und/oder räumlicher Differenzierungen und die Teilnahme an lokalen, ethnisch markierten Eigenorganisationformen einer Migrantengruppe wesentliche Bestandteile einer Handlungsweise sein können, mit der die mit dem (Bildungs-)Aufstieg verbundenen sozialen Karriere- und Inklusionsanforderungen erfolgreich bewältigt werden. Wie insbesondere anhand der Fallstrukturen des verletzten Aufsteigers, der Multikulturalistin, des Milieutheoretikers, des Autoethnologen und des lokalen Identitätspolitikers deutlich wird, besteht der Gebrauchswert von Ethnizität und Lokalität sowie der Teilnahme an Migrantenvereinen auch über die Unterschichtungs-, Ungleichheits-, Benachteiligungs- und unmittelbare Einwanderungserfahrung hinaus, auf deren Untersuchung sich die Migrationsforschung bisher überwiegend beschränkte.

Damit bestätigen die Ergebnisse der Fallanalysen auch die Kritik an den in der Migrationsforschung gebräuchlichen – letztendlich modernisierungstheoretisch begründeten – Integrations- und Assimilationsmodellen. Die Tatsache, daß ein Teil der Aufsteiger aus der zweiten Migrantengeneration ethnische und/oder räumliche Unterscheidungsformen als Handlungsressourcen mobilisiert und/oder an den Aktivitäten lokaler Migrantenvereine teilnimmt, ist mit diesen Eingliederungstheorien nicht hinreichend zu erklären. Da die üblichen Assimilations- und Integrationsmodelle die sozialen Phänomene Aufstieg und Ethnizität, aber eben auch Aufstieg und Raum, bereits so gegensätzlich konzipieren, daß sie sich mehr oder weniger deutlich ausschließen, erwarten sie im Falle fortgeschrittener struktureller Eingliederung tendenziell die Irrelevanz von Ethnizität, Lokalität, Segregationen und lokalen Migrantenorganisationen. Die dichotome Anlage dieser theoretischen Ansätze ignoriert also nicht nur, daß die Handlungsressourcen Ethnizität und Raum auch im Aufstiegsprozeß verwendet werden. Vor allem übersieht sie, daß ihre Mobilisierung im Aufstiegsprozeß sinnvoll und hilfreich sein kann.

Aus dem erfolgreichen Durchlaufen der Organisationen des höheren Bildungssystems, d.h. einem Aufstieg auf den „zentralen Statuslinien" der Gesellschaft (vgl. hierzu die Arbeiten Hoffmann-Nowotnys), darf folglich gerade kein automatischer Bedeutungsverlust von Ethnizität als relevanter Handlungskategorie von Migranten und ihren Kindern abgeleitet werden. Auch die assimilationstheoretischen Annahmen (vgl. hierzu die Arbeiten Essers), daß die Mobilisierung von Ethnizität im Falle bereits vorliegender partieller (kognitiver und struktureller) Assimilation immer auf soziale Barrieren, Benachteiligungen oder sonstige Eingliederungsprobleme verweise und für einen weiterführenden Aufstieg sogar hinderlich sei, sind in dieser einseitigen Form nicht haltbar. Natürlich kann die Fremd- und Selbstethnisierung auch im Aufstiegskontext eine Handlungsform sein, mit der Ausschlußerfahrungen und Inklusionsschwierigkeiten kompensiert werden. Dies veranschaulichen insbesondere die Fallstrukturen des verletzten Aufsteigers und des Autoethnologen. Allerdings zeigen diese beiden Analysen auch, daß gerade die Mobilisierung von Ethnizität wesentlich zur Fortsetzung ihrer Aufstiegsprozesse beiträgt, statt sie – wie nach den assimilationstheoretisch begründeten Konzepten der „Mobilitätsfalle" und der den gesamtgesellschaftlichen Aufstieg vereitelnden „ethnischen Binnenkarriere" erwartet wird – zu behindern. Genau hierin liegt eines der zentralen Ergebnisse der Fallanalysen: Die Mobilisierung von Ethnizität (bzw. die Teilnahme an den lokalen Handlungszusammenhängen ethnischer Vereine) und der erfolgreiche Aufstiegsprozeß können in einem positiven Interdependenzverhältnis stehen. Dieser Zusammenhang von sozialem Aufstieg und der Mobilisierung von Ethnizität wird gemeinhin verkannt.

Auch im Falle „interethnischer" Kontakte und Freundschaftsnetzwerke von Bildungsaufsteigern – nach der Assimilationstheorie Kennzeichen einer fortgeschrittenen Assimilation und Hinweise auf die für diesen Fall angenommene Irrelevanz von Ethnizität – können ethnische Selbstbeschreibungen durchaus eine nützliche Rolle spielen (s. Autoethnologe und lokaler Identitätspolitiker). Genauso kann umgekehrt „trotz" „innerethnischer" Freundschaftsstruktur und ethnischer Selbstbeschreibung eine deutliche Identifikation mit der „Aufnahmegesellschaft" (identifikative Assimilation) vorliegen (s. Multikulturalistin). Nach der langjährigen gesellschaftlichen Ethnisierung der Einwanderungsthematik in Deutschland sind ethnisch markierte Redeweisen und Handlungsformen heute offensichtlich in einer Weise sozial veralltäglicht und akzeptiert, daß die Mobilisierung von Ethnizität gerade auch für sozial aufsteigende Studenten und Studentinnen nützlich und sinnvoll sein kann. So verdeutlichen die Fälle der Multikulturalistin, des Autoethnologen und des lokalen Identitätspolitikers, daß sich die Selbstethnisierung zum Beispiel ausgesprochen zur Aneignung und Selbstvergewisserung einer studentischen Identität eignet. Die multikulturelle Studentin, der ethnisch-kulturelle Intellektuelle sowie der Experte für Migrations- und Ethnizitätsfragen, der „zwischen den Kulturen" vermitteln kann, sind attraktive Identitätsmodelle für Studierende aus Migrantenfamilien, da sie es je nach Situation sehr flexibel erlauben, in einer reflektierten (und ggf. kritischen) Auseinandersetzung mit der eigenen Migranten-Biographie studententypisch Individualismus und Intellektualität zu artikulieren. Zugleich ermöglichen sie die Entwicklung eines Zukunftsentwurfes, der im Hinblick auf die zu erwartenden weiteren Aufstiegsanstrengungen gerade deshalb sehr motivierend ist, weil er eng mit der Weiterentwicklung der von dem Studium erwarteten Kompetenzen verknüpft ist und sich auf eine berufliche Qualifikation (die persönlichen Erfahrungen des Migranten und das migrationsspezifische Expertenwissen) bezieht, für die ein hoher gesellschaftlicher Bedarf besteht.[225] Man kann also als aufsteigender Student aus der zweiten Migrantengeneration seine soziale Identität in produktiver Weise mit Hilfe ethnischer Unterscheidungen herstellen, man kann aber auch andere Identitätsbezüge wählen. Gleiches gilt für die Verwendung räumlicher Unterscheidungen.

Ebensowenig wie der Zusammenhang von sozialem Aufstieg und der Mobilisierung von Ethnizität hinreichend berücksichtigt wird, wird in der Migrationsforschung üblicherweise beachtet, daß auch Räume als soziale Herstellungsleistungen untersucht werden sollten. Erst dann sieht man aber, daß auch die Verwendung räumlicher Bezüge und die Mobilisierung von Lokalität im Rahmen eines erfolgreichen Aufstiegsprozesses bedeutsam sein können. Am Beispiel der Fälle des verletzten Aufsteigers, des Milieutheoretikers und des lokalen Identitätspolitikers ist ersichtlich, daß und wie Raum-Diskurse über lokale Lebensbedingungen („innerstädtische Problemviertel" „Ghettos", „soziale Brennpunkte"), aber auch spezifische Raumkonstitutionen wie „Türkei" oder „multikulturelle Stadt" wesentliche Bestandteile der Identitätskonstruktionen und Handlungsmuster von Bildungsaufsteigern sein können.

An dieser Stelle soll kurz auf die methodischen Folgeprobleme der in dieser Arbeit verwendeten handlungs- und kommunikationstheoretischen Raumkonzeption eingegangen werden. Sie wurden im Laufe der Analyse der empirischen Daten wiederholt sichtbar. Konzipiert man Raum ganz allgemein – ähnlich wie Ethnizität – als eine soziale Herstellungsleistung, dann können durch die Mobilisierung räumlicher Unterscheidungen alle möglichen Räume hergestellt oder reproduziert werden. Lokalität bzw. räumliche Unterscheidungen, die sich auf die lokalen Lebensbedingungen von Personen beziehen, sind

---

[225] Zu dem hiermit angesprochenen durch den Bildungsaufstieg entstehenden Potential einer zukünftigen *ethnischen* Elite siehe Kap. E.II.

dann nur ein spezieller Typ von Raumkonstitutionen. Nationale Räume, Regionen, pluri- und translokale Räume sind andere mögliche Raumkonstitutionen, die Aufsteiger wie alle anderen Akteure herstellen und mehr oder weniger regelmäßig mobilisieren können. Mit einer solchen Konzeption von Raum müssen räumliche Unterscheidungen, theoretisch gesehen, zwar keineswegs zwangsläufig verwendet werden; von ihrer Mobilisierung könnte durchaus auch abgesehen werden. Auf der empirischen Ebene zeigt sich jedoch, daß im Handlungsalltag – im Gegensatz zur Mobilisierung bzw. Nicht-Mobilisierung ethnischer Kategorien – praktisch *immer* irgendwelche, oft mehrfache und häufig nur implizite räumliche Unterscheidungen und Bezüge reproduziert werden (z.B.: Stadtteil in Dortmund; Schule; Verein in Dortmunder Nordstadt; Veranstaltung in Köln; letzter Urlaubsort in Italien; Türkei und Deutschland). Dadurch entsteht bei der Analyse von Handlungs- und Kommunikationsbeobachtungen die Schwierigkeit, zu entscheiden, welche der vielfachen im- und expliziten, ein- und mehrdeutigen Raumbezüge und Raumkonstitutionen zu beachten sind. Ebenso interpretations- und interpretenabhängig ist die Frage, ab wann bei einem individuellen Handlungsmuster überhaupt von einer Raumkonstitution und ihrer Relevanz für die zu untersuchende Handlungsstruktur gesprochen werden sollte.

Nur wenn man sich bei den untersuchten Fällen explizit auf Lokalität als eine spezifische Raumkonstitution beschränkt, sieht man verhältnismäßig klar, daß diese Form der Mobilisierung von Raum nicht für alle, wohl aber für einige der acht Fallstrukturen relevant ist. Von Bedeutung ist die Ressource Lokalität lediglich für die Aufstiegsmuster des verletzten Aufsteigers, des Milieutheoretikers und des lokalen Identitätspolitikers – sowie, je nach Gewichtung, der Multikulturalistin. Wenn man sich allerdings für die Verwendung räumlicher Unterscheidungen und die Herstellung von Räumen im allgemeinen interessiert, fällt das Ergebnis weit weniger eindeutig aus. Dann kann man nur von einer mehr oder weniger großen Bedeutung von Raum sprechen. Denn ganz offensichtlich verwenden zwar der verletzte Aufsteiger, der Milieutheoretiker und der lokale Identitätspolitiker räumliche Unterscheidungen viel häufiger und weit expliziter als (1) die Multikulturalistin, (2) die rücksichtsvolle Studentin, (3) der Autoethnologe oder (4) der Nonkonformist. Doch auch im Falle der vier letztgenannten Aufsteiger und Aufsteigerinnen kann man – wie an manchen Stellen der zusammenfassenden Darstellungen der Analysen geschehen – davon sprechen, daß sie (1) die „multikulturellen (Heimat- und Herkunfts-) Räume" Türkei, Dortmund und Gesamtschule, (2) den „Familien"- und „Universitätsraum", (3) den „translokalen alevitischen Raum" oder (4) den „nonkonformistischen, subkulturellen Gegen-Raum" herstellen. Selbst im Falle des Kosmopoliten, der lokale Bezüge durch seine Nicht-Mobilisierung räumlicher Unterscheidungen durchgehend und auffallend deutlich entwertet, läßt sich interpretieren, daß er gerade dadurch einen besonderen Raum konstituiert, nämlich einen für ihn gültigen „globalen Handlungs-Raum". Da die demonstrierte Irrelevanz räumlicher Bezüge ein wichtiges Merkmal seiner Selbstinszenierung als intellektueller Kosmopolit ist, kann mithin auch die Absenz räumlicher Unterscheidungen als spezifische, aufstiegsrelevante Form der Mobilisierung von Raum verstanden werden.

Folgt man also einer Raumkonzeption, die alle, auch die indirekten Raumkonstitutionen und räumlichen Unterscheidungen berücksichtigt, ist Raum als Handlungs- und Kommunikationsressource letztlich immer relevant. Bei der Durchführung der Analysen konnte es daher nicht darum gehen herauszufinden, ob Raum im Einzelfall relevant ist oder nicht. Vielmehr hatte die genaue Analyse der jeweiligen Handlungsweisen, -kontexte und -bedingungen zu zeigen, welche Form der Raumkonstitution vorliegt und was diese Form jeweils ermöglicht. Um darüber hinaus auch Aussagen über den *Grad* der Relevanz der unterschiedlich expliziten und eindeutigen Raumkonstitutionen treffen zu können, waren Kriterien wie Häufigkeit und Deutlichkeit der Verwendung räumlicher Kategorien (im Vergleich zu ethnischen Unterscheidungen und anderen Merkmalen der Handlungsmuster) sowie der Vergleich mit den anderen untersuchten Konstrastfällen nötig. Erst dieses Vorgehen rechtfertigt die zusammenfassende Rede von der *mehr* (verletzter Aufsteiger, Milieutheoretiker, lokaler Identitätspolitiker) oder *weniger* (Kosmopolit, Multikulturalistin, Autoethnologe, Nonkonformist, die Rücksichtsvolle) großen Bedeutung von Raum im Aufstiegskontext.

Ein wichtiger Kritikpunkt an den gängigen dichotomen und problemorientierten Ansätzen in der Migrationsforschung bezog sich auf die Verklammerung von Ethnizität und Behälterraumkonzeption. Diese Verklammerung kennzeichnet vor allem die verschiedenen Segregationsstudien und die Arbeiten über ethnische Kolonien (vgl. z.B. Heckmann). Da die durchgeführten Fallanalysen die spezifischen Limitationen und Einseitigkeiten von Kolonie- und Behälterraummodellen sehr klar illustrieren, sollen die diesbezüglichen Ergebnisse abschließend noch einmal eigens hervorgehoben werden.

Das Spektrum der untersuchten Fallstrukturen veranschaulicht, wie vielfältig die Handlungsmuster und auch die Raumkonstitutionen von Bildungsaufsteigern sind, die in „typischen Einwanderer-Stadtvierteln" aufwuchsen und leben. Insofern demonstriert diese Untersuchung am Beispiel einer bestimmten Gruppe, wie problematisch und komplexitätsreduzierend behälterraumorientierte Blickrichtungen und Aussagen sind. Darüber hinaus wird deutlich, daß man sich heute als Kind von Migranten nicht notwendigerweise aus einem Stadtviertel, das in der öffentlichen Wahrnehmung aufgrund eines relativ hohen Migrantenanteils, seiner ökonomisch und sozialstrukturell mehrheitlich schwachen Bevölkerung, hoher Arbeitslosigkeit usw. überwiegend negativ etikettiert wird, entfernen muß, um einen erfolgreichen Bildungsaufstieg – zumindest bis in die Universität – zu bewerkstelligen. Dies aber gehört in der Migrationsforschung zu der regelmäßigen Annahme der behälter- und relationalraumfundierten Integrations-, Assimilations- oder Segregationsuntersuchungen. Damit ist natürlich nicht gesagt, daß eine solche räumliche Distanzierung nicht im Laufe des weiteren Aufstiegs eintritt oder im Einzelfall nicht auch schon früher notwendig erscheinen kann (s. Milieutheoretiker).

Außerdem zeigt die empirische Untersuchung, daß der Gebrauchswert ethnischer Unterscheidungen selbstverständlich bei weitem nicht auf den Handlungsbereich ethnischer Vereine oder Netzwerke beschränkt ist, wie dies die Kolonie-Konzeption nahelegt. Auch in den Organisationen des höheren Bildungssystems oder bei der individuellen Bearbeitung der Bedingungen und Folgen einer sozialen Aufstiegskarriere, die sich eben nicht nur in den Handlungszusammenhängen einer ethnischen Kolonie vollzieht, kann Ethnizität von Bedeutung sein. Allerdings ist auch im umgekehrten Sinne zu beachten: Nur weil man als Kind von Migranten in einem Stadtviertel mit hohem Migrantenanteil aufwächst, Schulen mit hohem Migrantenanteil besucht oder vornehmlich Kinder von Migranten als Freunde hat, müssen ethnische Unterscheidungen noch lange keine relevanten Handlungsressourcen sein (s. die rücksichtsvolle Studentin). Entsprechendes trifft auch auf den kleineren „Raumbehälter" eines ethnisch markierten Vereinsgebäudes zu: Nicht jede Teilnahme am Handlungszusammenhang eines ethnischen Vereins bedeutet, daß der teilnehmende Akteur auch Ethnizität mobilisiert und seine ethnische Identität sucht, praktiziert oder kreiert. Dies kann (Beispiel Autoethnologe), muß aber nicht der Fall sein (Beispiele Kosmopolit, Nonkonformist). Überhaupt demonstrieren die Analysen, daß die Vorstellung, ethnische Vereine dienten der Identitätsstabilisierung und Orientierung entweder der ersten Migrantengeneration oder der desorientierten und desintegrierten Mitglieder der zweiten Generation, zu kurz greift. Denn tatsächlich können ethnische Vereine auch im Aufstiegsprozeß der erfolgreichen zweiten Generation attraktiv sein. Das Engagement von Bildungsaufsteigern in ethnischen Vereinen im segregierten Stadtviertel darf jedoch nicht vorschnell als „ethnische Binnenkarriere", die der Fortsetzung eines weitergehenden gesellschaftlichen Aufstiegs entgegensteht, interpretiert werden. Um dies zu vermeiden, sollte man auf die – theoretisch ohnehin problematische – Gegenüberstellung von ethnischer Kolonie und Gesamtgesellschaft verzichten und das Verhalten der Aufsteiger konsequent im Kontext ihrer Aufstiegskarrieren deuten. Wie die Fallanalysen des Autoethnologen, des Nonkonformisten und des lokalen Identitätspolitikers zeigen, erkennt man dann, daß die Teilnahme an ethnischen

Vereinen im Aufstiegsprozeß intellektuell attraktiv und verwertbar sein kann. Begreift man die Aneignung ethnischer Vereine als Bestandteil ihres Aufstiegsverhaltens, wird sichtbar, daß die Teilnahme an diesen Kontexten gerade die Fortsetzung von Aufstiegskarrieren besonders motivieren kann.

II. Der Bildungsaufstieg in der zweiten Migrantengeneration und die Formierung einer ethnischen Elite

Die durchgeführte Untersuchung veranschaulicht neben dem Spektrum von Handlungsmustern und nützlichen Mobilisierungsformen von Ethnizität und Raum im Aufstiegszusammenhang noch etwas anderes: Einige der untersuchten Kontrastfälle verdeutlichen, daß und wie mit dem Bildungsaufstieg in der zweiten Migrantengeneration auch in Deutschland die Formierung einer heterogenen *ethnischen* Elite einhergeht. Gemeint sind insbesondere die Fälle des verletzten Aufsteigers, der Multikulturalistin, des Autoethnologen und des lokalen Identitätspolitikers. An ihrem Beispiel kann man den Zusammenhang von sozialem Aufstieg und der Entwicklung von Bildungsaufsteigern zu *ethnischen* Intellektuellen, also Intellektuellen, für deren gesellschaftliche Position die Mobilisierung der Ressource Ethnizität konstitutiv ist, studieren.

Geht man von der erfolgreichen Fortsetzung der Aufstiegskarrieren aus, sind natürlich alle Bildungsaufsteiger, also auch die, für deren Aufstiege sich ethnische Unterscheidungen als irrelevant erweisen, mögliche Kandidaten für Elitepositionen. Doch die genannten vier Fälle kennzeichnet nicht nur der Erwerb von höherem Bildungskapital, sondern auch die Mobilisierung von Ethnizität. Sie stellen deshalb Beispiele für potentielle *ethnische* Intellektuelle dar. Als „ethnic leaders" (Unbehaun 1997) könnten sie in Zukunft die türkische Minderheit in Deutschland, aber auch andere Migranten- und ethnische Minderheiten (s. verletzter Aufsteiger, Autoethnologe), in der Öffentlichkeit, der Politik, dem Bildungssystem, den Medien, der Kunst usw. oder im Zusammenhang von Auseinandersetzungen zwischen einzelnen ethnischen Gruppen repräsentieren und dabei die Verbesserung ihrer gesellschaftlichen Position, die Formulierung von Minderheitenforderungen und den Kampf gegen Benachteiligungen zu ihrer persönlichen oder beruflichen Aufgabe machen. Im Unterschied zu Personen, die schon als Akademiker, z.B. als Lehrer, politisch Oppositionelle oder Künstler, nach Deutschland migrierten, entstehen die Karrieren der Aufsteiger aus der zweiten Migrantengeneration weitgehend vollständig im Einwanderungsland. Wie bei den einzelnen Analysen gesehen, resultieren ihre Karriere- und Handlungsformen zu einem wesentlichen Teil aus ihrer Teilnahme an den Organisationen des höheren Bildungssystems und ihren im Einwanderungsland und im Aufstiegszusammenhang gemachten Erfahrungen. Insofern handelt es sich bei den Aufsteigern aus der zweiten Generation um potentielle Mitglieder einer „neuen" ethnischen Elite.

Die Herausbildung dieser neuen ethnischen Elite vollzieht sich keineswegs – wie dies die in der Migrationsforschung nicht unübliche Rede von „ethnischen Binnenkarrieren" oder „Parallelgesellschaften" in den segregierten Stadtvierteln nahelegt – separiert von der Gesamtgesellschaft. Sie ist im Gegenteil eng mit ihren als relevant erfahrenen sozialen Kontexten, Organisationen und etablierten Kommunikationsformen verknüpft. In den Handlungsmustern der potentiellen ethnischen Intellektuellen und der Art und Weise, wie sie ethnische (und auch räumliche) Unterscheidungen verwenden, sind sowohl ihre bisherigen Mobilitätserfahrungen als auch ihre Erfahrungen mit Situationen, in denen sie selbstethnisierend als Vertreter der Migrantenminderheit auftraten oder entsprechend angesprochen wurden, gebunden. Deutlich wird dies zum Beispiel daran, wie sich alle vier Aufsteiger, wenngleich sehr unterschiedlich, als Sprecher inszenieren und ihre Rede häufig, zumindest indirekt, an die deutsche Öffentlichkeit oder die Institution, als deren Vertreter sie mich sehen (Universität), richten.

Der offensiven Art und Weise, wie der verletzte Aufsteiger auftritt und sich als diskriminiert darstellt, ist seine tiefsitzende Unterlegenheitswahrnehmung eingeschrieben. Die Analyse zeigt aber auch, daß seine selbstbewußte und provokative Rückzugshaltung neben der Verletzungserfahrung ebenso die fortbestehende Benachteiligung der Mehrheit der Migranten und den moralischen Konsens, dem er in seiner Bildungskarriere wiederholt begegnete, daß es nämlich in dem modernen Wohlfahrtsstaat Bundesrepublik Deutschland keine soziale Ungleichheit aufgrund ethnischer oder nationaler Identitäten geben sollte, voraussetzt. Diesen Konsens und den darauf aufbauenden Diskurs über die ungerechtfertigte Ungleichbehandlung der Ausländer in Deutschland macht sich der verletzte Aufsteiger zur Bearbeitung seiner Unterlegenheits- und Ausschlußerfahrung zunutze. In vergleichbarer Weise konnte anhand der Form, in der der Autoethnologe eine „Politik der Anerkennung alevitischer Identität" betreibt und den Multikulturalismus- und Assimilationsdiskurs reproduziert, nicht nur gezeigt werden, daß er derart seine Unterforderung als kaufmännischer Lehrling kompensiert. Es wurde auch deutlich, daß er aufgrund seiner Erfahrungen mit dem höheren Bildungssystem erwartet, daß sein Engagement im alevitischen Verein den Jugendlichen hilft und daß die alevitische Kultur und sein Einsatz für die alevitische Identität von Intellektuellen und Teilen der deutschen Öffentlichkeit als anerkennenswert und förderungswürdig erachtet werden. Ähnliches gilt für die Selbstinszenierung der Multikulturalistin, aber auch für das Engagement des lokalen Identitätspolitikers, der sich im Zusammenhang des Gebetsrufkonflikts für eine Verständigung zwischen den Konfliktparteien einsetzt. Die ihm von der Stadt angediente Rolle des offiziellen Ansprechpartners, der die verschiedenen muslimischen Gemeinden vor der Stadt vertreten soll, die Presse- und Interviewtermine, die er im Laufe des Konflikts als vermittelnder Interessenvertreter der Muslime zu absolvieren hatte, sowie die wiederholt durch seine Ausbilder erfahrene Ermutigung, als angehender Lehrer gerade seine spezifischen Qualifikationen als Kind von Migranten einzubringen und weiter auszubauen, sind weitere Beispiele für die öffentliche Nachfrage und die gesellschaftliche Produktion ethnischer Eliten.

Der Umstand, daß die im Mobilitätsprozeß gemachten Erfahrungen wesentliche Bedingungen der Formierung einer ethnischen Elite sind, begründet zugleich die Unterschiedlichkeit der potentiellen ethnischen Intellektuellen. Das Potential, von dem hier die Rede ist, ist genauso heterogen wie die rekonstruierten Aufstiegserfahrungen und -formen. Trotzdem lassen die Fallanalysen verschiedene, von den konkreten Fällen unabhängige *Gelegenheiten*, an denen sich die zukünftige Entwicklung einer ethnischen Elite in Deutschland festmachen kann, erkennen. Zusammenfassend formuliert sind in dieser Untersuchung folgende soziale Gelegenheiten und Voraussetzungen einer ethnischen Elitenbildung sichtbar geworden: (1) Ausschluß- und Unterlegenheitserfahrungen trotz erfolgreicher Bildungskarriere, anhaltende Diskriminierung von Migranten, Persistenz von sozialen Ungleichheiten, insbesondere von räumlichen Wohnstandortkonzentrationen in den Städten (s. verletzter Aufsteiger); (2) ethnische Vereine (s. verletzter Aufsteiger, Autoethnologe und lokaler Identitätspolitiker); (3) die Ausdifferenzierung einer Migrantengruppe in ethnische Teilgruppen (s. Autoethnologe); (4) Öffentlichkeitsarbeit und Medien (s. Multikulturalistin und lokaler Identitätspolitiker); (5) „inter-" bzw. „multikulturelle" Vermittlungs- und Informationstätigkeit zwischen oder für Migrantengruppen und Einheimische(n), z.B. in den Organisationen des Bildungssystems, der Sozialen Arbeit oder des Mediensystems (s. Multikulturalistin, Autoethnologe und lokaler Identitätspolitiker); (6) Vertretung kollektiver Migrantenidentitäten und -interessen in der (lokalen) Politik (s. lokaler Identitätspolitiker).

Das Analyseergebnis, daß für den lokalen Identitätspolitiker und den verletzten Aufsteiger Lokalität und spezifische Raumkonstitutionen zentrale Bestandteile ihrer Handlungsmuster sind, ist gerade im Hinblick auf die Formierung einer ethnischen Elite interessant. Denn wie andere Beispiele von bereits bekannteren ethnischen Intellektuellen zeigen, verwenden fremd- und selbsternannte Minderheitenvertreter augenscheinlich häufiger symbolische Raumbezüge. So beziehen sich etwa die in den Sozialwissenschaften viel zitierte US-amerikanische Literaturprofessorin und Feministin Bell Hooks oder der in

Deutschland seit 1995 bekannt gewordene deutsch-türkische Schriftsteller Feridun Zaimoglu in ihren Publikationen wie auch in ihren öffentlichen Auftritten und Interviews immer wieder auf die segregierten und „benachteiligten" Gegenden, in denen sie selbst aufwuchsen und in denen die Minderheiten, denen sie sich zurechnen, nach wie vor leben (müssen). Als sozial aufgestiegene Minderheitenangehörige können sie mit Hilfe derartiger Raumbezüge die *Authentizität* ihrer Erfahrungen und der von ihnen beschriebenen sozialen Verhältnisse und damit letztlich ihre *Berechtigung, als Sprachrohr der Minderheit aufzutreten*, entscheidend unterstreichen (vgl. Hooks 1996 und Zaimoglu 1995). Außerdem wird an diesen beiden Beispielen die Attraktivität der Verwendung raumbezogener Unterscheidungen wie Zentrum und Peripherie (bzw. Zentralität und Marginalität), Mitte und Rand oder Zitadelle und Ghetto sehr deutlich: Bei Bell Hooks ist zu lesen, daß sie die „Marginalität", die sie als Schwarze in der amerikanischen Gesellschaft erfahren habe, mit ihrer Arbeit als Professorin im „Zentrum" bewußt aufrechterhalten will. Sie fordert, sich „am Rand" anzusiedeln, da die Marginalität die Möglichkeit biete, einen „Raum des Widerstands" zu erschaffen, einen „Standort für das Entstehen eines antihegemonialen Diskurses" (vgl. Hooks 1996, 145-156). Und Zaimoglu läßt die „Kanaken", die türkischen Immigranten der zweiten Generation, in seinen Büchern „vom Rande der Gesellschaft" sprechen, in ihrem unverfälschten „Straßen"-Jargon, den er in den „Kanaken-Ghettos", in ihren „Distrikten und Revieren, Ghetto-Quartieren und Stammplätzen" gelernt und erforscht habe (vgl. Zaimoglu 1995, 9-18). Der Grund, warum eine solche, von Begriffen wie Ghetto, Rand und Zentrum geprägte Raummetaphorik für Personen attraktiv ist, die sich selbst als Sprachrohr einer Minderheit oder als Kämpfer gegen die Diskriminierung, die die eigene Herkunftsgruppe erfahren muß, verstehen, hängt offensichtlich damit zusammen, daß sich auf diese Weise gut *Außenseiter- und Fremdheitserfahrungen*, aber vor allem auch *Widerstand* gegen etablierte Deutungsmuster, Ungleichheiten und erfahrene Hierarchien formulieren lassen. Wie verschiedene ethnische Bewegungen und Konflikte sowie die Strategien ihrer Meinungsführer veranschaulichen (vgl. z.B. Waldmann 1989), hat die Raumkategorie für manche ethnische Intellektuelle noch einen weiteren Gebrauchswert. So eignen sich die Mobilisierung von Lokalität und das Erheben von Ansprüchen auf bestimmte „eigene" Territorien auch für die von Interessenvertretern charakteristischerweise betriebene „Herstellung" mehr oder weniger homogener Gruppen mit entsprechend klaren Interessenlagen. Diese auf einer Verknüpfung von Ethnizität und Raum basierende *Herstellung kollektiver Identitäten* wiederum ist eine entscheidende Voraussetzung für die erfolgreiche Mobilisierung von Teilnehmern im Laufe einer sozialen Bewegung. Insgesamt fällt also bei Vergleichen auf, daß die auffallend „räumliche Sprache" des lokalen Identitätspolitikers (z.B.: „muslimische Orte" und „christliche Orte" für die Muslime und Christen im „multikulturellen Stadtteil") und des verletzten Aufsteigers (z.B.: „städtisches Ghetto der benachteiligten Ausländer") offenbar ein recht typisches Merkmal ethnischer Intellektueller ist. Insofern kommt der Raumkategorie auch im Zusammenhang der Formierung einer ethnischen Elite eine wesentliche Bedeutung zu.

Die Entstehung einer neuen, heterogenen ethnischen Elite in Deutschland, die Formen ihrer Ethnizitäts- und Raumkonstitutionen und die Gelegenheiten, an denen sich die zukünftige Entwicklung festmachen kann, lassen sich nicht nur anhand der untersuchten Studenten und Studentinnen beobachten. Der Blick in die Medien (vgl. z.B. ZEIT-Punkte 1999) und auf andere als die in dieser Arbeit unmittelbar betrachteten Handlungskontexte zeigt, daß sich seit einigen Jahren entsprechende Hinweise verdichten. Ob in der Politik,[226] in den Medien und der Kunst,[227] in der Wirtschaft[228] oder in anderen gesellschaftlichen Kontexten[229]: In vielen Bereichen besteht eine Nachfrage nach Migran-

---

226 Siehe z.B. den aktuellen Generationswechsel in den kommunalen Ausländerbeiräten oder diejenigen Migranten, die sich als Mitglieder einer der politischen Parteien gerade auf die Migranten- und Ausländerthematik spezialisieren – als prominente Beispiele seien genannt: *Emine Demirbüken*, CDU-Politikerin, Ausländerbeauftragte im Berliner Bezirk Schöneberg, Sprecherin des Türkischen Bundes Berlin-Brandenburg und Vorstandsmitglied der Türkischen Gemeinde Deutschlands; sowie *Cem Özdemir*, der als Bundestagsabgeordneter der Grünen 1998 beinahe Ausländerbeauftragter der amtierenden Bundesregierung geworden wäre und der sich zunehmend als Experte für Migrations- und Minderheitenfragen engagiert bzw. von Politik und Medien ansprechen läßt.
227 Siehe z.B. den Erfolg derjenigen Künstler und in den Medien tätigen Personen der zweiten türkischen Migrantengeneration, die sich u.a. oder auch vorrangig auf „interkulturelle" Themen spezialisieren. Als kleine Auswahl seien genannt: die mit Förderpreisen und Auszeichnungen bedachten Autoren und Journalisten *Selim Özdoğan* und *Zafer Şenocak* (vgl. zur Karriere Şenocaks auch Waldhoff 1997) sowie der schon erwähnte Schriftsteller *Feridun Zaimoglu*, der sich in den letzten Jahren mit seinem emphatischen Plädoyer für eine Literatur „von unten" nicht nur innerhalb des Literaturbetriebs, sondern vor allem auch in den Kultur- und Zeitgeistsparten der Medienlandschaft erfolgreich vermarktet; die Berliner Rapperin *Aziza A* als eine der Ikonen der in den vergangenen Jahren boomenden deutschtürkischen Rap- und Hiphop-Szene; der deutsch-türkische Regisseur und Schauspieler *Fatih Akın*, dem 1998 mit dem Kinohit „Kurz und Schmerzlos", in dem es um die Freundschaft von drei Hamburger Migrantenjugendlichen geht, der Durchbruch gelang; oder die erfolgreichen Journalisten und Herausgeber der türkischen Medienlandschaft in Deutschland.
228 Siehe z.B. die aufstrebenden Unternehmer und Existenzgründer aus der zweiten Migrantengeneration, die mit ihren Unternehmen erfolgreich im Bereich des „ethnic business", der deutsch-türkischen Tourismusbranche oder der Werbung für deutsche Unternehmen in türkischen Medien agieren (vgl. Şen/Goldberg 1996).
229 Siehe z.B. die Schulen mit ihrem wachsenden Bedarf an Lehrern und Sozialarbeitern mit Migrationshintergrund; die öffentlichen Diskussionen über die Einführung islamischen Religionsunterrichts an staatlichen Schulen, an denen sich die aufsteigenden Kinder der Migranten u.a. als Sprecher der sich auf Nachfrage der deutschen Behörden konstituieren-

ten der zweiten oder dritten Generation, die nicht nur gut ausgebildet sind, sondern auch die Fähigkeit besitzen, Ethnizität zu mobilisieren und als (öffentliche) Interessenvertreter der Migrantenminderheit oder als Experten für Migrationsthemen zu agieren. Diese Voraussetzungen erwerben vor allem die durch ihre erfolgreichen Bildungskarrieren sozial aufsteigenden Mitglieder der zweiten Migrantengeneration; sie können die Interessen der Gruppe, aus der sie aufgestiegen sind, besonders glaubhaft, offensiv und, je nach erreichter Position, wirkungsvoll vertreten.

Die Beobachtung, daß die sozial aufsteigenden Kinder der Arbeitsmigranten allmählich in höhere und einflußreichere Positionen vorrücken und manche von ihnen bei diesem Weg auch auf ethnische Unterscheidungen zurückgreifen, deutet auf die weitere Verfestigung des sozialen Gebrauchswerts, den Ethnizität als eine sekundäre Differenzierungsform in der modernen, primär funktional differenzierten Gesellschaft hat (vgl. Nassehi 1990), hin. Noch ist die Formierung ethnischer Eliten in Deutschland eine sehr junge Entwicklung. Sie wird noch nicht durch politisch flankierende Maßnahmen – etwa durch Anti-Diskriminierungs- und Gleichstellungsprogramme wie in Großbritannien oder durch „affirmative action"-Programme wie in den USA, die die Relevanz ethnischer Unterscheidungen auch politisch und organisationell festlegen – zusätzlich gefördert. Doch die Tendenz der Entstehung ethnischer Intellektueller und der damit einhergehenden zunehmenden Bedeutung ethnischer Unterscheidungen in verschiedenen sozialen Zusammenhängen und organisationellen Kontexten ist unübersehbar.

Vor dem Hintergrund dieser sich andeutenden Entwicklung illustrieren die Beispiele des Autoethnologen, des lokalen Identitätspolitikers, der Multikulturalistin und des verletzten Aufsteigers, wie groß der Beitrag von Mitgliedern ethnischer Eliten zur Reproduktion mittlerweile gängiger ethnischer Unterscheidungen sowie zur Entstehung „neuer" kollektiver Identitäten in Deutschland ist bzw. sein kann.[230] Die Kontrastfälle zeigen außerdem, daß mit dem Bildungsaufstieg in der zweiten Migrantengeneration auch in Deutsch-

---

den muslimisch-religiösen Dachorganisationen in Deutschland beteiligen; oder die Auseinandersetzungen und Machtkämpfe der sich ausdifferenzierenden und in ethnische Teilgruppen spaltenden türkischen Migrantengruppe (vgl. Unbehaun 1997).

230 Der lokale Identitätspolitiker („türkische Muslime und deutsche Christen in der multikulturellen Gesellschaft") und die Multikulturalistin („multikulturelle Identität") verwenden vornehmlich ethnische Unterscheidungen, die schon länger gebräuchlich sind. Dagegen kann man in den Fällen des Autoethnologen, der sich bemüht, die alevitische Identität als „neue" bzw. bisher vernachlässigte ethnische Identität in der „multikulturellen Gesellschaft Deutschlands" zu praktizieren und auszuformen, und des verletzten Aufsteigers, der neben der gängigen Unterscheidung deutsch/türkisch auch wiederholt eine ethnische fundierte Gemeinsamschaft zwischen Griechen, Türken und Jugoslawen begründet sowie gemeinsame Schicksale und Interessen aller Muslime oder aller diskriminierten Ausländern formuliert, von der Herstellung „neuer" Identitätsformen sprechen.

land sog. ethnische Konflikte, deren öffentliche Austragung wesentlich von der Formulierungskompetenz der beteiligten Interessenvertreter abhängt, wahrscheinlicher werden. Ethnische Konflikte sind insbesondere solange zu erwarten, wie die Aufsteiger auf die verschiedenen anhaltenden Benachteiligungen der nicht so erfolgreichen, nicht aufsteigenden Migranten verweisen, sie als Diskriminierung einer ethnischen Minderheit anprangern und auf diese Weise Protest begründen können. Die Art und Weise der Beteiligung der Aufsteiger an aktuellen oder zukünftigen ethnischen Konflikten kann erneut sehr unterschiedlich sein: Während der verletzte Aufsteiger aufgrund seiner eigenen Ausschlußerfahrungen zur Provokation der Deutschen, zur ethnisierenden Polarisierung zwischen Deutschen und Ausländern, zur Propagierung eines Rückzugs der Migranten in die ohnehin schon segregierten Stadtviertel sowie zur Forderung und Unterstützung eines selbstbewußteren Widerstandes gegen verschiedene Formen der Diskriminierung neigt, ist der lokale Identitätspolitiker infolge seines Aufstiegsziels „Lehrer" vor allem an der Experten- und Vermittlungstätigkeit im lokalen Gebetsrufkonflikt und gerade nicht an einer Provokation interessiert. Durch sein öffentliches Engagement trägt er, wenn auch unbeabsichtigt, nichtsdestotrotz entscheidend zur Reproduktion und Ethnisierung der beiden Konfliktparteien und damit zur Fortsetzung des Konflikts bei. Und der Fall des Autoethnologen zeigt, wie die Rolle eines Jugendgruppenleiters in einem ethnischen Verein ihn dazu bringt, sich in fremdethnisierender (vor allem: Abgrenzung von den Sunniten) und selbstethnisierender Form an dem öffentlichen Protest gegen die als Diskriminierung empfundenen etablierten Formen der Behandlung, Beschreibung oder auch Nichtbeachtung der Aleviten in Deutschland zu beteiligen.

Im Falle der untersuchten Bildungsaufsteiger ist natürlich völlig unentschieden, wie sich die einzelnen Personen und ihre Handlungsmuster in der Zukunft entwickeln werden. Es mag sein, daß sich der Rückgriff auf ethnische Unterscheidungen im Kontext ihrer Aufstiegskarrieren nur für eine vorübergehende Zeit als brauchbar erweist und daß sie später im Rahmen ihrer Berufswahl, Berufsausübung oder Freizeit von einer entsprechenden Mobilisierung absehen werden. Auch zeigt die Vielfalt der gefundenen Aufstiegsformen, daß ein Bildungsaufstieg keineswegs automatisch zur Entstehung von Handlungsmustern führt, aus deren Fortschreibung man die Formierung einer ethnischen Elite erwarten würde. Abhängen wird die zukünftige Formierung ethnischer Eliten insbesondere davon, ob und wie den Bildungsaufsteigern ihre weiteren Karriereschritte gelingen und welche Gelegenheiten sich ihnen eröffnen werden. Zukünftige Ausschlußerfahrungen, Diskriminierungen und Inklusionsprobleme der vergleichsweise hoch qualifizierten Bildungsaufsteiger werden wahrscheinlich nur *ein* Ursachenbündel für die Attraktivität der Mobilisierung ethnischer Unterscheidungen darstellen. Ebenso werden anhaltende soziale, religiöse, schulische, berufliche oder sonstige Benachteiligungen der nicht aufsteigenden Migranten die Wahrscheinlichkeit, daß sich Aufsteiger als ethnische Intellektuelle und Interessenvertreter der benachteiligten Gruppen engagieren, erhöhen. Vor allem ist die weitere Konsolidierung einer ethnischen Elite in Deutschland aber dann zu erwarten, wenn den Bildungsaufsteigern die Mobilisierung von Ethnizität auch beim Eintritt in den und bei der erfolgreichen Teilnahme am Arbeitsmarkt hilft. Schon heute deuten verschiedene Beispiele darauf hin, daß ethnische Unterscheidungen auch in der alltäglichen Praxis einzelner Organisationen der gesellschaftlichen Funktionssysteme (so zum Beispiel in den Schulen, im „ethnic business", im Fernsehen oder in den Zeitungen) anschlußfähig sein können. „Ethnische" oder „multikulturelle" Identitäten und Kompetenzen werden vom Bildungssystem, der Wirtschaft, den Medien, der Kunst, der Politik oder der Sozialen Arbeit – nicht zuletzt auch wegen anhaltender Ungleichheiten und Benachteiligungen der weniger erfolgreichen Migranten – zunehmend nachgefragt. Schreibt man diesen Trend fort, dann hat die Formierung ethnischer Eliten in Deutschland gerade erst begonnen.

Literaturverzeichnis

Alba, R.D./Handl, J./Müller, W. (1994): Ethnische Ungleichheit im deutschen Bildungssystem, in: Kölner Zeitschrift für Soziologie und Sozialpsychologie, Jg. 46, Heft 2, 209-237.
Alpheis, H. (1990): Erschwert die ethnische Konzentration die Eingliederung? In: Esser, H./Friedrichs, J. (Hrsg.): Generation und Identität. Theoretische und empirische Beiträge zur Migrationssoziologie, Opladen, 147-184.
Amit-Talai, V./Wulff, H. (Hrsg.) (1995): Youth Cultures. A Cross-Cultural Perspective, London.
Arbeitsamt Dortmund (Hrsg.) (1996): Der Arbeitsmarkt im Dezember 1996, Dortmund.
Auernheimer, G. (1988): Der sogenannte Kulturkonflikt. Orientierungsprobleme ausländischer Jugendlicher, Frankfurt a.M.
Auernheimer, G. (1994): Struktur und Kultur. Über verschiedene Zugänge zu Orientierungsproblemen und -strategien von Migranten, in: Zeitschrift für Pädagogik, 40. Jg., Nr. 1, 29-42.
Auernheimer, G. (1995): Einführung in die interkulturelle Erziehung (2. Auflage), Darmstadt.
Back, L. (1996): New Ethnicities and Urban Culture. Racisms and Multiculture in Young Lives, London.
Bade, K.J. (1993): Einheimische Ausländer: ‚Gastarbeiter' – Dauergäste – Einwanderer, in: ders. (Hrsg.): Deutsche im Ausland – Fremde in Deutschland. Migration in Geschichte und Gegenwart, München (3. Auflage), 393-401.
Bade, K.J. (1994): Ausländer – Aussiedler – Asyl. Eine Bestandsaufnahme, München.
Bade, K.J. (Hrsg.) (1996): Migration – Ethnizität – Konflikt: Systemfragen und Fallstudien (IMIS-Schriften, Bd. 1), Osnabrück.
Bade, K.J. (1997): Einführung: Zuwanderung und Eingliederung in Deutschland seit dem Zweiten Weltkrieg, in: ders. (Hrsg.): Fremde im Land: Zuwanderung und Eingliederung im Raum Niedersachsen seit dem Zweiten Weltkrieg (IMIS-Schriften, Bd. 3), Osnabrück, 9-44.
Bade, K.J./Bommes, M. (1996): Migration – Ethnizität – Konflikt. Erkenntnisprobleme und Beschreibungsnotstände: eine Einführung, in: Bade, K.J. (Hrsg.): Migration – Ethnizität – Konflikt: Systemfragen und Fallstudien (IMIS-Schriften, Bd. 1), Osnabrück, 11-40.
Bahrs, O./Frede, W./Litzba, R. (1994): „Ist ja schon mal, das erste Mal, mit vierzehn Jahren". Lebensgeschichte in standardisierter und biographischer Befragung, in: Garz, D./Kraimer, K. (Hrsg.): Die Welt als Text. Theorie, Kritik und Praxis der objektiven Hermeneutik, Frankfurt a.M., 247-280.

Bals, C. (1991): Auswahlbibliographie zum Thema „Räumliche Probleme der Ausländerintegration", in: Informationen zur Raumentwicklung, Heft 7/8, 523-537.

Baraldi, C./Corsi, G./Esposito, E. (1997): GLU – Glossar zu Niklas Luhmanns Theorie sozialer Systeme, Frankfurt a.m.

Bartels, D. (1968): Türkische Gastarbeiter aus der Region Izmir. Zur raum-zeitlichen Differenzierung ihrer Aufbruchsentschlüsse, in: Erdkunde 22, 313-324.

Bartels, D. (1970): Einleitung, in: ders. (Hrsg.): Wirtschafts- und Sozialgeographie, Köln/Berlin, 13-48.

Bartels, D. (1974): Schwierigkeiten mit dem Raumbegriff in der Geographie, in: Geographica Helvetica, 29. Jg., Beiheft Nr. 2/3, 7-21.

Bartels, D./Hard, G. (1975): Lotsenbuch für das Studium der Geographie als Lehrfach, Bonn/Kiel.

Barth, F. (1969): Introduction, in: ders. (Hrsg.): Ethnic Groups and Boundaries. The Social Organization of Culture Difference, Bergen/Oslo/London, 9-38.

Beauftragte der Bundesregierung für Ausländerfragen (Hrsg.) (1997): Bericht der Beauftragten der Bundesregierung für Ausländerfragen über die Lage der Ausländer in der Bundesrepublik Deutschland. Dezember 1997, Bonn.

Beauftragte der Bundesregierung für Ausländerfragen (Hrsg.) (1998): Daten und Fakten zur Ausländerintegration. März 1998, Bonn.

Beck, U. (1986): Risikogesellschaft. Auf dem Weg in eine andere Moderne, Frankfurt a. M.

Berger, H. (1990): Vom Klassenkampf zum Kulturkonflikt – Wandlungen und Wendungen der westdeutschen Migrationsforschung, in: Dittrich, E. J./Radtke, F.-O. (Hrsg.): Ethnizität. Wissenschaft und Minderheiten, Opladen, 119-138.

Berger, P.A. (1996): Individualisierung. Statusunsicherheit und Erfahrungsvielfalt, Opladen.

Berger, P.A. (1998): Soziale Mobilität, in: Schäfers, B./Zapf, W. (Hrsg.): Handwörterbuch zur Gesellschaft Deutschlands, Opladen, 574-583.

Berger, P.A./Vester, M. (Hrsg.) (1998): Alte Ungleichheiten – Neue Spaltungen (Reihe „Sozialstrukturanalyse", herausgegeben von S. Hradil, Bd. 11), Opladen.

Bertram, H. (1991): Soziale Ungleichheit, soziale Räume und sozialer Wandel. Der Einfluß sozialer Schichten, sozialer Räume und sozialen Wandels auf die Lebensführungen von Menschen, in: Zapf, W. (Hrsg. im Auftrag der Deutschen Gesellschaft für Soziologie): Die Modernisierung moderner Gesellschaften. Verhandlungen des 25. Deutschen Soziologentages in Frankfurt am Main 1990, Frankfurt a.M., 636-666.

Bielefeld, U./Kreissl, R./Münster, T. (1982): Junge Ausländer im Konflikt: Lebenssituationen und Überlebensformen, München.

Birsl, U./Schley, C. (1997): Sorgenkind Bildung. Mehr Bildungschancen, aber weniger Bildungsgerechtigkeit – Zum Bedarf einer neuen Bildungsreform (Supplement der Zeitschrift Sozialismus 11/97), Hamburg.

Blasius, J./Dangschat, J.S. (1994): Lebensstile in Städten – zwischen Individualisierung und neuen Klassenkonflikten, in: Dangschat, J.S./Blasius, J. (Hrsg.): Lebensstile in den Städten. Konzepte und Methoden, Opladen, 13-24.

Blotevogel, H.H. (1995): Stichwort „Raum", in: Akademie für Raumforschung und Landesplanung (Hrsg.): Handwörterbuch der Raumordnung, Hannover, 733-740.

Blotevogel, H.H./Heinritz, G./Popp, H. (1986): Regionalbewußtsein. Bemerkungen zum Leitbegriff einer Tagung, in: Berichte zur deutschen Landeskunde, 60. Jg., Heft 1, 103-114.

Blotevogel, H.H./Heinritz, G./Popp, H. (1987): Regionalbewußtsein – Überlegungen zu einer geographisch-landeskundlichen Forschungsinitiative, in: Informationen zur Raumentwicklung, Heft 7/8, 409-418.

Blotevogel, H.H./Heinritz, G./Popp, H. (1989): „Regionalbewußtsein". Zum Stand der Diskussion um einen Stein des Anstoßes, in: Geographische Zeitschrift, 77. Jg., Heft 2, 65-88.

Bohnsack, R. (1993): Rekonstruktive Sozialforschung. Einführung in Methodologie und Praxis qualitativer Forschung, Opladen.

Bommes, M. (1990): Lebenszusammenhänge von Migrantenjugendlichen türkischer Herkunft, in: Informationsdienst zur Ausländerarbeit, 52-61.

Bommes, M. (1993): Migration und Sprachverhalten. Eine ethnographisch-sprachwissenschaftliche Fallstudie, Wiesbaden.

Bommes, M. (1994): Migration und Ethnizität im nationalen Sozialstaat, in: Zeitschrift für Soziologie 5, 364-374.

Bommes, M. (1996a): Die Beobachtung von Kultur. Die Festschreibung von Ethnizität in der bundesdeutschen Migrationsforschung mit qualitativen Methoden, in: Klingemann, C. u.a. (Hrsg.): Jahrbuch für Soziologiegeschichte 1994, Opladen, 205-226.

Bommes, M. (1996b): Ausbildung in Großbetrieben. Einige Gründe, warum ausländische Jugendliche weniger Berücksichtigung finden, in: Kersten, R./Kiesel, D./Sargut, S. (Hrsg.): Ausbilden statt Ausgrenzen. Jugendliche ausländischer Herkunft in Schule, Ausbildung und Beruf (Arnoldshainer Texte, Bd. 90), Frankfurt a.M., 31-44.

Bommes, M. (1997): Von „Gastarbeitern" zu Einwanderern: Arbeitsmigration in Niedersachsen, in: Bade, K.J. (Hrsg.): Fremde im Land: Zuwanderung und Eingliederung im Raum Niedersachsen seit dem Zweiten Weltkrieg (IMIS-Schriften, Bd. 3), Osnabrück, 249-322.

Bommes, M. (1998): Migration und Ethnisierung in kommunalen Einrichtungen, in: Heitmeyer, W. et al. (Hrsg.): Die Krise der Städte. Analysen zu den Folgen desintegrativer Stadtentwicklung für das ethnisch-kulturelle Zusammenleben, Frankfurt a.M., 349-376.

Bommes, M. (1999): Migration und nationaler Wohlfahrtsstaat. Ein differenzierungstheoretischer Entwurf, Wiesbaden.

Bommes, M./Radtke, F.-O. (1993): Institutionalisierte Diskriminierung von Migrantenkindern. Die Herstellung ethnischer Differenz in der Schule, in: Zeitschrift für Pädagogik, 39. Jg., Nr. 3, 483-497.

Bommes, M./Scherr, A. (1991): Der Gebrauchswert von Fremd- und Selbstethnisierung in Strukturen sozialer Ungleichheit, in: Prokla 83, 21. Jg., 291-316.

Boos-Nünning, U. (1994): Familie, Jugend, Bildungsarbeit, in: Bade, K.J. (Hrsg.): Das Manifest der 60, München, 43-48.

Boos-Nünning, U. (1996): Zur Beschäftigung von Jugendlichen ausländischer Herkunft. Chancen und Möglichkeiten der Weiterbildung, in: Kersten, R./Kiesel, D./Sargut, S. (Hrsg.): Ausbilden statt Ausgrenzen. Jugendliche ausländischer

Herkunft in Schule, Ausbildung und Beruf (Arnoldshainer Texte, Bd. 90), Frankfurt a.M., 71-94.

Bourdieu, P. (1989): Die feinen Unterschiede. Kritik der gesellschaftlichen Urteilskraft (3. Auflage), Frankfurt a.M.

Bourdieu, P. (1991): Physischer, sozialer und angeeigneter physischer Raum, in: Wentz, M. (Hrsg.): Stadt-Räume, Frankfurt a.M., 25-34.

Bremer, P. (2000): Ausgrenzungsprozesse und die Spaltung der Städte. Zur Lebenssituation von Migranten, Opladen.

Breton, R. (1965): Institutional Completeness of Ethnic Communities and the Personal Relations of Immigrants, in: American Journal of Sociology, 70, 193-205.

Bude, H. (1985): Der Sozialforscher als Narrationsanimateur. Kritische Anmerkungen zu einer erzähltheoretischen Fundierung der interpretativen Sozialforschung, in: Kölner Zeitschrift für Soziologie und Sozialpsychologie 37, 327-336.

Bude, H. (1994): Das Latente und das Manifeste. Aporien einer „Hermeneutik des Verdachts", in: Garz, D./Kraimer, K. (Hrsg.): Die Welt als Text. Theorie, Kritik und Praxis der objektiven Hermeneutik, Frankfurt a.M., 114-124.

Bukow, W.-D./Llaryora, R. (1993): Mitbürger aus der Fremde. Soziogenese ethnischer Minoritäten (2. Auflage), Opladen.

Bukow, W.-D./Ottersbach, M. (1999): Der Fundamentalismusverdacht. Plädoyer für eine Neuorientierung der Forschung im Umgang mit allochtonen Jugendlichen, Opladen.

Bundesministerium für Bildung und Wissenschaft (Hrsg.) (1996): Die wirtschaftliche und soziale Lage der auländischen Studierenden in Deutschland. Ergebnisse der 14. Sozialerhebung des Deutschen Studentenwerks, Bonn.

Bundesministerium für Familie, Senioren, Frauen und Jugend (Hrsg.) (2000): Familien ausländischer Herkunft in Deutschland. Leistungen – Belastungen – Herausforderungen. Sechster Familienbericht, Berlin.

Bürkner, H.-J. (1987): Die soziale und sozialräumliche Situation türkischer Migranten in Göttingen, Saarbrücken.

Dangschat, J.S. (1993): Soziale Ungleichheit, Lebensstile und Raum, in: Meulemann, H./Elting-Camus, A. (Hrsg. im Auftrag der Deutschen Gesellschaft für Soziologie): Lebensverhältnisse und soziale Konflikte im neuen Europa. 26. Deutscher Soziologentag in Düsseldorf 1992, Tagungsband II, Opladen, 800-803.

Dangschat, J.S. (1994a): Lebensstile in der Stadt. Raumbezug und konkreter Ort von Lebensstilen und Lebensstilisierungen, in: Dangschat, J.S./Blasius, J. (Hrsg.): Lebensstile in den Städten. Konzepte und Methoden, Opladen, 335-354.

Dangschat, J.S. (1994b): Segregation – Lebensstile im Konflikt, soziale Ungleichheiten und räumliche Disparitäten, in: Dangschat, J.S./Blasius, J. (Hrsg.): Lebensstile in den Städten. Konzepte und Methoden, Opladen, 426-445.

Dangschat, J.S. (1995): „Stadt" als Ort und als Ursache von Armut und sozialer Ausgrenzung, in: Aus Politik und Zeitgeschichte, Beilage zur Wochenzeitung ‚Das Parlament', B 31-32, 50-62.

Dangschat, J.S. (1996a): „Es trennt sich die Spreu vom Weizen ..." Die sozialräumliche Polarisierung der Städte, in: Die Alte Stadt 2, 141-155.

Dangschat, J.S. (1996b): Raum als Dimension sozialer Ungleichheit und Ort als Bühne der Lebensstilisierung? – Zum Raumbezug sozialer Ungleichheit und von Lebensstilen, in: Schwenk, O.G. (Hrsg.): Lebensstil zwischen Sozialstrukturanalyse und Kulturwissenschaft, Opladen, 99-135.

Dangschat, J.S. (1997): „Sag' mir, wo Du wohnst, und ich sag' Dir, wer Du bist!" Zum aktuellen Stand der deutschen Segregationsforschung, in: Prokla. Zeitschrift für kritische Sozialwissenschaft 109, Nr. 4, 619-647.

Dangschat, J.S. (1998): Warum ziehen sich Gegensätze nicht an? Zu einer Mehrebenen-Theorie ethnischer und rassistischer Konflikte um den städtischen Raum, in: Heitmeyer, W. et al. (Hrsg.): Die Krise der Städte. Analysen zu den Folgen desintegrativer Stadtentwicklung für das ethnisch-kulturelle Zusammenleben, Frankfurt a.M., 21-96.

Diefenbach, H./Nauck, B. (1997): Bildungsverhalten als „strategische Praxis": Ein Modell zur Erklärung der Reproduktion von Humankapital in Migrantenfamilien, in: Pries, L. (Hrsg.): Transnationale Migration (Soziale Welt, Sonderband 12), Baden-Baden, 277-291.

Dietzsch, M./Jäger, M./Schulz, U. (Hrsg.) (1997): Der Ruf des Muezzin. Ein Lehrstück über die Neigung deutscher BürgerInnen, eine Religion als Anlaß zu rassistischer Diskriminierung zu mißbrauchen statt religiöse Toleranz zu üben (Duisburger Institut für Sprach- und Sozialforschung), Duisburg.

Dittrich, E.J./Radtke, F.-O. (1990): Der Beitrag der Wissenschaften zur Konstruktion ethnischer Minderheiten, in: dies. (Hrsg.): Ethnizität. Wissenschaft und Minderheiten, Opladen, 11-40.

Duncan, O.D./Duncan, B. (1975a): A Methodological Analysis of Segregation Indexes, in: Peach, C. (Hrsg.): Urban Social Segregation, London (ursprünglich erschienen 1955 in: American Sociological Review, 20), 35-47.

Duncan, O.D./Duncan, B. (1975b): Residential Distribution and Occupational Stratification, in: Peach, C. (Hrsg.): Urban Social Segregation, London (ursprünglich erschienen 1955 in: American Journal of Sociology, 60/5), 51-66.

Eder, K./Schmidtke, O. (1998): Ethnische Mobilisierung und die Logik von Identitätskämpfen. Eine situationstheoretische Perspektive jenseits von ‚Rational Choice', in: Zeitschrift für Soziologie, 418-437.

Einstein, A. (1960): Vorwort, in: Jammer, M.: Das Problem des Raumes. Die Entwicklung der Raumtheorien, Darmstadt, 11-15.

Eisel, U. (1980): Die Entwicklung der Anthropogeographie von einer „Raumwissenschaft" zur Gesellschaftswissenschaft (Urbs et Regio 17), Kassel.

Elschenbroich, D. (1986): Eine Nation von Einwanderern. Ethnisches Bewußtsein und Integrationspolitik in den USA, Frankfurt a.M./New York.

Elwert, G. (1982): Probleme der Ausländerintegration. Gesellschaftliche Integration durch Binnenintegration? In: Kölner Zeitschrift für Soziologie und Sozialpsychologie, Jg. 34, 717-731.

Esser, H. (1980): Aspekte der Wanderungssoziologie. Assimilation und Integration von Wanderern, ethnischen Gruppen und Minderheiten. Eine handlungstheoretische Analyse, Darmstadt/Neuwied.

Esser, H. (1982): Sozialräumliche Bedingungen der sprachlichen Assimilation von Arbeitsmigranten, in: Zeitschrift für Soziologie, Jg. 11, 279-306.

Esser, H. (1985): Soziale Differenzierung als ungeplante Folge absichtsvollen Handelns: Der Fall der ethnischen Segmentation, in: Zeitschrift für Soziologie, Jg. 14, 435-449.

Esser, H. (1986): Ethnische Kolonie: „Binnenintegration" oder gesellschaftliche Isolation? In: Hoffmeyer-Zlotnik, J.H.P. (Hrsg.): Segregation und Integration. Die Situation von Arbeitsmigranten im Aufnahmeland, Mannheim, 106-117.

Esser, H. (1988): Sozialökologische Stadtforschung und Mehr-Ebenen-Analyse, in: Friedrichs, J. (Hrsg.): Soziologische Stadtforschung, Opladen, 35-55.

Esser, H. (1990a): Nur eine Frage der Zeit? Zur Eingliederung von Migranten im Generationen-Zyklus und zu einer Möglichkeit, Unterschiede hierin zu erklären, in: Esser, H./Friedrichs, J. (Hrsg.): Generation und Identität. Theoretische und empirische Beiträge zur Migrationssoziologie, Opladen, 73-100.

Esser, H. (1990b): Familienmigration und Schulkarriere ausländischer Kinder und Jugendlicher, in: Esser, H./Friedrichs, J. (Hrsg.): Generation und Identität. Theoretische und empirische Beiträge zur Migrationssoziologie, Opladen, 127-146.

Esser, H. (1990c): Ethnische Differenzierung und moderne Gesellschaft (zuerst erschienen in: Zeitschrift für Soziologie, Jg. 17, 1988, 235-248), in: Esser, H./Friedrichs, J. (Hrsg.): Generation und Identität. Theoretische und empirische Beiträge zur Migrationssoziologie, Opladen, 281-303.

Esser, H. (1990d): Prozesse der Eingliederung von Arbeitsmigranten, in: Höhn, C./Rein, D.B. (Hrsg.): Ausländer in der Bundesrepublik Deutschland, Deutsche Gesellschaft für Bevölkerungswissenschaft, 24. Arbeitstagung, Boppard am Rhein, 33-53.

Esser, H. (1990e): „Habits", „Frames" und „Rational Choice", in: Zeitschrift für Soziologie, 19, 231-247.

Esser, H. (1991): „Rational Choice", in: Berliner Journal für Soziologie, 231-243.

Esser, H. (1993): Soziologie. Allgemeine Grundlagen, Frankfurt a.M./New York.

Esser, H. (1996): Die Mobilisierung ethnischer Konflikte, in: Bade, K.J. (Hrsg.): Migration – Ethnizität – Konflikt: Systemfragen und Fallstudien (IMIS-Schriften, Bd. 1), Osnabrück, 63-87.

Esser, H. (1997): Die Entstehung ethnischer Konflikte, in: Hradil, S. (Hrsg. im Auftrag der Deutschen Gesellschaft für Soziologie): Differenz und Integration. Die Zukunft moderner Gesellschaften. Verhandlungen des 28. Kongresses der Deutschen Gesellschaft für Soziologie in Dresden 1996, Frankfurt a.M., 876-894.

Esser, H. (1998): Ist das Konzept der Integration gescheitert? (Vortrag aus Anlaß der Eröffnung des Landeszentrums für Zuwanderung NRW am 8.1.1998, Ms., Universität Mannheim).

Esser, H. (1999): Inklusion, Integration und ethnische Schichtung, in: Journal für Konflikt- und Gewaltforschung, 1. Jg., Heft 1, 5-34.

Esser, H. (1999/2000): Soziologie. Spezielle Grundlagen (Bd. 1-5), Frankfurt a.M./New York.

Esser, H./Friedrichs, J. (Hrsg.) (1990a): Generation und Identität. Theoretische und empirische Beiträge zur Migrationssoziologie, Opladen.

Esser, H./Friedrichs, J. (1990b): Einleitung, in: dies. (Hrsg.): Generation und Identität. Theoretische und empirische Beiträge zur Migrationssoziologie, Opladen, 11-23.

Faist, T. (1993): Ein- und Ausgliederung von Immigranten. Türken in Deutschland und mexikanische Amerikaner in den USA in den achtziger Jahren, in: Soziale Welt, Jg. 44, Heft 2, 275-299.

Fassmann, H. (1997): Die ethnische Segmentierung des Wiener Arbeitsmarktes, in: Häußermann, H./Oswald, I. (Hrsg.): Zuwanderung und Stadtentwicklung, Opladen/Wiesbaden, 157-169.

Fassmann, H./Münz, R. (1996): Between Melting Pot and Ethnic Fragmentation: Historical and Recent Immigration to Vienna, in: Roseman, C.C./Laux, H.D./Thieme, G. (Hrsg.): EthniCity. Geographic Perspectives on Ethnic Change in Modern Cities, Lanham, Maryland, 165-185.

Fischer, W./Kohli, M. (1987): Biographieforschung, in: Voges, W. (Hrsg.): Methoden der Biographie- und Lebenslaufforschung, Opladen, 25-49.

Flick, U. (1995): Qualitative Forschung. Theorie, Methoden, Anwendung in Psychologie und Sozialwissenschaften, Hamburg.

Forschungsinstitut der Friedrich-Ebert-Stiftung (Hrsg.) (1998): Ghettos oder ethnische Kolonien? Entwicklungschancen von Stadtteilen mit hohem Zuwandereranteil (Gesprächskreis Arbeit und Soziales, Nr. 85), Bonn.

Freund, B. (1998): Frankfurt am Main und der Frankfurter Raum als Ziel qualifizierter Migranten, in: Zeitschrift für Wirtschaftsgeographie, Jg. 42, Heft 2, 57-81.

Friedrichs, J. (Hrsg.) (1988): Soziologische Stadtforschung, Opladen.

Friedrichs, J. (1990): Interethnische Beziehungen und städtische Strukturen, in: Esser, H./Friedrichs, J. (Hrsg.): Generation und Identität. Theoretische und empirische Beiträge zur Migrationssoziologie, Opladen, 305-320.

Friedrichs, J. (1998): Vor neuen ethnisch-kulturellen Konflikten? Neuere Befunde der Stadtsoziologie zum Verhältnis von Einheimischen und Zugewanderten in Deutschland, in: Heitmeyer, W. et al. (Hrsg.): Die Krise der Städte. Analysen zu den Folgen desintegrativer Stadtentwicklung für das ethnisch-kulturelle Zusammenleben, Frankfurt a.M., 233-265.

Giddens, A. (1988): Die Konstitution der Gesellschaft. Grundzüge einer Theorie der Strukturierung, Frankfurt a.M.

Glebe, G./O'Loughlin, J. (Hrsg.) (1987): Foreign Minorities in Continental European Cities, Stuttgart.

Goffman, E. (1975): Stigma. Über Techniken der Bewältigung beschädigter Identität, Frankfurt a.M.

Gordon, M.M. (1964): Assimilation in American Life: The Role of Race, Religion and National Origins, New York.

Greverus, I.M. (1972): Der territoriale Mensch. Ein literaturanthropologischer Versuch zum Heimatphänomen, Frankfurt a.M.

Greverus, I.M. (1981): Ethnizität und Identitätsmanagement, in: Schweizerische Zeitschrift für Soziologie, 1981 (7), 223-232.

Greverus, I.M. (1987): Kultur und Alltagswelt. Eine Einführung in Fragen der Kulturanthropologie (Notizen, Die Schriftenreihe des Instituts für Kulturanthropologie und Europäische Ethnologie der Universität Frankfurt am Main, Bd. 26; zuerst: München 1978), Frankfurt a. M.

Gülçiçek, A.D. (1995): Der Weg der Aleviten, Köln.

Halbwachs, M. (1967): Das kollektive Gedächtnis, Stuttgart.

Halfmann, J. (1996): Makrosoziologie der modernen Gesellschaft. Eine Einführung in die soziologische Beschreibung makrosozialer Phänomene, Weinheim/München.

Hamburger, F. (1990): Der Kulturkonflikt und seine pädagogische Kompensation, in: Dittrich, E. J./Radtke, F.-O. (Hrsg.): Ethnizität. Wissenschaft und Minderheiten, Opladen, 311-325.

Hard, G. (1970): Die „Landschaft" der Sprache und die „Landschaft" der Geographen. Semantische und forschungslogische Studien (Colloquium Geographicum 11), Bonn.

Hard, G. (1986): Der Raum – einmal systemtheoretisch gesehen, in: Geographica Helvetica, Nr. 2, 77-83.

Hard, G. (1987): Auf der Suche nach dem verlorenen Raum, in: Fischer, M.M./Sauberer, M. (Hrsg.): Gesellschaft – Wirtschaft – Raum. Beiträge zur modernen Wirtschafts- und Sozialgeographie. Festschrift für Karl Stiglbauer (Mitteilungen des Arbeitskreises für neue Methoden in der Regionalforschung 17), Wien, 24-38.

Hard, G. (1993): Über Räume reden. Zum Gebrauch des Wortes „Raum" in sozialwissenschaftlichem Zusammenhang, in: Mayer, J. (Hrsg.): Die aufgeräumte Welt – Raumbilder und Raumkonzepte im Zeitalter globaler Marktwirtschaft, Loccum, 53-77.

Hard, G. (1994): Regionalisierungen, in: Wentz, M. (Hrsg.): Region, Frankfurt a.M./New York, 53-57.

Hard, G. (1996): Zur Theorie und Empirie des „Regionalbewußtseins". Anmerkungen zur Habilitationsschrift von Jürgen Pohl, in: Geographische Zeitschrift, 84. Jg., Heft 1, 54-61.

Hard, G. (1998): Eine Sozialgeographie alltäglicher Regionalisierungen, in: Erdkunde, Bd. 52, 250-253.

Hard, G. (1999): Raumfragen, in: Meusburger, P. (Hrsg.): Handlungszentrierte Sozialgeographie. Benno Werlens Entwurf in kritischer Diskussion, Stuttgart, 133-162.

Hard, G. (2000): De ubietate angelorum. Über angelologische und geographische Raumtheorien, in: Klagenfurter Geographische Schriften, Heft 18, 65-86.

Häußermann, H. (1995): Die Stadt und die Stadt-Soziologie. Urbane Lebensweise und die Integration des Fremden, in: Berliner Journal für Soziologie, Heft 1, 89-98.

Häußermann, H. (1998): Zuwanderung und die Zukunft der Stadt. Neue ethnisch-kulturelle Konflikte durch die Entstehung einer neuen sozialen „underclass"? In: Heitmeyer, W. et al. (Hrsg.): Die Krise der Städte. Analysen zu den Folgen desintegrativer Stadtentwicklung für das ethnisch-kulturelle Zusammenleben, Frankfurt a.M., 145-175.

Heckmann, F. (1981): Die Bundesrepublik: Ein Einwanderungsland? Zur Soziologie der Gastarbeiterbevölkerung als Einwandererminorität, Stuttgart.

Heckmann, F. (1992): Ethnische Minderheiten, Volk und Nation. Soziologie interethnischer Beziehungen, Stuttgart.

Heckmann, F. (1998): Ethnische Kolonien: Schonraum für Integration oder Verstärker der Ausgrenzung? In: Forschungsinstitut der Friedrich-Ebert-Stiftung (Hrsg.): Ghettos oder ethnische Kolonien? Entwicklungschancen von Stadtteilen mit hohem Zuwandereranteil (Gesprächskreis Arbeit und Soziales, Nr. 85), Bonn, 29-41.

Hegel, G.W.F. (1961): Philosophie der Geschichte, Stuttgart.

Heinritz, G./Helbrecht, I. (1998): Einleitung, in: dies. (Hrsg.): Sozialgeographie und Soziologie. Dialog der Disziplinen (Münchener Geographische Hefte, Heft 78), München, 9-13.

Heintz, P. (1972): „Theory of Societal Systems", in: ders. (Hrsg.): A Macrosociological Theory of Societal Systems, Bd. 1, Bern/Stuttgart/Wien, 127-139.

Heinz, M. (1993): Ethnizität und ethnische Identität. Eine Begriffsgeschichte, Bonn.

Heitmeyer, W. (1994): Das Desintegrations-Theorem. Ein Erklärungsansatz zu fremdenfeindlich motivierter, rechtsextremistischer Gewalt und zur Lähmung gesellschaftlicher Institutionen, in: ders. (Hrsg.): Das Gewaltdilemma. Gesellschaftliche Reaktionen auf fremdenfeindliche Gewalt und Rechtsextremismus, Frankfurt a.M., 29-72.

Heitmeyer, W. (1998): Versagt die „Integrationsmaschine" Stadt? Zum Problem der ethnisch-kulturellen Segregation und ihrer Konfliktfolgen, in: Heitmeyer, W. et al. (Hrsg.): Die Krise der Städte. Analysen zu den Folgen desintegrativer Stadtentwicklung für das ethnisch-kulturelle Zusammenleben, Frankfurt a.M., 443-467.

Heitmeyer, W./Dollase, R./Backes, O. (Hrsg.) (1998): Die Krise der Städte. Analysen zu den Folgen desintegrativer Stadtentwicklung für das ethnisch-kulturelle Zusammenleben, Frankfurt a.M.

Heitmeyer, W./Müller, J./Schröder, H. (1997): Verlockender Fundamentalismus. Türkische Jugendliche in Deutschland, Frankfurt a.M.

Hettner, A. (1927): Die Geographie. Ihre Geschichte, ihr Wesen und ihre Methoden, Breslau.

Hillmann, F. (1997): „This is a Migrants' World"- Städtische ethnische Arbeitsmärkte am Beispiel New York. Discussion Paper (Wissenschaftszentrum Berlin für Sozialforschung – WZB; Forschungsschwerpunkt „Arbeitsmarkt und Beschäftigung").

Hitzler, R. (1994): Radikalisierte Praktiken der Distinktion. Zur Politisierung des Lebens in der Stadt, in: Dangschat, J.S./Blasius, J. (Hrsg.): Lebensstile in den Städten. Konzepte und Methoden, Opladen, 47-58.

Hoffmann-Nowotny, H.-J. (1970): Migration: Ein Beitrag zu einer soziologischen Erklärung, Stuttgart.

Hoffmann-Nowotny, H.-J. (1973): Soziologie des Fremdarbeiterproblems. Eine theoretische und empirische Analyse am Beispiel der Schweiz, Stuttgart.

Hoffmann-Nowotny, H.-J. (1995): Soziologische Aspekte internationaler Migration, in: Geographische Rundschau, Jg. 47, Heft 7-8, 410-414.

Hoffmann-Nowotny, H.-J. (1996): Soziologische Aspekte der Multikulturalität, in: Bade, K.J. (Hrsg.): Migration – Ethnizität – Konflikt: Systemfragen und Fallstudien (IMIS-Schriften, Bd. 1), Osnabrück, 103-126.

Hoggart, R. (1971): The Uses of Literacy. Aspects of working-class life, with special references to publications and entertainments, London.

Hooks, B. (1996): Sehnsucht und Widerstand. Kultur, Ethnie, Geschlecht (zuerst auf Englisch: Bell Hooks (1990): Yearning), Berlin.

Höhne, T./Kunz, T./Radtke, F.-O. (2000): „wir" und „sie". Bilder von Fremden im Schulbuch, in: Forschung Frankfurt (Wissenschaftsmagazin der J.W. Goethe-Universität Frankfurt am Main), Heft 2, 16-25.

Huber, A. (1999): Heimat in der Postmoderne, Zürich.

Hunger, U./Thränhardt, D. (2001): Vom „katholischen Arbeitermädchen vom Lande" zum „italienischen ‚Gastarbeiterjungen' aus dem Bayerischen Wald" – Zu den neuen Disparitäten im deutschen Bildungssystem, in: Bade, K.J. (Hrsg.): Integration und Illegalität in Deutschland (Rat für Migration e.V.), Bad Iburg, 51-61.

Jackson, P./Smith, S.J. (Hrsg.) (1981): Social Interaction and Ethnic Segregation, London.

Kalpaka, A. (1986): Handlungsfähigkeit statt Integration. Schulische und außerschulische Lebensbedingungen und Entwicklungsmöglichkeiten griechischer Jugendlicher, München.

Karakaşoğlu, Y. (1996): Brückenfunktion der ethnischen Kolonie. Zur Rolle der zweiten Generation, in: Karpf, E./Kiesel, D. (Hrsg.): Politische Kultur und politische Bildung Jugendlicher ausländischer Herkunft (Arnoldshainer Texte, Band 91), Frankfurt a.M., 49-60.

Karakaşoğlu-Aydın, Y. (1997): „Ich bin stolz, ein Türke zu sein". Bedeutung ethnischer Orientierungen für das positive Selbstwertgefühl türkischer Jugendlicher in Deutschland – Ein Essay, in: Forschungsinstitut der Friedrich-Ebert-Stiftung (Hrsg.): Identitätsstabilisierend oder konfliktfördernd? Ethnische Orientierungen in Jugendgruppen (Gesprächskreis Arbeit und Soziales, Nr. 72), Bonn, 27-38.

Karakaşoğlu-Aydın, Y. (1998): Jung, muslimisch = gewaltbereit? Kritische Anmerkungen zur Heitmeyer-Studie, in: Das Argument, Zeitschrift für Philosophie und Sozialwissenschaften, 40. Jahrgang, Heft 1-2, 145-157.

Kemper, F.-J./Gans, P. (Hrsg.) (1998): Ethnische Minoritäten in Europa und Amerika – Geographische Perspektiven und empirische Fallstudien (Berliner Geographische Arbeiten, Heft 86), Berlin.

Keppler, A. (1995): Tischgespräche: über Formen kommunikativer Vergemeinschaftung am Beispiel der Konversation in Familien, Frankfurt a.M.

Klein, M.-L./Kothy, J. (1998): Entwicklung und Regulierung ethnisch-kultureller Konflikte im Sport. Migranten im Spannungsfeld von deutschem Vereinssport und ethnischer Kolonie, in: Heitmeyer, W. et al. (Hrsg.): Die Krise der Städte. Analysen zu den Folgen desintegrativer Stadtentwicklung für das ethnisch-kulturelle Zusammenleben, Frankfurt a.M., 416-439.

Klüter, H. (1986): Raum als Element sozialer Kommunikation (Gießener Geographische Schriften, Heft 60), Gießen.

Klüter, H. (1994): Sozialgeographie. Raum als Objekt menschlicher Wahrnehmung und Raum als Element sozialer Kommunikation. Vergleich zweier humangeographischer Ansätze, in: Mitteilungen der Österreichischen Geographischen Gesellschaft, 136. Jg., 143-178.

Klüter, H. (1999): Raum und Organisation, in: Meusburger, P. (Hrsg.): Handlungszentrierte Sozialgeographie. Benno Werlens Entwurf in kritischer Diskussion, Stuttgart, 187-212.

Kohli, M. (1985): Die Institutionalisierung des Lebenslaufs, in: Kölner Zeitschrift für Soziologie und Sozialpsychologie, 1, 1-29.

Kreckel, R. (1989): Ethnische Differenzierung und „moderne" Gesellschaft. Kritische Anmerkungen zu Hartmut Essers Aufsatz in der Zeitschrift für Soziologie, Jg. 17 (1988), S. 235-248, in: Zeitschrift für Soziologie, Jg. 18, 162-167.

Krummacher, M./Waltz, V. (1996): Einwanderer in der Kommune. Analysen, Aufgaben und Modelle für eine multikulturelle Stadtpolitik, Essen.

Kuls, W. (1993): Bevölkerungsgeographie. Eine Einführung (2. Auflage), Stuttgart.
Kultusministerium des Landes Nordrhein-Westfalen (Hrsg.) (1994): Richtlinien Türkisch – Gymnasiale Oberstufe (Schriftenreihe Schule in NRW, Nr. 4732), Düsseldorf.
Läpple, D. (1991a): Gesellschaftszentriertes Raumkonzept. Zur Überwindung von Physikalisch-Mathematischen Raumauffassungen in der Gesellschaftsanalyse, in: Wentz, M. (Hrsg.): Stadt-Räume, Frankfurt a.M., 35-46.
Läpple, D. (1991b): Essay über den Raum. Für ein gesellschaftswissenschaftliches Raumkonzept, in: Häußermann et al.: Stadt und Raum – Soziologische Analysen, Pfaffenweiler, 157-207.
Leber, M./Oevermann, U. (1994): Möglichkeiten der Therapieverlaufsanalyse in der objektiven Hermeneutik. Eine exemplarische Analyse der ersten Minuten einer Fokaltherapie aus der Ulmer Textbank („Der Student"), in: Garz, D./Kraimer, K. (Hrsg.): Die Welt als Text. Theorie, Kritik und Praxis der objektiven Hermeneutik, Frankfurt a.M., 383-427.
Leenen, W.R./Grosch, H./Kreidt, U. (1990): Bildungsverständnis, Plazierungsverhalten und Generationenkonflikt in türkischen Migrantenfamilien. Ergebnisse qualitativer Interviews mit „bildungserfolgreichen" Migranten der Zweiten Generation, in: Zeitschrift für Pädagogik, 36. Jg. Nr. 5, 753-771.
Lenhardt, G. (1990): Ethnische Identität und sozialwissenschaftlicher Instrumentalismus, in: Dittrich, E. J./Radtke, F.-O. (Hrsg.): Ethnizität. Wissenschaft und Minderheiten, Opladen, 191-213.
Loch, D. (1998): Soziale Ausgrenzung und Anerkennungskonflikte in Frankreich und Deutschland, in: Heitmeyer, W. et al. (Hrsg.): Die Krise der Städte. Analysen zu den Folgen desintegrativer Stadtentwicklung für das ethnisch-kulturelle Zusammenleben, Frankfurt a.M., 266-296.
Lorenzer, A. (1986): Tiefenhermeneutische Kulturanalyse, in: ders.: Kultur-Analysen, Frankfurt a.M., 11-98.
Löw, M. (1997): Die Konstituierung sozialer Räume im Geschlechterverhältnis, in: Hradil, S. (Hrsg. im Auftrag der Deutschen Gesellschaft für Soziologie): Differenz und Integration. Die Zukunft moderner Gesellschaften. Verhandlungen des 28. Kongresses der Deutschen Gesellschaft für Soziologie in Dresden 1996, Frankfurt a.M., 451-463.
Löw, M. (2001): Raumsoziologie, Frankfurt a.M.
Luckmann, T./Berger, P. (1980): Soziale Mobilität und persönliche Identität (zuerst auf Englisch: Social Mobility and Personal Identity, in: European Journal of Sociology, V/2, 1964, pp. 331-344), in: Luckmann, T.: Lebenswelt und Gesellschaft. Grundstrukturen und geschichtliche Wandlungen [Sammlung], Paderborn/München/Wien/Zürich, 142-160.
Luhmann, N. (1980): Gesellschaftsstruktur und Semantik. Studien zur Wissenssoziologie der modernen Gesellschaft. Bd.1, Frankfurt a.M.
Luhmann, N. (1985): Soziale Systeme. Grundriß einer allgemeinen Theorie (2. Auflage), Frankfurt a.M.
Luhmann, N. (1994): Inklusion und Exklusion, in: Berding, H. (Hrsg.): Nationales Bewußtsein und kollektive Identität. Studien zur Entwicklung des kollektiven Bewußtseins in der Neuzeit 2, Frankfurt a.M., 15-45.
Luhmann, N. (1997): Die Gesellschaft der Gesellschaft (2 Bände), Frankfurt a.M.

Lutz, H. (1991): Welten verbinden. Türkische Sozialarbeiterinnen in den Niederlanden und der Bundesrepublik Deutschland (Interdisziplinäre Studien zum Verhältnis von Migrationen, Ethnizität und gesellschaftlicher Multikulturalität, Bd. 3), Frankfurt a.M.
Mansel, J./Palentien, C. (1998): Vererbung von Statuspositionen: Eine Legende aus vergangenen Zeiten? In: Berger, P.A./Vester, M. (Hrsg.): Alte Ungleichheiten – Neue Spaltungen (Reihe „Sozialstrukturanalyse", herausgegeben von S. Hradil, Bd. 11), Opladen, 231-253.
Marcuse, P. (1998): Ethnische Enklaven und rassische Ghettos in der postfordistischen Stadt, in: Heitmeyer, W. et al. (Hrsg.): Die Krise der Städte. Analysen zu den Folgen desintegrativer Stadtentwicklung für das ethnisch-kulturelle Zusammenleben, Frankfurt a.M., 176-193.
Matthes, J. (1992): „Zwischen" den Kulturen? In: ders. (Hrsg.): Zwischen den Kulturen? (Soziale Welt, Sonderband 8), Göttingen, 3-9.
Metz-Göckel, S. (1992): Bildung, Lebensverlauf und Selbstkonzepte von „Arbeitertöchtern". Ein Beitrag zur sozialen Mobilität und Individualisierung von Frauen aus bildungsfernen Schichten, in: Schlüter, A. (Hrsg.): Arbeitertöchter und ihr sozialer Aufstieg. Zum Verhältnis von Klasse, Geschlecht und sozialer Mobilität, Weinheim, 36-65.
Meusburger, P. (1998): Bildungsgeographie. Wissen und Ausbildung in der räumlichen Dimension, Heidelberg/Berlin.
Meusburger, P. (Hrsg.) (1999): Handlungszentrierte Sozialgeographie. Benno Werlens Entwurf in kritischer Diskussion, Stuttgart.
Ministerium für Arbeit, Gesundheit und Soziales des Landes Nordrhein-Westfalen (Hrsg.) (1995): Türkische Muslime in Nordrhein-Westfalen (Auftragsstudie; erstellt vom Zentrum für Türkeistudien, Essen), Pulheim.
Ministerium für Schule und Weiterbildung, Wissenschaft und Forschung des Landes Nordrhein-Westfalen (Hrsg.) (1998): Sekundarstufe I – Gesamtschule; Richtlinien und Lehrpläne (Schriftenreihe Schule in NRW, Nr. 3106), Düsseldorf.
Musterd, S./Ostendorf, W./Breebart, M. (1997): Muster und Wahrnehmung ethnischer Segregation in Westeuropa, in: Häußermann, H./Oswald, I. (Hrsg.): Zuwanderung und Stadtentwicklung, Opladen/Wiesbaden, 293-307.
Nagel, J. (1994): Constructing Ethnicity: Creating and Recreating Ethnic Identity and Culture, in: Social Problems 41, 152-176.
Nassehi, A. (1990): Zum Funktionswandel von Ethnizität im Prozeß gesellschaftlicher Modernisierung. Ein Beitrag zur Theorie funktionaler Differenzierung, in: Soziale Welt, 41. Jg., 1990, 261-282.
Nassehi, A. (1994): Die Form der Biographie. Theoretische Überlegungen zur Biographieforschung in methodologischer Absicht, in: Bios. Zeitschrift für Biographieforschung und Oral History, 1994, Heft 1, 46-63.
Nassehi, A. (1997): Inklusion, Exklusion, Integration, Desintegration. Die Theorie funktionaler Differenzierung und die Desintegrationsthese, in: Heitmeyer, W. (Hrsg.): Was hält die Gesellschaft zusammen? Bundesrepublik Deutschland: Auf dem Weg von der Konsens- zur Konfliktgesellschaft (Band 2), Frankfurt a.M., 113-148.
Nauck, B. (1986): Der Verlauf von Eingliederungsprozessen und die Binnenintegration von türkischen Migrantenfamilien, in: Hoffmeyer-Zlotnik, J.H.P. (Hrsg.):

Segregation und Integration. Die Situation von Arbeitsmigranten im Aufnahmeland, Mannheim, 56-105.
Nauck, B. (1988): Sozialstrukturelle und individualistische Migrationstheorien. Elemente eines Theorievergleichs, in: Kölner Zeitschrift für Soziologie und Sozialpsychologie, 40/1, 16-39.
Nohl, A.-M. (1996): Jugend in der Migration. Türkische Banden und Cliquen in empirischer Analyse (Interkulturelle Erziehung in Praxis und Theorie, Bd. 19), Baltmannsweiler.
Odermatt, A. (1999): Räumlich-soziale Entmischung und die Finanzkrise der Kernstädte – das Beispiel Zürich, in: Geographica Helvetica, Jg. 54, Heft 1, 18-28.
Oevermann, U. (1983): Zur Sache. Die Bedeutung von Adornos methodologischem Selbstverständnis für die Begründung einer materialen soziologischen Strukturanalyse, in: Habermas, J./von Friedeburg, L. (Hrsg.): Adorno-Konferenz 1983, Frankfurt a.M., 234-289.
Oevermann, U. (1986): Kontroversen über sinnverstehende Soziologie. Einige wiederkehrende Probleme und Mißverständnisse in der Rezeption der „objektiven Hermeneutik", in: Aufenanger, S./Lenssen, M. (Hrsg.): Handlung und Sinnstruktur: Bedeutung und Anwendung der objektiven Hermeneutik, München, 19-83.
Oevermann, U. (1988): Eine exemplarische Fallrekonstruktion zum Typus versozialwissenschaftlichter Identitätsformation, in: Brose, H.-G./Hildenbrand, B. (Hrsg.): Vom Ende des Individuums zur Individualität ohne Ende, Opladen, 243-286.
Oevermann, U. (1993): Anhang: Zur Methode (aus: Struktureigenschaften supervisorischer Praxis. Exemplarische Sequenzanalyse des Sitzungsprotokolls der Supervision eines psychoanalytisch orientierten Therapie-Teams im Methodenmodell der objektiven Hermeneutik), in: Bardé, B./Mattke, D. (Hrsg.): Therapeutische Teams, Göttingen, 248-265.
Oevermann, U./Allert, T./Konau, E./Krambeck, J. (1979): Die Methodologie einer „objektiven Hermeneutik" und ihre allgemeine forschungslogische Bedeutung in den Sozialwissenschaften, in: Soeffner, H.-G. (Hrsg.): Interpretative Verfahren in den Sozial- und Textwissenschaften, Stuttgart, 352-433.
O'Loughlin, J. (1980): Distribution and Migration of Foreigners in German Cities, in: The Geographical Review, Vol. 70, 253-275.
O'Loughlin, J./Friedrichs, J. (Hrsg.) (1996): Social Polarization in Post-Industrial Metropolises, Berlin/New York.
Peach, C./Robinson, V. (Hrsg.) (1981): Ethnic Segregation in Cities, London.
Pieper, R. (1987): Region und Regionalismus. Zur Wiederentdeckung einer räumlichen Kategorie in der soziologischen Theorie, in: Geographische Rundschau 39, 534-539.
Pieper, R. (1989): Die neue Sozialphysik: Zur Mechanik der Solidarität, Frankfurt a.M.
Pohl, J. (1986): Die Geographie als hermeneutische Wissenschaft (Münchner Geographische Hefte, Nr. 52), Kallmünz/Regensburg.
Pohl, J. (1993a): Kann es eine Geographie ohne Raum geben? Zum Verhältnis von Theoriediskussion und Disziplinpolitik, in: Erdkunde, Bd. 47, 255-266.
Pohl, J. (1993b): Regionalbewußtsein als Thema der Sozialgeographie. Theoretische Überlegungen und empirische Untersuchungen am Beispiel Friaul (Münchner Geographische Hefte, Nr. 70), Kallmünz/Regensburg.

Pott, A./Thieme, G. (1999): Where the Muezzin Calls. Culturalisation of a Local Conflict in the Context of Ethnic Change in the Ruhr Conurbation, in: Espace – Populations – Sociétés, Heft 3, 451-461.
Pries, L. (1997): Neue Migration im transnationalen Raum, in: ders. (Hrsg.): Transnationale Migration (Soziale Welt, Sonderband 12), Baden-Baden, 15-44.
Pries, L. (1998): „Transmigranten" als ein Typ von Arbeitswanderern in pluri-lokalen sozialen Räumen. Das Beispiel der Arbeitswanderungen zwischen Puebla/Mexiko und New York, in: Soziale Welt, 49, 135-150.
Pries, L. (1999): Mexikanische Arbeitswanderung in die USA. Gegenwärtige Struktur und neue Formen transnationaler Migration, in: Geographische Rundschau, Heft 7-8, 382-387.
Proshansky, H.M./Fabian, A.K./Kaminoff, R. (1983): Place-identity: Physical World Socialization of the Self, in: Journal of Environmental Psychology, 3, 57-83.
Radtke, F.-O. (1991): Die Rolle der Pädagogik in der westdeutschen Migrations- und Minderheitenforschung. Bemerkungen aus wissenssoziologischer Sicht, in: Soziale Welt, Jg. 42, Heft 1, 93-108.
Räthzel, N. (1997): Gegenbilder. Nationale Identitäten durch Konstruktion des Anderen, Opladen.
Reichertz, J. (1986): Probleme qualitativer Sozialforschung. Zur Entwicklungsgeschichte der Objektiven Hermeneutik, Frankfurt a.M./New York.
Reichertz, J. (1991): Der Hermeneut als Autor. Zur Darstellbarkeit hermeneutischer Fallrekonstruktionen, in: Österreichische Zeitschrift für Soziologie, 16, 3-16.
Reichertz, J. (1994): Von Gipfeln und Tälern. Bemerkungen zu einigen Gefahren, die den objektiven Hermeneuten erwarten, in: Garz, D./Kraimer, K. (Hrsg.): Die Welt als Text. Theorie, Kritik und Praxis der objektiven Hermeneutik, Frankfurt a.M., 125-152.
Riesner, S. (1995): Junge türkische Frauen der zweiten Generation in der Bundesrepublik Deutschland. Eine Analyse von Sozialisationsbedingungen und Lebensentwürfen anhand lebensgeschichtlich orientierter Interviews (Interdisziplinäre Studien zum Verhältnis von Migrationen, Ethnizität und gesellschaftlicher Multikulturalität, Bd. 1, 1. Auflage: 1990), Frankfurt a.M.
Roseman, C.C./Laux, H.D./Thieme, G. (Hrsg.) (1996): EthniCity. Geographic Perspectives on Ethnic Change in Modern Cities, Lanham, Maryland.
Rosenthal, G. (1995): Erlebte und erzählte Lebensgeschichte: Gestalt und Struktur biographischer Selbstbeschreibungen, Frankfurt a.M.
Rothschild, J. (1981): Ethnopolitics. A Conceptual Framework, New York.
Rudolph, H./Hillmann, F. (1997): Döner contra Boulette – Döner und Boulette: Berliner türkischer Herkunft als Arbeitskräfte und Unternehmer im Nahrungsgütersektor, in: Häußermann, H./Oswald, I. (Hrsg.): Zuwanderung und Stadtentwicklung, Opladen/Wiesbaden, 85-105.
Sachs, K. (1993): Ortsbindung von Ausländern. Eine sozialgeographische Untersuchung zur Bedeutung der Großstadt als Heimatraum für ausländische Arbeitnehmer am Beispiel von Köln (Kölner Geographische Arbeiten, H. 60), Köln.
Sag, E.A. (1996): Üben islamisch-fundamentalistische Organisationen eine Anziehungskraft auf Jugendliche aus? In: Heitmeyer, W./Dollase, R. (Hrsg.): Die bedrängte Toleranz. Ethnisch-kulturelle Konflikte, religiöse Differenzen und die Gefahren politisierter Gewalt, Frankfurt a.M., 450-473.

Scherr, A. (1995): Soziale Identitäten Jugendlicher. Politische und berufsbiographische Orientierungen von Auszubildenden und Studenten, Opladen.
Schiffauer, W. (1991): Die Migranten aus Subay. Türken in Deutschland: Eine Ethnographie, Stuttgart.
Schiffauer, W. (1999): Verhandelbare Diskursfelder. Beschwörungen eines Phantoms: die Angst vor kultureller Desintegration, in: Frankfurter Rundschau, 27. April 1999, 18.
Schlüter, A. (1992): Einleitung: Arbeitertöchter und ihr sozialer Aufstieg – Zum Verhältnis von Klasse, Geschlecht und sozialer Mobilität, in: Schlüter, A. (Hrsg.): Arbeitertöchter und ihr sozialer Aufstieg. Zum Verhältnis von Klasse, Geschlecht und sozialer Mobilität, Weinheim, 7-15.
Schneider, G. (1988): Hermeneutische Strukturanalyse von qualitativen Interviews, in: Kölner Zeitschrift für Soziologie und Sozialpsychologie 40, 223-244.
Schnell, R. (1990): Dimensionen ethnischer Identität, in: Esser, H./Friedrichs, J. (Hrsg.): Generation und Identität. Theoretische und empirische Beiträge zur Migrationssoziologie, Opladen, 43-72.
Scholz, F. (1998): Das Ende der Geographie ... nicht nur Polemik, in: Rundbrief Geographie, Heft 151, 11-15.
Schrader, A./Nikles, B.W./Griese, H.M. (1976): Die Zweite Generation. Sozialisation und Akkulturation ausländischer Kinder in der Bundesrepublik, Kronberg.
Schultz, H.-D. (1998): Deutsches Land – deutsches Volk. Die Nation als geographisches Konstrukt, in: Berichte zur deutschen Landeskunde, Bd. 72, Heft 2, 85-114.
Schweitzer, W./Müller, G. (1979): Interregionale Wanderungen in der Bundesrepublik Deutschland. Eine empirische Untersuchung gravitationstheoretischer Wanderungsmodelle, in: Zeitschrift für Bevölkerungswissenschaft 5, 439-453.
Seifert, W. (1995): Die Mobilität der Migranten. Die berufliche, ökonomische und soziale Stellung ausländischer Arbeitnehmer in der Bundesrepublik Deutschland. Eine Längsschnittanalyse mit dem Sozio-Ökonomischen Panel, 1984-1989, Berlin.
Seifert, W. (1997): Intergenerationale Bildungs- und Erwerbsmobilität. Expertise zum 6. Familienbericht, Berlin.
Şen, F. (1996): Die Folgen zunehmender Heterogenität der Minderheiten und der Generationsaufspaltung, in: Heitmeyer, W./Dollase, R. (Hrsg.): Die bedrängte Toleranz. Ethnisch-kulturelle Konflikte, religiöse Differenzen und die Gefahren politisierter Gewalt, Frankfurt a.M., 261-270.
Şen, F./Goldberg, A. (1994): Türken in Deutschland. Leben zwischen zwei Kulturen, München.
Şen, F./Goldberg, A. (Hrsg.) (1996): Türken als Unternehmer. Eine Gesamtdarstellung und Ergebnisse neuerer Untersuchungen (Studien und Arbeiten des Zentrums für Türkeistudien; Nr. 18), Opladen.
Sennett, R./Cobb, J. (1972): The Hidden Injuries of Class, Cambridge/London/Melbourne.
Siebel, W. (1997): Die Stadt und die Fremden, in: Wohnbund e.V. (Hrsg.): Migration – Stadt im Wandel. Sechste europäische Wohnbund-Konferenz, Darmstadt, 33-40.
Smith, A.D. (1981): The Ethnic Revival, Cambridge.

Stadt Dortmund (Hrsg.) (1990): Handlungsansätze zur Verbesserung der Lebenssituation in der Nordstadt im sozial-kulturellen Bereich, Bericht.

Stadt Dortmund (Hrsg.) (1995): Bericht der RAA Dortmund: Ausbildungssituation und berufliche Integration ausländischer Jugendlicher in Dortmund, Schuljahr 1994/95, Dortmund.

Stadt Dortmund (Hrsg.) (1997): Jahresbericht der RAA Dortmund: Die schulische Situation zugewanderter Kinder und Jugendlicher an den allgemeinbildenden Schulen in Dortmund, Schuljahr 1996/97, Dortmund.

Stadt Dortmund, Statistik und Wahlen (Hrsg.) (1997): Dortmunder Statistik, Aktuelle Daten zur Bevölkerung, Stand: 31. Dezember 1996, Dortmund.

Stadt Dortmund, Statistik und Wahlen (Hrsg.) (1998): Dortmunder Statistik, 2. Halbjahr 1997, Dortmund.

Stichweh, R. (1998): Raum, Region und Stadt in der Systemtheorie, in: Soziale Systeme, 4, Heft 2, 341-358.

Sutter, H. (1994): Oevermanns methodologische Grundlegung rekonstruktiver Sozialwissenschaften. Das zentrale Erklärungsproblem und dessen Lösung in den forschungspraktischen Verfahren einer strukturalen Hermeneutik, in: Garz, D./Kraimer, K. (Hrsg.): Die Welt als Text. Theorie. Kritik und Praxis der objektiven Hermeneutik, Frankfurt a.M., 23-72.

Tertilt, H. (1996): Turkish Power Boys. Ethnographie einer Jugendbande, Frankfurt a.M.

Thieme, G./Laux, H.D. (1996): Between Integration and Marginalization: Foreign Population in the Ruhr Conurbation, in: Roseman, C.C./Laux, H.D./Thieme, G. (Hrsg.): EthniCity. Geographic Perspectives on Ethnic Change in Modern Cities, Lanham, Maryland, 141-164.

Thränhardt, D. (1998): Regionale Ansätze und Schwerpunktaufgaben der Integration von Migrantinnen und Migranten in Nordrhein-Westfalen (Studie im Auftrag des Ministeriums für Umwelt, Raumordnung und Landwirtschaft des Landes Nordrhein-Westfalen), Institut für Politikwissenschaft der Universität Münster Münster.

Thränhardt, D./Dieregsweiler, R./Santel, B. (1994): Ausländerinnen und Ausländer in Nordrhein-Westfalen. Die Lebenslage der Menschen aus den ehemaligen Anwerbeländern und die Handlungsmöglichkeiten der Politik (Landessozialbericht Band 6, herausgegeben vom Ministerium für Arbeit, Gesundheit und Soziales des Landes Nordrhein-Westfalen), Neuss.

Tölle, R. (1995): Interkulturelle Erziehung in Schule und Schulumfeld, in: Forschungsinstitut der Friedrich-Ebert-Stiftung (Hrsg.): Die dritte Generation: Integriert, angepaßt oder ausgegrenzt? (Gesprächskreis Arbeit und Soziales, Nr. 55), Bonn, 27-46.

Treibel, A. (1990): Migration in modernen Gesellschaften. Soziale Folgen von Einwanderung und Gastarbeit, Weinheim/München.

Treibel, A. (1999): Migration in modernen Gesellschaften. Soziale Folgen von Einwanderung, Gastarbeit und Flucht (2. Auflage), Weinheim/München.

Unbehaun, H. (1997): „Ethnic Leaders" in lokalen Organisationen türkischer Migranten. Katalysatoren der Entwicklung einer Kolonie, in: Waldhoff, H.-P./Tan, D./Kürşat-Ahlers, E. (Hrsg.): Brücken zwischen Zivilisationen. Zur Zivilisierung ethnisch-kultureller Differenzen und Machtungleichheiten. Das türkisch-deutsche Beispiel, Frankfurt a. M., 197-212.

Vaskovics, L.A. (1982): Raumbezug sozialer Probleme (zur Einleitung), in: ders. (Hrsg.): Raumbezogenheit sozialer Probleme, Opladen, 1-17.

Vorhoff, K. (1995): Zwischen Glaube, Nation und neuer Gemeinschaft: Alevitische Identität in der Türkei der Gegenwart (Islamkundliche Untersuchungen, Bd. 184), Berlin.

Waldhoff, H.-P. (1997): Ein Übersetzer. Über die sozio-biographische Genese eines transnationalen Denkstils, in: Waldhoff, H.-P./Tan, D./Kürşat-Ahlers, E. (Hrsg.): Brücken zwischen Zivilisationen. Zur Zivilisierung ethnisch-kultureller Differenzen und Machtungleichheiten. Das türkisch-deutsche Beispiel, Frankfurt a. M., 323-364.

Waldmann, P. (1989): Ethnische Konflikte und Klassenkonflikte – ein Diskussionsbeitrag zu widersprüchlichen Theorieansätzen, in: Waldmann, P./Elwert, G. (Hrsg.): Ethnizität im Wandel, Saarbrücken/Fort Lauderdale/Breitenbach, 259-275.

Weber, H. (1980): Studentensprache. Über den Zusammenhang von Sprache und Leben, Weinheim/Basel.

Weber, M. (1972): Wirtschaft und Gesellschaft. Grundriss der verstehenden Soziologie (5. Auflage; Erstausgabe: 1922), Tübingen.

Weichhart, P. (1990): Raumbezogene Identität. Bausteine zu einer Theorie räumlich-sozialer Kognition und Identifikation (Erdkundliches Wissen, Heft 102), Stuttgart.

Weichhart, P. (1993): Vom „Räumeln" in der Geographie und anderen Disziplinen. Einige Thesen zum Raumaspekt sozialer Phänomene, in: Mayer, J. (Hrsg.): Die aufgeräumte Welt – Raumbilder und Raumkonzepte im Zeitalter globaler Marktwirtschaft, Loccum, 225-241.

Weichhart, P. (1999): Die Räume zwischen den Welten und die Welt der Räume. Zur Konzeption eines Schlüsselbegriffs der Geographie, in: Meusburger, P. (Hrsg.): Handlungszentrierte Sozialgeographie. Benno Werlens Entwurf in kritischer Diskussion, Stuttgart, 67-94.

Wenzel, H.-J. (1982): Raumwahrnehmung/Umweltwahrnehmung, in: Jander, L./Schramke, W./Wenzel, H.-J. (Hrsg.): Metzler Handbuch für den Geographieunterricht. Ein Leitfaden für Praxis und Ausbildung, Stuttgart, 326-333.

Werlen, B. (1987): Gesellschaft, Handlung und Raum. Grundlagen handlungstheoretischer Sozialgeographie, Stuttgart.

Werlen, B. (1993): Gibt es eine Geographie ohne Raum? Zum Verhältnis von traditioneller Geographie und zeitgenössischen Gesellschaften, in: Erdkunde, Bd. 47, H. 4, 241-255.

Werlen, B. (1995a): Sozialgeographie alltäglicher Regionalisierungen. Band 1: Zur Ontologie von Gesellschaft und Raum, Stuttgart.

Werlen, B. (1995b): Landschaft, Raum und Gesellschaft. Entstehungs- und Entwicklungsgeschichte wissenschaftlicher Sozialgeographie, in: Geographische Rundschau, Heft 9, 513-522.

Werlen, B. (1997): Sozialgeographie alltäglicher Regionalisierungen. Band 2: Globalisierung, Region und Regionalisierung, Stuttgart.

Werlen, B. (1999): Handlungszentrierte Sozialgeographie. Replik auf die Kritiken, in: Meusburger, P. (Hrsg.): Handlungszentrierte Sozialgeographie. Benno Werlens Entwurf in kritischer Diskussion, Stuttgart, 247-268.

Whyte, W.F. (1996): Die Street Corner Society. Die Sozialstruktur eines Italienerviertels (zuerst: 1943, Chicago), Berlin/New York.
Wiley, N.F. (1970): The Ethnic Mobility Trap and Stratification Theory, in: Rose, P.I. (Hrsg.): The Study of Society. An Integrated Anthology, New York, 397-408.
Williams, R. (1985): The Country and the City, London.
Wilpert, C. (1980): Die Zukunft der Zweiten Generation. Erwartungen und Verhaltensmöglichkeiten ausländischer Kinder, Königstein/Ts.
Wirth, E. (1979): Theoretische Geographie: Grundzüge einer theoretischen Kulturgeographie, Stuttgart.
Young, M./Willmott, P. (1972): Family and Kinship in East London, Middlesex.
Zaimoglu, F. (1995): Kanak Sprak. 24 Mißtöne vom Rande der Gesellschaft, Hamburg.
ZEIT-Punkte (1999): Türken in Deutschland. Ihre Sorgen, ihre Erfolge, ihre Zukunft (ZEIT-Punkte Nr. 2/1999, hrsg. von der Redaktion der ZEIT), Hamburg.
Zentrum für Türkeistudien (Hrsg.) (1996): Der Studienwahlprozeß bei türkischen Bildungsinländern an Hochschulen des Landes NRW, Opladen.
Zum Felde, W./Alisch, M. (1992): Zur Bedeutung des Raumes für Lebensbedingungen und Lebensstile von Bewohnern innenstadtnaher Nachbarschaften in Hamburg, in: Hradil, S. (Hrsg.): Zwischen Bewußtsein und Sein. Die Vermittlung „objektiver" Lebensbedingungen und „subjektiver" Lebensweisen, Opladen, 173-194.

Transkriptionszeichen

(.)	:	kurzes Absetzen; kurze Pause (bis ca. 1 Sekunde)
(2)	:	Pause; Dauer in Sekunden
/	:	Unterbrechung; Abbruch; Selbstkorrektur
~	:	direkter Anschluß beim Sprecherwechsel ohne Absetzen; Unterbrechung
(...)	:	Auslassung aus dem Transkript
[hm und]	:	gleichzeitige Äußerung eines anderen Sprechers
(lacht)	:	Anmerkung zu nicht-verbalen oder gesprächsexternen Ereignissen; Erklärung
(unv.)	:	unverständliche Äußerung

Satzzeichen indizieren neben kurzen Pausen nur Intonationsveränderungen:

, bzw. ?	:	schwach bzw. stark steigende Intonation
; bzw. .	:	schwach bzw. stark sinkende Intonation